제도경제학

Institutional Economics: Its Place in Political Economy
by John R. Commons

Published by Acanet, Korea, 2023

한국연구재단총서 Academic Library of NRF 학술명저번역 646

제도경제학

정치경제학에서의 그 위치

Institutional Economics: Its Place in Political Economy

존 R. 커먼스 지음 | 홍훈·최민 옮김

아카넷

일러두기

1. 본서는 커먼스(John Rogers Commons)의 11장 950쪽에 달하는 대작 *Institutional Economics* 를 번역한 것이다. 원서는 1934년에 맥밀란에서 간행된 후, 1959년에 위스콘신대학교 출판부 (University of Wisconsin Press)에서 8장 457쪽까지를 제1권, 9장부터 11장까지를 제2권으로 하여 두 권으로 출판되었다. 위스콘신판은 맥밀란판과 차이는 없고 분량도 완전히 똑같아서 맥밀란판을 바탕으로 사진제판한 것이라 생각된다. 또한 커먼스 연구로 알려져 있는 맬컴 러더퍼드(Malcolm Rutherford)의 서문이 새롭게 첨가된 판이 1990년 트랜섹션 출판사(Transaction Publishers)에서 간행되었고 몇 번이나 인쇄되었다. 러더퍼드판은 9장까지를 제1권, 10장과 11장을 제2권으로 하고 있다. 그러나 러더퍼드판은 러더퍼드 자신의 서문이 첨부된 것 외에 맥밀란판과 차이가 없고 분량 도 완전히 똑같아서 맥밀란판을 바탕으로 사진제판한 것이라고 생각된다.

2. 커먼스의 독자적인 개념에 관한 용어 번역에서는 가능한 한 기존의 연구 및 번역서를 참조했지만, 그것들이 번역되었던 시대적 배경과 그 후 이론연구의 진보 등을 감안하여 그들의 번역어를 계승 하고 있지 않은 경우가 있다. 또한 커먼스 이론에서 독자성을 표현하기 위해 기존의 경제학에서 그 사용이 일반적인 것으로 되어 있는 용어여도 독자적인 번역어를 할당하는 경우가 있다.

3. 주석에서 원주는 숫자로, 옮긴이 주는 *로 표기했다.

4. 특정 용어에서 외국어 번역상 일제강점기부터 내려온 경향인 '성'(예를 들어 희소성, 가치성, 효율성) 을 가능하면 배제했다.

5. 정확한 의미전달을 위해 주요 단어의 번역어를 「번역어 대조표」에 실었다.

6. 고유명사의 경우 국립국어원 외래어 표기법을 따르되, 출신국 언어의 발음을 고려했다.

1. 사상적인 위치

1934년에 발간된 『제도경제학(*Institutional Economics*)』은 미국 제도학파 경제학자 존 R. 커먼스(John R. Commons, 1862~1945)의 대표적인 저서이다. 제도학파는 19세기 말에 미국에서 등장한 비주류 경제학파로서, 신고전학파 경제학과 달리 제도를 중시하고 제도의 발생과 진화를 주요 문제로 다루었다. 커먼스는 소스타인 베블런(Thorstein Veblen, 1857~1928)보다 덜 알려져 있지만 베블런과 함께 제도학파를 대표한다.

그의 『제도경제학』은 제도주의 경제학에 대한 개설서가 아니라 전문서적이다. 이 책에서 커먼스는 과거 서양 사상에 대한 높은 수준의 주해에 근거해 자신의 주장을 펼치고 있어, 이 책은 예상외로 난해하다. 가령 베블런의 『유한계급론(*The Theory of the Leisure Class*)』보다 이 책을 이해하는 데 더 많은 어려움이 따른다. 혹은 이 책의 어려움을 능가하는 경제학 고전은 칼 맑스(Karl Marx)의 『자본론(*Das Kapital*)』 정도라고 말할 수 있다.

그렇더라도 철학사상이든 경제사상이든 특정 사상을 이해하기 위해 수행해야 할 첫 번째 과제는 다른 사상가들과 비교해 사상의 역사 속에서 그것의 위치를 설정하는 것이다. 이렇게 하려면 해당 사상가의 개별 개념이나 측면이 아니라 그것의 일관된 체계를 끄집어내고 구성해야 한다. 그리고 이런 이해와 추출의 과정을 통해서 비로소 특정 사상이 그 시대 그 장소에서 정리되고 소화된다.[1]

그러므로『제도경제학』을 통해 커먼스를 이해하고 비판하는 데서도 그것을 일관된 체계로 이해하고 구성해 경제사상사 속에서 그것을 자리매김하는 것이 기본과제이다. 이 책을 관통하는 커먼스의 특징은 ① 사회와 자연의 여러 영역들 사이의 상호의존, ② 경제와 법의 결합, ③ 실물과 금융의 상호작용, ④ 개인주의와 개체주의에 대한 비판, 그리고 ⑤ 이 모든 것에 대한 사상사적인 규명이다.

먼저 미국의 제도학파가 성립하기 위한 기본 요건을 재확인할 필요가 있다. 제도학파는 경제에서 행위의 반복된 유형으로서 제도를 중시한다. 그리고 이런 의미의 제도는 습관, 규칙, 관습, 법 등으로 나타난다. 따라서 경제 이외의 영역, 즉 정치, 사회, 문화, 법 등의 정체성을 인정하고, 경제와 이런 영역들의 결합이나 상호연관을 강조하게 된다.

이런 이유로 한편으로 제도학파는 경제를 다른 영역과 분리시키는 알프레드 마셜(Alfred Marshall) 등 신고전학파의 순수경제학과 대립한다. 또한 제도학파는 경제 이외의 영역을 그 자체로 존중하므로 모든 것을 경

··

1) 한국학계에 부족한 것이 이 부분이다. 유교, 종속이론, 맑스, 프랑크푸르트학파, 니체, 신고전학파, 롤즈와 샌델, 포스트모던 등이 모두 역사적으로 조망되기보다 독립적이고 단편적으로 이해되면서 제대로 수용되지 못했다. 주류경제학이든 정치경제학이든 경제학 전체도 이런 상황에서 자유롭지 못하다. 제대로 수용되지 못했다는 증거는 특정 사상이 교조화 혹은 교리화되는 것, 특정 사상에 대한 번역을 이에 대한 이해로 착각하는 것, 사상의 특정 개념이나 측면이 사상 자체로 둔갑하는 것 등이다. 한반도에서 대부분의 사상은 파도와 같이 이같이 왔다가 이같이 흘러갔고 현재도 그렇게 흘러가고 있다. 사회적 기업에 대한 논의, 기본소득, 현대화폐이론(MMT)는 그렇게 흘러가지 않기를 바란다.

제로 환원하는 최근의 신고전학파와도 구분된다. 더구나 정치, 사회, 법, 문화를 경제로 환원하는 개리 베커(Gary Becker) 등의 경제학 제국주의(economic(s) imperialism)와는 정면으로 충돌한다.

다른 한편으로 제도학파가 내세우는 여러 영역의 상호연관은 정치경제학의 대표자인 맑스가 내세우는 총체적인 사회구조보다는 느슨하다. 상대적인 자율성을 용인하더라도 맑스는 다른 영역들이 궁극적으로는 하부구조인 경제에 의존한다고 생각한다. 이에 비해 베블런와 커먼스도 이런 수준으로 경제의 중심성을 내세운다고 보기 힘들다. 경제와 법이 자율성을 지닌다는 점에서 제도학파의 상호연관은 맑스보다는 칼 폴라니(Karl Polanyi)가 상정하는 여러 부문 사이의 상호연관에 가깝다.

경제와, 특히 정치/법 사이에 가능한 관계는 다음과 같다. ① 정치/법이 자신의 부분으로서 경제를 지배한다. 이것은 경제가 정치나 법, 그리고 윤리에 복속되어 있던 자본주의 이전의 상황이다. ② 경제와 정치/법이 독립적이면서 동등하다. 이것은 자본주의와 사상적으로 아담 스미스(Adam Smith)가 등장해 경제가 자율성을 획득한 시기의 상황이다. ③ 경제가 정치/법을 지배한다. 이것은 맑스가 내세운 유물론에 상응한다. 또한 20세기 후반 세계화가 진행되고 신자유주의가 등장한 이후와 경제학의 제국주의가 이를 대변한다. ④ 경제와 정치/법이 어느 정도 겹치면서 동등하다. 이것이 19세기 중반 이후이며 베블런이나 커먼스와 같은 제도학파가 이를 대변한다.

그런데 커먼스를 명확하게 이해하기 위해서는 이런 공통분모 위에서 다시 다른 제도학파 경제학자, 특히 베블런과의 차이를 확인해야 한다. 일차적인 차이는 베블런이 사회경제를 내세우는 데 비해 커먼스는 법경제를 내세운다는 점이다. 베블런을 이해하려면 주로 경제와 사회 및 문

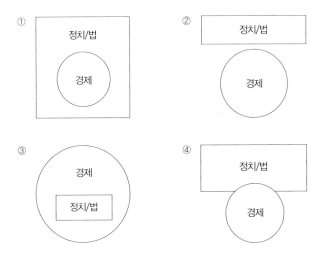

화 사이의 연관성을 파악해야 하는 데 비해 커먼스를 이해하려면 이보다는 경제와 법의 결합을 이해해야 한다. 베블런이 사회경제학의 시조라면, 커먼스는 법경제학의 시조이다.

구체적으로 커먼스의 관점에서 경제현상은 경제와 법의 결합이다. 경제현상은 순전히 경제적이거나 순전히 법적이지 않고, 경제적이면서 동시에 법적이다. 또한 경제적인 것과 법적인 것이 결합되어 있어 분리되지 않는다. 만약 분리가 가능하다면 경제학자는 경제적인 것만을 다루고 법적인 것은 법학자에게 맡기면 된다. 경제와 법이 복합되어 있지 않은데도 경제학자가 법적인 것을 다룬다면 그것은 경제학자의 지적인 허영에 지나지 않을 것이다. 이런 이유로 커먼스에게는 학제간 연구나 융복합연구가 자연스럽다.

주지하듯이 최근의 신고전학파 경제학도 로널드 코즈(Ronald Coase)나 올리버 윌리엄슨(Oliver Williamson) 등을 통해 제도를 논의하게 되었고 법경제학은 중요한 영역이다. 그런데 리처드 포스너(Richard Posner) 등이 대표하는 신고전학파의 법경제학은 경제학의 제국주의 흐름 속에서 제도적 요인이나 법적 요인을 경제적 요인으로 환원하는 경향이 높다. 이와 달리 커먼스는 법적인 요인을 경제적인 요인으로 환원하지 않고 그것을 그대로 인정한다.

커먼스가 베블런과 확연한 차이를 보이는 또 다른 문제는 실물과 금융의 관계이다. 베블런은 금융이 생산을 방해하며 수탈적이라고 생각했는데 커먼스는 이런 생각을 적극적으로 비판했다. 오히려 커먼스는 금융이 생산과 불가분의 관계에 있으며, 금융이 근대 자본주의의 근간이라고 주장했다. 커먼스가 경제학의 저류를 형상하는 개인주의를 비판하면서 이것을 제도로 전환하기 위해 노력한 것은 이런 주장을 내세우기 위해서였다. 베블런도 개인주의를 비판했지만 그 구체적인 목표가 달랐다.

커먼스는 이와 같은 자신의 입장을 구축하기 위해 주로 여러 사상에 대한 주해에 의존하고 있다. 그는 특정 사상가의 논리 전개를 면밀하게 검토하면서, 특정 맥락에서 사용한 개념의 외견상 의미와 실질적인 의미를 구분하고, 그 의미의 변화를 추적했다. 그리고 이런 논의에 근거해 자신의 개념과 어떻게 같고 다른지를 명확히 하려고 각고의 노력을 기울이고 있다.

영역들의 상호의존, 경제와 법의 결합, 실물과 금융의 불가분성, 개인/개체주의에 대한 비판, 그리고 학설사적인 규명이 커먼스의 특징임을 염두에 두면서 커먼스의 핵심적인 이론들을 논의해보자.

2. 거래, 관계, 집단행동

커먼스는 거래(transaction)를 기본 단위로 삼고, 거래들이 반복되어 형성되는 지속적인 활동체(going concern)를 일차적인 인식대상으로 설정했다. 지속적인 활동체는 기업을 포함하지만 이에 국한되지 않는 조직이다. 따라서 이 책을 이해하려면 일견 생소한 거래와 지속적인 활동체를 커먼스가 굳이 출발점으로 상정한 이유를 해명해야 한다. 이 점에서 활동체보다 거래가 더 근본적이다.

한동안 충돌, 의존, 질서 세 구성요소를 포괄하는 연구단위가 무엇이 될 수 있는지 찾아내려 했다. 여러 해가 지나고 나서 나는 드디어 다음 같은 결론에 도달했다. 이 세 가지 요소들은 상품, 노동, 욕망, 개인, 교환 같은 예전의 개념이 아니라 거래라는 틀 속에서만 한꺼번에 나타난다는 사실이다.

그래서 나는 거래를 궁극적 경제연구 단위로, 즉 법적 통제의 이전 단위로 삼았다. 이 단위 덕분에 법원과 조정위원회의 경제에 관한 판례 모두를 실제로 이루어진 거래에 포함된 가변적인 경제적 요인으로 분류할 수 있었다. 이 분류를 통해 법원이나 조정위원회들이, 거래에서 도달한, 강압적이고 부당한 가치로 여겨진 것은 배제함으로써, 그리고 특정한 상황에서 납득할 만한 거래와 합당한 가치로 여겨진 것은 수용함으로써 역사적 발전을 이룰 수 있었다.(본서 61쪽)

이것은 맑스가 왜 상품으로 논의를 시작했는지 혹은 신고전학파 경제학이 왜 개인을 분석의 단위로 삼는지와 같은 수준의 문제이다.[2] 이에 대

··

2) 맑스는 논의의 출발점이라는 문제를 명시적으로 스스로 제기한 데 비해 신고전학파는 개인

한 답은 커먼스가 거래(와 활동체)가 순전히 경제적인 존재가 아니라 경제와 법이 결합된 존재라고 생각했다는 것이다. 거래는 경제적이면서 동시에 재산의 소유권에 근거해 법적이다.

> 이에 따라 거래와 지속 활동체에 대한 경제적이고 법적으로 적절한 분석을 제시하기 위해 이루어져야 할 중요한 구분에 이르게 된다.(9장 I. 4)
>
> 시장에 대한 경제학자의 개념과 법적인 관계에 대한 사법관의 개념으로부터 도출된 교섭 거래에 관한 우리의 앞선 분석에서 알 수 있듯이, 이런 심리적, 법적, 그리고 경제적 측면은 분리될 수 없다.(10장 I. 3)
>
> 따라서 법과 경제학이 힘과 희소라는 각자의 영역에서 단순히 분석적인 것이 아니라 서로에게 기능적으로 결합된 법과 경제학 사이의 기능적인 관계가 마련되어야 한다는 점이 명백하다. 시간 그리고, 특히, 미래성과 기대라는 요인이 이 관계에 도입될 때만 이것이 가능하다.(10장 IV. 4)

여기서 커먼스에게 중요한 것이 경제와 법의 결합임을 일차 확인할 수 있다. 이같이 경제와 법이 분리될 수 없다는 것이 그가 생각하는 제도학파의 존재 이유이다. 엄밀하게 말하면, 경제적이면서 동시에 법적이기 때문에 거래는 교환뿐만 아니라 계약과도 구분된다. 그에게 교환은 법적이지 않고 순전히 경제적이고, 계약은 경제적이지 않고 순전히 법적이기 때문이다. '교환으로부터 거래로'(2장 II. 2)에서 보듯이, 일견 비슷해 보이는 교환과 거래를 차별화하려는 그의 노력은 이런 식으로 이해할 수밖에

∵

이라는 분석 단위의 문제를 명시적으로 제기하지 않는다. 전반적으로 양자의 중간에 걸려있는 커먼스는 이 문제에 대해서도 반쯤 명시적이고 반쯤 묵시적이다.

없다. 지속적인 활동체와 법인(2장 II. 1)의 차이도 같은 맥락에서 이해할 수 있다.

이것은 경제와 법이 서로 무관하지 않을 뿐만 아니라 서로 결합되어 있음을 의미한다. 달리 말해 외견상 순전히 경제적인 현상이 법적이기도 하고, 외견상 순전히 법적인 현상이 경제적이기도 하다. 이런 그의 입장에서 통상적인 거래도 단순히 경제적인 교환이 아니라 법적인 권리와 의무를 담고 있다.

이 때문에 그는 거래를 대부분의 경제학자보다 훨씬 더 복잡하게 만든다. 구체적으로 그는 거래를 이행(performance)과 지불(payment), 자유(liberty)와 위험에의 노출(exposure)로 규정한다. 이행은 재화나 서비스의 제공이고, 지불은 이에 대한 화폐의 지불이다. 그리고 자유는 어떤 것도 선택하지 않아 어떤 판매나 구매에 묶이지 않은 상태이다. 노출은 모종의 거래과정에 들어가 묶여 있고 이행하지 않거나 지불하지 않을 위험에 처해 있는 상태이다.

여기서 그에게 법이라는 제도가 경제학에서처럼 경제의 외곽을 형성하는 수준에 그치지 않고, 일상적이고 미시적인 경제활동에 스며있음을 확인할 수 있다. 이것은 신고전학파에서 통상 법이 경제의 환경을 구성한다고 생각하는 데 그치는 것과 대비된다. 주권, 분석적이고 기능적인 법과 경제학의 관계, 힘과 희소의 관계 등이 이에 대한 증거이다.(10장 IV. 4)

과세의 '경찰력'이라는 그의 이례적인 표현도 이런 관점에서는 이해가 된다.(10장 VII. 5) 과세가 투자에 미치는 영향은 누구나 인정하지만, 그는 과세로 인해 특정 분야의 투자가 완전히 중지되는 상황에 주목했다. 이것은 과세의 영향을 소수의 위험한 사람을 거리에서 끌어내는 경찰의 힘과 같이 규제력이나 금지능력으로 취급한 것이다. 그의 이런 착상은 과세라는 수량적인 변수가 미치는 결과를 질적으로 바꾼다. 이와 대조적으로 신고전학파는 과세를 오로지 수량적으로 파악하거나 거꾸로 질적인 법적 규제를 양적인 수량으로 바꾸어 생각한다.

그에게 거래는 시장에 국한되지 않고 기업과 같은 조직과 정부까지 포괄하는 폭넓은 개념이다. 시장에 국한되지 않으므로 그의 거래개념은 반드시 교환과 연결되어 있지 않다. 거래로 경제현상을 포괄하기 위해 그는 거래 안에 교섭, 관리 혹은 경영, 배급을 넣고 이들을 다시 교섭(bargaining) 거래, 관리(managing) 거래, 배급(rationing) 거래로 구분했다.

그는 통상적인 교환을 완전경쟁이나 자유경쟁 하에서 발생하는 교환이 아니라 공정한 경쟁이 요구되는 교섭으로 간주한다. 전자가 두 가지 재화와 두 명의 당사자로 구성된다면, 후자는 한 가지 재화와 화폐, 그리고 이 재화를 제공하는 두 명의 구매자와 두 명의 판매자로 구성된다. 그렇지만 그의 교섭 거래는 노동시장뿐만 아니라 재화시장에서도 발생하지만 슈퍼마켓의 매매와 같은 익명적인 매매에는 적용되기 힘들다.

가장 중요한 교섭 거래에서 당사자들은 동등하다. 이에 비해 기업과 같은 조직에서 일어나는 관리 거래 혹은 경영 거래에서는 구성원들 사이에 위계가 있다. 배급 거래는 국가나 조합과 같이 중앙집권적인 조직이 개입해 재화와 자원을 나누는 것을 말한다.[3] 이렇게 보면 [교섭-시장], [관리-기업], [배급-정부]라는 도식이 가능하다.

그렇지만 그는 교섭, 관리, 배급을 모두 거래로 규정해 시장의 교환뿐

* *

3) 요새는 경제학에서 그다지 특별하지 않은 거래개념의 흔적은 신제도학파의 거래비용(transaction cost)에서 찾아볼 수 있다.

만 아니라 기업의 생산이나 정부의 행정을 포괄하도록 거래와 활동체를 일반화했다. 관리나 배급뿐만 아니라 교섭에서도 권력, 의무, 힘 등이 작용하므로, 거래라는 포괄적인 개념 안에서 교섭, 관리, 배급의 차이는 부차적이다. 이에 따라 거래는 기업뿐만 아니라 여러 다른 조직에도 적용된다. 그는 생산이나 행정으로부터 물적이거나 기술적인 측면을 분리한 후, 이들을 교환과 함께 법적인 것으로 포괄하도록 거래개념을 규정한 것으로 이해할 수 있다.

특히, 그의 거래개념은 통상적인 교환개념뿐만 아니라 시장의 교환과 공장의 생산이라는 맑스의 이분법이나 시장과 위계라는 코즈나 윌리엄슨 등 신제도학파(Neo-Institutionalism)의 이원론에서 벗어난다. 커먼스는 교환과 생산을 모두 거래로 포괄해 동등성과 위계의 이분법을 희석시킨다.

이렇게 넓은 의미의 거래와 활동체를 그가 개념화한 이유는 개인과 사회구조의 양극단을 피하면서도 미시적인(micro) 행위자나 조직과 거시적인(macro) 체제의 양쪽으로 연결되는 존재를 필요로 했기 때문이라고 생각된다. 미시적인 행위자는 노조나 기업과 같은 조직을 포함하고, 거시적인 체재는 공산주의, 파시즘, 자본주의 같은 정치경제체제를 포함한다. 양자를 포괄하는 중간적인(meso) 존재가 거래와 활동체인 셈이다.

이에 대한 증거로 커먼스는 지속적인 활동체를 법인(2장 II. 1), 자연(4장 IV) 그리고 크루소(8장 VI. 7)의 세 가지로부터 차별화했다. 크루소는 고립된 개인을 대표하므로 활동체는 개인이 아니다. 심리적 경제학으로부터 제도적인 경제학으로의 이행(9장 I. 4. (10))이나 개인으로부터 제도로의 이행(10장 II)도 이를 말하고 있다. 또한 법인체와의 구분은 활동체가 순전히 법적인 존재가 아니라 동시에 경제적인 존재이기도 하다는 점을 말해준다. 그리고 자연과의 구분은 활동체가 존 로크(John Locke)적인 의미의 이성적인 존재가 아니어서 관습에 의존한다는 것을 의미한다.

커먼스가 자본주의의의 단계를 상인, 고용주, 은행가로 규정한 것도 사회구조에 의존해 단계를 구분하지 않겠다는 의도를 담고 있는 것 같다. 물론 여기서 행위자는 제도화된 인간이지 그가 일관되게 비판한 개인일 수 없다. 이 점에서 구체적인 내용은 다르지만 커먼스는 역시 베블런과 통한다.

이런 맥락에서 보면 커먼스에서 거래(trans-action)는 행위(action)이자 관계이다.[4] 우선 거래는 엄밀하게 말해 행위자이나 행위의 대상이 아니라 행위 자체이다. 그는 거래가 기본단위라는 것을 내세우면서 상품, 개인, 노동, 가치, 가격 등이 일차적인 대상이 아니라는 것을 명시했다. 특히, 그는 개인이라는 로크의 분석 단위뿐만 아니라 상품이라는 고전학파의 단위를 비판했다. 그는 인간이나 대상이 아니라 인간의 활동을 경제 분석의 대상으로 삼았다. 이것은 다수의 경제학자가 개인이나 집단 등 경제주체나 상품이나 재화 등 대상에 중점을 두었던 것과 대비된다.

커먼스에게는 경제적인 요인뿐만 아니라 법적인 요인이 중요하므로 인간은 교환의 주체일 뿐만 아니라 법적인 주체나 소유의 주체이고 거래나 계약의 주체이다. 또한 이들의 대상은 법적인 소유물이다. 그런데 그는 소유의 주체나 소유의 대상을 단위로 삼지 않고, 거래하는 행위 자체

..

4) 행위이면서 관계라는 점에서 거래와 교환이나 계약 사이에 차이가 없다. 거래행위나 거래관계만큼이나 교환행위나 교환관계, 그리고 계약행위와 계약관계가 성립된다. 동시에 거래의 주체만큼이나 교환의 주체나 거래의 주체도 존재한다. 이런 외견상의 유사성에도 불구하고, 커먼스의 관점에서 거래의 행위, 관계, 주체는 경제적이면서 법적이라는 점에서 교환이나 계약의 행위, 관계, 주체와 다르다.

를 단위로 삼았다. 이것이 동태적인 경제과정을 파악하는 방식이었기 때문이다.

이같이 거래는 행위나 선택에 근거하지만 거래에는 최소한 두 사람 이상이 개입되어 모종의 사회관계가 형성된다. 또한 거래는 일회성의 교환이나 계약뿐만 아니라 반복적이거나 관계적인 교환이나 계약을 포함한다. 행위가 반복되면 관계를 낳고 관계들이 모여서 활동체 혹은 조직을 이룬다. 거래는 교환이나 계약 등 행위와 조직을 매개하면서 양자를 모두 포괄한다고 이해할 수 있다.

고전학파나 맑스처럼 그도 사용가치와 교환기치의 역설에서 출발해 사용가치를 인간과 자연의 관계로 규정하고, 교환가치를 인간관계로 규정한다. 거래는 인간과 자연의 관계에 상응하는 물적인 이동을 중시하면서도 주로 인간과 인간의 관계에 의존한다. 그런데 전통적인 교환개념은 사용가치나 물적인 이동에 편향되어 있다고 그는 생각했다.

생산물의 비용 및 가치와 서비스의 비용 및 가치를 애써 구분하려는 그의 논의는 이에 대한 증거이다(8장 Ⅵ. 3. (1), (2)). 이에 따라 그는 경제의 물적인 측면을 가려내고, 쾌락/효용 개념이나 고통/비효용 개념을 비판하면서, 경제의 사회적인 성격을 강조했다.

베블런이 『유한계급론』이나 『미국의 고등교육(*The Higher Learning in America*)』을 통해 사회문화적인 측면을 강조했다면, 커먼스는 이같이 법적인 관계에 초점을 맞추었다. 인간관계를 강조한다는 점에서 커먼스는 맑스와 비슷하다. 그렇지만 커먼스에게 핵심적인 것은 경제사회관계 전반이 아니라 소유권이 개입된 법적인 관계이다. 맑스에서 경제관계가 법적인 관계의 기반이라면, 커먼스에서는 경제관계와 법적인 관계가 같은 수준에서 결합되어 있다.

커먼스에서 거래는 행위와 관계를 낳을 뿐만 아니라 개인의 행동을 통제하는 집단행동(collective action)을 낳는다. 그는 개인의 행위와 선택을 일방적으로 옹호하지 않고 집단행동을 긍정적으로 수용한다. 집단행동에 대한 수용은 현실의 역사 속에서 인간이 그다지 이성적이지 않아 수시로 감정에 휩싸이고 우둔했다는 자신의 판단에 근거하고 있다. 우둔한 인간에게는 진화하는 관습과 관습법이 중요하고, 이에 근거한 집단행동의 통제가 필요하다는 것이다.

이런 입장에서 커먼스 인간의 굳건한 이성에 근거한 로크의 자연법을 반박했다. 또한 그는 로크로부터 시작되어 경제학의 저류를 이룬 방법론적인 개인주의와 원자주의를 비판했다. 나아가 중상주의에 등장하는 집단을 고전학파가 일괄적으로 부정한 것도 그는 문제로 삼았다. 반면 커먼스는 인간의 정념과 성적 욕구를 강조한 토머스 맬서스(Thomas Robert Malthus)의 인간관을 자신의 근거로 삼았다.

커먼스에서는 거래뿐만 아니라 집단행동도 다양하다. 이것은 노조, 길드, 기업집단, 협동조합의 행동뿐만 아니라 법과 관습이나 규칙에 의한 행동까지 포괄한다. 심지어 19세기에 영란은행이 형성된 과정도 은행가들의 개인주의가 집단행동으로 발전한 결과이다. 그리고 그는 집단적인 성격에 근거해 흔히 사람들이 혼동하는 습관(habit)과 관습(custom)을 구분했다.(4장 II) 습관은 개인과, 관습은 집단과, 각기 연결된다.

일상적으로 법은 국가의 강제력에 의존해 집단행동을 집행한다. 소송을 통해 당사자들은 교섭 거래의 이행이나 지불에 문제가 생길 때 국가에게 집단행동을 수행하도록 요구한다. 관습도 집단행동을 낳는다. 대표적으로 활동체 혹은 기업의 내부에서 관리 거래와 관련해 작동하는 운영규칙은 이 활동체의 구성원들에게 강제력을 지닌다. 다른 예로 금융시장에서 채무와 관련해 기업의 어음이나 은행의 수표를 받아들이지 않으면 사업을 계속할 수 없다. 이것은 관행적인 결제수단이 실질적으로 강제력을 지닌다는 것을 의미한다.

무엇보다 커먼스가 중시하는 법 자체가 관습에 근거하는 영미의 관습법 (common law)이다. 관습법의 특징은 개별 소송에 대한 판결을 통해 판사들이 기존 법을 해석하면서 지속적으로 법을 만들어나간다는 것이다. 그런데 이런 해석에 언제나 끼어드는 것이 습관적인 가정(habitual assumptions)이다. 습관적인 가정은 특정 소송이 해당 규정의 적용 범위에 포함되는지 아니면 배제되는지를 재판관이 해석하고 판단하는 기준이 된다. 그리고 이 과정을 통해 관습법이 끊임없이 형성되고 개정되므로 이것이 관습법의 입법방식이다.

베블런과 마찬가지로 커먼스에서도 습관이나 관습은 중요한 제도이다. 그러나 습관과 관습이 베블런에서는 사회나 문화와 연결되는 데 비해 커먼스에서는 법, 특히 법적인 해석에 달라붙는다. 그리고 관습법의 이런 입법방식은 커먼스 이외에도 여러 학자가 지적해 온 바이다. 대표적으로 극단적인 시장주의자 프리드리히 하이에크(Friedrich Hayek)도 시민법에서는 입법부가 아니라 사법부가 법을 만든다고 주장했다.

또한 현대의 대표적인 행동경제학자이자 법학자인 캐스 선스타인(Cass Sunstein)도 법에 깔린 묵시적인 전제가 법적인 해석에서 지니는 중요성을 강조했다. 그리고 이런 생각들은 대륙법보다 영미의 관습법이 금융시장을 위시한 시장경제에 친화적이라는 주장으로 흔히 이어진다. 그런데 커먼스는 관습법과 시장의 친화력에는 반드시 동의하지 않을 것으로 보인다.

넓게 보면 모든 사람의 주장이나 발언, 그리고 행위에는 명시적이든 묵시적이든 가정이 있다. 그리고 좁은 공간과 짧은 시간에 서로가 주고받는 발언과 행위일수록 그들이 공유하는 가정들이 더 많다. 이런 이유로 보편성과 과학성을 지니려면 이런 가정을 되도록 명시해야 한다. 차이는 어느 정도 명시할 수 있다고 생각하느냐에 달려 있다.

수학이나 물리학은 가정을 명시해야 하고 명시할 수 있다고 생각한다. 신고전학파 경제학도 이렇게 생각하는 경향이 강하다. 그렇지만 인문학이나 법학은 그렇지 않다. 커먼스도 이 점에서는 경제학보다 법학으로 기울어져 이런 묵시적인 가정으로 습관적인 가정을 상정한다. 이것은 커먼스가 경제학자의 이론이 아니라 경제주체의 행위로부터 경제적인 언어와 논리를 수시로 읽어내는 것과 연결되어 있다.

3. 가치, 화폐, 금융

커먼스의 가치이론은 사용가치와 교환가치의 이분법에 근거하고 있다. 사용가치는 인간과 자연의 관계이고 교환가치는 인간과 인간의 사회관계이다. 고전학파, 맑스, 칼 폴라니(Karl Paul Polanyi) 등 많은 다른 경제학자도 이 이분법에 근거하고 있다. 사용가치 혹은 인간과 자연의 관계에 대한 생각에서도 이들 사이에 부차적인 차이들이 있다. 그렇지만 교환가치 혹은 인간과 인간의 관계에 대해서는 이들 사이에 차이가 근원적이며 이것이 각자의 독특한 입장을 낳는다.

우선 지속적인 활동체에 중점을 두는 커먼스에게 사용가치는 효율 가치(efficiency value)가 되고, 교환가치는 희소-가치(scarcity value)가 된다. 이것은 물질과 소유권(8장 I), 투입-산출과 지출-수입(8장 VI), 물리적 소유와 법적 소유(8장 VI. 1)에 상응하는 구분들이다. 지속 공장(going plant)과 지속 사업체(going business)의 구분(4장 I. 4. (7))도 이에 상응한다. 가치가 사용가치와 교환가치의 결합이듯이, 지속적인 활동체는 양자의 결합이다.

사용가치를 활동체와 연결해 효율을 강조하지만 다른 학자와 같이 커먼스도 효율을 물리적으로 취급한다. 물리적인 것은 그에게도 부차적이므로 중요한 특징은 희소에 담겨 있다. 그에게서 희소는 효용이 아니라 소유권에 근거해 경제적이면서 동시에 법적이다.

그리고 그는 소유권과 법적인 관계에 근거해 희소-가치를 합당한 가치 (reasonable value)로 발전시켰다. 커먼스에 고유한 핵심적인 개념인 합당한 가치는 생산비나 노동가치뿐만 아니라 효용가치와도 구분된다. '합리적 (rational)'이 경제학적인 용어라면, '합당한(reasobable)'은 윤리적이거나 법적인 용어이다.[5] 따라서 합당한 가치는 법원의 판결이 낳는 가치이다. 이같이 법적인 가치에 중점을 둔다는 점에서 커먼스는 좌우의 경제학파와 구분된다.

한편으로 맑스는 사용가치와 교환가치에서 출발해 사용가치와 가치로 나아가 가치를 노동가치로 규정했고 경제관계나 사회관계를 노동가치와 잉여가치의 근거로 삼았다. 이에 비해 커먼스는 경제사회관계를 교환가치의 근거로 삼으면서도 법적인 측면에 치중한다. 커먼스의 관점에서 희소에 근거한 교환가치는 노동과 무관하다.

∴

5) Rawls, J. (1980) Kantian Constructivism in Moral Theory, *Journal of Philosophy*, 77:9, pp. 515-575; Sibley, W. M. (1953) The Rational and the Reasonable, *Philosophical Review*, 62:4, pp. 554-560.

커먼스의 입장에서 데이비드 리카도(David Ricardo)와 맑스가 내세운 노동은 상품의 과거이고 과거는 가치를 정당화할 수는 있지만, 가치의 과학적인 근거일 수는 없다(4장 I. 4. (2)). 커먼스에서 가치는 노동이나 비용이 아닌 미래에 대한 기대에 근거하고 있다. 이 때문에 그는 자신의 이론을 구성하는 몇 가지 핵심축 중 하나로 미래성(futurity)이라는 독특한 개념을 내세웠다. 동시에 그에게 가치는 가격보다 우선하지도 동등하지도 않고, 단순히 사후적으로 단위가격과 수량을 곱한 결과이다.

다른 한편으로 한계효용학파의 제번스는 사용가치와 교환가치의 불일치를 효용가치와 한계효용을 통해 해소하려고 노력했다. 커먼스는 효용이론에 근거하지 않으며 희소를 순전히 경제적으로 규정하지 않는다는 점에서 이들과 대비된다. 수요공급의 법칙에 의존하면서도, 커먼스는 그것을 심리적으로 이해하지 않고 소유권에 근거해 법적으로 이해한다는 점에서도 차이가 있다.

무엇보다 효용가치와 달리 합당한 가치는 객관적으로 측정이 가능하고, 관습에 의존한 법원의 해석으로 결정된다. 그리고 여기에는 화폐, 금융 그리고 미래가 개입되어 있다. 습관과 관습 그리고 재판관의 판단과 해석이 개입된다는 점에서 합당한 가치는 교섭 거래에 부합된다. 교섭, 협상, 흥정은 시장에서 결정되는 가격에 필연성이나 불가피함을 인정하지 않고 합당성에 근거한 법원의 판결이 들어설 공간을 허용하기 때문이다.

이같이 합당한 가치는 가치나 가격이 경제영역에서 자율적으로 결정된다고 보는 대부분의 가치·가격론에서 벗어난다. 특히, 합당한 가치는 고전학파의 생산가격이나 맑스의 노동가치, 그리고 신고전학파의 균형가치나 균형가격 등과 결합되기 힘들다. 커먼스가 합당한 가치를 자연권에 대비시킨 것(10장 III)이 이를 말해준다.

커먼스에서 희소-가치로 해석되는 교환가치는 화폐가격이다. 그리고 화폐가격과 화폐는 제도이고 법적인 제도이므로 필연적이다. 그에게 화폐가 경제의 뺄 수 없는 존재이기 때문에 사용가치와 구분되는 가치는 단순한 교환의 비율이나 교역조건이 아니다. 이 때문에 그는 교환가치를 교환비율로 간주하고 화폐가격을 이와 구분한다. 실질가치와 명목가치에 대한 그의 구분(8장 II)은 신고전학파의 방식이 아니라 이런 식으로 이해해야 한다.

화폐의 필연성을 내세운다는 점에서 커먼스는 실물을 중시하면서 물물교환과 화폐교환을 구분하지 않는 신고전학파와 대립한다. 동시에 그는 중상주의, 맑스 그리고 존 케인즈(John Maynard Keynes) 등과 통한다. 그렇지만 그에게 화폐와 가격은 제도일 뿐만 아니라 법적인 제도라는 점에서 적어도 맑스와는 다시 차이를 보인다.

구체적으로 커먼스는 가격이라는 가치의 단위를 경제적 단위이자 유효성의 단위 혹은 법적인 단위로 취급한다. 무엇보다 그에게 화폐는 교환이나 유통의 수단이 아니라 부채의 지불수단이다. 이것은 아리스토텔레스 이래 맑스를 포함해 좌우의 대부분 사상가가 화폐를 일차적으로 교환이나 유통의 수단으로 간주한 것과 대비된다. 반면 커먼스의 입장에서는 현금을 주고 물건을 구입하는 것도 짧은 기간의 부채청산이 된다.

무엇보다 지속 활동체인 기업이 물건을 생산하고 화폐로 지불받기 이전에 은행이 개입해 어음을 할인해 융자해주면서 부채를 창출한다. 이 과정을 통해 화폐와 신용이 창출된다. 그리고 나중에 은행이 이 어음을 현금으로 바꾸어 부채를 해소하는 과정을 거치게 된다. 채권과 채무에 근거한 이런 거래와 관계가 지속적인 활동체와 은행 사이에 반복적으로 형성되었다가 해소된다.

그는 여기서 상품과 화폐를 물체로 간주하고 물체들이 이동한다고 이해하는 것을 오류로 지적했다. 대신 그는 상품과 화폐를 소유권으로 간주하고 소유권의 이전으로 이해해야 한다고 주장했다. 여기서도 그는 물적인 관념을 비판한 것이다. 대표적으로 이런 물적인 관념은 경제의 순환을 혈액의 순환과 비슷하게 취급하는 케네(Francois Quesnay)의 〈경제표〉에서 드러난다. 이에 대해 커먼스는 순환(circulation)이 물적인 개념이라며 이것을 반복이나 회전으로 대체했다.

이에 따라 그에게 채권자와 채무자의 거래관계가 중요하다. 채권·채무관계는 거래이므로 경제적일 뿐만 아니라 법적이다. 채권과 채무가 권리와 의무이므로 채무관계는 일차적으로 법적이다. 그런데 부채의 유통과 양도가 가능해져 부채가 권리와 의무일 뿐만 아니라 경제적인 수량이 되면서 법적인 존재일 뿐만 아니라 경제적인 존재가 된다.

그가 부채의 양도가능성(negotiability)에 방점을 두는 이유는 이것이 법적인 존재를 법적인 존재이면서 경제적 존재로 변화시키기 때문이다. (부채)거래가 교환과 구분되므로 양도가능성은 교환가능성(exchangeability)과 구분된다.(9장 I. 4) 잘 알려지지 않은 영국의 변호사 출신 경제학자 헨리 매클라우드(Henry Dunning MacLeod, 1821~1902)를 최초의 변호사 겸 경제학자라고 칭송하면서 커먼스가 지루할 정도로 상세하게 다룬 이유도 여기에 있다.

우리의 관심은 오로지 모든 거래가 이행의 권리와 의무, 지불의 권리와 의무라는 두 가지 권리와 두 가지 의무의 경제적 대응으로서 두 가지 채무와 두 가지 채권을 낳는다는 일반적인 사실이다.(9장 I. 4)

이것은 법적인 의무를 매클라우드 자신이 이미 "경제적 수량", 즉 채무라고 부른 것과 동일하게 취급하지 못한 것이다. 물론 법적으로 권리와 의무뿐만 아니라 경제적으로 채권과 채무는 동시에 발생하고, 동시에 소멸한다. 60일 후에 1,000달러를 받을 채권자의 권리는 60일 후에 1,000달러를 지불할 채무자의 의무와 같다.(9장 I. 4)

커먼스는 판매자와 구매자의 관계나 노동자와 자본가의 관계가 아니라 채권자와 채무자의 관계를 논의의 중심에 놓는다. 심지어 그의 입장에서 인간관계 중에서 채무관계가 역사적으로 가장 중요하다. 오랫동안 인류는 빚을 갚지 못하는 경우 채무자가 채권자의 노예나 하인이 되는 등 신체적인 속박으로 이어지는 채무관계 속에 있었다. 이러다가 부채가 유통되면서 이런 신체적 구속이 해제되어 자유로운 부채관계로 이행한 것이 인류의 역사에 커다란 진보였다는 것이다.

같은 이유로 커먼스는 게오르그 크납(Georg Knapp)의 국정화폐설(state theory of money)을 상세하게 다루었다. 그는 독일의 크납이 영국의 매클라우드와 비슷한 위치에 있다고 말했다.[6] 익히 알려져 있듯이, 크납은 국가에 대한 납세의무라는 채무와 함께 지불수단으로 화폐로 생겨났다고 주장했다. 그리고 이런 화폐의 역할이 민간의 채권과 채무를 통해 경제 내부로 확산된다. 이렇게 되면서 경제행위자들이 단순한 교환관계가 아니라 채권·채무관계에 놓이고 나아가 세계지불사회(world payment community)가 형성된다.

••

6) 화폐의 지불수단 기능을 강조한다는 점에서 커먼스는 크납뿐만 아니라 영국의 알프레드 미첼-이네스 (Alfred Mitchell-Innes), 케인즈, 최근의 제프리 잉햄(Geofffrey Ingham), 그리고 현대화폐이론(Modern Monetary Theory)과 통한다. 그렇다고 커먼스가 MMT와 같이 주권화폐나 일자리 보장으로 나가는 것은 않는다.

교섭 거래의 중요한 내용은 불확실성이 수반되는 시간의 흐름 속에서 화폐로 표시된 미래의 수익을 예상하는 금융적인 거래이다. 수익을 기대하는 사업가와 이런 사업에 화폐와 신용을 공급하는 은행가 사이에 이런 거래가 이루어진다. 그리고 이렇게 되면서 커먼스에서 효율과 희소 이외에 미래성이 중요한 개념으로 추가된다.

커먼스에 의하면 원래 로크에 노동 및 가치, 재산과 소유권, 그리고 화폐가 불완전하게 묶여 있다가 이후 이로부터 여러 사상이 갈라져 나왔다. 한편으로 노동에 근거한 물체 위주의 리카도와 맑스의 이론이 전개되었고, 다른 한편으로 화폐와 금융 위주로 매클라우드, 크누트 빅셀(Knut Wicksell), 케인즈, 어빙 피셔(Irving Fisher) 등의 이론이 전개되었다. 커먼스는 후자를 강조하면서 미래성을 내세운다.

커먼스는 자신의 입장에 따라 미래의 이익을 예상하는 금융적인 거래의 소유권 이동에 초점을 맞춘다. 유체 재산(corporeal property), 무체 재산(incorporeal property), 무형 재산(intangible property)의 구분은 이런 관점의 핵심을 이룬다. 유체 재산은 기계나 장비이고, 무체 재산은 위험이나 불확실성이 수반되지 않아 할인을 통해 가치를 환산할 수 있는 부채나 계약이다. 무형 재산은 유통되고 있는 실물에 상응해 이동하고 있는 소유권에 근거한다.

구체적으로 시간의 흐름 속에서 반복되는 거래의 과정을 통해 은행의 융자에 의존하면서 획득할 것으로 기대되는 소득을 낳고 이것이 쌓여 형성되는 것이 무형 재산이다. 이같이 부채나 계약을 무체 재산으로 규정하고 미래의 이윤을 바라보는 투자가 개입되면 무형 재산으로 간주한다.

전통적인 견해에서는 유체와 무체의 구분이 중요할 뿐이다. 이와 대조적으로 커먼스는 무형 재산에 대한 구분이 은행가 자본주의 단계에서 필수적이라고 생각했다. 무형 재산에는 상식적으로도 무형적이라고 말할 수 있는 고객의 호평 혹은 영업권(goodwill) 같은 것이 포함된다. 이에 따라 무형 재산은 회계상 공장의 기계나 장비로 환원될 수 없는 가치를 구성한다.[7]

이같이 커먼스에게 가치는 과거가 아니라 미래에 있다. 이것은 노동, 비용, 효용이 아니라 미래에 대한 기대에 근거한다. 무체 재산과 무형 재산의 구분뿐만 아니라 과거와 미래 사이에 있는 현재에 대한 규정, 시간의 경과(lapse of time)와 시간의 흐름(flow of time)의 구분, 이자와 이윤의 구분 등이 모두 이런 불확실성의 개입 여부와 관련된다.(4장 I. 9, 9장 V. 10장 I. 4)

이 점에서 커먼스는 확실히 케인즈와 친화력이 있다. 그런데 주류경제학자가 단순히 위험(risk)이나 불확실성으로 규정한 것을 철학적인 커먼스는 시간에 대한 철학적 성찰에 근거해 '미래성'으로 규정한 것이다.

경제학자들이 시간과 시간의 측정을 위한 자리를 경제이론에서 찾는 데 19세기 전체를 필요로 했고, 심지어 20세기의 수리통계학까지 필요로 했다. 이 결과로부터 우리는 물체와 소유를 구분할 뿐만 아니라 시점과 지속시간을 구분할 수 있게 되었다.(9장 I. 4)

거래들이 연속적으로 발생하는 예상 시간의 "흐름"과 기다림이 발생하는 예상 시간의 "지나감" 사이의 구분이 최종적으로 종전에 하나로 합쳐져 있던 이윤과 이자 사이의 구분을 허용한다. 이윤과 손실은 이어지는 시점들에서 거래의

⠒⠒

7) 용어는 다르지만 이런 무형 재산에 해당되는 것이 현재도 대차대조표상의 기업가치와 시장가치 사이의 차이라는 회계상의 문제를 낳고 있다.

반복 속에서 발생하지만, 이자는 두 시점 사이의 간격에서 생긴다.(9장 I. 4)

무체자산과 무형 자산의 차이는, 고위험-고수익과 저위험-저수익이라는 구호에서 확인되듯이, 무위험 자산(재무성공채)과 위험이 수반된 주식의 차이와 비슷하다. 그런데 신고전학파는 양자를 양적인 차이로 규정한다면 커먼스는 이것을 질적인 차이로 규정한다. 질적인 차이와 양적인 차이는 각기 법적인 사고와 경제적인 사고와 연결될 가능성이 높다. 최근 행동경제학이 지적한 바와 같이, 시장의 표준적인 합리적(rational) 선택과 법원에서의 논거에 의한 선택(reason-based choice) 사이의 비교가 이런 차이를 보여준다.

여기서 커먼스는 같은 제도학파의 베블런과 또 다른 차이를 드러낸다. 베블런은 실물 거래와 금융 거래를 구분하고, 금융이 생산 과정을 방해하며, 금융이 수탈적이라고 주장했다. 이에 따라 그는 (신학자와 함께) 금융전문가를 비난하면서 금융이나 재무를 억압해야 한다고 주장했다. 나아가 그는 미래를 부차적으로 취급하면서 효율에 집착해 기술자를 경제사회의 희망으로 규정했다.

이와 대조적으로 커먼스는 금융이 실물의 회전속도를 높여 생산성을 증대시키므로 생산을 도와주며, 금융이 실물과 불가분의 관계에 있다고 주장했다. 그는 금융에서 맑스의 착취나 베블런의 수탈뿐만 아니라 비생산성도 확인할 수 없었다. 베블런과 달리 그에게는 "기술자가 효율의 전문가이고 사업가가 희소의 전문가라면, 은행가는 미래성의 전문가이다."

당연히 그는 "누가 가치를 창출하고 누가 가치를 가져가는가"라는 문제와는 거리를 두고 있다. 또한 그는 케인즈나 하이먼 민스키(Hyman Philip Minsky)가 말하는 금융으로 인한 경제의 불안정성도 중요한 문제로 제기하지 않는다. 이런 입장에서는 투자와 투기도 명확히 구분되지 않는다. 이것은 수요공급에 대한 그의 개념에서도 확인된다.

구체적으로 커먼스는 수요공급법칙을 소비자 법칙과 사업가 법칙으로 나누고, 공급을 수요보다 앞세웠다. 이 때문에 그는 효용체감에 따른 수요의 법칙을 내세우지 않았다. 또한 그는 수요공급의 법칙을 주로 공급수요의 법칙이라고 불렀다. 나아가 그는 금전적인 이익에 대한 기대에 근거한 공급의 법칙 혹은 투기의 법칙을 당연시했다.

특히 가격변동과 같은 방향으로 움직이는 수요 혹은 투기수요가 불안정을 조장할 가능성을 커먼스는 별로 중시하지 않았다. 이는 현대 용어로 경제학이 정상적이라고 생각하는 가격과 수량 사이의 음의 환류가 아니라 비정상적이라고 생각하는 정의 환류(positive feedback)를 일상으로 받아들인 것이다.

거시적인 경기변동과 관련해서도 커먼스는 임금과 이윤의 구분에 따른 전반적인 과잉생산의 가능성을 부인했다. 그는 이윤이 생산물을 구매하는 데 동원될 수 없다는 과소소비이론을 시차문제로 재해석했다. 그리고 여러 시점의 연결성, 경제과정의 반복, 그리고 은행의 역할을 통해 이것을 극복할 수 있다며 과잉생산의 가능성을 반박했다.

이와 관련해 그는 기업의 활동과 단기적인 경기변동에 있어 핵심적인 변수가 과잉생산이론의 근거인 임금/이윤의 분배몫이나 이윤율이 아니라 이윤차익(profit margin)이라는 점을 상세하고 강하게 내세웠다. 이에 근거하면 커먼스은 케인즈와 미하우 칼레츠키(Michal Kalecki)를 포함하는 후기 케인즈주의 거시이론과 임금주도성장 혹은 "소득"주도성장에 대해서도 비판적일 것으로 보인다.

결국 커먼스에게 근로소득이냐 불로소득이냐의 관점에서든 유효수요의 관점에서든 노동자와 자본가 간의 소득분배는 중요한 문제가 아니었다. 이에 더해 거래, 특히 교섭 거래에 중점을 두면서 노조의 정치적 투쟁이나 노동조합이나 노동자 자주관리 등에 대해서도 그는 커다란 의미를 두지 않았다. 그렇더라도 커먼스가 집착한 이윤차익이 신고전학파에게 핵심변수가 아니므로, 이 지점에서 커먼스가 신고전학파와 일치된 것으로 보기는 어렵다.

4. 사상사적인 주해와 근거

커먼스가 자신의 논리를 뒷받침하기 위해 활용한 사상가는 경제학자에 국한되어 있지 않으며 광범위하다. 무엇보다 경제와 법의 결합과 실물과 금융의 상호의존을 부각시키면서 그는 경제사상사에서 별로 들어보지 못하던 사람들까지 여럿 등장시킨다. 여기에 그는 소송과 관련된 법원의 판례와 이에 관한 자신의 해석을 자신의 논의를 전개하는 근거로 추가한다.

그가 상당히 자세히 검토한 사람만 꼽아도 거의 40명에 이른다. 로크, 로버트 필머(Robert Filmer), 케네, 안 로베르 자크 튀르고(Anne-Robert-Jacques Turgot), 데이비드 흄(David Hume), 아담 스미스, 리카도, 토머스 맬서스(Thomas Robert Malthus), 윌리엄 블랙스톤(William Blackstone), 제러미 벤담(Jeremy Bentham), 프리드리히 리스트(Friedrich List), 피에르 조제프 프루동(Pierre Joseph Proudhon), 찰스 로버트 다윈(Charles Robert Darwin), 맑스, 매클라우드, 프레데리크 바스티아(Frédéric Bastiat), 헨리 캐리(Henry Carey), 카를 멩거(Carl Menger), 오이겐 폰 뵘바베르크(Eugen von Böhm-Bawerk), 프리드리히 폰 비이저(Fredich von Wieser), 빌프레도 파레토(Vilfredo Pareto), 피셔, 페터(Frank Fetter), 헨리 시즈위크(Henry Sidgwick), 빅셀, 구스타프 카셀(Gustav Cassell), 크납, R. G. 호트리(R. G. Hawtrey), 베블런, 케인즈, A. N. 화이트헤드(A. N. Whitehead), C. S. 퍼스(C. S. Peirce), 존 듀이(John Dewey), 막스 베버(Max Weber), 베르터 좀바르트(Werner Sombart) 등이 그들이다.

커먼스는 이들을 하나하나 꼼꼼하게 해석해서 자신의 입장과 연결시키고 있다. 일견 부차적으로 보이는 이런 작업이 모두 나중에 자신의 논리전개에 필요한 것으로 드러나 이것이 지적인 허영이 아니었음을 확인시켜준다. 동시에 이것은 복잡다단한 논의 속에서도 그가 현학적으로 흐르지 않는 절제를 지닌 학자임을 보여준다. 이 정도면 맑스의 『잉여가치학설사(*Theorien über den Mehrwert*)』는 아니더라도 최소한 조지프 슘페터(Joseph Alois Schumpeter)의 『경제분석의 역사(*History of Economic Analysis*)』에 준한다.

이 책이 예상보다 훨씬 더 사상사나 학설사적인 이유도 바로 여기에 있다. 그리고 이 책이 독자들에게 부과하는 가장 큰 어려움은 여기에 있다. 이와 관련해 특징적인 것들 중 앞에서 언급하지 않은 것을 살펴보면 아래와 같다.

이 책의 서두에 등장하는 사상가 로크에 대한 복잡한 논의는 경제와 다른 영역, 특히 법과의 결합이 커먼스에게 지니는 중요성을 인정해야 비로소 그 동기가 드러난다. 커먼스는 경제와 법이 결합된 복합적인 개념에 도달하기 위해 책의 모두에서 방법을 논의하면서 이런 방법론의 중심에 로크를 배치했다. 그렇게 한 이유는 커먼스가 로크에게서 여러 영역의 결합을 발견했기 때문이다. 로크의 자연법을 제도와 관습으로 변환하면서도, 커먼스는 제도학파의 골격으로 이런 결합가능성을 로크로부터 이어받았다.

구체적으로 로크는 자연법사상의 대표자이며 개인주의적이고 개체주의적이어서 제도의 변화나 관습 및 습관의 진화 등과 충돌한다. 그리고 이에 대해 커먼스는 당연히 로크를 비판한다. 그럼에도 불구하고 로크에게서 경제, 윤리, 정치, 법이 결합되어 있다는 것이 커먼스에게 중요했다. 특히 커먼스의 관점에서 로크의 노동개념에는 정치, 경제, 윤리가 겹쳐 있다.

또 다른 예로 'Commonwealth'가 지닌 여러 의미도 이 개념에 정치, 법, 경제, 윤리가 포함되어 있기 때문이다. 이 용어는 국가, 국부나 공동의 부, 영연방 등의 의미로 사용된다. 이런 다의성을 표현하기 위해 커먼스는 이 용어의 첫 글자를 대문자로 표시하기도 하고 소문자로 표시하기도 한다. 이런 다의성은 그가 이 용어를 제대로 규정하지 못했기 때문이 아니라 의도적인 것이다.

커먼스에 의하면 로크에서는 신에 대한 원죄로 인한 노동과 근면이 이 세상에 희소에서 벗어나 풍요로움(abundance)으로 나갈 수 있게 해주므로 소유의 충돌을 낳지 않는다. 이런 이유로 로크가 노동에 부합되는 가치의 형성과 재산권이나 소유권을 내세우면서 물적인 관계와 소유관계를 명백히 구분하지 않아도 무방했다. 그렇지만 사용가치와 교환가치 혹은 노동과 화폐의 결합이 로크에게 깔려 있다.

베블런은 상대적으로 커먼스만큼 영역들의 상호의존에 집착하지 않았고, 로크를 중심에 놓지도 않았다. 대신 베블런은 커먼스보다 진화에 대한 관심이 더 컸다. "왜 경제학은 진화적일 수 없는가?"와 같은 베블런의 문제의식이 이를 말해준다. 베블런에 비해 진화에 대한 커먼스의 관심은 몇 쪽에 걸쳐 자연선택과 인공선택에 대한 다윈의 혼동을 논의하는 데 그치고 있다.(4장 IX. 3. (3))

커먼스의 관점에서는 이후의 사상들도 로크에서 갈라져 나온다. 특히 논의의 중심을 이루는 가치이론과 관련해 로크에서 나와 경제학이 물리적이고 물적인 이론으로 출발했다. 그러고 나서 심리적인 이론을 거쳐 최종적으로는 제도적인 이론에 이르게 된다. 물적인 이론은 고전학파와 맑스가 대표하고, 심리적인 이론은 한계효용학파를 말하며, 제도적인 이론은 물론 자신이 내세우는 것이다.

물적인 이론이 상품을 사용가치로 취급하고 가치와 화폐를 물적으로 규정한다고 그는 고전학파나 맑스를 비판했다.[8] 따라서 그에게 이런 물적인 이론에서 고락에 근거한 한계효용학파로 넘어온 것은 나름대로의 발전이었다. 그렇지만 한계효용학파에서 가치는 심리적이고 주관적이어서 측정이 불가능하다. 그는 이런 가치로부터 제도적이며 객관적이어서 측정이 가능한 가치로 이동하는 것을 자신의 과제로 삼았다.

이런 이유로 그는 한계효용학파와 신고전학파가 마련한 개념들을 여럿 수용하면서도, 그것을 있는 그대로 받아들이지 않고 제도적이고 객관적으로 변형했다. 앞서 논의한 희소와 공급수요 이외에, 기회비용, 선택과 대체의 법칙, 제한적인(limiting) 요인과 보완적인(complementary) 요인에 대한 구분이 대표적인 예이다.

구체적으로 그의 기회비용은 교과서에 나오는 기회비용과 동일하지 않다. 우선 그는 기회비용을 과거의 사상에서 끌어내려고 노력했다. 그는 이에 가까운 것으로 아담 스미스로부터 '절약된 노동'이라는 개념(5장 III)

••

8) 여기서 맑스가 내세운 사회관계나 사회성을 간과하고 있는 것은 커먼스의 오류이다.

을 끌어낸다. 그리고 리카도의 노동가치와 생산비용을 비판하고 리카도에서 역시 기회비용에 가까운 개념으로 비교우위와 관련된 상대적인 비용을 발견한다.

무엇보다 커먼스는 바스티아와 캐리가 내세운 재생산비용에 주목했다. 그렇지만 이들에게서 재생산비용은 철도와 같은 자본의 완전한 재생비용인데, 이것은 현재의 선택대상이나 기회비용이 아니다. 그래서 커먼스는 이것을 다시 현재 이용이 가능한 대안들에 대한 선택으로 바꾼다. 그러면서도 다른 한편으로 커먼스는 이들의 생각에 부합되게 기회비용을 소비자가 아니라 '비용'이 개입되는 기업이라는 활동체와 연결시켰다. 이같이 그는 기회비용을 객관적으로 규정해 신고전학파처럼 기회비용에 효용을 끌어들여 이것을 현재와 같이 알쏭달쏭하게 만들지 않았다.[9]

커먼스는 금전적인 이익에 대한 기대에 근거한 공급의 법칙 혹은 투기의 법칙을 당연시했다. 이것은 최근의 용어로 가격과 수량 사이에 정의 환류(positive feedback)를 정상적이라고 보아 신고전학파와 대비된다. 신고전학파는 수요법칙 등을 통해 부의 환류(negative feedback)를 정상적이라고 생각하고 정의 환류를 비정상으로 취급한다. 부의 환류는 수요가 늘면 가격이 오르고 가격이 오르면 수요가 줄어 재화, 주식, 외화 등의 시장에서 안정성을 확보할 수 있기 때문이다.

커먼스가 선택과 대체의 법칙을 주로 적용하는 대상도 다르다. 선택은 소비자의 선택이 아니라 기업을 위시한 지속 활동체의 선택이다. 대체

9) 가장 기초적인 개념이면서도 경제학과 학생뿐만 아니라 경제학자도 흔히 혼동하는 개념이 기회비용이라는 것이 인터넷에 떠 있는 유명한 'Bob Dylan and Eric Clapton'의 예에서 드러났다. https://www.youtube.com/watch?v=8tle69Ob4Us

의 법칙도 효용을 극대화하기 위한 소비자의 선택이 아니라 이윤을 늘리기 위한 시장의 거래자와 기업의 선택과 관련된다. 특히 제한적인 요인과 보완적인 요인에 대한 구분은 적용대상을 떠나 신고전학파의 대체보완과 근본적인 대비를 이룬다.

커먼스에 의하면 제한적인 요인은 특정 시점에서 기업과 공장에서 생산의 효율에 장애가 되는 소수의 요인이다. 경영자는 이 요인의 해소를 자신의 과제로 삼는다. 보완적인 요인은 이와 반대로 생산에 요구되지만 그 시점에서는 장애가 되지 않는 요인이다. 그리고 시점에 따라 제한적인 요인과 보완적인 요인은 계속 바뀐다.

이같이 커먼스에서 제한적 요인과 보완적 요인의 구분도 소비가 아니라 생산과 관련된다. 또한 가격이나 비용에 따라 그것의 비율을 유연하게 선택할 수 있는 대상이 아니다. 나아가 제한과 보완이 시간의 흐름에 따라 계속 바뀌는데 그런 변화가 가격, 비용, 자금의 제약과 독립적으로 규정된다. 이와 대조적으로 신고전학파에서는 주어진 시점에서 가격과 자금의 제약에 따라 생산요소의 대체보완의 여러 결합이 가능하고 결합 비율들이 완전히 알려져 있다.

가장 근원적으로 커먼스는 제한보완을 전체가 부분들의 단순한 합이 아니라는 관점에서 파악한다. 시간의 흐름 속에서 어떤 요인이 제한적이고 어떤 요인이 보완적인지가 공장에서 전체 생산물이 투입되는 요소들의 단순한 합이 아님을 말해준다는 것이다. 이 입장은 다른 주제애 대한 논의로 이어지고 있다.(9장 IX, 본서 1036~1048, 1051~1080쪽)

특히, 커먼스는 베버의 이념형을 교육, 선전, 과학, 윤리라는 여러 각도에서 발전시키면서 전체가 부분의 합이 아닌 개념으로 취급했다.(본서 528, 1187, 1192~1193, 1207, 1210~1215, 1227쪽) 그에 의하면 이것은 신고전학파 경제학이 전체를 부분의 단순한 합으로 간주해 상관관계에 집착하는 것과 대비된다.

이 주장을 통해 로크의 원자주의에 대한 서두의 비판이 책의 거의 끝까지 이어진다는 것을 확인할 수 있어 커먼스가 놀라운 수준의 일관성을 유지하고 있음을 확인할 수 있다. 더구나 이 주장은 좌우를 막론하고 유일하게 커먼스에게서 발견되는 독창적인 착상인 것 같다.

무엇보다 이것은 신고전학파의 생각과 근원적인 차이를 낳는다. 신고전학파는 개체주의나 원자주의의 관점에서 전체가 부분들의 단순한 합이라고 전제한다.[10] 이 관점에서는 시장이 개인의 단순한 합이고 시장수요와 공급이 개인의 수요와 공급의 단순한 합이다. 그리고 이런 관점에서 대체와 보완을 말한다.

베블런이 강조한 수탈이나 독점과 커먼스의 소유권이나 무형 재산을 함께 이해하려면 독점의 의미를 경제학의 바깥으로 나가야 한다. 경제학에서 독점은 공급자가 하나여서 경쟁이 없으므로 가격 인상을 통해 초과이윤을 획득함으로써 소비자에게 피해를 주거나 소비자를 수탈하는 경우이다. 그런데 일반적으로 자본주의에서 당연시하며 시장과 경쟁의 전제인 사유재산은 소유권을 통해 더욱 원초적으로 특정인의 독점을 설정한다. 통상적인 독점의 경우 소비자가 가지고 싶어 하는 것을 유보(withholding)해서 이익을 얻는 데 비해 사유재산은 재산에 대한 보유(holding)를 통해 타인을 배제한다. 보유와 유보가 베블런과 커먼스에는 중요하게 취급된다.

••

10) 커먼스는 파레토에 근거해 이것을 원자주의(atomism)를 분자주의적인(molecular) 관점으로 표현하고 있다.

현재 좌파가 붕괴되어 있고, 신자유주의가 확산되며, 신고전학파 경제학도 제국주의적인 양상을 보이고 있다. 그렇지만 2008년의 금융위기로 이런 흐름이 주춤하고 있으며, 소득분배, 금융체계의 불안정, 환경과 탄소중립, 인공지능 등으로 기본소득 등 여러 대안이 모색되고 있다. 이 시점에서는 하나의 측면이 아니라 여러 측면들을 다각적으로 고려해야 한다.

현재 상황에서 커먼스의 『제도경제학』이 대안적인 시각을 구성하는 데 도움을 줄 것이다. 전체적으로 커먼스는 좌우이념을 극복하려는 중도적인 입장에 속한다. 이 입장에서는 경제현상이나 사회현상을 파악하는 데 여러 요인을 수용하려고 노력한다. 특히, 법적인 측면과 금융적인 측면에 대한 통찰로 이 책이 대안적인 시각을 구성하는 데 도움을 줄 수 있을 것이다. 이렇게 자리매김하는 것이 모든 사조나 사물이 이유 없이 왔다가 가는 한반도에서 그나마 커먼스라는 한 사상가를 정리하는 방식이 될 것이다.

홍훈(연세대학교 경제학부 명예교수)

2023년 4월

　이 책은 자연과학 교과서를 모델로 한다. 여기서 다루는 각각의 관념은 그 관념을 제시한 창안자까지 거슬러 올라간다. 그런 후 관념이 지속적으로 수정되어 이전의 중첩된 의미들을 내포한 관념이 분리된다. 하나의 의미로서 각 관념이 지난 세계대전 이후로 발전하면서, 내가 정치경제학이라 이해하는 것에 있는 다른 의미들과 비로소 결합된다. 새로운 관념과 이론의 창안자들은 혁명전쟁을 전후한 시기, 일명 전쟁 주기(the War Cycle)라고 부르는 시기에 나타났다. 나의 분석은 영미계 관습법에 근거하여 1689년 영국명예혁명에서 출발한다. 그다음은 1789년 프랑스대혁명이라는 세계전쟁으로, 그리고 나서 1848년 유럽혁명을 진압한 결과로 발생한 1861년 미국혁명을 다루고, 1914년부터 시작하는 10여 개의 혁명으로 이루어진 전쟁을 다룬다.

　내 자서전(*Myself: The autobiography of John R. Commons*, 1934 – 옮긴이)에서 설명했듯이, 나는 두 개의 혁명을 경험했다. 노예제를 철폐한 미국혁명과 20년 전의 세계혁명이 그것이다. 나의 첫 책인 『부의 분배(*The Distribution of Wealth*)』(1893)는 19세기 마지막 사반세기 동안 유행하던 이론에 입각했다. 그리고 『자본주의의 법적 기초(*Legal Foundations of Capitalism*)』(1924)와 『제도경제학(*Institutional Economics*)』(1934)은 우리가

함께하는 혁명 주기에 출현한 이론에 입각했다.

지난 25년간 내게 많은 것을 가르쳐준 수많은 학생과 조교 중에 안나(Mrs. Anna Campbell Davis)는 7년 동안 법률적, 경제적 사례들에 대한 도움을 주었고, 루벤(Mr. Reuben Sparkman)은 4년 동안 경제적 사례들에 대한 도움을 주었다. 경제학과 동료들도 많은 도움을 주었다. 과거와 현재의 제자를 포함해서 다른 경제학자들이 내가 쓰거나 수정한 원고들에 대해 의견을 주고, 오류를 찾아주고, 어려움을 극복하도록 도와주었다.

존 R. 커먼스(John R. Commons)
위스콘신주 매디슨에서
1934년 8월

차례

도표

10장 합당한 가치

I.   베블런

     1. 유체 재산으로부터 무형 재산으로
     2. 부의 누적으로부터 생각의 누적으로
     3. 관리 거래로부터 교섭 거래로
     4. 시간의 흐름과 시간의 경과

II. 개인으로부터 제도로

III. 자연권으로부터 합당한 가치로

IV. 주권

     1. 행정적인 주권
     2. 입법적인 주권
     3. 사법적인 주권
     4. 분석적이고 기능적인 법과 경제학
        (1) 힘
        (2) 희소

V.   습관적인 가정

VI. 이념형

     1. 교육적인 이념형
     2. 선전적인 이념형
     3. 과학적인 이념형
     4. 윤리적인 이념형

VII. 집단행동

     1. 정치
        (1) 인물됨, 원리, 조직
        (2) 관할
        (3) 배급

도표

표

번역어 대조표

단어	번역
anarchism	아나키즘, 비지배주의
arbitration tribunals	조정위원회
associated	집단적인
association	단결, 결사, 협회
assumpsit	(묵시적) 계약이행
bargaining transaction	교섭 거래
coercion	압박
collective action	집단행동
common law	관습법
common weal	공공 복리
concern	활동체
concerted action	단체행동, 담합행동, 행동통일
conflict of interests	이해충돌
corporation	조직, 법인, 회사, 협회, 조합
corporationism	조직주의, 조합주의
corporeal property	유체 재산
creation of debt	채무 생성
duress	강박
due process of law	적법절차
effectual demand	유효수요
exposure	(위험에의) 노출
forbearance	자제
franchise	가맹점, 사업(허가)권
futurity	미래성
going concern	지속(적인) 활동체
good-will	호감, 호의, 평판, 권리금의 대상, 영업권
high financing	불법 금융 거래
illusory	환상에 불과한
income	수입
incorporeal property	무체 재산
intangible property	무형 재산
integrated industry	계열화된 산업, 통합된 산업
legal tender	법화
live and let live understanding	공생

managerial transaction	관리 거래
margin	차익, 한계지, 한계수익
negotiability	양도가능성, 유통가능성
ownership	소유(권)
performance	이행
afterthought	사후사고
physical sciences	물상과학
physical things	물건
physiology	중농주의
pleasure and pain	고락
positive/negative	정/부, 양/음, 긍정적/부정적, 적극적/소극적 (맥락에 따라 번역함)
possession	점유
property	재산
proportioning	배분, 배당
proprietary	소유적, 전유적
public utilities	공공 서비스
quantum meruit	적정 금액 또는 상당액
rationing	할당, 배급, 배당
rationing transaction	배급 거래
reasonable	합당한
regulator	조절자
release of debt	채무 해제
secrecy	비공개, 비밀주의
self-interest	자기이익
selfishness	이기심
situs	소재지
tangible property	유형 재산
title	권원
utilitarianism	효용주의
utility	효용, 유용성
wholesaler	도매업자
withhold	남들이 필요로 하지만 갖고 있지 않은 것을 그들이 쓰지 못하도록 주지 않고 갖고(유보하고) 있음, 남들이 쓰지 못하게 가지고 있음
working rules	운영규칙

제1장

관점

나의 관점은 집단행동에 참여했던 경험에서 비롯한다. 그 경험에서 개인행동을 통제하는 집단행동의 역할에 관한 이론을 끌어냈다. 이 관점이 다른 사람들의 제도경제학에 대한 생각과 맞을 수도 있고, 맞지 않을 수도 있을 것이다. 『자본주의의 법적 기초』와 제도경제학에 관한 이 책의 다양한 판본에 관해 '내 이론이나 내가 의도하고 있던 바를 이해할 수 없었고 이론이 이해할 수 없을 만큼 매우 개인적이라'는 취지의 독자나 학생들의 논평과 비판은, 개인적인 망설임을 떨쳐버리고, 용감하게 50여 년간 숱한 집단행동에 참여했던 나 자신을 한 명의 **객관적 자아**(Objective Ego)로서 다루도록 이끌어주었다.

첫 번째 장에서, 그리고 다시 산업재해와 실업[1] 부분에서, 이 경험을 소개할 것이다. 이 책은 나만의 개인적인 이론에 그치는 것이 아니라 집단행동으로 수없이 실험하고 검증한 이론이며, 따라서 지난 200년 동안 대립한 개인주의 이론과 집단주의 이론이 화해할 것을 요구하는 이론임을 나는 주장한다.

나의 참여는 1883년에 오하이오주 클리블랜드에서 인쇄노동조합 지부

⋮

1) 본서 56쪽.

조합원으로 가입하면서 시작되었다. 순진하고 호기심 많은 '촌인쇄공'였던 나는 이미 인디애나 작은 농촌 마을의 조그만 신문사 겸 직업훈련소에서 7년 동안 이런저런 훈련을 받았었다. 주급 15달러 정도를 받고 일주일 내내 하루 12시간씩 일했던 이때의 새로운 경험과, 큰 일간지의 고용주, 인쇄공 둘 다를 통제하려는 조합의 노력, 그리고 1886년 이전까지의 인쇄공으로서 전전했던 나의 경험이, 언론인이 될 준비를 해야겠다는 막연한 생각을 접고, 모든 방면으로 경제학의 전체 문제를 연구하기로 작정했다.

처음 읽은 경제 이론은 동료 인쇄공이 추천해 준 헨리 조지(Henry George)의 개인주의적이고 신학적인 『진보와 빈곤(Progress and Poverty)』이었다. 나는 결코 그가 도달했던 결론에 논리적으로 도달할 수 없었다. 그의 노동조합에 대한 비난[2]에 나는 분개했다. 비노조사업장(open shop)*보다 노조사업장의 고용조건이 더 좋았다는 것을 나는 알았기 때문이다.

법과 경제학의 관계에 관한 문제를 처음 접한 건 1888년 존스 홉킨스 대학(Johns Hopkins University)에서 엘리(Richard T. Ely)[3] 교수의 수업을 들었을 때였다. 1899년에 미국산업위원회(the United States Industrial Commission)를 위해서 이민문제를 조사하느라 거의 모든 전국노동조합 본부를 방문했다. 나아가 자본가 조직과 노동자 조직에 의한 산출규제를

..

2) George, Henry, *Progress and Poverty*(1879). 그의 *Complete Works* (1906~1911) 참조.
3) Cf. Ely, Richard T., *Property and Contract in Their Relation to the Distribution of Wealth*(2 vols., 1914).

---

* 노동조합원이 아닌 노동자도 고용하는 사업소. 본래는 노동조합원을 고용하지 않는 비조합사업장(non-union shop)을 의미했다.

더 조사하게 되었다. 1901년 이후 노동자, 사용자, 공익으로 구성된 전국 시민연합(the National Civic Federation)*과 함께 노동문제를 중재하는 활동에 참여했다. 1906년에는 같은 조직과 함께 자치도시와 민간기업이 경영하던 공공 서비스(public utilities)(상하수도나 전력, 가스 등 ─ 옮긴이)의 운영실태를 조사했다.

1905년 위스콘신 주지사 로버트 라폴레트(Robert M. La Follette)의 요청에 따라 공무원법(civil service law)과 공공 서비스법 초안을 작성했다. 공공 서비스법은 지역 내 공공 서비스 사업체가 공공 서비스의 합당한 가치(reasonable value)와 합당한 관행을 확정하고 유지하는 내용이었다. 1906년과 1907년에는 다른 사람들과 함께 '러셀 세이지 재단(Russell Sage Foundation)'**의 요청으로 피츠버그 제철산업의 노동조건을 조사했다. 1910년과 1911년에는 사회주의자들이 밀워키 시정부를 장악하자, 나는 거기에서 경제 효율 사무국(Bureau of Economy and Efficiency)을 조직했다. 1911년에는 위스콘신주 산업위원회법 초안을 작성하고, 위원회에 2년 동안 참여해 고용주와 피고용자 관계에서 합당한 규칙과 관행을 확정하고 시행하려고 애썼다. 1913년부터 1915년까지는 윌슨 대통령으로부터 산업관계위원회 위원으로 임명받았다. 1923년에는 페터 교수(Frank Fetter), 리플리 교수(William Ripley)와 함께 US스틸의 철강가격 차별화와 관련된 피츠버그 플러스 건***에 대해 연방교역위원회(the Federal Trade

---

* 1900년 설립한 미국의 경제조직으로 대기업, 조직 노동자, 소비자 등 다양한 경제주체들로 선발된 대표자들이 구성했다. 이 조직은 노동분쟁을 중재하는 활동을 주로 했다. 온건하고 진보적인 개혁을 추구하며, 기업과 조직 노동자가 충돌하는 걸 해소하려고 노력했다.
** 미국의 자선재단으로 주로 소득 불평등과 관련한 연구를 지원한다.
*** 관련 내용은 다음을 참고. https://www.jstor.org/stable/25709122?seq=1#page_scan_tab_contents

Commission)에 참석하여 서부 네 개 주를 대변했다.*

1923년부터 1924년까지는 전국통화협회(the National Monetary Association) 회장으로서 뉴욕주와 워싱턴주 연방준비제도의 활동을 조사했다. 이 조사는 1928년 스트롱(Strong) 캔자스주 하원의원의 가격안정화 법안에 대한 미 하원 금융통화위원회 상정에 도움을 주는 것으로 이어졌다.

1924년부터 1926년 사이에 의장으로서 나는 시카고 의류산업의 임의 실업보험계획을 운영했다. 이 계획은 입법화를 위해 1923년에 미리 고안했던 것과 비슷했다. 이 계획은 몇 가지를 개선해 1932년 위스콘신주에서 마침내 법률로 제정되었다.

50년 동안 실험에 참여했던 사람이라면 누구라도, 나처럼 이해충돌과 집단행동이라는 두 가지 결론에 도달할 것이다. 주(州)나 시(市)까지도 주권자들의 집단행동임이 드러났다.[4]

한동안 연방대법원, 노동상업조정심판원(Labor and Commercial

..

4) *American Economic Review* 편집자로부터 1932년 6월호에 실린 논문을 이후 논의의 내용으로 이용할 수 있도록 허가받았다. 조셉 섀퍼(Joseph E. Shafer) 교수가 같은 잡지의 이전 호에서 언급한 것도 보라. 그 언급 때문에 내가 이런 개인적 관점을 표명하게 되었다.

---

* 기점가격제(basing-point pricing system)란 어떤 상품의 가격을 기준표시가격에다 기점에서 시장까지의 수송비를 더하여 정하는 가격제를 말한다. 피츠버그 플러스 방식은 기점가격제의 고전적 사례다. 이 가격제에서 철강의 가격은 모두 피츠버그에서의 가격(기준표시가격)에 피츠버그(기점)에서부터 시장까지의 수송비를 더한 것으로서 결정된다. 구매자의 위치가 기점까지의 거리보다 실제 공급하는 공장까지의 거리가 가까우면, 실제운임보다 더 많은 돈을 내게 된다. 이런 유령운임 추가는 오늘날 독점금지법 아래에서 위법이다. 1921년 7월 21일 연방 교역위원회는 US스틸과 7개의 자회사에 대해 압연강을 피츠버그 플러스 가격으로 판매하지 못하도록 최종 판결했다.

Arbitration Tribunals)에서 나온 판례 수백 건을 연구했다. 조정위원회는 이해충돌 분쟁을 어떤 원칙에 따라 판결했는지, 그리고 연방대법원은 적법절차(due process of law)*에 관한, 재산과 자유의 획득에 관한, 그리고 마지막으로 평등한 법적 보호에 관한 헌법 조항(clauses)에 따라 행동했는지를 보려고 했다. 이 판례들은 『자본주의의 법적 기초』(1924)에서 논의했으며, 지금 쓰는 책은 이에 대한 경제학자들의 이론을 연구한 내용이다. 여기서 전개한 관점을 받아들인 경제학자는 거의 없었다. 다시 말해 법적 제도를 경제학이나 미국 사법권의 헌법 체계에 부합하도록 이바지한 경제학자는 거의 없었다.

1907년 법률가들과 함께 공공 서비스법의 초안을 작성하면서 주목했던 주된 것은 1890년 이후 미국 연방대법원의 영향을 받아 일어났던 "재산"이라는 말의 의미상의 변화였다. 연방대법원의 1872년 도살장 건**과 1876년 먼*** 건에서 보인 "유체(corporeal)" 재산이라는 의미에, 1890년

---

* 판례에 기초하여 판결을 내리는 것을 말한다. 그리고 커먼스는 이 방식을 다양한 사회적 합의 형성 과정에까지 적용했다. 상세한 것은 10장 '합당한 가치'(원저 p.697) '습관상의 가정' 이후를 참조할 것.

** 도살장 건은 뉴올리언스 시에서 가축을 수용하고 도살하는 시설을 Crescent City 회사라는 한 개 회사만 독점하도록 한 루이지애나 주 법률의 유효성에 문제를 제기한 사건이다. 이 판결에서 체이스(Chase) 연방대법원장과 필드(Field), 브래들리(Bradley), 스웨인(Swayne) 연방대법관은 다수의견이 수정헌법 제14조를 좁게 해석하는 것에 반대했다. Field 연방대법관은, 수정 제14조에서 언급한 특권과 면제조항을 다수의견처럼 해석하는 건 동 조항을 무용지물로 만드는 것과 다름없다고 주장했다. 연방대법관들은 수정헌법 제14조가 모든 시민의 "자연권"과 "양도할 수 없는 권리"를 보장하는 것으로 믿었다. 연방대법원은 주정부가 공유재(the common goods)에 영향을 주는 사기업을 규제할 권한이 있다고 판결했다.

*** 먼(Munn) 대 일리노이주 건. 남북전쟁 후 급속한 산업 발달로 인해 운송 수요의 폭발적 증가로 철도 건설과 확장이 진행되었다. 사업 확장 과정에서 배당금 지불과 이익 확대를 위해 철도 요금을 지나치게 인상하자 농민들을 중심으로 요금 합리화를 요구하는 운동이 시작되었다. 일리노이주, 미네소타주, 아이오와주, 위스콘신주 등에서 철도 요금과 서비스가

이후 연방대법원이 재산이라는 단어에 "무형(intangible)" 재산이라는 의미를 추가한 것이다. 추가한 의미는 1897년과 1904년 사이에 여러 판례로 다듬어졌다.

이들 판례들에 따라, 그리고 『자본주의의 법적 기초』를 출판한 이후 내가 그 의미를 더욱 발전시켰듯이, 무형 재산의 의미는 남들이 필요하지만 갖고 있지 않은 것을 그 남들이 쓰지 못하게 가지고 있음으로써 가격을 정하는 권리이다. 무형 재산은 전에는 별도로 다루어지던 자유의 의미도 포함한다. 합당한 가치에 관한 1890년 이후의 모든 법원 판결이 이러한 무형 재산의 의미에, 그리고 소송 중인 해당 이해충돌에 달려 있었다는 사실을 발견하게 될 것이다.

영광스럽게도 소스타인 베블런(Thorstein Veblen)은 1900년 이후 무형 재산과 같은 생각을 경제학에 도입하고 있었다. 이런 연유로 그가 "제도 경제학자"로 알려졌다. 그러나 베블런은 1900년의 **미국산업위원회**에서 행한 금융업계 거물들의 증언에서 실제 사례를 얻었으며, 그래서 그의 무형 재산 개념은 **맑스적인** 수탈과 착취로 귀결되었다는 것이 베블런과 나의 차이였다. 그러나 나의 원천은 법안을 기초하면서 집단행동에 참여했던 것, 그리고 이 시기에 연방대법원의 판례들을 어쩔 수 없이 연구했던 것이다. 그래서 나의 무형 재산 개념은 합당한 가치에 대한 관습법적 개념으로 귀결되었다.

연방대법원 판례뿐만 아니라 집단협상건, 노동중재건, 상업중재건에서도 이 개념을 분석하면서, 이런 심판기관들의 결정들은 이해충돌로 시

규제받게 되었다. 최고 재판 기관에 의해 사기업을 규제하는 주 의회의 권리에 관한 문제를 가져온 것으로 유명하며, 이 판결을 통해 철도를 규제하는 주 입법이 미합중국 헌법에 위반하지 않는다고 명시했다.

작한다는 점, 그런 후 충돌하는 이해는 서로에게 의존한다는 명확한 관념을 고려한다는 점, 그런 후 이 결정들은 이해조화를 끌어내려는 것이 아니라, **법원**이 "적법절차"라고 알려주는 질서, 이해충돌로부터 온 그 질서를 끌어내려는 **연방대법원**이나 노동상업조정심판원 등의 최상급기관에 의해 어떤 결정이 내려진다는 점을 나는 발견했다.

한동안 충돌, 의존, 질서라는 세 구성요소를 포괄하는 연구단위가 될 수 있는 것이 무엇인지를 찾으려고 나는 애썼다. 여러 해가 지나고 나서 이 세 가지 요소들은 상품, 노동, 욕망, 개인, 교환 등의 퇴색한 예전의 개념에 대비되는 오로지 **거래**라는 공식 속에서만 함께 통합되어 발견된다는 결론에 나는 도달했다.

그래서 나는 거래를 궁극적 경제연구 단위로, 즉 법적 통제의 이전(transfer) 단위로 삼았다. 이 단위 덕분에 법원과 조정심판원의 경제적 결정 모두를, 실제로 이루어지는 거래 속에 들어있는 가변적인 경제요인들로 분류할 수 있었다. 이 분류를 통해 법원이나 조정심판원이 자신들이 당시에 거래에서 도달한 강압적이고 부당한 가치라고 여긴 것은 배제하고, 또 그 상황에서 설득력있는 거래나 합당한 가치라고 여긴 것은 수용한 이유는 무엇이었는지를 보여줌으로써 역사적 발전이 가능했다.

존 로크(John Locke)부터 오늘날의 정통파에 이르기까지 경제학자를 다양하게 살펴보면서 부에 대해 두 가지 상충하는 의미가 있다는 사실을 발견했다. 부란 **물질적인** 것이며, 동시에 그것에 대한 **소유권**이라는 것이다. 그러나 소유권이란, 최소한 무형 재산의 현대적 의미에서, 가격을 유지하기 위해 물량을 **제한하는** 힘(power)을 뜻한다. 반면에 물질적인 것은 과잉생산에서든, 생산에서의 효율에 의해 물량을 **증가시키는** 힘에서 생겨난다. 그래서 소유권은 제도경제학의 토대가 되는 반면에, 물질적인 것은 고전 경제학과 쾌락주의 경제학의 토대가 된다. 고전 경제학과 쾌락주의 경제학에게 재산의 "유체(corporeal)"적 의미는 소유된 물질적인 것과 같았다.

19세기 중반 맑스(Karl Marx), 프루동(Pierre Proudhon), 케리(Henry C. Carey), 바스티아(Frederic Bastiat), 매클라우드(Henry MacLeod) 같은 이단 경제학자들이 소유권과 물질은 같은 것이 아니라는 사실을 어렴풋이 깨닫고 나서야 비로소 제도경제학을 위한 출발점이 만들어졌다. 유체 재산에 관한 낡은 (아직도 경제학자들이 여전히 가지고 있는) 생각을 가지고 있었다는 점에서 이 경제학자들은 어렴풋했다. 이 생각은 소유권을 소유물질과 동일시하거나, 계약이나 부채인 "무체(incorporeal) 재산"과만 "유체 재산"을 구분한다. 그러므로 19세기 마지막 사반세기에 사업계 큰손들의 관습과 실제 용어에서 "무형(intangible) 재산"에 관한 개념이 새롭게 나타난 다음에야 비로소, 베블런과 연방대법원은 물질의 소유권과 부채의 소유권뿐만 아니라 설득으로든 강압으로든 가격에 합의할 때까지 공급을 유보함으로써 이윤을 챙길 수 있으리라 기대하는 기회의 소유권까지도 명확히 나누어 구분할 수 있었다. 이 기대기회의 소유권이 바로 "무형" 재산이다.

그래서 제도경제학은 부분적으로 수백 년간의 법원 판례를 거슬러 올라가면서 이루어진다. 이 시기의 집단행동은 법에 의해서뿐만 아니라 (연방대법원의 관습법적 방법 안에서 정점에 도달한) 법을 해석하는 관습법적 판결에 의해서도, 사업관행이나 노동관행을 물려 받는다. 또한 이 집단행동은, 연방대법원에게 개별행동이 공적 이익과 사적 권리에 바람직하거나 바람직하지 않게 보일 때는 언제나 개별행동을 강제하거나 억제한다.

이러한 해석은 존 로크부터 20세기에 이르는 경제학자들의 저서를 거슬러 올라가는 일이다. 그러다 보면 그들이 집단행동을 언급한 곳과 언급하지 않은 곳을 발견하게 된다. 개인행동처럼 집단행동도 항상 있어왔다. 그러나 아담 스미스부터 20세기까지 노동조합 공격이나 윤리해설이나 공공정책 해설을 제외하고는 집단행동은 배제되거나 무시당했다. 지금 문제는 예전 학파들과 결별하고 완전히 다른 종류의 경제학, 즉 "제도"경제학을 새롭게 만들어내자는 게 아니고, 다양한 집단행동을 경제학 이론 전체에서 적절하게 자리매김하느냐는 것이다.

　내 판단에 개별 거래들에 대한 이런 집단적 통제는 제도경제학이 정치경제학의 이론적 성숙 전체에 기여한 것이다. 이 제도경제학은 노동가치론과 현대 자본주의 이론의 토대를 처음 마련했던 존 로크 이래의 모든 경제학 이론들을 포괄하고, 적절히 자리매김할 것이다.

　이해충돌을 처음으로 보편화한 경제학자는 **희소**이론을 주장한 데이비드 흄(David Hume)이었지, 신적 **풍요론**을 주장한 로크나 스미스가 아니었다. 그러나 토머스 맬서스(Thomas Malthus)가 따랐던 흄은 희소가 협동, 동료의식, 정의, 재산의 기초라고 했다. 모든 것이 무한히 많다면, 이기심도 불의(不義)도 재산권도 윤리도 필요 없었을 것이다.

　사람들이 욕구하고 욕망하는 것은, 사실이든 예상이든 희소한 것만이다. 어떤 것이 희소하면 그것의 획득은 재산과 자유에 관한 권리와 의무를 창출하는 집단행동에 의해 규제당한다. 이런 권리와 의무가 없다면 무정부 상태가 된다. 이런 희소는 경제학자들이 받아들인 사실이므로, 경제학자들은 욕구와 욕망이라는 개념 자체에 재산제도를 이미 전제한다. 희소를 당연한 것으로 여기는 대신에, 제도경제학은 희소를 공개적으로 인정하고, 희소와 사유재산의 세계에서, 그리고 결과적인 충돌의 세계에서 충돌을 해결하고 질서를 유지하는 적절한 위치를 집단행동에게 준다.

나는 거래에서 이해충돌이 지배적이라고 본다. 그렇다고 해서 이것이 유일한 원리라고 받아들일 수는 없다는 것이 나의 결론이다. 왜냐하면 상호의존도 있고, 집단행동에 의한 질서유지도 있기 때문이다. 경제학자들처럼 나도 모든 경제학 이론에 보편적인 희소로 시작한다. 그런 후 흄과 맬서스가 했던 것처럼 나도 희소에서 충돌만이 아니라 상호의존 때문에 질서를 세워주는 집단행동도 생겨난다는 것을 계속 보여준다.

질서, 즉 집단행동의 운영규칙(운영규칙의 특별한 사례가 "적법절차") 그 자체로 제도의 역사에서 상당히 변할 수 있다. 그래서 풍요의 세계에서는 필요하지 않았을 다양한 배급 거래에서 이 질서가 구체적으로 나타나는 것을 나는 깨닫는다.

효율도 보편적 원리라고 내가 생각한 것은 희소의 이런 이유 때문이다. 왜냐하면 효율은 협동을 통해 희소를 극복하기 때문이다. 그러나 협동은, 예전 경제학자들이 믿었던 것처럼, **미리 가정한** 이해조화로부터 생기지 않는다. 협동은 협동을 바라는 사람들 사이의 이해충돌에서 **새로운 조화를 창조하는 것**으로부터, 그리고 조화가 불가능하다면 최소한 질서를 창조하는 것으로부터 생겨난다. 그래서 설득, 강압, 협박을 통한 협상의 심리학이라 할 수 있다. 최근에 나쁜 평판을 얻긴 했지만, 미국에서 나타난 가장 위대한 실제적인 협동 사례는, 설득이 적절하지 않다고 드러났을 때 갈등을 억압하는 지주회사가 등장한 것이었다. 질서를 확보하려고 충돌을 진압하는, 보다 보편적인 협동은 공산주의, 파시즘, 나치즘에 의해 제안되었다. 이들은 각자 고유한 방식으로 이해충돌을 진압할 방법을 찾아냈다. 따라서 조화는 경제학의 전제조건이 아니라 충돌을 다스려야 하는 규칙을 유지하려고 설계된 집단행동의 결과이다.

역사상의 자본주의를 없애기 위해 공산주의나 파시즘나 나치즘이 해야 할 일은 유일하게 필요한 것은 교섭 거래를 없애고, 그 자리를 계획경제의 관리와 배급으로 대체하는 것이다.

이것이 내가 고전학파적이고 공산주의적인 공학경제학과 오스트리아식 가정경제학을 **미래**로 밀어내는 까닭이며, 미래의 생산, 소비, 노동과정에서 주효할 법적 통제의 현재적 이전인 협상심리학을 발전시키고 있는 까닭이다. 법적 통제를 우선 확보하지 못하면 생산과 소비는 이루어질 수 없다. 이것이 인과에 관한 생각을 변화시킬 수 있다. 이것은 분명히 원인을 과거가 아니라 미래에 갖다 놓는다. 이 과거에 로크와 고전학파, 공산주의 경제학자들의 노동이론은 원인을 갖다 놓았었다. 또 벤담이래로 쾌락주의 경제학자들의 생산이나 소비에 관한 고통과 쾌락이라는 현재의 감정이 아니라 미래에 원인을 갖다 놓는다. 이 인과관계는 로크와 고전학파, 공산주의 경제학자들의 노동이론에 의해서는 과거에 놓여 있었거나, 벤담(Jeremy Bentham) 이후 쾌락주의 경제학에 의해서는 생산이나 소비의 고통과 쾌락이라는 현재의 감정에 놓여 있었다. 이것은 법적 통제에 관한 현재의 협상과 이전은 미래의 결과라고 하는 **의지** 이론(volitional theory)이 된다. 이 이론은 생산을 계속할지 줄일지 중단할지를 결정하거나, 미래 소비가 얼마나 확대될지 축소될지 완전히 소멸될지를 결정한다.

아마도 문제는 욕구와 욕망이란 말에 함축된 심리학의 **종류**에 달려 있을 것이다. 법원이 분쟁 당사자들의 동기를 분석 규명할 때처럼, 내가 거래에 실제로 가담하는 사람들을 관찰하거나 그 사람들과 함께 하면, 항상 미래성은 생산과 소비 속에 있는 것이 아니라, 궁극적으로 생산과 소비를 결정할 교섭 거래의 설득과 압박, 관리 거래의 명령과 복종, 배급 거래의 논쟁과 변론 속에 있다는 점을 나는 깨닫는다. 제도경제학의 본질을 형성하는 협상과 결정에서 문제가 되는 건 항상 **미래의 생산**과 **미래의 소비**다. 왜냐하면 실질적 통제보다 선행해야 하는 법적 통제를 협상이 결정하기 때문이다.

다른 사람들이 주장했듯이, 이런 협상심리학이 경제학상의 인과관계에 관한 모든 문제를 변화시키고, 욕구와 욕망에 관한 모든 정의를 변화시킨다면, 협상심리학은 실제로 거기에 존재하는 것이라는 점을, 그리고 경제학자들이 주시해야 할 다중 인과 중 하나가 되어야 한다는 점을 말할 수 있을 뿐이다. 나는 지금 이런 일이 이루어지고 있다고 생각한다. 그러나 과거의 학파들과 그들의 완고한 현대적 교조주의자들은 그들의 이론을 전개할 때 노동이든 욕망이든 단 하나의 인과 원리만 선택하려고 했던 반면에, 현대의 이론들은 다중 인과론이다. 그러므로 나는 "제도주의적 인과"가 다른 인과를 배제한다고 생각하지 않는다. 그러나 미래의 결과를 바라보는 모든 거래에 작동하는 것은 의지의 경제학이다. 제도경제학은 권리, 의무, 자유, 위험으로의 노출로 이루어진 소유적인 경제학이라는 자리를 차지한다. 이 소유경제학은, 내가 앞으로 계속 보여주는 것처럼, 경제를 이론으로 정립하는 과정에서 집단행동에 적정한 자리를 부여한다.

이 분석에 어떤 새로운 것이 있는지는 모르겠다. 여기 나오는 모든 내용은 지난 200년 동안 탁월한 경제학자들의 저작에서 찾을 수 있다. 단지 관점이 조금 다를 뿐이다. 변경된 것은 전 세계적으로 나타나는 경제 과정을 구성하는 수천 가지 요인 가운데 일부를 다르게 해석하고, 다르게 강조하고, 비중을 달리하는 것이다. 이 모든 것은 경제학자들이 저술하던 시대와 장소에서 그들이 당면했던 지배적인 정치·경제 문제에 근원을 두고 있고, 또한 지난 200년 동안 이해관계 충돌이 변하면서 달라진 사회철학에 근원을 두고 있다.

내가 노력했던 것은 경험한 바에 따라 모든 경제학 이론에 적정한 무게를 부여한 하나의 사고 체계를 고안해내는 것이다. 이런 과제는 지난 30년 동안 위스콘신주에서 보낸 가슴 뛰는 경험과, 개인주의자 로버트 라폴레트와 사회주의자 빅터 버거(Victor Berger) 같은 지도자들과 함께한 경험, 그리고 이렇게 훌륭한 대학을 후원한 사람들의 관대함이 없었다면 수행할 수 없었을 것이다. 위스콘신주는 세계적인 이해충돌의 축소판이며 경제 갈등에서 합당한 가치와 합당한 관행을 찾아내려는 노력의 축소판이었다. 라폴레트 주지사가 주장했던 초기의 공무원법이 유지되지 않았다면, 이러한 노력은 현실화되지 못했을 것이다. 이 공무원법은 차기 민주당원의 집권으로 위태로워지고 있다. 이런 현실화에도 불구하고, 일부는 연방대법원 판례로 인해, 일부는 주(州) 업무의 관할권을 가져간 중앙의 행정기구로 인해, 그리고 최근에는 우리 모두가 참여하고 있는 전례없는 국가적 실험(이 책이 출간되던 당시는 30년대 대공황기로 루스벨트가 당선되어 뉴딜정책 등이 추진되고 있었음—옮긴이)으로 인해 주(州)의 주도권이 제한되었다.

이 책에서 중복되는 내용이 많다는 것을 알지만, 어쩔 수 없다. 부분적으로는 이렇게 참신한 주제가 학생과 독자에게 익숙하지 않기 때문이고, 부분적으로는 복수의 인과를 발생시키는 다양한 원인에 적절한 중요성을 부여하려면 하나 또는 다른 많은 가변적인 원인이 침범하는 지점마다 똑같은 개념이나 원칙이 반복해서 등장하기 때문이다. 이미 설명했다고 여기던 예전의 원인을 같은 문제에 대해 다른 각도에서 설명할 때 생

략하거나 잊는다면, 직접적인 원인의 적절한 중요성이 왜곡되어서 독자
나 학생은 문제를 제기할 것이다. 이런 이유로 나는 되풀이해서 말할 수
밖에 없다. 그러므로 실험자로서 내 관점은 상충하는 원리들, 원인들 또
는 목적들 때문에 충돌하는 이해관계를 가능하면 평화롭게 협력하도록
만들어야 하는 소송을 판결하려는 중재자, 입법자, 법관, 행정관의 관점
과 아주 비슷하다.

예전에 이 실험을 하면서 출판한 논문과 책, 특히 1899년 이후에 나온
것은 제자들과 실제로 함께 일하던 사람들과 협력해서 출판한 것인데,
이것들은 이 책의 이론을 위한 자료를 다음과 같이 제공한다.

참고 자료

1. 논문

"State Supervision for Cities", *Annals of the American Academy of Political and
　　Social Sciences* (May 1895), 37-53.
"Taxation in Chicago and Philadelphia", *Journal of Political Economy*(September
　　1895), 434-460.
"A Comparison of Day Labor and Contract Systems on Municipal Works", *American
　　Federationist*, III, IV(January 1897 to January 1898). Thirteen articles.
"The Right to Work", *The Arena*, XXI(1899), 132-141.
"Economic Theory and Political Morality", *Proceedings American Economic
　　Association*(1899), 62-80.
"A Sociological View of Sovereignty", *American Journal of Sociology*(1899-1900), V,
　　1-15, 155-171, 347-366, S44-SS2. 683-695, 814-825; VI, 67-89.
"A New Way of Settling Labor Disputes", *American Monthly Review of Reviews*,

March 1901.

Report of the U. S. Industrial Commission, U. S. Government Report, Immigration and Education, XV(1901), 1–41; Final Report, XIX(1903), 977–1030, 1085–1113.

Regulation and Restriction of Output, Eleventh Special Report of the Commissioner of Labor(1904). H. R. Document No. 734, 58th Congress, 2d Session.

"The New York Building Trades", *Quarterly Journal of Economics*, xviii(1904), 409–436.

"Labor Conditions in Meat Packing and the Recent Strike", *Quarterly Journal of Economics*, XIX(1904), 1–32.

"Types of American Labor Unions: The Teamsters of Chicago", *Quarterly Journal of Economics*, XIX(1905), 400–436.

"Types of American Labor Unions: The Longshoremen of the Great Lakes", *Quarterly Journal of Economics*, XX(1905), 59–85.

"Causes of the Union-Shop Policy", *Publications of American Economic Association*, Third Series, VI(1905), 140–159.

Commons, John R., and Frey, J. P., "Conciliation in the Stove Industry", U. S. Government Report, Department of Commerce and Labor(Bulletin of the Bureau of Labor, January 1906, No. 62, 124–196).

"Types of American Labor Unions: The Musicians of St. Louis and New York", *Quarterly Journal of Economics*, XX(1906), 419–442.

Report to the National Civic Federation Commission on Public Ownership and Operation(3 vols., 1907), "The Labor Report", I, 60–112.

"Is Class Conflict in America Growing and Is It Inevitable", *American Journal of Sociology*, XIII(May 1908).

"Wage Earners of Pittsburgh", *Charities and the Commons*, XXI(March 6, 1909), 1051–1064.

"American Shoemakers, 1648–1895: A Sketch of Industrial Evolution", *Quarterly Journal of Economics*, XXIV(1909), 39–83.

"Horace Greeley and the Working Class Origins of the Republican Party", *Political Science Quarterly*, XXIV(1909), 468–488.

"Eighteen Months' Work of the Milwaukee Bureau of Economy and Efficiency", Milwaukee Bureau of Economy and Efficiency(1912), *Bulletin 19*, 34 pp.

"The Industrial Commission of Wisconsin; Its Organization and Methods", published by the Wisconsin Industrial Commission, Madison, 1914.

U. S. Commission on Industrial Relations, *Final Report and Testimony Submitted to Congress*(11 vols.), I(1916), Section II, 169-230.

"Unemployment — Compensation and Prevention", *Survey*, XLVII(Oct. i, 1921), 5-9- "Tendencies in Trade Union Development in the United States", International Labor Review, V(1922), 855-887.

"Tendencies in Trade Union Development in the United States", *International Labor Review*, V(1922), 855-887.

"A Progressive Tax on Bare Land Values", *Political Science Quarterly*, XXXVII(1922), 41-68.

Commons, John R., McCracken, H. L., Zeuch, W. E., "Secular Trend and Business Cycles: A Classification of Theories", *Review of Economic Statistics*, IV(1922), 244-263.

"Unemployment — Prevention and Insurance", *The Stabilization of Business*(ed. by Lionel T. Edie, Macmillan, 1923), 164-205.

"Wage Theories and Wage Policies", Papers and Proceedings of the Thirty-Fifth Annual Meeting of the American Economic Association, *American Economic Review Supplement*, XIII(1923), 110-117.

"The Delivered Price Practice in the Steel Market", *American Economic Review*, XIV(1924), 505-519.

"Law and Economics", *Yale Law Journal*, XXXIV(Feb. 1925), 371-382.

"The Passing of Samuel Gompers", *Current History Magazine*(Feb.1925).

"The Stabilization of Prices and Business", *American Economic Review*, XV(1925), 43-52.

"The True Scope of Unemployment Insurance", *American Labor Legislation Review*, XV(Mar. 1925), 33-44.

"Marx Today: Capitalism and Socialism", *Atlantic Monthly*, CXXXVI(1925), 682-693.

"Karl Marx and Samuel Gompers", *Political Science Quarterly*, XLI(1926), 281-286.

Stabilization Hearings, House Committee on Banking and Currency, H. R. 7895(1927), 1074-1121; H. R. 11806(1928), 56-104, 423-444.

"Price Stabilization and the Federal Reserve System", *Annalist*, XXIX(April 1, 1927), 459-462.

"Reserve Bank Control of the General Price Level: A Rejoinder", *Annalist*, XXX(July 8, 1927), 43-44.

Commons, John R., and Morehouse, E. W., "Legal and Economic Job Analysis", *Yale Law Journal*, XXXVII(1927), 139-178.

"Farm Prices and the Value of Gold", *North American Review*, CCXXV(1928), 27-41, 196-211.

"Jurisdictional Disputes", in *Wertheim Lectures on Industrial Relations 1928*, Harvard University Press(1929), 93-123.

Unemployment in the United States, Hearings, Senate Committee on Education and Labor, Senate Report 219(1929), 212-236.

"Institutional Economics", *American Economic Review*, XXI(1931), 648-657.

2. 문헌

The Distribution of Wealth, The Macmillan Company, 1893.

Social Reform and the Church, Thomas W. Crowell, 1894.

Proportional Representation, Thomas W. Crowell, 1896; revised 1907, The Macmillan Company.

Commons, John R., in collaboration with others, "Regulation and Restriction of Output", United States Government Report, published as *Eleventh Special Report of the Commissioner of Labor*, H. R. Document No. 734, 58th Congress, 2d Session, 1904.

Trade Unionism and Labor Problems, Ginn and Company, 1905; Second Series 1921.

Races and Immigrants in America, The Macmillan Company, 1907.

Commons, John R., and associates, *A Documentary History of American Industrial Society*, The Arthur H. Clark Company, 19 10, 10 vols.

Labor and Administration, The Macmillan Company, 1913.

Commons, John R., and Andrews, J. B., *Principles of Labor Legislation*, Harper & Brothers, 1916; revised 1920, 1927.

Commons, John R., and associates, *History of Labour in the United States*, The Macmillan Company, 1918, 2 vols.

Industrial Goodwill, McGraw-Hill Book Company, 1919.

Industrial Government, The Macmillan Company, 1921.

Legal Foundations of Capitalism, The Macmillan Company, 1924.

Commons, John R., Draper, E. G., Lescohier, D. D., and Lewisohn, S. A., *Can Business Prevent Unemployment?* Alfred A. Knopf, 1925.

제2장

방법

I. 존 로크

존 로크는 영국의 혁명적인 17세기의 산물이었다. 두 혁명기 동안 자신이 반대했던 사람들에 의해서, 그리고 로크 자신이 찬성했던 사람들에 의해서 푸대접당했던 로크는 30년 동안 익명이나 정치인 차명으로 출판하기도 했고, 다량의 원고를 써놓기만 하기도 했다. 망명생활을 끝내고 고국으로 돌아와 근대 자본주의를 확립시켰던 1689년 명예혁명이 일어난 57세가 되어서야 비로소 영국에서 공개적으로 출판했다.

로크는 17세기에 가능했던 것들을 다양하고 깊이 있게 경험했다. 훈련받은 청교도이고 옥스퍼드의 종신직(life appointee)에 임명되었음에도, 로크는 청교도에 의해 그들이 지배할 때 침묵을 강요당했고, 국왕이 지배할 때는 쫓겨났다. 로크는 국무상을 지냈던 섀프츠베리(Shaftesbury)*와 생사고락을 같이 했으며, 그의 집에 살면서 백작을 위해 종교, 과학,

---

* 17세기 영국 혁명기 때의 정치인. 1660년 왕정 복고에 공을 세워 5인으로 구성된 카발CABAL 내각의 대신 가운데 한 명으로 활동했고, 요크공 제임스에 대한 왕위배제법안의 제출을 주도하며 휘그파(Whigs)의 형성을 이끌었다. 로크의 후원자로도 알려져 있다.

정치에 관한 글을 썼고, 망명길까지 따라나섰다. 교회나 왕, 청교도나 제프리스(George Jeffries) 재판관*에 의해, 신분고하를 막론하고 처형당하고 투옥되었으며, 그들의 재산이 몰수당하고, 그들의 의견이 짓밟히는 것을 보았다. 로크는 뉴턴(Isac Newton)부터 레이우엔훅(Antonie van Leeuwenhoek)**에 이르는 새로운 과학자들의 친구이자 동료였고, '신학문(the New Learning)'***을 공들여 연구하는 연구자였으며, 그 과학자들이 새로 만든 **실험에 의한 지식개선 왕립협회**(Royal Society for the Improvement of Knowledge by Experiment)[1]**** 회원이었다.

로크의 성과(outcome)는 지식을 대신하는 회의론, 확실성을 대신하는 개연성, 권위를 대신하는 이성, 교조주의를 대신하는 연구, 절대주의를 대신하는 입헌통치였고, 재산, 자유와 관용을 위한 사법권 독립이었다. 모든 학문 분야에서 로크는 17세기를 대표했고, 18세기를 풍미했다. 그는 철학자와 심리학자들이 포기해버린 19세기와 20세기 정통 경제학자들의 제도적, 심리학적 개념들을 지배했다.

존 로크가 쓴 『인간지성론(*Essay Concerning Human Understanding*)』은 버클리(George Berkeley)에게는 이상주의를, 흄(David Hume)에게는 회의

:

1) 1662년에 찰스 2세가 인가했다.

---

* 영국의 재판관 조지 제프리스(1648~1689)는 런던 형사재판소 판사, 왕립 재판소장, 대법관 등을 역임했는데, 가혹한 판결로 악명을 떨쳤다.

** 안토니 판 레이우엔훅(1632~1723)은 네덜란드 과학자로, 미생물학의 정립에 기여했다.

*** 15세기 후반 유럽에서 발전한 르네상스 인문주의로, 그리스 고전, 성서 등이 재해석되면서 이에 대한 철학적 연구가 이루어졌고, 이후 종교개혁에 영향을 미쳤다.

**** 실험에 의한 지식개선 왕립협회는 영국의 학술단체이자 국립과학원으로, 1660년 11월 28일에 설립된, 세계에서 가장 오래된 과학 아카데미이다.

주의를, 프랑스인들에게는 유물론을, 칸트(Immanuel Kant)에게는 지식의 선험적 형식과 범주를 촉발시켰다. 그러나 로크 그 자신은 이 책으로 모든 사물에 내재한 합당성(reasonable -ness)만을 의도했다. 로크가 쓴 『시민정부론(*Two Treatises on Civil Government*)』은 1689년 명예혁명을 정당화 했고, 미국과 프랑스대혁명을 법보다, 관습보다, 군주보다 우월한 천부인권으로 이끌었다. 그러나 로크는 오직 아담에게서 물려받았다고 전해지는 신성한 왕권을, 1689년 영국인의 관습법적 권리로 대체하려 했다. '시민정부론'은 노동을 정치학과 경제학의 토대로 만들어, 아담 스미스에게 자연가치의 척도로서 노동고통의 이론을, 리카도에게 정상가치의 척도로서 노동력이론을, 맑스에게 착취의 척도로서 사회적 노동력이론을 세우게 했다. 그렇지만 로크의 노동 관념(idea)은 자기 노동의 산물이라는 점에서 사적 재산(private property)이었고, 로크는 독립적인 사법부의 심리나 판결없이 왕이 재산을 탈취하는 것에 반대하는 주장만 폈다. 로크가 쓴 『관용에 관한 편지(*Letters on Toleration*)』는 인간지성의 한계에 관한, 그리고 표현, 언론, 결사의 자유를 제한하는 할 때 정부의 한계에 관한 그의 의문들에서 나온 결론이었다. 이 모든 글들을 그가 익명으로나 해외에서 쓰고 다시 쓰거나 조각글로 발행하는 데는 30여 년 이상 걸렸지만, 고국에서 공개적으로 출판하는 데는 전제 군주가 입헌 군주로 대체되던 12개월 만에 이루어졌다.

1. 관념

로크의 『인간지성론』은 인간의 정신이 실제로 얼마나 많이 알 수 있고,

알 수 없는지를 찾는 실용적 목적으로 시작되었다. 이 책은 혼란, 불관용과 내전을 초래하고 있었던 17세기의 논쟁들과 교조주의 때문에 커 나왔다. 로크는 이렇게 말한다.

"(……) 대여섯 명의 친구들이 내 방에 모여 이것과 매우 거리가 먼 주제에 대해 이야기할 때, 모든 면에서 나타났던 난제로 순식간에 어찌할 바를 몰랐다. 우리를 혼란스럽게 만들었던 그 의문들을 조금도 해결하지 못한 채 한동안 난처해하다가, 우리가 길을 잘못 들어섰다는 생각이 들었다. 즉 그런 성격의 연구들에 착수하기 전에, 우리 자신의 능력을 먼저 점검하고, 우리의 지성이 다루기에 적합한 대상이 어떤 것이고, 적합하지 않은 대상이 어떤 것인지를 알아볼 필요가 있었다."[2]

이것이 우리의 지적 연구 도구들을 먼저 검토하고 그 도구의 산출물을 검토하는 로크의 "새로운 방법"이었다. 이것이 로크의 창조적 천재성을 보여주는 것이며, 결국 **관념**(Ideas), **말**(Words), **개연성**(Probability)에 관한 인간지성론으로 귀결되었다.

로크가 말하길, 마음(mind) 속의 관념은 사람이 진정으로 알고 언어로 표출되는 유일한 대상이다. "기존 학설(received doctrine)"은 사람은 "생득 관념과 마음 속에 새겨진 본래의 문자(original characters)를" 가지고 태어난다는 것이었다. 로크는 이 학설을 상세히 논파한 다음에 이렇게

∴

2) *The Works of John Locke*, "Epistle to the Reader", in *Essay Concerning Human Understanding*(11th ed., 1812, 10 vols.), I., 앞으로 언급하는 로크의 글은 모두 이 판본을 참고한다.

말했다. "마음이 이른바 백지라고 가정해보자. 여기엔 어떤 글자도 없으며, 어떤 관념도 없다. 어떻게 이 백지가 채워지나? …… 이 질문에 나의 답은 한마디로 경험으로부터이다."[3]

로크가 말하길, 경험은 감각(sensation)이자 반성(reflection)이다. 오감은 외적 대상에 존재하는 감지할 수 있는(sensible) 성질들에 대한 관념들로 마음에 반영되는 "입자들"을 마음에 전달한다. 그리고 이러한 관념들은 '노랑, 열, 딱딱한' 등의 말들과 같은 기호들로 표현된다. 거울처럼 반성(reflection)은, "이미 획득한 관념들에 관해 마음이 사용되면서, 우리 안에 있는 우리 마음이 작용하는 것"이다. 그러나 아직도 이런 작용에는 '어떤 사고로부터 나오는 만족이나 불안'의 감정들이 수반되어 있다. 이 작용은 "영혼이 반성하고 숙고하게 될 때, 또 다른 생각들을 지성에 제공한다. 이런 생각들은 외적 사물(things without)로부터 주어질 수 없고", "전적으로 그 사람 안에 있다."[4] 이것들을 "내부 감관(internal sense)이라고 부르면 충분히 적절할 것 같은데", 이런 내부 감관에서 생겨난 관념은 "지각, 기억, 주목, 반복, 식별, 비교, 복합, 그리고 명명"이 있다.

앞에서 말한 감각과 그 반성이 "단순 관념"의 두 개의 원천이다. 그리고 지성이 이 둘 중 하나로부터 아무것도 받지 못했다면, 지성은 아주 작은 관념의 불씨조차 가질 수 없다.[5] 좀 더 고찰하자면, 이들 단순 관념들은 "어떤 생각이나 행동을 다른 것보다 좋아할 이유를" 제공하는 **고락**(Pleasure and Pain)의 관념들이다. 그리고 단순 관념들은 자기 몸을 움

••
3) *Ibid.*, Vol. I, Bk. II, Ch. I, Secs. 1, 2.
4) *Ibid.*, Sec. 4
5) *Ibid.*, Ch. 1, Sec. 5

직이는 것과, 자연체가 다른 물체에서 움직임을 만들어낼 수 있다는 것을 우리가 관찰하는 **힘**의 관념이다. 단순 관념들은 마음 속에 실제로 있는 관념들이나, 우리 밖에 실제로 있는 사물들을 고려할 때와 같은 **존재**의 관념이다. 단순 관념들은 "실재이든 관념이든 한 사물을 고려할 때와 같은" **단일성**(Unity)의 관념이다. 단순 관념들은 우리 자신의 마음속에서 지나가는 것에 의해 끊임없이 제공되는 **연속**(Succession)의 관념이다.'[6]

이런 단순 관념의 '집합'인 복합 관념은 단순 관념으로부터 합성된 것이다. 즉 인간이나 공기 같은 **실체**(Substance), 남편과 부인과 같은 **관계**, 공간, 시간, 선, 악, 정의, 살인, 공포 등과 같은 **양태**(Mode)이다. 우리가 알고 있는 것은 단순관념과 복합관념 뿐이다. "(……) 마음은, 모든 사고와 추론에서, 자신의 관념들 외에는 어떤 직접적인 대상도 갖고 있지 않으며, 마음은 혼자서 관념들을 지니고 있고, 관조할 수 있다. (……) 그리고 **지식**이란 우리 관념들 중 어떤 것의 연관과 일치, 또는 불일치와 모순을 지각하는 것에 불과하다."[7]

그래서 로크는 외부 세계(world without)로부터 내부 마음(mind within)을 완전히 분리시킨다. 단순관념들에서부터 실체, 원인, 결과, 도덕성, 신법(divine law)과 인법(civil law) 등 매우 복합적인 관념에 이르기까지 마음이 결합시키고 재결합시키는 어떤 관념들에 마음이 작용하고 있음을 마음 스스로 관찰한다.

세계라는 외적 메커니즘을 복제하는 마음이라는 내적 메커니즘의 이런 분리가 로크부터 19세기 말까지 나타나는 경제 이론의 특징이다. 이

..

6) *Ibid.*, Ch. 7.
7) *Ibid.*, Vol. II, Bk. IV, Ch. 1, Secs. 1, 2.

이원론에서 벗어나, 내적 마음과 외적 세계 간의 함수 관계로 대체하는 데 필요한 개념들은, 1871년[8] 오스트리아 경제학자 멩거(Carl Menger)*에 의해 비로소 "효용체감(diminishing utility)"이란 이름 하에 경제학 이론으로 구축되었다. 이 효용체감은, 결핍을 충족시켜준다고 여겨지는 외적 대상들에 대한 의존의 느낌이라는 관념을, 즉 이 대상들이 증가해서 풍족해짐에 따라 강도에 있어서 줄어드는 느낌이라는 관념을 만들어냈다. 그리고 1888년 뵘바베르크(Eugen von Böhm-Bawerk)**가 미래 상품의 할인된 현재가치(a present diminished value of future commodities)라는 관념을 구축하고 나서야 비로소 그 개념들이 경제학 이론으로 구축되었다. 그래서 로크와 그 추종자들이 주장한 것처럼 내적 마음과 외적세계의 분리 대신에, 현재와 미래의 외적 세계에 대해 심신이 의존하는 정도가 변한다는 함수 개념을 제공하기 위해서는 이후의 **희소와 미래성**(Futurity)이라는 개념이 필요했다. 그렇더라도 이 쾌락주의 경제학자들 역시 감각과

∵

8) Gossen(1854), Jevons(1871)가 선행하고, Walras(1874)가 독자적으로 뒤를 이었다.

---

* 카를 멩거(1840~1921)는 오스트리아학파의 창시자이다. 가격이 노동투입량의 변화를 통해 변동한다는 아담 스미스의 노동가치론 대신, 상품의 가격 변동이 소비자들의 해당 상품의 가치평가에 달려 있다는 주관적 가치이론이라는 인식 체계를 제시했다. 멩거는 공식적으로 '한계'라는 용어를 사용하지는 않았지만, 사람이 자신의 필요를 충족시키기 위해 재화에 순위를 매기는 방식으로 한계효용의 개념을 설명했다.

** 오이겐 폰 뵘바베르크(1851~1914)는 오스트리아의 경제학자이자 재무장관을 역임한 정치인으로 오스트리아 경제학과 신고전파 경제학의 발전에 중요한 공헌을 했다. 그는 맑스주의 경제학에 대한 강력한 비판가로서, 맑스주의의 착취이론이 생산의 시간적 차원을 무시하고 산업의 이윤 재분배가 통화정책의 핵심 도구로서 이자율의 중요성을 약화시킬 것이라고 주장했다. 뵘바베르크에 의하면 이자가 플러스 값을 가지는 것은 미래의 재화보다 현재의 재화에 더 큰 가치를 부여하는 시간선호 때문이며, 따라서 이자는 시간의 가격이며 "미래 재화에 대한 현재의 기술적 우월성"이라 강조했다.

관념에 대한 로크의 입자론(corpuscular theory)을 따랐다.

마음에 대한 로크의 기계적 관념은 뉴턴의 입자 형태로 외부에서 들어오는 것을 관념이란 그릇에 수동적으로 받아들여 내부에서 반성하는 것이었다. 이 역시 칼 맑스를 정점으로 하는 물리적 경제학자들(physical economist)*의 특징이다. 그들은 개인의식을 부의 생산과 취득의 단순한 모사로 환원했다. 기대되는 거래의 반복이라는 관념 안에서, 로크의 입자적 감각과 반성과 의사(volition)를 통합시키려면, 그 기계적 관념은 몸 속으로 들어오는 특정 감각이 아니라 살아 움직이는 몸 전체인 마음의 더 진전된 개념을 필요로 했다. **창조적** 주체인 이 전체 몸은 미래를 바라보며, 기대되는 결과란 관점에서 외부 세계와 다른 인간을 조작한다. 이것이 최근의 심리학과 경제학이 성취해야 할 과제가 되었다.[9]

그러나 로크는 그의 **경험**론으로, 그리고 모든 우리 관념의 원천이 세계에 관한 생득적이거나 확실한 지식이 아니라, 다소 불완전한 상(picture)만을 주는 오감뿐이라는 것에 대한 논증으로, 그 과제로 가는 길을 마련했다. 현대 심리학과 경제학은 마음에 관한 로크의 물리적(physical) 개념을 당시 유행했던 유일한 과학—물리학, 광학, 천문학—에서 유추하여 도출했기 때문에 폐기해야만 했고, 즉 로크와 그의 동시대인들이 자연 과학에서 활용했던 것과 같이 심리학, 역사, 경제학 연구

∴

9) 실용주의, 게슈탈트 심리학, 제도경제학. 빛에 대한 입자설과 파동설을 결합시키려는 최근의 시도들에 대해서는 한스 라이헨바흐가 Allen E. S.와 함께 쓴 *Atoms and Cosmos; the World of Modern Physics*도 참조하라. Whitehead, A. N., *Adventure of Ideas*(1933)도 보라. 특히 11장, "Objects and Subjects(물체와 대상)"을 보라.

---

* 물리적(자연주의적) 경제는 19세기 및 그 이전 농업, 광업, 노동집약적 제조업 등의 산업이 지배적이었던 경제 형태를 말한다. 정보 및 통신 기술 혁명으로 물리적 경제는 쇠락하게 되었다.

에서 행해지던 실험 방법에 적합한 개념들을 대체시켜야만 했다.

　이런 목적을 염두에 두면서, 우리가 로크의 지적인 용어인 "관념"이란 말에 감성적인 용어인 "의미"라는 말을 더하면, 외부 세계와 분리되어서 마음 속에서 움직이는 주관적인 입자들이라는 기계적인(mechanistic) 유추는 빼고, 우리는 그가 생각했던 것을 얻을 수 있을 것으로 보인다. 여기서 의도된 "의미"라는 용어는 정서적 측면을 뜻하는데, 그 정서적 측면의 관념은 순전히 지적인 측면이다. 이 용어는 변하는 내외부 세계에 대한 작용과 반작용이라는 의지적 과정의 주관적인 측면과 객관적 측면 모두를 함축한다.

　"의미"라는 개념은 로크의 "관념"이라는 개념을, 거울에 비치는 것처럼, 단순히 수동적으로 모사하는 것으로부터 내적으로 선택되고 변형된 관념들을 능동적이고 정신적으로 구성하는 것으로 변화시킨다. 그리하여 그렇지 않았다면 다룰 수 없었을 복잡한 외적 활동을 연구하고 이해하도록 도와준다. 빨간색은 초당 400조 진동으로, 보라색은 초당 800조 진동으로 이루어진다고 한다.[10] 우리는 빨강을 보지만, 그것은 세계라는 메커니즘 안에서 일어나는 특정 반복들에 대해 우리가 부여한 의미일 뿐이다. 그 반복은 빨간색이 결코 아니며, 따라서 모사도 아니다. 그것은 살인을 의미할 수도, 장미를 의미할 수도 있다. 그것은 사건에 대한 경험, 반복, 기억 그리고 관심에 근거하고 있는, 이미 일어나버린 일에 대한 우리의 추론이거나, 앞으로 일어날 어떤 일에 대한 우리의 기대이다. 그것은 초당 400조 진동하는 것에 우리가 다양한 의미 부여를 하는 것이다. 자연에 속한 모든 것과 인간 본성에 속한 모든 것, 우리 자신의 주관

∴

10) Jeans, Sir James, *The Universe around Us*(1929), 108.

적인 관념과 감정에 속한 모든 것도 마찬가지다. 우리 지식은 모사가 아니라, 지성적인 측면에서는, 내적으로 실제로 창조된 관념이고, 감성적인 측면에서는, 관념을 감각과 관련짓게 하는 의미이다. 대안들의 무게를 잰다는 측면에서 이것들은 가치측정이고, 의지적 측면에서 행동과 거래다.

왜냐하면 "의미"는 경험의 일부와 경험의 전체 사이의 관계라는 공식을 담으려고 우리가 만든 어떤 관념의 이름이기 때문이다. 따라서 이 의미는 감각들과 감성들로부터 떼어낼 수 없는 무언가를 그린다. 감각과 감성이 행동의 문턱에 다다르면, 우리는 그 감각과 감성을 가치라고 이름 짓는다. 즉 자연 세계나 주변 사람들과의 관계에서, 실제로 우리가 측정해서 외적 대상에게 객관적으로 부여한 상대적인 중요성이 가치이다.

이것은 "의미"가 기대라는 관념을 담고 있다는 뜻이다. "의미"라는 말은 이른바 관념의 내용 그 이상이다. 즉 관념이 일깨운 기대들을 뜻한다. 로크의 "관념"은 외부에서 계속 진행되고 있는 것을 지적인 정신만으로 내부에서 다듬어서 내적으로 모사한 데 불과했던 반면에, '의미'란 말은 조만간에 있을 행위에 대한 이런 관념들의 중요성을 뜻한다.

이 점에서 "의미"란 말은 평가, 선택 그리고 행동의 불가분한 측면을 뜻한다. 로크의 "가치"라는 말은 외적인 성질, 즉 대상들 안에 존재하지만 내적인 "관념"으로 반영이 된 사용-가치를 뜻할 뿐이다. 그러나 요즘의 쓰임새를 보면, 가치(value)라는 명사가 '평가하다(valuing)'라는 동사로 전환하고 있다. 이 동사는 즉각적이거나 기대되는 사건들이 불러오는 의미들, 즉 상대적인 중요성에 대한 감정들로 구성된다. 그래서 의미와 평가는 서로 떨어질 수 없고, 의미는 주변 세계에 대해 작용 반작용하는 의지적 과정의 내적 강조이고, 평가는 동일한 과정의 외적 강조이다.

왜냐하면 의미와 평가는, 부여된 의미와 매겨진 가치의 외적 증거인 선택과 떼어낼 수 없기 때문이다. 로크의 **힘**(Power)이란 관념은 로크 자신에게 많은 문제를 야기했고, 그래서 2판에서 수정했다.[11] 이에 대한 설명은 명백하다. 능동적 외적 메커니즘으로서의 세계로부터, 수동적 내적 메커니즘으로서 마음을 로크가 분리한 결과, 로크는 **힘**이란 단어에 의지적 의미를 조금도 부여할 수 없었다. 로크가 다른 대상들이 다른 물체를 움직이고 있는 것과 똑같이, 내부의 마음이 외부의 물체를 운동시키는 물리적 과정만을 보았다. 그래서 **의지**(Will)는 광학이나 열이나 화학 작용 같은 것에 비유되어, 대안들 중에서 선택한다는 관념이 들어설 여지를 로크에게 주지 않았다. 이 관념은 물리학에서 전혀 등장하지 않는 관념이며, 불과 30년 만에 새로운 경제 이론의 근거가 되었다. 사실, 로크는 "**힘**"에 대한 논의에서 선택이란 현상에 관해 전혀 언급하지 않는다. 로크에게 선택은 고락이란 관념하고만 관계가 있었다. 로크 자신과 동시대 사람들이 경험적 방법을 물리학에 적용했었던 것처럼, 내적으로 성찰하는 방법 대신에 경험적 방법을 심리학에 적용했더라면, 로크는 의지를 설명하기 위해 물리적 유추 방법을 따르는 대신에―로크의 '힘'에 관한 관념인―**의지**가 해당 시점에 실제 가용한 최선의 대안을 반복적으로 선택하고 이에 따라 행동하는 과정이라는 점을 알게 되었을지도 모른다. 이 대안들도 그것들의 행위, 의미 그리고 상대적 중요성에서 계속 변하고 있다. 이런 일은 물리학, 광학, 천문학에서는 절대 일어나지 않는다. **의지**와 관련된 용어들로 전환시키면, 로크가 생각하는 힘의 의미는 생명체 전체와 외부세계의 함수 관계이다. 그 관계 안에서 **의지**는, 가용한 대

.
.

11) Locke, *Essay Concerning Human Understanding*, I, Ch. XXI on "Of Power".

안들에 부여된 상대적 중요성인 의미들과 평가들에 따라서, 세계와 다른 사람들을 지배하는 힘의 상이한 정도들 중에서 선택하는 과정 자체이다.[12]

선택의 이 함수적 개념은 물리적 과정도 실제 수반되지만, 물리학의 과정과는 전혀 다른 과정이다. 이것은, 동일한 행위 안에, 이행(performance), 회피(avoidance), 자제(forbearance)라는 삼중 차원을 수반한다. 이행은 물리적이거나 경제적인 힘을 어떤 방향으로 행사하는 것, 회피는 차선의 대안을 이행하길 거부하는 것, 자제는 실제 이행할 때 고강도의 힘을 쓰는 대신에 저강도의 힘을 선택하는 것이다.

물리적이고 경제적인 힘의 삼중 차원은 물리학에서는 알려져 있지 않다. 삼중 차원은 삼중 차원의 신체적 행동 안에 있는 의지의 차원들이고, 이 의지에 근거해서 경제 이론과 법이론이 성립된다.[13] 그것은 능동적으로 선택하는 과정이며, 그리고 그것이 생물의 행위를 무생물의 행위와 구분 짓는 특징이기 때문에, 우리는 "선택"이란 말을, "가치", "행태(behavior)", "행동(acting)", "거래(transacting)" 같은 말들과 동등한 것으로서, 그리고 로크의 "힘"의 적절한 의미로서 종종 사용할 것이다. 이행, 회피, 자제라는 선택의 삼중 차원이 로크에게는 알려져 있지 않았으며, 물리학에서 유추한 것처럼, 외적 세계 메커니즘을 모사하는 수동적 내적 메커니즘으로서든, 외적 사물에 대한 직접적인 작용으로서든, 마음에 관한 로크의 물리적 유추 안에서 삼중 차원은 자리를 찾을 수 없다.

하지만 이렇듯 인간 행동의 물리적 경제적 차원으로 이해되는 **관념**(Idea), **의미**(Meaning), **평가**(Valuing), **행동**(Acting)이라는 네 개 용어는 물

..

12) 본서 535쪽, 능력과 기회.
13) Commons, John R., *Legal Foundations of Capitalism*(1924), 69 ff.

리적 인간 세계를 대하는 인간 행동의, 서로 떼어놓을 수 없는 지적, 감성적, 의지적 과정이지, 로크의 내적 세계와 외적 세계라는 분리된 메커니즘이 아니다. 나중에 경제적 도덕적 힘과 물리적 힘을 구분할 것이다.

그렇지만 "의미"란 말은 자신의 "관념"이란 말에 로크가 부여했던 것과 비슷한 중요성을 여전히 담고 있다. 왜냐하면 그 말은 거의 무한대의 확실한 지식을 가리키는 것이 아니라, 인간은 실제로 행동하고, 타인의 행동을 유도하며, 마찬가지로 시간의 과정 속에서 그 행동 습관을 바꾸는 데 근거가 되는, 보통 착각에 근거한 실제 느낌을 가리키기 때문이다. 따라서 우리는 "관념"이란 말을 인간이 연구를 위해 만들어 낸, 순전히 인위적인 지적 "구조물"로 사용할 것이다. 그래서 지적일 뿐만 아니라 감성적인 관념의 의미를 관념으로부터 구별할 것이다.

로크에게 말은 당연히 정신적 모사(mental copies)의 기호다. 말은 적절히 사용하면 "화자(話者)의 정신에 나타난 관념과 똑같은 관념을 청자(聽者)에게 불러일으킨다"[14]고 그는 말한다. 하지만 이런 일은 일어나지 않는다. 말은 다른 관념을 불러일으킨다. 그래서 로크는 자신이 직접 경험하고서 이렇게 말한다.

"(……) 말을 잘못 사용해서 세상에 퍼진 오류와 모호함, 실수와 혼동 등을 제대로 고려하는 사람은 지금까지 써왔던 언어가 인류의 지식이 발전하는 데 이바지했는지 아니면 방해하는 데 이바지했는지를 의심할 만한 이유를 발견할 것이다.[15] (……) 말을 사물 자체로서가 아니라 있는 그대로, 즉 우리의 관념의

14) *The Works of John Locke*, Vol. II, Bk. III, Ch. 9, Sec. 4.
15) *Ibid.*, Ch. 11, Sec. 4.

기호로만 받아들인다면, 적어도 세상에 나도는 논쟁은 훨씬 많이 줄었을 거라고 말할 수 있을 것 같다."[16]

말의 오용에 대한 로크의 처방은 다음의 것이다. 이름이 표상하는 관념이 없다면 이름도 없어야 한다. 관념 자체는, "노랑"이나 "하양"같이 단순하면, 분명하고 또렷해야 하고, "정의"나 "법"같이 "자연 속에 정해진 대상이 없는" 단순 관념의 집합이라면, 엄밀하게 정해져야 한다. "일상적인 사용에서 부가된 그런 관념들에 가능한 한 가깝게" 그 말이 적용되어야 한다. 하지만 사람들이 일상적으로 사용하면서 "말의 정확한 의미가 명료하지 않았기" 때문에 "말의 의미를 밝혀야" 한다. 그리고 "사람들이 말의 의미를 밝히려는 노력을 안 할 것이라면", 그들은 "최소한 같은 말을 계속 같은 의미로 사용해야 한다." 이렇게 되면 "분쟁에서 많은 논쟁이 종결될 것이다."[17]

이렇듯 로크의 『인간지성론』은, 생각과는 달리, **회의론** 철학이라기보다는 실제 일들에 관해 의견일치를 끌어내기 위한 안내서였다. 인간지성론은 말의 의미에 관한 논문이며, 우리는 여기에 연구, 합의, 그리고 행동의 도구로서 관념 자체의 의미를 추가한다. 이 인간지성론은 **연구조사 방법**에 관한 책이었다.

지식이 관념하고만 관련되어 있다면, 또 관념은 사물의 모사일 뿐 사물 자체가 아니라면, 그래서 심지어 "사물 자체는 단순 관념의 집합일 뿐이라"[18]면, 그러면 도대체 지식의 확실성은 존재할 수 있는가? 로크에 따

••

16) *Ibid.*, Ch. 10, Sec. 15.
17) *Ibid.*, Ch. 2, Sec. 26.

르면, 유일하게 확실한 지식은, 즉 관념들 사이에 있는 관련, 일치, 불일치, 모순을, 직접적이든 논증에 의해서든, 인지하는 그런 수학적인 성격, 즉 논리적이고 연역적인 성격을 지니고 있다. 그러나 노랑은 노랑이라거나, 노랑은 하양이 아니라는 식으로 직접 인지한다면, 이것은 "직관적" 지식, 말하자면 의미들이다. 삼각형의 세 각은 직각 두 개와 같다는 것처럼 논증을 통해서 간접적으로 인지한다면, 이든 "합리적(rational)" 지식이다. 이 두 개가 함께 **이성**의 지적 기반을 형성하며, 그런 한에서 그 둘은 의심할 수 없는 확실한 지식을 형성한다. 이것은 영원하며, 전지전능하고, 현명하고 눈에 안 보이는 존재에도 적용된다. 그 존재가 실재함을 우리 지식의 모든 부분에서 자연스럽게 연역할 수 있다. 이렇듯 연역 가능한 논증, 우리로 하여금 이 **존재자**를 확신하도록 만드는 논증은 원인과 결과라는 관념에서 생겨나는데, 결과는 원인보다 더 위대할 수 없다. 결과는 세계고, 원인은 신이다.

이 관념은 두 가지 결론에 도달한다. 이 결과 중 하나는 인간의 지성이므로, 따라서 원초적 무한인(the original infinite cause) 역시 영원한 마음이었어야만 한다. 둘째, 태초의 영원한 지성과 감성이 없었다면, "자연에서 발견되어야 할 질서, 조화, 미(美)"는 생산될 수 없었을 것이다. 이 영원한 감성은 질서와 조화와 미를 추구했고, 그래서 "계속 존재할 수 있는 완벽"을 그 안에 담고 있었다.

완전무결이라는 관념일 뿐인 영원한 마음이라는 관념은 우리가 "처벌 수단"을 지닌 영원한 도덕률이 존재한다는 확신을 갖도록 만든다. 그리고 이 도덕률은 "합리적 피조물과 그 법의 연구자에게는 국가의 실정법

18) *Ibid.*, Vol. III, Bk. IV, Ch. 11, Secs. 1, 2.

만큼 알기 쉽고 분명하다. 아니, 이 도덕률은, 말에 들어 있는 상반되고 숨겨진 이익들을 쫓아다니는 인간의 공상이나 복잡한 장치들보다, 이성이 더 이해하기 쉬운 것만큼, 어쩌면 더 명료하다."[19]

그래서 로크가 말하는 **이성**이란 개념은 단지 지적 과정의 개념만이 아니었다. 로크는 **행복**이라고 하는 궁극적인 목적의 감성적 의미를 이성에 주입했고, **정당화**라고 하는 그 목적에 도달하도록 고안된 자연법의 도구적 의미를 이성에 주입했다. 그는 **이성**을 신, **자연법**, **인간 행복**과 동일시했다. 그의 『통치론(*Treatise on Government*)』에 이르러 그 이성은 영원하며 무한하고 변치 않을 신의 은혜로운 섭리가 되었고, 이 섭리가 의도한 것은 조화, 평등, 평화, 풍요라는 원리에 입각한 인류의 행복이었고, 생명, 자유, 재산의 보호였다.

이런 이유로 로크는 철학에서 효용론자(utilitarian)로 취급되어왔다. 로크의 효용론은 벤담의 지상의 입법부가 아니라 무한한 주권(신의 권능 — 옮긴이)에 관한 것이었다. 이 무한한 주권의 의도에 대해, 로크는 논증으로 연역될 수 있는 확실한 지식을 갖고 있었다. 이에 입각해서 그의 자연법, 자연권설, 가치론, 재산과 자유의 정당화를 기초했다. 신, 자연, 이성은 동일했고, 이들 모두가 1689년 명예혁명을 정당화했다.

여기서 로크의 개인주의의 기초를 알 수 있다. 인간은 습관의 산물도 아니고, 그들이 살던 때와 장소에서 행해지던 관습의 산물도 아니다. 로크 자신처럼 이성을 행사하여 우주의 은혜롭고 무한한 이성을, 그리고 거기에 도달하도록 설계된 자연법을 확신할 수 있는 이성적 단위였다. 단 하나의 무한 이성, 하나의 무한 원인밖에 없으며, 모든 개인들은 자

..

19) *Ibid.*, Vol. V, *Two Treaties of Government*, Bk. II, Ch. 2, Sec. 12.

신들이 그 원인의 결과이기 때문에 이 영원한 원인을 확실히 알 수 있다. 그러므로 이 무한 이성은 영원불변하게 만든 로크 자신의 이성이다. 로크는 그 자신의 정신이 매우 익숙해져 있었던, 자연적으로, 이성적으로, 신적으로 보였던 사건들, 관행들, 거래들의 반복에서 시작하지 않고, 우주의 중심인 그 자신의 개인적 정신에서 시작한다.

이 때문에 로크는 그의 시대 이후의 과학이 행해왔던 구별, 즉 확실성과 개연성 사이의 구별을 해야만 했다. 왜냐하면 과학은 개연성만 다루기 때문이다. 하지만 로크에게는 상대성, 시간, 운동이라는 근대식 개념이 없었고, 로크는 모든 변화와 개연성이 준거가 될 수 있는 개인의 영혼, 무한 이성, 우주의 이성적 "틀"처럼 고정된 무언가를 추구했다.

그러나 로크 자신조차 자기 주변의 변하는 사건들을 경험하면서 변화하는 한 과정이었다. 그리고 모든 개인도 마찬가지였다. 결국 로크의 확실성은, 과학이 아니라, 정신적 조사도구인 수학과 논리학의 확실성처럼, 그의 정신 속에 있는 관념이었을 뿐이었다. 로크가 논증했듯이, 이들 도구는 외부의 우주에 존재하지 않는다. 외부에서 오는, 그래서 수학적 지식에 못 미치는 것은 무엇이든, 적어도 외부세계에 관한 "모든 일반적 진리에서 단지 **신념이나 의견**이지, 지식은 아니다."[20]

그렇다면 외부세계의 지식으로 통하는 것은 개연성밖에 없다. 개연성은 "지식이 실패하는 곳에서 우리를 인도해서" 지식의 결함을 보충하고, 그래서 개연성은 "우리가 전혀 확신할 수 없지만, 진실이라고 받아들일 만한 약간의 유인들만을 가지고 있는 명제들과 항상 관련되어 있다." 무엇인가와 "우리 지식, 관찰, 경험과의 일치", 그리고 "다른 사람들의 관

20) *Ibid.*, Vol. II, Bk. IV, Ch. 2, Sec. 14.

찰과 경험을 보증하는 그 사람들의 증언"이 개연성의 근거들이다.[21] 개연성은 정도에 있어서 다르다. 그리고

> "이성적으로 나아가고자 하는 정신은, 개연성의 모든 근거들을 검토해야 하고, 어떤 명제에 대해서든 그것에 동의하거나 반대하기 전에, 이 근거들이 이 명제에 얼마만큼 부합하는지 않는지를 살펴야 한다. 그리고 정신은, 한쪽이나 다른 쪽에 더 큰 개연성에 대한 근거의 우위에 비례하는 더 확실한, 또는 덜 확실한 동의로, 전체를 적절히 균형 잡는 것에 근거하여 명제를 거부 또는 수용해야 한다."[22]

그래서 개연성, 믿음, 의견, 경험이 확실한 지식을 대신한다면, 회의론에 대한 근거가 아니라 이성과 합당성을 구분할 근거가 생긴다. 이성은 **신, 자연, 완벽함** 같은 불변의 법칙을 우리에게 줄 수 있지만, **합당성**은 생활사에서 압도적인 개연성에 대한 상호 동의를 우리에게 가져다준다. 살아남는 건 **합당성**에 대한 로크의 학설이지, **이성**에 대한 로크의 학설이 아니다.

우리는 관념을 내면에서 관찰하고 기계인 것처럼 말할 수 있는 원자로 취급하는 로크의 물리적 방법에 충실했던 지난 2세기에 걸친 철학적 논의를 여기에서 검토할 필요가 없다. 버클리에게 이것은 우리가 알 수 있는 건 관념이 전부며, 외부세계는 신에 대한 관념일 뿐이라는 의미였다. 흄에게 이것은 우리 자신조차도 관념에 불과하다는 의미였다. 칸트에게

••

21) *Ibid.*, Vol. III, Bk. IV, Ch. 15, Sec. 4.
22) *Ibid.*, Ch. 15, Sec. 5.

이것은 우주와 인간 자신에 대한 합리적인 법칙을 우리 인간이 자신의 자유 의지로부터 만들어낸다는 의미였다. 이것들은 **이성**의 교의지, **합당성**의 교의가 아니었다. 이것들은 관념이지, 관념에 대한 의미가 아니었다.

다른 한편, 로크의 "관념"에 감성적 부가물로서 "의미"를 사용한다면, 의미는 개연성이라는 관점에서 사건과 관행의 의의의 변화이자, 합당성의 변하는 의미이다. 이 관념은 산타야나(George Santayana)[23]*가 "본질"이라는 말로 의도한 바에 대한 대체재다. 이 관념이란 말은 영원히 선재(先在)하고 순수한 관념이라는 플라톤의 본질이 아니라, 로크의 "신념이나 의견"에 상응하는 산타야나의 "동물적 신념"이라는 상식에 따라 사물이나 사건에 배정된, 우리의 유동적인 의미와 가치였다. 여기에서 사용한 "의미"라는 말은 "본질"이라는 산타야나의 의미는 동반하지만, 마음 바깥에 있는 본질의 존재를 함축하는 플라톤의 물리적 은유를 동반하지는 않는다. 말뿐만 아니라 대상과 사건에, 심지어 로크의 관념에 배정된 의미와 가치만을 나타내기 위해 관념, 개념, 본질 같은 것을 우리가 해석한다면, 변하는 사건 해석과, 변하는 말의 해석은 물론, 변하는 관념 자체에도 적합한 용어들을 우리는 갖는다. 이 관념들은 경제학자들의 저술

∵

23) Santayana, George, *Skepticism and Animal Faith; Introduction to a System of Philosophy*(1923); Realm of Essence(1927).

---

* 조지 산타야나(1863~1952)는 스페인의 철학자이자 문학가였다. 8세부터 미국에서 자라 하버드 대학에서 수학하고 동 대학에서 교수로 역임했다. 1912년 사직하고 유럽으로 건너가 여생을 보냈다. 커먼스가 여기서 인용한 그의 "Scepticism and Animal Faith"와 "Realm of Essence"에서 산타야나는 본질이 사고, 공상, 논리의 파생, 물체 등 성질을 가진 어떤 것이며, 이러한 본질들이 없이는 어떤 것도 경험할 수 없다고 주장했다. 달리 말하면 본질은 의식(awareness)으로, 인간이 가진 신념(faith)이나 지식(knowledge)과는 다르다는 것이다.

뿐만 아니라 보다 중요하게는, 사업가, 노동자, 판사, 입법가의 행위에도 수반된다. 경제학자들이 논의한 것들은 바로 이 저술과 행위의 의미, 평가, 선택이다. 이 모든 사람들이 행동하고 다른 사람들이 행동하도록 유도하는데, 지식에 근거해서가 아니라, 자신들의 관념을 구축하는 의미와 평가에 근거해서 그렇게 한다.

가장 중요한 건, "의미"라는 용어는 감각(sensation)이나 느낌(feeling)이나 관념이 화학적인 "결합법칙"[24]에 따라 다른 관념에 거슬리게 반응하는 고립된 입자나 원자처럼 추상적으로 존재하는 게 아니라, 기억, 기대, 행동이라는 복잡한 운동의 전 과정 안에서 기능하는 일부로서 존재한다는 것을 함축한다. 관념의 의미는 로크의 관념 그 이상이다. 이 의미는 행위로 이끄는 반복적이며 유동적인 지침이다. 행위 자체는 시간에 따라, 사람에 따라, 연도에 따라, 세기에 따라, 끊임없이 반복하고 변화하는 것처럼, 지침도 끊임없이 반복하고 변한다. 로크의 "관념"은 무한하고 영원하며 불변하는 본질이지만, 관념의 **의미**는 기억하는 과거에서, 현재의 행위를 따라, 기대하는 미래로 들어가는 시간의 흐름에서 다양한 사건의 가변적 함수이다.[25]

그래서 의미는 관찰될 수 있으며 연구와 실험을 하는 데 적합하다. 낱말에 배정된 의미와 관념 및 사건에 배정된 의미를 구별하는 것이 중요할 수 있다. 로크가 일반적으로 논평한 것처럼, 경제 행위에서 낱말은 생각을 드러내며 바른 방향으로 인도하기도 하지만, 생각을 감추고 엉뚱한

••
24) 리카도의 친구인 제임스 밀이 문자 그대로 그와 같이 James Mill, *Analysis of the Phenomena of the Human Mind*(1828)에서 설명했는데, 그것은 단연코 관념에 대한 "화학적인" 이론이었다.
25) 본서 277쪽, 흄과 퍼스.

방향으로 인도하기도 한다. 사업가, 노동자, 법원, 중역, 정치인 등이 진정으로 의미하는 바는 그들이 말하는 것도 아니고 심지어 그들이 생각하는 것도 아니라, 그들이 **행동**하는 것이다. 신, **자연**, 재산, 자유 등에 대해 그들이 말하고 심지어 생각하는 건 낱말에 대한, 그리고 낱말이 나타내는 관념에 대한 명목상의 의미이다. 그들이 행동하는 게 그들의 기억, 활동, 기대, 소망, 대안에서 나오는 실질적 의미이다. 그래서 의미는 활동이란 측면에서 과학적으로 연구할 수 있다. 이런 연구는 관념과 본질을 대상으로 하지 않는다. 관념과 본질은 그들이 나타내는 의미, 평가, 선택 말고는 외적인 준거를 전혀 가지고 있지 않은 정신적 공식에 불과하기 때문이다.

이제 우리는 다음과 같이 요약하고 앞으로의 전개를 예상할 수 있다. 로크의 기본 이론은, 로크를 따르는 경제학자들의 이론과 마찬가지로, **개인적 인지와 개인적 평가의 이론**, 즉 개인이 무언가를 어떻게 알고 어떻게 **가치**를 매기느냐는 이론인 반면에, 우리 이론은 모든 거래에서 개인들이 공동으로 활동하고 공동으로 평가하는 걸 통해, 이 참여자들이 의견과 행동을 하나로 모아가도록 서로를 유도하는 이론이다. 이것은 존 로크의 **이성**(Reason) 이론이 아니라, 존 로크의 **합당성**(Reasonableness) 이론이다.[26]

‥

26) 본서 277쪽, 퍼스.

2. 가치

　존 로크는 법, 경제학, 그리고 윤리학을 노동이라는 하나의 개념 속에 통합시켰다. 이 문제는 1689년의 명예혁명을 정당화하는 과정에서 등장했다. 토머스 필머 경(로버트 필머Robert Filmer의 오기이다―옮긴이)는 원래 크롬웰의 독재 치하에서 사적으로 유통시키기 위해 이전에 쓰였던 자신의 저작『부권통치(*Patriarcha*)』를 1680년에 발행했다. 이 책에서 그는 백성의 생명, 자유, 그리고 재산을 지배하는 자연권이자, 왕들이 그것을 부여한 신에게만 책임질 권리로, "왕권신수설"을 옹호했다.[27]

　로크는 노동의 신성한 권리로 답했다.* "왕당파였던 필머의 이 유창한 헛소리는, 최근에 교단에 의해 공개적으로 인정받았고, 그 당시의 통용되는 신성을 만들어냈다."고 로크는 말했다.[28] 정치적 권력에 관한 이 신수설에 대항해, 로크는 노동의 생산물에 대한 노동의 권리로부터 도출된 "생명, 자유 그리고 재산의 자연권"을 수립했다. 양자의 차이는 부분들이 전체에 종속된다는 필머의 유기체에 대한 유비와, 전체가 부분들의 합이라는 로크의 메커니즘에 대한 유비 사이의 차이였다.**

　이 유비들은 개인들과 부(富) 모두에 적용되었다. 필머에서는 유전과

∴

27) Figgs, J. N., *The Theory of the Divine Right of Kings*(1896, 1922), 149 ff. 인용은 초판에서.

28) *The Works of John Locke*, Vol. V, *Two Treatises in Government*, Preface, 210.

---

* 로크는 필머의 왕권신수설을 성경에 근거해 비판하면서 주권재민을 내세웠다. 로크에 의하면 신은 인간에게 동식물을 지배하도록 허용했을 뿐 다른 사람들을 지배하라고 허용하지 않았다. 로크는 영국의 대표적인 사상가로서 철학, 정치, 경제에 걸친다. 이렇게 보면 로크는 흄, 스미스, 그리고 밀의 반열에 있는 학자이다.

사회적 본성이라는 원초적인 법에 의해 개인들이 하나의 가족과 같이 함께 묶였다. 로크에서는 개인들이 서로의 편익을 위해 협약을 맺듯이 함께 모였다. 필머에서는 국부가 사회의 생산물이지만, 로크에서는 개별 생산물들의 합이었다. 필머에서는 그 부에 대한 개인의 소유가 **통치권**으로부터 도출되지만, 로크에서는 사적인 재산이 통치권에 앞선다. 따라서 필머에서는 신과 자연이 백성들에게 의무를 부과함으로써, 세속의 군주에게 권리를 부여했다. 그러나 로크에서는 신과 자연이 군주에게 의무를 부과함으로써 개인에게 권리를 부여했다. 각자는 자신의 논리를 신과 자연의 영원한 논리로 인격화했다.

로크는 **노동**이 가치의 유일한 원천이라는 이론에 근거하여 자신의 관념을 구축했다. 그리고 조사해보면, **노동-가치**에 관한 로크의 관념은, "복합 관념"이라는 점에서, 노동에 의해 생산된 물건의 사적 소유에 관한 인격화였음을 깨닫게 될 것이다. 이런 복합 개념으로부터 제조업자, 농부, 상인, 그리고 지주의 좋은 실천들을 풀어냈다. 로크가 자기 시대의 산물이므로, 노동, 물체(materials), 그리고 소유라는 복합 관념의 기원을 찾아낼 필요가 있다.

로크의 『통치론』이 나오기 125년 전에 토머스 스미스(Thomas Smith) 경은 "공동체(Common-wealth)"라는 용어에 대해 정치적 의미를 부여했

** 경제사회를 유기체로 보느냐 기계로 보느냐는 관점의 차이는 사회철학과 사회과학에서 오랜 역사를 지니고 있다. 현재도 이 차이는 해소되지 않았다. 경제학은 방법론적인 개체주의에 따라 로크를 더욱 확고하게 만든 셈이다. 예를 들어, 시장수요나 시장공급이 개인의 수요들이나 개인의 공급들을 단순히 합한 것이라는 생각이 이를 예시한다. 동시에 경제학의 비판자들 중 많은 사람들은 전체가 개체들의 단순한 합이 아니라고 지적한다. 2008년 글로벌 경제위기에 대해서도 이 점을 지적하는 학자가 적지 않다. 커먼스의 이후 논의에서는 사적인 부와 공동의 부 또는 국부 사이의 관계가 문제가 된다.

었다.[29] 엘리자베스 여왕이 대륙에 파견한 대사로서 그는 독재, 즉 절대왕정과 인민이 의회에 참여하고 관습법 법정에서 발언할 기회를 갖는 잉글랜드 왕국의 차이 때문에 충격을 받았다. 영국의 참정 계급들은 "육체노동 없이" 살았던 남작들과 신사계급, 관습법원이 보호하고 "다른 사람들"보다 더 나라를 '위해 수고하는' 자작농, 농부, 자유보유권자(freeholder)* 등이었다. 제4계급인 "프롤레타리아"는 노동자, 기계공, 교정 조수, 그리고 토지가 없는 상인과 소매상에 이르기까지 "자유 토지"를 가지고 있지 않은 사람들이다. 이들은 "우리나라에서 발언권도 권위도 갖고 있지 않았으며, 중시되지 않고, 남들을 지배하기는커녕 지배받을 뿐이다."[30]

토지가 있는 계급과 토지가 없는 계급이라는 1565년 토머스 스미스가 만든 이 구별은 영국에서 300년 이상, 그리고 식민지 농업국이었던 미국에서 250년 이상, **공동체**(commonwealth)라는 정치적 의미에서 지배적인 것으로서의 지위를 유지했다.** 1647년 국왕이 최종적으로 패배하자, 곧

∴

29) Smith, Sir Thomas, *De Republica Anglorum*(1565년경 저술, 1583년 발간).
30) Commons, *Legal Foundations of Capitalism*, 222-224 참조.

---

* 영국의 관습법상 모든 토지는 왕실의 소유이기 때문에 영주, 기사 등 개인은 토지를 점유하고 사용하는 권한만 부여되었다. 토지 점유기간은 무한정 가능하며 해당 토지에 건축된 건물들까지 완전한 소유권이 주어진다. 따라서 건물에 대한 소유에 더하여 왕실에 의해 공인된 토지 점유자는 사회적 지위 및 부를 갖춘 상징이 되었는데, 이를 프리홀드(Freehold)라고 하며 오늘날 부동산을 뜻하는 Real Property와 Realty의 어원이 되었다. 이와 반대되는 개념으로 리즈홀드(Leasehold)는 영주에게 지대를 지불하고 일정기간 재산권 행사의 권한을 받은 권리로, 프리홀드와 달리 재산권을 주장하거나 보호받을 수 없었다.
** 커먼스는 Commonwealth를 국가나 영연방이라는 의미와 공동의 부나 국가의 부라는 의미로 사용하고 있다. 그리고 양자가 밀접하게 연결되어 있다. 이후의 번역에서는 문맥에 따라 나라나 국가로 번역하거나 공동의 부로 번역했다.

잉글랜드 공화국(the Commonwealth)* 군대 안에서 이 정치적 의미에 관한 문제가 제기되었다. 이때 수평주의자(the Levellers)**는 소유권에 관계없이 모든 군인에게 동등한 참정권을 요구했지만, 크롬웰과 어튼(Henry Ireton)***은 토지에 이익을 지닌 사람만이 공화국의 영원한 이익을 대변할 것이라고 단정했다. 이것이 공동체에 대한 존 로크의 정치적 의미였다. 정치적 공동체란 토지에 항구적인 이익을 지니고 있는 사람들에 의한 통치 참여였다.

커먼웰스(Commonwealth)의 경제적인 의미는 이런 정치적인 의미에서 시작되었다. 그것은 수도원에 대한 몰수, 경작이 가능한 토지의 목초지로의 전환, 공유지에 대한 구획에서 나왔다. 래티머 주교는, "공동의 부가 공동의 궁핍을 초래한다"****면서, 1540년에 몰수한 토지들을 헨리 8세로부터 획득해 지대를 인상하고 소작인들을 추방한 사람들을 비난했다. 다시 이 지주들은 자신들을 공격한 자들을 현대 공산주의자에 해당하

---

* 1649~1660년에 있었던 잉글랜드 공화국. 영국 내전 이후 크롬웰을 수반으로 하는 의회파가 수립한 공화정으로 잉글랜드 연방이라고도 한다.

** 수평주의의 기원은 흑사병 이후 경작지를 목초지로 토지 소유주들이 변경하자 농민들이 수차례 봉기하여 소유주들이 설치한 울타리를 평평하게 하는 사람들(levellers)이란 뜻에서 나왔다. 여기서 말하는 수평주의자들은 영국 내전(1642~1651) 동안 국민주권, 참정권 확대, 법 앞에서의 평등, 종교적 관용을 주장한 정치 운동을 펼쳤으며, 이 때문에 현대적 형태의 민주주의적 관념들이 형성된 것으로 평가받는다. 커먼스가 다음에 설명하는 평등주의보다 다소 온건한 입장으로 평등주의가 주장한 토지 공동소유에는 반대했다.

*** 헨리 어튼(1611~1651)은 변호사, 외교관이자 의회군 장교였다. 영국 내전에서 찰스 1세가 패배하고 퇴진한 후, 올리버 크롬웰의 사위로 군의 유력 인사로 부상했다. 수평주의자 등 당시 급진적 사상을 지지하지 않고 입헌군주제를 제안했으나, 찰스 1세와의 협상이 결렬된 후 왕의 처형에 개입했다.

**** 여기서 공동의 부는 축적된 지주들의 부를, 대조적으로 공동의 궁핍은 인민들의 가난을 말한다.

는 "공화주의자(commonwealth men)"라고 비난했다. 그리고 이 공화주의자들의 지도자이자 선지자가 "래티머라 불리는 공화국(Commonwealth)"이었던 것이다. 이 래티머는 메리 여왕의 통치시기에 주교로서 그 지주들을 다시 "양영주(step-lords)*이자 지대 인상자"라고 비난했다. 100년 후에 공화국 군대 내에서 새로운 공화국의 참정권에 대해 상세히 논의되었다. 여기서 크롬웰과 어튼은 참정권이 토지소유자들에게 국한되어야 한다고 요구했던 반면, 수평주의자들은 보통선거권을 요구했다.[31] 평등주의자(Diggers)**로 나중에 알려진 수평파들은 미국의 "무단점거자(squatters)", 홈스테드법에 의한 정착자(homesteaders)***, 그리고 광산발굴자(mining prospectors)의 원조였다. 평등주의자는 커먼웰스의 의미를 공유지로 확장시켰다. 그들이 이 공유지에서 경작을 준비하고 집을 짓기

· ·
· ·

31) *The Clarke Papers*, I, 299-326, The Camden Society 발간, Series 2, Vol. 49(1891). 왕이 체포된 후에 크롬웰의 군대 내에서 진행된 논쟁에 관한 속기록이었다.

---

* 전통적으로 국왕에 의해 임명을 받고 토지에 대한 소유를 공식화한 것이 아닌 토지 몰수, 강탈 등을 통해 부를 가진 영주들을 가리킨다.

** 영국 내전 시기 왕실과 대토지 소유자들에 맞서는 급진적 정치 운동을 펼친 일파로, 황무지 및 공유지 개간과 통지 공유 등 평등주의 운동을 일으켰다. 수평파보다 더 급진적이기에 당시에는 '진정한 수평주의자(True Levellers)'라고도 불렸으나, 공유지 개간 주장 때문에 '땅 파는 사람들'이란 뜻으로 디거파(Diggers), 즉 평등주의자라고 불리기 시작했다. 평등주의자는 당시 크롬웰의 공화정 정부와 성직자를 포함한 지역 지주들의 반감을 사 폭력과 탄압으로 해산되었다. 부의 원천인 토지 소유가 대중에 대한 불평등과 차별을 낳는다고 보고 토지의 공동 소유, 즉 토지 사유의 부정을 바탕으로 한 공동체 건설을 주장했기 때문에 17세기 농업 공산주의자들(agrarian communists)이라고도 불리며, 현대 아나키즘, 사회주의 등과 연관된 것으로 여겨지고 있다.

*** 미국의 홈스테드법은 1862년 제정되어 미 서부의 개발되지 않은 토지를 한 구역당 160에이커씩 무상으로 제공하는 법이다. 토지 신청자는 해당 구역에 거주할 집을 짓고 땅을 개간해야 하며, 5년이 지난 후에야 재산으로 인정받을 수 있었다.

시작하자 법원과 크롬웰의 군대에 의해 짓밟혔다.[32]

그사이에 커먼웰스의 경제적 의미가 관습법 법원에 의해 제조와 판매 분야로 확장되었다. 차이는 어떤 사람이 부유해지기 위해 사용하는 수단에 의해서 생긴다. 국왕이 준 제조나 상업상의 배타적인 특혜 때문에 그가 부유해진다면, 그의 부는 자기가 기여한 바는 없이 공동의 부에서 인출한 것이다. 그러나 제조, 판매, 소매, 외국으로부터의 수입 또는 토지에서의 경작 등의 활동을 통해 그가 부유해진다면, 그의 사적인 부는 공동의 부에 기여한 몫과 같다. 공동의 부는 사적인 부의 총합이었다. 이런 종류의 사적인 부는 근면과 검약을 통해서만 획득될 수 있다. 반면 앞서 말한 종류의 부는 독점과 압제를 통해서 획득될 수 있다. 이것이 국부에 대한 아담 스미스의 관념이 되었다. 이것이 존 로크로부터 현재까지 주류경제학을 지배해온 부의 이중적인 의미, 즉 소유되지만 독점되지는 않는(독점의 대상이 아닌 ─ 옮긴이) 물체인 부의 의미였다.

그래서 왕의 허가를 받았었던 재단사 조합이 비회원과의 경쟁에서 회원에 대해 특혜를 준다고 확정하자, 이런 규정이 "신민의 자유와 국가에 반한다"는 이유로 최고 관습 법정으로부터 불법이라는 판결을 1599년에 받았다.[33] 1602년에는 엘리자베스 여왕이 조정의 신하에게 부여한 독점이 "국가에 반한다"고 같은 법원이 판시했다. 그 이유는 그 신하가 기계에 관한 아무런 기술을 가지고 있지 않아서, "국가"에 이익이 되는 기술

••

32) *Ibid.*, 202-225. Gooch, G. P., *English Democratic Ideas in the Seventeenth Century* (1927), 214-219; Tawney, R. H., *Religion and the Rise of Capitalism*(1926), 255-261 참조.

33) Davenant *v.* Hurdis, Moore K. B. 576(1599), 72 Eng. Rep. 769(Commons, *op. cit.*, 47).

과 능력을 지닌 다른 사람들이 경쟁하지 못하도록 금지할 법적인 힘을 가지는 것에 아무런 정당성이 없다는 것이었다.[34] 다시 1610년에는 상인인 베이츠(John Bates)가 의회의 동의 없이 국왕이 부과한 추가적인 수입세를 내게 되었다. 비록 성공하지는 못했지만, 납세거부에 관해 재무법정에서 그의 변호인들은 수입업자에 의해 획득되는 부는 **국가의 부**에 이미 추가된 만큼의 부라고 (따라서 추가적인 세금은 부당하다 — 옮긴이) 주장했다.[35]

독점되지 않았을 때, 사적인 부는 공동의 부에 상당한다는 경제적 의미를 다른 변호사보다 더 발전시켰던 재판장 코크(Edward Coke) 경이 1616년에 제임스 왕에 의해 파면당했다. 그리고 그의 파면은 왕의 자의적인 통제에 맞서서 사법부가 독립적이어야 한다는 로크의 생각에 역사적인 기초가 되었다. 이것은 1689년의 혁명으로 성취되었고, 1700년의 왕위계승법*을 통해 입법화되었다.

사적인 부와 **국가의 부**가 동일한 상당량임이 청교도 목사들에 의해 더욱 발전되었고, 존 로크의 동시대인인 리처드 박스터(Richard Baxter)**에서 최고조에 달했다. 키더민스터 촌을 열악한 상태에서 근면 검소한 공동체로 바꿨던 박스터는 다음과 같이 말했다.

∴

34) Darcy v. Allein, Case of Monopolies, 6 Coke's Repts. 84 b., 77 Eng. Rep. 1260 – 6(1602).

35) Bates Case, Lane 35(1606), 145 Eng. Rep. 267, 2 Howell's State Trials 371.

---

* 실제로는 '1701년'의 왕위계승법이다.

** 리처드 박스터(1615~1691)는 영국의 청교도 지도자이자 시인, 신학자이다. 그는 기독교인들이 가져야 할 직업윤리에 대해 가르칠 때, 소명에 맞게 부자나 가난한 자나 열심히 일해야 하며, 직업은 술집보다 학교와 같은 공공의 이익이 더 많이 있는 것을 우선해야 한다고 말했다. 토지소유자가 높은 임대료를 받지 말고, 근로자가 게으르고 많은 급료를 받지 않는 등 청교도들이 지켜야 할 구체적 지침을 제시하기도 했다.

"공적인 복지나 다수의 선(good)은 우리의 복지보다 우선되어야 한다. 따라서 모든 사람은 남들을 위해, 특히 교회와 국가를 위해 할 수 있는 모든 선을 해야 한다. 그리고 이것을 이룰 수 있는 것은 게으름이 아니라 노동이다. 벌들이 벌집을 채우기 위해 노동하듯이, 인간도 사회적 피조물로서 자신이 속해 있고 자신의 것이 부분을 이루는 사회의 선을 위해 노동해야 한다. (……) 만약 신이 (당신의 영혼이나 남을 잘못되게 하지 않는) 다른 방식으로 정당하게 더 많이 얻을 수 있는 길을 보여줌에도 불구하고, 이를 거절하고 불리한 길을 선택한다면, 당신의 소명을 거스르는 것이고, 신의 집사가 되는 것, 신의 능력을 받아들이는 것, 신이 요구할 때 그것들을 사용하기를 거부하는 것이다.* 그리고 육신과 죄가 아니라 신을 위해 부유해지려고 일해도 된다. (……) 공익에 가장 공헌하는 소명이 선호되어야 한다. (……) 두 가지 소명이 공익에 똑같이 공헌하는데, 하나는 부에 유리하고 다른 하나는 당신의 영혼에 더 유리할 때, 후자가 선호되어야 한다. 공익 다음으로는 영혼에 유리한 것이 당신의 선택을 이끌어야 한다. (……) 짧고 일시적인 선보다 자손에게 이어지는 지속적인 선을 우선시하라. (……) 압제자는 적그리스도(Anti-Christ)이고 신의 적(Anti-God)이며, (……) 악마의 대리인이자 악마의 형상이다." 이기적이고 사적인 영혼은 자기에게 이익이 된다면, 공동체가 어떻게 되든 개의치 않는다.[36]**

••

36) Baxter, Richard, *Christian Directory*(1838 재발행). 박스터의 경제적 중요성을 처음 발견한 것은 막스 베버였다. Weber, Max, *Gesämmelte Aufsätze zur Religions-Soziologie*, I, 164(1922, 이것의 일부는 *The Protestant Ethic and the Spirit of Capitalism*, 1930 으로 번역됨); Commons, John, R, Review of Tawney's *Religion and the Rise of Capitalism*,

---

* 원문에서 use 앞에 to가 빠진 것 같다.
** 베버는 맑스의 유물론에 대항해 자본주의의 기원을 청교도정신에서 찾은 대표적인 사회학자이다. 맑스와 달리 베버는 정치, 경제, 문화. 종교의 다원적인 결정론을 내세웠다.

박스터가 교회와 국가에 관한 자신의 관점에 동의시키지 못했던 사람들은, 재산이 없던 임금소득자, 일꾼, 도제, 주정뱅이, 그리고 자신이 생산했던 것보다 많은 재산을 소유했던 교외의 지주계급이었다. 그는 이 두 계급이 교회와 국가에 반대해 연대를 이룬 것으로 간주했다. 토니가 지적했듯이, "수탈적인 물가의 사악함을 계속해서 고집했던 박스터와 버니언(John Bunyan)*조차 자신들의 원리를 임금에 적용할 생각은 거의 가지고 있지 않았다." 박스터는 임금노동자를 옹호한 것이 아니라 지주에 맞서는 소작인을 옹호했다. 소작인들은 자신들을 "자유인이라기보다는 노예처럼 만들 노역, 근심, 극도의 궁핍으로 내몰리지 않아야 한다." 그러나 임금노동자로서 그들은 "스스로를 위해 일하는 경우 결여하게 될 피고용인들 사이의 도덕적인 규율을 수립할 수 있는 주인을 필요로 한다"고 그는 말했다.[37]

물적인 재화에서 부유해짐으로써 국가에 더 많은 것을 기여했던 전형적인 예로 박스터가 든 사람이 토머스 폴리(Thomas Foley)였다. 폴리는

••

Amer. Econ. Rev., XVII(1927), 63-68; Powicke, F. J., *A Life of the Reverend Richard Baxter, 1615-1691*(1925) 158-159; Tawney, Jeanette, *Chapters from Richard Baxter's Christian Directory*(1925); Tawney, R. H., *Religion and the Rise of Capitalism*(1926); *The Autobiography of Richard Baxter*(1696, ed. by Tawney, 1924); Commons and Perlman, Review of Sombart's *Der Moderne Kapitalismus*, *Amer. Econ. Rev.*, XIX(1929), 78-88 참조.

37) Tawney, R. H., *Religion and the Rise of Capitalism*, 268.

---

* 존 버니언(1628~1688)은 영국의 목회자로, 천로역정의 작가로 유명하다. 본인의 의지와 상관없이 영국 내전에 휘말리게 되면서 의회군에 참여하여 전쟁 속에 죽어가는 사람들을 보며 죽음에 대해 생각한 것이 계기가 되어 결혼 후 청교도 신자가 되었다. 청교도에 대한 탄압으로 투옥되는 등 왕실과 국교인 성공회의 박해로 인한 그와 가족들이 겪은 굶주림과 가난은 그가 로마 카톨릭 교회를 적그리스도로 규정하는 것으로 이어졌다.

"거의 무에서 시작해 제철로 연간 오천 파운드 이상을 벌었고, 내가(박스터가—옮긴이) 들은 바로는, 관계한 모든 사람들과 지극히 정당하고 흠잡을 데 없이 거래해 자신의 위대한 청렴함과 정직함을 확산시켰다. 이에 대해 아무도 의문을 제기하지 않았다." 따라서 로크가 그의 관념들을 얻었던 청교도 정신과 환경의 경제적 이상을 드러냈던 것은, 여전히 교회와 국가에 종속되어 있었을지라도, 근면, 성실, 선관(good management), 검약으로 획득된 바로 이 부였다.

토니는 자신의 저작 『종교와 자본주의의 부상(Religion and the Rise of Capitalism)』에서 청교도들의 자의적인 통치와 스튜어트 왕가의 자의적인 통치에 맞서서 1660년에 이어 일어났던 혁명을 잘 기술했다. 그리고 우리는 로크가 이 혁명에 어떻게 함께 했는지를 보았다. 그 결과는 정부가 사적인 부를 교회와 국가에 종속시키는 데 개입해서는 안 된다는 요구였다. 인간 지성에 관한 자신의 회의론에 의해서만이 아니라, 가치의 근원으로서 자신의 노동 가치이론에 의해서, 로크는 이 요구를 지원할 만반의 준비가 되어 있었다. 그러나 로크가 염두에 두었던 노동은 코크*와 박

---

* 에드워드 코크(1552~1634)는 영국의 법관이자 정치인으로 영미권에서 가장 존경받는 법관 중 하나로 추앙받고 있다. 그는 76세의 나이에 권리청원(Petition of Right) 작성을 주도하여 대헌장에서 명시된 '의회의 동의 없이 세금을 걷을 수 없다'는 내용을 재확인시키고, 대헌장의 위치를 귀족과 일부 계층에 해당하는 인위적 법이 아닌, 이성의 결과로 자연적으로 형성된 자연법이자 관습법으로 격상시켰다. 권리청원을 지키지 않은 찰스 1세는 영국 내전 시기 참수를 당했다. 영국보다 미국에서 코크의 영향은 더 크게 발휘되어 식민지 시기 법원 판결 근거로 코크의 『영국법 제요(Institutes of the Laws of England)』가 쓰였으며, 그가 작성한 권리청원은 독립전쟁의 정신을 대변하는 명분이 되었다. 그가 강조한 '적법절차'는 미 연방대법원의 판결 근거가 되기도 했다. 그가 판결했던 보넘(Bonham) 사건을 통해 의회가 제정한 법이 일반적 권리에 반하거나 시행이 불가능한 경우에는 관습법이 의회가 제정한 법을 통제할 수 있고, 때로는 무효화할 수 있다고 판결했다. 이 반독점 판결은 또한 의사면허를 발급하는 권한을 가진 대학의 독점적 지위를 부인하여 자유경쟁을 촉발시킨 자본주

스터의 노동이었다. 즉 관습법과 청교도라는 점에서 부지런하고 아끼는 소작인, 자유보유권자, 소매상, 소유자이다. 이들은 강제 없이 일하고 저축하여 부동산, 제조품, 상품들을 축적했다. 그 노동은 근대적인 또는 맑스적인 무산자 노동이 아니라 폴리의 노동과 그의 철 제품에 담긴 노동, 그리고 베이츠의 노동과 그의 상품에 담긴 노동이었다.*

로크도 당시의 청교도들도 지대, 이자, 이윤, 그리고 임금을 현대의 경제적 측면에서 구별하지 않았다. 그들의 공격은 사람을 향한 것이었지, 분배상의 비인격적(impersonal)인 경제적 몫을 향한 것이 아니었다. 이 모든 몫들은 소농, 장인, 상인 등 각자의 노동에 대한 인격적인(personal) 보상이라는 하나의 개념에 결합되어 있었다. 이들 각자는 소유자였지만, 일꾼이나 도제와 더불어 육체노동으로부터 아직 배제되지는 않았다. 지대는 로크 이후 125년이 지난 리카도의 시대에 이르러서야 비로소 독점이나 특허로부터 얻는 소득과 같은 "불로소득"이 되었다. "국가에 반하는" 압제자와 독점자로 박스터가 분류했던 것은 과도한 지대를 받는 지주들과 그들의 부당한 토지몰수(enclosure)뿐이었다. 이윤과 이자는 아직 이론적으로 구별되지 않았고, 사실 로크 이후 거의 200년이 지난 뵘바베르크에 이르러서야 비로소 구별되었다.[38] 포악한 대부자들이 부과하는

• •

38) 시니어(Senior)조차 1834년에 "제욕" 개념을 도입했을 때, 이자를 제욕에 대한 지불로 구분하지 않았다. 그에게서 이윤과 이자는 모두 제욕의 보수였다. 그는 다음과 같이 말했다.

의 발달사의 한 부분으로서도 인정받았다. 다음을 참고하라. https://www.sedaily.com/NewsVIew/1OBXBPIFIP

* 폴리는 철강제조업자, 베이츠는 해외무역상이었다. 여기서 로크가 말하고 있는 폴리와 베이츠의 노동은 공산주의 같은 무산자 계급은 고려하지 않고, 토지나 자본이 있는 자들의 노동에 국한된다고 커먼스가 지적하고 있는 것이다.

과도한 이자인 고리대만이 국가에 반하는 것으로 분류되었다. 반면에, 자기가 쓸 수도 있었던 재산을 남이 쓰도록 하게 한 대가로 받는 적당한 이자는 일종의 이윤이었다. 그리고 이윤이, 재산을 소유하고 있더라도 임금을 위해 일하는 자신의 피고용인보다 이윤을 위해 더 열심히 일하는 농부, 장인, 상인이 받는 노동에 대한 유일한 보상인 경우에, 이 이윤은 임금과 거의 구별되지 않았다. 75년이 지난 아담 스미스의 시대에도 고용주는 노동자와 구별되지 않았고, 이윤은 임금과 구별되지 않았다. 통상적인 보상보다 이윤이 높으면, 토니가 말하듯이, 그 차이는 단지 정도의 차이이지 종류의 차이가 아니었다.[39]

이같이 당시의 청교도들에게서 도출된 로크의 가치이론은 소농, 장인, 상인의 근면과 검약에 대한 통상적인 보상을 낳는 그런 의미의 노동에 근거한 이론이었다. 이중 누구도 노동 없이 살아가지 못했고, 자신들의 생산물에 대한 소유에서 발생한 인격적인 수입은 나중에 지대, 이자, 이윤, 임금이라는 비인격적인 수입의 모습을 지니고 있었다. 그 시대에 로크나 다른 사람들에게 중요했던 것은 기능들이 아니라 개인들이었다.

더구나 로크와 당시의 청교도들에게서 모든 개인들은 일하고 축적할 의무를 지고 있었다. 이 의무는 원래 아담과 이브의 원죄에 대한 벌로서 부과된 것이었다. 그리고 실제로 일하고 축적해 공동의 부(the commonwealth)에 이바지했던 것도, 그리고 신에 대한 의무를 완수했던 것도 이들 뿐이

(p. 89) "제욕은 자본에 대한 비생산적인 사용[소비]을 절제하는 것뿐만 아니라 즉각적인 결과보다 멀리 있는 결과를 생산하기 위해 자신의 노동을 투여하는 사람의 비슷한 행동을 표현한다. 그와 같이 행동하는 사람은 자본가이고 그의 행위에 대한 보상은 이윤이다." Senior, Nassau, W., *Political Economy*(1814, 6th ed., 1872). 6판을 인용함.

39) Tawney, R. H., *Religion and the Rise of Capitalism*, 207.

었다. 노동이 죄에 대한 벌이었고, 필요 이상의 부의 소비는 공동의 부의 차감이며, 신의 명령에 불복하는 것이었다. 청교도들은 일하고 축적했는데, 그것이 신에 대한 의무였기 때문이다.

이 청교도가 "가치를 생산하는" 일종의 노동자였다. 로크에서 가치의 의미는 공동의 부를 늘리는 생산성과 축적의 의미였지, 공동의 부를 줄이는 희소의 의미가 아니었다. 그 결과 그의 사유재산이라는 관념은 생산, 유용성, 그리고 행복이라는 관념들이었고, 각 관념들은 자기 노동의 산물의 생산자로서 자신의 사용을 위한, 즉 소비자로서 향유를 위한, 법적 소유권이라는 관념에 근거하고 있었다. 그의 관념은, 필요하지만 갖고 있지 않은 것을 상대방으로부터 서로가 유보한다는 거래적 관념도 아니고, 죄에 대한 벌로서의 노동이라는 관념과 구별되면서 노동으로 유인하는 희소라는 경제적 관념도 아니다. 희소는 **풍요로운 에덴동산**(Garden of Abundance)에서 인간이 저지른 원죄에 대한 벌로서 인격화되었다. 그러나 맬서스 시대 이후로 지대, 이자, 이윤, 그리고 임금 사이의 구별을 야기한 것은 희소에 대한 이 함수적인(functional) 관념이다.

군주의 자의적인 통치에서 비롯된 것으로 독점과 압제를 배제한 채, 그리고 **원죄**로 인격화된 재산과 노동에 근거한 희소 개념을 간직한 채, 가치의 생산성 관념은 사적인 부와 공동의 부 둘 다와 일치한다는 점은 명백하다. 생산성이라는 점에서만 일어나는 사적인 부를 증가시키는 것은 무엇이든 공동의 부의 증가이며, 공동의 부는 사적인 부의 합이다.

로크의 기본적인 개념 각각은 그의 『통치론』에서 이 가치의 생산성 관념에, 소유의 소유적(proprietary) 의미에, 그리고 죄의 도덕적 관념에 근거하고 있다. 그는 노동이라는 자신의 단 하나의 복합 개념 속에서 구성요인들인 **신, 자연, 이성, 완성, 평등, 자유, 행복, 풍요, 유용성**, 그리고 **죄**라는 개념들을 인격화했다. 신은 풍요를 의도하지만, 죄 때문에 인간은 풍요를 위해 일해야만 한다. 그래서 그는 다음과 같이 말한다.

"인간이 일단 태어나면 자기 보존의 권리를 가지고 있고, 따라서 음식, 그리고 자연이 생존을 위해 제공한 여타의 것에 대한 권리를 가지고 있다고 우리에게 말하는 자연적 이성을 생각하든, 또는 신이 아담과 노아와 그의 아들들에게 내린 하사품들의 기록인 계시를 생각하든, 다음과 사실은 분명하다. 다윗 왕이 시편 115편 16절에서 말하듯이, '신은 땅을 인간의 자손들에게 주셨다.' 신은 땅을 인류 모두에게 주셨지, [필머가 말하듯이] 아담의 다른 후손들을 배제한 채 아담과 그의 후계자들에게만 주신 것은 아니다."[40]

물론 로크가 신의 선물이 모두에게 주어졌다고 말할 때, 원시 부족 공산주의라는 역사적 의미에서든, 현대의 맑스적인 공산주의라는 역사적 의미에서든, 각 개인에게 몫을 배급하는 조직된 집단이라는 역사적 의미에서든 공동소유를 뜻하는 것이 아니다. (신의 선물이 모두에게 주어졌다는—옮긴이) 로크의 그 의미는, 독재자로서 개인들에게 몫을 할당하는 가장의 당연한 권위를 내세운 필머의 주장에 굴복하게 되었을 뿐만 아니라 태초의 풍요에 관한 로크의 관념과도 모순되었을 것이다. 이 태초의 풍요는 개인적 소유로 타인이 손해보는 일이 없었고, 그리고 결과적으로 자유로운 개인의 소유권을 가로막는 어떤 집단적인 소유가 정당화되는 일도 없었다. 그런 로크의 "모두에게(common)"라는 말은 희소로 인한 공동소유가 아니라, 풍요로 인한 보편적인 범위에서의 기회균등을 의미한다.

∴

40) *The Works of John Locke*, Vol. V, *Two Treatises in Government*, BK. II, Sec. 25.

이 풍요 관념은 "음식과 생존(meat, drink and subsistence)"에 필요한 재산에 대한 자연권이라는 그의 관념의 전제이다. 로크의 재산에 대한 자연권은 희소가 아니라 풍요에서 나오는 것이다. 정복이나 부등가교환으로 남의 것을 **빼앗지** 않으면서, 누구나 자신이 필요한 것을 풍요로운 신의 선물로부터 얻을 수 있다.

그러면, 배타적 점유 때문에 발생할 수 있는 갈등이나 경쟁이 없을 만큼 풍부한 것에 누군가가 접근하는 것을 막을 상관적 의무는 누구에게 달려 있는가? 만약 그것이 공기나 햇빛처럼 풍요롭다면, 권리라는 개념은 무의미할 것이다. 왜냐하면 자신이 필요한 것만큼 다른 사람이 사용하는 것을 누구도 배제하려고 시도할 가능성이 없기 때문이다. 여전히 이것도 음식과 생계에 대한 로크의 관념이다. 자연 자원을 얻는 데 다른 사람의 동의가 필요 없을 만큼, 태초에 있었고 지금도 있는 자연상태의 신이 넉넉하게 준다. 자신이 필요한 것을 가져가기만 하면 된다. 그러나 이 "가져가는 행위"은 음식과 생존의 형태를 취하는 **노동**일뿐이다. 그렇지만 이것은 육체노동일 뿐만 아니라 지성(intelligence)이기도 하다. 따라서 지적(rational) 노동은 자연의 풍요로부터 획득된 것이라면 무엇이든 소유의 권원을 준다. 그 소유는, 자원이 풍부하기 때문에, 그 풍요로부터 무언가를 획득하고자 하는 어떤 다른 사람으로부터 그 무언가를 **빼앗지** 않는다.*

"하나님은 사람들에게 이 세상을 공유물로 주셨고, 동시에 삶에 최대한의 혜

---

* 다른 사람에게 피해를 주지 않으면서도 충분히 얻을 수 있다는 로크의 주장은 밀이 내세운 자유와 통한다. 밀은 『자유론(*On Liberty*)』에서 타인에게 피해를 주지 않으면서 자신이 원하는 것을 수행하는 것으로 자유를 규정했다.

택을 주고, 안락한 삶을 영위할 수 있도록 이 세상을 이용할 수 있는 이성도 주셨다. 대지와 이에 속하는 모든 것은 인간의 부양과 안락을 위해 모든 인간에게 주어졌다. 그리고 대지에서 자연적으로 산출되는 모든 과실과 거기서 자라는 짐승은 자연 발생적 작용에 의해 만들어지는 까닭에, 모든 인간들의 공동 소유물이다. 따라서 그러한 것들에 대해 그것들이 자연적인 상태로 존재하는 한, 어느 누구도 처음부터 다른 사람을 배제하는 사적 지배권을 누릴 수 없었다. 하지만 이제 사람들이 그것들을 자신들을 위해 이용할 수 있게 된 상황에 이르자 그것들을 특정한 사람이 특정한 용도에 맞게 사용하거나 그것들에서 이득을 얻기 위해서는 여러 가지 방법들을 동원하여 그것들을 수취할 수 있는 수단이 반드시 존재해야만 했다. 인클로저에 대해 전혀 아는 바가 없으며, 여전히 공유지를 빌려 쓰고 있는 야생의 인디언을 먹여 살리는 과일이나 사슴 고기가 그의 삶을 부양하는 데 도움이 되려면 먼저 그의 것이어야 한다. 즉 다른 사람은 그것에 대해 더 이상의 그 어떠한 권리가 없는 그 자신의 일부에 해당하는 그의 것이 되어야 한다."

"대지와 모든 열등한 피조물은 모든 사람의 공유물이기는 하지만 모든 사람은 자신의 신체에 대해 소유권을 가지고 있다. 이것에 관해서는 단지 이 사람만이 권리를 가지고 있으며, 다른 어떤 사람들은 권리를 가지고 있지 않다. 그의 신체가 행한 노동과 그 자신이 손수 행한 작업은 당연히 그의 것이라고 말할 수 있다. 상황이 이러하다면, 그가 자연이 제공하고 남겨 둔 상태에서 끄집어낸 것에 자신의 노동을 가하고, 무언가 그 자신의 것을 보태면, 그것은 그의 소유물이 된다. 그것은 자연이 놓아둔 공유의 상태에서 끄집어낸 것이므로, 그것은 그의 노동에 의해 부가된 어떤 것을 가짐으로써 다른 사람들의 공동 소유권은 배제된다. 그 노동은 노동을 행한 사람의 소유물임에 틀림없다. 따라서 오로지 노동을 행한 그 사람만이, 또한 적어도 그것 이외에도 다른 사람들의 공유물들이 충분히 남아 있는 한, 노동을 행한 사람이 노동이 첨가된 것에 대한 권리를 가질 수 있다."[41]

이같이 로크는 아담 스미스로 가는 길을 마련했다. 자연의 풍요라는 로크의 관념은 재산에 대한 자연권뿐만 아니라 자유에 대한 자연권의 전제이기도 하다. "모든 사람은 자신을 소유한다. 이 재산은 자신 이외에 누구도 소유할 수 없다." 그래서 그의 노동개념은 단지 육체노동과 이성적인 노동일뿐만 아니라, 그래서 생산성 관념일 뿐만 아니라, 자유와 소유의 관념이기도 하다. 노동자는 자신의 몸을 가지고 자신이 원하는 대로 할 수 있는 자연권을 가지고 있다. 그리고 그가 자연의 무한한 공급으로부터 생계 물자를 재산으로 삼는 동안, 다른 모든 사람은 그를 내버려둘 의무를 지고 있다. 로크의 노동은 노예 노동이 아니라 **자유노동**이고, 그리고 이 자유노동은 노동자가 그의 사적 재산으로 만든 **자유의 땅**에서 일하고 있다.

크롬웰의 군대가 승승장구하고 있을 때, 주변 지주들에 의한 공유지 종획을 반대했던 자들과 평등주의자(Diggers)들은 노동할 기회가 부족하다는데 근거해서 공유지를 차지하겠다고 주장했다. 로크는 토지의 자연적 풍요와 사유재산의 생산성에 근거해 울타리 치는 것을 옹호했다.

"(······) 자신이 노동을 행함으로써 토지를 가지게 된 사람은 인류의 공동 자산의 가치를 감소시키지 않고 오히려 증대시킨다. 왜냐하면, 종획되어 경작된 땅 1에이커에서 생산되어 인간의 삶을 돕는 식량은 동일한 비옥도를 가졌지만,

41) *Ibid.*, Secs. 26, 27.

공유지로 방치되어 있는 1에이커의 땅에서 생산되는 양보다 (조심스럽게 말해도) 10배이기 때문이다. 그래서 울타리를 쳐, 10에이커의 땅에서 훨씬 더 많은 생활 물자를 얻는 사람은, 자연에 방치된 100에이커의 땅에서 동일한 양의 물자를 얻는 사람보다, 사실상 90에이커의 땅을 인간에게 제공하는 셈이다. 왜냐하면 그의 노동은 이제 공유지 100에이커에서 나오는 생산량에 해당하는 식량을 단지 10에이커의 땅에서 공급하기 때문이다. 여기서 나는 개간된 땅을 낮게 평가해 그 땅의 생산물을 10대 1로 했지만, 실제로 그 비율은 거의 100대 1에 가깝다고 볼 수 있다."[42]*

이것은 1862년 미국의 공유지 불하법(Homestead Act)이 내세운 주장이었다.[43] 그래서 자유의 땅에서 일하는 자유노동자의 생산성은 노동자의 사유재산과 같고, 로크에 따르면 이것은 신법이면서 자연법이다.**

"신은 인간에게 이 세상을 공유물로 주었다. (……) 신은 근면하고 합리적인 사람들이 사용할 수 있도록 하기 위해 주었다. 다른 사람이 이미 취득한 것 이상으로 개간하기에 충분한 양의 토지가 자신에게 남겨진 사람은 불평할 이유

•••

42) Ibid., Sec, 37.
43) Commons, John, R. and his associates, *History of Labour in the United States*(1918), I, 562.

---

* 해당 인용문의 국문 번역은 다음 책을 참고했다. 『통치론』, 타임기획, 61~62쪽.
** 서양은 고대 그리스의 철학과 기독교의 결합이다. 그리스의 철학은 자연으로 규정되는 데 비해 기독교는 신으로 규정된다. 근대에 들어오면 이 책에서처럼 자연과 신이 뒤섞이게 된다. 더구나 자연과 신에 인간의 이성이 추가된다. 『사회계약론(*Du contrat social*)』의 루소(Jean Jacques Rousseau)나 중농주의의 케네 등 근대의 여러 사상가들에 등장하는 자연법, 자연질서, 자연권 등은 모두 이런 세 가지 관점에서 해석이 가능하다. 로크도 마찬가지이다.

가 없으며, 이미 다른 사람의 노동으로 개간된 것에 대해서도 간섭하지 않아야 한다. (……) 신은 인간에게 노동할 것을 명령했고, 인간은 가난의 상태에서 벗어나기 위해 노동을 하는 수밖에 없다. 어떤 인간이 노동을 행한 곳이 어디든지 간에 그것은 다른 사람들이 결코 강탈할 수 없는 그의 재산이었다. 따라서 땅을 개간하거나 경작하는 것과 이 땅을 소유하는 것은 서로 밀접하게 연관되어 있었다. 땅을 개간하고, 경작하는 것이 곧바로 이러한 노동을 행한 사람에게 땅을 가질 수 있는 정당한 권리를 부여해 주었다. 그리하여 신은 인간에게 대지에 노동을 행하여 정복하라고 명령함으로써 점유할 권한을 부여해 주었던 것이다. 그리고 노동과 작업을 할 물자가 필요한 인간 생활의 조건으로 인해 필연적으로 사유재산이 발생했다."[44] *

그리고 로크는 개간을 해서 한 부분의 땅을 수취하는 것에 대해 다음과 같이 말했다.

"여전히 토지가 많이 남아 있고, 아직 토지를 가지지 못한 사람이 사용할 수 있는 것보다 더 많은 토지가 남아 있기 때문에 다른 사람에게 피해를 주지 않는다. 결과적으로 어떤 사람이 울타리를 쳐서 점유할지라도 다른 사람의 몫으로 남겨진 토지가 줄어드는 것은 결코 아니다. 타인이 사용할 수 있을 만큼 많이 남겨놓는 사람은 전혀 아무것도 취하지 않는 것과 같기 때문이다."[45] **

••

44) *The Works of John Locke*, V, *Two Treatises in Government*, Bk. II, Secs. 34, 35.
45) *Ibid*., V, Sec. 33.

* 『통치론』, 타임기획, 58~59쪽.
** 『통치론』, 타임기획, 57쪽.

따라서 로크는 토지의 비-희소(non-scarcity) 개념 안에서 법, 경제학, 그리고 윤리학을 통합했다. 당시 영국의 인구가 밀집되어 있지 않았고, 엘리자베스 여왕에서 이어진 세계정복에 비추어볼 때, 로크가 비논리적이었다고 말할 수 없다. 문제는 그런 노동자가 사유재산으로 얼마만큼을 획득할 수 있느냐이다. 로크는 화폐가 도입되기 이전인가 그 이후인가에 따라 두 가지 답변을 제시하고 있다. 화폐가 도입되기 이전에는 재산(property)(다음 인용문에서는 소유나 소유권으로 번역되었음 – 옮긴이)의 범위가 다음과 같았다.

"[재산의 범위가] 노동의 정도와 생활의 편의를 고려하여 적절하게 규정한다. 그 누구의 노동도 모든 것들을 정복하거나 점유할 수 없다. (……) 어떤 사람에도 피해를 주지 않고 그 자신이 점유할 수 있는 정도로 제한했다."[46] "우리에게 이런 수단을 통해 소유권을 부여하는 동일한 자연법이 또한 그 소유권을 제한한다. '하나님은 우리에게 모든 것을 후히 주사 누리게 하신다.' 디모데전서 4장 17절. 그러나 하나님은 우리에게 얼마나 주셨는가? 인간이 즐길 수 있는 만큼이다. 하나님은 모든 인간들에게 그것이 부패하기 전에 삶에 유용하게 사용할 수 있는 만큼 주셨다. 즉 그가 자신의 노동에 의해 자신의 소유로 확정할 수 있는 만큼만 주셨다. 그것보다 많은 것은 그의 몫을 넘어서며, 다른 사람의 몫이다. 하나님은 그 어떤 것도 인간이 썩히거나 파괴하게끔 하지는 않았다. 오랫동안 세상에는 자연이 제공하는 것이 풍성하게 존재했던 반면, 이를 이용하는 사람들은 별로 많지 않았다. 그리하여 한 인간이 자신의 근면함을 바탕으로 그 풍성함의 일부분을 차지하더라도 타인에게 손해가 될 정도로 그것을 독점하는 경

46) *Ibid.*, V, Sec. 36.

우란 별로 없었다. 특히 이성에 의해, 그가 사용할 수 있을 만큼으로 정해진 한계를 지킨다는 점을 고려할 때는 말이다. 이러한 점을 감안해볼 때, 그렇게 하여 확립된 소유권을 둘러싼 분쟁이나 다툼이 일어날 여지란 거의 없었다."[47] *

필머에 맞서서 이런 과소인구론이 사용되었다. 만약 신이 왕들을 땅의 유일한 주인으로 만들었다면, 왕은 다음과 같을 것이다.

"모든 나머지 사람들이 왕의 주권을 인정하지 않고, 그의 의지에 복종하지 않는다면, 이들의 양식을 허락하지 않고, 그의 마음대로 그들을 굶어 죽일 수 있다." 그러나 "인류에게 생육하고 번성하라고 명하신 하나님 그 자신께서, 인류가 생존을 위해 인간 의지에 의존하게 만드는 권리보다도, 그들 모두에게 양식과 의복, 생활에 필요한 기타 편의품들, 즉 하나님이 매우 풍부하게 마련해주신 물질을 사용할 권리를, 그들 모두에게 제공해야 한다고 생각하는 것이 더 합리적이다."[48]

그래서 화폐 도입 **전**의 법칙은 "누구나 자신이 이용할 수 있는 만큼 가지는 것"이었다. 그러나 "화폐의 발명으로" "더 많은 점유(possession)"가 시작된 시점에서도 이 "동일한 소유의 원칙"** 이 침해되지 않았다. 여기

••

47) *Ibid.*, V, Sec. 31.
48) *Ibid.*, V, Bk. I, Sec. 41.

---

* 『통치론』, 타임기획, 55~56쪽.
** 원문에는 propriety로 되어 있지만 맥락상 property로 번역했다. propriety로 기재된 이유는 명확하지 않으며, 관련 국내외 번역본에서도 소유 또는 자산이란 의미인 property로 보고 있지만, 그 이유를 밝혀놓지는 않았다.

서 로크의 중상주의가 등장하는데, 케네와 아담 스미스가 공격했지만, 지금도 중상주의는 사실상 침몰하지 않았다. 그에 따르면 화폐의 획득은 사적인 부이자 그만큼의 공동의 부다.

왜냐하면, "화폐의 발명"으로 남을 해코지하지 않고, 개인이 자신의 개별 노동으로 지배할 수 있는 것보다 훨씬 더 많은 것을 소유할 수 있게 되었기 때문이다. "묵시적인 합의"를 통해, 소모되거나 부패하지 않는 이 "하나의 노란 금속 조각"이 커다란 조각의 고기나 한 더미의 곡물과 같은 가치를 가진다." 만약 그가 다른 상품들을 대량으로 보관했다면, 그는 "공동자산을 낭비했을 것이다." 왜냐하면 "자신의 손 안에서 헛되이 썩어 없어졌기 때문이다." 그렇지만 그가 이 대량의 상품을 돈이나 돈과 같은 내구성이 있는 물건과 교환했다면, 그는 일부를 양도하여, 그것이 그의 손 안에서 헛되이 썩어 없어지지 않게 한다. "그가 원하는 만큼 이 내구성이 있는 물건들을 쌓아둘 수 있게 되고" 누구에게도 피해를 주지 않을 수 있다. 이렇게 되면 "그의 정당한 재산의 한도는 그의 소유물의 크기에 달려 있는 것이 아니라, 그 재산 중에 무언가가 헛되이 썩어 없어지는 것에 달려 있다."

중상주의자 로크에게 화폐의 중요성은 그것의 물리적 내구성이었다. 그가 말하길, 왜냐하면 "이리하여 화폐의 사용이 시작되었다. 상하지 않은 채 보관해도 되는 지속가능한 것, 그리고 상호 합의에 의해 매우 쓸모 있지만 썩기 쉬운 생필품과 교환하여 얻으려 하는 것이 이 화폐"이기 때문이다.

그래서 화폐의 사용과 상업 때문에 대규모 소유가 이익이 되었다. "왜냐하면 1만 또는 10만 에이커의 좋은 땅—이미 경작되고 있고, 가축들이 잘 사육되고 있는—이 있다고 하자. 하지만 그 땅에 아메리카 내륙의

한복판에 있고, 그런 까닭에 다른 지역들과 생산물을 교역함으로써 돈을 벌 수 있는 어떤 전망도 없다면, 사람들이 과연 그 토지를 가치 있는 것으로 생각할 이유가 어디에 있겠는가? 이런 땅은 울타리를 쳐 소유물로 만들 하등의 가치가 없는 것이다." 그리고 "넘치는 물자와 교환해 받은" 이 돈은 "남에게 해를 끼치지 않으면서 쌓일 것이다. 그리고 이 금속들은 소유자의 손 안에서 썩거나 부식되지 않는다." 그래서 사적인 부는, 중상주의자들의 국부처럼, 상품의 교환에 의해 얻어진 화폐의 축적이다.

로크의 추산에서는 화폐의 도입이 자유의 땅의 소멸을 함축하지는 않는다. 상업과 화폐로 얻어진 대규모 소유가 화폐 도입 전의 경우보다 더 토지의 풍요를 감소시킨 것은 아니었다.*

따라서 노동, 원료, 그리고 사유재산이 가치와 정부에 관한 그의 이론의 중심이 되도록 만드는 로크의 전제는, 은혜로운 조물주가 근로와 번식의 의무와 더불어 자유인에게 풍요로운 토지를 준다는 전제다. "풍부"라는 경제용어는 로크의 신학 용어 "은총"에 상당하다.

이 풍요를 전제하면 물건들과 이것들의 소유 사이에 모순이 있을 수 없을 것이다. 재산이 희소를 뜻고 노동이 풍요를 뜻하게 된 후 비로소 모순이 나타난다.

그렇지만 화폐로서 금은을 도입하면서 로크에게는 노동에 근거한 두 가지 종류의 가치를 구별할 필요성이 생겼다. "묵시적인 합의와 동의에 의한 가치"는 금과 은의 가치이지만, "물건의 내재적인 가치"는 오로지 "삶에 그 물건이 얼마나 쓸모 있는지"에 달려 있다. 이것을 우리는 나중에 각기 희소-가치와 사용-가치로 구별할 것이다. 그러나 로크에서는

---

* 원문에 있는 was는 문장 구조에서 불필요한 것으로 판단해 뺐다.

이 두 가지 종류의 가치가 모두 노동의 양으로 결정되고, 칼 맑스의 가치 이론으로 직접 이어졌던 것이 바로 이것이다. 내재적인 가치의 양, 즉 사용-가치의 양은 거의 정확히 노동량에 일치한다. 자신의 앞선 진술을 반복해, 로크는 다음과 같이 말했다.

> "(……) 모든 것에 가치의 차이를 부과하는 것은 사실 노동이기 때문이다. 그리고 담배나 사탕수수를 심고 밀과 보리의 씨를 뿌린 1에이커의 땅과 그 땅의 가꾸지 않는 1에이커의 공유지 사이의 차이를 생각해보면, 누구라도 노동에 의한 경작이 훨씬 더 많은 가치를 만들어낸다는 것을 깨닫게 될 것이다. 내가 생각하기에 인간 생활에 유용한 토지 생산물 중에서 10분의 9가 노동의 결과라고 말해도 그것은 상당히 낮게 계산한 것일 것이다. 그보다는 사물이 우리의 사용에 기여하는 정도에 따라 그것들을 정당하게 평가하고, 순전히 자연에 속하는 것과 노동에 속하는 것에 관한 비용들을 계산해보면, 대부분의 경우에 100분의 99까지가 전적으로 노동에 의해 발생했다는 점을 우리는 알게 될 것이다."[49]

케네와 스미스는 여기까지 가지는 않고, 자연 **또한** 생산적으로 만들었다. 맥컬록과 맑스는 로크를 따랐다.

그러나 금과 은도 주로 노동량에 의해 가치가 결정된다. "이들은 음식, 의복, 마차에 비해 삶에 사실 거의 쓸모가 없다." 이 금은은 "가상적이고 상상적인 가치만을 갖고 있다. 자연은 금은에 그런 가치를 주지 않았다."[50] 이런 이유로 이 금은의 가치는 내재적인 것이 아니라, "단지 사

·:
49) *Ibid.*, V, Bk. II, Sec. 40.
50) *Ibid.*, V, Bk. II, Sec. 50.

람들의 합의에" 따른 것이다. 그러나 노동이 "대체로 금은의 가치의 척도"다.

그래서 로크는 **신, 자연, 이상, 재산, 평등, 자유, 행복, 풍요, 쓸모**, 그리고 **죄**에 관한 『인간지성론』과 **정부 및 관용**에 대한 논고에서 논증했었던 것 모두를 "복합 관념(complex idea)" 안에서 결합시켰다. 그리고 그는 이것들을 자신이 생각하는 의미의 노동으로 의인화했다. **신, 자연, 이성**은 동일하다. 왜냐하면, 비록 추론이 살아 숨 쉬는 로크의 이성이라 할지라도, 그는 신의 권능으로부터 추론력을 받았고, 그가 신의 이성을 알고 신이 의도하는 바인지 아닌지를 개연성이 아닌 확실성으로서 알 수 있기 때문이다. 이 확실성은 수학의 영원불멸한 진리처럼 직관을 통해서가 아니라 논증을 통해서 도출된 확실성이다. 신의 의도들이란 다음과 같다. **자연** 및 영구적인 **이성**과 동일한 신으로부터 모든 사람들이 동등하게 취급됨을 말한다. 또한 모두가 자연이 준 선물의 쓸모로부터 자신의 결핍을 충족시키는 행복을 즐길 수 있음을 말한다. 그리고 이들의 쓸모는 배타적 보유와 관련해 어떤 경쟁이나 논쟁이 일어날 필요가 없을 정도로 풍부하게 주어짐을 말한다. 이런 풍요는 신의 의도가 은혜롭다는 것에 대한 증거임을 말한다. 이 풍요와 이 대우의 평등을 가지고 모든 사람은 자신을 위해 활용할 수 있는 모든 것을 동등하게 자유로이 획득한다. 왜냐하면 남들을 위해 충분히 남겨져 있기 때문이다. 따라서 이런 풍요의 조건하에서 생명, 자유, 재산은 자연권이나 신권이나 이성이 논증한 권리라고 해도 된다. 왜냐하면 이성은 신의 보편적 은총으로부터 나온 논리적 정당화이기 때문이다.

여기서 생기는 의문은 만약 신, 자연, 그리고 영원한 이성이 공기, 햇빛, 고기, 음료, 그리고 생계 등 모든 것을 풍부하게 제공한다면, 도대체

왜 **노동**이 필요하냐는 것이다. 로크의 대답은 청교도적 대답, 즉 **원죄**였다. 인간에게 노동을 강제한 것은 **희소**가 아니라 **원죄**였다. 신의 명령에 대한 인간의 불복종은 인간에게 생계를 위해 일해야 할 의무를 지게 했을 뿐만 아니라 죄가 큰 자가 죄가 적은 자에게 복종할 의무를 지게 하는 계기가 되었다. 로크도 필머와 같은 상황을 사용했지만, 이것을 달리 해석했다.

> "[에덴에서 추방될 때의] 말씀들은 여자가 처음으로 앞서서 불복했기 때문에 여자에 대한 신의 저주이다. (……) [원죄의 공범이었을 뿐만 아니라] 유혹의 조력자로서, 이브가 더 큰 벌을 받았으므로, 그녀는 아담의 아래에 놓이게 되었고, 아담은 우연히 이브에 대해 우위를 지니고 있었다. (……) 신이 같은 흐름 속에서 [필머가 주장했듯이] 아담을 모든 인류의 보편적인 군주이면서 동시에 생계를 위해 매일 일해야 하는 노동자로 만들었으리라고 상상하기는 어렵다. '경작을 위해 낙원에서'(창세기 3장 23절) 그를 내몰면서 동시에, 왕좌와 절대 권력의 모든 특권과 평안함으로 그를 높이는 것은 상상하기 힘들다. (……) 신은 그가 생계를 위해 일하도록 만들었고, 그에게 지상의 주민들을 지배할 홀(笏, sceptre)을 주었다기보다 땅을 다스리도록 그의 손에 삽을 들려주었다고 보여진다. '네 얼굴에 땀을 흘려야 양식을 먹을 수 있으리라.'"[51]

그래서 희소가 **원죄**로 인격화되고, 가난이 죄로 정당화된다. 원죄는 **신의 에덴동산**에서 추방되는 벌로 집행된 진노한 신의 심판으로 그려진다.[52] 이것이 아담 스미스의 이론이 되었다. 그리고 로크로부터 150년이 지난

••
51) *Ibid.*, V, Bk. I, Secs. 40, 45.

후, 미국에서 노예제가 죄에 대한 벌로 정당화되었다. 반면에 100년 동안 미국의 모든 노동법규, 아동노동법규, 노동조합주의는 희소에 의한 강제와 죄에 대한 처벌을 구별해야만 했다.[53]

그러므로 로크에게 **가치**의 의미는 **노동**이라는 인격화를 통해 윤리학, 법, 그리고 경제학을 결합시키고 있다. 그리고 물리적인 측정치로 환원되면, 이것은 모두 희소에 대한 기능적인 개념을 배제하고, 아담 스미스에서 개선된 모습으로 발견되는 세 가지 의미를 포함한다. 이들을 다음과 같이 요약할 수 있다.

① 나중에 **사용-가치**로 구별되는 유용한 성질들의 물리적이고 객관적인 체현이다. 생산이나 소비에 유용하지만 그것의 유용성이 희소에 의존하지 않으므로 공급의 증감에 따라 늘거나 줄지 않는다는 점에서 이와 같다. 이런 유용한 성질들의 총합이 공동의 부와 사적인 부 모두의 경제적 의미이다. 사적인 사용-가치는 공적인 사용-가치와 동일하다.

② **가치**의 원인과 척도는 자유로운 땅에서 일하는 자유로운 노동자의 자유로운 의지이다. 그가 노동하고 미래를 위해 저축해야 할 처지에 놓인 이유는 자신의 몸이나 노동할 기회나 노동생산물을 타인이 소유해 희

..

52) Cf. Weber, *Op. Cit.*, 아퀴나스, 루터, 칼뱅과 박스터의 사상에 담긴 근로의 의무에 대해서.
53) Commons, John, R., and Andrews, John, B., *Principles of Labor Legislation*(1927); Commons, John, R., and associates, *History of Labour in the United States*(1918) 특히, 빚으로 인한 징역에 관해. *Economic History of Rome*(1920, 1927), 324쪽에서 프랭크 (T. Frank)는 다음과 같이 말하고 있다. "모든 사람을 잠재적인 기생충으로 만드는 보편적인 관성의 법칙으로 인해 순진한 사람들은 노동이 낙원에서 쫓겨나는 출구에서 부과되는 죄에 대한 벌임에 틀림없다고 추론해왔다. 아리스토텔레스와 제논 같은 고대의 철학자들은 이런 단순한 설명에 거의 만족하지 않으면서도, 다년간의 단조로운 노동이 초래하는 도덕적이고 지적인 무용함을 역설함으로써 육체노동에 소모되는 인생을 똑같이 낮게 평가하기에 이르렀다."

소가 발생했기 때문이 아니라, 고의로 신의 명령에 불복했기 때문이다.

③ 이러한 노동과 저축의 의무이행은 이에 따라 자신의 노동과 검약의 산물과, 상업과 화폐를 통해 얻는 다른 모든 자유로운 노동자들의 산물을 사유재산으로 가질 권리이다. 그의 권리는 자유로운 토지에서 개인적으로 생산하는 것과 자유로운 교환을 통해 자신이 얻는 것과 같다.

3. 관습

1922년 필라델피아에서 800명의 사업가들이 오찬을 들면서, 고용주와 피고용인 간의 관계를 주제로 토론이 있었고, "**사실들**(Facts)"이라는 성명서가 채택되어 소책자로 배포되었다. 그중 일부는 다음과 같다. "우리 모두는 노동자이다. 미합중국은 우리의 조합(union)이며, 우리는 먼저 하나님에게, 그다음으로 그 조합에 충성한다. 우리나라는 우리의 창조주에 대한 신앙의 살아 있는 표현이다. 자유는 우리의 천부인권이다."

1922년 천부의 자유권과 재산권에 관한 주장은 1689년 존 로크로 거슬러 올라간다.[54] 우리는 위에서 로크의 **신**과 **자연**, **이성**에 대한 그의 관념이 수학처럼 영원불멸이고 불변하는 것이 된 그 자신의 관념이었음을 주목했다. 그의 『인간지성론』에 따르면, 그 관념은 그의 마음속에만 존재했지만, 여전히 "확실한" 것이었다. 그렇다면 그의 마음에서 그 관념이 어떻게 존재하게 되었느냐 하는 문제가 제기된다. 로크의 철학적 대답은

∴

54) Cf. Hamilton, W. H., "Property According to Locke", *Yale Law Jour.*, XLI(April 1932), 864-880.

지상의 풍요에 상응하는 신의 은총이었다. 철학에서 유한한 것은 경제학에서 희소이고, 철학에서 무한한 것은 경제학에서 풍요이다. 하지만, 로크는 화폐의 희소라는 중상주의적인 가정에 근거해서 그의 풍요론을 전개하는 데 어려움이 있었다. (신의—옮긴이) 은총과 풍요에 대한 비슷한 관념들이 이전에도 필머와 (역대) 교황들의 마음에도 존재했고, 그 이후에는 프랑스의 케네와 스코틀랜드의 아담 스미스, 미국의 에이브러햄 링컨, 필라델피아의 고용주들의 마음에도 있었다. 자유와 재산에 대한 신성한 권리라는 가정에서, 만약 신이라는 관념이 풍요의 신이 아니라 희소의 신으로 여겨진다면 (이후 맬서스에서처럼) 신권과 자연권의 기원을 발견하기 위해서는 경제학이나 철학이 아닌 다른 곳을 찾아보아야 한다. 우리는 이를 **관습**에서 찾는다.

신성한 자유권과 재산권은, 로크가 주장했듯이, 경험에서 나왔지만, 이 경험으로부터 그의 관념들이 재산과 자유의 의미를 획득했고, 그 경험은 그가 즐겨 어울렸던 사람들의 좋은 관습들이라고 그가 간주했던 것에 대한 그의 경험이었다. 필머와 필라델피아 고용주들의 경우에도 이것은 마찬가지였다. 필머의 『부권통치』가 성직자들과 제임스 국왕의 여타 추종자들 사이에서 인기를 얻자, 로크는 **신, 자연**, 그리고 **이성**을 특별한 형태로 동일시한 자신의 생각을 출간하기에 이르렀다. 부권통치에서 **신, 자연, 이성**은 필머가 즐겨 어울렸던 사람들의 좋은 관습이라고 그가 간주했던 것과 동일시되었다.

필머는 크롬웰 독재 시기에 자신의 책을 썼고, 그에게는 유사한 주장을 구사하는 두 반대 집단이 있었는데, 이들에 맞서 그는 찰스 국왕의 신성한 권리를 주장해야 했다. 한편에서는 교황이, 다른 한편에서는 청교도가 **신, 자연, 이성**을 왕을 타도하기 위해 인민의 권리와 동일시했다.

그리고 교황 편에서는 왕을 지배할 교황의 신성한 권리를 역설하기 위해, 청교도 편에서는 왕을 선택하고 법으로 규제할 소자산가들의 신성한 권리를 역설하기 위해 신, 자연, 이성을 인민의 권리와 동일시했다.

　"신학이 융성하기 시작한 이후로, 성직자뿐만 아니라 다양한 다른 식자들 사이에 주장된 공통된 의견이 있었는데, 이는—

　"'인류는 온갖 복종으로부터의 자유를 천부적으로 가지고 태어나서, 자유롭게 원하는 정부 형태를 선택할 수 있다는 것과, 다른 인간에 대한 권력은 먼저 다중의 재량에 따라 주어졌다'는 것을 확인한다.

　"이런 교리는 먼저 학교에서 시작되어서 모든 가톨릭 신자들이 대를 이어 육성해왔다. 개신교의 성직자도 이를 간직해왔고, 모든 곳의 모든 사람들이 이 교리를 아주 그럴듯하다고 생각한다. 왜냐하면 이것이 자유의 일부를 다수의 가장 하찮은 사람들에게까지 뿌리듯이 나눠줘야 하기 때문이다. 그런데 자유의 갈구가 아담 범죄의 첫 번째 원인이었다는 것을 전혀 기억하지 못한 채 마치 인간 행복의 절정이 자유 속에서 찾아내져야만 하는 것처럼 자유를 확대시키고 있다."[55]

　그러고 나서 필머는 다음과 같이 길게 답했다. 특히 벨라르미모 추기경과 예수회의 수아레스 같은 "국왕을 교황 아래에 확실히 놓으려 했던 교활한 스콜라 철학자들은 인민을 국왕 위에 올려놓는 것이 가장 안전한 길이라고 생각했고, 그래서 교황권이 왕좌를 차지하게 될지도 모른다고

55) Filmer, Sir Robert, *Patriarcha; or the Natural Power of Kings*, Ch.I, Sec. I, p.I, in Moley's edition of Locke's *Two Treaties on Civil Government*(2nd ed., 1887).

생각했다." 그는 계속해서, "스콜라 철학자들의" 교리는 "성경의 교리와 역사, 모든 고대 군주들의 지속적인 관행, 그리고 자연법의 바로 그 원리들과 모순된다. 이 교리가 신학적 오류와 정책적 위험 중 어느 것이 더 큰지를 분간하기는 어렵다. 왜냐하면 이 교리는 인민 폭동의 거대 엔진이라는 전체 조직이 세워져 있는 "사람의 천부적 자유와 평등의" 교리이기 때문이다."[56]

필머가 지지했던 **왕권신수설**(王權神授說, the doctrine of the divine right of Kings)이, 반대되는 교리보다 사실 더 오래되었지만, 피기스(J. N. Figgis)가 지적하듯이, 필머는 신의 규례(divine ordinance)라는 이전의 개념에 근거하지도 않았고, 성서 인용에 근거하지도 않았지만, 사회 속에 존재하는 조물주에 의해 형성된 인간본성에 입각하여 왕권신수설을 수립한 첫 번째 사람이었다.[57] 이렇듯 그는 신의 법을, 자연과 인간성의 법과 동일시했고, 신성한 왕권은 **왕**의 자연권이 되었다. 케네는 필머의 왕의 위치에 지주와 국왕을 갖다 넣었고, 로크와 스미스, 필라델피아 고용주들은 그 위치에 제조업자들을 갖다 넣었다.

하지만 필머는 자연에 생물학적 의미를 부여했다. 그에 따르면, 인간본성에 관한 기초적 사실은 평등이나 자유가 아니라, 세습과 복종이다. 필머가 주장했듯이, 자식은 아버지가 낳았으므로, 자식은 생사, 자유, 재산 등 모든 문제들에 대해 아버지가 원하는 대로 할 수 있는 절대적 부권하에 즉각적으로 놓이게 된다. 자식들이 가진 것은 무엇이든, 권리가 아닌 은혜로 얻은 것이다. 이 자식들의 자연적 조건은 노예상태다. 그래

•.

56) *Ibid.*, 1-2.
57) Figgis, J. N., *Theory of the Divine Rights of Kings*(1st ed.), 149 ff.

126

서 그들은 아버지에게 가해지는 어떤 처벌도 없이 로마에서처럼 버려지거나, 필머가 인용했던 고대 사회의 많은 역사적 사례에서처럼 팔려도 된다. 하지만 아버지가 이와 달리 자식을 보호했다면, 의무가 당연해서가 아니라 아버지가 자식을 사랑했기 때문이다.

가족에 적용된 것과 똑같은 것이 나라(commonwealth)에도 적용된다고 필머는 주장했다. 가정에 단 한 명의 아버지가 있듯이, 국가에도 단 한 명의 아버지가 있다. 피기스에 의하면, 필머의 "주장 전체가 왕국과 가족을 동일시하고, 왕권과 부권을 동일시하는 데 의존한다."[58] 그는 이 비유를 심각하게 받아들였다. 피기스에 따르면, 이는 "성경을 평범하게 여기저기 인용한 것보다 훨씬 더 실질적이었고, 그 책의 인기는 왕국과 가정을 동일시한 관념이 많은 사람들에게 일종의 발견으로서 영향을 미치게 되었다는 것은 더 확고한 증거이다."[59]

그 발견은 **신**과 **생물학**을 동일시했고, **생물학**을 영국 왕실 및 왕당파(adherents of royal cause)의 당대 관습뿐만 아니라 고대 가족, 부족, 그리고 국가의 원시적 관습과 동일시했다. 역사적으로는 필머가 로크보다 더 잘 들어맞았다. 영국의 관습법은, 그가 올바르게 지적하듯이, "공통된 관습"만이 아니었다. 왜냐하면,

"모든 관습의 경우 그것이 관습이 아니었을 때가 있었기 때문이고, 그리고 지금 우리가 가지고 있는 첫 번째 선례는, 그것이 시작되던 때 어떠한 선례도 없었기 때문이다. 모든 관습이 시작되던 때, 관습이 아닌 어떤 것을 합법화시키는

..

58) *Ibid.*, 149.
59) *Ibid.*, 151.

관습이 아닌 어떤 것이 존재했다. 그렇지 않다면 모든 관습의 시작은 불법적이었다. 처음에 관습은 그것의 시작을 명령하거나 시작에 동의한 어떤 상위의 것에 의해서만 합법화되었다. (……) 관습법 그 자체, 즉 이 나라의 공동의 관습은, 원래 처음에는 성문화되지 않았던 왕의 법과 명령이었다." 그리고 관습법을 쌓아올린 판사들은 "왕의 권능과 이름으로 옛날의 선례와 규칙에 따라 선고할 권한을 부여받았다."[60] 필머는 몇 가지를 인용했다.

성문법도 마찬가지이다. "왕은 성문법의 유일하고 직접적인 제정자이고, 수정자이며, 중재자이다." 의회는 국왕의 의지에 따라 소환되고 해산되었다. 의회는 "인민의 모든 천부적 자유의 관례" 위에 세워진 것이 아니었다. 의회에서 요구하는 이 모든 자유는 왕이 은혜로 내리는 자유이지, 자연이 인민에게 부여하는 자유가 아니기 때문이다. 자유가 천부적이라면, 이 자유는 대중이 원하는 시간과 장소에 모이고, 주권을 부여하고, 협정으로 자유의 행사를 제한하거나 지휘할 힘을 대중에게 줄 것이다. (……) 인민은 스스로 모일 수 없지만, 왕은 소환장으로 그가 원하는 장소로 인민을 부른다. 그러고 나서 왕은 자신의 의지 이외다른 뚜렷한 이유도 없이 다시 이들을 단숨에 해산시킨다." 성문법은 의회에 의해서가 아니라 "인민들의 간청에 따라 오로지 왕에 의해서" 만들어진다.[61]

필머에 따르면, 이 모든 것은 이성이 지시하는 대로다. 그렇지 않으면 나라(the commonwealth)는 선동과 내전으로 사분오열될 것이기 때문이다.

∙∙
60) Filmer, *op. cit.*, Ch. III, Sec. 9.
61) *Ibid.*, Ch. III, Secs. 11-15.

"(……) 비록 왕이 법에 따라 자신의 모든 행동을 규정한다고 하더라도, 그는 자기 행동에 얽매이는 것이 아니라, 선의와 모범 이외에 어떤 것도 구속되지 않는다. 즉 나라(commonwealth)의 안전에 관한 일반법이 자연스럽게 왕을 구속하는 만큼 구속된다. 왜냐하면 그런 방식에서 실정법은 명시적이어서가 아니라 그것이 자연스럽게 나라의 보존을 위한 최선의 또는 유일한 수단이라는 점에서, 왕을 구속한다고 말할 수 있기 때문이다. 이 수단에 의해 모든 왕은, 독재자와 정복자조차도, 땅의 지역법이 아니라 아버지의 자연법에 의해서 백성들의 땅, 재화, 자유, 생명을 보존하도록 구속된다. 이 자연법이 백성들의 공공선에 필요한 것들에 관해 왕들의 선대조상이 만들었던 법을 추인하도록 왕들을 속박한다."[62]

이렇듯 로크처럼 필머는 필라델피아 제조업자들의 예언자이다. 영국 왕 그리고 아담부터 찰스까지 이르는 모든 왕, 나중에는 피고용인에 대한 고용주의 (좋든 나쁘든) 관행이라고 여겨지는 바에 따라, **신**과 **자연**과 **이성**, 이 모두는 왕의 신성한 자연권을 확립하는 데 일심동체이다.

명백히 필머는 영리한 로크 앞에 신성한 왕권이 무력하다는 것을 적나라하게 드러냈다. 로크는 필머의 말과 사건의 모순적인 의미를 들었다 놨다 하면서 갖고 놀았다. 피기스가 말하듯이, 그 이론에 관한 필머의 중요성은 "진실로 크다." 왜냐하면 "필머가 그 설의 가장 완벽한 주창자라서라기보다는 그 설의 쇠퇴를 알리는 선구자로서 기억될 만하기 때문이다."[63] 필머의 불합리성은 왕의 신성한 권리를 재산소유자의 신성한 권리로 전

∵

62) *Ibid.*, Ch. III, Sec. 6.
63) Figgis, *op. cit.*, 152.

환시키기 위하여 『인간지성론』의 영리한 저자인 로크가 찾았던 바로 그 불합리성이었다. 그러나 로크의 수정이 덜 불합리했던 것은 단지 로크는 승자를 대변한 반면 필머는 패자를 대변했기 때문이었다.

필머와 정확하게 똑같이, 로크는 **신**과 **자연**, **이성**을 동일시했지만 의미는 달랐다. 왜냐하면 로크가 자신의 의미를 구성하는 데 사용했던 관습들이 1689년 당시 농부와 제조업자, 상인, 자본가의 승리하고 있는 관습이었던 반면, 필머의 관습은 원시부족; 고대문명, 교황추종자의 쇠퇴하는 관습, 그리고 영국왕, 봉건영주, 왕당파의 패퇴한 관습이었다.

관습은 관행과 거래의 단순한 반복, 복제, 변동성이기 때문이다. 어떤 반복도 그 이전 것과 정확히 똑같을 순 없고, 어떤 복제도 동시대 것과 정확히 똑같을 순 없다. 그래서 연속적으로 이어지는 시점에서든, 같은 시점에서든 늘 관습은 변동성을 지닌다. 역사 속에서 일어나는 이런 변동이 새로운 관습들을 이전이나 현재의 관습들의 변수 또는 대안으로서 도입한다. 낡은 관습이나 경쟁적인 관습은 항상 새롭거나 다른 관습에 길을 내주면서 퇴조하거나 심지어 폭력적으로 제거되기도 한다. 그리하여 지속적인 관습의 선택이 일어나고, 그 결과 변화하는 경제적 조건과 정치경제적 지배에 부합하는 관습이 남게 된다. 이것은 인간 의지가 작동해서 일어나는 일이기 때문에 다윈(Charles Darwin)의 진화 중 인위적 선택과 상당히 비슷하다. 다만 변동하는 지질학적 조건에 적합해진 다윈의 생물의 구조와 기능에 적용되는 것이 아니라 변동하는 사회적 조건에 적합해진 관행과 거래에 이것을 적용한다.

종의 진화와 관습의 진화 사이의 이 유추는 둘 다 인위적 선택에 의한 것이고, 의식적인 것이든 습관적인 것이든 **의지**(Willingness)라고 부르는 비슷한 힘이 작용하고 있다는 주장을 정당화하기에 충분히 밀접하다.

관습은 갑자기 변할 순 없다. 왜냐하면 관습은 생물의 가장 기본적인 사실, 즉 **본능**과 **습관**에서 생겨난 것이기 때문이다. 이 본능과 습관은 경쟁에서 생명, 향유, 생존을 보존시켜준다는 점을 경험에 의해 확인하게 되는 행위들의 단순 반복이다. 관습이 유전과 비슷한 것처럼 이런 반복은 한 세대에서 다음 세대로 이어진다.

하지만 관습은 습관 이상이다. 관습은 개인의 습관을 만들어내는 사회적 습관이다. 우리는 고립된 개인으로서 시작하지 않는다. 우리는 유아기에 훈육과 복종으로 시작하고, 이미 활동하는 조직의 일원으로 살아간다. 그리하여 반복되고 복제된 관행들을 따르는 것이―그리고 이것이 지속 활동체의 의미 전부이다―쉽고 안전하게, 동의 속에서 생명과 자유와 재산을 얻는 유일한 길이다. 우리는 로크가 "자연의 원상태"라고 전제했던 지적인 존재로 시작하지도 그렇게 살지도 않는다. 우리는 반복과 틀에 박힌 일상과 단조로움, 간단히 말해 관습에 따라 시작하고 살아간다. 지성 그 자체는 행위와 기억과 기대의 반복이자 생명과 자유와 재산을 위해 우리가 의존하는 사람들의 행위와 기억과 기대의 모방―아니, 오히려 복제―이기도 하다.

이러한 반복과 복제를 지속시키는 감정이 있다면, 그것을 **친숙**(Familiarity), **평판**(Good Standing), **사회적 압박**(Social Compulsion)의 감정들이라고 말할 수 있을 것이다. 이런 반복과 기대*가 실제로 변하지 않고, 따라서 매우 친숙하고 이것들을 지키지 않는 때 상당히 강압적이라는 것을 깨닫게 된다면, 그리고 이익이 될 거란 기대가 보장되는 좋은 사회적 평판을 제공한다는 것을 깨닫게 된다면, 이것들은 사전에 선포된 일종의 명령으로

---

* 기대(expectations)는 복제(duplications)의 오기로 여겨진다.

의인화될 수 있다. 반면 그것들의 작동 방식으로부터 우리가 알 수 있는 한, 그것들은 비슷한 이로운 행위가 반복될 것이라는 기대일 뿐이다. **좋은 관습**의 이런 의인화는 분명히 필머와 로크의 정신적 과정이었다. 두 사람은 그들이 친숙하고 안정적이라고 느낀 물질적 자연의 기대되는 반복과 인간 본성의 기대되는 반복을 **자연**과 **신**과 **이성**이라는 영원하고 탈시간적이고 전제되고 불변하는 법칙으로 묘사했다.

하지만 그것들은 불변적이지 않다. 그것들은 정치적, 경제적 조건의 변화에 따라 변한다. 필머와 로크 둘 다 친숙했던 관습은 봉건제로 알려진 지주, 소작인, 왕 사이의 반복적인 관행과 거래였다. 그리고 그 관습은 상업과 혁명을 거쳐 자본주의가 확장되던 당시에 상인, 장인, 농부 사이의 관행과 거래였다.

하지만 로크에게 신성하고 자연적인 것으로 보였던 관습은, 로크 자신보다는 오래되긴 했어도, 역사적으로는 매우 최근의 것이었다. 따라서 왕실 법원에 의한 자발적 계약의 이행(enforcement)은 150년도 안 되었다. 그러나 로크는 이 관행(practice)을 사회의 기원으로 투사했고, "시초 계약"에서 형성되어 있었던 정부에 복종할 의무를 이 관행에 입각해 수립했다.

당사자들의 행위에서 묵시적인 법적 계약을 읽어내는 사법관행은 당사자들의 의도가 무엇이었는지를 그들의 행동을 통해서 법원이 가정한 것으로부터 나오는 것인데, 16세기 **계약이행 요구소송***이라는 법리(the doctrine of assumpsit) 안에서 이 시행도 관습법의 기원에서 비롯되었다 (이 시행도 마찬가지로 관습법적 기원이다). 하지만 로크는, 그 자신이 말했

---

* 계약이행 요구소송은 계약 위반이나 불이행에 의해 손해를 청구하기 위한 소송을 말한다.

듯이, "명시적인 동의와 묵시적인 동의를 일반적으로 구별"하면서 이에 기초해서 원시시대 사람들이 로크 시대처럼 집행 가능한 묵시적 계약을 체결했을 것이라는 주장을 수립했다. 일반적으로 『통치론』상당 부분이 근거로 삼고 있는 묵시적 동의라는 로크의 주장은 관습에 불과하다. 가장 오래된 원시시대부터 모든 관습은 노예제조차 암묵적 동의의 관행으로 이해될 수 있다. 그러나 로크는 자기에게 친숙하고 자기가 옹호하는 대의를 가진 사람들에게 유리하다고 여겨지는, 그런 묵시적인 동의에만 국한했다.

자식의 재산상속은, 영국 사람들의 관습에 따르면, 자식의 천부적인 권리다. 그리고 "그 관행이 보편적인 곳에서 그 대의가 천부적이라고 생각하는 것이 합당하다."[64]

당시 영국의 관행이었던 아내(women)의 남편에 대한 복종은 이브에 대한 신의 처벌에, 그리고 "인류의 법과 나라들의 관습에" 기반했다. 그래서 "자연 속에 그 근거가 있다." 로크의 견해에서 아내의 복종은 친숙하고 이롭기 때문에 남편의 권리와 상관관계에 있는 신성하고 당연한 의무였다. 로크는 "관습의 신성함"을 "아내에 관한 생사의 정치적 권력"을 적용시키고자 한 필머의 시도에 대해서만 반대했다. "이 정치적 권력은 아내를 둘러싸고 있는 재산의 "부부 사이의 권력"의 신성함이 합리적으로 뒤따르는 것은 아니"라고 로크는 말한다.[65]

무엇보다 중요한 것은 사유재산의 관습이었다. 사유재산은 1689년 관습법으로 관행화되어 있었듯 의미상 "생명, 자유, 재산(estates)"을 포함

----

64) *The Works of John Locke*, V, *Two Treatises of Government*, Bk. II, Ch. 6, Sec. 88.
65) *Ibid.*, V, Bk. II, Sec. 83.

하고 있었다. 그러나 로크에 의하면, 재산은 사회가 조직되기 전에 이미 존재했고, "사람들이 나라(commonwealths)로 모이고, 통치에 자신들을 맡기게 된 큰 주목적은 재산을 보존하기 위함이다."[66]

관습이 변하거나, 조건이 변한다면, 관습들 중에 선택해야 하고, 그 선택을 결정하는 것은 이성과 자기이익의 갈등이다. 좋은 관습은 선택되어야 하고, 나쁜 관습은 기각되어야 한다. 영국 의회에서 대표되는 "썩은 지역구(rotten boroughs)*"에 대해 로크가 말하기를, "이 세상 만물은 끊임없이 변화하고 있어서, 오랫동안 그대로 있는 것은 없다. (……) 그렇다고 사물이 항상 똑같이 변하는 것은 아니고, 관습과 특권의 근거가 사라질 때 사적 이익이 종종 그 관습과 특권을 존속시킨다. (……) 근거가 사라졌을 때 관습을 고수가 얼마나 심대한 불합리를 초래하는지를" 의회 내 썩은 지역구의 과도대표에서 알 수 있다고 그는 말했다.[67] 로크 시대 이후로 로크가 신성하고 자연적이고 영속적이라고 생각한 관습 중 상당수에서 이런 일이 일어났다. 관습은 많든 적든 썩어버렸다.

다른 한편 **"자연**상태"에서 부족했던 관습들은 영국 사법부가 여러 세기에 걸쳐 당시에 훌륭한 관행들이라고 여겨졌던 것들을 서서히 선별한 후에 로크 시대에 관습법(common law)으로 발전시켰던 것들이었다. 로크가 **"자연**상태"라고 묘사한 것은, 정확하게는 이러한 관습이 관습법으

∙∙

66) *Ibid*., V, Bk. II, Secs. 123, 124.
67) *Ibid*., V, Bk. II, Secs. 157, 158.

---

* 산업혁명 이후 도시로 인구가 이동함에 따라 급격히 지방 인구가 감소하여 유권자가 거의 없는 선거구를 말한다. 인구분포의 변화로 대표성이 상실되어 유권자가 50명 이하로 줄어든 선거구가 51개나 존재했는데, 해당 선거구의 유력자가 투표자를 매수하여 선거에서 하원의원으로 당선되는 일이 발생했다. 1832년 선거법 개정에 의해 이 제도는 사라졌다.

로 아직 발전되지 않은 상태이지만, 로크 편에 선 사람들은 이 관습들에 대해 알고 있었고, 이러한 관습들을 확실하게, 그리고 시행가능하게 만드는 나라(commonwealth)를 조직하려고 나아간 이성적인 존재들이었다.

로크에 따르면, 필요하지만 자연상태에서는 아직 발견되지 않았던 이 새로운 관행들은 첫째로, 다음과 같다.

"모두의 동의를 받아 시비의 기준이자 그들 사이에 논란을 끝낼 공동의 척도로 받아들여지고 허용된, 제정되고, 정착되었으며, 알려진 법이었다. 왜냐하면 자연법이 모든 이성적인 사람들에게 분명히 이해될 수 있는 것일지라도, 자기이익으로 편향되어 있고, 자연법을 연구하지 않아 무지한 사람들에게는, 자신의 개별 사례들에 자연법이 적용될 때 자신을 속박할 법으로서 받아들이지 않는 경향이 있기 때문이다."[68] 이래서 사법부의 독립성이 필요하다.

"둘째로, 자연상태에서는 제정된 법에 따라 세세한 차이를 가려내는 권위를 지니고 있으면서, 이름이 알려진 공평무사한 판사가 없다. 왜냐하면 그 상태에서는 모든 사람이 자연법의 판관이자 집행관이기 때문에, 자신에게 편파적이어서, 자신의 사안에서는 열정과 원한이 너무 멀리 나가고, 너무 뜨겁게 되는 경향이 크기 때문이다. 남들의 사안에서는 나태와 무관심으로 소홀히 하는 경향이 있기 때문이다."[69] 그래서 다시 사법부의 독립성이다.

"셋째로, 자연상태에서는 올바를 때 판결을 지지해주고 잘 집행할 권력이 자주 필요하다. 부정의로 법을 위반하는 사람들은, 힘으로 그들의 부정의를 정당화할 수 있으면 거의 언제나 그렇게 할 것이다. 이런 저항은 처벌을 집행하려는

:

68) *Ibid.*, V, Bk. II, Sec. 124.
69) *Ibid.*, V, Bk. II, Sec. 125.

사람들에게 자주 위험이 되고, 종종 파괴적인 결과를 가져오기도 한다."[70] 그래서 사법부의 결정을 집행할 입헌군주가 필요하다.

그래서 자연상태는 로크 자신처럼 고립되어 있지만, 지적인 존재들의 시초상태였다. 그들에게는 영국의 **관습법**도, **독립적인 사법부**도, **입헌군주**도, 사법부에 종속된 **장관**도 없었다.

반대로 "전쟁상태"는 이성의 관습법이라는 끈에 매어 있지 않은 (그래서 권위 있는 공동의 판사가 없는) 상태이고, 인간이 "늑대나 사자를 죽일 수 있는 것과 같은 이유로" 인간을 파괴할 수 있는 상태이다. 자연상태에서는 공평한 세속의 판사에게 호소할 길이 없다. 이는 법을 지키기를 거부하는 불의한 판사에게도 적용된다. 군주는 신과 자연의 법에 복종해야 한다.[71]

그래서 둘 중 어떤 경우든 "하늘에 대한 호소"만이 남게 되는데, 이렇게 되면 신적이고 자연적인 법을 시행하고자 하는 모든 당사자들의 노력이 다름 아닌 "전쟁상태"다. 독립적이고 공정한 사법부나 법을 잘 지키는 행정부가 없다면, 자연상태는 전쟁상태가 된다. "인간을 자연상태로부터 벗어나게 해서 나라의 상태로 들어서게 하는 것"은 "지상에 재판관을 두는 것"이다. 그렇게 로크는 1689년 명예혁명을 정당화하면서, 명예혁명이 잘못되었다는 것을 입증할 책임을 패배한 국왕에게 지웠다. 자연적이고 신적인 법의 권위가 없는 왕이 힘을 사용하면 "힘을 사용하는 왕은 전쟁상태로 몰리게 되고, 그는 공격자로서 응분의 취급을 받게 된다."

•••

70) *Ibid.*, V, Bk. II, Sec. 126.
71) *Ibid.*, V, Bk. II, Sec. 16.

"이 경우, 세속에 재판관이 없는 다른 모든 경우들처럼, 하늘에 호소하는 것 외에는 어떤 방책도 없다."[72]

정부의 기원은 전쟁에 의한 정복이 아니라, 바로 이러한 "자연상태"이다. 자연상태는 강제 없는 자발적인 동의의 상태이기 때문이다. 그러면서 로크는 영국역사를 뒤집었지만 1689년의 혁명과 노예제를 철폐한 미국의 남북전쟁을 정당화했다.

> "원래 정부는 앞서 언급된 것과 달리 생겨날 수도 없고, 정치도 인민의 동의 이외에 다른 어떤 것에도 근거할 수 없지만, 야망에서 비롯되어 세상을 가득 채우게 된 무질서들로 인해, 인류 역사의 매우 커다란 부분을 차지하는 전쟁의 소음 속에서 이런 동의는 거의 주목을 받지 못할 정도이다. 그리하여 많은 사람들이 무력을 인민의 동의로 착각해서, 정복을 정부의 기원들 중 하나로 간주했다. 하지만 집을 부수는 것이 그 자리에 새 집을 짓는 것과 다른 것처럼, 정복은 정부 수립과는 거리가 멀다. 사실 때로는, 정복이 옛 틀을 파괴함으로써, 나라(commonwealth)의 새 틀을 마련하는 길이 되기도 한다. 하지만 인민의 동의가 없다면, 정복이 결코 새 틀을 세울 순 없다."[73]

사람들은 기존의 정부하에서 태어났기 때문에, 분리된 개별 존재라는 선행 상태로부터 자발적인 의사로 함께 모일 수 없었다는 반대에 직면하여, 로크는 자연의 시초 상태에 관한 사례(史例)를 찾아 나섰다. 로크는 로마의 시작과 베니스의 시작, 그리고 아메리카 원주민을 언급했다.

∵

72) *Ibid.*, V, Bk. II, sec. 16.
73) *Ibid.*, V, Bk. II, sec. 175.

우리는 더 이후의 사례를 인용할 수 있다. 로크에게는 풍요 상태이기도 했던 자연상태에 가장 근접한 기록은, 쉰(Charles Howard Shinn)이 묘사한 것처럼, 금이 발견된 캘리포니아의 광산촌에서 보낸 첫 일 년 반 동안이었다.[74] 이 18개월 동안 광부들에게는 정부도, 범죄도 없었다. 이들에겐 동등한 채굴구획권이 있었다. 그들에게는 자기 노동으로 캐낼 수 있는 금 모두를 가질 개인적 자유가 있었다. 자기노동으로 얻을 수 있는 것에 한에서 그들은 완벽한 사적 재산을 가졌고, 스페인으로부터 정복되었고 아메리카 원주민에 대항해 보호되어야 하는 공적 영토라는 점에서, 그들은 공동재산을 가졌다. 이들은 크롬웰 군대에 의해 쫓겨나지 않게 된 크롬웰 시대의 디거파(Diggers)*였다.

자연상태에 대한 설명을 들여다보면, 정확하게 그것이 존 로크의 풍요상태라는 것을 알 수 있다. 금 채굴자는 하루에 1,000달러만큼의 금을 자신의 노동으로 벌 수 있었다. 기존의 채굴권과 병행해 광부들의 관습에 따라, 신입자들은 자기 노동력으로 채굴한 만큼 갖도록 허락받았다. 모두에게 풍부해서 아무도 다른 사람의 채굴권에 간섭하지 않았다. 아무

..

74) Shinn, Charles Howard, *Land Laws of Mining Districts*, Johns Hopkins Univ. Studies in Historical and Political Science, II(1884), 12.

---

* 디거파는 농업 사회주의와 관련된 영국의 종교적, 정치적 반체제 인사 그룹이었다. 제라드 윈스탄리(Gerrard Winstanley)와 윌리엄 에버라드(William Everard)는 1649년 레벌러스(Levellers)에서 분리되어 True Levellers로 알려졌으며 나중에 공동토지에서 농사를 지으려는 시도 때문에 디거파로 알려지게 되었다.

그들의 원래 이름은 사도행전의 특정 구절에 근거한 경제적 평등에 대한 믿음에서 따왔다. 디거파는 작고 평등한 농촌 공동체를 만들기 위한 아이디어를 기반으로 농경 생활 방식으로 기존 사회질서를 개혁하려고 (토지를 "평준화"하려) 했다. 그들은 이 시기에 등장한 다수의 비순응주의적 반대단체 중 하나였다.

도 임금 때문에 일할 필요가 없었고, 로크가 1689년에 노동을 정의한 대로, 각자는 자신이 노동자이자 고용주, 지주이며, 자신의 노동 생산물의 주인이었다. 범죄도, 무단 침입도, 절도도 일어나지 않았다. 채굴하면 더 많은 돈을 벌 수 있는데 왜 그런 짓을 했겠는가? 두 번째 해에 금을 찾는 사람들이 유입되면서 이런 시기는 지나갔다. 이제 풍요는 희소가 되었다. 그러자 절도와 범죄, 무단침입, 법원, 행정관, 교수형이 출현했고, 그리하여 자연의 상태(State)가 캘리포니아 주(State)가 되었다(the State of Nature became the State of California).*

이렇듯 로크의 추론의 오류는 순서를 거꾸로 돌리는 역사적 오류였다. 그는 시간 요인을 뒤집었다. 로크는 자신과 같은 지적인 존재들과 근대 문명에서 온 캘리포니아 광부들을 원시시대로 투사했다. 그는 자기가 익숙해져 있고 지속되기를 바라던 관행들을 변함없이 인간을 옥죄는 영원한 이성 속으로, 뒤를 향하여 투사했다. 그가 과거에 내려진 명령으로 그렸던 것은 미래에 대한 기대였다. 그리하여 수세기에 걸쳐 강한 정부와 왕의 사법권이 영국의 관습법으로 만들었던 자발적인 동의들을, 로크는 자연의 시초 상태로 옮겨놓았다. 그는 희소와 폭력의 시기를 위해, 풍요와 평화의 시기에 속하는 사상들을 정신적으로 구축했다.

다른 한편, 더 이상 합리적 근거를 갖지 않고, 단지 불평등한 특권을 영속시키는 것처럼 자신에게 보이는 관습을 거부했을 때, 로크는 관습의 참된 역사 과정을 높이 샀다. 이성은 관습이 더 이상 좋아 보이지 않아서 그 관습을 떠났다. 좋은 관습은 신적이고, 자연적이며, 영속적이다. 나쁜 관습은 인간적이고, 비자연적이며, 일시적이다.

---

* 이 문장은 저자인 커먼스가 언어유희를 한 것이다.

그러나 로크가 "썩은 지역구"에 대해 말했던 것은 모든 관습에 적용된다. 관습은 새로운 환경에 대한 인간 행위의 적응으로서 시작하고, "관습의 근거"가 사라진 이후에도 살아남는다. 필머가 관습법에 대해 말한 것도 맞다. 법원이 관습에 따라 분쟁을 판결할 때까지 관습은 법이 못 된다. 그들은 기대의 보장이라는 인간적인 의미에서 "자연스럽다." 현재의 개인이 마땅히 선포되었어야 한다고 생각하는 바대로, 한없이 먼 과거에 선포되었던 변치 않는 명령이라는 신적인 의미에서 자연스럽다는 것이 아니다.

똑같은 논리가 재산의 신성함(sanctity)에 관한 로크의 관념에도 적용된다. 자연이란 용어를 사용함으로써 그는 필라델피아 제조업자와 마찬가지로, "사실"로서 자유와 재산을 묘사할 수 있던 반면, 자유와 재산은 마땅히 그것이어야 된다고 로크가 생각하는 바를 정당화한 것에 불과하다. 재산은 "실제 사실" 안에서, 변화하는 조건과 변화하는 의미처럼 변동하는 경영 거래, 교섭 거래, 배급 거래 셋의 기대되는 반복일 뿐이지, 변할 수 없게 되어야 한다고 현재의 수혜자들이 지금 생각하는 바에 맞게 내려진 불변의 신의 명령이 아니다. 검소하고 근면한 농부, 기계장인, 상인의 관습을 불변의 자연 및 이성이라는 신의 명령으로 로크가 의인화했던 시대에 시작해서, 경영의 합법화된 신용 및 법인 체제에 의해서, 그리고 기회의 세계적 희소에 의해서 재산이 세계적으로 노동자와 소비자에 대한 부재자 지배가 된 시대에 이르기까지, 재산의 의미는 엄청나게 변화해왔다. 로크의 하늘에 대한 호소는 신민에 대한 왕의 신성한 지배권에 반대하는 1689년 혁명을 정당화한 것이었다. 1922년 필라델피아 제조업자들의 하늘에 대한 호소는 피고용인들에 대한 재산소유자들의 신성한 권리를 정당화한 것이다.

이 정신적 도구는 선전에 좋을지는 몰라도, 경제적 상황에 대한 연구에 좋은 것은 아니다. 이는 신의 이름으로 그들이 사실이라고 생각하는 것이 사실이고, 모든 연구나 조사 그리고 다른 사람들의 의견을 압도한다는, 무신론자조차 서약하는 일종의 맹세이다. 그러므로 우리는 아마도 연구에 좋은 도구가 될 일련의 새로운 관념체계를 구축해 나아가야 한다.

존 로크는 영국을 봉건주의에서 자본주의로 바꾸는 혁명의 대변자였다. 경제적, 법적 이론에서의 다른 혁명적인 변화들을 앞서거니 뒤서거니 하면서 혁명들이 일어났다는 것을 안다. 프랑스대혁명은 아담 스미스의 이론 전체를 채택했고, 고전 정치경제학은 혁명을 따라왔던 세계전쟁과 회복기 동안에 맬서스와 리카르도 사이의 논쟁에서 생겨났다. 러시아 공산주의 혁명은 맑스 이론을 채택했고, 우리는 지금 또 다른 세계대전으로부터 자라나고 있는 경제 이론상의 혁명 한가운데에 있다.

로크는 노동가치론을 경제학의 토대로서가 아니라, 왕권을 재산권으로 대체하는 혁명을 정당화하기 위해서 제창했다. 그는 사적인 부뿐만 아니라 공적인 부와 화폐를 동일시함으로써 이러한 재산권을 확대했다. 그러나 이 중상주의 철학은 경제 이론을 화폐적인 것과 비화폐적인 것의 양방향으로 쪼개는 데 봉사했다.

화폐적인 이론들은 케네, 튀르고, 맬서스를 거쳐 매클라우드, 빅셀, 카셀, 크납, 호트리, 케인즈의 신용이론들, 그리고 순전히 신용에 근거해 수행된 세계대전을 전후하여 등장한 다른 이론들에까지 이르렀다.

노동이론은 스미스와 리카르도, 프루동, 맑스를 거쳤다. 이들은 화폐의 명목 가치를 노동과 희생의 실질 가치로 대체하려고 했고, 그렇게 해서 전쟁이 수행되어야 할 조건들을 규정하는 이제까지 알려지지 않은 노동의 힘을 예감했다. 이리하여 제1차 세계대전의 마무리 안 된 문제들은 로크나 스미스, 리카도에게는 알려지지 않았던 노동자의 집단행동을 전면에 부각시켜서 정치 및 경제적 권력을 장악하게 했다. 그리고 경제 이론은 경쟁적인 개별 재산소유자들의 물리적 균형이론에서 자본가 연합과 노동자연합에 의한 경제적 거래와 지배 모두에 대한 집단통제이론으로 변하고 있다. 거래와 운영규칙(working rules), 지속 활동체(going concerns)에 관한 현대이론의 기초를 마련하기 위해 경제 이론의 역사적 변화를 좀 상세하게 보게 될 것이다.

II. 거래와 활동체[75]

1. 법인체에서 지속 활동체로

1893년에 인디애나주 주민들은 주 전역을 가로지르며 운영하는 철도 같은 거대한 공익사업 주식회사의 재산에 대한 과세를, 농민, 제조업자, 사업가 재산에 과세하는 것과 동등하게 해달라고 주의회에 청원했다. 당시에 재산은 유체 재산(corporeal property)과 무체 재산(incorporeal property), 즉 토지, 건물, 철도 선로, 재고품 등의 물리적 재화, 그리고 개인이나 기업이 소유한 부채와 주식이었다. 무체 재산은 부분적으로는 숨길 수 있기 때문에, 그리고 부분적으로 세금부과 **소재지**가 소유자의 거

••
75) 이 절은 이후의 장들에서 전개될 내용의 도입부 또는 개요다.

주지를 따랐기 때문에 조세 사정(査定)관의 눈을 피할 수 있었다. 소유자가 법인체인 경우 원래 인가를 받아 법인체의 법적 사무실이 있어야 하는 주(州)가 소재지로 간주되었다. 이 청원에 답해서 인디애나주의회는 이들 기업에 대한 조세사정을 인디애나주에 소재한 물리적 재산만 평가하던 것에서 뉴욕 증권거래소에 매매되는 주식과 채권의 시가 총액으로 변경한 후, 모든 주의 노선거리에 대한 인디애나주 노선거리 비율에 따라 이 시장 가치를 인디애나주에 배정했다.

이렇게 되면서 법률상으로만[76] 존재하고 보이지 않던 법적 존재여서 지금까지 그 소재지의 주에서만 법적 실체였던 법인체가, 이제는 사업을 영위해서 증권거래소의 주식과 채권의 가치를 부여하는 순수입을 얻는 곳이라면 어디서나 존재하는 경제적인 지속 활동체가 되었다.

오하이오주는 이 법률을 그대로 모방했고, 이 법률은 오하이오주에서 연방대법원으로 올라가 1897년 대법원의 인정을 받았다. 대법원은 오하이오주 안의 아담스 익스프레스 컴퍼니의 유체 재산 총액은 2만 3,400달러에 불과했지만, 노선거리에 따른 주식과 채권의 시장가치 총액 중 오하이오주의 몫은 45만 달러로, 무형 재산이 유체 재산의 약 12배*였다.[77] 아담스 익스프레스 컴퍼니는 뉴욕에 소재한 법인체(corporation)가 아니라 그 회사가 사업하는 곳이라면 어디에서나 존재하는 지속 활동체(going concern)가 된다.

•.•

76) Dartmouth College *v.* Woodward, 4 Wheat 463(1819).
77) Adams Express Co. *v.* Ohio State Auditor, 165 U.S. 194; 166 U.S. 185(1897). Commons, *Legal Foundations of Capitalism*, 172 참조.

---

* 실제 약 20배인 것으로 확인된다.

1920년 US스틸 해산소송에 대한 대법원 판결에 의해서도 법적 의미에서 경제적 의미로 비슷한 이행이 이루어졌다. 이 회사는 뉴저지주에 지주회사로 법인화되었다. 법무부는 반독점법 위반으로 지주회사를 해산하라는 소송을 제기했지만, 법원은 여러 지역에 흩어진 지사들의 관행을 조사해, 그 관행들이 합당한 거래제한임을 깨닫게 되었다.[78] 이러한 관행 가운데 하나가 1920년에는 법원에 제소되지 않았던, 이른바 "피츠버그 플러스(Pittsburgh Plus)"*라는 차별 관행으로, 이것은 넓은 지역에 퍼진 '서부 압연 철강 소비자조합'이 청원해서 1923년에 연방 통상위원회(Federal Trade Commission)에 제소되었다. 관행은, 철강을 어디서 만들든 상관없이, 피츠버그에서 배달지까지의 운송비를 일률적으로 모든 철

•••

78) U. S. *v*. U. S. Steel Co., 251 U. S. 417(1920).

---

* 1924년 7월 21일, 연방거래위원회(Federal Trade Commission)는 US스틸(the United States Steel Corporation, 미국철강회사) 및 7개 지사에 "피츠버그 플러스" 가격 시스템을 바탕으로 한 압연강(rolled steel) 판매 중단 명령을 내렸다. 피츠버그 플러스 사건은 이 사건이 가지는 중요성 때문에 위원회에 의해 신중한 조사가 이루어졌고, 미국 전역에서 많은 주목을 받았던 5년에 걸친 장기 법적 분쟁이었다.

  피츠버그 플러스 시스템은 다음과 같다. 회사가 압연강을 선적운임과 피츠버그에서 배송지까지의 화물 운송을 더한 가격에 판매한다. 그러나 배송은 가장 편리한 공장 또는 창고에서 배송 지점까지 이루어진다. 예를 들어 시카고 고객에 대한 가격은 물건의 생산과 배달 모두 시카고 공장에서 진행되어도, 선적운임과 피츠버그에서 시카고로 가는 운송료로 더해진다. 피츠버그 플러스 화물운송은 사실상 허구의 운송이고, 실제로 지불되지도, 실제 운송 비용이 들어가지도 않은 것이다. 실제 화물 운송료는 피츠버그 플러스 가격에서 공제된다. 따라서 인디애나 사우스밴드에 사는 고객의 경우는 피츠버그 선적운임에 피츠버그로부터 사우스밴드로의 가짜 운송이 더해지는 가격을 지불하는 것이 된다. 실제 배송은 시카고에서 사우스 밴드로 실제 운송 비용은 피츠버그보다 쌀 수 있다.

  피츠버그 플러스 가격이 "배송" 가격인 경우에, 가짜 운송량이 더해지거나 실제 운송이 공제되는 실체에 대해서는 구매자에게 공개되지 않는다. 앨러배마주 버밍햄에서는 조금 다른 관행이 자리잡았다. 비록 제품이 버밍햄에서 생산됨에도 불구하고 피츠버그 플러스 시스템이

강가격견적에 추가하는 것이었다. 계약에 따라 구매자는 피츠버그에서 권원(權原, title)을 넘겨받는 게 아니라 자신이 강철을 사용하는 지점에서 넘겨받는다. 이 관행이 뉴저지를 법적 소재지로 하는 지주회사가 독점을 만들어냈다고 검찰이 주장했다. 이 주장이 옳다면, 법무부의 해결책은 반독점법을 회피하기 위한 술책인 지주회사를 해산시키는 것이었다. 이런 근거로, 스탠더드 오일과 아메리칸 토바코도 해산을 명령받았다.**

그러나 피츠버그 플러스 사례에서 페터, 리플리(William Ripley), 커먼즈 같은 경제학자들은, 이것은 독점이라기보다는 법인체가 사업하는 곳이면 어디든 존재하는 차별이며, 적절한 해결책은 지주회사를 해산시키는 게 아니라 피츠버그, 시카고, 덜루스, 버밍엄 어디서든 철강을 만든 곳이라면 제품의 법적 권원을 넘기는 것이라고 주장했다. 이 회사는 이 모든 곳에 공장을 소유하고 있는데, 운임을 포함한 생산비가 피츠버그에서 생산해서 아이오와에 수송하는 경우보다 (피츠버그에서 멀리 떨어진) 시카고에서 생산해서 아이오와에 수송하는 것이 더 저렴할 수 있다. 하지만 시카고 공장이 피츠버그에서의 운임을 더해 견적가를 내는 바람에, 아이오와는 더 싼 비용과 더 짧은 운송이라는 이익을 누릴 수 없었다. 게다가 시카고 공장이 피츠버그로 팔면서 시카고 근처의 고객에게 주는 인도

버밍햄 지역에서는 "버밍햄 차등"으로 알려진 인위적 가격이 피츠버그 선적운임에 추가되었다. 1910년 이 가격은 톤당 3달러에서 5달러로 늘어났다. 회사는 전선(wire)을 버밍햄에서 생산했음에도 항상 피츠버그 가격으로 팔았다.

위원회는 피츠버그 플러스로 고객들을 차별함을 알게 된다. 실제 많은 철이 피츠버그에서 생산되지는 않았다. 때로는 실제 생산지가 피츠버그보다 고객에게 더 가까운 경우도 더 먼 경우도 있다. 이 시스템하에 시카고의 소비자는 시카고에서 생산된 강철을 구매함에도 피츠버그 기반 운송 가격(피츠버그-시카고)을 지불했다.

** 다음을 참고. https://scholarship.law.upenn.edu/cgi/viewcontent.cgi?article=7242& context=penn_law_review

가보다 더 싸게 청구했다. 이것은 "덤핑", 즉 자기 지역시장의 판매가보다 먼 다른 지역시장에 저가로 파는 관행이었다. 쟁점은, 30년 된 철강업의 관습이 고객에게 실제로 제품이 인도되는 수천 곳을 **법적 통제의 양도 장소**로 지정했을 때 과연 자유경쟁시장이 존재하는지, 아니면 기회균등과 자유경쟁의 이상은 **법적 통제**가 생산지에서 넘어가야 한다는 점을 요구하는지였다.

연방 통상위원회는 이에 대한 해석에 근거해서, 피츠버그를 기준점으로 삼는 걸 중단하고 실제로 제조한 장소들을 기준점들로 삼도록 명령했다. 이 명령은 제조한 장소에서 고객에게 법적 소유권을 전달해, 모든 고객이 그 지점에서 **법적 통제를 확보하려고 경쟁**할 동등한 기회를 가지도록 보장해야 한다는 경제학자들의 해석을 완전히 실현한 건 아니지만, 경제학자들이 의도한 결과는 실질적으로 달성했다.[79]

그러나 전에 언급했던 '아담 익스프레스'와 'US스틸'의 사례에서 법원이나 연방 통상위원회[80]가 법인체가 설립됐던 주의 소재지를 중시하지 않았다는 점과, 법률로만 존재하는 법률상의 법인체로부터 사업하는 모든 곳에 실재하는 경제적 지속 활동체로* 이동했다는 점이 중요한 점이다.

다른 많은 사례를 거치는 동안 의미상의 이런 변화는 이전 경제학자들이 가지고 있던 상품의 물적 인도로서의 "교환"이라는 의미에서 소유권의

..

79) Commons, John R., "The Delivered Price System in the Steel Market", *Amer. Econ. Rev.*, XIV(1924), 505. Fetter, Frank A.는 자신이 쓴 중요한 저작 *The Masquerade of Monopoly*(1931)에서 다수의 미국 산업과 법원 판결에서 이러한 상황과 그 경제적 영향을 연구한다. 본서 1265쪽, '희소, 풍요, 안정화'를 보라.
80) US스틸은 대법원에 상고하지 않았다.

* 원문에 'Going Concerning'이라고 잘못 표현되었는데, 실제로는 'Going Concern'이다.

법적 인도인 거래의 제도적 의미로 넘어가는 또 다른 변화를 수반했다. 가격을 고정시키고 경쟁을 허용하는 것은 소유권이고, 경쟁이 공정한지 차별적인지를 결정하는 것은 물적 교환이 아니라 소유권의 이전이다.

2. 교환에서 거래로

존 로크가 생각한 '노동'의 의미는 법, 경제학, 윤리학의 의인화였다. 로크에게 노동은 소유된 물적인 것들의 실재뿐만 아니라 소유권의 정당화를 의미했다. 소유권과 물질적 부라는 이중적 의미는 200년 동안 정통 경제학자들이 계속 사용하면서 제도경제학 분야를 은폐했다. 19세기 중엽의 맑스와 프루동에서 20세기 초의 소렐(Georges Sorel)에 이르는 이단 경제학자들을 분노시켰던 것은 부의 이중 의미 중에서 이 숨겨진 소유권 측면이었다. 우리는 두 의미를 구분하면서도, 로크의 노동의 의인화에서가 아니라, **경제활동의 단위**(unit of economic activity)인 거래에서 물질과 소유권의 상관관계를 발견할 것이다. 이 경제활동의 단위보다 더 큰 경제활동 단위인 '지속 활동체'라는 이로운 거래들에 대한 기대 속에서 이러한 상관관계를 또한 발견할 것이다.

이것은 물리학, 화학, 천문학 모두에 공통인 활동단위의 발견에 의해 이들 분과 학문들의 최근 상관관계에 대한 유비와 맞아떨어진다.[81] 거칠

81) 앞으로 여러 쪽에 걸쳐서 나오는 요약과 퇴고는 낭시 대학 민법학 교수인 프랑소와 제니 학장을 기념해서 발간한 50주년 출판물을 참고했다. 나는 편집자에게 이 논문을 활용해도 된다는 허락을 받았다. *Encyclopaedia of the Social Sciences*에 실린 "Functionalism"과 bibliography도 참고하라.

게 말해서, 물리학의 과거 단위는 분자였고, 화학은 원자였으며, 천문학은 행성과 항성이었다. 그리고 이 단위들을 사라지게 한 "에너지들"은 열, 전기, 화학적 친화력, 중력이었다. 그러나 요즘에 이들 모두에 공통된 단위는 입자파장의 상호작용이라는 활동단위이며, "에너지"란 개념은 사라졌다. 초당 400조 진동은 인간 정신에서는 빨간색이지만, 이것은 물리학, 화학, 천문학에서는 그 숫자만큼의 파장이다.

이러한 유비는 법학, 경제학, 윤리학 셋의 상관관계의 문제를 대략 서술한다. 그것은 이들에게 공통된 활동단위를 발견하는 문제이다.

경제학의 영역에서, 처음에는 그 단위가 로크와 리카도의 물적 소유 **상품들**과 이를 소유한 **개인들**(individuals)이었고, 동시에 "에너지"는 인간 **노동**(labor)이었다. 그다음에는, 단위들이 여전히 같거나 비슷한 물적 상품과 그것의 소유권이었지만, 개인이 상품을 **소비하는** 사람이 되었고, "에너지"는 **욕구**(wants)라는 자극으로 변했다. 이 에너지는 욕구하는 상품의 수량과 종류에 달려 있다. 첫째는 개인과 자연력 사이의 동일한 관계에 대한 객관적인 측면이었고, 둘째는 그것에 대한 주관적인 측면이었지만, 물체의 형태로 개인들에 의해 소유되고 있다. 이른바 "교환"은 상품을 주고받는 노동과정, 즉 "주관적 교환가치"였다. 어떤 경우든, 이전의 물리학과 비슷하게 노동과 욕구라는 서로 충돌하는 에너지들은 수요 공급의 "탄력성"으로 확대되어, 바닷물의 원자들처럼 교환 과정에서 서로 충돌하는 상품들이 균형을 향해 자동적으로 나가는 경향이 있다는 물질적인 유추와 연관 지으면서도, 리카도의 "한계 경작지"나 멩거의 "한계효용"에서 "자신들의 수준을 찾는 것"으로 의인화될 수 있었다. 이런 균형은 알프레드 마셜(1890)이 선도한 "신고전학파 경제학자들"에 의해 완성되었다.

법학이나 윤리학과의 연관이 더는 필요하지 않았다. 사실 이들 법학과 윤리학의 배제는 필연적이었다. 경제단위를 세울 기초가 되는 관계는 인간과 자연의 관계지, 인간과 인간의 관계는 아니었기 때문이다. 하나는 리카도가 말한, 인간 노동과 자연력의 저항 사이의 관계이고, 또 하나는 멩거가 말한, 자연력의 필요량과 이용가능량 사이의 관계였다. 성문법도, 윤리도, 관습도, 사법적 판결도 이 관계들 중 어느 것과도 관련이 없었다. 아니 오히려, 물질과 서비스의 물리적 교환이란 기초 위에서만 순수경제학 이론을 구축하기 위해서 소유권은 소유한 물질과 똑같다고 가정함으로써, 이 모두가 배제될 수 있었다.

이러한 제거는 실제로 이루어졌다. 소유권과 물질의 이 동일성은 별다른 연구 없이 일종의 관습으로 받아들여졌다. 모든 상품은 소유되었다고 가정했지만, 소유권이 소유한 물적 대상과 똑같다고 가정해서, 소유권을 당연한 것으로 받아들여 간과되었다. 이 이론들은 물리적 물질로서 해결되었고, 물질들은 "자연스러운" 것이라서 소유권에 관한 모든 것을 생략했다.

로셔(Wilhelm Roscher), 슈몰러(Gustav von Schmoller) 등이[82] 주도한 경제학의 역사학파와 윤리학파가 이러한 소유권 배제에 반대했다. 리케르트(Dennis Rickert)와 막스 베버(Max Weber)[83]가 제안했던 "이념형(ideal

∴

82) Cf. Commons, John R., "Das Anglo-Amerikanische Recht und die Wirtschaftstheorie", in *Die Wirtschaftstheorie der Gegenwart*, III(1928), 293-317. 나는 H. Mayer, Frank A. Fetter, R. Reisch 편집자들과 J. Springer, Vienna 출판사로부터 마지막에 언급한 논문을 사용해도 된다고 허락을 받았다.

83) "Rickert, H., *Die Grenzen der naturwissenschaftlichen Begriffsbildung; eine logische Einleitung in die historischen Wissenshaften*(1902); Weber, Max, "Die Objektivität sozial- wissenschaftlicher und sozialpolitischer Erkenntnis", *Archiv f. Sozialwissenschaft und Sozial-politik*, XIX(1904), 22-87. Below, p. 718, "Ideal Types".

typus)"으로까지 발전했으면서도, 이 학파들은 리카도와 멩거에서 도출된 경제원리를 역사적 과정의 묘사나 주관적 이상으로만 남아 있던 것*에 결코 통합시킬 수 없었다. 그러나 법학, 경제학, 윤리학에 공통된 활동 단위를 발견한다면 통합될 수 있다.

만약 정치경제학의 주제가 개인과 자연력만이 아니고 재산권의 상호이전에 의해 서로로부터 생계를 얻는 인간이라면, 이 인간 활동의 결정적인 전환점을 찾을 곳은 법과 윤리에서다.

법정은 자연에 대한 인간의 관계 속에서가 아니라, 인간에 의한 자연의 **소유권**에 대한 관계 속에서 발생하는 인간 활동을 다룬다. 그러나 법원은 피고와 원고의 **이해충돌**이 벌어졌을 때에만 인간 활동을 다룬다. 하지만 자연에 대한 인간의 관계에 기초한 고전 경제학 이론은, 그 연구단위 속에 이해충돌이 없었다. 그 단위가, 소유권이 빠진 **상품**과 **개인**이었기 때문이다. 이러한 궁극적 단위는, 모든 건 균형을 찾아간다는 유비와 함께, 실제로 이해의 **충돌**이 아니라 이해의 **조화**를 낳았다. 따라서 법학, 경제학, 윤리학을 상호관계시키는 문제에서 찾아야 할 궁극적 단위는 소유권에 관한 이해충돌 단위다.

그러나 이것으로는 충분하지 않다. 궁극적 활동단위는 또한 **상호의존하는 이해**의 단위이어야 한다. 사람과 사람의 관계는 충돌관계이자 상호의존관계다.

더 나아가, 이 궁극적 단위는 변동하면서 계속 자신을 **반복**할 뿐 아니라, 그 반복은 참여자들이 현재나 과거와 실질적으로 비슷하게 미래에도

---

* 여기서 "역사적 과정의 묘사나 주관적 이상으로만 남아 있던 것"은 역사학파와 윤리학파의 연구결과를 말한다.

계속될 것으로 기대할 수 있어야 한다. 이 단위에는 기대의 보장을 포함해야 한다. 이런 종류의 기대를 우리는 **질서**라고 부른다.

질서의 이런 의미는 과거 경험에서 끌어낸 신뢰할만한 추론에 근거할 때 말고는 미래가 전체적으로 불확실하다는 사실에서 비롯된다. 그리고 또한 이 질서의 의미는 사람은 미래에 살지만 현재에 행동한다고 말하는 것이 적절할 것이라는 사실에서 비롯된다. 이러한 이유들로 인해 활동단위는 예상을, 즉 문자 그대로 제약요인이나 전략요인들을 사전에 파악하는 행위인 예상을 포함한다. 이 제한요인이나 전략요인들에 근거해서, 기대가 보장된다면, 미래의 결과가 다소간에 통제될 수 있을 것이라고 예상된다. 사실 이것이 모든 물상과학과 구별되는 인간 활동의 지배적인 특징이다. 우리는 나중에 이 특징을 추출해서, 이것에게 **미래성**이라는 일반적인 이름을 부여할 것이다. 그러나 미래성이라는 일반원리의 특수한 사례인 **보장**이라는 이름하에서, 모든 경제학자가 가정하는 질서정연한 기대들을 우리는 현재의 목적에 비추어 간단히 **질서**라 부른다.

따라서 법학, 경제학, 윤리학과 상호관계하는 궁극적 활동단위는 **충돌**, **의존**, **질서**라는 세 가지 원리를 자체 안에 포함해야 한다. 그 단위가 거래다. 참여자를 가진 거래는 제도경제학에서 가장 작은 단위다. 거래가 고전 경제학자들이 말한 노동의 생산과, 쾌락주의 경제학자들이 말한 쾌락적인 소비 사이에 개입하는데, 단지 그 이유는 사회가 질서라는 규칙에 의해 자연에 대한 소유권과 자연력에 대한 접근권을 통제하기 때문이다. 그래서 이미 정의했듯이, 거래는 "인도"라는 물리적 의미에서의 "상품교환"이 아니고, 사회의 집단적 운영규칙에 정해진 대로, 물건에 대한 미래소유권을 개인들 사이에서 양도 양수하는 것이다. 그러므로 이러한 **권리 이전**은 노동이 생산하기 전이나, 소비자가 소비하기 전이나, 상품을 다른 사람에게 물리적으로 전달하기 전에, 관련 당사자들이 사회 운영규칙에 따라 교섭해야 한다.

소유권의 이전인 거래를 분석할 때, 거래는 세 가지 유형으로 나뉘어, **교섭 거래, 관리 거래, 배당 거래**로 구별될 수 있다는 걸 알게 된다. 세 가지 유형은 기능적으로 상호의존적이며, **지속 활동체**라고 불리는 전체를 함께 구성한다. 지속 활동체는 유익한 교섭, 관리, 배당 거래의 결합된 기대인데, "운영규칙"에 의해서, 그리고 다른 요인을 통제할 것으로 기대되는 가변적 성질의 전략적이거나 "제한적인" 요인들에 대한 통제에 의해서 함께 유지된다. 기대가 정지되면 그 활동체는 지속을 멈추고 생산이 중지된다.

이러한 지속 활동체는 그 자체로 더 큰 단위이고, 생물학에서 필머의 "유기체" 또는 물리학에서 로크의 "메커니즘"과 비슷하다. 그러나 활동체의 구성요인들은 살아 있는 세포도 전자도 원자도 아닌, 거래다.

여기에서 우리의 이후의 연구에서 생길 시행착오를 예상해서, 교섭 거래 공식을 구축함으로써 수행한 역사적 연구의 결론을 수립한 다음, 교섭 거래 공식을 관리 거래 및 배당거래 공식과 구별할 것이다.

(1) 교섭 거래

경제학자들의 이론들을 법원 판결에 비추어 연구한 바에 따라, 교섭단위는 당사자 네 명, 즉 구매자 두 명과 판매자 두 명으로 구성되며, 이들 모두는 분쟁을 판결하는 지배적 권위에 의해 법적으로 동등하게 취급받는다는 것을 알 수 있다. 그래서 나온 공식은 당사자들이 제안한 것으로 다음같이 서술할 수 있을 것이다. 여기서 상품에 대해 구매자는 100달러와 90달러를 지급하겠다고 각각 제안하고, 판매자는 110달러와 120달러를 받겠다고 각각 제안한다.[84)]

교섭 거래 공식 – 법적 동등자들

B 100달러	B¹ 90달러
S 110달러	S¹ 120달러

다른 한편, 관리 거래 및 배당거래는 법학과 경제학에서 상급자와 하급자의 관계다. 관리 거래에서 상급자는 개인이거나 개인들의 위계구조이고, 이들은 노동자에 대한 반장, 시민에 대한 보안관, 피관리자에 대한 관리자의 관계처럼 하급자가 복종해야 할 명령을 내린다. 그러나 배당거래에서 상급자는 집단의 상급자이거나 그것의 공식적인 대변인이다. 이들은 법인체 이사회, 의회, 법원, 중재 재판소, 공산주의 또는 파시스트 정부, 카르텔, 노동조합, 과세 당국 등 종류가 다양하고, 이들은 활동체의 부담과 혜택을 하급자들에게 할당한다. 따라서 관리 거래 또는 배당거래 공식은 당사자 네 명이 아니라 두 명 사이의 관계인데 그것의 모습은 다음과 같다.

관리 거래와 배당거래 공식

법적 상급자
법적 하급자

84) Commons, John R., *Legal Foundations of Capitalism*, 66.

거래공식은 자연이나 현실의 복제가 아니라—이것은 단지 경제 이론의 최소단위에 대한 정신적 표현이다—현실을 이해하기 위한 수단이 되는 연구의 단위라는 점을 명심해야 한다.

여기에서 먼저, 초기 경제학자들에 의해서 사용되었다고 이미 언급한 것처럼, **교환**이라는 단어의 이중 심지어 삼중 의미를 구분할 필요가 있다. 이런 다중적 의미는 관리라는 노동 과정과 배당이라는 권위적 과정으로부터 교섭이라는 마케팅 과정을 은폐하는 데뿐만 아니라 경제적 과정으로부터 법적 과정을 은폐하는 데 이바지했다.

교환이라는 개념은 역사적으로 전 자본주의 시대의 시장과 장(fairs)에서 생겨났다. 당시에 상인은 상품이나 동전을 시장으로 가져와서 그것들을 다른 상인과 물리적으로 교환하는 행상인이었다. 그러나 실제로 상인은 경제학자들에 의해 사용된 적이 없는 완전히 다른 활동 두 가지, 즉 상품을 물리적으로 인도 인수하는 노동 활동 그리고 그 소유권을 양도 양수하는 법적 활동을 자신의 활동을 통해 결합시키고 있었다. 전자는 상품이나 금속화폐에 대한 물리적 통제의 물리적 인도였고, 후자는 법적 통제의 법적 이전이었다. 전자는 **교환**이고, 후자는 **거래**였다.

이 차이는 근본적인 것이나, 경제 이론에 포함되지 않았다. 물질을 소유권과 구별하지 않았기 때문이다. 개인은 소유권을 이전하지 않는다. 국가만, 즉 중세 때 "공개시장"만이 법원 해석에 따른 법 적용으로, 거래 참여당사자들의 마음속의 의도를 읽음으로써 소유권을 이전했다. 이 두 가지 종류의 이전은 자본주의 산업에서 오랫동안 분리되었다. 법적 통제는 뉴욕, 런던, 파리와 같은 자본주의 중심지에서 이전되지만, 물리적 통제는 법적 통제를 확보한 사람들의 명령에 따라 움직이는 노동자들이 지구 주변에서 이전한다. 법적 통제의 이전은 **교섭 거래**의 결과다. 상품 운송과 물리적 통제의 인도는 물건에 "장소 효용"을 추가하는 노동 과정이다. 이 노동 과정을 우리는 법적 관점에서 **관리 거래**로 구분한다.

어쩔 수 없이 개인주의적 경제학자들은 **교환**이라는 의미에 약인(約因, consideration)*이라는 상호 급부를 더했다. 그러나 이 교환은 소유권의 양도로서 객관적으로 다루어지지 않았고, 상품들 사이에서 쾌락-고통의 선택으로서 주관적으로 다루어졌다. 반면에 이 교환은 법적 교섭의 관점에서 볼 때, 법적으로 평등하고 자유롭다고 보이는 사람들 사이의 설득 또는 압박의 자발적 협상이다. 그 협상은 분쟁이 있는 경우 법원이 무엇을 할지에 대한 기대들을 고려하여 현행법을 시행함으로써 상품과 화폐에 대한 **법적 통제**의 상호 이전으로 끝난다.

16세기 영국 관습법 판사들이, 그들이 그 관습을 용인하는 한에서, 시장 상인들의 교섭 관습을 받아들여 그 관습에 따라 소송에서 판결함으로써, 충돌하는 상인 사이의 소송에 대한 판결에서 인정했던 것은, 바로 **교환**에 대한 후자의 의미**였다. 관습을 법원이 받아들이면 그때부터 이들 관습은 영미법에서 기술적으로 **계약이행**(assumpsit)과 **상당액**(quantum meruit)으로 알려진 법리가 되었다.[85]

..

85) **계약이행**과 **상당액**(assumpsit and quantum meruit)에는 수많은 다른 종류의 판례에서 발전하는 법기술적인(technical legal) 역사가 있다. 초기 분쟁의 대부분은 지대와 서비스나 임금에 관한 것이었지만, 근대적 의미의 계약으로 귀결되었다.

---

* 약인(consideration)이란 한쪽이 약속하면 다른 한쪽이 그 약속을 이행하는 반대급부를 말한다. 영미법에서는 이를 계약의 유효조건으로 보기 때문에 증여 따위의 약인이 없는 약속은 법적으로 보호받지 못한다. 국내 판례에 의하면, 정기용선계약의 준거법인 영국법에 따라 계약이 성립하기 위해서는 청약과 승낙 이외에 약인이 있어야 하고 용선계약의 약인은 용선료의 지급을 의미한다.
** 자발적인 협상과 법적 통제의 상호이전을 말한다.

넓게 해석하면 이 법리들은 다음과 같다. 상인들의 관습에 따르는 통상적 교역 과정에서 추론하자면, 한 사람이 다른 사람으로부터 상품이나 돈을 받았을 때, 그는 강도하거나 절도하거나 사기를 칠 생각이 전혀 없고 그 대가를 지불하거나 교환으로 상품이나 서비스를 인도할 책임을 받아들일 생각이었다(암묵적 계약이행implied assumpsit).[86] 그리고 더 나아가, 그가 경제적 압박이나 물리적 강박으로 소유권 이전의 조건에 관해서 상대방의 의지를 짓누를 생각은 없고, 공정하거나 합당한 것(상당액quantum meruit)을 지불하거나 이행할 생각이었다.[87]

소송에서 법원은 협상에 함축된 지불이나 이행을 집행함으로써 법적 의무를 창출하도록 요구받았기 때문에, 지불하거나 이행할 책임과 도덕적 의무를 받아들일 의도에 대한 이런 추론이 필요했다. 그리고 이것은 보통 채무라고 알려진 지불이나 이행의 연기에 적용될 뿐 아니라 보통 판매 또는 현금거래로 알려진 즉각적인 지불이나 이행에도 적용된다. **교섭거래**라고 부르는 것은, 지급이나 이행을 염두에 둔 바로 이런 협상과 의도된 법적 소유권의 양도양수이다. 이 거래는 물리적 "교환"을 노동 과정에 맡기게 되는데, 우리는 이것을 물리적 인도라 부르며, 이것은 필요한 경우 관리 거래의 법칙에 의해서 집행된다.

계약이행과 **상당액**이라는 원칙과 병행하여, 강박*으로부터의 자유에 관한 법을 발전시키면서, 법원은 참여자들의 마음에서 무슨 일이 일어나

••

86) 슬레이드 판례(1602, 2 Coke's Rep. 92b, 76 Eng. Rep. 1072, 1074)는 **계약이행**(assumpsit)이라는 개별적 측면들에 관한 직전 세기의 판결들을 압축하고 있으며, 채무에 관한 이전의 조치를 대신해왔던 계약법을 발전시키기 시작했다.

87) 이러한 원리들의 역사적 발전은 법학 책들, 특히 Page, W. H., *The Law Contracts*(3 vols., 1905)에서 확인될 것이며, 이 원리들의 경제적 기원은 미래 출판을 위해 Mrs. Anna C. Davis에 의해 연구되고 있다.

고 있었는지를 추론해서 "자발적 구매자와 자발적 판매자"라는 윤리적 표준을 세웠다. 그 후 생산물 시장에서 상품 교섭이든, 노동 시장에서 임금 교섭이든, 증권 거래소에서 주식과 채권 교섭이든, 금융시장에서 이자율 교섭이든, 부동산 시장에서 임대와 토지 교섭이든, 이 자발성은 교섭 거래에서 발생한 소송에 판결을 내리기 위한 기준이 되었다. 이 교섭 모두에서 **계약이행**, **상당액**, 그리고 **강박**의 원리들은 명시적이든 묵시적이든 소유권 이전 문제들에 영향을 미쳤다.[88]

그러면 경제학자는 수천 가지 판례로부터 도출된 관습법의 진화와 잘 맞아야 할 교섭 거래라는 활동단위를 어떻게 구축할 것인가? 시장에 적용 가능한 위 공식을 경제학자들이 이미 만들었음을 우리는 알았다. 교섭은 당사자 네 명으로, 구매자 두 명과 판매자 두 명으로 구성되지만, 이해충돌이 위기에 도달하면, 각자는 소송에서 법원이 내린 과거 판례와 예상 판결에 지배받는다.[89] 이렇듯 소유권 이전을 제안하고, 판례에서 인정된 관습의 테두리 안에서 행동할 참여자 네 명을 포함하도록 구축된 보편적 공식으로부터, 인간과 인간 사이의 네 가지의 경제적 법적 관계들을 도출할 수 있다. 이 네 관계들은 서로 매우 밀접하게 묶여 있어, 하나의 변화가 다른 것들 하나 이상의 크기를 변화시킬 것이다. 이들은 모

..

88) Cf. the historical development in Galusha v. Sherman, 105 Wis. 263(1900); Commons, *Legal Foundations of Capitalism*, 57.

89) Glaeser, M. G., *Outlines Public Utility Economics*(1927), pp. 105, 107은 "수입 교섭"과 "비용 교섭"이라는 용어를 사용한다. 여기에서 말하는 수입 교섭은 우리가 말하는 판매자 교섭에 해당하고, 비용 교섭은 우리의 구매자 교섭에 해당한다.

---

* 계약이 부적절한 위협에 의해 이루어졌거나 피해자가 합리적 대안이 없어 계약을 맺을 수밖에 없는 경우를 말한다.

든 교섭 거래에 잠재된 4중 이해충돌에서 파생된 쟁점이며, 경제적 소송에 대한 미국 법원의 판결은 이 네 방향으로 분류된다. 각 판결은 이해충돌로부터 상호성(mutuality)과 질서에 대한 기대를 가져올 운영규칙들을 선례로서 확립하는 것을 목적으로 삼는다. 이들 모두는 물질의 소유권과 관련된 것이지 물질에 관련된 것이 아니다.

① 첫 번째 쟁점은 **기회 평등**이냐 **불평등**이냐. 이것은 **합당한 차별**과 **부당한 차별**에 관한 법리이다. 각 구매자는 가장 좋은 판매자 두 명 중에서 선택하고, 각 판매자는 가장 좋은 구매자 두 명 중에서 선택한다. 가령 철도 회사, 전신 회사, 철강 회사 같은 판매자가 똑같은 서비스를 제공하면서 한 구매자에게 더 높은 가격을 부과하고, 그래서 이 구매자의 경쟁자에게 더 낮은 가격을 부과한다면, 이윤 폭이 작은 근대적 조건 아래서 첫 번째 구매자는 부당한 차별을 받은 만큼 불리해, 마침내는 파산할 수 있다. 그러나 수량이나 비용이나 품질에 차이가 나는 등, 차별한 근거가 정당하다면 그 차별은 합당하며, 따라서 합법적이다.[90] 똑같은 법리가 노동 중재와 상업 중재의 여러 사례들에도 나타난다.

② 첫 번째 쟁점과 분리할 수 없는 또 다른 쟁점은 **공정경쟁**인가 **불공정경쟁**인가 하는 것이다. 두 구매자가 경쟁자고 두 판매자가 경쟁자이며, 서로 경쟁하면서 불공정한 방법을 사용할 수 있다. 불공정한 경쟁에 대한 판례는 300년 동안 영업권(good-will)이라는 근대적 자산을 구축했는데, 이는 근대기업의 가장 커다란 자산이다.[91]

③ 앞의 두 쟁점과 분리할 수 없는 세 번째 쟁점은 **가격**이나 **가치**가 **합당**

90) Western Union Telegraph Co. v. Call Publishing Co., 181 U.S. 92(1901). 본서 1280쪽.
91) Commons, *Legal Foundations of Capitalism*, 162; 본서 1265쪽, 경제적 단계들.

한가 **부당**한가이다. 두 구매자 가운데 한 명은 두 판매자 가운데 한 명에게 구매한다. 가격은 세 가지 경제 조건, 즉 **선택**할 **기회**, 구매자들 간의 경쟁 및 판매자들 간의 **경쟁**, 법적으로는 평등할지라도 실제 구매자와 실제 판매자 사이의 **교섭력**이 평등한가 불평등한가에 따라 결정된다. 여기에서 말하는 합당한 가격은 대대로 내려오는 법원의 정신 속에 **기회평등**, **공정경쟁**, **교섭력**의 **평등**이라는 세 가지 전제조건에 기초해서 서서히 구축된다.[92]

④ 마지막으로, 미국 판례에서 **적법절차**라는 지배적인 쟁점이 나타난다. 개인의 거래를 규제하는 것은 우리가 "운영규칙"이라고 부르는 것이 바로 이 쟁점이다. 미국 대법원은 주의회, 연방 의회, 모든 행정기관이 "적법한 절차 없이" 개인이나 기업의 재산이나 자유를 박탈한다고 간주할 수 있는 모든 사례들에서 이들의 결정을 무효화할 수 있는 권위를 획득했다. 당장은 적법절차가 대법원의 운영규칙이다. 이것은 관습과 계급 지배의 변화나, 판사들의 변경이나, 판사들 의견의 변화나, 재산과 자유에 대한 관습적 의미의 변화와 함께 변한다. 주의회나 연방 의회나 하급 법원이나 행정관이, 네 거래 참여자들 중 누군가의 평등한 선택기회나 경쟁의 자유나 가격교섭력을 박탈한다면, 그런 박탈행위는 그의 재산과 자유를 "빼앗는" 것이다. 이 박탈행위가 법원을 만족시킬 만큼 정당화될 수 없다면, 이는 적법절차 **없이** 재산과 자유를 박탈한 것이니, 헌법위반이며 법적 효력이 **없는** 것이므로 금지될 것이다.[93]

∴

92) Cf. Commons' article on "Bargaining Power", *Encyclopaedia of the Social Sciences*, II; also *Legal Foundations of Capitalism*, 54.

93) 커먼스, *Legal Foundations of Capitalism*. Summarized by Voegelin, Erich, *Uber die Form des Amerikanischen Geistes*(1928), 172−238; Kroner, Hermann, John

따라서 대법원의 지배를 받는 교섭 거래에서 네 명의 참여자와, 본질적 속성으로 충돌, 의존, 질서(적법절차)를 갖춘 교섭 거래 공식이 경제학자와 법률가 둘 다 마음속에 적절히 구축된다면, 법학, 경제학, 정치학, 사회 윤리학에 공통되는 하나의 활동 단위가 구축된다. 이것은 원자나 별의 공식이 양자, 전자, 방사능 등의 구성요인을 갖추면서 물리학, 화학, 천문학에서 재구성되는 것과 같다.

(2) 관리 거래

그러나 여전히 분리할 수 없는 활동단위 두 개가 또 있다. 관리 거래와 배당거래가 그것으로, 각각은 법적, 경제적, 윤리적 상관관계를 나타낸다.

관리 거래는 네 명이 아닌 두 명의 관계에서 생겨난다. 교섭 거래 결정의 배후에 있는 습관적 가정은 자발적 구매자들과 자발적 판매자들이 평등하다는 가정인 반면, 관리 거래 배후의 가정은 상급자와 하급자의 가정이다. 한 사람은 명령할 법적 권리가 있는 법적 상급자다. 다른 한 사람은, 관계가 유지되는 동안, 복종의 법적 의무가 있는 법적 하급자다. 이것은 반장과 노동자, 보안관과 시민, 관리자와 피관리자, 주인과 하인, 주인과 노예의 관계다. 상급자는 명령을 내리고, 하급자는 복종해야 한다.

..

R. *Commons, seine wirtschaftstheoretische Grundfassung*, in Heft 6, Diehl, K., *Untersuchungen zur theoretischen Nationalökonomie*(1930); Llewellyn, K. N., "The Effect of Legal Institutions on Economics", *Amer. Econ. Rev.*, XV(1925), 665-683, "What Price Contract? — An Essay in Perspective", *Yale Law Jour.*, XL(March 1931), 704-751; Grant, J. A. C, "The Natural Law Background of Due Process", *Columbia Law Rev.*, XXXI(1931), 56-81; Swisher, C. B., Stephen J. Field, Craftsman of the Law(1930), reviewed by Commons, John R., *Jour. of Pol. Econ.*, XXXIX(1931), 828-831.

경제적 관점에서 관리 거래는 그 목적이 부의 생산인 거래이며, 이 거래는 상품의 운송과 인도에 의한 "장소 효용"의 추가라고 여겨지는 **교환**의 물리적 의미로 불리던 것도 포함한다. 반면에 교섭 거래는 부의 분배, 그리고 부를 생산하고 전달하는 유인들을 그 교섭 거래의 목적으로 한다. 교섭 거래의 일반원리는 희소인 반면, 관리 거래의 일반원리는 효율이다.[94]

또한 심리적으로 윤리적으로 관리 거래는 교섭 거래와 다르다. 윤리 심리학, 즉 교섭 거래의 협상심리학이라고 불려지는 것은 기회, 경쟁, 그리고 교섭력에 근거한 **설득이나 압박**의 심리학이다. 법적으로 평등하다고 간주되지만, 당사자들은 경제적으로 불평등하거나(압박) 경제적으로 평등할 수도 있기(설득) 때문이다. 당사자 중 하나는 법적으로나 경제적으로나 하급자이기 때문에 관리 거래의 협상심리학은 **명령과 복종**(command and obedience)이다.

이 관리 거래는, 노동의 경우, 교섭 거래와 분리할 수 없지만 구분할 수는 있다. 교섭자로서 근대 임금노동자는 고용주와 법적으로 평등한 것으로 간주되어, 설득이나 압박에 의해서 거래에 임하도록 유도된다. 그러나 일단 **직장에 들어가면** 그 사람은 복종해야 할 명령에 따라야 하는 법적 **하급자**가 된다. 이것을 하나는 고용인와 피고용인(employer and employee)이나 사업주와 임금소득자(owner and wage-earner)라는 교섭적인 용어들의 묶음과, 다른 하나는 공장장이나 관리자(foreman or superintendent)와 일꾼(workman)이라는 관리적인 용어들의 묶음으로 구별한다면, 이 구분은 명확해진다.

∴

94) 본서 461쪽, 효율과 희소.

여기에서 "교환"이라는 역사적 단어의 이중적 의미가 다시 나타난다. 이것은 교섭과 관리를 구별하지 못한 데에 근거한다. 근대산업에서 기업의 소유자는 대리인(agent)과 공장장(foreman)이라는 두 명을 대표자로 삼는데, 이것을 한 사람이 겸하기도 한다. 대리인은 대리의 원리에 따라 그의 행동은 사업주, 즉 고용주의 행위와 법적으로 동일한 것으로 간주된다. 이 대리의 원리는 **계약이행**과 **상당액**의 원칙보다 오래전에 시작되었지만, 기저에 재산의 소유권을 이전할 의도를 내포한 원리이다. 공장장(foreman)은 고용주의 사고책임이나 종업원의 산출물 수납처럼 중요한 특정 목적들을 위한 대리인이다. 여기에서의 그 행위로 인해 그의 고용주는 추정채무(assumed debt)를 짊어져야 한다. 이런 그는 대리인이지만, 기술적 과정을 책임져야 할 위치에 있는 또 다른 종업원에 불과하다. 이 구분은 "생산부서"와 "인사(employment)부서"라는 근대적 분화를 통해 선명하게 드러났다. 인사부서는 주인과 대리인에 관련된 법의 지배를 받는 데 반해, 생산부서는 관리자와 피관리자에 관련된 법의 지배를 받는다.

역사적으로 경제학 이론에서 경제학자들이 대리인과 피고용인(agent and employee)을 구별하지 못한 것은 고용주와 피고용인, 주인과 하인, 주인과 노예라는 말들의 이중 의미, 즉 법적인 의미와 기술적인 의미로 거슬러 올라간다. 그러나 두 부서의 이런 근대적 분화는 과거로 거슬러 올라가 의미의 역사적 차이를 파악할 실마리를 제공한다.

그러므로 "교환"이란 말의 전통적인 경제학적 의미에는 이런 제도적 구분의 여지가 없었던 것처럼 보였다. 그래서 "교환"이란 말은 이제 세 번째 의미, 즉 노동자가 자신의 생산물을 공장장(foreman)과 "교환한다"는 의미를 지니게 된다. 이것은 명령하의 물리적 인도이자, 노동자가 자신의 생산물에 대한 소유권을 고용주에게 이전하는 것이다. 이 소유권의 이전은 소유주나 그의 대리인이 노동자에게 돈을 넘겨줄 것이라는 전제하에서 고용주의 대리인을 통해서 이루어진다. 후자의 소유권 이전은 설득이나 압박의 원리에 따른 교섭 거래의 세부사항 중 하나이며, 여기에서 노동자는 임금소득자이다. 전자의 소유권 이전은 명령 복종의 관리 거래며, 여기에서 노동자는 바로 리카도와 맑스가 말한 기계적 노동력의 한 덩어리에 불과하다.[95]

최근의 경제 이론은 "과학적 관리"가 도래한 이후, 앞에서 언급한 "교환"에 대한 이중 의미를 명확히 구별하게 해주는 두 쌍의 용어들과 두 개의 측정단위들을 제공해왔다. 측정단위들은 인시와 달러며, 용어들의 쌍은 투입과 산출, 지출과 소득이다. 과학적 관리는 리카도와 맑스의 노동 이론을 복원시켰지만, **효율**의 이름으로 복원시켜왔다. 시간당 투입(평균 노동)에 대한 시간당 산출(물적 사용-가치)의 비율이 효율의 척도다. 이것은 노동자와 공장장(foreman) 간의 "교환"이 결코 아니다. 이것은 관리진의 감독하에서 자연저항을 극복하는 물리적 과정이다. 효율의 측정단위는 인시다.

그러나 교섭 거래에서 측정단위는 달러다. 이것은 소득에 대한 지출의 비율이다. 지출은 소유권의 양도다. 소득은 소유권의 취득이다. 그렇다면 달러는 교섭 거래에서 상대적 희소를 측정하는 반면, 인시는 관리 거

----

95) Holden v. Hardy, 169 U.S. 366(1898). Commons, *Legal Foundations of Capitalism*, 63 의 여러 곳을 보라. 앞선 분석은 "노동은 상품이 아니다"는 클레이튼 법(Clayton Act)에 적혀진 수사적인 항의의 기저에 깔려 있다고 우리는 이해한다. **교섭자**로서, 노동자가 파는 것은 그의 노동력이며, 그 관계는 설득, 압박, 강박이다. **노동자**로서 그는 아무것도 팔지 않는다. 노동자는 사용-가치를 지닌 물리적 산출을 인도함으로써 명령에 복종한다.

래에서 상대적 효율을 측정하는 것이다.[96]

관습법에는 교섭 거래와 구분되는 이러한 관리 거래의 권리와 의무를 규정한 사례가 많다.[97] 이러한 거래는 고객이든 방문자든 불법침입자든 종업원이든 사업장에 들어오는 사람의 행위를 통제할 수 있는 소유자의 권리라는 더 일반적 규칙 아래로 포괄될 수 있다. 이래서 피고용인의 경우에, 관리 거래는 상급자와 하급자로 구성되며, 각자는 명령과 복종의 법에 지배받는다. 이 법은 관리 거래에서 생겨난 소송들에 대한 판결로 새로운 법을 만드는 관습법의 방식에 따라 제정되어왔다.

관리 거래는 과학적 관리에 대한 연구를 통해서 최근 몇 년 사이에 전면에 등장했다. 법적으로는 오로지 상급자의 뜻에 근거하지만, 관리 거래에서도 교섭 거래처럼 어느 정도 협상이 수반된다. 이렇게 협상의 수반은 사유 없이 사직할 수 있는 노동자의 자유와 함께, 근대적 노동의 자유에서 주로 생겨난다. 그런 제도설정 하에서, 교섭하기처럼 보일 수 있는 무언가가 관리 거래의 전면에 나올 수밖에 없다. 그러나 이것은 교섭이 아니라, 관리이다. 비록 관리 거래를 수반하는 교섭 거래의 협상에서 그것이 중요한 한 국면일지라도 여전히 관리이다.[98] 대기업의 저명한 관리자가 비유적으로 말했듯이, "우리는 절대로 명령을 내리지 않는다. 명령을 수행해야 하는 사람들에게 아이디어를 팔고 있을 뿐이다." 또한 데니슨(Henry S. Dennison)은 관리경험에 근거해서 "관리직무분석"이라는

· ·

96) 본서 498쪽, 투입과 산출, 지출과 소득.

97) 내가 쓴 논문, "Law and Economics", *Yale Law Jour.*, XXXIV(1925), 371-382에서 나는 효율을 순전히 기술적인 것으로 다루었다. 그때까지만 해도 관리 거래의 법칙을 연구하지 않았기 때문이다.

98) Commons, *Legal Foundations of Capitalism*, 283-312, "The Wage Bargain".

제목으로 최신 관리 거래를 가장 꼼꼼하게 분석했다. 데니슨이 직접 요약한 내용은 관리 거래라는 의미에서 과학적 관리의 최신 발전에 대한 적절한 생각을 보여준다.[99]

관리직무분석

이해	**관찰:** 작업감시, 감독, 관찰대상과 기록방법의 선별, 정신적인 것이든 육체적인 것이든, 모두 포함
	평가: 관찰된 사실의 해석, 이 내용의 다른 사실들 및 방침들과의 연결, 상대적 중요성 결정
고안	**착상:** 가능성 상상-목표
	분석: 목표와 가능성 분석과 관찰되고 평가된 사실과 이것들의 연관
	기획: 방법, 수단, 유인, 작업 결정
설득	**지도:** 명령 하달-엄밀히 말해 관리가 아니라 추동
	교육: 목표, 수단, 방법, 유인에 대한 필요한 이해의 확립
	유도: 고무-"욕망 육성", 교육에 대한 정서적 동반자

(3) 배당 거래

마지막으로, 배당거래는, 교섭 거래와 관리 거래가 공동사업(joint enterprise) 성원들에게 수익과 부담을 배당할 권한이 있는 몇 명의 참여자 중에 합의에 도달하는 협상이란 점에서 이 둘과 구별된다. 경계선상에 있는 사례는 공동사업의 미래부담과 미래수익을 공유하는 제휴사업거래(a partnership transaction)다. 좀 더 명시적인 사례는 법인체의 이사

----

99) Dennison, Henry S., "Who Can Hire of Capitalism, Management", *Bulletin of the Taylor Society* IX(1924), 101-110.

회의 다음 연도 예산편성 활동이다. 아주 비슷하고 더 뚜렷한 사례는 세금할당이나 보호관세 승인이라는, 미국에서 "결탁(log-rolling)"이라고 알려진, 입법부 의원들의 활동이다. 이른바 "단체교섭"이나 "교역협정"은 경영자조직과 종업원조직 간이나, 구매자협회와 판매자협회 간의 배당거래다. 독재나, 생산을 통제하는 카르텔 같은 모든 협회는 일련의 배당거래들이다. 경제소송에 대한 사법적 판결은 일정량의 국부나 상당하는 구매력을 어떤 사람으로부터 강제로 빼앗아 다른 사람에게 배당하는 것이다. 이러한 경우들에는, 그것은 수뢰일 것이기 때문에,[100] 교섭도 없고, 하급 집행관들에게 맡길 관리도 없다. 여기에는 때론 "정책 형성"이라고, 때론 "정의"라고 부르는 것이 있지만, 경제적인 양으로 환원하면, 동등하게 여겨지는 당사자들에 의한 것이 아니라, 법적으로 이들보다 상위에 있는 권위에 의한 부(富)와 구매력의 배당일 뿐이다.

우리는 배당을 두 종류로, 산출물배당(output-rationing)과 가격배당(price-rationing)으로 구분할 수 있다. 가격을 정하지 않고 참여자에게 할당량을 고정하는 것이 생산량배당이지만, 가격만 정하고 구매자나 판매자의 뜻에 수량을 맡기는 것이 가격배당이다. 소비에트 러시아를 비롯해 수많은 카르텔은 생산량을 배당하지만, 소비에트 러시아도, 우체국 같은 "국가 트러스트" 다수에서, 가격을 고정하고 양에 대한 결정을 개인에게 맡기기도 한다. 교육이나 철도 같은 공공 서비스에 대해 어떤 협상도 없이, 그리고 개별 편익에 대한 어떤 배려도 없이, 주어진 요금을 부과한다는 점에서 과세(에 따른 지출 — 옮긴이)라는 커다란 영역도 가격배당이다.[101]

••

100) 법원에 대한 뇌물은 1621년에 베이컨 경이 유감스러운 경험을 하고, 소송 당사자들이 지급한 비용을 나라가 지급하는 봉급으로 대체하고 나서야 비로소 불법이 되었다.

166

이 세 가지 활동 유형은 경제학의 모든 활동을 포괄한다. 교섭 거래는 법적으로 평등한 사람들 간의 자발적 합의로 부의 **소유권을 이전**한다. 관리 거래는 법적 상급자의 명령으로 **부를 창출**한다. 배당거래는 법적 상급자의 **지시**로 부 창출의 부담과 혜택을 배당한다. 이 거래들은 평등한 사람들이나 상급자와 하급자 사이의 사회활동 유형이기 때문에, 이들은 성격상 법적이자 경제적이고 또한 윤리적이다.

(4) 제도

이들 세 거래 유형이 모여서 더 큰 경제 연구의 단위를 이루는데, 영국과 미국의 관행으로는 이것을 **지속 활동체**(Going Concern)라고 부른다.[102] 우리가 **제도**라고 부르는 것은 가족에서 주식회사, 노동조합, 사업자단체, 국가 자체에 이르기까지, 계속 작동하게 만드는 운영규칙을 지닌 이 활동체들이다. 그것의 수동적 개념은 "집단"인데 비해, 능동적 개념은 "지속 활동체"다.

이른바 제도경제학의 영역을 정의할 때 어려움은 제도라는 말의 뜻이 불확실하다는 점이다. 때로는 제도는 개인이 수감자처럼 행동하게 만드는 모종의 법과 규제라는 틀과 같은 건물처럼 보인다. 때로는 제도는 수감자 자신의 "행위"를 뜻하는 것처럼 보이기도 한다. 때로는 고전 경제학이나 쾌락주의경제학에 부가된 어떤 것이거나 그것들을 비판하는 어떤

••

101) 변론과 반론은 존재할 수 있겠지만, 교섭은 존재하지 않는다. 납세자가 납부를 유예할 어떤 법적 힘도 없기 때문이다. 본서 1311쪽, 과세의 경찰력.
102) 독일어로 이에 상응하는 것은 *gutgebendes Geschäft*(잘 나가는 사업체―옮긴이)라 한다.

것이 제도적인 것처럼 간주된다. 때로는 "정적"인 것 대신에 "동적"인 것이, 상품 대신에 "과정"이, 감정 대신에 활동이, 균형 대신에 관리가, 자유방임 대신에 통제가 제도경제학인 것처럼 보인다.[103]

이러한 개념 모두가 제도경제학에 확실히 관련되지만, 은유나 묘사라고 말할 수 있는 반면에, 경제행위의 **과학**은 — 인과(因果)나 목적의 유사성 — 원리를 파고든 분석이, 그리고 원리들이 통일된 체계 안에서의 통합이 필요하다. 더 나아가 제도경제학은 선구적인 고전 경제학자들과 심리학적 경제학자들의 놀라운 발견과 통찰에서 분리될 수 없다. 하지만 여기에 덧붙여서 공산주의, 아나키즘*, 노동조합주의, 파시즘, 협동조합, 노동조합 경제학자들의 똑같이 중요한 발견도 통합해야 한다. 의심할 여지 없이, 제도경제학이라는 이름이, 잡다하고, 형용할 수 없고, 그냥 서술적인 성격이란 평판을 가지게 된 것은 통합되지 않은 다양한 활동 모두를 열거해서 포괄하려는 노력 때문이다. 이런 평판은 초기 조야한 역사학파를 경제학으로부터 내내 추방했던 평판과 비슷하다.

제도로 알려진 모든 행위에 공통인 보편원리를 찾으려 한다면, 우리는 **개인행동**을 **통제**하는 **집단행동**을 제도라고 정의할 수 있을 것이다.

집단행동은 조직되지 않은 관습에서부터, 가족, 주식회사, 지주 회사, 사업자단체, 노동조합, 연방준비제도, "밀접한 이익집단", **국가** 등 조직

∴

103) Cf. *Proceedings* of the 43d meeting, Amer. Econ. Assn., December 1930, 134-141; also articles by Copeland, M. A., and Burns, E. M., *Amer. Econ. Rev.*, XXI(1931), pp. 66~80; Atkins, W. E., and Others, *Economic Behavior, an Institutional Approach*(1931), 2 vols. 여기에 실린 부분은 논문 "Institutional Economics", *Amer. Econ. Rev.*, XXI(1931), pp. 648~657에 압축되어 있다.

---

* 아나키즘은 그리스어 'anarchos'로 지배가 없다는 의미로 무지배주의라 명명할 수 있다.

된 수많은 **지속 활동체**까지 이른다. 이들 모두에 공통된 원리는 집단행동으로 개인행동을 어느 정도 통제한다는 것이다.

이런 개인행동에 대한 통제는 언제나 다른 개인들에게 이익이 되는 결과를 낳으며, 그런 결과를 낳도록 의도되어 있다. 이 통제가 계약을 집행한 거라면, 부채는 다른 사람의 이익이 되게 창출된 신용과 정확히 똑같다. 부채는 집단적으로 강요될 수 있는 의무인 반면에, 신용은 그 의무를 창출함으로써 창출된 이에 상응하는 권리다. 그 결과로 생겨난 사회관계는 **경제적 상태**이고, 이 사회관계는 각 당사자가 자기 경제행위를 이끌어갈 방향이 되는 여러 기대로 이루어진다. 부채와 의무 측면에서 이 사회관계는 집단행동에 대한 **순응**(Conformity)의 상태다. 신용과 권리 측면에서 이 사회관계는 **순응**하리라는 기대에 의해 창출된 **안전**의 상태다. 이것은 "무체" 재산이라고 알려져 있다.[104]

또는, 집단통제는 방해, 위반, 침해와 같이 어떤 행위를 **금지**(tabu or prohibition)하는 형태를 취하며, 이 금지는 그래서 (방해 등의 행위로부터—옮긴이) 벗어난 사람에게 '자유'라는 경제적 지위를 창출한다. 그러나 한 사람의 자유는 상호관련자에게 기대이익이나 기대손해를 수반할 수 있고, 그래서 창출된 경제적 지위는 다른 사람의 **자유**에 노출되는 것이다. 고용주는 일하거나 그만둘 종업원의 자유에 노출되며, 종업원은 고용하거나 해고할 고용주의 자유에 노출된다. 이 노출-자유의 관계는 영업권, 가맹점, 특허, 상표 등 아주 다양한 "무형"재산으로 점차 구분되고 있다.[105]

개인에게 이러한 서로 관련되고 상호적인 경제관계의 경계를 결정하

∴

104) 본서 180쪽, 경제적 및 사회적 관계의 공식.
105) 본서 665쪽, 매클라우드.

는 운영규칙은 주식회사, 카르텔, 지주 회사, 협동조합, 노동조합, 경영자 단체, 사업자단체, 두 협회의 공동교역협정, 증권 거래소나 상업회의소, 정당, 미국 시스템에서는 대법원을 거쳐 국가 자체가 정하고 시행한다. 실제로 이런 사적 활동체의 경제적 집단행동은 때때로 국가라는 정치 활동체의 집단행동보다 더 강력하다.

윤리와 법이라는 언어로 서술하자면, 다음에 전개하는 것처럼, 모든 집단행동은 권리, 의무, 무권리, 무의무의 사회적 관계를 확립한다. 개인 행동이라는 언어로 서술하자면, 집단행동에 필요한 것은 개인이 이행하고, 회피하고, 자제하는 것이다. 그 결과로 생겨난 개인의 경제적 지위라는 언어로 서술하자면, 집단행동이 제공하는 것은 **안전, 순응, 자유, 노출**이다. 인과(因果)나 목적이라는 언어로 서술하자면, 제한적이고 보완적인 상호의존 관계로서 모든 경제행동에 관철되는 공동원리는 희소, 효율, 미래성, 집단행동의 **운영규칙, 주권**이다. 개인행동에 대한 운영규칙의 작동(operation)이라는 언어로 서술하자면, 집단행동은 개인이 할 수 있다(can), 할 수 없다(cannot), 해야 한다(must), 하면 안 된다(must not), 해도 좋다(may), 해선 안 된다(may not) 등의 조동사로 표현된다. 그가 "할 수 있다"라거나 "할 수 없다"라면, 그것은 집단행동이 그를 돕거나 돕지 않을 것이기 때문이다. 개인이 "해야 한다"라거나 "하면 안 된다"는 것은 집단행동이 그를 강제할 것이기 때문이다. 개인이 "할 수도 있다"는 건 집단행동이 그에게 허용하고 그를 보호할 것이기 때문이다. 개인이 "해선 안 된다"는 건 집단행동이 그를 막을 것이기 때문이다.

"운영규칙"이라는 익숙한 말이 모든 집단행동에 공통된, 인과(因果)나 목적의 보편원리를 가리키는데 적합한 이유는 이들 행동과 관련된 조동사들 때문이다. 운영규칙은, 국가와 사적인 협회 모두 포함해, 제도의 역사에서 계속 변하고, 그래서 운영규칙들이 제도마다 다르다. 이러한 것들은 행동준칙으로 알려지기도 한다. 아담 스미스는 이를 과세의 준칙이라 명명하고, 대법원은 **이성의 지배**나 **적법절차**라고 명명한다. 차이도 있고 이름도 다르지만, 운영규칙들은 모두 **집단적인 제재**에 따라 개인이 할 수 있는 것과 없는 것, 해야 하는 것과 하면 안 되는 것, 해도 되는 것과 해선 안 되는 것을 가리킨다는 유사성을 지닌다.

이들 집단제재에 대한 분석은, 제도경제학 이론의 선결요건인 경제학, 법학, 윤리학의 상관관계를 제공한다. 데이비드 흄은 희소의 원리와 그에 따른 이해충돌에서 이런 사회과학들의 통일성을 찾았다. 아담 스미스는 신의 섭리와 세속의 풍요, 여기에서 나오는 이해조화라는 가정에 입각해 경제학을 분리시켰다. 제도경제학은 흄으로 거슬러 올라간다. 흄과 근대에 부상한 "사업윤리" 같은 말로부터 실마리를 얻어서, 윤리학은, 이해충돌로 발생하고 집단적 의견의 **도덕적** 제재로 집행되는 행동규칙을 다룬다. 경제학은 경제적 **득실**의 집단제재로 집행되는 동일한 행동규칙을 다룬다. 법학은 **물리력**의 조직된 제재로 집행되는 동일한 행동규칙을 다룬다. 제도경제학은 이 제재의 세 유형의 상대적 장점을 계속 다루고 있다.

다른 종류의 제재로 개별행동을 통제하는 집단행동의 이 보편적 원리에서 권리, 의무, 무권리, 무의무라는 윤리적 및 법적 관계가 생기고, **보장, 순응, 자유, 노출**뿐만 아니라 **자산**과 **부채**라는 경제적 관계가 생긴다. 사실 제도경제학이 그 데이터와 방법론 대부분을 끌어내는 곳은 개인의 욕구와 노동이나, 고락이나, 부와 행복이나, 효용과 비효용의 영역으로부터라기보다는, 기업의 가변적 자산과 부채와 관련된 기업재무 영역이다. 제도경제학은 아담 스미스의 국가의 부와 대조적으로, **활동체의**

자산과 부채에 관심이 많다. 국가 간에서는 이것은 국제수지상의 **대변과 차변**이다.[106]

집단행동은 **활동체**라는 조직된 형태 안에서보다 **관습**이라는 조직되지 않은 형태에서 훨씬 더 보편적이다. 그러나 지속 활동체도 **관습**이다. 헨리 메인(Henry Maine) 경이 주장했던 것과는 달리, 관습이 자유계약과 경쟁에게 자리를 내주지 않았다.[107] 관습은 경제상황의 변화와 함께 변했을 뿐이며, 오늘날 관습은 독재자도 그것을 거스를 수 없을 만큼 아주 강제적일 수 있다. 지급능력이 있는 은행으로부터 발행된 수표를 받거나 발행하길 거부함으로써, 신용제도라는 현대의 관습의 이용을 거부하거나 그것을 이용할 수 없는 사업가는, 비록 수표는 단지 사적 계약에 불과해 법정화폐가 아니라 할지라도, 거래를 수행함으로써 사업을 계속 유지할 수 없다. 이러한 도구는 법정화폐가 아니고, 순응을 강제하는 이윤, 손실, 경쟁이라는 강력한 제재에 의해 뒷받침되는 관습화폐다. 7시 출근, 6시 퇴근 같은, 여타 의무적인 관습이나 관습적인 생활기준도 언급할 수 있을 것이다.

그러나 이 관습적 기준들은 늘 변하고 있다. 정확성이 떨어지고, 그래서 이해충돌 때문에 송사가 생긴다. 이런 송사가 생기면 신용단체, 기업경영자, 증권 거래소, 상업회의소, 상업 또는 노동 중재인, 결국엔 연방대법원에 이르는 법원 같은, 조직된 활동체의 담당자들은 그 관습을 정확하게 규정해서 하나의 체계화된 법적 제재나 경제적 제재를 추가한다.

••

106) 1922년부터 1930년까지의 연간 수지는 Rogers, J. H.가 집필한 *America Weighs Her Gold*(1931)이라는 계몽적 저작의 근거가 된다.

107) Maine, Sir Henry S., *Ancient Law: Its Connection with the Early History of Society, and Its Relation to Modern Ideas*(1861).

이것은 **판례로 법을 만드는 관습법의 방식**(Common-Law Method of Making Law by the Decision of Disputes)을 통해서 이루어진다. 판결은 선례가 됨으로써, 한동안, 특정의 조직된 활동체의 운영규칙(working rules)이 된다. 영미법의 역사적 "관습법"은 생존하는 모든 활동체에 공통된 보편원리의 특별한 사례에 불과하다. 즉 이해충돌에 대한 판결로 새로운 법을 만들어서 관습이나 윤리의 체계화되지 않은 운영규칙에 더 정확성을 부여해서 체계화된 강제를 부여한다. 이런 관습법 **방식**은 모든 집단행동에 보편적이지만, 영미 법률가들의 기술적인 "관습법"은 봉건시대로 거슬러 올라가는 판결들의 덩어리이다. 간단히 말해 관습법의 **방식** 또는 관습법의 행동 방법은 관습 그 자체로서 다른 관습처럼 가변적이다. 이것은 충돌 시 모든 지속 활동체의 집단행동이 개인행동에 작용하는 방식이다. 이것은 소송판결 시 판사가 만든 법이라는 점에서 성문법과 다르다.

집단행동은 개인행동에 대한 **통제** 이상이다. 이 집단행동은 앞서 조동사가 가리킨 것처럼 바로 그 통제행위에 의한 것이며, 다른 개인들을 억제함으로써 압박, 강박, 차별, 부당경쟁으로부터 개인행동을 **해방시키는** 것이다.

그리고 **집단행동**은 개인행동에 대한 제지나 해방 이상이다. 그것은 개인의 미약한 행동에 의해 할 수 있는 것을 훨씬 넘어서는 개인 의지의 **확장**이다. 대기업 총수는 지구 어디에서라도 자기 의지를 관철시키라고 명령을 내린다.

어떤 사람을 위한 해방과 확대는 그 사람의 이익을 위해 다른 사람을 억제하는 것이므로, 제도에 대한 간단한 정의는 개인행동을 통제하는 집단행동인데 비해, 도출된 정의는 개인행동을 제지하고 해방하고 확대시키는 집단행동이다.

이러한 개인행동은 개별 행위일 뿐만 아니라, 실제로 개인 간 행동 (transactions), 즉 개인들 간의 행동이다. 상품과 개인과 교환에서 거래와 집단행동의 운영규칙(working rules)으로 이렇게 이행한 것은 경제사상이 고전학파와 쾌락주의 학파에서 제도학파로 이행한 것을 보여준다. 이러한 이행은, 상품과 개인으로부터 개인 간 거래로, 궁극적인 경제연구단위가 변한 것이다.

결국 중요한 건 개인이라고 생각한다면, 우리가 다루고 있는 개인은 **제도화된 정신**이다.[108] 개인은 갓난아기로 시작한다. 그래서 언어 관습, 다른 개인과의 협업 관습, 공동목적을 향한 작업 관습, 이해충돌을 제거하려는 협상 관습, 자신이 속한 많은 활동체의 운영규칙의 복종 관습을 배운다. 그들은 육체적 및 동물적 본성의 힘과 비슷하게, 서로 내분비호르몬에 의해 움직이는 생리학적인 육체로서 만나는 것도 아니고, 고통과 쾌락에 의해 움직이는 "욕망의 소구체"[109]로서 만나는 것도 아니다. 그들은 집단적 인간의지가 창출한 이 고도로 인위적인 거래에 참여하도록 습관에 의해 어느 정도 준비되어 있고 관습의 압력에 의해 참여하도록 유도된 상태에서 서로를 만난다. 개인들은 물리학이나 생물학이나 주관적 심리학이나 독일 게슈탈트(Gestalt) 심리학*에서는 발견되지 않고, 먹고

⦁⦁

108) Cf. Jordan, E., *Forms Individuality; an Inquiry into the Grounds Order in Human Relations*(1927).
109) 본서 1083쪽, 베블런.

---

* Gestalt는 독일어로 전체적 모양(configuration), 형태, 무늬, 모습, 형상 등의 의미를 시각적으로 형상화한 개념이다. 유대계 독일 심리학자로 게슈탈트 심리학의 창시자인 막스 베르트하이머(Max Wertheimer, 1880~1943)는 인간의 지각 내용을 현상 그 자체이지 현상을 구성하는 요소가 아니라고 주장했다. 전체(whole)의 행위는 자극-반응의 단위와 같은 개별 요소

살려는 데 나타날 수밖에 없는 충돌, 상호의존, 질서가 존재하는 곳에서 발견된다. 참여자들은 개인이 아니라 지속활동체의 시민들이다. 그들은 자연의 힘이 아니라 인간 본성의 힘이다. 그들은 쾌락주의 경제학자들이 말하는 욕망의 기계적 획일이 아니라 아주 변화무쌍한 인격체들이다. 그들은 자연상태에 있는 고립된 개인들이 아니라 항상 거래의 참여자들이고, 그들 자신이 드나드는 활동체의 구성원이며, 그들이 태어나기 전에도 살아 있었고, 그들이 죽고 나서도 살아 있을, 제도의 시민들이다.

(5) 자산 대 부

우리가 구분하려고 하고, 그런 후에 지속 활동체라는 개념에 서로 관련지으려고 할, 경제적, 법률적, 윤리적 세 측면은 **재산**과 **자유**의 의미에 근거하고 있다. 우리는 **재산**(Property)의 경제적 의미를 **자산**(Assets)으로, **자산**의 법적 의미를 **재산**으로 간주할 것이다. **부**(富)와 **자산**의 차이는 고전 경제학자들이 부를 물질과 소유권으로 정의하면서 은폐되었다. 소유권은 부가 아니라, 자산이다.

재산으로 간주해달라고 요청하는 대상에 관하여 개인들과 공동체가 무언가를 하거나 하지 않을 자유가 있거나, 혹은 하도록 하거나 하지 않도록 하는 모든 활동들을 정의하지 않고서는 "재산"이라는 말을 정의할 수 없다. 이 활동에는 거래의 세 가지 유형이 있다. 모든 거래의 협상에서 소유권을 주장하는 단 하나의 이유는 기대되는 희소이다. 데이비드

들의 행위에 의해 결정되지 않으며, 부분-과정(part-process)은 전체의 내재적 본성에 의해 결정되는 그 자체라고 봄에 따라, 인간이 경험하는 것은 통합된 전체 개별 요소로 분석하는 것은 무의미하다고 주장했다.

흄은 재산과 희소의 이러한 동일성을 처음으로 지적했다. 이제는 주파수 까지도 기대되는 희소 때문에 누가, 얼마나, 언제 이용할지를 정하는 배 당거래를 통해서 재산이 된다. 그러나 희소는 또한 경제학의 기본개념이 다. 노동이 요구된다는 점에서, 그리고 자연의 한정된 물적 자원을 다루 는 데서 얻어진 만족이라는 점에서 리카도의 노동가치설과 멩거의 효용 체감 가치설은 **희소**의 의인화였다.

우리는 **희소**라는 용어를 수요공급 대신 사용한다. 수요공급이라는 말 을 사업가들은 자신들 밖에 있으며, 자신들이 통제할 수 없는 수천 가지 다른 힘을 부르는 이름으로 사용한다. 그리고는 그들은 "수요공급"이라 고 부르면서 그냥 놔두고 있다. 그러나 우리는 수요공급 이면에 숨겨진 힘과 의인화를 분석해야 하며, 그렇게 해서 그 힘과 의인화에 희소라는 더 폭넓은 이름을 부여하고 그것을 수천 가지에 적용한다.

만약 **희소**의 원리가 법학, 경제학, 윤리학적 관계에서 궁극적인 원리 라면, **재산**이라는 말은 두 개의 의미를 가지게 된다. 하나는, 경제학자 들이 알고 있는 희소의 경제적 의미인 "경제적 양"이고, 법률가들에게는 "**물**(res)"이나 "**재산물**(property-object)"이며, 법적이나 윤리적 의미에서는 **재산권**이고, 이것은 법률가들이 사용하는 의미에서 "재산"이다. 그러나 또 다른 하나는, 희소하거나 희소하게 되리라고 기대되는 것에 관한 거 래에서 공동체가 개인에게 강제한 **운영규칙**으로 정의된다.[110] 희소에 대 한 이러한 경제적 의미는, 예측과 결합할 때, '자산'과 '부채'라는 말로 표 현된다. 한편, 재산의 법적, 윤리적 의미는 본서 180쪽[111]에 나오는 공식

··

110) 이러한 구분은 희소라는 공통원리에 근거해 데이비드 흄이 법학, 경제학, 윤리학의 통일한 것에서 유래한다. 본서 277쪽, 흄과 퍼스; 707쪽, 매클라우드.

176

에서 묘사한 권리, 의무, 권한, 채무 등이다.

희소의 경제적, 법적, 윤리적 측면에 근거한 이 용어의 유용성은 연방대법원이 미국 최고법인 연방헌법에서 사용된 **재산**과 **자유**라는 용어에 부여한 확장된 의미 속에서 보여질 것이다. 수정헌법 5조(1791년)와 남북전쟁 수정헌법(특히 14조, 1868년)을 포함한 이 헌법은, 주든 연방이든 모든 입법부와 행정부를 통제하는 다음 세 가지 유효한 규정을 담고 있다.

① 사유재산은 정당한 보상 없이 공적 사용을 위해 압류해선 안 된다.
② 어떤 주 정부도 계약의 의무를 손상시키는 어떤 법도 통과시켜선 안 된다.
③ 누구도 적법절차 없이 생명, 자유, 재산을 박탈당하지 않는다.

헌법에서 사용된 재산, 자유, 인간, 적법절차처럼, 위 용어들의 의미 확대에서 생겨난 것으로, 이제 **권리**로서 재산의 세 가지 의미를 구분해야 한다. 이들 의미 각각은 경제적이고 법적이며 윤리적이다. "사람"이란 말은, 이전의 노예가 시민이 된 것과 똑같이, 자산을 소유한 법인을 의미하게 되었다. **재산**(物, res)은 1872년의 도축장 사건의 판결에서처럼[112] "유체" 재산, 즉 토지, 기계, 노예를 의미했다. 그래서 "자유"는 이전 노예의 새로운 "신체적(corporeal)" 자유를 의미했다. '재산'은 채무의 반환 의무와 양도가능성이라는 "무체"재산이라는 의미도 가졌다. 그리고 재산의 세 번째 의미는 도축장 사건에서 다수가 받아들이진 않았지만, "무형"

111) Also Commons, *Legal Foundations of Capitalism*, 80 ff.
112) *Ibid.*, Chap. II.

재산으로 현재 알려져 있는데, 이 무형 재산은 "무체"재산과 구분된다. 이 셋째 의미는 원래 300여 년 전에 있었던 영업권 소송에서 생겨났지만, 수정헌법 5조와 14조 하에서 기업이 부과한 가격을 의회가 깎지 못하도록 금지했던 대법원의 이후 판결로부터도 생겨났다. 의회가 입법을 통해 가격을 깎는 것은 이제 재산의 "탈취"다. 비록 그것이 재산의 **가치**만 탈취할지라도, 유체 재산의 물리적 탈취만큼 탈취다. 1890년 이후에는,[113] 입법에 의한 가격 인하는 "적법절차"의 가변적인 현행의 의미에 합치된다고 연방대법원이 승인하는 한도 내에서만 가능하다.[114]

그러므로 경제적 자산인 재산의 미국식 세 가지 의미는, 민간 당사자의 기존 관습을 답습했던, 그리고 쓸모 있고 바람직하다고 여겨지면 민간 당사자에게 물리적 제재 권한까지 주었던 영미법원의 관행에서 생겨났다. 봉건적 농경시기에 재산은 주로 유체였다. 중상주의 시대(17세기 영국)에 재산은 양도할 수 있는 채무인 무체 재산이 되었다.[115] 지난 40년의 자본주의 단계에서 재산은 판매자나 구매자에게 이익이 되는 가격이면 어떤 가격이든 정할 수 있는 자유라는 무형 재산도 된다. 이런 재산과 자유의 의미는, 헌법 해석 과정에서, 대법원이 1872년과 1897년 사이에 내린 일련의 판결을 통해 혁명적으로 바뀌었다. 이 혁명은 재산과 자유의 의미를 확대한 것이었다. 즉 그 의미를 물리적 상품과 인간 신체에서 교섭 거래와 개인 및 기업의 자산으로 확대한 것이었다.

사실 이 모든 의미들은 다른 이름과 다른 경제조건하에서 봉건제 시대

••

113) *Ibid.*, p. 15.
114) "적법절차"에 관한 의미가 변한 것에 대해서는 커먼스의 *Legal Foundations of Capitalism*, 333~342쪽을 참고하라.
115) *Ibid.*, pp. 235~246.

에도 있었다. 통행료나 서비스를 징수하던 특권과 같은 **"무체 상속재산"** 은 무형 재산과 비슷했다. 영주의 토지소유권은 그 토지에서 나오는 생산물에 대한 권리였다. 유체 재산은 절대적인 것이 아니라 이러한 무형 재산으로 한정되며, 토지를 실제로 경작한 소작인의 생산물이나 노역에서 파생된 지대에 궁극적으로 근거한다. 모든 것은 이미 아주 초기부터 법률에 있었지만, 미국 법원이 최근 들어 자본주의라는 새로운 시대에 맞춰, 다른 이름을 선택하고 부여하겠다고 결정했다.

(6) 자유와 노출

자산과 부채로서의 재산이라는 경제적 등가물의 이러한 의미 변화는 법학에서 사용한 "권리"란 말의 의미에 대해서 보다 심층적 분석이 필요하게 만들었다. 이런 분석을 1913년에 예일대학 법대 호펠드(W. N. Hohfeld) 교수가 제시했고, 호펠드 교수의 분석을 예일대학 법대 교수들이 더 발전시켰다.[116] 이들의 분석에 근거한 이후의 공식은, 대법원의 관할하에서, 그리고 경제적 양에 관련된 세 유형에 집단적, 경제적, 사회적 관계들이 적용되는 한에서 이 관계들의 상관관계를 보여주도록 구축되었다. "사회적 관계"는 호펠드의 "법적 관계"로부터 도출되지만, 경제적 및 도덕적 활동체뿐만 아니라 **국가**─그의 정치적, 법적 활동체─까지로 확장된다. "경제적 상태"는 상호연관된 경제적 자산과 부채이며, "운영규칙"은 집단행동에 의해 통제되고, 해방되고, 확대된 개인행동이다.

이 공식을 고찰할 때 구분해야 하는 것은 첫째, **유인**(Inducements)과

∵

116) *Ibid.*, 91 ff.

경제적 및 사회적 관계의 공식
대법원

제재(도덕적, 경제적, 법적)				유인	제재(도덕적, 경제적, 법적)			
집단행동	운영규칙	경제적 상태	사회적 관계	거래	사회적 관계	경제적 상태	운영규칙	집단행동
권한	할 수 있다	보장	권리	경제적 수량의 교섭 관리 배당	의무	순응	해야 한다, 해서는 안 된다	책임
능력부재	할 수 없다	노출	무 권리		무 의무*	자유	해도 된다	면책
면책	해도 된다	자유	무 의무*		무 권리	노출	할 수 없다	능력부재
책임	해야 한다, 해서는 안 된다	순응	의무		권리	보장	할 수 있다	권한

* 호펠드의 "특권"에 상응함

제재(Sanctions)다. 유인은 교섭 거래인 경우에는 설득이나 압박으로, 관리 거래인 경우에는 명령과 복종으로, 배당거래인 경우에는 변론과 반론으로, 개인이 서로에게 부여하는 개인적 유인이다. 제재는 활동체에 의해 개인에게 적용된 집단적 유인이다. 활동체는 설득과 압박, 명령과 복종, 변론과 반론을 통제하고 해방하고 집행함으로써 개인행동을 통제하고 해방하고 확대한다.

이러한 제재는 통제권을 행사하는 활동체의 종류에 따라 도덕적, 경제적, 법적 제재로 구분할 수 있다. 법적 제재는 폭력 또는 폭력을 쓰겠다는 위협이고, 활동체는 **국가**다. 다른 제재는 "법률 외적인" 것이다. 도덕적이거나 윤리적인 제재는 단지 의견이다. 그런 제재는 교회, 사교클럽, 그리고 수많은 업종협회와 같은 윤리적인 단체 같은 활동체가 실행한다. 업종협회를 구성하는 사업가들은 "윤리강령"을 만든다. 이 강령은, 별도의 경제적이거나 법적인 상벌에 의해서 뒷받침되지는 않을지라도, 회원들의 집단의견에 따라서만 집행된다. 경제적 제재는 노동조합이나 기업가단체나, 카르텔 같은 조직에 의해 이윤과 손실, 취업과 실업, 기타 경제적 이득이나 박탈이라는 제재를 통해서 집행되지만, 폭력은 사용하지 않는다.

이 제재들은 흔히 겹치는데, 통상적인 분석 방법에 따라, 각 제재 중에 독특한 특징을 지닌 극단적인 사례를 여기에서는 다룬다. 그런 후 우리는 특정 분쟁에서 요구되는 제재들의 상대적인 "비중"에 따라, 발생한 해당 분쟁에서 제재들을 결합시킨다.

종종 이 도덕적이고 경제적인 활동체들은 나름대로 "법정"도 가지고 있다. 이 법정은 "이단 재판"이나 "상업 중재"나 "노동 중재"라는 이름하에, 법원에서 하는 것과 비슷한 기능을 수행하면서 개별 분쟁들에 대해 결정한다. 하지만 폭력 사용을 강제하는 사법 조직의 물리적 제재는 가지고 있지 않다. 요컨대 집단행동이 도덕적, 경제적 활동체의 형태를 취하든, 정치적 활동체의 형태를 취하든 이 공식은 개인행동을 통제하고 해방하고 확대하는 모든 집단행동에 적용된다. 그러나 도덕적, 경제적 제재의 사용만으로는 해결될 수 없는 분쟁을 해결하기 위해 국가의 물리적 폭력이 요청될 때마다 관습법 법원이 자신들의 습관적 가정들을 끌어낸 곳은, 바로 개인행동에 대한 집단적 통제와 해방과 확대라는 이 보편 공식이다.

앞서 시사한 이런저런 이유로 법적 도덕적 경제적 상관관계의 공식이, 법적인 관계와 도덕적이거나 경제적인 관계 둘 사이에 **동일성**이 있다는 뜻은 **아니다**. 이 공식의 의미는, 단지 특정 분쟁에서 채무, 자유, 노출 등이 크든 작든 상관없이, 또는 도덕적, 경제적, 법적 제재의 상대적 **비중**에 상관없이, 모든 경제행위에는 똑같은 법적 관계가 유효하다는 것을 의미할 뿐이다. 따라서 개인이나 도덕적 경제적 활동체의 관행(practices)이, 사법조직의 판결에 담긴 엄격한 규칙이나 "규범"과 정확히 일치한다는 뜻은 아니다. 이 공식은 법원의 판사나 중재 기관의 중재자가 특정 분쟁당사자에게 해야 할 것과 하지 말 것을 실제로 판결한 특정분쟁에서만 정확한 상관관계를 보여준다. 이러한 분쟁 바깥에는 법원이나 중재자 앞에까지 가본 적이 없는 무수히 많은 거래가 있고, 이들은 매우 다양하다. 이 공식은 일반화된 공식일 뿐이고, 도덕적, 법적, 경제적 관계들의 분석 과정에서 사고를 돕기 위한 정신적 창조물에 지나지 않는다. 그러나 일단 당사자들이 법정이나 중재자 앞에 출두하면, 이 공식은 결정에 도달하는 데 활용할 수 있으며, 판사나 중재자가 자신의 추론을 끌어내는 근거가 되는 무수히 다양한 거래나 관행에서 찾아낼 수 있는, 모든 가능한 법적, 경제적, 사회적 관계들을 포함한다.

이는 **조직되지 않고 정확하지 않은** 집단행동도 있기 때문이다. 관습이라 불리는, 이 집단행동에 똑같은 공식을 적용하고, 이 집단행동으로부터 모든 법원이 이런 관계들을 더 정확하게 만드는 관습법적 방법으로 법원의 습관적 가정을 도출한다. 관습은 구속하는 효과가 전혀 없는, 단순히 가변적인 **관행들**(practices)부터 **의무적인**(mandatory) 관습에 이르기까지 강제성과 부정확성의 정도가 다양하다. 은행수표의 사용이 법적 의무는 아니지만, 지불능력이 있는 은행의 유통어음의 발행이나 수취를 거부하는 사업가는 사업을 계속할 수 없다. 이 관습은, 명확하지는 않을지라도, 가장 강력한 제재, 즉 이윤과 손실이라는 경제적 제재 때문에 의무적인 것이 되었다. 그렇지만 그것을 집행하고 그것을 명확하게 해줄 조직화된 법원은 없을 수도 있다. 의무적인 관습은, **지속 활동체**로서 조직되었든 조직되지 못했든 상관없이, 개인이 해야 할 것과 해서는 안 되는 것, 할 수 있는 것과 할 수 없는 것, 해도 되는 것과 해선 안 되는 것을 그 개인들에게 정확하게든 부정확하게든 말해준다.

개인행동에 대한 집단적 통제와 해방과 확대에 대한 모든 관찰들로부터 우리가 끌어낼 수 있는 보편적 원리, 즉 인과나 목적의 유사성을, 그것이 지속 활동체든 관습이든 우리는 "운영규칙"이라고 부른다. 미국 법원의 판결에서 "적법절차"나 "이성의 지배"로 요약된 것이 바로 이 운영규칙들이다. 존 로크와 법학의 자연권 학파가 미리 고정되어 주어진 어떤 것을 가정했던 것과는 달리, 이 운영규칙들은 영원한 즉 신적인 것이 아니라 변할 수 있는 규칙에 불과하다. 이 규칙들을 해당 시기에 법원이나 중재기관이 소송당사자들에게 명령을 내릴 때, 사회경제적 조건의 변화에 비추어 받아들이는데, 이것들을 때때로 "규범(norm)"이라고 부르기도 한다.

우리는 호펠드 법학파의 분석과 용어를 정교화해, 이 명령들의 네 개의 다른 의지라는 측면에서 구분할 수 있다. 각 측면은 분쟁의 상대편의 집단적 능력이나 무능력을 야기한다. 만약 법원이나 중재 기관이 피고에게 서비스의 이행, 채무의 지급, 원고 방해금지를 명한다면, 조동사 "해야한다(must)"나 "하면 안 된다(must not)"가 피고를 향해 지시된다. 상호관계적으로 이것은 해야 하거나 하면 안 되는 피고에게 원고의 의지를 강제하는 데 효과적인 집단행동을 요청할 "힘" 또는 "능력"이 원고에게 있음을 의미한다. 이 힘은 의지라는 점에서 볼 때 조동사 "할 수 있다(can)"로 나타낸다.

다른 한편, 피고가 하거나 하지 말도록 법원이 피고에게 강제하길 거부한다면, 원고는 집단행동을 통해 자신의 의지를 집행하도록 요청 "할 수 없다(cannot)". 기술적으로 이것은 "능력 부재(disability)"이다. 그리고 이와 연관되어 피고는 쟁점에 대해서 자기가 원하는 대로 "해도 되는(may)" 위치에 있다. 이것은 면책이다.

그러나 거래당사자들 사이에는 상호관계가 존재하므로 원고는 쟁점의 다른 측면들에서 자기가 바라는 대로 "해도 되고(may)", 피고도 그런 점들에서 자신의 의지를 원고에게 강제하는 데 집단행동의 도움을 "받을 수 없다(cannot)". 그러나 원고도 이행하거나 지급하라는 명령을 받는다면, 즉 원고 쪽에서 거래를 방해하지 말라고 명령받는다면, 앞에서처럼, 조동사 "해야 한다(must)"나 "하면 안 된다(must not)"는 조동사 "할 수 있다(can)"와 상호 연관되어 있다.

이런 식으로, 거래 당사자 양쪽이 할 수 있고, 없고, 해도 되고, 해야 하고, 하면 안 되는 것을 관습보다 더 명확히 결정하는 것은, 법원이나 중재 기관이 활동체의 제재를 이용하는 가운데 의견으로 표현되는, 바로 그 활동체의 가변적인 운영규칙들이다.

의지적 관점에서의 이런 결정들을 경제적인 상응물로 전환시키면, 개인이 거래에서 점할 수 있는 네 개의 경제적 위치들이 나오는데, 각 위치는 다른 당사자들에 상대적인 경제적 상태에 그를 갖다놓는다. 즉 집단적 활동체는 이 개인에게 ① 기대들을 **보장**(Security)하는데, 이 활동체가 다른 개인들이 이 기대들에 ② **순응**(Conformity)하도록 만드는 한도 내에서 그러하다. 만약 법원이나 중재기관이 집단제재의 도움을 유보하면, 한 쪽은 자신이 바라는 대로 행동할 ③ **자유**(Liberty)가 생기고, 다른 쪽은 상대가 행사하는 자유에 상응하는 만큼 득실에 ④ **노출**(Exposed)된다. 따라서 앞에서 예시한 것 같이, 고용주는 종업원이 직장을 그만두거나 그러지 않을 자유에 노출되고, 노동자는 고용주가 "고용하거나 해고할" 자유에 노출된다.

상호관련된 사회적 용어로 더 나아가면, "권리"란 개인이, 그가 시민이므로, 어떤 명령을 통해 순응할 의무를 부과함으로써 국가나 다른 집단

활동체에게 기대 보장을 요구"할 수 있는(can)", 즉 "힘(power)"—"능력(ability)"이나 "역량(capacity)"—이 있음을 가리킨다. 반면에 어느 쪽 당사자에게도 의무가 부과되지 않는다면, 사회적 관계는 경제학에서 "자유경쟁"이라고 부르는 급박한 국면(exigencies) 속에서 당사자들이 서로 누리는 자유와 노출이다.

이 상관관계는 재산의 세 가지 의미를 구분할 수 있게 해주는데, 그 의미들은 미연방대법원 판결들을 통해서 지난 60년 동안 진화해왔다. 미국 헌법(수정헌법 5조와 14조)은 연방의회와 주의회가 적법절차에 따르지 않은 생명, 자유, 재산의 "탈취"를 금지한다. 1872년의 선도적인 판례에서[117] 법원은 재산의 의미는 유체 재산이고, 자유의 의미는 노예상태로부터의 해방이라고 판결했다. 그때에 재산이나 자유를 "탈취"한다는 것은 국가나 주가 어떤 사람에게서 유체 재화(corporeal goods)나 그 신체, 즉 그의 "유체적인" 몸을 자기 맘대로 한다는 보장을 빼앗으면 안 된다는 당시의 운영규칙을 의미했다. 이것은 유체 재산의 물리적 의미였지만, 그것은 경제적 가치도 있었다.

그때에는 재산 "탈취(take)"는 어떤 사람으로부터 특정 경제적 크기(an economic magnitude)의 이행이나 지불의 의무를 집행하도록 국가에 요구할 그의 권리를 빼앗는다는 의미이기도 했으며, 이 경제적 크기의 상관물(correlatives)들이 신용이나 자산(Credit or asset)이며, 채무나 부채(Debt or liability)다. 이 "무체 재산"이나 계약도 "경제적 수량"이었다.[118]

상당히 다른 것은 무형 재산으로서, 이것은 (영업권good-will*, 특허, 가

· ·

117) 도살장 판례, 16 Wallace 36(1872).
118) 본서 708쪽, 매클라우드와 "경제적 수량"의 의미.

맹점franchise의 가치 등과 같은) 또 다른 "경제적 수량"이다. 이 무형 재산의 의미가 미국 판결 안으로 들어온 것은 1890년 이후였다. 만약 현재 문제가 되는 사례에서 **무의무**(호펠드의 "특권")가 있다고 판결이 내려진다면, **무권리**(no-right)도 생긴다. 무의무의 경제적 상관물(correlatives)은 **자유**며, 무권리의 경제적 상관물(correlatives)은 상대방의 자유에 상응하는 **노출**이다. 상인이 경제적 득실에 노출되는 것은 고객이 자유롭게 사거나 사기를 거부할 "경제적 양"이나 상품이며, 고객이 득실에 노출되는 것은 얼마가 아니면 안 파는 상인의 자유다.

이제는 각 당사자를 동등하게 대우하면, 공식에서 보여지듯이, 자유와 노출이라는 상호성(reciprocity)이 있다. 이것은 가격이나 임금을 확정하는 교섭 거래의 의미이고, "무체" 재산과 구분되는 "무형" 재산의 의미다. 법원이 이런 거래에서 인정하는 무형 재산은 미래의 유익한 거래에 대한 모든 기대들이다. 보통 이러한 기대는 특정사업의 영업권(good-will), 좋은 신용(good credit), 좋은 평판(good reputation), 최근에 "노사평판(industrial good-will)"[119]으로 알려진 임금노동자의 평판(good-will)으로 알려졌다. 예전에는 이 모든 것이 "자유"라고 알려져 있었지만, 지금은 가치를 가진 경제적 양이라서 재산으로도 알려져 있다. 1890년의 이들 판결[120] 이후, 만약 주 정부나 의회가 철도회사가 청구한 요금을 줄이

∴

119) Commons, John R., *Industrial Goodwill*(1919), 본서 1109~1111쪽, 합당한 가치.
120) Cf. Commons, *Legal Foundations Capitalism*, 15, 36.

---

* good-will은 사업 전략, 인지도, 경영조직 등 오랜 영업에 의해 특정 기업이 얻은 무형적 이익을 말하며, 일반적으로 영업권이라고 번역된다. 그 기업이 미래의 경제적 가치로서 가지는 영업권이라는 무형 재산으로 인해 기업의 가치는 장부에 잡히는 순자산보다 커지게 된다. 이 책에서는 맥락에 따라 호의, 평판 등으로 번역될 때도 있다.

거나, 차별을 철폐하거나, 사용자와 노동자의 교섭력 평등화를 시도한다면, 이런 **가격** 인하나, 선택기회의 방해나, 교섭력 박탈은, 비록 탈취나 인하의 대상이 물적 재산이 아니고 그 재산의 **가치**나 참여자의 **행위**일지라도, 그것들은 재산의 "탈취"다.

따라서 "재산"의 의미는, 헌법에서처럼, 유체 재화에서 교섭력까지 확대되고, "자유"라는 의미는 신체적 활동의 자유로부터 모든 경제적 거래에서 선택의 자유로, 그리고 교섭력의 자유로 확대되었다.

(7) 시간

마지막으로 로크, 스미스, 리카도 시대 이래 사용한 상품의 전통적 개념은 어떻게 되었느냐는 의문이 생긴다. 그들에게서 상품의 이중의미는 물질과 소유권이었다. 1856년에 매클라우드는 오로지 소유권만으로 정치경제학 체계를 구축하려고 했다. 그러나 매클라우드의 이론은 모든 경제학자들에 의해 폐기되었다. 왜냐하면 매클라우드가 같은 것을 한 번은 **물질적인** 것으로, 한 번은 물질에 대한 **소유권**으로, 두 번 셈했다(count)고 경제학자들이 생각했기 때문이다. 그러나 그들이야말로 물질이자 유체 재산이라는 상품의 이중의미를 통해 이미 두 번 셈했다.

고전 경제학자들의 어려움은 시간의 개념 안에 있었다. 매클라우드는 일관성이 없긴 해도, "현재"는 다가오는 미래와 지나가는 과거[121] 사이에 있는 시간의 원점(zero point of time)임을 최초로 지적했다. (우리가 매클라우드를 재구성한다면) "현재"라는 이동하는 원점으로부터 소유권은 항상

∵
121) 본서 715쪽, 시간에 관한 매클라우드.

미래를 바라보지만, 물질은 자신을 생산했던 과거의 노동을 바라본다. 그러나 거래는 소유권이 이전되는 현 시점에서 일어난다. 경제 이론이 상품에서 거래로 바뀐 다음에야 비로소 **시간** 개념이 중요해질 수 있었다. **시간**이 활동단위의 본질에 속하기 때문이다.

그런데 거래한 뒤에 만약 소송이 일어나면, 법원은 우리가 합쳐서 **습관적 가정**(habitual assumptions)[122]이라고 부르는 다양한 윤리적 교리들에 의해서, 당사자들의 당시 의도에서, 또는 의회의 의도에서, 또는 공공정책의 실용철학에서 추론한 것으로, 이미 진행된 거래에서 상품, 가격, 돈, 기타 경제적 양에 상대적인 미래에 대한 모종의 기대들을 읽어낸다. **자산**과 **채무**, 즉 재산에 대한 기대된 보장, 순응, 자유, 노출, 그리고 개인에게 기대되는 이행, 보류, 취소 등이 바로 현재 평가된 미래 양이다.

이 사고 과정을 현대 계약원칙의 부분적 기원인 **계약이행**과 **상당액** 원칙을 논의하면서 이미 언급했다. 판결에 의해 한 번 결정되면, 이 습관적 가정은, 선례의 원리에 따라, 현 거래가 가져올 미래의 경제적 결과에 관한 모든 당사자의 기대가 된다. 이것은 예상, 예측 원리의 특별한 사례일 뿐이며, 우리는 이를 모든 인간행동의 한 특징인 **미래성** 원리로 부른다.[123]

과연 "**미래성**의 과학"이 존재할 수 있는가라는 의문이 지금까지 제기되어왔으며, 앞으로도 늘 제기될 것이다. 만약 인간활동이 과학의 주제라면, 미래성 과학은 있어야 **한다**(must)고 우리는 대답한다. 초기에 예언자, 마술사, 주술사로 시작해서, 모든 과학이 체계적으로 정리한 모든 가설을 거쳐, 사업에 대한 현대 비관론 및 낙관론과 현대의 전문적인 경제

••
122) 본서 1156쪽, 습관적 전제.
123) 본서 187쪽; 1180쪽, 새로운 법률을 만드는 관습법 방식.

예측에 이르기까지, 인간행동을 지배한 것은 언제나 **미래성** 원리다. 미래성의 과학이 불가능할 수도 있다. 그러나 성패에 대한 관찰을 통해서 검증된, **거래**와 **예측** 행동에 관한 과학은 인간활동의 과학이다. 실제로 인간은 미래에 살지만 현재에 활동한다고 말할 수 있다. 물리과학에서조차 그 주변에 무지, 편견, 지나친 강조가 널리 존재하나, 이런 것 역시 모두 허용해야 한다.[124] 그래도 여전히 이들은 과학적이다. 그들의 예측 **방법**이 과학적이기 때문이다.

이것은 소유권과 거래의 과학에 훨씬 더 잘 적용된다. 그것들 자체가 미래 예측이기 때문이다.

(8) 가치의 거래적 의미

가치와 **자본** 개념은 세 가지 역사적 단계를 거쳤다. 각 단계가 오늘날에 가져온 실용적 결과로 볼 때, 각각을 **기술경제학** 단계, **가정경제학** 단계, **제도경제학** 단계로 부를 수 있을 것이다.

기술경제학 단계는 리카도가 시작해서 칼 맑스가 정교하게 만들고 프레데릭 테일러(Frederick Taylor)의 **과학적 경영**에서 정점에 이른다. 여기서 **가치**와 **자본**의 운용 개념은 **사용-가치**(Use-Value), 즉 상품과 서비스의 기술적 성질들이고, 이들의 단위당 가치는 수요공급에 따라 증감하지 않지만, 그것의 생산에 필요한 노동과 창의의 양에 따라 증가하며 감가, 즉 마모, "소모"의 양에 따라 감소한다. 마치 활과 화살이 화약이

• •

124) Cf. Shapley, Harlow, *Flights from Chaos; Survey Material Systems from Atoms to Galaxies*(1930).

나 다이너마이트로, 후프스커트(버팀테로 여자의 스커트 폭을 벌어지게 하는 스커트—옮긴이)가 맨다리로 변하는 것처럼, 사용-가치도 문명의 변화와 함께 변한다. 발명이나 유행에 일어난 변화 때문에, 사용-가치는 **노후화**(Obsolescence)와 **발명**(Invention)의 두 측면 하에서 **문명가치**로 불려질 수도 있다. 만약 사용-가치가 미래에 더 생산하는 데 사용하려고 저장됐다면, 그 저장은 고전적 의미로 **자본**(Capital)이었다. 이것을 **기술적**(Technological) 자본으로 명명한다. 기술적 자본의 속성은 사용-가치다.

사용-가치, 즉 **기술적 자본**은 노동에 의해, 즉 칼 맑스가 "사회적 필요노동"이란 말로 설명한 **육체노동, 정신노동, 관리노동**의 결합에 의해 생산된다. 측정되었을 때 이것은 "과학적"으로 된다. 이 측정은 프레데릭 테일러의 성과다. 기술자인 테일러는 추종자들과 함께 사용-가치 생산에 필요한 물리적 측정의 세 종류를 체계화했다. 첫째는 부셸이나 톤 같은 물리적 양이고, 둘째는 1등급이나 2등급과 같은 물리적 질이고, 셋째는 사용-가치 생산에 필요한 단위당 **인시**(人時, man-hours per unit)다.

기술경제학의 결과는, 시간요인이 인시라는 복합적인 명칭하에 도입되었을 때, **효율**개념이고, **효율**과학은 현대의 공대와 농대에서 전문화되었다.

가정경제학 단계는 고센(Hermann Gossen), 제번스(William Jevons), 멩거, 뵘바베르크라는 쾌락주의, 즉 쾌락-고통(pleasure-pain)학파로 시작한다. 여기에서는 개인이 돈을 사용하지 않고 식품, 의복, 주거, 토지, 장비 그리고 기타 여러 종류의 생산재와 소비재들의 비율을 정한다. 그렇게 해서 그는 자신의 지배하에 있는 한정된 물적 물질들로부터 전체 만족을 극대화한다. 여기에서 가치개념은 물질단위당 효용체감, 이용 가능한 양의 증가와 함께 감소한다는 것, 또는 물질단위당 효용증가, 이용 가능한 양의 **감소**와 함께 증가한다는 것이다. 이 효용은 사용-가치처럼 객관적으로 존재하는 게 아니라 개인의 마음과 감각에 주관적으로 존재하는 것이기 때문에 대체로 심리경제학 분야에 포함된다. 그러나 이 학파가 현대적으로 전문화하고 있는 것은 **가정경제학의 과학** 또는 **소비경제학**이라는 과학인데, 여기에는 자가 소비를 위해 생산하는 고립된 농부도 포함된다. 이 경우에 다양한 물적 재화들로부터 얻는 만족의 극대화가 목적이다. 그러나 각 재화는 그 자체로는 증가량에 따라 단위당 만족도의 체감을 낳고, 감소량에 따라 단위당 만족도의 체증을 낳는다.

그러나 이 심리적 가치는 희소라는 보편원리의 특별한 사례이므로, **사용-가치**와 대비하여 이것을 단순히 **희소-가치**로 불러도 될 것이다.

이 측면에서 희소-가치는, 거래를 통해 **소유권**이 양도·양수되는 경우, 심리경제학에서 제도경제학으로 전환될 것이다. 희소측정의 단위는 또 다른 제도인 돈이며, 소유적(proprietary) 명칭은 가격이지, 심리적 명칭인 "한계효용"이 아니다.

따라서 상품이나 서비스 모든 단위는 각기 잴 수 있는 가치의 두 차원을 갖는다. 그것의 사용-가치는, 단위당 가치가, 풍부해도 감소하지 않고 희소해도 증가하지 않는다. 그것의 희소-가치는, 단위당 가치가, 풍부할 때는 감소하고 희소할 때는 증가한다.

마지막으로, 평가받을 때 모든 상품과 서비스는 가깝거나 먼 미래에 존재하므로, 예상되는 대기시간의 길이에 따라, 또는 기대위험의 크기에 따라, 미래량은 동종동량의 현재량보다 가치가 적다고 여겨진다. 인간본성에 관한 이런 보편적 사실의 심리학적 기초는 뵘바베르크가 상세하게 설명했다.[125] 그는 제도경제학의 보편적 사실의 심리적 기초를 찾고 있었다.

••

125) Böhm-Bawerk, E. von, *The Positive Theory of Capital*(tr. 1891).

이 보편적 사실은 어떤 시장에서도 나타난다. 거기서 이 사실은 소유권을 양도하는 협상에서 한 요인이며, 또한 신용 및 은행 시스템의 기초다. 기대되는 가치 차원과 비교한 이런 현재의 가치 차원이 **가치**와 **자본**의 의미가 지니는 세 번째 차원이다. 이것은, 만약 미래에 부가된다면, 이자 또는 웃돈이라고 흔히들 부르며, 만약 현재에 공제된다면, 할인이라고 부른다.

그래서 가치에 대한 거래적, 즉 소유적(proprietary) 의미에는 세 가지 차원이 있는데, 각각은 그 자체로 지극히 가변적이다. 리카도와 맑스의 기술경제학에서 이전된 **사용-가치**, 심리경제학에서 이전된 **희소-가치**, 역시 심리경제학에서 이전된 **거래가치**가 바로 그것이다. 이 모두는 어떤 한 시점에 현 거래의 소유적 기대 안에서 결합된다. 이를 매클라우드를 따라 물리적 양이 아니라, "경제적 양"이라고 부른다. 왜냐하면 **미래성**은 가치의 세 가지 차원 가운데 하나고, 모든 차원들이 모여서 자본의 현대적 의미를 구성하기 때문이다.

고전파와 쾌락주의 학파의 물질적 상품은 사라진 것이 아니다. 소유제도를 통해서 **미래**(future)로 이전할 뿐이다. 미래가 잴 가치가 없을 정도로 아주 짧을 수도 있지만, 그래도 미래는 미래다. 거래는 가깝든 멀든 미래의 기대에 기초하며, 소유제도로 구성된 집단행동에 의해 보장되며, 교섭을 마무리한 이후에만 유효하다. 거래는, 법과 관습의 작동 하에서, 경제적 수량에 대한 **법적** 통제를 양도·양수하는 수단이며, 이 통제에는 최종소비자에게 상품을 생산해 배달하는 노동과 경영에 대한 법적 통제가 포함된다.

이렇듯 **제도경제학**, 즉 **소유경제학**은 고전파나 심리학파와 절연한 것이 아니다. 현 거래의 결과로서 물적 재화가 생산되거나 물리적으로 전달되거나 소비될 때 **미래**로 그들의 이론들을 이전시킨다. 그러나 제도경제학은 소유된 물질로부터 **법적 통제**를 분리시킨다. 소유권 이전은, 항상 움직이고 있는 현재 시점인, 현재의 거래다. 미래의 귀결이 고전 경제학자들과 공산주의 경제학자들의 생산의 기술경제학일 수도 있고, 쾌락경제학자들의 가정경제학일 수도 있다. 이 둘 다 물리적 통제에 의존한다. 그런데 고전파 이론과 쾌락주의 이론이 **물리적** 통제만 다루는 반면에, 제도경제학은 상품, 노동, 기타 경제적 양의 **법적 통제**를 다룬다. **법적 통제는 미래의 물리적 통제이다.** 그것은 대리인, 재산관리인, 신탁 등의 법률에서처럼 수익자에 따라 수정될 수도 있다. 하지만 이들이 거래 자체에 영향을 미치진 않는다. 그 점에서 그것은 사용, 희소, 미래성의 세 차원에 의해서 제한되는 법적 통제다.[126]

가치를 지닌 것은 법적 통제지, 물질적 통제가 아니라고 말하면, 정통 경제학자들의 가정에 반하는 것으로 볼 수 있다. 그들에게 물질적 통제는 부의 창출과 소비에 필수적이었다. 여기서 그들은 명확한 결론에 도달했지만, 법적 통제가 **미래**의 물질적 통제라는 생각을 자신들의 이론에 반영시키지 않았다. 이들은 뵘바베르크의 심리학을 통해서 미래성을 경제학에 도입했다. 하지만 미래성은 언제나 재산권으로 거기에 존재해왔으나 심리경제학자들이 그것을 거부했다. 그렇지만 뵘바베르크는 미래의 소비심리학으로부터 미래사용을 위한 물질적 통제를 획득하는 현재노동으로 미래성을 끌어다 놓음으로써 뚜렷한 역할을 수행했다. 우리는 미래성을, 물질적 통제에 선행하는 법적 통제를 얻는 거래로 귀결되는 교섭의 심리학에까지 더욱더 끌고 나간다.[127]

••

126) 본서 881쪽, 화폐와 가치의 거래적인 체계.

(9) 이행, 자제, 회피[128)]

그러나 법적 통제는 경제적 양일 뿐만 아니라, 그 경제적 양의 차원들이 의존하는 개인의 미래행동에 대한 통제다.

경제학을 물상과학과 구분하는 것으로서 모든 활동에서 나타나는 인간 의지의 특성은 대안들 중에서 선택한다는 것이다. 선택은 자발적일 수도 있고, 다른 개인이나 집단행동에 의해서 부과된 비자발적 선택일 수도 있다. 어떤 경우든 선택은, 부의 생산과 소비에서 자연력에 대한 물리적 작용반작용이든, 거래에서 상대를 상호 유인하는 교섭활동이든, 행동하고 있는 몸과 마음 전체, 즉 의지다.

분석해보면 모든 선택은 3차원 행동으로 드러나는데, 소송의 쟁점들에서 관찰될 수 있듯이, 이는 이행이자 회피인 동시에 자제다. (지불을 포함해) 이행은 물질적이거나 경제적인 양을 양도·양수하면서 행하는 자연이나 타인에 대한 힘의 행사다. 회피는 어떤 한 방향으로 힘을 행사해서 이용 가능한 다른 방향으로는 힘을 행사하지 않았다는 것이다. 반면에 자제는, 위기 때나 강요당할 때가 아니면, **모든 힘을 행사하지 않고, 가능한** 도덕적, 육체적, 경제적 힘 중에서 어느 정도만 제한적으로 행사하는 것이다. 따라서 자제는 이행에 부과된 한계이며, 이행은 실질적 이행이고, 회피는 거부되거나 회피된 대안적 이행으로, 모두 같은 시점에 일어난다.

자제와 회피는 "부작위(omission)"라는 법적인 단어에 보통 결합되어 있지만, 부작위라는 단어는 "생략된" 것이 무엇인지를 말해주지 않기 때

●●
127) 본서 772쪽, 심리경제학에서 제도경제학으로.
128) Cf. Commons, *Legal Foundations of Capitalism*, 69 ff.

문에 우리는 그것을 자제나 회피로 분석한다.

합당성의 원리가 생겨난 것은 이들 세 차원의 선택으로부터다. 이행은 서비스 제공이거나 서비스 이행강제 또는 부채 지불을 의미한다. 회피는 타인의 이행, 자제, 회피에 대한 불개입이다. 자제는 이행의 "합당한" 행사이다. 각각은 의무나 자유일 수 있는데, 이에 상응하는 타인의 권리와 노출이 동반된다. 그리고 각각은 특정 활동체의 당시 운영규칙에 따라 집단행동에 의해 강제되거나, 허용되거나, 제한될 수 있다.

모든 집단적 강제가 법률이나 중재 절차를 통해서 작동하는 것은, 로크의 **힘** 개념과 전혀 다른, 이같이 행동하고 있는 의지의 세 가지 차원에 대해서이다. 이행 명령은, 어떤 사람이 받아야 할 경제적 양, 즉 **상당액**이라는 법적 원리의 이행과 같은 뜻을 가진다. 이것은 공공 서비스 기관에 의해 제공되어야 할 서비스의 양이나 그 기관에 지불되어야 할 요금에 대한 미국의 규제관행에서 발견된다. 회피 명령은 모든 집단적 명령 가운데서 가장 오래되고 보편적인 것이다. 이 회피 명령은, 원시적 **금기**와 **십계명**으로부터, 현대의 유체, 무체, 무형이라는 다양한 모든 재산에 대한 소유권과 개인의 자유를 창출한다. 이것은 토지와 물질의 사용(유체)에 대해서든, 서비스 이행과 부채지불(무체)에 대해서든, 영업권이란 일반적인 명칭으로 보호받아 기대되는 유익한 거래(무형)에 대해서든, 이것들에 대한 허용된 기대를 제삼자는 물론이고, 당사자 쌍방조차도 개입하지 않아야 할 의무를 낳는다.

바로 이 회피나 자제의 의무가 연방대법원이, 의회와 행정부가 적법절차를 어긴 채 재산이나 재산가치나 자유를 **빼앗으려고** 할 때, 그들에게 명한 것이다. 경제학의 관점에서 볼 때, 이행이든 자제든 회피든, 이들에 대한 집단명령은 다 자산과 채무(liabilities)로 알려진, 변하고 있는 경제량에 포함된다. 법의 관점에서 볼 때, 이 집단명령은 모두 재산이다. 집단행동의 관점에서 볼 때, 이 집단명령은 모두 운영규칙이다. 경제적 지위란 관점에서 볼 때, 이 집단명령은 모두 보장, 순응(conformity), 자유, 노출이다. 지속 활동체 그 자체의 관점에서 볼 때, 지속 활동체의 개인에 대한 통제란 점에서, 이 집단명령은 모두 **힘**(Power), **책임**(Liability), **능력부재**(Disability), **면책**(Immunity)이다.

(10) 전략적 거래와 일상적 거래

100년 이상, 경제학자들은 보완"재" 이론(doctrine)을 개발해왔다. 더 최근의 형태에서 이 원리는 제한 요인과 보완 요인들의 이론이 된다. 그러나 이해충돌 한가운데서 행동하는 의지라는 관점에서 이 이론을 살피고 나서, 나는 이것을 **전략적 거래**와 **일상적 거래**의 이론이라고 부른다.[129] 간단히 전략적이나 제한적이란 말을, 제한요인과 보완요인의 같은 관계에 대해서, "전략적"이란 말은 자발적 측면에, "제한적"이란 말은 객관적 측면에 사용할 것이다.

인간 의지는, 복잡한 요인 수백, 수천 개 중에 단 한 요인을 움직여, 다른 요인들이 그들의 고유한 힘으로 의도된 결과를 가져오도록 만드는, 이상하지만 익숙한 능력을 갖고 있다. 아주 적은 탄산칼륨이라도, 그것이 제한적 요인이면, 이때 토지의 수확량을 에이커당 5부셸에서 30부셸로 증가시킬 수 있다. 가속기를 아주 조금만 통제하면 자동차를 시속 50마일로 달리게 할 수 있다. 많은 노동자들 중에서 전략적 위치에 있는 사람

129) 본서 1399쪽, 전략적 거래와 기계적 거래.

을 아주 조금만 통제하면 군중을 지속 활동체로 변화시킬 수 있다. 수천의 사업가와 노동자가 서로 쓰려고 경쟁하는 인구 밀집지역의 땅처럼 늘리기 어려운 요소의 공급에 대해 법적 관리가 조금이라도 보장되면, 토지사용자가 이윤, 이자, 임금에서 **빼내서** 부재지주에게 지대를 충분히 지불할 수 있도록 만들 것이다.

나아가, 제한적 요인과 보완적 요인은 끊임없이 위치를 바꾼다. 어떤 때의 기여요인이 다른 때에 전략요인으로 될 수도 있다. 어떤 때는 그것이 탄산칼륨일 수 있고, 다른 때는 물일 수 있다. 어떤 때는 가속기일 수도 있고 다른 때는 점화플러그일 수도 있다. 어떤 때는 임대계약을 체결할 때의 부지가 될 수도 있으며, 다른 때는 임금교섭을 할 때의 숙련공이 될 수 있고, 심지어 파업노동자도 될 수 있다. 상업신용이 제한요인인 또 다른 때에는 은행가일 수 있고, 판결이 내려지기까지 다른 모든 것이 정지되어 있을 때에는 그것이 법원이나 대법원일 수도 있다. 전략요인과 기여요인의 무한한 가변성은 무수히 많다. 누군가가 미래에 원하는 것에 특정한 시간, 장소, 수량으로 제한요인이 되는 것에 대해 작용하거나 이것을 공급하거나 또는 공급을 유보함으로써, 복잡한 세계 전체가 육체적으로 미약한 한 인간의 명령 하에 놓여질 수 있다.

물론 모든 보완요인들이 어느 시점에서 제한요인들이 되면, 이들 중 어떤 것도 전략적이지 않으며, 그러면 사태는 절망적이다. 활동체는 파산이나 혁명으로 해체된다. 왜냐하면 일반적으로 지속 활동체에서 제한요인들이 한 시점에 **중첩적이지 않고**, 주어진 일련의 시간 동안 **연속적인** 것이기 때문이다. 경제적인 인간사에 대한 연구 중에 가장 중요하고, 가장 어려운 것은, 앞으로 확인하게 될 것처럼, 전략요인들과 기여요인들에 대한 연구다. 바로 그 행동하고 있는 인간 의지의 보편원리인 이 원리는 물리학과 흡사한 존 로크의 수동적 정신 개념을 가지고는 출현할 수 없었고, 경제학 연구 활동 전체가 인간 의지의 과학이 되고 나서야 비로소 어엿하게 출현한다.[130]

(11) 협상심리학

따라서 제도경제학이 자발적 의지의(volitional) 경제학이라면, 이것에 수반된 자발적 의지의 심리학이 필요하다. 이것은 거래의 심리학이며, 이것을 거래심리학 또는 협상심리학이라고 부르는 것이 적절할 것이다. 예전의 심리학파는 대부분 개인주의적이다. 개인과 자연이나 개인과 다른 "자연적인" 개인의 관계에 관심을 기울이기 때문이다. 개인을 권리를 지닌 **시민**이 아니라 물리학적 또는 생물학적 자연의 **대상**으로 보았다. 이러한 자연주의적 개인주의는 로크의 모사심리학, 버클리의 관념론적 심리학, 흄의 감각심리학, 벤담의 쾌락-고통의 심리학, 쾌락주의학파의 한계효용 심리학, 제임스의 실용주의, 왓슨의 행태주의, 최근에 나온 게슈탈트 심리학에도 적용된다. 이들 모두 개인주의적이다. 관습에 대한 듀이의 사회심리학만이 협상심리학이 될 수 있다.

거래의 심리학은 교섭과 소유권 이전에 관한 사회심리학이다. 거래에 참여한 각자는 상대방이 이행, 자제, 회피하도록 영향을 미치려고 한다. 각자는 상대의 행동을 많든 적든 수정한다. 그래서 각자는 이전될 경제적 가치의 차원들을 변화시키려고 한다. 이것이 사업, 관습, 의회, 법원, 사업자단체, 노동조합의 심리학이다. 관습적인 언어로, 이것은 교섭 거

••
130) 본서 904쪽, 이윤차익; 1399쪽, 전략적 거래와 기계적 거래.

래에서 설득이나 압박, 광고와 선전으로 해소되며, 관리 거래에서 명령과 복종으로, 배당거래에서 주장과 변론으로 해소된다. 이들 모두는 교섭심리학이다. 이것들이 소유권 창출과 이전을 지향하는 행태주의 심리학의 특별한 사례들이라고 볼 수 있다.

그러나 이것들은 묘사에 불과하다. 협상심리학을 과학적으로 이해하면 정도의 차이는 있지만 모든 교섭에서 찾아지는 최소 숫자의 일반원리, 즉 인과나 목적의 유사성으로 협상심리학을 분해할 수 있다.

첫 번째는 거래참여자의 개성이다. 참여자들은, 경제 이론이 가정하고 있는 평등을 즐기기는커녕, 각자의 유인력 내에서, 그리고 유인과 제재에 대한 반응에서 인간들 사이에 보이는 온갖 차이들을 즐기거나, 그로 인해 고통받는다.

그다음에는 인물들이 처한 상황의 유사점과 차이점이 있다. 첫째는 대안의 희소나 풍부다. 이것은 효율, 즉 일이 일어나게 할 능력과 분리할 수 없다. 모든 경우에 협상은 미래 시간을 지향하는데, 이는 미래성의 보편원리다. 운영규칙은 음으로 양으로 언제나 고려된다. 왜냐하면 운영규칙은, 집단행동이 통제, 해방, 확대하는 대로 하는 참여자가 할 수 있거나, 해야 하거나, 해도 되는 것들에 대한 기대이기 때문이다. 다음으로 각 거래에는 기민한 협상가, 판매원, 관리자, 육체노동자, 정치인이 전략적 순간에 통제하는 제한요인이 늘 있기 마련이다. 그리고 그 제한요인에 대한 통제가 가까운 미래나 먼 미래(immediate or remote future)에 등장할 보완요인들이 낳을 결과를 결정할 것이다.

이렇듯 협상심리학은 거래심리학이다. 거래심리학은 협상에 참여하는 다양한 개성에 따라, 또 희소, 효율, 미래성, 운영규칙, 제한요인의 현상황에 따라, 돈으로 다양하게 평가된 경제적 양의 소유권을 이전하는 데 유인과 제재를 제공한다.

역사적으로 이 거래심리학은 계속 변했다고 볼 수 있고, 현재도 끊임없이 변하고 있다. 그래서 **자본주의, 파시즘, 나치즘, 공산주의**라는 다양한 철학은 거래심리학의 변종들이다. 관습법에 따른 판결에서 이런 변화는 설득과 압박 및 강박 사이의 구별이 변한다는 것에서 명백히 드러난다. 설득은 기회의 평등, 공정경쟁, 평등한 교섭력, 적법절차 중 하나가 합당한 지위에 있어 얻은 결과로 여겨진다. 그러나 경제적 압박과 물리적 강박은 이들 경제적 이상의 부정이며, 경제적 충돌의 거의 모든 사례들은, 그 사례가 처한 상황하에서 설득, 압박, 강박의 심리학에 대한 가정이나 연구가 된다. 관리협상과 배당협상조차도 이 제도적으로 변하는 규칙의 지배를 받는다. 왜냐하면 명령과 복종의 심리학은 순응, 보장, 자유, 노출의 지위가 변하면서 함께 변하기 때문이다. 현대 "인사관리"는, 앞에서 말한 헨리 데니슨(Henry Dennison)의 공식에 예시된 것처럼, 협상심리학에서 일어난 이 변화의 예이다.[131]

이 모두는 각 거래에 내재한 세 가지 사회관계, 즉 **충돌, 의존, 질서**라는 관계로 구별했던 것에 근거한다. 당사자들은 보편적 희소원리 때문에 이해충돌에 빠져든다. 그러나 이들은 서로에게 의존해서 상대방이 원하지만 갖지 못한 것에 대한 소유권을 서로 양도한다. 운영규칙은 신권이나 자연권 또는 고전파와 쾌락주의 학파의 기계적 균형의 가설에서 가정한 것처럼, 이해의 예정된 조화가 아니다. 실제로 운영규칙은 이해충돌에서 실행력 있는 상호성 그리고 재산과 자유에 대한 질서 있는 기대를 창출한다. 그래서 충돌, 의존, 질서가 제도경제학의 영역이 되어서 희소,

••
131) 본서 165쪽, 관리직무분석.

효율, 미래성, 운영규칙, 전략요인이란 원리 위에 수립되면서도 개인행동을 통제, 해방, 확대하는 집단행동이라는 현대적 개념들 아래서 서로 연관된다.

그래서 경제학자와 법학자들의 "자연권" 사상이 추정컨대 과거에 생성된 것이면서 현재 개인들이 행동하리라고 예상되는 틀과 비슷하다는 유추를 어떻게 창출하게 되었는지를 알 수 있을 것이다. 그 이유는 경제학자와 법학자들이 집단행동과 협상심리학을 연구하지 않았기 때문이다. 이들은 존재하는 재산권과 자유권을 고정불변으로 가정했다. 그러나 만약 보장, 순응, 자유, 노출이 단지, 미래를 지향하는, 모든 집단행동의 가변적인 운영규칙일 뿐이라면, 조만간 미래의 부의 생산, 교환, 소비에서 실제 집단행동이 개인행동을 통제, 해방, 확대하는 관점에서 볼 때, 어떤 틀과 비슷하다는 유추는 수사에 불과하게 된다.[132]

결과적으로 인간본성과 그 목적에 관한 신념으로 정의하고 제도경제학이 지향하는 궁극적인 사회철학은 신"권"이나 자연"권", 물질주의적인 균형, "자연법"에 의해서 예정될 수 있는 그런 성질의 것이 아니다. 그것은 **공산주의, 파시즘, 나치즘, 자본주의**일 수도 있다. 만약 관리 거래나 배당거래가 그 철학의 출발점이라면, 그 종점은 **공산주의, 파시즘, 나치즘**의 명령과 복종이다. 만약 교섭 거래가 연구의 단위라면, 추세는 기회평등, 공정경쟁, 평등한 교섭력, 적법절차, **자유주의** 철학과 규제된 자본주의 철학의 이상을 향하고 있다. 그러나 온갖 조합들이 있을 수 있다. 왜냐하면 이 세 가지 거래는 제도경제학의 불확실한 미래세계인, 집단행동과 영구변화의 세계에서 상호의존적이고 가변적이기 때문이다.

∵

132) 본서 1131쪽, 자연권으로부터 합당한 가치로.

III. 관념

존 로크의 "관념"은 물적 대상의 단순한 모사로 시작했다. 이러한 물적 대상은 경제학에서 상품과 개인이었다. 그런 다음, 관념의 수동적 결합 (association)에 의해서 실체, 관계, 양식이라는 더 복합적인 관념은 관념들의 "집합(collections)"이 되었다. 이들 관념은 지난 200년 동안 경제 이론 개념으로 남았다.

그러나 만약 마음 자체가 활동의 단위라면, 마음은 그 자신의 관념을 실제로 창출한다. 관념은 현실의 모사가 아니라 생계를 꾸리거나 부유해지는 데 유용한 상상이다. 그리고 생계를 꾸리는 것은 또한 활동의 단위들로 해소되기 때문에, 그러면 관념에 대한 보다 복잡한 분류가 필요하게 된다.

우리는 "의미"와 로크의 "관념" 사이에 내렸던 이전의 구별을 단어들에 대해서만이 아니라 관념들에 대해서도 유지하려고 노력할 것이다. 관념은 연구에 사용하는 지적 도구다. 관념을 우리 주제에 맞게 만들기 위해 귀에 익은 관념적 위계를 재구성하겠다. 이 주제는 개인거래를 통제, 해방, 확대하는 협동, 충돌, 운영규칙을 통해서 부를 생산하고 획득하는 과정에서 일어나는 인간들의 거래다. 이 외적 활동은 우리에게 처음에는 단순한 감각(sensations)으로 다가온다. 그 자체로, 이 감각이 인체 밖에서 일어난 변화에 의한 것인지, 안에서 일어난 변화에 의한 것인지 확실히 알 수 없다. 내적 느낌(feeling)이 외부에서 일어난 어떤 것에서 기인한 것으로 여겨지자마자, 그것을 **지각**(Percept)이라고 부른다. 지각은 감각에 부여하는 의미다.

그러나 여기까지 오더라도 우리는 동물이나 아기보다 더 나아간 것이 아니다. 다음 단계는 언어 습득으로, 이때 비로소 우리는 자신이 인지한 대상을 "딕"이나 "아빠"로 명명한 다음, 자신이 인지한 대상을 유사점들, 차이점들, 수량들에 따라서 분류한다.

우리 목적에 비춰 다섯 가지 유사점과 차이점이 있다. 이 다섯 가지는 로크의 인지된 "단순 관념"에서부터 그의 가장 복합적인 관념까지의 위계에서 나왔다. 그러나 "실체, 관계, 양식"이라는 로크의 복합관념 대신, 우리는 단순관념에서 고도의 복합관념까지, 다섯 개의 정신적 연구도구를 만든다.

가장 단순한 관념(즉, 도구)은 **개념**(Concept)이고, 이는 **인간, 말, 사용-가치, 희소-가치**처럼, 상정된(supposed) 속성들의 유사성(similarity of attributes)에서 도출된다.

더 복잡한 관념은 **원리**(Principle)이다. 이 원리로 우리는 상정된 **활동들의 유사성**(similarity of actions)을 파악한다. 개념은 어떠한 시간요인도 포함하지 않는 반면, 원리의 관념에는 시간의 흐름이 본질적이다. 이 원리의 관념에서부터 법칙, 원인, 결과, 목적과 같은 많은 특별한 사례가 비롯된다. 이른바 "수요공급 법칙"은 법칙이 아니다. 그것은 희소원리의 특별한 사례다. 그리고 원리는 시간의 연속과 관련 있기 때문에 그것은 **원인, 결과 또는 목적의 유사성**이다. 예를 들어 '희소' 원리는 활동의 원인, 활동의 결과 또는 행위자가 의도한 목적일 수 있다. 이는 다른 원리들에서도 같다. 아마도 그들 원리로 **효율, 미래성, 집단행동의 운영규칙, 제한요인** 같은 경제활동의 원인, 결과나 목적으로서 정치경제학의 이른바 "법칙"들을 분해할 수 있을 것이다.[133] 그리고 제한요인은 그것을 통제함으로써 보완요인을 통제할 수 있다.

모든 과학은 복잡한 활동을 가장 단순하고 가장 보편적인 원리로 환원하려고 한다. 만약 우리가 정치경제학에 같은 것을 한다면, 정치경제학을 사회학의 한 분과로서 물상과학 및 생물과학과 구분하면서, 가장 단순한 그래서 가장 덜 특별한, 가장 보편적인 원인 결과나 목적의 유사성은 **자발적 의사**(Willingness)다. 자발적 의사는 "의지"가 아니며, 로크의 "실체"나, "존재"나, "힘"도 아니다. 자발적 의사는 원인, 결과 또는 목적의 상정된 유사성에 불과하며, 인간행위에 대한 경험에서 비롯된다.

그러나 **자발적 의사**라는 의미가, 아주 논란될 수 있는, 그리고 어쩌면 건널 수 없는 심리학과 경제학 사이의 괴리를 포함한다는 것을 깨닫고서, 오그덴(Charles Ogden)의 "이중 언어 가설"에서 힌트를 얻을 것이다. 오그덴은 그 가설로 생리학에서 심리학으로 비슷하게 도약했다.[134] 오그덴은 똑같은 사건을 묘사하는데 이중 언어를 사용할 수 있다. 예를 들어 **"기억**(Memory)"은 생리학적 언어인 "보존(retention)"의 심리학적 언어이다. 이 이중 언어의 장치(device)가 로크와 현대 "행태주의자(behaviorists)"의 풀 수 없는 문제, 즉 어떻게 무의식적 생리학이 의식적 심리학으로 되는가란 문제를 풀지는 못하지만, 이 장치가 오그덴으로 하여금 되돌아올 수 없을 만큼 어느 쪽으로든 얽매이지 않은 채, 필요에 따라 한쪽에서 다른 쪽으로 이동할 수 있게 해준다.

자발적 의사의 경제학에서 우리는 이중 언어 가설 그 이상이 필요하다. 심리학, 법학, 경제학이라는 삼중 언어 가설이 필요하기 때문이다.

••

133) *Oxford Dictionary of the English Language*에 나오는 "법칙"과 "원리" 항목을 보라. "운영 규칙"라는 용어는 엘리 교수가 처음 제안했다.

134) Ogden, C. K., *The Meaning of Psychology*(1926).

아니, 우리가 오그덴처럼 생리학적 행태주의자들을 수용하려면 사중 언어 가설이 필요하기 때문이다.[135] 피로와 판매술을 연구할 때 생리학이 필요하다. 자발적 **의사**에 대한 사중 언어 가설은 심리학, 법학, 경제학, 생리학이다. 심리학 쪽에서 그것은 관념, 의미, 가치평가이다. 경제학 쪽에서는 평가하기, 선택하기, 행동하기, 예측하기이고, 이런 것들은 거래와 지속 활동체의 경제적 양을 구성한다. 법학 쪽에서 그것은 관습과 정치의 집단행동, 관습법 및 성문법이며, 이것들은 거래나 활동체를 통제하거나 해방하거나 확대한다. 생리학 쪽에서 그것은 분비샘, 분비물, 신경이며, 이것들은 신체를 움직이게도 멈추게도 한다.

의지에 대한 이러한 사중 언어 가설은 로크가 외부 세계를 모사하는 내부 세계로 관념이라는 개념을 통해서 모든 과학에 주입한 이원론과 회의론을 인정한다. 그러나 이 가설은 로크의 "관념"을 의미부여하기, 가치평가하기, 선택하기, 그리고 관습과 법이라는 사회적 규칙에 적응하기나 부적응하기라는 사중 활동으로 해석하는 장치를 통해 로크의 이원론을 초월한다.

자발적 의사에 대한 이 사중 언어 가설의 통일성은 **미래 시간**(Future Time)의 의미에 있다. **미래성**은 기대라는 심리학적 측면이면서, 현대 경제학 이론의 측정 가능한 크기이고, 미래의 법적 실현이며, 유인과 제재를 수반하는 분비물의 생리학적 반응이다.

따라서 **자발적 의사**는 원인 결과나 목적의 일반원리가 되고, 이 원리

135) Watson, J. B., *Behaviorism*(1925); *Behavior; an Introduction to Comparative Psychology*(1914). Also his article "Behaviorism", *Encyclopaedia Britannica*, 14th edition.

는 어떤 운동양식에 공통적이고, 이 운동양식은 기대되는 상황을 고려해서 말과 사건에 주어진 의미에 의해 결정된다. 그것은 특정 상황을 기대하는 사람들의 마음에 떠오르는 상대적 중요성에 대한 감각(feelings)으로 결정되는 운동양식과, 제도라고 부르는, 집단행동에 의해 억제, 해방, 확대되는 운동양식이다. 이 운동들 자체는 이러한 의미부여, 가치평가, 제한에 비추어 거래의 반복이다. 따라서 '자발적 의사'는 의미부여하기, 평가하기, 거래하기, 지배하기의 불가분한 활동이다. 여기서 "의미부여하기"는 반쯤 지적인 언어며, "평가하기"는 주로 감성적인 언어며, "거래하기"는 경제학적 언어이다. 한편 윤리, 법, 재산은 집단적인, 즉 제도적인 언어의 운영규칙이다.

이 사중 언어 가설은 형이상학의 난제들에 대해 어떤 입장을 취하는 것을 피할 수 있게 하지만, 동시에 비물리적인 것, 즉 거래와 지속 활동체로부터 떼어낼 수 없는 기대를 위한 자리를 찾도록 허용한다. 우리는 형이상학을 '미래성'으로 대체한다.

앞으로 되풀이하겠지만, 물상과학에 허용된 것과 같이, 낯선 용어와 기호들을 도입하지 않고, 모든 언어에 스며있는 수사적인 유추를 사용하면서도, 사중 언어 가설은 또한 모든 사유에 필연적으로 관통하는 **유추**(Analogy)의 두 가지 의미를 구별하도록 해준다. 왜냐하면 유추는 유사점을 발견하는 방법에 불과하기 때문이다. 정확한 유추는 참된 유사성이다. 경제사상사에서 틀린 유추는 물리과학에서 비롯된 의미를 경제학에 이전시키면서 일어났다. 이는 아이작 뉴턴 경의 천문학과 광학, 유기체의 최신 생물 과학, 심지어 인간의지 그 자체로부터, 로크가 차용한 것에서 이미 보았다. 이러한 잘못된 유추는 종종 "실체화(hypostatizing)", "물상화(reifying)", "물체화(thingifying)", "생명화(vivifying)", "의인화

(personifying)", "영원화(eternalizing)", "정령신앙(animism)", "유물론 (materialism)" 등의 용어로 종종 표시된다.[136]

잘못된 유추는 기계론, 유기체론, 의인화라는 세 가지 유추로 요약될 수 있다. 왜냐하면 그것들은 물리학, 생리학, 개인심리학에서 적절하게 사용하던 관념을 경제학에 이전시킨 것이기 때문이다. 이 잘못된 유추는, 우리가 생각하기에, 거래와 지속 활동체라는 두 개의 관념으로 대체함으로써, 그리고 같은 행위의 네 측면을 가리키는 심리학, 법학, 경제학, 생리학의 네 가지 언어를 사용하고 있다는 것을 그것들을 말하면서, 자각함으로써 피할 수 있다. 이러한 지속 활동체 및 거래와 경제학 사이의 관계는 화이트헤드(A. N. Whitehead)에서 "유기적 메커니즘" 및 "사건"과 물리학 사이의 관계와 같으며,[137] 생리학자의 "유기체" 및 "신진대사"와 생물학 사이의 관계와 같고, 게슈탈트 심리학의 총체적 인격과 의지의 특정행위 사이의 관계와 같다.[138] 기계론, 유기체론, 개인심리학에서 이전해온 의미들 가운데 어느 하나라도 스며드는 곳에서는 어디서나, 빈약한 언어 때문에, 허용될 수 있는 극적인 유추를 통해, 종종 그것들을 사용해야만 할지라도, 결과로 생겨난 지적 도구는 경제연구에 적합하지 않다고 생각한다.

원리보다 훨씬 더 복잡한 것은 **공식**(Formula)이며, 이 공식은 부분과 전

··

136) Cf. Frank, L. K., "The Principle of Disorder and Incongruity in Economic Affairs", *Pol. Sci. Quar.*, XLVII(1932), 515-525.

137) Whitehead, A. N., *Science and the Modern World*(1925).

138) Köhler, W., *The Mentality of Apes*(1917, tr. from 2d ed., 1925); *Gestalt Psychology* (1929); Koffka, K., *Growth of the Mind; an Introduction to Child-Psychology* (tr. 1924); Petermann, Bruno, *The Gestalt Theory and the Problem of Configuration* (tr. 1932).

체 사이의 관계를 연구하려고 마음이 만들어낸 것이다. 공식은 상상의 선(lines)과 숫자(numbers)로 이루어진 순수수학에서 그것의 놀라운 승리에 도달한다. 우리가 구축한 다른 정신적 공식들은 구매자 및 판매자가 자신들이 참여하는 거래에 대해 맺고 있는 관계, 거래들이 자신들이 부분들을 이루는 지속 활동체와 맺고 있는 관계, 개인이 사회에 대해 맺고 있는 관계, 시민이 **나라**에 대해 맺고 있는 관계 등 끝없이 다양하다. 그러나 단순하든 복잡하든, 공식은 늘 부분과 전체 사이의 관계의 정신적 묘사이다.

좀바르트(Werner Sombart)가 뒤따랐고 리케르트가 앞섰던 막스 베버는 공식 비슷한 것을 만들고, 여기에 "이념형"이라는 이름을 붙였다. 그것의 의도는 주관적 요인을 배제하고, 그들의 관계 속의 모든 사회적 사실을 연구하고 이해하는데 본질적인 것에 관한 엄밀하게 객관적인 공식을 제공하는 것이었다. 그러므로 이 이념형은 옳고그름을 함축하고 있지 않았다. 그렇기는 해도 크뢰네(Hermann Kröner)와 셸팅(Alexander von Schelting)이 지적했던 것처럼, 다른 연구자들은 무엇이 본질적인가에 대한 생각이 다르거나, 다른 본질적인 것들에 주어진 **가중치**가 달랐다. 그래서 베버는 "자본주의 정신"이나 "수공업 정신"이라는 이념형을 만들었다. 이 이념형은 연구자에게 고정된 채로 남아 있으며, 만약 사실이 이념형에 부합하지 않으면, 그러면 이념형은 변경시켜 사실들에 맞게 만드는 것이 아니라 사실이 나중에 "마찰"로 제시된다. 설사 이념형에서 벗어나는 마찰이 이념형만큼이나 중대한 경우에도 마찰로 제시된다. 하지만 거래와 활동체 공식은 이러한 난관을 피한다. 왜냐하면 이 공식은 몇 가지 감각이나 "정신" 대신에 실제행위에서 시작하기 때문이다. 행위의 유사성을 설명하려고 자본주의 정신과 같은 내적 원리를 찾을 필요는 없다. 활동체의 운영규칙에서 도출될 때 이 원리는 이미 그 자체로 객관적이다.[139]

가장 복잡한 관념은 **사회철학**으로 보통 개인주의, 사회주의, 공산주의, 아나키즘, 파시즘, 자본주의, 농업주의, 노동조합주의라는 철학처럼 **주의**라는 접미사를 붙여서 기술한다. 우리가 "사회철학"이란 말을 사용하는 곳에서 유럽 경제학자들은 "이데올로기"란 말을 사용한다. "이데올로기"는 우리가 받아들이기에 순전히 지적이다. "이데올로기"에는 감정도, 활동도, 활력도 없다. 그러나 사회철학은 관계의 두 개의 주축을 갖고 있다. 그것은 인간본성에 관한 윤리적 감정에 근거하고 있고, 그것은 미래에 바라는 목표를 설정한다. 여기에서 바로 이 **목적**의 유사성이 두드러지게 우뚝 세워지고, 모든 개념과 원리와 공식의 의미를 압도한다. 철학은 늘 명확한 관념인 것은 아니다. 그것은 보통 반(半)의식적이다. 만약 인간이 무언가를 증명하기 시작하면, 그것을 증명하는 사실들을 어떻게 선택할 수 있는지가 경이롭다. 무의식적으로 사실과 정의(定義)를 선택하는 것은 우리의 사회철학이다. 그러나 연구를 위해서는 사회철학이 복합 관념에 불과하다. 이 관념은, 로크가 정의(正義), 법, 또는 신에 대해서 말한 것처럼, "자연에는 고정된 대상을 가지고 있는 것이 아니라" 다른 모든 관념들에서 연역될 수 있는 복합 관념이다.

우리의 "관념"의 의미는 홉슨(Ernest Hobson)이 과학을 "지각에 알맞게 된 개념체계(scheme)"라고 정의한 것과 닮았다.[140] 그러나 우리 과학의 주

••

139) Kröner, *op. cit.*; Schelting, Alexander von, "Die logische Theorie der historischen Kultur-Wissenschaft von Max Weber und im besonderen sein Begriff des Idealtypus", *Archiv f. Sozialwissenschaft und Sozialpolitik*, LXIX(1922), 623-752 참조. 본서 1187쪽, 이념형.

140) Hobson, E. W., The Domain Natural Science(1923). 과학에 대한 명백한 반대 견해는 Cohen, Morris R, *Reason and Nature, an Essay on the Meaning Scientific Method(1931)*과 *Law and the Social Order; Essays in Legal Philosophy*(1933).

제가 "개념체계"를 스스로 지닌 인간이라는 점에서, 그것은 우리와 다르다. 따라서 경제학자는 두 가지 "개념체계"를 지니는데, 하나는 경제학을 구축하는 수단이 되는 경제학자의 "개념체계"고, 또 다른 하나는 경제학자의 주제인 인간이 스스로의 목적을 위해 구축한 인간의 "개념체계"이다.

그래서 우리는 **이론화**라고 부르는 과정을 통해서 연구와 이해를 위한 다섯 개의 정신적 도구를 우리 마음속에서 구축하고 재구축한다. 이 정신적 도구 다섯 개를 합쳐서 우리는 **관념**과 **의미**라고 명명한다. 의미로 해석되는 관념은 **지각**, **개념**, **원리**, **공식**, **사회 철학**이다. 이것들은 분리할 수 없으며, **이론**이라고 불리는 여섯 번째 관념을 구축한 것은 이것들의 상호의존성 때문이다.

보다 적절히 말하자면, 이론은 이론화의 능동적 과정이며, 이론화는 사고의 방법이다. 다양한 이론화 방법은 경제 이론에 중요한 영향을 미쳐왔다. 철학자 헤겔(Georg Hegel)은 이 방법을 정(thesis), 반(antithesis), 합()으로 서술했다. 정은 어떤 처음의 주장이고, 반은 그 주장의 반대물이며, 합은 두 개를 보다 커다란 규모로 화해시킨 것이다. 이 공식은 헤겔에 의해 게르만 인종의 정치적 진화에서 구현된 "세계정신"의 진화에 적용되었고, 그런 다음에 맑스에 의해 사회의 유물론적 진화에, 그리고 프루동에 의해 효율과 희소의 경제적 모순에 적용되었다. 정신적 공식에 객관적 존재가 부여된 것이다.[141]

그런 다음에 외부세계의 **진화**는 분명히 공식의 일부이기 때문에 사고과정이 분석, 생성, 종합으로서 서술되었다. 분석은 분류과정으로, 이 과정을 통해서 유사점을 비교하고 차이점을 구별하며, 주제를 개념, 원리,

••

141) 본서 637쪽, 맑스와 프루동.

공식, 철학으로 분해할 수 있다. 생성은 변화의 분석이고, 다윈이 **자연선택**(Natural Selection)이라 부른 이 변화는 모든 요인에서 계속 일어나고 있다. 종합은 분석과 생성을 전체에 대한 부분의 변화하는 관계에 관한 공식으로 통합한 것이다. 이렇게 해서 우리는 분류하고 세분화하며 다양한 가치개념들이나 효율과 희소의 원리들에 의미를 부여한다. 생성을 통해, 가격 변화나, 옛 관습의 다양한 현 관습으로의 전개나, 석기시대부터 무선시대로의 발명의 진화를 보여준다. 종합을 통해, 변화하는 부분을 변화하는 전체로 통합시킨다.

　19세기 후반에 세계의 경제적 사실에 대한 이런 생각의 공식(formula of thinking)의 도입은, 초기 물상과학에서 넘겨받았던 정학과 동학의 구별로 나아갔다. 만약 "정태적"이라고 알려진 사고방식을 사용하는 경제학자들이 무엇을 했는지를 검토한다면, 그것이 연구의 대상이 되는 한 요인을 제외하고 다른 요인은 불변이라고 가정했던 것임을 우리는 알게 된다. 이 방법은 실험과학에서 실행이 가능했으며, 그래서 실험과학의 위대한 발견으로 귀결되었다. 왜냐하면 정교한 기구로 연구대상인 요인 하나를 제외한 다른 모든 요인을 실제 불변으로 유지할 수 있고, 연구주제가 아무런 항의도 하지 않은 것은 물론, 개인적이든 집단적이든 어떤 저항도 보이지 않기 때문이다. 그러나 경제과학에서 주제는 **살아 있는 인간**으로, 이 인간은 개인적이자 집단적으로 행동하며, 연구실 실험이 진행되도록 허용하지 않는다. 그러므로 정태적 분석은 다른 요인이 모두 불변이라는 그런 가정 하에서만 가능한 정신적 가설에 불과하다. 여러 다른 요인들 중 어떤 것도 실제 불변으로 유지함으로써 이론을 검증할 가능성은 없다.

　이전 경제학자들이 글을 쓰던 당시에는, 다중적인 변화 문제를 연구하는 데 필요한 통계학이나 수학이론 어느 것도 이용할 수 없었다. 사실 전후 연구까지는 특히 미국에서, 이런 통계와 이론은 매우 잘 이용할 수 없었다. 모든 요인이 동시에 변하고, 다른 모두에 대해 상대적으로 변하고 있는 하부 요인들로 분해되고 있다. 다중적인 변화의 문제는 전 세계적이다. 그래서 많은 나라에서 수리경제학자들은 이 문제를, 변하는 전체에 대한 변하는 부분의 측정가능한 관계의 종합으로 끌어가려고 애쓰고 있다.

그러나 여기에서 "동학"이라는 말의 뜻을 구분하는 문제가 생긴다. 우리는 동학을 "다중적 변화"와 "다중적 인과"로 구분한다. 물상과학에서 인과는 완전히 제거된다. 왜냐하면 주제가 그 자신의 의지를 전혀 가지고 있지 않기 때문이다. 수리경제학자들은 필연적으로 경제과학을 비슷한 방식으로 다루고 인과를 제거하려고 한다. 인과와 목적이라는 관념은 순전히 인간의 발명품이다. 이런 관념은 개인 및 대중의 행동에서 모든 다른 인간과 비인간적 요인을 통제하고 자신에게 종속시키려고 하든, 이 통제와 종속에 저항하려고 하든 그런 인간 의지의 노력에 의해서 생겨난다. 이해의 조화를 가정함으로써 예전 경제학자들은, 수리경제학자들이 다중적 변화 이론에서 한 것처럼, "마찰"이란 말로 이들 인간적 요인을 전부 무시해버렸다. 그러나 활동하는 인간의지의 이론이 이런 자의적이며, 무책임하고, 열정적이며, 호전적인 인간의 활동에 맞을 만큼 발전되고 나서야 비로소, 정치경제학 전체가 쓸 만한 경제과학으로 바뀐다고 말할 수 있다.

바로 이것을 전략거래와 일상거래 공식을 통해서 달성하려고 한다. 부분전체 관계의 공식을 만들면서, 인간은 제한요인이 무엇인지를 찾아내려고 애쓰는데, 제한요인에 대한 전략적 통제가 자신의 힘으로 스스로 움직이는 다른 요인들에 변화를 일으킨다. 여기에서 인과와 목적이라는 관념이 생겨난다. 물리학에서 다중적 변화 이론은 경제학에서 다중적 인과론이 된다.

"종합"이란 용어를 이 과정에 적용할 수도 있겠지만, 보다 정확한 용어가 필요하다. 막스 베버는 여기에 "이해"라는 이름을 주었다. 애클리 학장은 여기에 "통찰"이라는 이름을 준다. 우리는 애클리의 용어를 따라 사고방식을 분석, 생성, 통찰로 바꾼다.

통찰의 의미는 50년 전에 있었던 "연역적" 연구방법과 "귀납적" 연구방법에 대한 경제학자들의 논쟁을 살펴보면 드러날 것이다. 연역적 방법은 불가피한 결론으로 흘러가는 대전제와 소전제를 가진 삼단논법으로 보인다. 예를 들면 '인간은 죽음을 피할 수 없다'가 대전제, '소크라테스는 인간이다'가 소전제, '그러므로 소크라테스는 죽을 수밖에 없다'가 불가피한 결론이다.

그러나 우리가 알고 싶은 것은, 애클리(Lewis Akeley)가 말한 것처럼,[142] 지금 수술대에 있는 소크라테스라는 특정 인물이 외과 의사의 손에 죽을 것인지, 그래서 얼마나 빨리 죽을 것인지 하는 것이다. 우리한테는 지금 대전제 100개가 있는데, 어떤 것들은 소크라테스라는 인물이 살 것이라

---

142) 애클리가 쓴 다음 논문을 참조하라. Akeley, Lewis E., 사우스 다코타 대학 공학대학장, *Journal of Philosophy*, XXII(Oct. 1925), 561; XXTV(Oct. 1927), 589; XXVII(Feb. 1930), 85; *Journal of Engineering Education*, XVIII(Apr. 1928), 807–822. 뒤, 719쪽, '리케르트와 막스 베버'도 참조하라. 법학에서 방법론에 대한 비슷한 논문은 Cook, W. W., "Scientific Method and the Law", *Johns Hopkins Alumni Magazine*, XV(1927), 3. *Encyclopaedia Britannica*, 14판에 있는 "유추", "인과율", "논리", "과학적 방법" 항목 및 다음 논문을 참조하라. Wolf, A., *Essentials of Scientific Method*(1930). 멩거와 슈몰러의 방법에 대해서는 이하를 참조하라. Commons, "Das Anglo-Amerikanische Recht und die Wirtschaftstheorie", in *Die Wirtschaftstheorie der Gegenwart*, III, 313쪽 이하.

는 희망을 주고, 다른 것들은 그가 죽을 것이라는 공포를 준다. 여기에서 우리가 필요한 것은 통찰이다.

경제학도 마찬가지다. 우리는 대전제 자체를 연구하며, 그래서, 여기 지금, 그 전제가 통제될 수 있는지 여부를 찾아내려 한다. "공급수요 법칙" 또는 (이렇게 부르는 게 더 맞는데) **희소원리**라고 불러야 하는 것은 불가피하고 충분히 참이며, 죽음이나 중력법칙처럼 피할 수 없는 것이다. 그러나 우리가 바라는 것은 할 수 있다면 죽음, 중력, 공급이나 수요를 통제할 수 있는지를, 또는 누가 죽음, 중력, 공급수요를 통제했는지를 찾아내는 것이다. 만약 내가 사람을 10층 창문 밖으로 던졌다면, 그 사람은 내가 죽인 것인가 중력법칙이 죽인 것인가? 만약 대기업이 같은 상품이나 서비스에 대해서 어떤 고객에게는 비싼 가격을, 그의 경쟁자에게는 싼 가격을 부과한다면, 비싼 가격이 부과된 고객이 파산한 것은 "공급수요 법칙(law of supply and demand)" 때문일까, 아니면 대기업이 **희소원리**를 불공정하게 사용했기 때문일까? 우리가 필요로 하는 것은 **통찰**이다.

그러므로 "귀납"이란 말은, 즉 귀납적 연구방법은 두 개의 의미가 있고, 연역과 관련지어져 있다. 귀납은 소전제들인 예시들의 모음일 수 있는데, 이것들을 모아 놓으면, 대전제를 다시 말하는 것에 불과하다. 이 경우는 순환론이다. 즉 귀납은, 애클리가 말한 것처럼, 대전제와 소전제의 복합성에 대한 새로운 **통찰**일 수도 있고, 모든 전제는 특정상황과 그 상황 이후에 일어났거나 일어날 수 있는 결과에 비추어서 평가하고 비교해야 한다.

이런 종류의 귀납이 애클리가 종합을 대체한 것이다. 종합은 단지 연역이나 귀납이 아니다. 그것은 변화와 부단한 발견의 세계에서 전체 상황 중에 제한적인 부분과 보완적인 부분 사이의 관계에 대한 통찰이다.

종합은 사물의 적합성에 대한 **조명, 이해, 감성적 감각**이다. 이것은 행동에 도달하면 전략이 된다. 위대한 새로운 통찰은 경제학적 사고의 진전을 이룩했다. 현재까지의 이론들을 발전시켜왔던 모든 경제학자들 각자는 전에는 보이지 않았거나 명확하게 보이지 않았던 것들을 새롭게 통찰하는 기여를 했다. 귀납과 연역에 대한 오랜 논쟁은 **통찰**과 **이해**를 획득하려는 커다란 운동 속에서 사라진다. 이 과정은 결코 끝나지 않는다. 통찰이 더 나올 여지는 충분하다. 지난날의 통찰들은 그때 그곳에서 훌륭하게 중요한 역할을 했으며, 잊어버리거나 옆으로 제쳐놓을 일이 아니다. 새로운 통찰이 요구되며, 이제 다시 새로운 통찰은 지난날의 통찰들의 도움을 필요로 한다. "세계의 경제적 딜레마"[143)는 그 어느 때보다 난해하고, 비슷한 딜레마는 과거에도 발생했기 때문이다.

그러므로 이론은, 이 용어가 쓰이듯이, 미래를 이해, 예측, 통제하려고 정신에 의해 적극적으로 형성된 **분석, 생성, 통찰**이라는 복합적인 활동이다. 종종 이론이나 이론적이라는 말은 **사실**만 다루자는 현실적인 사람이 비판할 때 쓰는 말이다. 현실적인 사람은 "철학"이라는 말에는 보통 똑같이 반발하지 않는다. 연구자는 현실적인 사람의 "이론"이 무엇인지 물어선 안 되고, 그의 "철학"이 무엇인지 물어야 한다. 그 말은 틀림없이 그에게 통찰과 이해를 의미한다. 그러나 주가 상승을 예측하고 주식을 가능한 한 많이 샀다면, 그는 이론가이다. 하지만 반대로 주가가 떨어져 파산했다면, 그 이유는 그가 현실적이라서가 아니라 그의 이론이 틀렸기 때문이다. 그는 모든 사실을 분석하지 않았다. 진행 중에 있는 모든 변화를 고려하지 않았고, 분석과 생성을 변하는 다중적 관계에 대한 정확한

143) E. M. Patterson이 1930년에 이 제목으로 발표한 중요한 책을 참조하라.

통찰로 결합시키지 않았다. 다른 말로, 그는 정확한 이론으로 실천을 끌어나가지 않았다. 그는 어설픈 이론가였다. 그러므로 이론이란 말은 제한요인들과 보완요인들에 대한 맞거나 틀린 통찰을 의미한다. 이론은 사실이 아니라 사실을 예측하는 것이다. 정확하다면, 이론은 모든 필요한 미래 사실에 적합한 통찰이다. 부정확하면, 이론은 낭패에 불과하며, 정정이 필요하다.

그러나 **이론**이란 말의 또 다른 의미가 있는데, 그것은 **순수 이론**이다. 이전에 말한 의미는 **실용이론**이고, 이는 퍼스(C. S. Peirce)가 말하는 **과학**의 의미이다.[144] 자신의 연역이 실험으로 검증받을 때 제대로 작동하는지 여부와 관계 없이, 자신이 받아들이게 된 어떤 전제에 근거해서 추론을 유지하고 즐기는 한, 경제학자는 **순수이론가**로 구분될 것이다. 이해, 실험, 모험을 위해, 그리고 미래에 자신과 다른 참여자를 인도하기 위해 자신의 추론이 쓸모가 있는지 주목하는 한, 경제학자는 **실용적 이론가**나 **과학적 이론가**로 구분될 수 있다. 순수 이론은 언제나 가정으로, 즉 당연히 받아들이는 일반 원리로 시작해야 한다. 이 가정들이 주어지면, 이론은 스스로 논리적으로 전개된다.

모든 과학에는 이러한 구별이 있다. 수학이 이런 구별을 예시할 수 있다. 순수 수학은 과학이 아니라 **공식**이다. 공식은 숫자라는 언어를 사용해서 마음속으로 구성한다. 어떤 전제에 기초하여 마음속에서 숫자를 결합하는 일관된 방법은, 언젠가 유용하게 될 수 있는 정확한 공식이다. 유클리드는 자신의 가정이나 공리가 자명하다고 생각했고, 주어진 한 점을 지나는 두 평행선은 그을 수 없다는 확정적인 연역을 끌어냈다.

∴

144) 본서 277쪽, 흄과 퍼스.

유클리드는 가정을 외부 현실과 혼동했다. 그러나 로바쳅스키(Nikolai Lobachevsky)는 새로운 통찰로, 주어진 점을 통과하는 두 평행선이 있음을 보여주는, 똑같이 일관된 공식을 만들어냈다(1829). 각각은 순수 이론이지만, 이들은 서로 다른 가정으로 시작했다. 유클리드는 평면과 정지점으로 시작했고, 로바쳅스키나 그의 계승자들은 이동공간(moving space)과 상대시간으로 시작했다. 각 이론은 일관성이 있었다. 왜냐하면 두 이론 다 각각 시작한 가정 위에서 올바르게 전개되었기 때문이다. 로바쳅스키로부터 75년 후 아인슈타인(Albert Einstein)은 그사이 수학자들의 수정을 이용해서, 그때까지 쓸모없었던 공식을 지구에서 가정한 정지점에 적용하는 대신, 우주를 가로지르는 빛의 빠른 이동점(moving point)에 적용했다. 그래서 아인슈타인은 모든 가정을 의문시함으로써 새로운 발견을 해냈다고 말한 것으로 알려져 있다. 그런 다음에 실험을 통해서 사실들의 새로운 질서들을 위한 공식의 유용성이 입증되었다. 이것은 우리가 과학이라고 이름 지은 실용 이론의 사례였다.[145]

이것은 경제학에서도 마찬가지다. 모든 경제사상 학파는 각각 순수이론에 무언가를 이바지했다. 이 이론들은 한정된 숫자의 사실들과 공리들로 구성된 그것의 가정들로부터 도출되었다. 이 가정들로부터 이론화, 연구, 발명, 실험, 계획과, 실천을 위한 지적 도구로서 개념, 원리, 공식, 사회 철학이 결국 나올 것이다.

그러나 경제학의 순수이론은 물리학의 순수이론과 같을 수 없다. 왜냐하면 물리적 물질들은 목적도, 의지도, 권리도, 이해(利害)도 갖고 있지 않기 때문이다. 경제학자 스스로가 경제학이 다루는 목적을 지닌 주제의

∴

145) 본서 277쪽, 흄과 퍼스; 1083쪽, 베블런; 667쪽, 절대주의에서 상대성으로.

한 부분이다. 이것은 위기가 닥쳐 충돌하고 있는 이해들 중에서 선택하길 강요당할 때가 돼서야 비로소 드러날 것이다. 그러면, 그의 순수 이론이 그 자신의 선택을 방향지웠던 가정들을 담고 있었다는 점이 아마 드러날 것이다.

전술한 내용은 인지, 개념, 원리, 공식, 철학, 이론처럼 관념의 **주관적** 의미에 따라서 순수 **관념**을 분류한 것이다. 관념 역시 사용-가치, 희소-가치, 인간적 또는 윤리적 가치 같은 **객관적 속성**의 유사성에 따라 분류할 수 있다. 즉 다시, 관념은 **사회관계의** 유사성에 따라 분류해도 된다. 사용될 주요 사회관계는 교섭 거래, 관리 거래, 배급 거래, 관습, 주권이다.

분류의 이러한 세 원리를 우리는 **개념** 분류라고 명명할 수 있는데, 시간과 인과(因果)의 문제가 발생하지 않는 "정학"으로 종종 알려져 있다. 그러나 그것을 지난 물리학의 유추로 "동학"이라고 종종 알려진 활동단위로 간주할 때, 시간적 연속에 따라 관념의 인과(因果)적, 또는 목적의식적 분류가 요구된다. 이것이 원인, 결과, 목적 또는 이른바 "법칙들"의 유사성에 따른 분류인데, 우리는 법칙들을 **원리**라고 부른다. 이러한 원리는 희소, 효율, 미래성, 운영규칙, 전략요인이라는 다섯 가지 유사점으로 귀결될 것이다. 참고하기 편하게 이 관념들을 아래처럼 분류해 표로 만든다. 하지만 이 관념들은 실제에서는 진정으로 분리될 수 없다는 것을 명심해야 한다. 이것들은 연구목적을 위해 어떻게든 결합되어야 하는 지적 도구일 뿐이다.

마지막으로, **대관념**(the Big Idea)**은 끊임없는 변화다.** 이것은 로크의 관념들에서부터 20세기의 관념들에 이르기까지 두 세기 동안 발생한 궁극적인 차이이다. 그것은 주제가 **대상**에서 **활동**으로 이행한 것이다. 대상은 속성과 관계를 가지고 있지만, 인간 활동은 인과, 목적, 전략요인과

관념의 분류

---

1. **지적 도구**(Mental Instruments)의 유사성에 따라

    a. 지각(Percepts): 감각(sensations)의 의미

    b. 개념: 관념(ideas), 속성(attributes), 관계의 유사성

    c. 원리: 원인, 효과, 목적의 유사성)

    d. 공식(Formulae): 부분-전체 관계

    e. 사회 철학: 인간 본성과 궁극적 목표

    f. 이론: 통찰, 실험

---

2. **객관적 속성**의 유사성에 따라(개념)

    a. 사용-가치: 문명 가치(civilization values)

    b. 희소-가치: 수요와 공급

    c. 미래가치(Future values): 현재의 할인 가치(discount values)

    d. 인간적 가치(Human values): 덕(virtues)과 악(vices)

---

3. **사회적 관계**의 유사성에 따라(개념)

    a. 교섭 거래(Bargaining transactions)

    b. 관리 거래(Managerial transactions)

    c. 배급 거래(Rationing transactions)

    d. 관습(Custom): 법외의 통제(extra-legal control)

    e. 주권(Sovereignty): 법적 통제(legal control)

---

4. **원인, 효과, 목적**의 유사성에 따라(원리)

    a. 희소: 교섭

    b. 효율: 관리(managing)

    c. 미래성(Futurity): 예측(forecasting), 기다림(waiting), 위험감수(risking), 계획(planning)

    d. 운영규칙(Working rules): 배급, 지속활동체, 관습, 주권

    e. 전략적 거래와 일상적(routine) 거래: 의지적 통제(volitional control)

보완요인을 가지고 있다. 속성과 관계만 다루는 대신에, 우리는 활동도 다룬다. 개인과 물적인 것을 다루는 대신에, 우리는 거래와 지속 활동체를 다룬다. 로크의 개념, 실체, 관계, 양식 대신에 원리, 공식, 바라는 기

대와 바라지 않는 기대의 철학을 구축한다.

이어지는 글을 이해하는 데 유용해 보이는 앞의 관념 분류를 다른 체계와 비교하여 아래처럼 요약할 수 있다.

첫째, 외부세계를 반영하는 수동적 정신이라는 관념이 존 로크로부터 18세기와 19세기 경제사상을 거쳐 내려왔다. 이것이 연구와 통찰을 위해 자신의 관념을 공식화하는 능동적 정신의 관념에게 길을 비켜주기 시작한 때는 다윈이 생존경쟁 이론을 체계화하고도 오랜 시간이 지난 후이다. 관념은 패권경쟁에서 자연과 타인을 이기는 인간 발명품 중 가장 위대한 것이다. 예전에 순수하게 지적이었던 철학과 논리학의 관념을 이해충돌 안에서 생존과 패권을 유지하는 감성과 활동으로 연결시킨 것이 바로 이 최신 심리학에서 도입된 "의미(meaning)"와 "평가(valuing)"란 용어.

그러나 생존은 단순히 개인적 생존이 아니라 집단적 생존이다. 이 사실은, 당연히 잘 알려져 있었지만, 오귀스트 콩트(Auguste Comte)에서 시작되고 최근에 로스(E. A. Ross)에 의해 수정, 요약된 사회학의 부상 후에야 비로소 경제 이론에서 그 자리를 잡기 시작했다.[146] 그러나 이 사회심리학은 전체 인구에 해당되는 반면에, 우리의 "사회철학"은 시민권에 그들이 참여함으로써 "돈을 받고 대우받는 직종"에 종사하는 4,800만 명에게만 해당된다. 여기서 사회심리학이 의미하는 것은 우리 의미로는, 모든 집단행동에 필요한 다양한 운영규칙을 통해 개인행동을 통제하는 집단행동이다.

개인주의 심리학은 우리의 논의에 관한 한 세 가지 형태를 취한다. 두 세기에 걸친 경제적 개인주의, 최근의 "행태주의적" 심리학, "게슈탈트"

..

146) Ross, E. A., *Social Psychology, an Outline and Source Book*(1931).

심리학이 바로 그것이다.

경제적 개인주의는 항상 "순수입" 경제학으로 여겨질 수 있다. 개인은 노동이나 돈의 지출과 쾌락이나 돈의 수입, 이 둘 간의 차이로 결정되는 순수익을 받는 사람으로 묘사된다. 바로 이것이 개인을 고립시키고 이해충돌을 은폐한다. 그러나 우리의 거래경제학은 언제나 소유권이라는 권원의 이전이다. 이 이전은 항상 두 가지 부채, 즉 이행할 부채와 지급할 부채를 창출한다. 이것은 개인의 순수입이 아니라 총수입과 총지출이다. 어느 사람의 총지출은 거래에 참여한 상대방의 총수입과 같으며, 바로 이 지출과 수입의 크기가 이해충돌을 일으킨다. 모든 거래에서는 두 가지 소유권이 이전된다. 두 가지 소유권은 물리적 대상이나 서비스의 소유권과 지불 약속인 다른 "대상"의 소유권이다. 거래는 두 건의 부채를 창출한다. 만약 우리가 부채 창출활동으로 시작하지 않았다면, 이것을 집단행동이 강제하는 부채경제라고 불렀을 수도 있다. 이 때문에 거래심리학이나 협상심리학을 도입할 수 있게 되고, 그 자체가 사회심리학인 거래심리학은 소유권의 이중적 양도와 부채의 이중적 창출로 나아가게 한다.

이 협상심리학은 거래의 세 가지 종류에 따라 세 가지 형태를 취한다. 교섭 거래에서 설득(persuasion), 압박(coercion) 또는 강박(duress)의 심리학, 관리 거래에서 명령과 복종의 심리학, 배급 거래에서 변론과 주장의 심리학이다.

협상심리학이 행태주의적 사회심리학이라는 사실 때문에 자신들의 심리학을 분비샘, 근육, 신경, 혈류 등에 근거하여 단지 주관적이고 측정할 수 없는 것이라며, 관념들을 깡그리 거부하는 사람들의 개인주의적 행태심리학과 이 행태주의적 사회심리학을 우리는 구별해야 한다. 협상심리학은 엄밀히 관념, 의미, 그리고 관습적 측정단위(customary units of measurement)에 관한 심리학이다.

협상심리학은 "게슈탈트" 심리학에 더 가깝게 접근한다. 하지만 게슈탈트 심리학은 유년기부터 개인의 정신성장에 관심을 갖는 분명히 개인주의적 심리학이다. 그 유사점은 게슈탈트 심리학이 부분-전체 심리학이라는 사실에 있으며, 여기에서 각각의 특정행위는 그 개인의 모든 행위의 전체 형상(configuration)과 연결된다. 그러나 이 부분-전체 관계를 그 사회적 함의에 관해 연구하는 도구로 우리가 사용하는 정신 개념은 "공식(formula)"이다. 공식을 만듦으로써 경제 사회 연구자는 주로 인터뷰라는 구성적 방식으로 귀결되는 가장 좋은 연구방법을 배운다.[147]

사회학의 창시자 오귀스트 콩트는 역사적 진화의 세 단계로 이론화 방법을 분류하고, 그것을 **신학적, 형이상학적, 실증적** 단계라고 명명했다.[148] 로크부터 현재까지의 경제학자들에 대한 우리의 연구는 우리를 비슷한 세 단계로 인도한다. 이 세 단계를 **의인화, 물질주의, 실용주의**의 단계라고 부른다.

의인화 단계에서는, 콩트의 분류에 맞추기 위해, 의인화의 두 단계가 실제 필요하다. 첫 번째는 인간 의지에 필적하는, 인간사를 지배하는 자의적 의지가 전제되어 있는 단계, 즉 **미신**의 단계이다. 이것이 콩트의 "신학적" 단계였고, 인류학자들이 "정령신앙"이라고 부른다. 두 번째는

---

147) 예를 들어 Bingham, W. V. D., and Moore, B. V., *How to Interview*(1931); *Interviews, Interviewers, and Interviewing in Social Case Work*, Family Welfare Association of America, 130 E. 22d St., N. Y.(1931); Lindeman, E. C, *Social Discovery; an Approach to the Study of Functional Groups*(1924) 참조.

148) Comte, Auguste, *Cours de philosophic positive*(1830-42, 5th ed., 1892).

이성주의 단계, 즉 콩트의 "형이상학적" 단계로, 여기서 전제는 인간사를 지배하는, 비자의적이지만 은혜롭고 이성적인(rational) 의지이다. 로크, 케네, 스미스와 18세기와 19세기의 경제학적이나 법학적 추론의 대부분에 의해서 이 단계가 설명된다.

다음 단계는 물질주의(materialism)의 단계, 즉 신의 은총과 무관한 형이상학의 단계로, 리카도, 칼 맑스, 수요공급 이론가들에 의해 예시되었다. 이 단계에서 다시 유추에 의해, 어떤 운명지어진 "힘"이나 "법칙" 또는 물리적 자연의 자동적인 "균형"에서 원인들이 발견되었고, 이것들은 상정된 확실성의 세계에서 인간 의지와 관계없이 작동했다. 그러나 그 형이상학적 경제학자가 자비로운 이성주의자인지 무자비한 물질주의자인지 정하기는 어렵다.

콩트의 "실증적" 단계는 의인화, 형이상학, 숙명론 같은 것을 지니고 있었다. 이 책에서는 이 주장을 더 이상 다루지는 않겠다. 하지만, 특히 (제1차-옮긴이) 세계대전 이후 경제학자들과 해당 인민들의 생각과 행동 안에 있는 충돌방식을 관찰함으로써, 세 번째 단계는 부단한 연구와 실험 단계로, 퍼스를 본받아 **실용주의**로 부른다. **실용주의** 단계에서는 숙명론이나 형이상학 없이 신의 은총과 관계가 있든 없든, 불확실한 변화의 세계로 복귀가 이루어진다. 우리 자신과 우리 주변세계는 지속적으로 변하는 이해충돌 속에 있다. 그리고 로크처럼 우리는 솔직히 인간사회의 미래를 예측할 수는 없지만, 통찰과 집단행동으로 어느 정도는 통제할 수 있는 인간사회에서 우리 정신과 주변 세상이 실제로 어떻게 움직이는지를 연구한다.

이것을 우리는 **제도경제학**의 문제라고 본다. 제도경제학은 새로운 어떤 것이 아니다. 제도경제학은 언제나 모든 경제 이론의 분명한 동반자였다. 이런 이유로 제도경제학은 너무 흔하고 친숙해서 종종 피상적인 것처럼 보일 것이다. 그러나 바로 이것이 제도경제학을 연구해야 할 이유이면서도, 연구하기 아주 어려운 이유일 수 있다. 모든 과학의 전체적인 진전이 가장 먼, 심지어 수천 광년 떨어진 대상부터 가장 익숙한 것까지, 즉 살아 움직이는 우리 자신의 의지까지 이루어지고 있다. 이것은 단순한 것부터 복잡한 것까지만이 아니라 낯선 것에서 친숙한 것까지의 과학의 진전이다.[149]

IV. 이해충돌

정치경제학은 극단적 개인주의와 극단적 집단주의 사이에서 동요했다. 각 경제학파는 이해충돌로부터 생겨났지만, 각 학파는 자신의 출발점인 이해충돌을 부자연스럽고, 인위적이고, 일시적인 것으로서 거부해버렸다. 집단주의적 독재조차도 이해충돌 일소를 꾀한다. 개인주의 학파는 사적 소유에 근거해 미래의 이해조화를 고대했고, 집단주의 학파는 집단소유에 근거해 이해조화를 고대했다. 그러므로 우리는 모든 경제 이론을 현존하는 충돌과 충돌에서 질서가 발생하는 방식에 대한 과학적 연구라고는 간주하지 않고, 미래의 조화에 대한 이상화로 간주할 것이다.

18세기와 19세기의 개인주의적 이상주의(idealism)에는 몇 가지 근거

· ·
149) 본서 667쪽, 절대주의에서 상대성으로.

들이 있었다. 첫째는 신의 은총과 지상의 풍요라는 가정이었다. 지상의 죄악이 신의 율법을 좌절시키지 않는다면, 어떠한 이해충돌도 있을 수 없다.

다른 근거는 총수입이 아니라 순수입이라는 개념이었다. 순수입은 개인의 총수입과 총지출의 차액이다. 그러나 한 개인의 총수입은 다른 사람의 총지출이며, 한 사람의 총지출은 다른 사람의 총수입이다. 순수입 개념 안에는 이해충돌이 없다. 충돌은 한 개인의 총수입과 다른 사람의 같은 크기의 총지출에서 발생한다.

이 이해조화와 이해충돌은 궁극적 연구단위에서 기인한다. 상품은 유체 재산, 즉 물질의 소유와 동일시되고, 그래서 이해충돌을 일으키는 소유는 연구대상에서 제외되었다. 그리고 상품의 매매는 순수입을 얻기 위한 수단일 뿐이므로, 무체 재산이나 부채가 계상되어야 할 때 이들도 상품처럼 취급되었다. 두 소유의 이전과 그에 따른 두 부채의 창출이 의미하는 거래개념이 도입된 이후에 비로소 총수입은 순수입과 분명히 구별될 수 있었다. 그러나 우리는 거래를 이해충돌로만이 아니라 상호의존으로, 그리고 충돌에서 질서를 끌어오는 집단적 노력으로도 전환시킨다.

정치경제학은 그러므로 이해충돌에서, 그리고 이해충돌을 이상적 이해조화로 전환시키려는 노력에서 생겨났다. 경제적 충돌은 정치적 충돌이나 전쟁이 된다. 그리고 이들은 희소에서 생겨난다. 반면에 경제계급은 세계에 공급되는 한정된 부(wealth) 중에서 (자신의—옮긴이) 몫의 소유를 획득, 유지하려는 이해관계의 유사성에서 생겨난다. 맑스가 주장한 것처럼 세상에는 두 계급만 있는 게 아니고, 이해관계의 유사성들 사이에 차이가 있는 만큼 많은 경제계급이 있다. 가장 넓은 분류는 보통 부의 생산자와 소비자라는 차이에 근거하지만, 소유자로 보면 이들은 구매자,

판매자, 차용자, 대출자, 농부, 노동자, 자본가, 지주라는 많은 계급들로 분류된다. 그리고 이들은 다시 밀 농부, 목화 농부, 은행가, 제조업자, 상인, 숙련·미숙련 노동자, 광산업주, 철도업주 등등, 계급, 세부계급(subclasses), 세부계급의 추가적 분류 등으로 끝없이 분류된다.

　이 경제계급들과 그들의 충돌을 이념화하는 것이 아니라 그것들을 연구하는 것이 중요한 까닭은, 계급들이 그들의 경제적 이해의 유사성에 따라 단합된 행동을 위해 조직하고 공고화하고 있다는 사실 때문이다. 이런 조직 수천 개가 생겨나고 사라진다. 어떤 것은 전국적이거나 심지어 국제적 규모이기도 하며, 뉴욕, 워싱턴, 런던, 파리처럼 경제적이든 정치적이든 전략적인 센터에 본부를 둔다. 어떤 것은 이해가 비슷한 지역적 범위에 따라 지역규모로 된다.[150] 모든 곳에서 이해의 유사도에 따른 집단행동의 성쇠가 생겼다. 이 충돌에서부터 실행 가능한 이해의 조화가 이루어지기도 하고, 현상이 유지되기도 하고, **조화**를 가져오는 대신 **충돌**에서 기인하는 **질서**를 가져오는 또 다른 집단행동, 즉 현실정치나 전쟁이라는 강력한 수단을 요구하는 붕괴가 일어나기도 한다.

　경제학 연구를 철학, 신학, 물리학과 구분하기 시작했던 때부터, 연구자의 관점은 당시에 아주 중요하다고 여겨지는 충돌의 성격에 따라, 그리고 충돌하는 이해당사자들을 향한 연구자의 태도에 따라 정해졌다. 경제학자들 사이의 바로 이런 차이가 경제사상의 "학파"로 알려졌다. 각 학파를 여기서는 요약하지만, 우리는 이후 장에서 더 자세히 발전시키겠다.

　첫 번째 학파는 13세기와 그 후의 스콜라철학 경제학자들인데, 그 주

••
150) 미연방 무역위원회(Federal Trade Commission)는 이들 협회 수천 개가 실린 주소록을 발행해왔다.

도자는 **교부**들, 특히 성 토머스 아퀴나스(St. Thomas Aquinas, 1225~1274)였다. 이들은 **봉건제**와 절대 권력자의 완전한 폭력의 시대에 살았다. 그러나 상인계급은 귀족과 교회의 지배를 벗어나 자유를 얻으려는 노력을 시작했다. 새로운 경제문제는 구매자와 판매자의, 그리고 차용인과 대출인의 충돌이었다. 성 토머스는 로마법 체계를 물려받은 시민법과 이교도에게 돈을 빌려주는 히브리법 양쪽을 공격했다. 로마법에 따르면 물건을 그 가치보다 비싸게 팔거나 그 가치보다 싸게 사는 것은 합법적이었다. 그리고 로마법과 히브리법에 따르면 돈을 빌려주고 이자를 받는 것이 합법적이었다. (히브리법에서는 이교도에게만 돈을 빌려주고 이자를 받을 수 있었다.) 성 토머스는 **교부의 신(神)법**을 수립했는데, 이에 따르면 모든 인간은 형제라서 그 "가치" 이상으로 비싸게 팔거나 그 "가치" 이하로 싸게 사는 것은 사기죄일 것이다. 그리고 돈의 사용료 부과는 있지도 않은 것을 판 죄일 것이며, 따라서 정의에 반하는 불평등 초래죄에 해당한다. 토머스 아퀴나스는 경제 이론의 이상으로서 **충돌** 대신에 **형제애**를 세웠다.

경제생활에서 강요, 비밀주의, 불평등이 사라지면, 무엇이 공정하고 합당한지를 고민할 때, 이 이해충돌 해결책은 오늘날에도 다시 떠오른다. 이 문제를 해결하려고 철도위원회, 상거래위원회, 상업중재위원회, 노동중재위원회, 사법재판소 등이 다양하게 무수히 만들어졌다. 노동비용에 근거한 합당한 가치란 성 토머스의 생각은 노동가치설의 효시였다.

다음은 **중상주의** 학파로, **봉건제**가 쇠퇴하면서, 또 예전에 멸시당하던 상인계급이 정치권력으로 부상하면서 등장했다. 중상주의자들의 목적은 군주나 입법부가 보호관세, 수출장려금, 주식회사에 대한 독점면허, 항해법, 식민지 농민과 자국 농민 둘 다에 대한 착취 등을 통하여 상인의 이익을 증진함으로써, 따라서 타국을 희생시킨 대가로 자국에 금은을 들여오는 만큼 더 유리한 수입초과 수출, 즉 무역수지 흑자를 창출함으로써 어떻게 국익을 최대로 늘릴 수 있는지를 보여주는 것이었다. 중상주의는 17세기에 번성하고, 존 로크와 1689년 영국 명예혁명에서 절정에 이르렀다. 사실 그들은 오늘날에도 여전히 번창하고 있다. 이 학파의 현대적 이름은 **민족주의, 보호주의, 파시즘, 나치즘** 또는 **공화당**이다.

중상주의에 대한 첫 번째 반론은, 당시에 "경제주의자들(the economists)"로 알려진 프랑스 **중농주의자**(Physiocrats)*들이었다. 1753년을 시작으로 이 중농주의의 지도자인 케네는, 중상주의 정책은 제조업자, 상인, 은행가나 그들의 협력체에게 혜택을 주었다는 점에서 프랑스와 같은 농업국에게는 파괴적이었던 반면, 이들 계급은 비생산적이었고 자연의 힘만이 생산적이었다고 주장했다. 게다가 금은은 부가 아니며, 단지 부의 교환을 위한 순환의 매체에 불과하다. 이 부는 정부가 간섭하지 않는다면, 상품 교환에 필요한 곳이면 어디든 피(blood)처럼 자연스럽게 흘러갈 것이었다.

피라는 이러한 생리학적 유추로부터 케네와 그 계승자들은 자유무역 원리를 도출했다. 이는 정부를 끌어들이지 않고, **자연**이 자기 길을 가도록 하는 것이다. 왜냐하면 **자연**은 은혜롭고 생산적이어서, 상인과 제조업자의 배를 불려주려고 일부러 조작해 만든 희소는 필요 없기 때문이다. 중상주의는 농업을 차별했다. 농업은 생산자가 소비하는 것보다 **자연**이

---

* 중농주의는 경제 이론으로서 18세기 계몽주의 시대 프랑스에서 발생했다. 중농주의 (Physiocracy)의 어원은 피지오스(Physios)와 크레테시스(Kratesis)의 합성어로 '자연적 통치'를 뜻하며, 정확히 번역하면 자연제이다. 중농주의는 논리적이며 일관적인 인식의 틀을 바탕으로 확고한 과학적 사고 체계를 갖추었으며, 물리학, 의학 등의 과학적 유비를 활용해 국부 증대를 위한 '자연질서'에 순응하는 경제정책을 옹호했다. 농업이 국민경제에서 8할 이상을 차지하는 프랑스에서 토지와 농민의 노동은 자연스럽게 발생하는 산출물로서, 국부로 연결될 수 있었다.

더 많이 생산하는 유일한 업종이며, 그 잉여가 비생산적인 계급에게 넘어간다. **"자본가"**라는 사업가계급이 정부를 통제하고 농업을 차별하고 있기 때문에, 미국 농장주들이 자신들은 세계에 식량과 의복을 제공하는데, 정작 자신들은 제대로 먹고살 수도 없고 토지의 비옥도를 유지할 수조차 없다고 주장할 때, **중농주의** 원리가 오늘날 그대로 되풀이되고 있다. 중농주의는 프랑스에서 30년 동안 번성했었지만, 오늘날에도 **농업주의**, **농업경제학**, **단일 조세론**, **진보주의**, 최근까지 **민주당**이라는 이름으로 번성하고 있다.

다음으로 등장한 것은 **고전** 경제학**파**였다. 1776년부터 70년 동안에 등장한 이 학파의 주도자들은 아담 스미스, 토머스 맬서스, 데이비드 리카도, 존 스튜어트 밀(John Stuart Mill) 등 상당히 다양했다.

스미스는 **중농주의자**의 자유무역 원리와 **반중상주의**를 이어받았지만, 그는 제조업으로 세계를 이끄는 나라에서 살았다. 따라서 스미스나 그 계승자들이 볼 때 자유무역은 원자재 및 식량 생산을 타국에 맡기면서 영국의 제조업의 주도권과 해운업의 이익을 유지하게 될 것이다. **중농주의자**가 중상주의와 **농업주의**의 충돌을 나타냈듯이, 스미스는 **중상주의**와 **산업주의**의 충돌을 나타냈다. 그리하여 스미스는 **자연**만이 부를 생산한다는 **중농주의** 원리 중 일부를 거부하고, 아퀴나스와 존 로크로 돌아갔다. 이제 생산적인 것은 노동이었다. 농업에서 자연의 은총이 노동의 성과를 증대시킨다는 점은 **중농주의자**에게 스미스가 인정했지만, 스미스는 노동도 제조업, 상업, 해운업에서 부를 생산한다는 점도 주장했다.

한편 맬서스는 그의 유명한 『인구론(*Essay on the Principles of Population*)』(1798)에서, 인구가 자연과 노동의 생산성보다 빠르게 증가하는 걸 보여주고, 경제과학의 근본요인으로서 희소, 열정, 우둔, 고난을 소개했다. 이러한 요인은 나중에 다윈이 이어받았고, 그의 『종의 기원(*Origin of Species*)』(1859)에서 모든 생물로 확대되었다.

영리한 자본가 리카도는 1817년에 맬서스의 희소이론을 넘겨받아, 신과 자연의 18세기적 은총을 자연의 인색함으로 대체했다. 이것은 신학에서 물질주의로의 변화였다. 자연은 인간을 도와주지 않는다. 자연은, 심지어 농업에서도, 인간에 저항한다. 자연에 관한 변화된 이 관점에서, 리카도는 자본가와 노동자의 이익과 지주의 이익이 충돌한다는 논리를 폈다. 인구 압박은 노동과 자본을 외연적인 의미에서 생산성이 더 낮은 한계지(lower extensive margins of cultivation)로, 또는 내포적인 의미에서 생산성이 더 낮은 한계지(lower intensive margins of production)로 몰아냈다. 그리하여 이들 최저 한계지에서 얻을 수 있는 총액에 상당하는, 최소액으로 임금과 이윤을 축소시키는 경향이 늘 있었다. 그래서 경쟁이 나라 전체에 이윤과 임금을 균등화함으로, 자연의 저항이 덜한 더 좋은 땅에서도, 경작되고 있는 것 중에서 가장 비생산적인 땅에서보다 자본과 노동이 더 많은 수입을 벌지 못했다. 이것이 잉여를 남겼다. 리카도가 지대(밀이 불로소득증가분이라고 부름)로 불렀던 이 잉여는, 땅만 있고 아무런 일도, 사업적 모험도 하지 않은 지주의 것이었다. 이 지대는 영국에서 식량에 대한 보호관세로 더욱 늘었다. 결과적으로, 리카도는 30년 후(1846)에 지주들이 식량가격을 높게 유지하기 위해 입법화했던 보호관세의 철폐에 대한 지주들의 저항을 의회에서 제조업자들이 제압할 수 있었던 근거를 제공했다.

과잉인구로 인한 임금과 이윤 감소라는 리카도와 맬서스의 비관주의적 이론은 **사회주의자, 공산주의자, 아나키스트, 토지 국유화론자, 단일과세론자, 생디칼리스트**라는 학파가 생겨나도록 자극했다.

칼 맑스가 1846년에 아나키스트인 프루동과 논쟁하면서 발전시킨 **공산주의** 학파는 리카도의 이해충돌을 유지했지만, 리카도처럼 **토지**와 **자본**을 구분하는 것은 거부했다. 리카도의 분석은 관세와 관련해 지주에 맞서서 자본가와 노동자가 함께 뭉치게 했다. 그러나 맑스는 지주와 자본가 둘 다 유산자일 뿐이라고 정의함으로써 두 계급의 이해를 일치시켰다. 유산자들의 정부에 대한 공동통제는 무산자인 프롤레타리아 노동자를 착취하는 데 쓰였다. 하지만 그 치유책은 모든 자본가를 프롤레타리아로 전락시키기 위해 모든 사유(私有)의 몰수로 시작하는 미래의 이해조화였다. 이 치유책은 레닌과 스탈린에 의해 재확인되고 주도되어서 1917년 10월 러시아 혁명에서 예상치 못했던 성공을 거두었다. **공산주의**에 맞서는 반동은 독일에서 **나치즘**으로 발전했다.

맑스와 공산주의자가 임금노동자의 이해를 대변한 반면, 프루동과 아나키스트들은 대토지소유자에 맞서서 영세소농의 이해를 대변했다. 또한 이들은 거대한 도매업자, 중개상, 화폐와 신용을 통제하던 은행가들과 이들의 동맹에 맞서 소기업인, 자영제조업자나 도급업자, 그리고 소매업자의 이해를 대변했다. 프루동에게 착취자는 **상인자본가**인 반면, 맑스에게 착취자는 **고용주 자본가**였다. 프루동이 말한 소자산가의 상호부조론에서, 그리고 노동력을 대표하는 그의 지폐*에서 협동생산, 협동마케팅, 신용협동조합, 그린백주의**, 인민주의***가 생겨났다. 이들 모두

---

* Labour vouchers, labour cheques, labour certificates, personal credit 등으로 표현될 수 있다.
** 19세기 미국에서 '지폐'당이 주장한 이념.
*** 미국의 남북전쟁과 서부개척에 따라 중서부의 소농민들을 대변하는 정치세력이 부상하면서 철도, 창고회사 등 유통업자 및 자본가들의 독점행위에 맞서, 1892년 네브래스카주 오마하에서 인민당이 창당되어 조직적인 운동으로 발전했다.

가 농민, 노동자, 소사업가의 협동활동이나 정치활동으로, 중간상인과 은행가를 대체하고자 노력했다.

궁극적으로 맑스의 공산주의와 프루동의 아나키즘의 결합은 20세기 초에 **생디칼리즘**이라는 이름으로 소렐에 의해 이루어졌다. 여기에 맞선 반동은 이탈리아의 **파시즘**으로 발전했다.

리카도의 비관주의에서 나온 또 다른 결과는 19세기 후반에 존 스튜어트 밀과 헨리 조지가 주도한 **토지국유화 학파**였다. 밀도 고전 경제학자이긴 했지만, 리카도의 노동가치설을 버리고 가치척도를 돈으로 대체했다는 중요한 점에서 그들과 달랐다. 밀은 리카도의 지대론을 받아들이고, 사유재산 몰수를 피하고자 지대라는 모든 **미래의 불로 소득**을 국유화할 것을 제안했다. 헨리 조지는 리카도를 더 정확히 추종해서 **지대**에 대한 **단일세**를, 그리고 자본과 노동에 부과되는 모든 조세의 폐지를 제안했다. 경제 이론의 도움 없이, 미국인들은, 고속도로, 도로, 용수로 등의 건설 비용을 지불하는 데 있어 토지 소유자에 대한 특별과세감정법에서, 그 개량이 토지의 가치를 높인 한도 내에서, 그리고 그 감정한 과세가 개량 비용을 넘지 않는 한도 내에서, 이 불로소득의 원리를 특별히 이용해 왔다.

그동안 리카도의 비관적 결론은 공산주의와 아나키즘으로 이어졌고, 나중엔 **생디칼리즘, 파시즘, 나치즘**으로 이어질 운명이었다. 이 결론은 1848년 유럽의 혁명들로 귀결된 장기실업기 동안에 **낙관주의자**로 알려졌던 이해조화 학파에 의해서 가차 없이 반박되었다. 19세기 중반에 이 학파를 주도한 사람들은 미국인 헨리 케리와 프랑스인 프레데릭 바스티아였다. 케리는 미국 제조업자의 입장에서 보호관세를 옹호했으나, 바스티아는 프랑스 자산가의 입장에서 자유경쟁을 옹호했다. 바스티아는 아나키스트 프루동과의 오랜 논쟁에서 자신의 이론을 정식화했다.

케리와 바스티아에 따르면, 리카도와 공산주의자와 아나키스트와는 반대로 지주나 자본가는 노동자만큼 공동체에 서비스를 제공했다. 이 서비스의 가치는, 만약 사업주나 노동자가 지주에게 지대를, 자본가에게 이윤과 이자를 안 냈다면 그가 내지 않으면 안 되었을 대안적인 가격이었다. 그 사업주나 노동자는 지대를 안내도 되는 한계경작지로 가는 편보다는 좋은 땅에서 지대를 내는 편이 더 나았으며, 이윤을 전혀 못 버는 한계자본가 밑에서 일하는 편보다는 자본가에게 이윤과 이자를 내는 편이 더 나았다. 낙관주의자의 이론은 사유재산의 정당화에, 미 법원의 가치론에, 그리고 기회선택의 이론에 살아남아 있다. 그러나 이들은 기회의 평등과 교섭력의 평등이라는 보다 현대적인 원리에 의해 수정된다.

낙관주의자들을 고전 경제학자들은 피상적이라고 여겼지만, 앞으로 보게 되듯이, 이 낙관주의자들의 이론은 미 법원의 이론이 된다. 그러나 경제학자들은 재산권을 자명해서 정당화나 연구가 필요하지 않는 것으로 여겼다. 그래서 이들은 부가 물질이자 물질의 소유라는 모순적인 정의 위에 자신들의 이론을 세웠다. 실제로 케리와 바스티아는 **무형** 재산이라는 현대적 관념의 창시자들이었다. 그러나 경제학자들은 **유체** 재산 원리만 갖고 있었다. 그래서 이들은 소유적인 측면을 물질적인 측면과 동일한 것으로 받아들였고, 그래서 연구할 필요를 못 느꼈고, 부의 생산, 소비, 위험, 교환이라는 물리적 조건의 분석에 전념함으로써, 물체들의 생산비에 기초해서 자신들의 이론을 만들었다.

직후에 매클라우드는 부와 그 소유라는 "상품"이란 말의 이중적 의미의 정반대 극단으로 갔다. 매클라우드는 물질적인 것은 모두 다 없애고 부채와 기타 재산권의 양도성이라는 개념 위에서만 정치경제학을 구축하려고 했다. 그러나 영미법의 잘못을 채택하면서, 매클라우드는 만약 농장이 1만 달러면, 농장을 저당 잡히고 빌린 5,000달러의 부채는 추가적인 "재산"이므로, 총 가치는 1만 5,000달러라고 주장했다. 실제 가치는 1만 달러에 불과한데 이와 같이 주장했다. 이 오류에 근거해, 재산권은 피상적이고, 같은 것을 두 번 세는 잘못을 범했다고 당시의 경제학자들은 반대했다. 이 주류경제학자들은 재산권은 무시해야 하고, 노동에 의해 제공된 물건과 서비스의 생산, 교환, 소비만 분석해야 한다고 생각했다.

재산권의 이런 분명한 제거는 1848년 유럽 혁명 이후에 나타난 새로운 학파인 **심리**경제학자들의 방법으로, 30년 동안 이 학파를 창설했던 사람들은 알려지지 않은 고센(1854)과 잘 알려진 제번스(1871), 멩거(1871), 발라(Leon Walras)(1874)였다. 그 후에 뵘바베르크(1884), 그리고 클라크 (J. B. Clark), 페터는 경제학의 심리학파를 더 최근까지 이어왔다. 이 심리학파를 분석하면, 우리는 이 학파가 제도경제학파의 직접적인 선구자임을 깨닫게 된다.

19세기에 이른바 **역사**학파(로셔, 힐데브란트Bruno Hildebrand, 크니스Karl Knies)가 독일에서 생겨났는데, 이 학파는 타 학파의 추론방법을 모두 거부하고, 현재까지 중요한 방법이 되어온 역사연구방법을 경제학에 도입했다. 이들은 생산과 교섭의 현존 체계를 과거의 변하는 상황이 현재에 부과한 진화라고 설명했다. 이 학파는 고전파와 심리학파가 공공연하게 배제한 **관습, 재산**, 이해충돌이라는 개념을 과학에 도입했다. **역사**학파는 관습, 법 제정, 재산권, 정의와 불의를 경제과학에서 중요한 요인으로 강조하는 **윤리**학파 및 **제도**학파(슈몰러, 베블런)로 이어졌다.

완전히 정반대 방향에서 수리경제학파도 심리학파에서 생겨났다. 그러나 수학과 통계학은 문제의 해결책이 아니라, 어떤 학파든 수학적 연

234

산에 필요한 전제로서 받아들여진 가정에 따라서 어떤 학파도 사용할 수 있는 연구도구가 되었다.

20세기에는 우리가 **은행가 자본주의**라고 부르는 자본주의의 세 번째 단계가 꽃을 피운다. 우리는 앞에서 맑스와 프루동의 격돌에 주목해왔다. 프루동은 신용과 시장에 대한 접근을 통제하는 거대한 상인자본가들과 은행가들에 대항해서 소자산가, 장인 노동자, 소농을 대변하고, 맑스는 고용주 자본가의 공장에서 일하는 임금노동자를 대변한다. 맑스는 고용주가 자본가가 되는 자본주의의 기술적 단계를 다루었는데, 이는 앞서 운송에 의해 발전되고 상인에 의해서 통제되는 확대된 시장에 적합한 대량생산의 단계이다.

인가된 특허권 기록을 통해 미국에서 상인자본주의가 고용주자본주의로 전환한 시기도 대략 파악할 수 있다. 그 기간은 1850년에서 1870년까지 20년이다. 이 20년 동안 특허권 숫자는 연간 1,000건 이하에서 연간 1만 2,000건 이상으로 도약했다. 이 시기는 철도가 전국시장을, 특허사무소가 공장시스템을 창출했던 시기다.

세 번째 단계인 **은행가 자본주의**는 상인자본주의의 마지막 수십 년 동안에 상품 판매에 필요한 단기신용을 갖추고 등장한 상업 금융에서 그 시초를 발견할 수 있다. 그러나 20세기 은행 신디케이트나 투자은행가는 상업은행과 제휴하여 산업을 합병하고 증권을 팔고 이사회를 통제하는 막강한 지위에 오른다. 이 은행가들은 그 이사회 소유 법인의 증권을 팔았고, 그 법인에 그만 한 책임을 졌다. 이들은 불황기에 채무불이행 상태의 기업을 인수해서, 그런 다음 경기가 좋아질 때 그 기업에 자금을 융자해 줌으로써 그 기업을 구제했다. 수백만의 산재된 투자자들은 이제 자동으로 자신들의 저축관리를 맡고 있는 신탁은행이 하라는 대로 한다.

한 회사에는 주주가 거의 60만 명이나 있다. 산업은 보이지 않는 은행가 신디케이트에 의해 통제받는 보이지 않는 투자자 집단에 의해 대체로 소유된다. 국제적인 제휴를 통해서 신디케이트는 이제 세계 은행가들이다. 각 국가는 중앙은행을 창설하고, 미국은 이 흐름에 따라서 최근에 연방준비제도를 설립한다. 국가, 지방, 산업, 노동자는 이러한 공식적, 준 공식적 통제에 종속되고, 20세기 경제학은 상인, 고용주, 피고용자, 그리고 국가까지도 세계적 규모로 통제되는 가운데 은행가들에 의한 집단행동의 **제도경제학**이 된다.

따라서 전후(戰後)의 **정치경제학**은 700년에 걸친 경제 충돌과 그 충돌에서 비롯된 경제사상 10여 개의 학파가 물려준 유산이다. 이것은 토머스 아퀴나스의 **합당한 가치**로 어느 정도 되돌아가지만, 세계대전과 전전(戰前)의 역사에서 표면화된, 세계 곳곳에서 충돌하는 이해관계들만큼이나 복잡한 주제다. 1789년 프랑스대혁명에 이은 25년간 벌어진 예전의 세계대전은 19세기의 경제사상 학파*들을 촉발시켰다. 그런 다음 1848년 혁명 이전의 장기불황은 아나키즘, 공산주의, 사회주의, 낙관주의라는 이단파 경제학자들을 불러들였다. 이제 **러시아 혁명**, **이탈리아 파시즘**, **독일 나치즘**, **은행가 자본주의**와 더불어 새로운 세계대전은 세계 전역에 걸쳐 수천의 경제학자를 경제과학의 토대를 다시 한 번 수정하기 위한 길로 나서게 만들었다.

그러므로 번영과 불황이라는 변동과, 부와 가난이라는 불평등 한가운데 있는 수백만 명의 현재 의견을 분류하는 데 적합한 방식을 참조하여, 앞에서 언급한 경제학 학파를 재분류할 수 있다. 우선 **자유방임**설이 있

---

* 19세기 전반에 걸쳐 등장한 고전파 경제학, 독일 역사학파, 오스트리아학파 등을 말한다.

다. 이 상황에서 우리가 할 수 있는 건 아무것도 없다. 이 상황은 불가피하다. 다음은 **착취**설이다. 충분한 대가 없이 타인의 물건을 빼앗는 술수로 모든 것이 진행된다. 마지막으로, 다음과 같은 **실용주의적** 견해들이 있다. 우리가 무엇을 해야 하고 무엇을 할 수 있는지 연구하고 이해합시다. 그런 다음에, 가능하다면, 합당한 실천과 합당한 가치의 체제를 수립하기 위해 함께 행동합시다.

또는, 다시, 경제학자들의 이러한 학파들을 이론의 출발점이 되는 궁극적 연구단위의 관점에서 **상품**이론가, **심리**이론가, **거래**이론가로 분류할 수도 있다. 그러나 심리이론가는 동시에 상품이론가이므로, 우리는 이들을 정통경제학자라고도 부른다. 왜냐하면 이들의 상품에 관한 관념은, 물질의 소유라는 모순적인 관념에 상응하는 물체의 관념이었기 때문이다. 소유 측면을 무시한다면, (빵 한덩어리 같은) 상품은 객관과 주관이라는 두 가지 관점에서 볼 수 있다. **객관적으로**, 이 상품은 노동이 없다면 통제받지 않았을 자연력에 유용성을 추가한 **노동**의 산물이다. 이 성질에, 리카도와 칼 맑스가 사용했던, 부의 적절한 의미인, 사용-가치라는 이름을 우리는 부여한다. 그러나 **주관적으로**, 똑같은 상품은 특정 시간과 장소에 특정 개인의 **욕구**를 충족시키는 수단이다. 이 개인은 너무 많지도 너무 적지도 않게, 꼭 필요한 만큼만 원한다. 수요와 공급 사이의 이 개인주의적 관계에 우리는 **희소-가치**나 **자산**이라는 이름을 붙인다. 왜냐하면 희소-가치는 상품의 희소나 풍요에 달려 있으며, 그 희소-가치는 재산권에 상응하기 때문이다.

그러나 거래이론가에게 궁극적 단위는 미래의 물건의 소유를 처분하고 채무를 창출하는 과정 안에서의 경제활동이다. 이것을 우리는 거래로 명명하고, 관리 거래, 교섭 거래, 배급 거래로 구분한다. 이들 세 유형의 거래는 모든 경제관계가 귀결되는 우리의 궁극적인 활동단위다.

따라서 우리의 분류는, 경제학자들이 사용하는 궁극적 연구단위에 따라, 경제학자를 두 유형으로 나눈다. 첫째, **상품경제학자**는 객관적 학파와 주관적 학파가 있는데, 전자는 궁극적 연구단위로 상품의 유용성(사용-가치, 객관적)을 사용하고, 후자는 상품에 의존하는 감정(효용-체감, 주관적)을 사용한다. 그리고 둘째, **거래경제학자**는 다양한 거래유형을 연구단위로 한다.

그러나 거래는 소유적 관계, 즉 **인간**과 **인간**의 관계인 반면에, 소유라는 측면을 생략하면, 상품은 **인간**과 **자연**의 관계다. 그 관계는 부의 생산이라는 물리적 관계이거나 욕구충족이라는 심리적 관계다. 그러므로 연구의 소유적, 제도적 단위로서의 거래는 경제학자들이 나뉘는 이유가 되었던 모든 쟁점을 그 안에 포함한다. 이러한 쟁점을 우리는 **충돌**, **의존**, **질서**라고 불러왔다.

모든 각각의 경제거래에는 **이해충돌**이 있다. 각 참여자가 가능한 한 많이 받고 가능한 한 적게 주려고 애쓰기 때문이다. 그러나 어떤 사람도 관리 거래, 교섭 거래, 배급 거래에서 다른 사람이 하는 행동에 **의존**하지 않으면 생존할 수도 번영할 수도 없다. 그러므로 그들은 작동되는 합의에 도달해야 하며, 그러한 합의가 항상 자발적으로 이루어지는 건 아니기 때문에, 분쟁을 결정할 모종의 집단적 강제형태는 지금까지 늘 존재했다. 이러한 결정을 선례로 받아들이고 다음 거래에서 당연히 따른다면, 결정 기관이 개입할 필요는 없으며, 다시 충돌이 원고와 피고가 분쟁할 위기에 도달하지 않는 한, 결정 기관이 통상적으로 개입하지 않는다. 이 과정을 우리는 **분쟁을 판결함으로써 법을 만드는 관습법** 방식이라고 명명한다. 이 과정 전체를 우리는 지속 활동체의 운영규칙으로 명명하는 데, 이 활동체의 목적은 **충돌**로부터 **질서**를 조성하는 것이다.

다시 각 학파의 사회철학의 근거가 되는 궁극적인 단위가 어떤 종류의 거래인지에 따라서 **학파**들을 세 번째로 교차 분류할 수 있다. 이 분류는 경제학자를 **교섭** 학파, **관리** 학파, **집단** 학파로 구분한다. 첫째는 교섭 거래를 단위로 하는데, 이 학파의 극단적 사례는 관리와 배급을 완전히 거부하는 **아나키즘**이다. 둘째는 관리 거래와 배급 거래를 궁극적 단위로 하는데, 극단적 사례는 **공산주의** 철학이다. 셋째는 집단행동의 위계질서 안에서 배급, 관리, 교섭을 결합하는데, 이 학파에서 생겨난 현대적 산물은 길드 사회주의, 국가 사회주의, **파시즘**, **나치즘**(민족 사회주의), **생디 칼리즘**, 다원주의, 노동조합운동, 은행가 자본주의 같은 다양한 유형의 (공산주의와 구별되는) 사회주의다.

이것은 사회와, 사회 내의 집단행동이, **메커니즘**이냐, **기계체**냐, **유기체**냐, 아니면 **지속 활동체**냐에 따라 또다시 경제학자를 교차분류하게 만든다.

그것이 **메커니즘**의 이론, 파레토 용어를 사용해[151] "사회 분자론"이라면, 이론가들은 물리학과 화학의 유추를 따른다. 여기에서 사회는 하나의 사회라기보다는, 하나의 인구에 불과하며, 그래서 자연의 맹목적 힘은 바다의 파도나 별이나 행성처럼 인과나 목적 없이 움직인다. 이 학파들은 **자유방임설**로 나아가는 경향이 있다.

기계(Machine)의 유추는 **메커니즘**의 이론의 유추와 상당히 다르다. 기계는 사람이 고안한 **인공적** 메커니즘이지만, 메커니즘은 원자나 파동이나 소용돌이를 비롯해 그 무엇이든 그것의 "자연적" 운동이다. 그러나 기계는 "인공적"이며, **기계시대**의 영업과 정치에서 **기술자**의 지배적인 성

..

151) 본서 1109쪽, 개인으로부터 제도로.

격으로 인하여 사회에 관한 **기계주의**의 철학으로서 전개된 유추인 기계가 전면에 등장했다. 만약 증기선, 유선통신, 무선통신을 고려한다면, 기계는 국가 전체가, 아니 심지어 전 세계가 하나의 **지속적인 공장**이라고 우리가 부르는 것이 된다. 이 기계는 스스로 원동력을 발생시키는 힘, 힘을 전달하는 배터리, 전체적으로 "사회적 기계"에 어울리는 물질, 노동, 산출의 자체 조직을 가지고 있다. 모든 것이 현대 과학자와 과학기술자의 기술적 능력에 의해 지배된다. 이 유추는 **관리학파** 경제학자가 되고, 이 학파는 다른 형태의 독재로, 공산주의든, 파시즘이든, 자본주의든 독재로 경도된다. 또는 **전국경제계획위원회**나, 보다 최근의 **기술자지배**나, 일반적으로, 우리가 **공학경제학**이라고 부르는 것으로 경도된다. 이 유추는 자유방임주의로 결코 경도되지 않는다. 그 반대다. '과학과 과학적 관리로 모든 것을 하자'로 경도된다.

다음으로, 다소 비슷하지만, 물리학이 아닌 생물학에서 비롯된 **유기체**의 유추다. 여기서 사회는 "사회적 노동력"을 통해서 작동하는 "사회적 의지"나 "사회적 가치"와 같은 중앙권력이 지배하는데, 이 모든 것은 인간의 의지와 비슷하다. 그 평가와 활동은, 모든 개인이 그러는 것처럼, 단일 의지의 명령에 복종하는 특화된 손, 귀, 눈, 위장 속으로 사라진다. 이 학파들은 토머스 필머*의 지난날의 이론이나, 다양한 종류의 (파시즘이나 나치즘 같은) 독재 사회주의나, 심지어 은행가 자본주의의 패권으로 경도되기도 한다.

그러나 이것들은 다른 과학에서 끌어온 유추다. 이것들을 우리는 연구자들 모두가 각자 자신의 특정과학의 테두리 안에서 구축하는 과학적 유

---

* 로버트 필머의 오기이다.

추와 대조되는, **극적** 또는 **시적 유추**라고 부른다. 물리학에서 **메커니즘**이나 **기계체**, 또는 생물과학에서 **유기체**와 비슷한 것으로 "사회"에 나타나는 것은, 영국과 미국에서는 **지속 활동체**라고 알려진 것이다. 이것은 상거래 언어와 관습, 그리고 법원 판결에서 곧장 가져왔다. 이것은 운영 규칙을 가진 집단행동이라는 이들 지속 활동체이다. 무한히 다양하게 이들 지속 활동체는 각각 미래를 바라보고, 개인행동을 통제하고 있다. 그리고 이 활동체는 다른 과학에서 비롯된 유추가 아니라 연구하는 실체라고 우리는 본다. 다른 경제학자들이 시를 말하고 있었다면, 우리는 산문을 말하고 있다.

이런 메커니즘, 유기체, 기계, 지속 활동체라는 개념에서 생겨난 경제학파들은 그들이 지향하는 인과나 목적이라는 관념에 따라 다시 분류될 수 있다. 이 관념은, 균형론, 과정론, 그리고 제도론처럼, 현실에서 일어난 일을 설명하기 위한 것이다. 이들 용어가 배타적이라고 여겨져선 안 된다. 왜냐하면 이들은 정도의 차이는 있으나 모든 이론에서 나타나기 때문이다.

"균형"론, 아니 오히려 자동균형이나, 자연기계론의 분자론은, 의인화를 통해, "스스로 잔잔해지는" 바다의 파도나, "천공의 음악"을 연주하는 "우주의 조화"처럼 모종의 **목적**을 주입한다. 이들의 모델은 아이삭 뉴턴 경의 『프린키피아(*Principia*)』(1687)에서 발표한 "운동법칙"이다. 이들은 이해조화론으로 경도되어 있으며, 법과 그것의 이해충돌을, 경제학에 속하지 않는, "병적인 것으로" 간주한다.

"과정"론은 극소지만 고의가 아니거나, 우연한 변화에서 비롯된 변화 (changes)와 진화에 주목한다. 이들의 모델은 찰스 다윈의 『종의 기원』(1859)에서 "자연선택"으로, 거기서 다윈은 유전, 인구과잉, 변이성, 생존

투쟁, 적자생존이라는 5중 과정을 발전시켰는데, 이 전체 과정은 맬서스의 **희소원리**로부터 비롯되었다.

제도론, 우리 용어로, 지속 활동체론은 균형론과 과정론 둘 위에 세워진다. 그러나 제도론은 **의도되거나 목적**이 있는 변화에, 그리고 **자동적** 균형이 아니라 **관리된** 균형에 주목한다. 이 목적이 있는 통제를 다윈은 "인위적 선택"이라고 칭했는데, 이 의미는 인간 정신이 자신의 적합성에 관한 관념에 따라 진화 자체를 개인행동이나 집단행동으로 통제한다는 것이다. 이 이론들은 새 학문인 사회학에서 나온 것으로, 처음 언급한 미국의 개척자는 『사회적 통제(*Social Control*)』(1901)라는 책을 쓴 로스다.

따라서 우리는 경제사상의 학파들에 대한 몇 개의 교차분류를 갖게 된다. 첫째, 계급충돌로부터 생겨난 그들의 역사적 기원, 둘째, 자유방임이나 착취나 실행가능성에 대한 사회철학, 셋째, 상품이든 감정이든 거래든, 궁극적인 연구단위, 넷째, 교섭이든 관리든 배급이든 그 학파의 철학적 기반이 되는 거래 종류, 다섯째, 메커니즘이든 기계체든 유기체든 지속 활동체든 또는 균형이든 과정이든 집단행동이든 그 방법과 유추에 따른 분류들이다.

경제학 연구에서 서로 다른 결론에 도달해 상충하고 있는 학파와 견해의 미로 한가운데서, 보편적으로 받아들여지는 가정에서 출발해 연역적으로 추론해 내려가서 우리 앞에 놓인 문제에 이 가정을 실제 적용할 수 없다. 오히려 혼란, 불관용, 내전으로 초래했던 17세기의 신학적, 정치적 교조주의라는 유사한 미로 한가운데서 존 로크가 그랬듯이, 처음부터 시작해야 한다. 우리 자신의 정신을 조사해서, 정말로 얼마나 알 수 있는지, 또 연구 파악에 사용할 지적 도구는 무엇인지 알아내야 한다. 우리의 주제는 협력, 충돌, 게임 규칙에 따라 부를 생산하고, 획득하고 배당하는 속에서 이루어지는 인간의 거래다. 이 활동은 처음에 단순한 지각으로 우리에게 다가오며, 그것만으로는 이 지각이 우리 자신 내면의 성향과 사회철학 때문에 생겨난 것인지, 아니면 우리 밖의 활동 때문에 생겨난 것인지 확신할 수 없다. 우리가 **습관적 가정**[152]이라고 부르는 이러한 성향을 조심스럽게 시험, 검토할 때에만 비로소 연구와 이해에 대비할 수 있다. 그리고 이것을 제일 잘할 수 있는 길은, 우리가 존 로크로 시작한 것처럼, 다양한 경제사상 학파가 자신의 독특한 사회철학을 자신의 이론에 주입했거나 하지 않은 방식을 계속 시험하고 검토하는 것이다. 우리는 경제학자와 철학자들 모두와 함께하는 것이 아니라, **새로운 통찰의 개척자**로 불리는 사람들과만 함께 할 것이다. 마무리하자면, 이들 각자는 충돌하거나 모순되는 다른 모든 학설과 마찬가지로 적절한 비중을 부여해야 하는 무언가를 이바지했다. 이 적절한 비중이 바로 우리가 **합당한 가치**라고 부르는 것이다.

V. 역사의 경제적 중추

근대사의 **집단행동**은 봉건제에서 1689년 혁명의 영국 **상인자본주의**로 나아가고, 다음에는 19세기 중반의 **고용주자본주의**, 20세기의 **은행가자본주의**로 나아간다. 그러나 이 제도적 발전은 금속화폐에서 지폐로, 다

152) 본서 1156쪽, 습관적인 가정.

시 신용화폐로 나아가는 화폐 발전에 의해 수반되었으며, 이런 화폐들로 부채와 조세, 그리고 무엇이든지 팔리는 것의 가격이 제시되었고, 필요하다면 법으로 시행되었다.

도매물가 변동은 많은 요인 중 하나에 불과하지만, 생물학적인 유추로, 역사의 경제적 중추라고 불려도 될 만큼 역사적으로 두드러진 역할

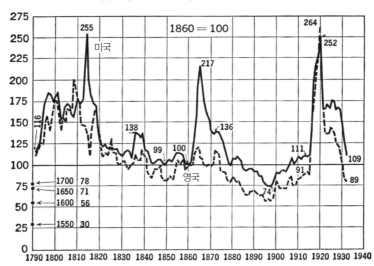

[도표 1] 미국과 영국의 도매물가, 1790~1932년(1860년=100)

1500년부터 1790년까지 도매물가의 상대적 변화 산정치를 50년 간격으로 수직선에 표시했다. 앞선 세기의 추정치는 1860년의 물가지표를 100으로 보고, 아보트 페이슨 어셔(Abbott Payson Usher)가 수집한 자료, *Review of Economic Statistics*, XIII(1931년 8월), 103쪽의 "Prices of Wheat and Commodity Price Indexes for England, 1259~1930"을 검토하여 산출했다. 1792년부터 1933년까지의 산정치는, 영국의 경우 제번스(S. Jevons)(1791~1933, 소서베크(A. Sauerbeck)(1860~1920), 무역위원회(1920~1933)에 의해서 만들어졌다. 미국의 경우 산정치는 로슬스(H. V. Roelse)(1791~1801), *Jour. Amer. Stat. Assn.*, XV(1917년 12월), 840~846쪽, 한센(Alvin H. Hansen)(1801~1840), Jour. Amer. Stat. Assn., XIV(1915년 12월), 804~812쪽, 포크너(R. P. Falkner)(1840~1891), Aldrich Report, Vol. 3 of Senate Reports for 52nd Congress, second session and special session, Appendix A.에 의해서, 그리고 1891년 이후 현재까지는 미국 노동통계국, 연보 284호와 이후에 나온 연보에 의해서 만들어졌다.

을 한다.(도표 1 참조) 가격변동론은 "화폐적"이든 "비화폐적"[153]이든 중요하지 않다. 그럼에도 불구하고 개인이나 계급 모두가 돈과 신용의 세계에서 자신들의 성패를 측정하는 수단은 바로 가격이다. 게다가 도매물가는 통제하는 위치를 차지한다. 왜냐하면 도매물가는 생산자가 받는 가격이고, 이 가격에서 대부분의 임금, 이자, 이윤, 지대가 지급되기 때문이다. "사회"는 이 "현금사슬(cash nexus)"이나 현금와해로 함께 묶이거나 뿔뿔이 찢어진다.

경제학자의 이론과 이해충돌은 물가수준 변동사를 참고하지 않으면 쉽게 이해할 수 없다. 아메리카 발견과 군주의 통화 절삭* 이후 엘리자베스 통치 중반까지 세 배의 물가 상승은 지대, 부채, 조세의 부담이 크게 줄면서 자본주의적 농부들, 상인 계급과 제조업 계급의 부상과 많은 관계가 있었다. 그러나 이 시기에 농노제에서 현금임금제로[154] 제도가 변화하면서 노동자 계급이 처한 조건은 크게 나빠졌다.

17세기 말 존 로크 시대까지 지속적인 물가 상승과 더불어, 자본가 계급은 몰락하는 봉건영주 계급에 맞서 혁명을 일으킬 만큼 충분히 부유해졌

••

153) 본서 995쪽, 세계지불사회.

154) Jacob, William, *An Historical Inquiry into the Production and Consumption of the Precious Metals*(1832), 261 ff. 내가 확인한 바로는, 자본가 계급이 부상한 것에 대해 제이콥이 제시한 화폐적인 이유들을 제도학파 역사가들은 그다지 중시하지 않았다.

---

* 주화자르기(coin clipping)라고도 한다. 17세기 영국의 통화는 순금과 은으로 만들어진 주화가 일상적 사용에 의해 마모되고 원형을 상실함에 따라, 의도적으로 주화를 소량 잘라내는 관행이 나타났다. 잘라낸 주화 조각은 녹여서 시장에 유통되고 위조 화폐를 만드는 데 사용되기도 했다. 헨리 8세는 은화의 순도를 낮추었으며, 15세기 말에 이르러 은으로 된 페니의 무게는 이미 절반으로 줄어들었다. 커먼스의 지적처럼 이 당시 장기화된 화폐가치의 하락은 심각한 인플레이션을 야기했다.

지만, 프랑스에서는 이러한 일이 100년 후에야 비로소 일어났다. 1732년에 비로소 데이비드 흄이 **상인자본주의**하에서 계속되어왔던 변화에 관한 하나의 해석으로서, 변동 없는 물가 수준과 오르내리는 물가 수준 사이의 중요한 구별을 경제학에 도입했다. 이 새롭게 깨닫게 된 세계적 물가변동 요인이 너무 혼란스러운 나머지, 아담 스미스를 선두로 한 고전경제학자들과 쾌락주의 경제학자들은 단지 "명목 가치"로서 물가변동을 그들의 이론에서 격하시키고, 그들에게 더 현실적으로 보이던 노동-고통, 쾌락, 노동력을 "실질 가치"의 척도로 삼았다.

물가지수가 200년 사이에 세 배 이상 상승했던 17세기 말에 로크의 이론이 나타났고, 1732년에 흄의 이론이 나왔으며, 1758년에 케네의 이론이, 1776년에 스미스의 이론과 벤담의 이론이 나왔다. 그러나 맬서스와 리카도의 노동이론은 1815년 이후 10년 사이에 나왔는데, 그 시기에 물가는 갑자기 곤두박질쳤다. 그리고 맑스, 프루동, 바스티아, 미국인 케리의 이단파 이론이 나온 것은 1840년대에 물가가 장기간에 걸쳐서 하락한 이후였다. 이들 또한 피상적인 물가변동보다 더 근본적인 무언가를 찾고자 했다. 역시 물가보다 더 근본적인 무언가를 찾으려 했던 심리경제학자 제번스, 멩거, 발라는 물가하락이 다시 교란요인이었던 1870년대에 등장했다. 그러나 물가변동 그 자체에 관심을 가진 통계경제학자와 제도경제학자는 20세기에야 비로소, 특히 1920년부터 물가가 하락한 이후에야 비로소 영향을 미치기 시작했다.

그리하여 18세기와 19세기에 걸쳐 경제학자의 다양한 학파는 물가의 일반적인 움직임 안에 있는 피상적이고 명목적인 변화를, 자연과 인간에 대한 보다 근본적인 이론에 포함시킬 수 없었다. 돈, 신용, 전반적인 물가변동에 대한 이론은 다른 방향에서, 즉 노동이나 고통이나 쾌락과 무

관한 통계학 및 수학에서 등장했다. 그래서 20세기에 비로소, 특히 (제1차
─옮긴이) 세계대전 이후에 비로소, 통계학은 자신 나름의 이론적 토대와
용어를 획득했는데, 이 과학이 완벽하다면 물가, 호황과 불황, 고용과 실
업, 지속 활동체와 파산, 낙관주의와 비관주의, 부의 분배상의 변화, 그
리고 심지어 **봉건제**에서 **자본주의**의 연속적인 세 단계들로 제도가 크게
변한 것 같이, 더없이 중대한 사회변화 과정을 측정하고, 상관시키고, 예
측하는 걸 가능케 할 수도 있다. 단순한 "명목" 가치 대신에, 이 광범위
한 물가변동은, 도매물가 변동이든 다른 물가변동이든, **제도경제학**의 확
실한 실질 가치가 된다.

제3장

케네

I. 자연 질서

프랑수아 케네는 프랑스와 아담 스미스에게 "경제주의자들(The Oeconomists)"로 알려진 중농주의 학파의 창시자로, 존 로크보다도 훨씬 더 이성에 근거한 물리적 유추의 원조였다. 로크는 자신의 경제학을 **노동**, **자연의 풍요**, **금속화폐 축적**에 기초를 두었었다. 그러나 케네는 **노동**을 생략하고, 자신의 경제학을 **자연의 풍요와 화폐의 흐름**에 근거했다. 나중에 스미스는 자신의 경제학을 **노동의 분업**에 근거했다. **현대 경제학**은 물리적 상품으로서의 화폐도, 흐름으로서의 화폐도 아닌, 거래의 반복으로서의 화폐로 돌아오게 된다.[1] 내국인 중 한 계급(상인계급-옮긴이)를 부유하게 만들고, (이 상인 계급이-옮긴이) 해외에서 외국의 경쟁자들보다 싸게 팔 수 있도록 하기 위하여 다른 계급(자국의 농민계급-옮긴이)의 (농산물-옮긴이) 가격을 낮추어서, 무역흑자를 유지함으로써 자국으로 금속 화폐가 지속적으로 유입되어 쌓이게 될 것이라 생각한 것은 중

∵

[1] 본서 881쪽, 화폐와 가치의 거래적인 체계.

상주의의 화폐주의적 오류였다.* 데이비드 흄은 1752년에 이것이 오류임을 드러냈고, 케네는 1758년에 돈을 축적이 아니라 순환으로 환원시킴으로써 흄을 계승했다.

1692년에 로크는 **개인**으로 시작한 반면, 1758년에 케네는 **상품**으로 시작했다. 그 개인은 이제 상품의 방향을 잡아가는 운전대가 되어서 **신, 자연, 이성, 풍요**의 똑같은 은혜로운 고속도로를 따라 상품을 인도했다. 그러나 이러한 예정된 **행복**을 방해하는 것으로 로크가 발견한 것과는 다른 것을 케네는 발견했다. 케네는 로크의 절대군주가 아니라 로크의 **중상주의**를 비난했다. 필머만큼 케네에게도 군주가 절대적이어야 한다는 것은 당연했고 신성했다. 동시에 군주는 인간의 이성에 신이 심어놓은 자연적 질서에 따라야 한다. 농업을 희생시킨 대가로 상인과 제조업자에겐 이익인 관세나 장려금, 협회, 기타 특권에 따라서는 안 된다.

케네의 〈경제표(Tableau economique)〉가 1758년 이후 20년 동안 프랑스의 지적 삶에 끼쳤던 놀라운 영향은 1859년 이후 다윈의 『종의 기원』이 과학계에 미친 영향에 비견될 만하다. 아버지 미라보(Victor de Riqueti, Marquis de Mirabeau)는 케네의 발견을 **문자**와 **화폐**라는 문명의 2대 발견 수준으로 올려놓았다.[2] 그 독창성은 경제학에 역학을 도입한 점에 있었다. 다윈이 나중에 신의 의지를 유전, 변이, 투쟁, 자연 선택, 생존이

••
2) Smith, Adam, *Wealth of Nations*, Cannan ed.(1904), II, 177.

---

* 원문은 "A favorable balance of trade obtained by depressing the prices of one class of people in order to enable another class to get rich and to undersell foreigners abroad, thus bringing a continually accumulating fund of metallic money into the country, was the monetary fallacy of Mercantilism"이다.

라는 신의 의지와 무관한 메커니즘으로 대체했다면, 케네는 절대군주를 **자연, 이성, 신**이라는 풍요로운 메커니즘에 종속시켰다. 중상주의가 금속화폐를 축적하려고 가격을 자의적으로 통제하려 했다면, 케네는 가격은 "자연"에 맡겨 조정되도록 하면서, 한 방향으로는 자연스럽게 돈이 흐르고 반대 방향으로는 자연스럽게 상품이 흘러가게 했다.

케네는 지주였고, 루이 15세의 궁정의(퐁파두르 후작 부인Jeanne Poisson의 주치의−옮긴이)였다. 케네는 절대 군주제를 믿었으며, 그의 이론은 "자연법칙"[3]을 따르지 않는 무능한 독재자에게 주는 경영 수업이었다. 케네가 연구에 활용했던 유일한 과학은 하비(William Harvey)가 1628년에 혈액순환을 보여주면서 창립했던 생리학이었다. 바로 이 혈액순환이 이제는 물리학의 한 부분으로서 부의 생산과 순환을 설명할 것이다.* 왜냐하면 부와 사회 유기체의 관계는 피와 동물 유기체의 관계와 같기 때문이다. 사회 유기체, 즉 농업 왕국은 동물 유기체처럼 흙에서, 공기에서, 햇빛과 비에서 식량, 천, 목재, 광물을 얻는다. 이것들을 요리하고 소화해서 사회라는 몸의 모든 부분에 순환시킨다. 몸의 각 부분은 생존에 필요한 것을 취하고, 몸 전체는 땅으로부터 계속 갱신된다. 케네의 이론을

• •

3) Quesnay, Francois, Tableau iconomique(1758), Maximes générales du government économiques d'un royaume agricole(1763). 어거스트 옹켄(August Oncken)이 쓴 케네 전집, Oeuvres économiques et philosophiques de F. Quesnay(1888)를 참조하라. Daire, E., *Physiocrates*(1846)도 참조하라. N. Ware의 중농주의에 대한 중요한 논문 "Amer. Econ. Rev." XXI(1931), 607~619쪽은 창안자인 케네 자신이 아니라 케네의 후계자를 주로 다룬다. 경제학자들은 일반적으로 튀르고가 중농주의를 대표한다고 보지만, 튀르고의 이론은 중요한 점에서 결정적으로 다르다. 본서 846쪽, '튀르고'를 보라.

---

* 생리학적 설명임에도 불구하고 물리학적으로 해석한 것은 커먼스의 독특한 생각이다.

뵘바베르크는 **과실**(果實)**화 이론**[4]이라고 적절하게 이름 짓고 있다. 이것은 **생명력** 이론이었다. 여기에서는 부의 생산은 생명력의 크기의 증가이다. 또 여기에서 "순환"은 에너지를 시스템의 다른 구성원들에게 이동시킬 뿐이고, 그 와중에 에너지도 많이 소비하기 때문에 생산적이지 않다. 상인과 제조업자는 생산적이지 않다. 이들은 상품을 전적으로 소비하고 순환으로 아무것도 돌려보내지 않거나, 제조품의 형태로 소비한 만큼만 돌려보내기 때문이다. 이들은 더 많이 보낼 수 없으며, 따라서 잉여를 생산할 수 없다.

"생산적인 것은 **생명력**뿐이다. 왜냐하면 그 에너지에 의해 어떤 것이 원래 양만큼 **재생산**될 뿐 아니라 그 양이 **증대되기** 때문이다"라고 케네는 주장한다. 이 증가분이 잉여 또는 순 **생산물**이다. 그리고 이 증가분은 생산적인 데 비해, 동일한 양의 **재생산**은 비생산적이다. 인간 노동을 포함해서 여타의 힘은 자신이 소비한 만큼을, 다른 형태로, 재생산할 뿐이다. 생명력은 재생산도 하지만, 자기와 같은 종류의 에너지의 잉여도 생산한다. 다른 힘들은 재생산적이다. 생명력은 생산적이다. 그래서 재생산은 붙임이고, 생산은 활력이다. 이렇듯 토지경작자만 생산적이고, 모든 상인, 장인, 제조업자들, 지식인은 비생산적이다. 비생산적이라고 하는 이유는 경작자들만이 **사용-가치**를 생산하기 때문이 아니라 ─ 케네는 (경작자 이외의 ─ 옮긴이) 다른 사람들도 사용-가치를 생산한다는 점을 인정했

..

4) Böhm-Bawerk, E., *Capital and Interest*(tr. 1891), 63쪽(튀르고가 사용한 케네 이론에 관한 논의). 튀르고는 지질학적 과정을 통해 광산의 생산성을 설명했다. "토지는 매년 과실을 만들어내지만 광산은 어떤 과실도 만들어내지 않는다. 광산 자체가 축적된 과실이다." Gide and Rist, *History of Economic Doctrines*(tr. of 2d, 1913), 14. 케네는 농업종사자의 **생계활동**을 유동 자본으로 보고, 농업종사자가 아니라, 이 생계활동을 생산적이라고 주장했다.

다—이런 사용-가치들은 **사물형태**의 변화일 뿐, 그 물량의 증대가 아니기 때문이다. 그런데 물량의 증대는 교환가치의 증대였다.

그러나 토지경작자 자신들은 예의상 말로만 생산적이라고 한 것이 판명된다. 그들은 단지 사물의 양을 늘리는 힘을 가진 자연의 매우 생산적인 활력을 도울 뿐이다. 실제로는, 경작자는 비생산적이다. 왜냐하면 경작자는 사물의 크기에 실제로 더한 것이 없기 때문이다. 이들은 단지 땅에 씨를 뿌리고 동물을 키우고 가축에게 먹이를 가져다줄 뿐이다. 나머지는 자연이 한다. 경작자의 자신이 (소모하는—옮긴이) 식량과 생계는 생산적이지만, 그의 **노동**이 생산적인 것은 아니다. 인간이든 자연이든, **생명**이라고 부르는 힘만이 생산적이다. 생명만이 하나의 밀알을 50개로, 송아지를 소로, 아기를 농장 일꾼으로 키울 수 있기 때문이다. 케네의 유명한 농업의 "순 생산"을 이루는 것은 물량의 이러한 확대다.

그러나 케네의 이러한 순 생산물은 정말 이상하게도 사용-가치의 생산물이 아니다. 이것은 교환가치의 생산물이다.

여기에서 부와 자산의 혼동, 물질과 그 소유권의 혼동이 발생한다. 이 혼동은 2세기에 걸쳐 상당수 경제 이론에 나타난다. 케네와 초기 경제학자들이—자산이 부채와 순가치의 합과 같다는—법인금융의 제도 과학을 알았더라면, 의견 충돌과 대립을 대부분 피할 수 있었을 것이라고 말해도 될 것 같다. 우리에게 부는 풍요와 더불어 **증가하는** 사용-가치이다. 자산은 풍요와 더불어 **감소하는** 희소-가치에 대한 소유권이다. 이론화하는 150년 동안 이 혼란이 계속 일어났다는 것을 우리는 보게 될 것이다. 즉 케네는 이러한 혼란이 어떻게 생겼는지 발견할 수 있는 최초의 기회, 그리고 부와 부의 소유권이라는 정반대 개념 두 개를 하나로 용해시킨 장치들 중 일부를 관찰할 수 있는 최초의 기회를 우리에게 제공한다.

케네 시대뿐 아니라 원시시대부터 현재까지 지배적인 **가치**의 개념은 폭넓게 보면 **힘, 강함, 용기, 활기, 중량, 영향, 위력, 유효**라는 개념이었다는 사실을 주목해야 한다. 그러므로 **교환가치**라는 용어는 이러한 의미를 상업에 확장한 것이다. **교환가치**는 **교환력, 구매력,** 다른 사람이 소유한 상품과 서비스를 **지배하는 힘**이다. 사업가나 일반인이 "내 자동차의 쓸모(worth)는 무엇인가? 그것의 진정한 가치는 무엇인가?"*라고 묻는 것은 교환에서 그 물건이 지배하는 힘, 특히 돈을 생각하는 것이다. 상업화된 국가에서 모든 인간은 직관적으로는 상인에 가깝다. 이러한 상식적, 경험적, 직관적 사고방식의 배후에 들어가서 **교환**에서 **실질 가치**의 실체는 **돈을 지배하는 힘**이 아니라, 자신의 상품 및 서비스와 **교환**하는 **상품 및 서비스를 지배하는 힘**이라는 것을 보여준 것이 실제로 케네와 그 제자들, 즉 **중농주의 경제학자들**의 위대한 기여이며, 실제로 경제이론의 가장 어렵고 그칠 줄 모르는 기여였다. 케네 이전에는 아무도 교환가치를 **물리적**으로 설명할 수 없었다. 교회와 도덕론자들은 돈을 격렬하게 비난했다. 금융업자와 돈벌이꾼에 대한 편견이 있었다. 그래서 돈에 대한 윤리적 대비로 유용성, 사용-가치, 복지후생, 서비스라는 개념을 수립했다. 그러나 교환가치의 은폐된 본질을 추론하는데 필요한 메커니즘을 아무도 물리적 양으로 보여줄 수 없었다. 그래서 케네의 〈경제표〉에 열광했다.

케네는 개인이 순환에서 확보한 사물을 개인적으로 사용한 것에 불과한 것으로 보고, 사용-가치를 배제했다. 교환에서 돈이 아닌 상품을 지

---

* 맑스의 경우에도 사용-가치를 지칭하는 worth와 교환가치를 지칭하는 value를 구분했었다. 맑스의 『자본(Das Kapital)』 1권 1장 참고.

배하는 힘으로서의 교환가치에 관심을 집중했다. 이 교환력을 가지는 물건들의 양을 늘림으로써 국가의 "부"는 증대된다.

이러한 **힘**의 증대는 어디에서 오는가? 이것은 자연의 풍요로운 힘에서 온다고 케네는 말한다. 자연의 풍요로운 힘은 식량, 의복, 주거를 만드는 물질의 수량을 증대하는 것으로 나타난다. 교환가치의 양을 증대시키는 것은 바로 자연의 힘에 의한 이런 물질의 증대가 교환가치를 증대시켜서, 국가의 힘을 증대시키는 것이다. 가치는 교환가치와 똑같다. 이것은 교환력*으로, 모든 사람이 동의하는 상식이다. 그러나 이 힘의 원천은 농업이지, 제조업이나 상업이 아니었다.

이렇게 풍성한 에너지가 인류를 위해서 원료, 식량, 의복, 주거를 풍요롭게 생산하는 게 오로지 농업을 통해서 가능하다면, 그렇다면 프랑스 농업이 그렇게 정체한 이유는 무엇이었을까? 케네는 중상주의 정책이 인위적 희소를 강요해서 교환가치가 자비로운 가치 증대에 부합되도록 허용하지 않았기 때문이라고 대답했다. 농업은 프랑스의 중상주의 정책에 의해 정체되고 있었다. 공산품을 해외에 판매하고 그것과 교환한 은을 자국으로 들어오려면 농산물을 저렴한 가격으로 공급해야 한다는 잘못된 관념 하에서 정부는 상인과 제조업자의 독점기업과 길드에 판매상의 특권을 부여했다. 자연은 **국가**의 삶을 확대하는 자비로운 힘이다. 자연은 자신의 생산물을 배가시키니, 경작자가 하는 일이라곤 자신의 삶을 자연의 삶과 결합해서 자신이 자연에서 가져온 것을 복원하는 것이 전부다. 따라서 물질을 운반하고 조작할 뿐 수량을 증대시키지는 않는 상인

---

* 케네에게 있어서 가치는 교환가치를 의미했다. 이는 교환력, 다른 상품과의 교환, 화폐 배제와 같은 의미로 쓰인다.

과 제조업자가 경작자로부터 가져오고 소비하는 모든 것은 그만큼 순전한 손실이다. 그렇다고 상인과 제조업자가 물질의 종류와 형태와 장소를 바꾸어서 물질의 용도를 추가하지 않는 건 아니다. 실제로 상인과 제조업자 역시 경작자를 도우려고 도구, 비료, 식량을 공급하는 한에서 "생산적"이다. 그러나 자신들이 소비하고 비생산적인 다른 사람들에게 소비하도록 보내는 만큼은 "비생산적"이다.

경작자, 상인, 제조업자 모두는 최소한의 생계 수단을 확보해야 한다. 이 최소한의 생계 수단이 실제로도, 모두 케네 시대에 경작자(농민)가 얻고 있던 것의 전부였다. 그러나 비생산 계급의 생계는 토질을 회복시키는데 이바지하는 게 무엇 하나 없는 데 비해, 경작자의 생계는 이바지하기 때문에 생산적이다. 이같이 생산적인 것은 순환하는 부와 고정된 부의 형태로 농업으로 다시 돌아가는 것이다. 순환하는 부(연간 선급avances annuelles)는 종자, 비료, 마모된 기계의 복원, 농민의 생계였다. 고정된 부는 두 종류로, 시설 개량과 기계 같은 농민 경작자의 **초기 선급**(avances primitives), 그리고 울타리, 배수로, 건물, 비옥도 개선 같은 지주의 고정된 개량 비용인 **토지 선급**(avances foncières)이 있다.

이러한 고정 생산물의 소유자는 실제로 이자를 받을 권리가 있지만, 고정된 개량이 전체적으로 생산적이기 때문은 아니다. 순 생산물을 창출한 고정된 개량의 유일한 부분은 마모와 감가 또는 소모로 구별되는 부분이며, 따라서 당연히 이 부분은 종자, 비료, 경작자의 생계 수단과 함께 순환하는 부로 분류되어야 했다. 이렇게 순환하는 물체들만 토양 경작에 들어가는 덕분에 자신의 양을 웃도는 순 생산물을 생산하고, 이러한 순 생산물에서 영주와 군주의 수입이 나왔다. 비생산 계급의 수가 증가하면 순 생산물은 이어지는 여러 해에 그만큼 감소한다. 비생산 계급의 수 증가는 토양으로 되돌아갈 수도 있었던 순환 생산물을 순환에서 빼내기 때문이다.[5] 요컨대, 케네의 〈경제표〉는 중개인, 제조업자, 도시 거주자들이 농장주의 생산물에서 너무 많은 부분을 가져가서 농장주 자신이 토지 개량과 비옥도를 유지할 수 없어, 결국에는 농장을 포기하고 도시로 이동할 수밖에 없다고 불평하는 미국 농장주의 관점이다. 케네는 농업경제학자의 효시였다.

케네가 겪은 어려움은 천연자원 보존과 관련된 이러한 물리적 개념을 상품의 교환가치와 관련된 희소 개념과 똑같이 사용하는 데 있었다. 케네는 "부"를 부의 교환가치 또는 교환하는 상품을 지배하는 힘으로, 즉 부가 아닌 자산으로 만들었다. 그렇게 함으로써 케네는 상대적 희소라는 관념을 배제해서, 희소를 측정하는 수단으로서의 돈을 제거한다는 관념 속에서 경제 이론을 확립했다. 물물교환경제로 돌아간 것인데, 케네에 따르면 국가의 부는 중상주의자들이 주장하는 화폐의 높은 희소-가치나 상품의 낮은 희소-가치가 아니라, 다른 재화들과의 관계에서 높은 교환가치를 갖는 재화들의 풍요이다. 중농주의자들은 상품을 원했는데, 이 상품은 어떤 사람이 소유한 재화가 풍부하면서 높은 교환가치를 지닌 경우에만 대량으로 획득될 수 있다. 돈은 명목 가치에 불과하다. 돈은 교환과 측정의 수단이고, 이것을 통해서 우리는 상품이 높은 교환가치를 지니는지 아닌지를 알 수 있다. 여기에서 우리는, 케네가 "가격"을 말할 때, 이는 돈으로 측정된 교환가치가 아니라, 다른 상품들로 측정된 교환가치라는 사실을 주목해야 한다.

따라서 화폐는 상품의 교환가치의 척도다. 그러나 케네에게서 측정과

••

5) Haney, L. H., *History Economic Thought*(1911), 175-176.

순환은 부를 생산하지 않는다. 측정과 순환은 상품으로 측정된 이전에 정해진 교환가치로 상품이 반대 방향으로 흐르는 것을 수용할 뿐이다. 그러므로 케네가 주장한 부는 재화의 풍요가 아니라 괜찮은 가격을 받는 재화의 풍요, 즉 사용-가치의 풍요가 아니라 교환가치의 풍요였다. 루이지애나의 야만인에게 물, 나무, 사냥, 대지에 열린 과실 등 풍부한 재화가 있지만, 이 재화들이 프랑스, 영국, 스페인 등과 교환가치를 획득할 때까지, 즉 그것들이 순환되어서 다른 상품들로 돌아올 때까지는 부가 되지 않았다.[6]

국가가 필요한 것은 다른 국가들의 다른 상품을 지배하는, 단위당 교환가치가 높은 대량의 상품이다. 국가의 순 생산물은 상품의 사용-가치가 아니라 상품의 풍부한 교환가치다. 중상주의자들은 대량의 현금에 국가의 힘이 존재한다 확신하고, 따라서 외국 무역을 통해 제조품 수출을 촉진하고 돈을 자국으로 들여오려면 원재료의 교환가치를 낮출 필요가 있었다. 이것은 돈의 교환가치를 높이고 농업의 교환가치를 낮추는 걸 의미했다. 그러나 케네는 국가의 권력이 국내외 무역에서 높은 교환가치를 지닌 대량의 원자재 안에 존재하는 것으로 보았다. 그것에 의해서 순 생산물이 증대하고, 순 생산물로부터 조세가 지불되기 때문이다.

제조업자와 상인에게 유리하도록 농산물 가격을 억제하는, 정부의 자의적 제한들과 특권들을 허용하는 개입이 없이, 이러한 교환가치가 순환 과정에 있는 동안 (풍요로운 질서인) "자연 질서"를 따를수록, 국민의 농업 생산물은 외국 무역과 국내 무역 모두에서 더 많은 이윤을 남기고, 그러면 농민은 토양 비옥도를 회복시키고, 모든 계급의 임금뿐만 아니라, 인

••

6) Quesnay, 353.

구가 의존하는 농업을 그만큼 더 번창하게 만들 수 있다.

그러나 프랑스 정책은 이것과 정반대였다. 상인과 제조업자는 저가로 농산물을 구매해 자신들의 힘을 증가시켰고, 결과적으로 수출가를 낮추어 금은이 유입되도록 했다. 케네는 농업생산물을 고가로 판매함으로써 국가의 힘을 증가시키려고 한다. 상인계급은 농업생산물을 저렴한 가격에 사서 고가로 판다. 이들의 이해는 농업 국가의 이해와 대립한다. 이 농업국가의 지주들은 농업을 확대함으로써, 상업 자체의 항구적인 이익이 의존하고 있는 생산물의 흐름 자체를 확대하기 위해 고가로 판매해야 한다.[7] 수출용 원자재를 싸게 공급하기 위해서는 왕국 내의 식량의 교환가치를 떨어뜨리지 말아야 한다. 이는 궁극적으로 외국과의 무역에 불리하기 때문이다. 교환가치가 높으면 수입도 높아진다. 그래서 이것은 "교환가치가 수반되지 않은 풍요는 부가 아니다. 가격이 비싼 상황 속에서의 희소는 빈곤이다. 가격이 비싼 상황 속에서의 풍요는 부유이다"[8]와 같은 케네의 역설로 이어진다. 자연이 풍요롭다면, 그리고 희소가 정부에 의해 강요된 인위적 희소라면, 이것은 역설이 아니다.

자연, 더 정확히 말해서 자비롭고 풍요로운 질서인 "자연 질서"는, 그대로 두면, 괜찮은 가격을 창출할 것이다. "자연 질서"는 농업을 이끌어주는 것과 똑같은 은혜로운 질서가 인도하는 각 개인의 자기이익을 포함하기 때문이다. 그리고 이것의 의미는 자연이 높은 교환가치와 풍요를 이미 제공하고 있는 그런 행동의 방향을 각자가 선택한다는 것이다.

결국 케네는 자신이 곤경에 처했음을 깨달았다. 자국의 귀금속 수입을

••

7) *Ibid.*, 322-324, 344.
8) *Ibid.*, 335; Gide and Rist, *op. cit.*, 14 ff.

늘리려고 고안한 대외 무역 수지라는 중상주의자의 오류를 제거했었지만, 농업 상품 공급을 늘리면서도 농업 상품의 교환가치를 낮추지 않을 수 있다는 오류에 빠져버렸다. 이러한 어려움은 케네로 하여금 〈경제표〉를 완성하고 7년이 지난 1765년에 생산계급과 비생산계급에 대한 자신의 초창기 구분을 실질적으로 포기하게 만들었다.[9]

왜냐하면 명백히, 자원 보존이라는 관점에서 볼 때 농업생산물의 **절대적 풍요**가 크면 클수록 국부는 늘어나지만, 사업의 관점에서 볼 때 농업 생산물의 **상대적 풍요**가 크면 클수록 그 생산물의 교환가치는 줄어들고 따라서 국부 역시 줄어들기 때문이다. 그래서 케네는 1765년에 이런 곤경에 직면했을 때 비생산계급과 생산계급의 구분을 수정했다. 이제 케네가 말하기를, "비생산"* 계급도 농업 종사자들이 괜찮은 가격으로 수용할 수 있는 수준을 넘어 더 많이 생산하지 않는다면 비생산적이지는 않다. 그러나 농부들이 교환에서 수용할 수 있는 수준보다 더 많이 생산하게 되면 그만큼 비생산적이다. 이 경우에 초과생산물은 "허구적 부, **부의 허구적인 증대**"다. 다시 말해 상품의 사용-가치가 아니라 교환가치로 부를 정의한다면, 부를 과잉 생산하지 않는 한, 비생산계급도 부를 생산하는 것이 된다. 케네의 "**허구적 부**"는 부가 아니라 자산이었다.

케네는 이러한 새로운 분석을 이어서 농부에게도 똑같이 적용했다. 다

..

9) In his *Le droit naturel*, Quesnay, *op. cit.*, 359 ff.

---

* 케네는 가격이 높으면서도 풍요로운 것이 진정한 풍요라는 것이라 주장했다. 커먼스는 공급량이 증가함에 따라 가격이 하락하는 것을 인정하지 않은 케네의 가장 큰 문제로 지적했다. 이 문제를 케네가 인정하며, 비생산계급도 합당한 가격으로 수용될 수 있다면 비생산적이지 않다고 말하는 것이다.

른 국민이 유리한 교환가치로 구매하려는 원자재를 농부들이 너무 많이 생산한다면, 농부들 역시 부가 아니라 "허구의 부"를 생산하고 있는 것이다. 그러므로 1765년에 케네가 다시 말한 것처럼, 비생산계급은 절대적이 아니라 **상대적으로만** 비생산적이며, 생산계급은 각각 다른 사람과 교환하려고 생산하는 상대적 수량에 따라서 상대적으로 생산적인 것에 불과하다. 각 계급은 전체 중 적절한 비율을 초과해서 생산하지 않는 한에서 생산적이다. 케네는 이렇게 강조한다. "**나는 나라의 부에 비례해서 그러하다고 말한다.**"[10]

　그러므로 케네는 처음에 자연의 풍요로 상품의 총 순환에 물질량의 순증가를 더하는 사람을 생산적인 계급으로, 그리고 물질을 더하지 못하는 사람을 비생산적인 계급으로 정의했다. 그리고 케네는 우리가 "사용-가치" 또는 부라고 부르는 물질과 우리가 자산이라고 부르는 사유재산권의 "희소-가치"가 다르다는 사실에 직면하자, 케네가 실제로 의미했던 바는 모든 계급들의 사용-가치 수량이 그 상대적 희소에 따라 서로 적절하게 분배되는 한에서 모든 계급들이 생산적임을 케네는 발견한다. 적절한 비율을 유지하면 유리한 교환가치를 가지기 때문에 사용-가치를 지닌 그들의 상품은 실제 부다. 그러나 어느 상품이 과잉 공급된다면 그 상품은 "허구적 부"가 된다. 이 상품은 교환가치가 거의 없거나 전혀 없기 때문이다. 케네는 사용-가치를 늘림으로써 물리적 재화나 부의 흐름을 늘린다는 물리적 개념으로부터, 일부 생산물의 풍요가 그 가격을 떨어뜨리는 것을 방지하고 또 다른 생산물의 희소가 가격을 끌어올리는 것을 방지하는 식으로 희소-가치를 안정시키기 위해 사용-가치의 여러 수량들을 가

..

10) *Ibid.*, 391.

장 바람직하게 비율을 조정하는 희소 개념으로 전환하고 있다. 케네의 "허구적 부"는 자산이다.

그러나 케네는 비생산계급에 대해 자신이 처음에 내린 정의를 고집하고, 그 추종자들도 거기에 집착한 나머지, 후기 비평가들은 케네가 1765년에 수정한 내용에 주목할 수 없었다. 케네는 비생산계급이 발휘하는 "자연스러운" 역할이 어차피 너무나 작은 것이어서, 정부가 비생산계급을 옹호하지 않는, 우주의 자연적이고 풍성한 질서 안에서 이 계급은 교환가치에 거의 영향을 미치지 않으며, 따라서 무시해도 된다는 주장을 통해 농업의 풍요라는 물리적 개념을 농업생산물의 높은 교환가치라는 개념과 화해시키려고 시도했다. 악덕이 아주 작으면 악덕이 아닌 것처럼!

케네에 따르면 중상주의의 인위적 또는 집단적 희소를 배제할 때, 자연의 비옥함이 낳는 자연적 희소라는 역설은* 당연한 것으로 받아들일 수 있으며, 다른 가치를 결정하는 데 어떤 중요한 기능도 없는 것으로 무시할 수 있다. "자연 질서"에 따르면 이것은 재산을 취득할 자유를 가진 사람은 어쨌든 농업보다 제조업에 종사하는 것을 선호한다는 사실에서 유래한다. 제조업은 힘든 일이 적고 도시 생활을 농촌 생활보다 선호하기 때문이다. 결과적으로 농업을 희생시키는 정부의 방해와 특권이 없다면 농산물이 풍부함에도 불구하고 그 교환가치가 높아지도록 개인들이 적절한 비율에 따라 "자연스럽게" 자기 자신을 배치할 것이다.[11] 1765년에 케네는 자신이 말한 비생산계급은 사치를 누리는 이 계급 중 일부분

..

11) *Ibid.*, 391-392.

---

* 주석 7번, 8번에 해당하는 문단 참고.

만을 의미한다고 말함으로써 화해를 이루어냈다.

그렇지만 물리적 개념과 희소 개념은 모순된다. 하나는 부이고, 다른 하나는 자산이다. 사용-가치의 물리적 개념은, 상품의 개별 단위에 체화된 귀중한 에너지의 양이 상품 공급이 늘어난다고 해서 줄어들지 않는다는 것을 의미한다. 물은 갈증을 해소하며, 물 1,000갤런은 물 1갤런보다 갈증을 1,000배 더 해소할 것이다. 이것이 수량 증가에 따라 단위당 체감하지 않는 사용-가치이다. 케네의 교환가치도 똑같다. 케네에게 교환가치는 인위적이거나 정부가 강제한 희소에 의해서 방해받지 않는 한 상품에 체화된, 미리 결정된 물리적 자연력의 물리적 순환이었지만, 다른 상품을 지배할 힘을 갖는다. 그래서 밀 100만 부셸은 밀 1부셸보다 100만 배 많은 교환가치를 가져야 한다는 게 결론이다. 이렇게 극단적인 사례는 주장을 터무니없게 만들지만, 케네가 말한 "자연 질서"는 이렇게 터무니없는 주장을 용인하지 않았다.

케네의 철학은 "비생산계급"이라는 용어 때문에 신뢰를 잃었는데, 아담 스미스는 **자연**을 **노동**으로 부분적으로 대체해서 이 용어를 어느 정도 수정했다. 그러나 케네의 "순환"과 교환가치의 물리적 개념은 나중에 칼 맑스가 스미스의 분업 대신에 받아들였다. 순환체계는 두 개가 있는데, 화폐 순환과 상품 순환이 그것이다. 후자는 자연에서 나온 상품을 인체의 모든 부분으로 운반하는 것이다. 전자는 한 인간이 다른 인간에게 전달한 것의 교환가치를 그 인간에게 돌려주는 것이다. 순환은 무엇도 추가하지 않고 자연이 예전에 창출한 상품을 타인에게 이전하는 것에 불과하다. 예전에 창출한 것은 힘이라는 의미에서 가치며, 풍부하지만 숨겨진 자연력이다. 자연적인 과정에 흘러가도록 내버려 두면, 순환은 **자연**의 풍요로 이미 체화되었된 것을 교환가치로 드러낼 뿐이다.

튀르고, 아담 스미스, 리카도, 맑스는 케네의 **연간 선급과 토지 선급**이라는 개념에 "자본"이라는 명칭을 부여했다. 자본은 순환하는 재화와 고정된 재화 두 가지 형태, 즉 판매 가능한 상품이라는 형태로 **저축하는 것**이었다. 반면에 이 상품들의 유통과 상품들의 판매 가능성이 리카도와 맑스 이론에서 교환가치이지만, 케네의 자연력이 아니라 노동력이라는 또 다른 체화된 에너지와 동일한 물리적 개념을 다시 낳았다.

II. 도덕 질서

케네는 물리 개념과 희소 개념 사이의 괴리를 인식하고, 우리가 앞에서 본 것처럼 이러한 괴리를 발생시키지 않을 그런 "자연 질서"의 개념으로 괴리를 메웠다. 케네에게 지주와 군주의 소득을 정당화한 것은 이 **자연 질서**의 또 다른 가지였다. 아담 스미스는 케네의 **자연 질서**에서 이 가지를 그대로 받아들였지만, 지주나 군주가 아닌 자본가를 정당화하는 데 사용했다. 케네가 주장했듯이 잉여를 생산하는 것이 지주나 군주의 고정 자본 전체가 아니라, 경작자의 생계를 포함해서 고정자본[12]의 마모나 감가나 소모에 해당되는 것, 즉 고정자본 중 "순환되는" 부분에 불과할 때, 지주와 군주가 자신들의 고정자본(토지선급)에 근거해서 이익을 얻는 것과 그들이 순 생산물 모두를 가져가는 것이 어떻게 정당화될 수

∙∙
12) 본서 486쪽, 평균.

있었는가? 현재의 경작자와 비생산계급이 그랬던 것처럼 지주와 군주는 자신들이 투입한 것, 즉 앞에서 정의한 자신들의 순환하는 상품에 해당하는 부분을 가져갈 자격이 있었다. 그러나 증대시키려고 자연으로 넘기거나 재생산하려고 순환으로 넘기지도 않은 채, 즉 사용하지도 않은 채 지주와 군주의 손에 그대로 있는 고정 자본의 부분에 근거해, 왜 이들이 이자는 물론 순 생산물까지 가져가야 하는가? 순 생산물을 생산했던 것은 경작자들의 생계 활동이지 지주의 소유권이 아닌데, 경작자가 지주를 배제하고 순 생산물을 모두 가져가면 왜 안 되는가? 소농이 영지를 빼앗은 프랑스대혁명에서는 실제로 그렇게 했다.

케네는 "자연 질서"와 "자연권"으로 경작자와 비생산계급을 정당화했다. 경작자와 비생산계급은 자신의 생존에 필요한 생계를 지주와 군주로부터 얻었다. 이들은 자신이 투입한 것만큼 얻었는데, 이는 모든 물리학 법칙만큼이나 자연스러웠다.[13]

그러나 자연 질서의 또 다른 가지로 "도덕 질서"가 있는데, 이것은 물리적 질서만큼이나 본성상 인류에게 구속력을 갖는 것이었다. 지주와 군주가 지대, 이자, 세금으로 순 생산물을 모두 가져가는 걸 정당화한 것은 바로 이것이었다.

그러나 이러한 도덕 질서는 1758년의 프랑스 지주와 군주의 지배적 관습에 불과했다. 한 국가의 중농주의 관점은 군주로부터 받은 특권을 누리는 대토지소유자의 관점이었다. 대토지소유자는 군주와 마찬가지로 장원에 법원을 설치해서 피지배자를 통치했다. 케네는 주권을 사유재산

· ·
13) 사치 계급과 구분되는 비생산계급의 소득에 관한 케네의 정당화에 대해서는 케네, 같은 책 390~391쪽을 참고하라.

과 구별하지 않았다. 케네가 마음속에 품은 것은 장원 재판소와 무장한 관리를 가진 통치권이기도 했던 봉건 영지가 존재하던 1758년의 프랑스와 독일이었다. (대토지) 소유권자는 그의 권력을 실행하는 관리를 통해서 행사하는 주권자였다.[14] 그의 예속민 가운데 10분의 9는 농업 노동자와 소농이고, 나머지는 농업 노동자들이 넘겨준 양모, 가죽, 돼지고기를 가공하는 조그만 상점의 일꾼, 또는 가내 하인 또는 지주가 제공한 제품을 가공하는, 문자 그대로 **공장제-수공업자**였다. 이들 예속민은 나라의 시민이 아니었다. 주권자인 소유권자들이 일부 몫을 차지한 것은 자신이 생산했기 때문이 아니라, 케네에게 익숙한 도덕 질서에서 차지한 위치 때문이었다. 이들은 귀족으로 태어났다는 이유만으로 도덕적 권리에 의해 우월해진 귀족이었다. 이들 없이는 무엇 하나 할 수 없으니, 왜냐하면 이들의 조상이 처음에 토지를 제공하고 안전과 생계를 경작자와 비생산 계급에 제공했기 때문이다.

케네가 바란 것은 지주와 영주를 추방하거나, 입헌권이나 소유권 제한으로 규제하는 게 아니었다. 케네가 바란 것은 지주와 영주가 주권을 행사할 때 부의 생산과 순환에 관해서 무지한 명령을 내리려 하기보다는 "자연 질서"에 따라야 한다는 게 전부였다. 이들은 도덕적 질서에 의해 자신의 지위를 확보했으면서도 자연 질서에 복종하고 있지는 않았다.

존 로크의 **자연**처럼, 자연은 지적이며 자비롭고 풍요로웠다. 그래서 케네에 따르면 물리 법칙은 "자연 질서 안에서, 명백히 **인류에게 가장 유리한 것으로서**, 모든 물리적 사건들의 조정된 경로"였다. 그래서 도덕 법칙은 똑같이 자비로운 기원을 가진 것으로, "명백히 **인류에게 가장 유리**

• •

14) Gide and Rist, *op. cit.*, 19.

한 자연 질서에 순응하는 도덕 질서 안에서 모든 인간이 행동하는 규칙"
이었다. 이러한 자연법에서 자연권이 생긴다. 케네에 의하면 자연권은
"사람이 자신의 행복에 적합한 것들을 요구할 권리"며, 정의는 자연권을
결정하는 자연법의 지배로, "이성의 빛으로 인지된 자연적이고 주권적인
지배이며, 이것은 자신의 것이냐 남의 것이냐를 **명확히** 결정한다."[15]

　도덕 질서를 포함한 **자연 질서**에 관한 이런 정의는, 케네가 자연법,
자연권, 자연의 정의(justice)에 관한 철학자들의 모순적인 개념들 모두
를 화해시킬 수 있도록 해주었다. 왜냐하면 케네의 이 개념은 언제 어디
서나 상황에 맞출 수 있는 유연한 자연권 개념이었지만, 이렇게 함으로
써 "자연권"을 철학자들의 자연적 불합리로 전락시켰기 때문이다. 따라
서 모든 철학자들의 겉으로 보기에 모순적인 자연권은 그것이 **명백히** 참
인 시간과 상황에 따라 **상대적으로는** 모두 참이었다. 대상이 동물인 **경우**
에 자연권은 자연이 동물에게 드러낸 것이라고 주장한 유스티니아누스
1세는 맞았다. 개인이 고립된 **경우**에 그 개인의 자연권은 고립된 상태에
서 자신의 힘과 지식으로 획득할 수 있는 모든 것이라는 주장도 참이었
다. 무정부 상태인 **경우**에 홉스의 "만인에 대한 만인의 투쟁"이라는 제한
없는 권리조차 옳다. 마찬가지로, 모든 사람을 통제할 주권적 권위를 지
닌 국가에 관해서 우리가 말하는 경우에, 자연권은 일반적인 주권이라고
말하는 사람들도 맞다. 마찬가지로, 이러한 합의가 관습인 **경우**에 자연
권은 절대적인 게 아니라 암묵적이든 명시적이든 합의로 제한할 수 있다
고 주장하는 사람들 역시 맞다. 자연권에 대한 지식이 하나도 없는 사람
에 대해서 말할 때에는 자연권을 **전적으로** 부정하더라도 그것은 맞았다.

••
15) In *Le droit naturel*, Quesnay, 359, 365. Italics mine.

지식은 "빛"이며, 이 빛이 없이는 이성은 볼 수 없고, 프랑스와 같은 나라에서 자연 질서는 이성과 지식을 겸비한 사람에게만 존재한다.

그러므로 케네를 비롯한 중농주의자들에게 영주가 제정해야 할 기본적인 실정법은 "이성에 비추는 빛"인 자연 질서의 법칙들 속에 있는 공적 가르침이나 사적 가르침의 법이었다. 가장 큰 범죄는 사람들을 무지한 상태로 유지하는 죄였다. 자연법에 대한 지식이야말로 권위, 재산, 풍요의 유지와, 지주와 부르봉 왕조의 안전으로 이성을 인도하는 것이기 때문이다.

간단히 말해, 자연법, 자연권, 자연 질서에 대한 케네의 관념은 주권의 명령과 다른, 시간과 장소에 따른 **관습**에 불과했다. 관습은 자연이고 주권은 중상주의였다. 그러나 케네에게 관습은 적합함에 대한 계몽적 감각, 교양있는 상식, 명백한 직관이 되어, 관습적이라면 자연스럽게 보이고 국가가 개입하면 부자연스럽게 보인다. 관습은 이해의 조화며, 노동과 자원을 조화롭게 배분하는 것이다. 이렇게 조화로운 비율에 따라 배분하는 것은 자연의 풍요에서 나온 것이니, 주권이 방해하지 않으면 모든 개인을 자연이 가장 풍요로운 경로들로 흘러들게 하지, 자연 자신이 자연의 풍요 속에서 배분한 것 이상으로 순환에서 뽑아내는 경로들로 흘러들게 하지는 않을 것이다. 모든 개인이 이러한 자연 질서를 따른다면, 자연이 풍요로운 곳에서 한 생산물을 너무 적게 생산하면서 동시에 자연이 척박한 곳에서 다른 생산물을 너무 많이 생산하도록 정부가 장려하지는 않을 것이다. 요컨대, 케네가 생각한 바로는, 자연 질서는 좋은 경제고, 인위적인 질서는 **중상주의자들과** 루이 15세가 떠받친 나쁜 경제였다.

케네에 따르면, 이렇듯 **이성**의 빛에 의해 인지된 이러한 자연법은 풍요를 창출하는데 필요한 지성과 은총이라는 두 가지 성질을 지녔다. 왜냐하면 이 자연법은 인간의 행복을 위하여 **지적 존재**에 의해서 규정되었기 때문이었다. 그러므로 자연법은 "불변이고 불멸이며 최선의 법"이었다.[16] 이와 대비되는 것으로 케네가 마음에 품은 것은 유럽을 제멋대로 통치하는 지배자들의 실정법, 즉 인위적인 법이었다. 실정법은 희소를 창출하고, 반면에 자연은 풍요를 창출한다는 점에서, 이 실정법은 자연법과 다르다. 이러한 차이는 실정법이 착각, 부패, 강제, 변덕일 수 있으며 그래서 자연법을 침해할 가능성이 있는 상황에서 비롯된 반면, 자연법은 불변이며, 지적이며, 자비롭고, 풍요롭다. 결과적으로 1758년 루이 궁정에서 일하던 케네처럼 지적이고 자비로운 지주가 이해했듯이, 자연 질서와 도덕 질서를 내포한 자연법은 실정법을 위한 비법이 되어야 한다.

로크는 자연법을 국왕과 지주에 맞서는 제조업자와 상인을 정당화하는 것으로 본 반면에, 케네는 상인과 제조업자에 맞서는 국왕과 지주를 정당화하는 것으로 보았다. 양측 모두 자연법을 **신**, **자연**, **이성**, **풍요**와 동일시했다. 로크와 케네의 다른 점은 그 수혜자들이었다.

케네가 자연 질서와 도덕 질서에 의해 지주의 지대를 정당화하는 한편, 모든 세금은 지주의 지대에 부과해야 하고 다른 모든 세금은 폐지해야 한다는 실천적(practical) 결론에 도달한 것은 역설처럼 보인다. 그 설명은 두 가지였다.

케네의 과세할 수 있는 "순 생산물"에는 지주의 비옥도 유지나 비옥도 **개선**을 포함하지 않았다. 지주들이 원래의 비옥도를 복원해야 할 것을 기대한다면, 이 지주들의 유지나 개선은 세금을 부과해서는 안 되는 지주의 "선급"이었다. 세금이 부과되어야 할 대상은 **원래의 비옥도**에서 나

••

16) *Ibid.*, 375.

온 순 생산물뿐이었다.[17]

또 다른 설명은, 케네가 마음에 품은 건 단지 농업 지대와 주로 판매세, 수입세, 도로세 같은 세금들이었다. 당시에 프랑스는 외국에서 수입한 물품에 대한 세금뿐 아니라 농장에서 도시로 국내 이동하는 물품에도 **세금을 물리고**, 큰길을 내는 **강제 노동**으로도 세금을 물렸다. 이러한 세금은 상품 유통을 방해하고 소농을 억압했다. 그래서 농업 생산 비용을 올리고 농산물 판매로 생기는 순수입을 떨어뜨렸다. 이러한 세금을 폐지하면 농업 지대는 많이 늘어날 것이며 이렇게 늘어난 지대는 세수 증가에 이용될 수 있었다. 실제로 종종 그랬던 것처럼, 케네는 지주와 독점적인 제조업자 및 상인 길드 등 지배계급이 나라 전체의 생산성이 증가해서 자신들에게도 이익이 될 거라는 기대 속에서, 그 특권을 자발적으로 포기해야 한다고 제안했다. 나중에 튀르고는 지방 책임자로 근무할 때 상업에 대한 이러한 장애물을 제거해서 케네 이론의 유효성을 보여주었고, 그 지방을 번영시켰다. 그러나 튀르고가 전국 규모로 비슷한 개혁을 시도하자, 귀족은 튀르고를 관직에서 몰아낼 수 있었다(1776). 귀족은 자연 질서에 대해서 나름대로의 관념이 있었기 때문이다.[18] 튀르고의 중농주의 개혁은 프랑스대혁명을 예방할 수도 있었다는 말이 종종 나오지만, 당시의 기득권자들은 그렇게 멀리 내다보지 못했다. 혁명은 귀족의 부동산을 농민에게 나누어 주었고, 상인과 제조업체 길드를 폐지했다.

케네 이후 40년이 지나서, 맬서스는 자연의 풍부함을 자연의 희소로 대체했다. 케네 이후 60년이 지나서, 리카도는 천연자원의 자연적 희소

••
17) 본서 609쪽, 리카도; 1311쪽, 과세의 경찰력.
18) 본서 846쪽, 튀르고.

를 극복하는 노동력에 근거해서 가치 개념을 세웠다. 케네 이후 90년이 지나서, 칼 맑스는 케네의 순환, 리카도의 노동과 자연적 희소를 받아들이고, 지주와 군주와 자본가를 제거했다. 케네 이후 120년이 지나서, 헨리 조지는 케네의 자연권, 자연의 풍부함 및 리카도의 지대를 받아들여, 토지 단일세 방안을 개발했다. 한편, 케네 이후 18년이 지나서, 아담 스미스는 케네의 자연 생산성을 부분적으로 거부하고 존 로크의 노동이론으로 복귀했다. 그러나 스미스에 앞서, 심지어 케네보다도 앞서 데이비드 흄은, 두 사람 다 주목하지는 않았지만, 경제학의 기초로서는 물론 소유권의 원천으로서도 풍요를 희소로 대체했다.

제4장

흄과 퍼스

I. 희소

　로크와 케네가 풍요의 원리에 기초해서 법, 경제, 윤리를 상호 연관 지었던 데 비해, 데이비드 흄은 희소의 원리에 기초해서 그것들을 상호 연관 지었다. 아담 스미스는 흄에 대해 "이 시대에 가장 탁월한 철학자며 역사가"라고 말하지만, 스미스는 흄의 사상적 기초를 거부하고 흄이 거부한 로크의 사상으로 돌아갔다. 흄은 1739년에 다음과 같이 말했다.

　"모든 고려할 만한 상황에서 인간의 상태를 뒤집어서 보라. 극단적인 풍요로움이나 극단적인 궁핍함을 만들어내라. 인간의 가슴에 완벽한 (……) 인간성 또는 완벽한 욕망과 악의를 심어라. 정의를 완전히 쓸모없는 것으로 만들 때 비로소, 여러분은 정의의 본질을 완벽하게 파괴하여, 인류에게 부과된 의무를 정지할 수 있다. (……) 개방적이고 자유로운 자연의 손길에서 우리가 누릴 향유는 거의 없다. 그러나 기술, 노동, 산업을 통해서 우리는 엄청난 풍요에서 향유를 뽑아낼 수 있다. 그러므로 재산권 관념은 모든 시민 사회에 필요불가결하게 된다. 그래서 정의가 공중에 대한 유용성을 얻는다. 이럴 때 비로소 정의의 가치와 도덕적 의무가 생겨난다."[1]

흄은 "유용성"을 현대의 "사회적 유용성"에 상당하는 공적 유용성, 즉 공공복지나 사회적 선이라는 의미로 썼다. 이후에 벤담은 유용성을 사적 유용성, 즉 개인의 고락이라는 의미로 썼다. 흄이 말했던 공적 유용성은 그것에 이기적 동기를 종속시킴으로써 개인들에게 영향을 미쳤다. 벤담의 사적 유용성은 자기이익이지만, 벤담은 이것을 공적 유용성과 동일한 것으로 간주했다.[2]

만약 흄에게 공적 유용성 또는 사회적 유용성이 정의의 유일한 기원이고 정의가 지닌 가치의 유일한 근거라면, 나중에 벤담이 주장한 바에 따르면, 고락만이 작동하고 있는 개인들에게 어떤 방식으로 공적이거나 사회적인 유용성이 작동하는가? 이에 대해서 흄은 **희소**의 정도와 **사람들의 품격**이라고 대답한다. 그러면서 이렇게 말한다.

"자연이 모든 **외적** 편의품을 인류에게 너무 **풍부**하게 제공해서 우리 인간들의 관심이나 노력이 없어도 확실히 모든 개인은 자신이 욕망할 수 있는 가장 게걸스러운 탐욕이 원하는 것은 무엇이나, 즉 상상할 수 있는 것은 무엇이나 충분히 공급받는다는 점을 스스로 알고 있다고 가정하자. (……) 이렇게 행복한 상태에서는 정의를 제외한 모든 사회적 미덕이 열 배는 증가해서 꽃을 피울 게 분명한 것처럼 보인다. 하지만 세심하고 조심스러운 정의라는 미덕에 대해서는 단

..
1) *The Philosophical Works David Hume*, 4 vols., ed. by T. H. Green and T. H. Grose(1875, reprint 1898), Ⅳ, 183. 인용구는 1898에 재출판한 것이다.
2) 본서 403쪽, 벤담 대 블랙스톤.

한 번도 꿈꾸지 않았을 것이다. 모든 사람이 이미 재화를 넘칠 만큼 가지고 있는데, 무엇 때문에 재화를 굳이 나눠야 할까? 누구도 권리를 침해할 가능성이 없는데, 무엇 때문에 소유권이 필요할까? 다른 사람이 내 물건을 건드려도, 내가 손만 뻗으면 그만큼 물건을 가질 수 있는데, 그 물건을 굳이 내 것이라고 할 이유가 무얼까? 이러한 경우라면 정의는 완전히 쓸모없어 공허한 형식이 될 것이며, 미덕의 목록에 결코 들어갈 수 없을 것이다." 이렇게 풍요로운 상태는 "황금시대라는 시적 허구"며 "자연상태라는 철학적 허구"였다.[3]

그러므로 정의와 사유재산은 상대적 희소에서 발생한다. 그러나 공산주의는 총체적 희소에서 발생한다면서 흄은 계속 말한다.

"사회가 모든 공동의 필수품들이 고갈되서, 아무리 검약하고 근면한 사회일지라도 많은 사람이 죽어가는 것을 막을 수 없고 모든 사람이 처참한 빈곤에 시달리는 것을 막을 수 없다고 가정해보자. 그렇다면 나로선 이렇게 긴박한 비상사태에서 정의에 대한 엄격한 법 적용을 중단하고, 필요와 자기보존의 보다 강력한 동기가 그 자리를 대신한다고 믿을 수밖에 없다. 배가 침몰한 뒤에 기존의 소유권을 무시하고 안전에 도움이 되는 물건을 잡았다고 해서 그것을 범죄라고 할 수 있는가? (……) 이 덕(virtue, 정의justice)의 사용과 성향은 사회질서를 지킴으로써 행복과 안전을 확보하는 것이다. 그러나 사회가 처참한 빈곤으로 붕괴하기 직전인 상황에서, 폭력과 불의는 겁낼 일이 아니다. (……) 공공은 덜 긴급한 기아 상태에서도 소유자의 동의 없이 식량 창고를 연다. (……) 기근이 기승을 부릴 때, 권력 심지어 폭력을 써서라도 식량을 평등하게 나누었다고 해서,

••
3) Hume, *op. cit.*, IV, 179, 180, 184.

이것을 범죄나 부당한 짓이라고 할 수 있는가?"[4]

흄은 스파르타와 로마의 토지 균분법으로 역사적 사례를 제시하지만, 개인 생산물의 소유, 동의에 의한 양도, 계약 집행, 상속과 같은 당시 영국인의 소유관습은 일반적으로 공공에 훨씬 유익하다고, 그러므로 공동 소유나 평등한 소유보다 정의롭다고 결론 내렸다.

그러나 이 주장은 로크가 말하는 **풍요**로운 상태에서의 **자연과 신적 이성**으로부터, 흄이 말하는 **희소**한 상태에서의 필수와 편의로 바뀌었다. 그래서 흄은 다음과 같이 말한다.

"자연법에 대해 쓴 사람들을 검토해보라. 그러면 그 사람들이 어떤 원리에서 시작했든, 그 사람들은 결국 여기서 끝내야 하며, 그리고 인류에 대한 편의와 필요를 자신들이 수립한 모든 규칙의 궁극적인 근거로 삼아야 한다는 점을 여러분은 언제나 깨닫게 될 것이다. 자연법 체계에 반해서 얻어낸 양보가, 이 체계에 순응하면서 용인한 것보다, 더 큰 권위를 갖는다."[5]*

마찬가지로 인간성의 양극단들은 공적 유용성과 정의를 변화와 상대성의 문제로 만든다.

••

4) *Ibid.*, IV, 182.
5) *Ibid.*, IV, 189.

---

* 여기서 양보란 자연법 체계를 반박하는 사람들의 비판 때문에 어쩔 수 없이 자연법 주창자들이 받아들인 것을 의미한다.

"(……) 인류의 필수품이 현재와 같이 풍부하다고 해도, 정신이 매우 커지고 우애와 관용으로 매우 가득 차서, 모든 사람이 모든 사람을 지극히 상냥하게 대하고, 남의 이익보다 자기이익을 먼저 챙기지 않는다고 가정해보자. 이 경우에 정의의 **사용**은 그러한 하해와 같은 자비로 필요 없게 되고, 재산과 의무의 배분과 경계는 생각해보지도 않았을 것이 분명한 것처럼 보인다. (……) 내 마음이 너의 이익과 나의 이익을 구분하지 않는데 내 이웃의 땅과 내 땅 사이에 경계선을 왜 만들겠는가? (……) 온 인류가 하나의 가족이 될 것이고, 그곳에서는 누구의 것이냐를 따지지 않고 모든 것을 공유하며 자유롭게 사용할 것이다."[6]

흄은 명예, 아량, 용기, 양심, 성실, 그리고 나중에 아담 스미스가 **공감**이라는 이름으로 담아낸 모든 것을 다양한 미덕이라고 언급하고, 인격과 희소라는 두 개의 원리를 윤리학과 경제학의 기초로 삼았다. 이러한 원리에 기초해서 흄은 "도덕의 이기적 체계를 유지했던"[7] 로크와 홉스의 윤리학 이론은 물론, 100년 동안 자기이익에 경제학의 토대를 두었던 아담 스미스, 벤담 등 경제학자들이 로크와 홉스로부터 넘겨받았던 경제학 및 윤리학 이론들을 반박하려고 했다. 그래서 흄은 이렇게 말한다.

"사적인 이익이 공적인 이익으로부터 분리되었던 예를 보아왔다. 심지어는 사적인 이익이 공적인 이익과 충돌하는 예도 있었다. 그러나 이러한 이익의 분리에도 불구하고, 도덕 감정은 아직도 계속 관찰된다. 그리고 이런 구별된 이익은 분명히 일치되는 곳이라면 어디서든, 항상 도덕 감정이 뚜렷이 증가하고,

6) *Ibid.*, IV, 180, 181.
7) *Ibid.*, IV, 267.

선행을 더 많이 베풀고, 악행을 싫어하게 된다. (……) 이러한 사례에 따라, 자기애의 원리로 모든 도덕 감정을 설명하는 이론은 포기되어야 한다. 이보다 공적인 사랑이 (자기애 대신에 — 옮긴이) 채택되어야 하고, 그래서 사회의 이익들이 그 이익이라는 점에서도 우리와 전적으로 무관하지 않다는 점을 받아들여야 한다. 유용성(usefulness)은 어떤 특정한 목적을 지향하는 경향일 뿐이다. 그리고 목적이 우리와 전혀 무관한 상황에서, 어떤 것이 그 목적에 대한 수단으로 우리를 즐겁게 한다는 것은 용어상의 모순이다. 그러므로, 만약 유용성 [공적인 또는 사회적인 효용]이 도덕 감정의 원천이어서, 이 유용성이 자신과 관련지어서 늘 꼭 고려되어지는 것이 아니라면, 사회의 행복에 이바지하는 모든 것은 우리가 그것을 직접 인정하고, 그것에 대해 선의를 갖도록 만든다."[8]

이것을 나중에 아담 스미스가 부정했다. 그러나 현대 노동조합의 "윤리"와 산업, 상업, 은행업의 기업 "윤리"에 우리가 익숙하다면, 우리가 이해충돌에서 성실, 공정한 거래, 공정한 경쟁, 경제적 힘의 합당한 행사, 균등한 기회, 상생, 영업권, 합당한 가치 등과 같은 모든 경제적 덕성이 생겨나게 하는 것은 바로 이해충돌로 귀결되는 흄이 말한 기회의 **희소**라는 사실을 발견할 것이다. 이런 덕성으로 인해 우리는 거래와 지속 활동체의 평화로운 활동을 가능하도록 한정된 기회를 남들과 공유해서, 자기의 직접적 이익은 뒤로 미루게 된다. 흄이 말한 것처럼 희소는 자기이익과 자기희생 양쪽으로 작동하며, 흄의 희소에 기초한 경제학은 경제학, 윤리학, 법학이 결합될 수 있게 한다. 반면에 아담 스미스나 존 로크의 풍요와 신성한 은총이라는 가정을 따르는 자기이익의 경제학은

••
8) *Ibid.*, IV, 207.

윤리학과 법학에서 경제학을 분리시켰다. 이러한 이유로 우리는 공급과 수요의 "법칙"이나 자기이익의 "법칙"이 아니라, **희소**를 경제학과 법학 모두의 보편적 원칙으로서 삼는다.

흄은 자신의 극단적 상정을 다시 반전시킨다.

> "마찬가지로, 고결한 인물의 운명이 불한당의 사회로 떨어졌다고 가정해보자. (……) 자신의 방어와 안전을 위해, 그는 누구의 것이든 칼과 방패로 무장할 수밖에 없다. 게다가 그의 정의에 관한 어떠한 관심이 자신이나 다른 사람의 안전에 더 이상 쓸모가 없어서, 그는 그의 배려와 관심을 더 이상 받지 못할 사람들에 대해 신경을 끊고, 자기보존이라는 명령에만 따라야 한다."[9]

그러고 나서 흄은 이러한 극단적 사례들을 포기하고 역사적으로 존재했던 사회의 구체적인 복잡성으로 나아간다. 그래서 "사회의 일반적인 상황은 이 모든 극단들 사이의 중간이다"라고 말한다.[10] 이 극단들은 극단적 사례로 작동하지 않는다. 이것들은 인물과 상황에 따라서 극단적으로 복잡하고 극단적으로 가변적으로 작동한다. 공적인 유용성과 정의상의 역사적 차이를 발견하려면, 흄이 말하길, 우리는 "법규, 관습, 선례, 유추 및 기타 수많은 상황"에 의지해야 하는데, "이 가운데 어떤 것은 불변적이며 경직적이고, 어떤 것은 가변적이고 제멋대로이다."[11]

또 다른 관점에서 본다면, 이것들 모두는 반복, 가변성, 미래성이라는

∴

9) *Ibid.*, IV, 182-183.
10) *Ibid.*, IV, 183.
11) *Ibid.*, IV, 191. 흄이 말한 "공적 유용성"을 현대에 보다 제한적으로 사용하는 "공익사업"과 같은 용어와 혼동하지 말아야 한다.

흄의 세 가지 관념으로 환원될 수 있는데, 흄은 이것들을 **관습**이라는 이름으로 재현하고 있다.

II. 습관에서 관습으로

흄은 모든 관념이 지적 모사(copy)와 합리적 반성(reflection)으로 존재하도록 허용하지 않고 이것을 단순한 주관적 감각으로 환원했다는 점에서 로크와 달랐다. 버클리 주교가 그 길을 닦았고, 흄은 "최고로 위대하고 가장 소중한 발견 가운데 하나"라고 이것을 버클리 주교의 업적으로 돌린 후, 이 견해를 받아들였다.[12]

버클리 주교는 로크의 이론에서 "관념"의 이중적 의미, 즉 감각과 **감지한 몸**을 지적했고, 감각은 단순한 지각에 불과할 뿐 우주에 존재하는 질서, 획일성, 통일성의 다양한 관계를 낳는 것이 아니라는 사실을 보여주었다. 로크의 "사물의 관념"은 "관념"에 불과하며, 그래서 관념은 감각에 불과했다. 그러나 버클리에게는 관념이 감각들 사이의 질서 있고 일관된 관계들에 대한 감각이어야 한다. 그러므로 버클리에게, 감지한 몸의 실재는 완전히 사라지고, 우리와 세상을 인도하는 질서 있고 일관되며 자비로운 의지라고 우리가 직접적으로 느끼는 신의 실재만이 남는다.

그러나 흄은 한 걸음 더 나아가 정신 자체는 로크나 버클리가 말하는

:.
12) *Ibid.*, I, 325.

자신의 감각을 인지하는 "영혼"이 아니라, 스스로를 인지할 수 없는 감각의 연속일 뿐이라고 주장했다.[13] "정신은 실체가 아니라" 관념들을 가진 연속하는 기관이다. 정신은 관념의 연속을 추상적으로 명명한 것에 불과하다. "지각, 기억, 감각은 정신이다. 사고 과정의 배후에 관찰 가능한 '영혼'은 없다."[14] 그러므로 흄은, 세계는 감각의 연속에 불과하고, 그래서 지성으로서 정신은 이러한 감각 사이에 어떠한 실체적 연결성을 결코 인지할 수 없다는 궁극적 회의론에 도달했다.

흄은 실제로 관념을 "모사"라고 계속해서 말하지만, 이 모사는 외적 대상에 대한 로크의 무미건조한 모사 그 자체는 아니다. 흄이 말한 모사는 보다 생생한 감각을 희미하게 반복하는 감각이다. "똑같은 대상에 대한 두 관념은 다른 감각에 의해서만 달라질 수 있다."[15] "우리의 관념은 우리의 인상으로부터 모사된 것이다." 그리고 "그 인상은 힘이나 활력이 서로 다른 만큼만 차이가 난다."[16]

그러므로 흄에 따르면 모든 인상이나 지각은 외적이든 내적이든, 그 본체의 크기와 운동과 견고함이든, 그 색상이든 맛이든 냄새든 소리든 열기든 냉기든 또는 거기에서 일어나는 고통과 쾌락이든, 원래는 하나같이 같은 평면 위에 있는 것이다. 즉 그것들은 모두 인상들이다. 이러한 인상은 내적이면서 사라지는 존재라서, 이 인상이 계속 존재하는 외적 실체와 관련된 것인지, 그 정체성을 유지하는 내적 영혼과 관련된 것인

••

13) *Ibid.*, I, 326; also Green's summary of Berkeley and Hume, I, 194 ff.
14) Durant, W., *The Story of Philosophy*(1926), 281.
15) Hume, *op. cit.*, I, 560(Appendix).
16) *Ibid.*, I, 396. 560쪽에 있는 이 부록에서, 흄은 "only"라는 단어를 생략하는 식으로 이 문장을 수정했다. 그렇지만 관념의 유일한 차이로 감각의 차이를 유지했다.

지 우리는 모른다. 영혼 자체는 자기 자신이 이러한 인상을 느끼고 있다는 것을 관찰하지 않는다. 영혼은 사라지는 감각의 연속 그 자체에 불과하다.

그러므로 철학적으로 흄은 철저한 회의론에 도달한다. 그러나 실제로는 그렇지 않다. 흄은 **활동**과 **관습**을 설명한 것이다.[17] 활동은 우리에게 경험을 제공하고, 경험은 비슷함, 근접함, 인과 관계를 가진 관념들의 연결이다. 인과 관계는 가장 광범위하며 운동이라는 관계와 힘이라는 관계 두 가지로 나타난다. 운동은 한 객체에 의해 다른 객체에서 생성되지만, 힘은 이러한 운동을 생성하는 능력이다. 운동은 실재적이며 힘은 잠재적이다. 그러므로 원인과 결과는 실재적으로든 잠재적으로든,

> "사람들이 사회에서 서로에게 영향을 미치고 지배와 종속에 매여 있게 만드는 이해와 의무의 모든 관계의 원천이다. 주인은 강제나 합의에서 비롯된 그의 상황에 따라서, 우리가 하인이라고 부르는 다른 사람의 행위를 특정 부분에서 지시하는 힘을 가지고 있는 그런 사람이다. 판사는 분쟁이 일어난 모든 사건에 대해 사회 구성원 사이에서 어떤 물건의 점유권이나 소유권을 자신의 의견으로 결정할 수 있는 사람이다. 어떤 사람이 어떤 힘을 가지고 있을 때, 그 힘을 행위로 전환시키는 데서 의지를 발휘하는 것만으로도 충분하다."[18]

그러므로 의지가 활동이다. 힘은 의지의 행사로 움직이는 능력이다. 그러나 흄은 로크의 물리적 유추를 그대로 되풀이해서 **선택**을 분석하는

∵

17) 흄은 습관과 관습을 똑같은 것으로 보았는데, 우리는 이것을 구분한다.
18) Hume, *op. cit.*, I, 320-321.

데 실패한다.[19]

관념으로서 이런 똑같은 경험은 익숙하지만 처음 경험한 이후에 남아 있거나 반복되는 그다지 선명하지 않은 감각이다. 따라서 이것은 우리가 기억과 상상으로 이해하는 인상의 "반성"이다. 관념은 외부에서 온 인상을 내적으로 반복하는 것이며, 새로운 유형의 인상, 즉 **반성**의 인상을 만들어낼 수 있는데, 이것들 역시 감각이지만 욕망, 혐오, 희망, 공포 같이 주로 미래를 바라보는 감각이다.

의견과 **신념**이라는 흄의 개념을 구성하는 것은 바로 이런 반성의 감각들인데, 우리는 이 감각들을 의미라고 지칭한다. 신념은 현재의 감각으로부터 생겨날 수도 없지만, 현재의 감각없이 생겨날 수도 없다. 이 신념은 흄이 **습관**이나 **관습**이라고 한 반복과 분리할 수 없다.[20]

"(……) 현재의 인상은 그 자체의 고유한 힘과 효력에 의해, 그리고 하나의 지각으로서 현재의 순간에 국한되어 홀로 고려될 때 이러한 (의견과 신념을 생성하는─옮긴이) 효과를 갖는 게 아니다. 처음 본 외관만으로는 어떤 추론도 할 수 없던 인상이 내가 그 인상의 결과를 일상적으로 경험하고 나서는, 그 인상이 신념의 기초가 될지도 모른다는 점을 나는 깨닫는다. 모든 경우에 우리는 과거 사례에서 똑같은 인상을 관찰했었음에 틀림없고, 그 인상이 다른 인상과 항상 결합되어 있음을 깨달았음에 틀림없다. (……) 현재 인상의 결과이고, 과거 인상들과 결합들에 의해 생겨난 신념은 (……) 이성이나 상상이 새롭게 작동하지 않아도 곧바로 생겨난다. 그러한 작동을 전혀 의식하지 못하기 때문에, 그리고 그것

••

19) 본서 535쪽, 능력과 기회.
20) Cf. Boucke, O. F., *A Critique of Economics*(1922), 151-152.

이 근거하고 있는 주제에서 아무 것도 발견하지 못했기 때문에 이것을 나는 확신할 수 있다. 이제 우리가 어떠한 새로운 추론없이 과거의 반복에서 생겨나는 모든 것을 **관습**[21]이라고 부르듯이, 우리는 현재 인상에 근거해서 생겨난 모든 신념은 오로지 그 기원에서 비롯된다는 것을 확실한 진리로서 확립할 지도 모른다. 우리가 두 인상이 함께 결합되어 있는 것에 익숙해지면, 한 인상의 외관이나 관념은 곧바로 우리를 다른 인상의 관념으로 인도한다."[22]

이제 흄은 자신의 실험을 반전시켜 다음을 발견한다. 만일 관념이 현재의 인상 없이 존재한다면,

"상호 관련된 관념으로 관습적으로 이행하는 것은 여전히 남아 있긴 해도, 실제로는 신념도 확신도 존재하지 않는다. 그러므로 현재의 인상은 이러한 작용 전체에 절대적으로 필요하다. 그래서 인상을 관념과 비교해서 둘의 유일한 차이점은 힘과 활력이 서로 다른 정도에 불과하다는 사실을 발견할 때, 이 모든 것에 기초해 신념은 현재의 인상에 대한 관계에서 나오는 관념에 관한 훨씬 더 생생하고 강렬한 개념이라고 나는 결론내린다."[23]

그러므로 의견이나 신념은 "현재의 인상과 관련되거나 연상되는 활기찬 관념"이다.[24] 이것이 우리가 흔히 말하는 인상의 의미다.

그러므로 흄은 "자연법"이라는 개념을 로크와 케네가 과거에 내려진

21) 또는 습관.
22) Hume, *op. cit.*, I, 402-403.
23) *Ibid.*, I, 403.
24) *Ibid.*, I, 396.

신의 명령, 그리고 자연의 조화로운 법이라는 관념으로부터 전환시킬 뿐만 아니라 원인과 결과의 필연적 연결이라는 관념과 모든 종류의 "주장들"로부터 전환시킨다. 그는 자연법을 "습관으로부터 전적으로 파생한 단순한 기대로 만들었다. 이 기대에 의해서 우리는 그동안 익숙하게 접하던 일련의 똑같은 대상을 미래에도 기대하도록 되었다. 과거를 미래에 투영하려는 이러한 습관이나 결정은 완전무결하다. 따라서 이런 유형의 추론에서 상상력의 첫 번째 충동도" 기대라는 "똑같은 성질을 부여 받는다." 과거의 다양한 실험과 모순된다면, 이 "첫 번째 충동은 (……) 여기에서 산산이 부서지고" 우리는 "이런 일이 일어날 때, 과거와 똑같은 비율로 혼합될 것"으로 판단한다. 여기에서 그 결과는 확률이 적긴 해도, 어떤 경우든 "미래는 과거와 비슷하다는 상정은 (……) 습관에서 전적으로 파생된다."[25]

　"그러므로 모든 개연적 추론은 지각의 한 종류에 불과하다. 우리가 자신의 취향과 감정에 따르는 것은 시와 음악만 그런 게 아니라 철학에도 똑같이 적용된다. 내가 확신하는 어떤 원리는 나에게 훨씬 강한 자극으로 다가오는 관념에 불과하다. 내가 어떤 일련의 주장들을 다른 일련의 주장들 이상으로 선호하는 것은 내가 내 감각으로부터 그 주장이 탁월한 영향력을 발휘하도록 결정한 것에 불과하다. 대상에서 어떤 상호 연결성도 발견할 수 없다. 또한 어떤 것의 출현에서 다른 대상의 존재를 추론할 수 있는 것은, 상상에 근거해서 작동하는 관습이지 어떤 다른 원리로부터 비롯된 것이 아니다. 이러한 편견은 무의식적이다. "원인과 결과에 대한 우리의 모든 판단이 의존하는 과거의 경험은 절대로

25) *Ibid.*, I, 431, 432.

알아챌 수 없을 정도로, 감지할 수 없는 방식으로 우리 정신에 작용할 수 있으며, 심지어 어느 정도 우리에게 알려지지 않을 수도 있다."[26]

때때로 흄은 반성이 관습을 안 거쳐도 신념을 창출하는 것처럼 보인다고 인정한다. 우리는 심지어 "단지 실험 한 번으로 특정 원인에 대한 지식을 얻을 수도 있다." 그래서 정신은 원인이나 결과에 관한 "추론을 끌어낸다." 그러나 "비슷한 대상은 비슷한 상황에 놓이면 항상 비슷한 결과를 낳는다"는 원리를 우리에게 확신시키기 위해 실험을 수백만 번 한다는 사실을 우리가 알아챘다면, 이러한 그럴싸한 어려움은 사라질 것이다. 그러므로 우리 경험은 명시적으로든 직접적으로든, 암시적으로든 간접적으로든 우리가 경험하지 못한 사례들에 옮겨진다.[27]

그러므로 우리가 흄을 해석하는 것처럼 일상생활이든 과학이든 철학이든, 우리의 모든 일에서 "현재의 인상을 떠올리거나 관련이 있는 생생한 관념"을 결정하는 것은 로크가 주장한 우리의 지성이 아니라 반복되는 우리의 과거 감각이다. 그러므로 경험은 지적인 지식이 아니라 개인적인 편견으로, 이 편견은 외부에서 온 인상에서 유래한 개인의 의미다.

이것은 흄의 도덕에 대한 관념에도 똑같이 적용된다. 말르브랑슈(Nicolas de Malebranche), 커드워스(Ralph Cudworth), 클라크는 순수한 지적 구조물로 도덕적 관계를 설정한 반면에, 흄은 그러한 지적 관계는 수학적 관계처럼 동어반복에 불과한 주장이라 그것을 감지할 순 없다고 단언했다. 그런 다음에 흄은, 우리가 이미 살펴본 바와 같이, 사회적 유용

:.

26) *Ibid.*, I, 403-404.
27) *Ibid.*, I, 405.

성과 희소에 대한 감각에 근거해서 윤리학을 세웠다.[28]

흄을 헤겔식으로 편집한 그린(T. H. Green)은 1875년에 쓴 저작물에서 자연법과 도덕법의 기초를 과거의 보편적 지성으로부터 개인의 감각과 기대로 전도시킨 흄의 이런 주장에 반발하고 있다.

"자연 질서를 기대가 지닌 힘으로 환원하고, 과학의 실제적 진행 절차에서 신념과 실재에 주어진 몇 가지 입장을 정확하게 뒤집은 이론을 과학자들이 보란 듯이 자신들의 이론으로 채택했다는 것은 (……) 만약 흄이 그 이론을 적나라하게 제시했거나 일관되게 주장했더라면, 설명할 수 없는 일이었을 것이다. (……) 기대는 '반성의 인상'이다. 그리고 만약 인과관계가 기대에 불과하다면, 감각으로 환원하는 것이 가장 어렵게 보였던 것도 감각으로 환원되었을 것이다. (……) 그런 기대들로 구성된 기대 속에서는 자연이 일관되다는 개념이 귀납적 과학에서 실제로 봉사하고 있는 그런 목적에 봉사할 것은 없을 것이다. (……) 우리가 찾아내기만 한다면 어떤 획일성이 있다는 신념 하에서, 우리가 자연이 자발적으로 제공하지 않는 법칙에 대한 고백을 자연으로부터 억지로 우려내는 '자연에 대한 탐구'에 의존하면, (……) 현상 사이에 일관되게 존재하는 관계가 인상도 아니고 관념도 아니며 오로지 사고를 위해서만 존재하게 된다."[29]*

●●

28) *Ibid.*, IV, 190.
29) *Ibid.*, I, 275, 276-277, 286.

---

* 이 장의 각주 29, 30은 흄의 저작과 함께 그린(Green)과 그로스(Grose)가 예비 논문 및 메모 형식으로 편집된 책 *A Treatise on Human Nature*을 커먼스가 인용한 것이다. 본문에서 커먼스가 언급한 바와 같이 이 부분은 흄에 대한 그린의 생각을 인용했다.

이 인용문으로부터 그린은 다음과 같이 결론 내린다. "원인과 결과의 관계가 관습에 불과하다면, 그것에 의한 지식의 확대를 설명해야 한다. 익숙한 감각의 반복에 대한 기대와 귀납적 과학 사이의 균열은 여전히 메워지지 않았기 때문이다. '자연 과학은 불가능하다'는 로크의 '의혹'을 극복한 것이 아니라 하나의 체계로 정교하게 만든 것이다."[30)

듀란트(W. Durant)도 그린과 마찬가지로 다음과 같이 반발한다.

"(……) 흄은 영혼 개념을 소멸시켜서 정통 종교를 파괴하는 것에 만족하지 않았다. 흄은 법칙 개념을 해체해서 과학을 파괴할 것 역시 제안했다. 브루노와 갈릴레오 이후, 과학과 철학은 다같이 자연법 즉, 원인에 이어 결과가 나타나는 '필연성'에 대해서 중시해왔었다. 스피노자는 이 자랑스러운 개념화에 기초해서 장대한 형이상학을 육성했다. 그러나 흄은 다음과 같이 주장했다. 보아라! 우리는 원인이나 법칙을 결코 지각하지 않는다. 우리는 사건들과 연속성들을 지각하고, 인과 관계와 필연성을 **추론**한다. 법칙은 사건들을 지배하는 영속적이고 필연적인 명령(decree)이 아니라, 우리의 만화경 같은 경험을 정신적으로 요약하고 축약한 것에 불과하다. 우리는 지금까지 관찰한 연속성이 미래에 경험할 때 변하지 않고 다시 나타날 거라고 보장할 수는 없다. '**법칙**'은 사건의 연속성에서 관찰된 **관습**이다. 그러나 관습에는 아무런 '필연성'도 존재하지 않는다.

오직 수학 공식만이 필연적이다. 공식만이 본질적이며 불변하는 참이다. 그이유는 단지 그러한 공식이 동어반복이며, 술어가 주어에 이미 포함되었기 때문이다. '3×3=9'는 '3×3과 9'가 하나며 똑같은 것을 다르게 표현한 것이라는 오로지 그 이유 때문에 영속적이고 필연적인 진리다."[31)

••
30) *Ibid.*, I, 285.

그러나 현대 과학은 흄이 습관과 관습이라는 이름으로 설명한 것을 정확히 수행하고 있다. 흄은 정신 개념을 두 개로 구분했다. 로크와 그린이 채택한 수동적 개념, 그리고 법, 원인, 결과, 필연성 등의 정신적 도구를 포함해, 탐구와 행위에 필요한 도구를 구축하는 정신의 능동적 개념이다. 정신이 수동적이라면, 정신은 "사라지는 느낌들" 사이에서 어떤 관계도 인식할 수 없다. 그러나 정신이 능동적이라면, 정신은 실제로 사라지는 느낌들의 부분들과 전체 사이의 추정된 관계를 만들어내고, 느끼고, 그리고 이에 근거해 행동한다. 흄의 회의론이 파괴한 것은 수동적 정신 개념이었다. 흄이 예고한 것은 능동적 정신 개념이었다.

III. 실용주의

1878년에 능동적 정신이라는 개념을 만들어서 흄의 회의론을 해체했던 사람은 미국 실용주의를 창시한 C. S. 퍼스였다. 연방정부 대지측량 부서에 근무한 물상과학자로서 퍼스는 흄이 실제 일을 고려하면서 도피처로 삼았던 **습관**과 **관습**을 깊이 탐구했다. 실제로 퍼스는 지성과 느낌 대신에 **습관**과 **관습**을 모든 과학의 기초로 삼았다. 그래서 자신의 체계에 실용주의라는 이름을 부여했지만, 그가 말한 실용주의는 과학적 탐구 **방법**만을 의미한 것이었다. 이런 식으로 퍼스는 흄의 심리학이 지닌

••
31) Durant, *op. cit.*, 281.

수동적 정신에 대한 근본적인 회의론과 흄의 비판자들이 주장한 예정된 "자연 질서" 모두를 회피했다. 우리가 퍼스를 따르고 이 책에서 경제학에 적용하려고 시도하는 탐구 방법의 이름으로 **실용주의**라는 용어를 받아들이려 애쓰는 이유는 물상과학자 퍼스가 모든 과학적 연구의 심리학을 명확하게 설명했기 때문이다.

우리는 스튜어트(Dugald Stewart)와 호지슨(William Hodgson) 같은 실용주의 철학의 선구자를 포함해 흄에서 퍼스까지 오는데[32] 140년이 걸렸다는 사실을 잊지 않는다. 우리는 우리 목적에 퍼스의 방법이 훨씬 유용하다는 사실을 발견한 것에 불과하다. 우리는 제임스(William James), 듀이(John Dewey), 실러(F. C. S. Schiller) 같은 후계자를 포함한 퍼스 이후 50년도, 쾰러(W. Köhler)와 코프카(K. Koffka)의 게슈탈트 심리학도 잊지 않는다.[33] 나중에 퍼스는 자신이 만든 "실용주의"라는 용어를 제임스와 실러가 사용한 방식에 항의하면서, 자신의 실용주의는 지식 이론이자 진실 여부를 시험하는 것인 반면에, 그들이 말하는 실용주의는 생명이나 가치나 욕망의 철학이라고 말했다. 제임스는 어떤 관념의 진리성에 대한 검증을, 그 관념이 기대되는 결과를 가져오는지 여부뿐만 아니라, 개인의 행복이나 듀이의 **바람직한 사회적** 결과와 같은 **바람직한 결과**를 가져오는지 여부로도 해석했다고 퍼스는 말했다.[34]

• •

32) 특히 Voegelin, Erich, *Über die Form des amerikanischen Geistes*(1928), 19쪽 이하를 보라.

33) James, William, *Pragmatism*(1906), *Essays in Radical Empiricism*(1912); Dewey, John, especially *The Quest for Certainty: a Study of the Relation of Knowledge and Action*(1929); Schiller, F. C. S., *Humanism*(1903); 쾰러와 코프카에 대해서는 위 97쪽을 보라.

34) 퍼스의 논문에 대해서는 *The Monist*, XV(1905), 161~181쪽, 481~499쪽; XVI(1906), 147~151쪽, 492~546쪽을 보라.

그러므로 우리는 실용주의의 두 가지 의미를 구분해서 사용할 수밖에 없다. 하나는 순수한 과학적 탐구 방법이라는 퍼스의 의미로, 퍼스가 이 것을 물상과학에서 끌어왔지만, 우리의 경제적 거래와 활동체에도 적용할 수 있다. 또 하나는 이러한 거래에 참여하는 당사자들이 가정한, 다양한 사회철학이라는 의미다. 그러므로 우리는 후자의 의미에서 듀이의 사회적 실용주의를 가장 밀접하게 따르는 반면, 우리의 탐구 방법에서는 퍼스의 실용주의를 따른다. 하나는 과학적 실용주의, 즉 탐구 방법이고, 다른 하나는 인간의 실용주의, 즉 경제과학의 주제다.

퍼스는 지각(sensations) 사이의 **관계**를 명확하게 구분하고 감각들(feelings) 자체에 이 관계를 포함하는 것으로 자신의 과학적 실용주의를 시작했다. 흄은 이 지각들을 감각으로서 설명할 수 없었기 때문에 거부했다.[35] 퍼스는 의식적 감각의 두 가지 종류의 요소들을 주목함으로써 그 방법을 설명했다. "곡에는 분리된 음조가 있고, 또 곡조가 있다." 흄의 인상과 관념은 "음조"로, 이것은 서로 떨어진 시점으로 분리된 감각이다. 그러나 "곡조"는 분리되지 않는다. 이것은 시간의 흐름을 통한 감각의 연속이기 때문이다. 퍼스는 이렇게 말한다.

"하나의 음조가 한 시간이나 하루 동안 길게 이어질 수 있으며, 그것은 그 시간 전체를 합쳐놓은 것에서와 마찬가지로 그 시간의 초마다 완벽하게 존재한다. 그리하여 그 음이 울리는 동안 그것은 하나의 감각에 대해 현전하게 되는데, 이

35) *Popular Science Monthly*(1877-1878)', XII, 1-15, 286-302, 604-615, 705-718; XIII, 203-217, 470-482에 퍼스가 발표한 여섯 개 논문 가운데 하나인, Peirce, C. S., "How to Make Our Ideas Clear"를 보라. 이것은 *Chance, Love, and Logic*으로 재출판(1923)되었다. 인용은 재출판된 책을 참고했다.

제4장 흄과 퍼스 | 295

감각에는 과거의 모든 것이 미래 자체와 마찬가지로 완전하게 존재하지 않는다. 그러나 곡조(air)의 경우에는 사정이 다르다. 곡조의 연주는 특정의 시간을 차지하고 그 시간의 부분을 이루는 시간 동안 오직 그 부분만 연주된다. 그것은 다른 시간에 귀를 울리는 음들의 연속에서 질서정연함으로 이루어진다. 그리고 그것을 지각하기 위해서는 시간의 경과라는 사건을 우리에게 현존하게 해주는 의식의 연속성이 있어야 한다. 우리는 낱낱의 음들을 들음으로써 곡조를 지각한다. 그러나 우리가 그것을 직접적으로 듣는다고 말할 수는 없다. 우리는 단지 그 순간에 현전하는 것만을 듣고 있으며, 연속의 질서정연함은 한순간에 존재할 수 없는 것이기 때문이다. 우리가 **즉각적으로** 의식하는 것과, 우리가 **매개적으로** 의식하는 것이라는 이 두 종류의 대상들은 모든 의식에서 발견된다. 어떤 요소들(감각들)은 그것들이 지속되는 한 모든 순간에 현전하는 반면, (사고 같은) 다른 것들은 시작, 중간, 끝을 갖는 행동들이고, 마음을 통해 흐르는 감각들의 연속에서 일치로 이루어져 있다. 그것들은 우리에게 즉각적으로 현전할 수 없고, 과거나 미래의 어떤 부분을 포괄해야 한다. 사고는 우리 감각들의 연속을 통해 흐르는 한 가닥의 멜로디이다."[36]

그러므로 퍼스에게 사고 자체는 순수한 지적 추상이 아니었고, 버클리와 흄이 주장한 것처럼 지각의 연속도 아니었다. 사고는 우리가 "의미"라고 명명한 것이었다. 사고는 지각의 반복을 관통하여 작동하는 기억과 기대를 통한 감각의 함의였다. 퍼스가 말하길, 사고는 "그 유일한 동기, 관념, 기능이 지적인 지식을 생산하는 것"이 아니라 "신념"의 느낌을 생산하는 것이라는 점에서 음악 같은 다른 관계 체계와 다르다. 신념은 네

●●
36) *Ibid.*, 39, 40.

가지 속성이 있다.

"(……) 그것은 우리가 알고 있는 무엇이다. (……) 그것은 의심이 생기지 않도록 달래준다. (……) 그것은 행동규칙, 즉 **습관**을 우리의 본성에 확립하는 것과 관련된다. (……) 사고의 **마지막** 결말은 의지의 행사인 것이다. (……) 신념의 본질은 습관의 확립이다. 사고의 모든 기능은 행동하는 습관들을 만들어내는 것이고, 또 (……) 사고와 연관되어 있지만 사고의 목적과 무관한 것은 무엇이든지, 사고에 달라붙은 것일 뿐 사고의 일부는 아니다. (……) 그러므로 우리는 그 의미를 발전시키기 위해서는 사고가 어떤 습관을 만들어내는지를 규정하기만 하면 된다. 사물이 의미하는 것은 단지 그것이 어떤 습관들과 연관되어 있는지에 있기 때문이다. (……) 습관이 무엇인지는 그 습관이 우리를 **언제 어떻게** 행동하게 하는지에 달려 있다. 언제에 대해서 말하자면, 행동에 대한 모든 자극은 인식에서 파생한다. **어떻게**에 대해서 말하자면, 모든 행동의 목적은 무언가 지각 가능한 결과를 만들어내는 것이다. 그래서 우리는 가시적이고 실천적인 것에 귀착한다." 이러한 이유로 퍼스는 신념에 **실용주의**라는 이름을 부여하고, "이것은 아무리 미묘하더라도, 모든 현실적 사색을 구분하는 근본이다. (……) 어떤 것에 대한 우리의 관념은 그 지각 가능한 효과에 대한 우리의 **관념이다**"[37]라고 규정했다.

그래서 퍼스는 우리 관념에서 과학적 명료함을 확보할 규칙으로 마무리 짓는다. "우리 개념화의 대상이 가지는, 어쩌면 실질적인 영향을 가질 수도 있는데, 그 효과가 무엇인지를 고려하라."* 그러면 이런 효과들에

••

37) *Ibid.*, 41, 43, 44, 45.

대한 우리의 개념화가 그 대상에 대한 우리의 개념화 전부다." 다시 말해 **실용주의**는 **미래성**이다.

그러나 여기에서 잠정적인 결말은 흄의 개인적 편견에 불과한데, 이 편견은 사람마다 감각이 달라서 달라진다. 퍼스는 편견 없는 과학적 신념을 확보하기 위해 앞으로 더 나아간다. 이것은 실재의 문제며, 우리가 **습관**과 **관습**의 차이로 구분하는 것이다.

왜냐하면 궁극적이고 근본적인 실재라는 형이상학적 문제에 대한 퍼스의 해결 방법은 개인적 편견이 아니라 사회적 의견 일치이기 때문이다. 실재는 어떤 인물들이 다른 사람들이 어떻게 생각하든 상관없이 독립적으로 존재한다는 그런 실재이다. "연구하는 모든 사람이 궁극적으로 동의할 수밖에 없는 의견은 우리가 의미하는 진리며,[38] 이 의견으로 표현된 대상은 실재다. 이것이 내가 실재를 설명하는 방식이다."[39]

따라서 형이상학의 의미가 바뀐다. 이것은 로크, 버클리, 흄이 말한 궁극적 실재에 대한 개인의 지적 이해 문제가 더는 아니다. 이것은 연구 능력을 지닌 사람들이 세계의 다양한 사건에 대한 예측에 서로 합의하길 기대하는 문제며, 이들이 계속 합의하는 한, 미래에도 똑같이 행동할 거라는 신뢰를 느끼도록 하는 것이다. 이것은 단지 흄의 편파적인 신념이 아니라, 과학적 신념이며 의미에 대한 편견없는 의미다. 흄이 "의심을 품

•••

38) 퍼스는 과학자로서 궁극적인 진리를 말하려던 것이 아니었다. 퍼스가 말하려던 것은 더 나아간 진리와 함께 변화하는 지식의 상태였다.

39) Peirce, *op. cit.*, 57.

---

* 인용한 원문은 "Consider what effects we conceive the object of our conception to have" 이다.

거나 탐구할 여지를 넘어서는" 무언가를 획득하려고 자신이 보았거나 기억할 수 있는 자신의 개인적 경험으로 돌아가야 했다면,[40] 퍼스는 의심을 품거나 탐구할 여지를 없애려고 실험을 통해서 확인하고, 기억하고, 확증한 모든 사람에 의한 사회적 확인만 요구한다. 이것이 편견과 과학 그리고 **습관**과 **관습** 사이에서 우리가 확보해야 할 차이점이다. 편견은 개인 의견이다. 과학은 의견 일치다. 습관은 개인적 반복이다. 관습은 똑같이 느끼고 행동하는 사람들의 집단 의견으로 개인에게 부과하는 일종의 사회적 강제다.

그래서 퍼스는 흄의 결함을 드러낸다. 첫째, 그 결함들은 정신에 관한 로크의 관념처럼 정신에 관한 흄의 관념이며, 외부에서 와 순간적 존재인 인상의 수동적 용기일 뿐이다.[41] 반면에 퍼스의 관념은 인상의 능동적이고 지속적인 조직자와 재조직자라는 관념이다. 둘째, 퍼스가 말하는 인상은 흄이 말하는 수학적 시점보다 오래 실재한다. 인상은 기억이라는 과거의 인상을 유지하고, 움직이는 현재에서 반복적으로 나타나며 변화하고, 그래서 늘 현재가 되어 가고 있는 근접한 미래에서의 감각(feeling)을 기대하기 때문이다. 흄에게 시간은 연이어지는 수학적 **시점**들로, 각각의 시점은 계속되지 않는다. 퍼스에게 시간은 과거, 현재, 미래 자체를 포함하는 어느 시간의 **순간**이다. 그러므로 흄은 지각론자였지만, 퍼스는 실용주의자였다.

퍼스의 정신 개념은 인상들을 능동적으로 조직하는 개념이기 때문에, 이제 흄이 말한 "인상" 자체도 유사성, 근접성, 연속성에 의해서만 관련

40) Hume, *op. cit.*, I, 384.
41) Durant, W., *op. cit.*, 295.

되는 인상 하나하나로 정신에 들어오는 게 아니라, 과거와 미래의 전체 활동에 관련된 부분의 외적인 관계들 속에서 포착된다. 정신은 인상을 기다리는 게 아니라 다양한 인상을 끊임없이 찾아서 부분들로 분해하고, 새로운 감각으로 재구성한다. 그래서 새로운 감각은 흄이 말한 수동적 인상이 아니라 퍼스가 말한, 미래 행동으로 나아가는 능동적 신념이다. 우리가 말하는 거래와 지속 활동체의 심리학을 이루는 것은 바로 전체에 대한 부분의 이런 관계며, 미래의 기대에 대한 과거 경험의 이런 관계다.

또한 흄의 회의론은 흄의 개인주의에서 비롯되었으며, 동시에 과학 연구자들의 협력과 비판을 받지 못했던 당시의 위대한 철학자들의 고립된 사색에서 비롯되었다는 사실을 퍼스는 우리가 깨달을 수 있도록 한다. 로크와 로크 이전의 대부분의 철학자들이 개인적인 지성에 의존한 데 비해, 흄의 회의론은 사물의 형이상학적인 궁극의 실재를 발견하기 위한 도구로서 이런 단순한 개인적 지성을 불신한 것이었다. 이래서 흄은 느낌과 사회 둘 다로부터 괴리되었다고 지성을 거부했다. 흄이 말한 지성의 의미는 감각들 사이의 공허한 간격이며, 그러므로 그것은 아무것도 아니었다. 흄은 이러한 회의론에 대해 다음과 같이 매우 솔직하게 말했다.

"내가 나의 철학 속에 놓여 있을 때 나는 의지할 데 없는 고독에 처음에 무섭기도 하고 혼란스럽기도 했다. (……) 나는 한 발 한 발 내디딜 때마다 망설이고, 새로운 반성을 할 때마다 내 추론에서 오류나 불합리가 나타날까 두려워한다. (……) 이미 확립된 모든 의견을 그대로 두는 것이 진리를 따르는 것이라고 과연 나는 확신할 수 있을까? (……) 조화시킬 수도 없고, 그렇다고 어느 한쪽을 포기할 수도 없는 원리 두 개가 있다. 즉 이 두 원리는 (첫째—옮긴이) 모든 우리의 서로 다른 지각은 서로 다른 존재라는 것, (둘째—옮긴이) 정신은 서로 다른 존재들 사이에서 어떠한 현실적 연결도 결코 인식할 수 없다는 것이다. (……) 정말 다행스러운 것은, 이성은 이 같은 가림막을 몰아낼 수 없기 때문에, 자연 그 자체로 그 목적에 충분하다는 사실이다. (……) 나는 만찬을 들고, 주사위 놀이를 하고, 대화하며, 친구들과 즐겁게 지낸다."[42]

그래서 흄은 실용주의자가 되는 순간에 자신의 회의론을 잊는다.

흄에 대한 그린의 비판은 올바른 면도 있고 올바르지 않은 면도 있다. 개인적인 경험에 대한 흄의 관념은 절대로 과학의 토대가 될 수 없다는 그의 결론은 올바르다. 이것은 개인의 혼란스러운 경험에 불과하며, 따라서 편견일 뿐 과학은 아니기 때문이다. 그러나 과학이 자연 "법칙"을 보유하려면 이미 정해진 획일성을 필요로 한다고 강조하는 면에서 그린은 틀렸다. 과학에 필요한 것은, 퍼스가 말한 대로 연구 능력을 갖춘 사람들이 지니는 기대들의 획일성인데, 이 획일성이 개별 연구자에게 관습의 구속적인 영향을 미치고 있다.

흄의 인간적인 회의론은 흄이 활동하던 시대의 개인주의와 선구자의 고립에서 나왔다. 퍼스의 실재성은 과학 연구자 세계에서 합의한 것이다. 이것은 흄의 교육 관념이 뒷받침한다. 흄은 모든 신념과 추론을 관습에 귀속시키지만, **관습**을 **습관**으로부터 구분하지는 않는다. 그래서 교육을 거론할 때 흄은 교육이 "지각이나 기억이나 이성과 같은 방식으로 마음에 작용하고 있을지라도" 그것을 "자연적인 요인이 아니라 인위적인 요인"으로 간주한다.[43]

••

42) Hume, *op. cit.*, I, 544, 545, 548, 559.
43) *Ibid.*, I, 416.

그러나 우리가 관습을 습관으로부터 구분한다면, 관습은 다름 아닌 교육이다. 관습은 어린 시절부터 주변 사람에 대해 반복된 인상이고, 이 인상은 개인에 대한 습관적 가정에 따르길 강요하기 때문이다. 반면에 흄이 말한 **관습**은 개인의 습관과 똑같은 것으로, 개인은 이것을 집단 의견의 도덕적 강제에 영향을 안 받고 물리적 자연이나 다른 인간의 반복에서 영향을 받는다. 실제로 습관은 어느 개인의 경험과 감각과 기대에 한정된다는 점에서 개인주의적인 용어다. 그러나 관습은 집단이 똑같이 행동하는 다른 사람들로부터 얻은 경험과 감각과 기대의 일부며, 가장 광범위한 의미에서 교육이다. 습관은 어느 인간에 의한 반복이다. 관습은 변화하는 인간의 연속적인 집단에 의한 반복이다. 관습은 개인에게 강제적 효과를 가지며, 흄이 주장한 것처럼 교육은 "인류를 지배하는 의견들의 절반 이상"을 담당하는 게 아니라 실질적으로 그 의견 모두를 담당한다. 그러므로 교육은 인위적인 것이 아니다. 교육은 남들과의 평생에 걸친 반복된 접촉을 통해서 습관을 획득하는 일상적인 사회 과정이자, 집단행동이 강제하는 순응의 필연성이다. 교육은 관습에 따름으로써 습관을 습득하는 것이다. 그래서 교육은 퍼스가 말한 의견의 일치와 똑같다. 교육은 개인에게 새로운 습관을 만들어주는 관습의 힘을 보유한 과학자들에 의한 신념의 일치다.

따라서 우리는 1739년 흄과 1878년 퍼스의 저작물을 통해서 의미에 대한 의미에 접근한다. 그러나 이 의미는 아직은 우리의 경제학적 목적에 완벽하지 않다. 흄은 개인주의자며 지각론자인 반면, 퍼스는 물상과학이 연구 분야였기 때문이다. 우리는 존 듀이에 도달한 다음에 비로소 윤리로 확대된 퍼스를 발견하고, 제도경제학에 도달한 다음에 비로소 거래, 지속 활동체, **합당한 가치**로 확대된 경제학을 발견한다. 그러나 흄의

"신념"은, 퍼스가 해석한 바에 따르면 우리가 제시한 의미다.

신념이나 **의미**는 우선 편견이다. 흄이 말하길 "가장 정확하고 엄밀하게 추론한 이후에도, 나는 그 추론에 동의해야 할 이유를 무엇 하나 제시할 수 없다. 나에게 비추어진 대로 대상을 **열심히** 검토하려는 **강력한** 성향을 느낄 뿐이다." 흄은 또 말한다. "내 감각은 늘 편향되며, 따라서 나는 지적으로 회의적이지만, 여전히 편향된 내 감각은 눈앞에 나타난 대상에 내가 부여하는 의미다."

이 의미들은 경험에서 생긴다. "경험은 과거로부터 내려온 사물들의 몇 가지 결합들 속에서 나를 가르치는 원리이다." 이런 연결들은 유사성, 연속성, 인과 관계라고 흄은 말한다.

반복되는 경험은 습관이 된다. "습관은 미래에도 똑같은 것을 기대하게 하는 또 다른 원리다."

경험과 습관은 상상력이 된다. "경험과 습관 둘이 함께 도와 상상력을 발휘하게 하고, 똑같은 장점을 지니지 않은 다른 것보다 훨씬 확실하고 생생한 방식으로 나에게 정확한 관념을 형성하게 한다. (……) 그러므로 기억, 지각, 깨달음 전부 다 활발히 움직이는 우리 관념이나 상상력에 근거한다."

그러나 이러한 감각 모두는 외부에서 인상이 자극하고 그 인상으로부터의 연역이 신념으로 될 때만 나타난다. "그러므로 의견이나 신념은, 가장 정확하게 정의한다면 현재의 인상과 관련되거나 연상된 활발한 관념이 될 수 있다." 이러한 신념을 우리는 습관적 가정이라고 명명하겠다.[44]

이 신념은 "어느 관념을 보다 선명하고 강렬하게 개념화한 것"이며,

..
44) 본서 1156쪽, 습관적인 가정.

수반하는 열정, 고통, 쾌락과 비교한 그 상대적 강도에 따라서 "의지를 작동시킨다."

따라서 흄에 따르면, 신념은 개인이 사건들에 부여한 편향된 의미다. 편견을 없애고 기대에 대한 과학적 신뢰를 얻으려면, 퍼스가 말한 것처럼 연구 능력을 갖춘 모든 사람의 신념에 대한 합의가 여전히 필요하다.

따라서 퍼스의 **실용주의**는 과학적 연구방법에 다름 아니다. 이른바 **실용주의** "철학"은 "무엇이든 작동하는 것"은 진실이고 올바르다는 오류에 근거한다는 비난을 종종 받는다. 사업가가 성공하면 그 사업가는 옳은 거고, 은행 강도가 물건을 탈취해서 도망치면 그 강도는 정당하다고 본다는 것이다. 그러나 퍼스가 말한 의미는

그렇지 않았다. 퍼스가 의미한 것은, 다른 사람이 실험하고 검증했을 어느 **이론**이 "작동한다"면, 현재의 지식이 관련되고 기존의 모든 알려진 사실이 포함되는 범위에서 그 **이론**은 진실이고 올바르다는 것이었다.[45]

IV. 자연에서 지속 활동체로

경제 과학에서 검증은 퍼스가 물상과학에서 발견한 것과 상당히 비슷하다. 그러나 근본적인 차이점은 물상과학이 자연 대상으로 인간을 포함

..

45) 실용주의를 더 깊이 전개한 내용에 대해서는 Geyer, D. L., *The Pragmatic Theory of Truth as Developed by Peirce, James and Dewey*(1914)를 보라. 본서 1083쪽, 베블런을 보라.

한 우주의 다양한 활동에 대한 지식을 다루는 반면, 경제학은 다양한 활동체가 다양한 수준으로 부과한 권리, 의무, 자유, 노출을 부여받은 시민으로서의 개인을 다룬다는 사실이다. 협상심리학에 필요한 것은 바로이 구분으로, 이는 역사에 등장한 다양한 심리학과 다르고, 심지어 사회심리학이라고 널리 알려진 것과도 다르다. 그 대상 영역은 집단행동의 운영규칙 안에서 교섭을 하고, 관리하고, 배당하는 것이다. 역사에 등장한 다양한 심리학은 개인주의적이고, 실제로 그럴 수밖에 없는데, 그 이유는 그 심리학의 주제가 자연적인 대상으로서 인간이지, 시민이나 지속활동체의 구성원으로서의 인간이 아니기 때문이다. 우리가 제도경제학에 적용하는 퍼스의 실용주의는 이러한 시민과 시민의 경제적 관계에 대한 과학적 연구다. 그 주제는 개인이 구성원인 활동체 전체이며, 연구의 대상이 되는 활동은 자연법이 아니라 당시에 적용되는 집단행동의 운영규칙이라는 완전히 다른 법칙에 의해 지배받는 거래들이다.

제5장

아담 스미스

I. 자기이익과 상호성

　데이비드 흄은 로크의 **풍요**와 **국부**를, **희소**와 **공적인 유용성**으로 대체했었고, 아담 스미스가 흄의 **유용성**이라는 의미를 이해했던 것은 바로 이런 공공선 또는 사회적 유용성이란 의미에서였다. 그러나 1759년 스미스는 『도덕감정론(*Theory of Moral Sentiments*)』에서 철학자로서 흄의 공적 유용성에 관한 관념에 동의하면서도, 인류에게 공통되는 "감정"으로서 공적 유용성이 개인에게 유효할 수 있다는 점을 부정했다. 그가 말하길, 이 관념은 "철학자의 반성(reflections)"에서 비롯되었고, 개인이 정의를 떠받치도록 하는 직접적 동기가 아니었다. "마음의 어떤 기질의 유용함도 우리 자신이나 공동체에게나 일차적인 승인의 근거가 거의 되지 못한다." 오히려 우리는 자신이나 남들 둘 다에서 반성하지 않고, 직관적으로 이성, 넓은 이해력, 자제, 박애, 정의, 너그러움, 공적 정신과 같은 고결한 인간적 성질을 "공동체에 미치는 유용성을 고려하지 않고" 높이 산다. 그리고 우리는 탐욕, 이기심, 악과 같은 반대되는 성질들을 전체로서 공동체에 미치는 영향을 생각하지 않고 직접적으로 거부하고 싫어한다.

이런 종류의 모든 성질들이 공적으로 유용하다는 관념은 "솔직히 사후사고(afterthought)*이지, 우리의 사전 동의를 거친 것이 아니다."[1)]

따라서 스미스는 로크의 본유(innate) 관념을 본유 감정으로 대신했다. 그는 로크의 "반성"에서 비롯된 "복합 관념"을 반성에서 비롯되지 않은, 동감과 반감이라는 복합적인 느낌으로 바꾸어 놓았다. 이 복합적인 느낌을 그는 "반성"이 아니라 "감정"이라고 불렀다. 그 반성은 "철학자의 사후사고"였다.

모든 감정들 가운데 가장 복합적인 것은 "적절"하다는 느낌인데, 이는 우리의 생각에 아마도 "적합하다는 느낌"이나 "통찰"에 상응하는 것 같다. 이 적절하다는 느낌은 바로 우리 존재 안에 내재되어 있었고 모든 정서들의 총합이었다. 이 정서의 특별한 경우들이 동감, 반감, 양심 그리고 의무감이었다. 스미스는 흄의 "살아 움직이는 관념"에서 힌트를 얻어 로크의 냉철한 추론을 "생생한 상상력"으로 대체했다. 그가 말하길, 우리는 물론 남들과 똑같은 감정을 실제로 느끼지는 못하고, "생생한 상상력"을 써서 그 사람의 처지에 자신을 갖다 놓고, 이렇게 하면서 그들의 행동과 우리의 행동 중에 적절한 것과 부적절한 것에 관하여 판단한다. 그러면 이 적절하다는 느낌은 "공평한 방관자", "양심있는 사람"**, "우리 행위의 위대한 심판자이자 조정자", "신의 섭리"의 "대리인"으로 의인화될 수

• •

1) Smith, Adam, *The Theory of Moral Sentiments*(1759, citation to 1822 ed.), 205, 216, 217, passim.

---

* 사전사고(forethought)의 반대인 사후사고는 행동 후 적절한 설명, 답변, 방편 등을 위한 반성을 뜻하며, 때때로 원래의 계획에 포함되지 않은 것을 부가하는 것을 말하기도 한다.
** 반쯤 이성적, 반쯤 감성적인 존재를 가리키며, 공정한 방관자(impartial spectator)와 동의어이다.

있다. 이들은 우리의 행위를 우리가 동감하는 덕성에 종속시키고 우리가 반감을 갖는 악덕에 맞서게 한다.

이렇게 해서 1759년에 **국가의 덕**을 옹호했던 스미스는 1776년에는 **국가의 부**를 옹호하기에 이르렀다. 여기에도 **교회**나 **국가**나 어떤 **집단 행동**의 도움이 필요하지 않은 신의 섭리의 대리인이 있었다. 그것은 "어떤 것을 다른 것과 교환하는 인간 본성에 속하는 어떤 성향"이었다. 이 타고난 성향은 여기 심어져 **원인**이 되었다. 이것은 우리의 예상과는 달리, 노동 분업의 **효과**가 아니었다. 그는 다음과 같이 말했다.

"많은 수의 기계뿐만 아니라 노동이 어디로 방향 지워지거나 적용되는 숙련, 솜씨, 판단의 더 많은 부분은, 그리고 노동의 생산력에서 가장 많은 개선은 노동 분업의 효과였던 것처럼 보인다. (……) 잘 통치되는 사회에서 인민의 최하위 계층으로까지 확산이 되는 그런 보편적인 풍요를 가져오게 된 것은, 노동의 분업으로 인해 여러 가지 온갖 기술들을 사용하는 여러 산업의 생산이 크게 증가한 데 기인한다. (……) 많은 이점들이 도출되는 이 노동의 분업은 원래부터 이 분업이 불러일으키는 전반적인 풍요를 미리 예견하고 의도하는 그 어떤 인간의 지혜의 효과가 아니고, (……) 한 물건을 다른 것과 교환하려는 어떤 성향의 결과, (……) 이성과 언어 능력의 결과다."[2]*

..

2) Smith, Adam, *An Inquiry into the Nature and Causes of the Wealth of Nations*(1776, ed. by Cannan, 1904), I, 5, 12, 15. Carman's edition에서 인용.

---

* 커먼스가 부분적으로 인용한 아담 스미스의 『국부론』 해당 원문에서는 이성과 언어 능력으로 확정하지 않았다. 원문에는 "(……) whether, as seems more probable, it be the necessary consequence of the faculties of reason and speech, it belongs not to our present subject

스미스는 때때로 결과에 상관없이 자기이익을 찬양한다고 추궁받았지만, 그의 자기이익이라는 관념은 로크와 케네의 관념처럼 그의 신의 은총이라는 관념에 종속되어 있었다. 인간의 가슴에 상호 이해 본능을 심어 준 것이 바로 이것이었는데, 그는 이를 "적절하다는 느낌"이라고 명명했고, 이것이 노동 분업, 교환 그리고 지상의 풍요에 이르게 했다. **신**의 보이지 않는 의도 안에서 자기이익은 자기 희생에 종속되었다. 의식적으로 자신의 자기이익만을 증진시키려는 동안, 개인은 벌집 속의 벌들처럼 무의식적으로 이 신성한 본능에 이끌려 전반적인 번영을 증진시킨다. 만일 그가 전반적인 번영을 이후에 생각한다면, 이 번영은 철학자의 사후사고처럼 그의 의식적인 이기심이 그를 이끌었던 것에 대한 가식이자 위선적인 정당화에 불과한 것이다. 스미스가 말하길,

　　"각 개인은 국내 산업을 뒷받침하는 쪽으로 자기자본을 고용하면서, 생산물이 가장 가치가 높게 되도록 그 산업을 지시할 때, 그는 필연적으로 할 수 있는 한 사회의 연 소득을 최대로 만들기 위해 노동하게 된다. 사실 그는 일반적으로 공공의 이익을 촉진할 의도도 없고, 자기가 그것을 얼마나 촉진하고 있는지도 모른다. 외국 산업보다 국내 산업을 뒷받침하는 것을 선호함으로써 자신의 안정만을 의도하고 있다. 그리고 그 생산물이 가장 가치가 크게 되는 그런 방식으로 그 산업을 지시함으로써, 그는 그 자신의 이익만을 의도하고 있으며, 그는 다른 많은 경우에서처럼 이 경우에도 보이지 않는 손에 이끌려 자신의 의도가 전혀 아니었던 목적을 촉진하게 된다. 또한 자신의 의도가 아니었다고 해서

---

to enquire"라고 했다. 번역하면 "(물품을 거래하고 교역하고 교환하는 기질이) 이성과 언어라는 능력의 귀결인가 아닌가 하는 문제는 우리의 당면한 연구의 주제가 아니다"라고 했다.

그것이 항상 사회에 더 나쁜 것은 아니다. 그는 자신의 이익을 추구함으로써, 자신이 실제로 사회의 이익을 촉진하고자 의도할 때보다 더 효과적으로 사회의 이익을 촉진하는 경우가 많다. 나는 공공선으로 위장한 교역자들이 많은 선을 행하는 것을 결코 본 적이 없다. 그것은 사실 상인들 사이에서는 아주 흔하지 않은 위장이며, 이 위장을 만류하는 데 긴 말은 필요 없다."[3)]

이러한 이기주의의 의식적인 의도는 무의식적인 본능에 의해서만 움직이는 동물들에게는 알려져 있지 않다. 그러나 인간에게 있어서 "이성과 언어 능력"은 사유재산의 본능과 교환의 성향을 동시에 만들어낸다. 이것들은,

"모든 사람에게 공통적인 것이면서, 이런 저런 계약은 전혀 모르는 다른 종족의 동물에게서는 발견되지 않는 것이다. (……) 누구도 어떤 동물이 몸짓과 자연스러운 외침으로 다른 동물에게 '이것은 내 것이고, 저것은 네 것이다'라든가, 내가 저것 대신에 이것을 주겠다고 하는 것을 본 적이 없다. (……) 그러나 인간은 형제들의 도움을 거의 끊임없이 필요로 하며, 그들의 자비심에만 그것을 기대하는 것은 헛된 일이다. 만약 그가 자신에게 유리한 대로 그들의 자기애를 자극할 수 있다면, 그리고 그가 그들에게 요구하는 것을 그에게 해주는 것이 그들 자신의 이익을 위한 것이라고 그들에게 보여준다면 그는 설득할 가능성이 더 커질 것이다. 누구든지 다른 사람에게 어떤 흥정이든 하려는 사람은 이렇게 하자고 제안한다. 내가 원하는 것을 주면, 너는 네가 원하는 이것을 가질 것이다. 그것이 이런 제안 모두가 가지는 의미이다. 그리고 바로 이런 방식을 통해 우리

•••
3) *Ibid.*, I, 421.

는 서로에게서 우리가 필요로 하는 것들의 훨씬 더 많은 부분을 얻는 것이다. 우리가 기대하는 저녁은 정육점, 양조업자, 제빵업자의 자비심에서가 아니라 그들이 자신들의 이익에 관심을 기울이는 데서 온다. (……) 거지를 제외하고는 누구도 시민의 자비심에 주로 의존하겠다고 선택하지 않는다."[4]

따라서 동감이든 자기이익이든 어느 경우든 그것은 신의 **섭리**에 의해 거기에 심어진 적절하다는 느낌에서 발생하는 상호성이었다. 『국부론(*Wealth of Nations*)』의 스미스가 『도덕감정론』의 스미스와 모순된다고 주장하는 사람들은 로크와 케네의 이론에서와 같이 신의 은총이 지상의 풍요에 해당된다는 그의 신학을 간과한 것이다. 흄이 자기이익과 정의 모두를 **희소**에서 이끌어냈다면, 스미스, 로크, 케네는 그것들을 **풍요**에서 이끌어냈다. 자연의 자원이 풍부하고, 다른 사람의 노동과 자신의 노동을 교환해서 원하는 것을 얻는다면, 자기가 원하는 모든 것을 어떤 다른 사람으로부터 **빼앗**아서 그 사람을 해치게 할 사람은 없을 것이다. 다른 사람은 제안된 교환 조건에 만족하지 않을 경우 기댈 수 있는 대안들을 많이 가지고 있다. 그리고 그 제안을 하는 사람도 그것이 받아들여지지 않더라도 고통을 겪지 않는데, 그 역시 대안들이 풍부하기 때문이다. 비슷한 방법으로 다른 사람들도 자신들이 원하는 모든 것을 가져갈 만큼 충분히 많은 것이 남겨질 것이다. 흄이 보여준 바, 희소의 세계에서 자기이익은 다른 사람에게 손해를 끼칠지라도, 로크가 보여준 것처럼 풍요의 세계에서 자기이익은 어느 누구에게도 손해를 끼칠 수 없다. 그러나 스미스의 세계는 **희소**의 세계가 아니었다.

• •

4) *Ibid.*, I, 15, 16.

현대 경제사회는 흄과 스미스 모두를 시험할 수단을 우리에게 제공해 왔다. 호황이 스미스의 **풍요**이고, 불황이 흄의 **희소**이다.

따라서 스미스의 『도덕감정론』과 『국부론』 사이에는 일관성이 있었다. 『도덕감정론』에서 스미스는 덕성 **때문에** 타인들의 욕구에 자기를 희생하는 것을 풍요의 세계 안에서 논하고 있었다. 『국부론』에서 그는 미덕이나 악덕에 **관계 없이** 풍요의 세계 안에서 타인들의 욕구에 자기를 희생하는 것을 논하고 있었다. 왜냐하면 동감과 교섭성향이라는 두 심리들은 보다 높은 대리인에게, 즉 풍요의 세계 안에서 적합, 양심, 조화라는 일종의 신성한 느낌인 "적절하다는 느낌"에 각각 종속되었기 때문이다. 동감은 자기희생에 의해 선행이 인정된 사람들의 복지를 촉진시킨다. 그러나 교환성향은 반감이 승인하지 않은 그런 악행을 지닌 사람들에게도 이롭다. 동감과 교환성향은 서로를 보완해주지 모순되지 않는다. 각각은 자기희생을 요구하지만, 어느 경우든 희생은 이미 정해져 있는 풍요의 세계에서는 중요하지 않다.[5]

∙∙

5) 제임스 보나르(James Bonar)는 스미스의 관념을 맨더빌(Mandeville)의 *Private Vices, Public Virtues*로 거슬러 추적한다. 보나르의 책 *Philosophy and Political Economy in Some of Their Historical Relations*(1893), 154 ff을 보라. 이 기원에 대한 주장은 그럴싸하지만, 그렇게 보이는 이유는 풍요의 세계에서는 스미스의 교환 성향이, 남들의 미덕에 대한 공감을 무시하는 동시에 남들의 악덕에 대한 반감도 극복하기 때문이다. 제이콥 바이너(Jacob Viner)는 스미스가 『도덕감정론』에서 경제적 문제와 관하여 "은총"에 단지 "미미한 역할"을 부여했다고 주장하고 있다. J. Viner, "Adam Smith and Laissez Faire", *Jour. of Pol. Econ.*, XXXV(1927), 198, 206을 보라. 하지만 우리가 앞서 언급한 것처럼, 스미스는 자신의 가치이론에서 사실상 은총을 조롱했고, 심지어 경제적 문제에서 이것에 위선적인 역할을 부여했다. 그가 이를 일관되게 할 수 있었던 이유는 "공적 유용성(public utility)"을 증진시키는 것은 어떤 경우에도 개인의 은총도 아니고, 개인의 자기이익도 아니기 때문이다. 케네에서처럼, 도덕적 질서를 공적 복지의 증진이라는 점에서 완전히 그 반대인 경제적 질서와 동일시한 것은 바로 신의 은총과, 이에 상응하는 지상의 풍요였다. 앞으로 보겠지만, 스미스는

그러나 이 예정된 풍요는 역사의 사실과 맞지 않는다. 만일 스미스가 코크와 블랙스톤(William Blackstone)이 설명한 영국에서의 관습법의 성장을 조사하고, 은총과 풍요라는 현행 이신론 대신에 흄의 **희소**의 원리를 설명으로 받아들였더라면, 그가 말하는 "이성과 언어 능력"에 대하여 다른 결과를 발견했었을 가능성이 있다. 개인의 가슴속에 뿌리내린 이해관계의 상호성에 대한 신적인 본능 대신, 그는 바로 이 상호성 자체가 실제로 이해관계의 갈등으로부터 이해관계의 상호성을 창출해 내는 집단행동의 역사적 산물이었다는 것을 발견했을 것이다. 개인의 자기이익을 일반적인 복지로 인도하는 일종의 보이지 않는 손(an unseen hand) 대신, 그는 좋다고 간주되는 한 그 시점과 그 장소의 관습을 받아들이고 흄의 "공적 유용성"에 따라서, 이런 좋은 관습들을 다루기 어려운 개인들에게 시행하는 관습법원이라는 보이는 손을 보았을 것이다. 개인의 행동을 통제하는 동시에 해방시키고 확장시키는 집단행동의 이러한 제도적 역사속에서, 그가 살던 18세기 영국에서 그는 인간이라는 동물이 "이것은 내것이고 저것은 네 것이다. 나는 그것을 위해 기꺼이 이것을 줄 것이다"라고 말할 수 있는 단계에 도달했었던 이유들을 발견했을 것이다.

그러나 스미스는 관습법에 호소하지 않았다. 그는 무의식적으로 그의 시대의 관습법을 사회생활에서의 존재에 대한 적절하다는 느낌으로서, 그리고 적합하다는 느낌으로서 의인화하고 영속화했다. 그의 의식적인 관심은 성문법으로 향하고 있었다. 그는 중상주의의 성문법을 **신의 섭리**의 성문법으로 대체하고 있었다. 존 로크의 경우와 마찬가지로 관습법의

∵

모든 집단행동을 거부했기 때문에, 공적 복지에 필요한 지상의 풍요를 제공하기 위해 신학에 호소했다.

현행 관습에 익숙한 그는 그것들을 신법(神法)과 동등하게 만들었다.

II. 자유, 안전, 평등, 재산

스미스가 이해한 중상주의 정책은 직접적으로 그 정책이 무엇을 했는가에 의해, 그리고 간접적으로는 그 정책이 허용한 것에 의해 작동되었다. 직접적으로 그것은 보호관세, 보조금, 식민지 및 항해 법규, 법인 헌장 등에 의해 민간사업을 돕기 위한 정부 정책이었다. 간접적으로 그 정책은 개인들이 무한경쟁에 참여하는 완전한 자유를 억제하는 규칙을 채택하거나 관습을 따르도록 하는 민간의 집단적 합의들을 허용한 것이었다. 그리고 스미스에 따르면, 천부의 자유 체제를 유지하는 정부의 유일한 의무들은 "다른 독립적인 사회들의 폭력과 침략으로부터 그 사회를 보호하는 것", "사회의 모든 구성원들 각각을 다른 구성원들의 부당함이나 억압으로부터" 보호하는 것 또는 집단적인 계약이 아닌 개인적인 계약의 시행을 포함해서 "정의를 정확히 시행하도록 확립하는 것", "이윤은 한 개인이나 몇몇 개인들에게 비용을 상환할 수 없기 때문에 (……) 특정 공공사업과 특정 공공 기관을 설립하고 유지하는 것"이었다.[6] 여기에는 모든 보조금, 보호관세, 기업 설립허가권, 무역규제, 노동법, 아동노동법 등이 제외되었다.

••

6) Smith, Adam, *An Inquiry into the Nation and Causes of the Wealth of Nations*, II, 185.

그러나 통치에 관한 그의 관념은 이후에 아나키스트들이 수립했던 것처럼 그렇게 완전히 자유방임주의적인 것은 아니다. 모든 개인을 다른 모든 개인과 적극적으로 분리시키는 것은 바로 이 정부이다. 인류학의 언어로 보면 각 개인은 **터부**이지만, 각 개인은 자발적으로 짧은 기간 동안 터부[7]를 불러일으킬 수 있고, 다른 사람들의 이익을 위해 개인들이 자신들에게 한 약속을 정부가 이행하도록 정부에게 자발적으로 권한을 위임할 것이다. 만약 이것이 행해진다면, 모든 개인들은 "완전한 자유"를 갖게 된다. 이 완전한 자유는 그가 원하는 어떤 방식으로든 자신의 사익을 자유롭게 추구할 수 있다는 것을 의미한다. 자신의 신체를 가지고, 또는 자신이 소유하고 있는 자연의 대상을 가지고, 또는 자신의 노동의 산물을 가지고, 또는 교환에서 받은 다른 사람의 노동 산물을 가지고 그는 무엇을 할지를 선택하는데 자유롭다. 그리고 국가는 개인적 의지를 이행하는데 국가의 물리력을 빌려줄 것이다. 비록 자유가 그 개인적 의지를 이행하기 위해 국가의 도움을 받았음에도 불구하고, 선천적인 "적절하다는 느낌"은 자유의 남용을 막기에 충분했다.

법에 의해 뒷받침된, 이 자유로운 자기이익의 개념은 **안전**의 개념과 분리시킬 수 없다. 왜냐하면 바로 지금만이 아니라 미래에도 남들로부터 (내가―옮긴이) 분리될 거라는 확실한 기대가 없거나, 남들이 약속한 대로 할 것이라는 확실한 기대가 없다면, 기대를 먹고사는 피조물인 인간은 생산하거나 저축하거나 교환하도록 거의 유도할 수 없기 때문이다.

또한 그것은 기회의 **평등**의 문제이기도 하다. 갑을 을로부터 분리시키

7) Frank, Lawrence K., "The Emancipation of Economics", *Amer. Econ. Rev.*, XIV(1924), 17-38.

면서도 을을 갑으로부터 분리시키지 않는다면, 갑은 자유롭지 않지만 을은 자유롭기 때문이다. 이것이 논리적인 귀결이라면, 얻게 되는 결과는, 생산성과 검약과 교환이라는 점에서 스미스가 의지하고 있던 근면검약한 상인, 제조업자, 그리고 농부의 자유를 침해하는 특권 계급을 승인하거나 허용했다고 스미스가 그토록 비난했던 중상주의나 지주제*이다.

요컨대 개인의 자기이익은 남들을 분리함으로써, 그리고 계약에 의해 그들을 묶어놓음으로써 얻어지므로, 각각은 개인 자신에게 가장 유리하다고 여겨지는 방향으로 작동할 것이다. 스미스에게 있어서 자기이익이란 의미는 완전히 자유방임주의적인 정부란 의미는 아니었다. 그것은 존 로크의 독립적인 사법부에 의해 시행되는 자유, 안전, 평등, 재산이라는 관습법적 의미였다. 사실 그것은 사법 주권의 의미였지 입법 주권의 의미가 아니었다.

그러나 입법부는 자유와 평등을 간섭하는 유일한 집단행동이 아니다. 스미스에 따르면 개인의 경쟁을 제한하는 협약, 규칙, 신사협정을 만들어내는 모든 관습과 모든 사적인 협회들도 똑같이 금지되어야 했다. "동일 업종에 있는 사람들은 즐길 때나 기분 전환을 할 때조차 거의 만나는 일이 없기는 하지만, 그들의 대화는 공공에 반하는 음모 또는 가격을 올리기 위한 모종의 계략으로 끝난다"고 스미스는 말했다. 그래서 그는 무역 협회와 근대 경영 윤리에 대한 담합주의를 비난했다. 이것들은 "완전한 자유"의 상태와 모순된다. 비록 이들 모임은 "자유와 정의"의 이름으로 계속 금지시킬 순 없을지라도, 법은 "그런 집회를 용이하게 만드는 일을 해서는 안 된다. 더군다나 그런 집회가 필요하도록 만들어서는 더더

---

* 경작자에게 토지를 임대한 사람에게 토지 소유권이 귀속되는 경제 시스템 또는 관행.

욱 안 된다." 그는 현대 생활에서 모든 도시 안내책자와 전화번호부를 배제했을 것이다. 왜냐하면 결코 서로를 알 수 없을 개인들을 연결시키는 그 이름이 적힌 "공적 등록부"도 없어야 하기 때문이다. 전화번호부와 전화기의 도움으로, 그들은 완전한 자유를 포기하고 규칙에 얽매이는 것에 동의할지도 모른다. 마찬가지로 "가난하고 병든 사람들, 과부들과 고아들을 부양하기 위하여, 동종업계 사람들이 스스로 경비를 부담하도록 하는 규정들은, 관리해야 할 공통의 관심사가 그들에게 주어짐으로써, 그런 모임들이 필요하게 만든다."[8] 그래서 자선 단체와 상호 보험조차도 자유를 침해한다.

장인이나 그의 일꾼도 마찬가지다. "수적으로 극소수인 장인들은 훨씬 더 쉽게 결합할 수 있다. (……) 사실 이 결합에 대해 거의 들어본 적이 없다. 왜냐하면 그것이 일상적 상태이기 때문이다. 그 상태는, 말하자면, 어떤 잡음이나 소란도 없는 자연스러운 상태다." 이러한 결합으로 "장인들 스스로 만든 규칙에 복종함으로써 자신들의 완전한 자유를 포기하면 노동임금이 [자연]율([natural] rate)보다 아래로 떨어지게 된다."[9]

그러나 자기이익이라는 완전한 자유에 대한 모든 제한들 가운데서 가장 가증스러운 것은 "다수의 행위가 전체를 구속하게 만드는" 조항이다. 자유 무역에서 유효한 결합은 모든 무역업자들이 만장일치로 동의하지 않으면 성립될 수 없으며, 모든 무역업자가 동일한 생각을 갖고 있는 한에서만 지속될 수 있다. 그러나 조합의 다수파는 어떤 자발적인 결합보다도 더 효과적이고 더 지속적으로 경쟁을 제한할 적당한 벌칙들이 들어

··

8) Smith, Adam, *An Inquiry into the Nature and Causes of the Wealth of Nations*, I, 130.
9) *Ibid.*, I, 68, 69.

있는 정관을 제정할 수 있다. "보다 나은 업종 관리를 위해 조합들이 필요하다는 주장은 어떤 근거도 없다. 노동자에게 적용되는 실질적이고 효과적인 규율은 그 조합이 아니라 고객의 규율이다."[10]

따라서 모든 개인의 완전한 자유와 평등이라는 자연적이고 신성한 권리를 회복시키는 데서 스미스는 관습의 본질이나 기업의 규정, 지속 활동체의 운영규칙, 또는 근래에 우리가 "기업 윤리"로 알고 있는 것의 강제나 기업의 안정화 관행, 공정경쟁에 대한 담합주의 정책, 현대 가격 결정의 "선도기업 따르기" 관행 또는 노조가입규칙에 대해서는 아무런 이해가 없었다. 이 모든 것들은 개인이 원하는 대로 할 자유를 집단적으로 통제해서 그 개인의 산출물에 제한을 가한다. 따라서 스미스가 말하는 자유는 단순히 법률이 부과하는 성문법적 강제력의 부재만이 아니라, 관습이나 무역 관행, 기업 윤리, 집단적 압력이나 단체 교섭이 부과하는 도덕적, 경제적 강박, 예를 들면 한정된 자원의 그의 몫 또는 소비자의 제한된 구매력보다 더 많은 것을 취한 가격 인하자나 비노조원, 파업탈퇴자를 오늘날 비난하는 것과 같은 모든 도덕적 또는 경제적 강박의 부재를 의미했다. 스미스의 노동은 지구상에 알려진 그 어떤 것보다도 자유로운 노동이었다.

스미스가 이와 같이 생각한 이유는 그가 **신의 은총, 보편적 풍요, 이성의 시대, 적절성**이라는 이상주의에 기초하고 있었기 때문이다. 따라서 불비례적인 과잉 생산도, 기업이나 기타 집단 활동에 의한 인위적인 부족도 없을 것이다. 이러한 풍요와 은총 그리고 적절함에 대한 이론으로,

●•

10) *Ibid.,* I, 130, 131. 조합(corporation)이라는 말로 스미스는 주식회사뿐만 아니라 길드 및 그와 비슷한 업계의 협회를 포함시켰다.

스미스는 케네와 마찬가지로 정부의 모든 법적 규제, 모든 관세, 관습의 모든 구속을 비난하고, 심지어 세금을 통한 무상교육 지원과 그에 따른 정치에 대한 복종까지 문제시하고 있다.[11] 스미스는 개인을 옥죄는 관습과 운영규칙의 폐지를 통해 순전히 개인주의적 자기이익과 완전한 자유라는 신성한 법칙을 세운다. 그는 유럽의 모든 규제정책을 너그러운 신의 **섭리**로 인도하는 손과 신의 대리인인 적절성으로 대체시키며, 심지어 그들의 빈민, 환자, 과부 그리고 고아들을 돌보기 위해 사람들을 결속시키는 공감이라는 공동의 정서에 반대한다고 선언하기까지 한다. 이런 가운데 스미스는 시대의 정서를 표현했고, **프랑스대혁명**은 교회, 지주, 협회, 노조를 폐지함으로써 그의 사상을 관철시켰다.[12] 스미스는 아나키의 시대를 창조하는 데 나폴레옹의 독재가 인정했었을 만큼 가까이 다가갔다.

스미스가 경제 문제에서 모든 집단행동을 없애더라도, 스미스의 이상주의는 달라질 수 없을 것이다. 집단행동이 없어지면, 이론가인 스미스는 사회를 지속시키는 일련의 본능들을 개인의 마음에서 찾아야 한다. 이러한 본능들은 인류의 복지를 의도한 어떤 외부적인 힘에 의해 그곳에 놓여 있어야 한다. 이 외적인 힘은 **신**이었다. 그의 목적에는 오직 세 가지 본능, 즉 공감, 교환, 그리고 적절성의 감각이 필요했다. 이것들이 경제 문제에서 모든 집단행동을 대신한다.

로크와 마찬가지로 스미스에게 재산은 노동자가 전 세계에 맞서서 배

••
11) *Ibid.*, I, 131-136; 437-462; II, 249-299.
12) 1791, 르 샤플리에 법 및 다른 법안들(원문에서는 Le lois chapelier, 1791로 나오지만, 이는 오기로 보인다. 원래는 Loi Le Chapelier이다 — 옮긴이).

타적으로 사용하기 위해 자신의 노동의 물적인 생산물을 보유하는 것을 법으로 보호하는 것이었다. 이것은 유체 재산의 물리적, 군집적(colonial) 또는 농업적 개념으로, 로크와 케네에게서도 발견된 것으로, 희소의 개념에 근거하지 않았고 사용-가치를 가진 물체의 물리적 소유에 기초했다. 스미스는 흄이 제안한 것과 달리, **재산**을 희소의 원리에 근거할 수 없었다. 이 원리는 **신**에 대한 거부로 나아갈 것이고, 공급을 제한함으로써, 대중에게 이익이 될 것처럼 하는 중상주의의 독점적 또는 우대적 관행을 정당화하는 것으로 나아갈 것이기 때문이다. 그러나 그의 자유에 대한 정의에는 개인의 재산에 대한 의미에 담겨 있는 모든 것이 포함되었다. 자유는 그가 원하는 대로 사용하거나 남용할 수 있는 물리적 대상을 배타적으로 소유하는 것을 포함했다. 그것은 그 재산을 팔든지 말든지 할 수 있는 자유, 그가 부과할 수 있는 가격을 부과할 자유, 미래를 위한 안전, 그리고 법 앞에서 다른 모든 개인들과의 평등을 포함했다.

그러나 이 사적 재산은 엄밀히 개인 재산이다. 그리고 스미스가 말하는 의미는 기업재산이나 단체재산의 개념과 구별되고, 소유자의 의지를 관습, 교역 관행이나 규정에 복종시키는 것과도 면밀히 구별된다. 그러므로 "개인 재산"이라는 용어를 사용한다면 "노동", "개인", "자기이익", "교환", "생산성", "검약", "상품" 심지어 "국부"와 같은, 겉보기에 다양한 용어들로 그가 의미했던 것에 대한 핵심적인 생각을 우리는 갖게 된다. 그가 말하는 노동자는 항상 유체 재산의 개인 소유자이다. 그가 말하는 상품은 항상 개인적으로 소유된다. 그가 말하는 **국부**(國富)는 개인의 부의 합이다. 따라서 그는 부에 대해 물질과 그것의 소유권이라는 이중적의미를 지니고 있었다. 그가 말하는 자기이익은 규제받지 않는 개인 소유자의 자유 의지이다. 요컨대 "개인의 유체 재산"이라는 말은 기업재산일 수 있는 사적 재산만은 아니고, 부를 생산하고 남들과 그것을 교환하겠다는 개인들의 의사에 관한 스미스의 관념이다.

재산의 이 의미는 **미국 대법원**이 수정헌법 14조를 해석하면서 받아들여졌으나, 스미스가 개인의 재산에 제한을 가한 것, 즉 기업의 재산을 배제한 것을 제외하고 받아들여졌다.[13] 이후 입법부에 맞서서 보호받는 재산과 자유의 의미 안에 현대의 사업 관행을 포함시키려는 욕구 때문에 대법원은 더 나아가, 거래의 자유와 거래를 확정시키는 가격에 재산의 의미를 부여했다. 법원은 **신, 자연, 이성**이라는 존 로크와 아담 스미스의 관념 안에서 로크와 스미스를 따랐다. 그러나 그것은 재산의 의미를 확대하여 기업, 거래, 법인화되지 않은 단체까지 포함시키고 거래에서 확정된 가격으로 사고팔 권리를 포함시켰다. 이러한 의미의 확장은 지속 활동체라는 관념의 기초가 되는 무형 재산의 기초이며, 무형 재산의 생사는 유익한 거래에 대한 기대이다. 그러한 것은 1890년 이후에야 비로소 달성된 의미로, 미국에서 현재의 헌법상의 재산의 의미라고 말할 수 있다. 스미스가 말하는 개인의 자기이익뿐만 아니라 스미스가 배제했던 결사권을 포함함으로써, 재산의 의미는 희소한 모든 대상을 독점적으로 사용하는 데서 주식 보유자와 채권 보유자 모두를 의인화한 협회라는 법인 조직의 자기이익이 된다. 따라서 재산의 의미는 타인이 쓰지 못하도록 갖고 있을 조직의 자유, 타인에게 양도할 조직의 자유, 타인으로부터 획득할 조직의 자유, 타인과 결합할 조직의 자유이다. 이러한 각각의 권리와 자유는 물리적 사물에 적용되는 것이 아니라 그 소유권에 적용되며, 재산의 의미는 개인들과 활동체들사이의 거래에 대한 기대가 된다.

• •

13) Commons, John R., *Legal Foundations of Capitalism*(1924), 11 ff.

따라서 재산의 의미는 물리적 사물로부터 거래로, 그리고 그 사물로부터 기대되는 거래의 반복으로 확장되고, 그리고 사용-가치로부터 가격에 나타나는 희소-가치로 확장된다. 스미스는 재산과 자유의 의미 속에 그 재산의 거래도 희소-가치도 포함하지 않았다. 후자인 자유는 중상주의의 폐해였다. 전자인 재산은 이미 자유에 포함되었다. 중상주의의 이론과 관행이 희소라는 사실과 공적 유용성이라는 핑계에 전적으로 근거하여 스미스와 부딪치게 되었다. 개인의 거래들에 대한 집단적인 통제를 정당화하기 위해 동원된 핑계는 위선적이었다. 반면에 자기이익에 따라 노동하고 축적하는 완전한 개인의 자유가 공적 복지를 돌보는 정직한 방법이라고 그는 말했다. 희소의 원리는 그에게 경제 이론을 물리적 자연의 자의성이나, 정부의 정치적 통제나, 길드와 조직의 독점적 관행에 맡기는 것이었다. 이 모든 것이 그가 말하는 "중상주의"에 포함되어 있었다.

집단적 희소, 즉 **단합된 희소**라고 불리는 것에 관한 이 잘못된 학설에 맞서, 스미스는 정부, 조직, 관습이나 기타 조직된 행동에 의해 통제받지 않는, 개인 재산의 제도를 통해서가 아니라 개인 재산의 자연법을 통해서 작동하는 개인의 생산성에 관한 학설을 수립했다. 그래서 그의 세 가지 주요 주제인 생산성, 검약 그리고 유효수요는 풍요의 세상에서 생산하고 축적하고 교환할 완전한 자유에 의해 유도된 개인 의지에 대한 그의 관념에 의존했다. 이것은 어떤 형태든 조직의 재산이나 집단의 재산이나 정부의 재산에 대립하며, 인위적 희소의 세상에서 중상주의나 법인주의(corporationism)*의 정책에 의해 부과된 통제에 대립하는 개인의 유

---

* 이 책에서 법인주의(corporationism)는 여러 의미로 쓰여진 것 같다. 무솔리니가 파시즘을 법인주의라 명명한 것으로 가장 잘 알려져 있으며, 오늘날에는 거대기업을 소유한 소수 재계 집단에 의해 국가가 운영되는 협동조합주의(corporatism)와 혼용되어 쓰이기도 한다. 여기서는

체 재산이 되었다.

따라서 법인 조직 재산이나 집단 통제를 개인의 재산으로 대체하면서 스미스는 흄의 희소에 기반한 재산의 현실적인 토대를 거부했지만, 로크처럼 자연의 질서, 신의 은총, 풍요에 기반한 재산을 수립했다. 그러므로 그가 실제로 한 것은 성문법에 의해서 승인되고 허용된 주권, 협회 또는 조직들의 규정들과 규제들에서 발생하는 집단적인 희소를 재산의 관습법에서 발생하는 **개인적인 희소**로 대체한 것이었다. 그는 재산이 희소라는 **사실**이나 관습이라는 **사실**에 근거하는 것이 아니라 자기 노동 생산물의 소유권에 대한 **정당화**에 근거한다고 생각했다. 로크처럼 스미스는 사실과 이 사실에 대한 정당화를 합쳐버렸다.

그러나 우리는 재산의 대상, 재산의 권리, 재산에 대한 정당화를 구별한다. 그런데 스미스는 사회 철학이 관습과 그것에 대한 정당화가 불가분의 관계에 있는 우주의 도덕적 질서에 관한 것이었기 때문에 불가피하게 스미스는 구별하지 않았다. 요컨대 **이성**에 대한 스미스의 관념은 존 로크의 관념과 같이 **행복**과 **정당화**의 결합이었다.

만약 우리가 이러한 구별을 한다면, 물질적인 것들이 희소하기 때문에 유체적 사실인 **재산**은 그 물질적인 것에 대한 배타적 보유이다. 재산의 권리는 이 배타적 보유와 함께 따라다니는 집단적 보장, 강박, 자유 그리고 노출이다. 이러한 재산권들은 스미스가 노동에 근거하여 정당화했다. 그러나 재산 그 자체는―오히려, 유체, 무형, 그리고 무체 재산을 포함하는 자산이며, 권리와 근거 모두로부터 구별되는 자산이다―단지 개

중상주의와 같이 고도의 관료주의적 체계를 만들어 산업화, 현대화, 군사화 등의 목적으로 국가가 경제를 주도, 통제하는 자본주의의 형태를 말한다.

인들의 희소 상황일 뿐이며, 지배적인 규칙에 따라 다른 개인들과의 거래를 결정하는 것이다. 스미스는 개인의 자유와 개인의 재산이 활동체의 집단적 규칙에 종속되는 법인이나 단합된 움직임의 어떤 재산의 형태에서도 집단적인 재산의 이후 발전을 짐작할 수 없었다. 흄이 이해한 바와 같이 궁극적으로 희소는 식량, 의류, 집, 토지의 부족이지만, 사업가, 노동자, 채권자, 채무자, 지주, 세입자에게 희소는 소유자들의 희소이다. 이 소유자들은 음식, 옷, 집 및 토지를 소유하거나 소유할 가능성을 가지고 있는 구매자, 판매자, 대여자, 차용자, 지주, 세입자들이다. 가격이 지불되는 것은 이 소유적 희소이며, 가격은 식품, 의류, 집 또는 토지의 가격이 아니다. 이것은 매클라우드가 나중에 주장했듯이(1856),[14] 정부로 하여금 앞서 말한 음식, 옷, 집 또는 토지로부터 모든 다른 사람들을 배제하도록 만드는 권리에 대하여 지불하는 가격이다. 희소는 사업의 직접적인 사실이자 경제학의 주제로서 재화의 부족이 아니라 법적인 통제를 가진 사람들의 희소이다. 희소가 식량의 희소를 의미하는 것은 야생동물의 욕구에 관한 것일 때뿐이다. 인류의 욕구에 대해서는 소유권을 이전하도록 대리인에게 기꺼이 명령을 내리고 사용-가치 생산을 위해 노동자에게 기꺼이 명령을 내릴, 먹거리의 실소유자와 잠재적 소유자의 희소이다.

　이러한 구별은 아담 스미스의 시대에 상식이었던 것과 배치된다. 그러나 현대 부재자 소유권*, 기업, 신디케이트, 노조, 대형 금융 거래, 대규

∙∙

14) 본서 708쪽, 매클라우드.

---

* 부재자 소유권이란 사업주가 특정 사업을 직접 경영하거나 사업이 이루어지는 지역에 거주하지 않으면서 그 사업을 소유하는 것을 말한다. 소유한 토지나 부동산으로부터 지대, 이윤, 자본 이익 형태로 소득을 얻는다는 점에서 다소 경멸적인 의미를 내포하기도 한다.

모 판매전략* 등은 스미스에게 상식이었던 것을 바꾸어 놓았다. 재화는 노동자가 다루는 물리적인 차원들을 가지고 있지만, 소유권은 사업가가 협상하는 희소 차원들을 가지고 있다. 사업가들은 희소의 전문가들이다. 그 구별은 그들 자신의 작업, 축적, 교환을 하는 소규모 제조업자, 상인, 농부들의 시대에는 드러나지도 않았고 중요하지도 않았다.

III. 노동-고통, 노동력, 노동 절약

아담 스미스는 **노동**에 부여하는 중요성이란 측면에서는 존 로크보다 더 나아갔다. 스미스는 로크처럼 자기 자신의 생산물에 대한 자유로운 노동자들의 권리에서 재산권을 도출했을 뿐만 아니라 **노동**에 대해 세 가지 의미를 부여했다. 스미스는 이를 동일한 것이라고 생각했지만, 이는 이후 경제학이 세 학파로 나뉘어지는 데 이바지했다. 이 세 학파는 **노동력** 중심의 **리카도-맑스주의 학파**, **노동 절약** 중심의 **케리-바스티아 학파**, **노동-고통** 중심의 신고전학파이다.

이 세 의미는 상품의 실질가격과 명목가격에 대한 아담 스미스의 유명한 장(章)에서 발견된다.

"모든 것의 실질가격은, 이를 얻고자 하는 사람에게 진정으로 들어간 비용인

---

* 제조업체로부터 저가로 상품을 대량구매하고 소매가를 더 높여 판매하는 방식.

데, 이는 이를 얻고자 할 때 드는 수고와 고생이다. 이를 획득한 사람과 이를 처분하고자 하는 사람 또는 다른 걸로 바꾸고자 하는 사람에게 진정한 가치는, 자신에게서 덜 수 있고 다른 사람에게 부과할 수 있는 수고와 고생이다. 돈이나 재화로 산 것은, 우리 자신의 육체적 수고로 획득한 것과 똑같이 노동으로 구매한 것이다. 사실 그 화폐나 재화는 우리의 이 수고를 덜어준다. 그것들은 일정량의 노동의 가치를 담고 있고, 이 가치를 우리는 같은 양의 가치를 담고 있다고 여겨지는 것으로 바꾼다. 노동은 최초의 가격이었고, 모든 것의 댓가로 지급되는 원래의 구매화폐였다. 세상의 모든 부는 원래 금은이 아니라 노동으로 구매되었다. 그리고 부의 소유자에게, 그리고 부를 새로운 어떤 생산물들로 교환하려는 자에게 그 부의 가치는, 그 부가 이들이 구매하거나 지배할 수 있게 해주는 노동의 양과 정확하게 동일하다."[15]

노동-고통(수고와 고생), **노동력**, **노동 절약**의 이러한 세 가지 의미가 아담 스미스에게는 중요도에서 똑같았기 때문에 이들 모두 가치 척도로 사용될 수 있었다. 아담 스미스가 희소에 기반한 흄의 재산에 관한 설명을 받아들이지 않았다면, 그리고 그는 모든 형태의 집단적 공급통제를 중상주의의 인위적인 가치들이라고 거부했으므로, 그는 산출 제한이라는 자동 원리를 **노동-고통**에서 찾게 되었다. 고통은 희소를 스미스가 의인화한 것이었다.

엘리 알레뷔(Elie Halévy)는 스미스가 왜 희소의 함수 대신 노동의 함수

..

---

15) Smith, *An Inquiry into the Nature and Causes of the Wealth of Nations*, I, 32-33. 게오르그 짐멜(Georg Simmel)(*Philosophie des Geldes*, 1900)이 자연과의 "교환"이라는 유사한 관념에 기초하고 있다는 점은 중요하다. 이 관념은 17세기 윌리엄 페티(William Petty) 경으로 거슬러 올라간다. *Palgrave's Dictionary of Political Economy*를 보라.

로 가치를 규정했는가에 대해 윤리적인 이유를 제시했다.[16] 그에 따르면, 푸펜도르프(Samuel von Pufendorf)는, 어떤 것의 가치를 욕구(wants)를 충족시키는 적합성의 함수로, 그리고 그것의 가격은 그것의 희소의 함수로 만들었다. 스미스의 스승인 허치슨(Francis Hutcheson)은 가치를, 쾌락 창출 적합성과 획득 수고의 함수로 만들었다. 이 획득 수고를 그는 희소와 동일한 것으로 여겼다. 우리가 주목하듯이, 벤담을 잇는 후세의 경제학자들의 명확한 용어에서, 이 의미들이 효용과 희소로 표현되었을 수 있다. 그러나 스미스가 따랐던 사람은 존 로크였다는 점도 우리는 주목한다. 로크는 1689년 명예혁명 이전 영국 왕들의 자의적인 요구에 맞서 재산권에 관한 사법이론을 생각하고 있었다. 이 재산권을 그는 생산성에 관한 노동력 이론과 죄에 따른 벌에 관한 노동-고통 이론으로 정당화시켰다.

스미스는 "자연적이고 침범할 수 없는" 이 재산권에 동의했다. 그러나, 가치를 희소의 함수가 아니라 노동-고통의 함수로 정의했을 때, 이미 스미스가 희소를 이 노동-고통으로 의인화했었다는 점이 지적되어야 한다. 이 노동-고통은 허치슨의 "획득 수고"와 같은 것이다. 노동-고통은 그것을 느끼는 노동자에게 즉각적으로 그것을 요구하는 어떤 것이다. 노동자는 희소도, 자신의 노동력도 느끼지 못한다. 노동자는 자연 자원의 희소와 풍부에 따라 늘어나고 줄어드는 노동-고통을 느낀다. 희소가 철학자의 사후사고라면, 고통은 스미스의 인간적 느낌이다.

고통으로서의 **노동**과 **힘**으로서의 노동이라는 스미스의 두 의미[17]가 맬

16) Halévy, Elie, *La formation du radicalisme philosophique*, 3 vols.(1901), I, 172 ff.
17) 스미스의 세 번째 의미인 "노동 절약"은 1837년 희소에 대한 케리의 의인화가 되었다. 본서 549쪽, 서비스 가치.

서스는 스미스의 **노동-고통**을, 리카도는 스미스의 **노동력**을 사용함으로써, 이후 맬서스와 리카도가 갈라지는 토대가 되었다.[18] 이 두 가지 의미는 **희소**에 대한 동일한 의인화가 지닌 주관적인 의미와 물질적인 의미이다. 하지만 이 차이는 맬서스와 리카도 이후 100여 년이 흐르면서 훨씬 더 커졌다. **힘**의 물질적 의미는 **자연**에 대한 **힘**이 되었고, 칼 맑스가 이 개념을 수용하면서 러시아 혁명으로 이어졌다. 반면에, 우리는 이것이 한낱 **효율**이라는 의인화되지 않은 원리로 이어지는 것에 불과하다는 것을 확인하게 될 것이다. 스미스와 맬서스 두 사람의 손에서, **고통**이란 주관적 의미는 **가격**을 의인화한 것이었다. 스미스의 "명목상" 가치인 화폐가 이후 경제학자들이 **노동**으로 대체되었을 때, 화폐는 **자연**에 지불된 가격이 된 것이 아니라, 다른 사람의 서비스를 요구할 수 있고 **희소**를 척도로 하는 제도적 원리로 끝나는 비인격화된 구매력이 되었다.

스미스가 노동을 의인화하면서 이후 이어진 학파들이 갈라지게 된 거의 모든 개념과 원칙을 포함했기에, 우리는 스미스의 노동의 의미를 분석할 때 이들의 이론을 반드시 예상하게 된다. 휘터커(A. C. Whitaker)는 초기 노동 경제학자들이 **가치 원인**, **가치 조절 요인**, **가치 척도**라는 세 개념을 혼동했다고 지적했다. 그의 구별은 아담 스미스가 두 이론, 서로 모순되는 철학적 이론과 경험적 이론을 합했다는 비이저(Fredich von Wieser)의 의견에 부분적으로 근거한 것이다.[19] 하지만 스미스의 "철학적" 관점은 철학이 아니라 의인화였다. 그것은 노동과 자연을 의인화한

..

18) 본서 609쪽, 리카도와 맬서스.

19) Whitaker, A. C., "History and Criticism of the Labor Theory of Value in English Political Economy", *Columbia University Studies in History, Economics, and Public Law*, XIX, No.2(1994); Wieser, Fredich von, *Natural Value*(tr. 1893), xxvii.

것으로 구성되었다. 그의 경험적 관점을 통제한 것은 이러한 의인화였고, 이것이 유럽 경제정책의 실제 역사적 발전은 정확하게 "자연적 질서"에 반대였다는 역설로 그를 인도했다. 의인화된 자연적 질서란 재화의 풍요와 인간의 행복을 의도했던 신(神)적인 이성의 원리들에 따라 역사에서 전개되었을 질서였다. 그리고 그의 이른바 경험적, 역사적 장(章)들은 인간이 집단행동으로 어떻게 자연의 질서를 전복했는지를 보이고자 의도되었다. 그의 이른바 "귀납적인" 방법은 귀납적이지 않았다. 이는 인류가 사건의 자연적 순서를 역전시킨 것을 보여주고자 하는 실례들을 모아 놓은 것에 불과하다. "자연"은 자유, 안전, 평등, 재산과 함께 시작했다. 하지만 인간은 노예제, 불안전, 불평등과 집단행동에 대한 개인의 복종과 함께 시작했었다.

스미스의 노동의 의인화도 마찬가지다. 노동은 인간과 함께 일하는 은혜로운 자연과의 교환을 지속하는 것으로 간주된다. 그러면 노동자는 자신의 생산물을 다른 사람과 서로 교환한다. 자연적 질서에 따라서가 아니라 자연의 질서에 위배되는 집단행동의 규제하에서 이러한 교환이 이루어진다. 이러한 이유로 그의 노동과 자연의 의인화는 우리가 주목했던 교섭 거래, 관리 거래, 배급 거래 모두를 의인화한 것이다. 인위적이고 자연에 반하는 것으로 스미스가 생각했던 어떠한 집단행동도 수반되지 않으면서. 스미스의 이론들이 인간과 다른 인간과의 관계에 대한 경제학이 아니라 인간과 자연과의 관계에 대한 경제학이 된 것은 이러한 의인화들 때문이다.

이런 식으로 스미스의 **가치의 원인**은 관대한 신의 의지가 제공하는 물질을 다루는 개별 인간의 의지이다. 가치의 조절 요인은 자연과 인간을 다루기 위한 법을 기초하는 신의 통치라는 관념이었다. 이 신의 통치는 집단행동이 자신의 운영규칙으로 신성한 질서를 대체하지 않았다면 달성되었을 것이었다. 그리고 가치의 척도로 사용된 그의 노동은 화폐와 집단행동이 개입되지 않았다면 안정적인 척도가 되었을 것을 의인화한 것이었다.

원인이나 조절 요인이 양적으로 기술되어야 한다면, 그 기술은 측정으로만 이루어질 수 있기 때문에 원인, 조절 요인, 척도 이 세 관념을 분리하는 것은 불가능하다. 현대 물리학은 원인과 조절 요인, 이 둘에 대한 관념을 포기했고, 반복과 측정에 만족하고 있다. 수학의 영향하에서, 이것이 경제학에서도 지배적인 태도가 되어가고 있다. 우리가 생각하기에 이것은 잘못된 것 같다.

경제학이 인간의 자유 의지에 대한 학문이라고 생각한다면, 경제학에서 원인과 조절을 제거할 수 없다는 것은 명백하다. 원인, 조절, 측정까지도 인간의 목적에서 나온 관념이며, 이것을 물상과학이 올바르게 없애고자 하고 있다. 하지만 경제학이 인간의 거래를 다루는 것이라면, 미래를 향한 이러한 목적들이 연구의 주제이다. 로크, 케네, 스미스가 원인을 탐색한 것은 잘못이 아니었다. 그들의 잘못은 자연과 노동을 원인, 조절 요인, 척도로 의인화했다는 데 있다. 그들은 거래와 관습, 집단행동의 운영규칙에서 그 원인을 찾았어야 했는데 말이다. 그들은 신의 **섭리**의 의도들 속에 **인과**를 설정했지만, 흄과 퍼스처럼 인간의 의도들에 설정해야 했던 것이다. 이들은 궁극적이거나 근본적인 원인으로서 **조절 요인**을 추구했는데, 이것이 로크, 케네, 스미스에서는 자애로운 우주의 자연법이었다. 그리고 그들은 궁극적이고 자연적인 원인, 즉 신의 은총이 인도하는 노동과 자연에 부합되는 **척도**를 찾았다. 반면에 실제로 척도는 우주와 인간의 활동이 수의 언어로 환원될 수 있는 자의적인 단위를 구축하는 전적으로 인위적이고 집단적인 관습과 법의 장치이다.

1. 가치의 원인

"가치라는 말은, 주목해야 하는데, 두 가지 다른 의미가 있다. 어떤 때에는 특정 대상의 유용성을 표현할 때도 있고, 어떤 때에는 그 대상을 보유함으로써 다른 재화를 구매할 수 있는 힘을 표현하기도 한다. 전자는 '사용-가치'로 불리고, 후자는 '교환가치'로 불린다. 사용-가치가 가장 큰 것이 종종 교환가치는 거의 없거나 아예 없기도 하다. 반대로 교환가치가 가장 큰 것이 사용-가치는 거의 없거나 아예 없기도 하다. 물보다 유용한 것은 없다. 하지만 물로는 거의 어떤 것도 살 수 없을 것이다. 즉 물을 교환해서 거의 어떤 것도 가질 수 없을 것이다. 반대로 다이아몬드는 사용-가치가 거의 없다. 하지만 다이아몬드로 어마어마한 양의 다른 재화를 흔히 교환할 수 있을 것이다"[20]라고 스미스는 말했다.

이런 이유들로 스미스는 경제 이론으로부터 사용-가치를 배척했고, (이는 그의 계승자들도 마찬가지였다) 경제 과학은 교환가치만 다루어야 한다고 스미스는 생각했다. 그러나 현대 과학적 경영은 사용-가치를 경제학에 다시 도입했고, 스미스로 하여금 사용-가치를 거부하게 만든 사용-가치의 또 다른 의미가 스미스에게 있었음에 틀림없다. 스미스가 자신의 추론 전체에서 실제로 사용-가치라는 관념을 활용했다는 점을 우리는 실제로 알게 된다. 사실 그의 전체 철학이 모종의 사용-가치 이론에 기반해 있고, 우리는 이를 그가 구성한 다양한 방식으로 분석하고자 한다.

이를 위해서는 우리가 이미 시사해온 것처럼, **가치**라는 용어를 두 가

••

20) Smith, *An Inquiry into the Nature and Cause of the Wealth of Nations*, I, 30.

지 요소, 즉 사용-가치와 희소-가치로 분석할 필요가 있다.[21] 현대 통계학의 요건으로 알 수 있듯이, 가치는 그것의 물리적 단위로 측정한 사용-가치의 양(量)을 화폐로 측정한 단위 당 희소-가치로 **곱해서** 얻는다. 예를 들어 밀 일정량의 **사용-가치의 가치**는 부셸의 수 x 부셸 당 가격 또는 희소-가치이다.[22] 아담 스미스가 신의 풍요와 인간의 죄 많음을 전제하고 분석을 했기에, 우리는 이러한 전제에서 사용-가치와 희소-가치의 의미를 발견하게 될 것이다.

(1) 사용-가치의 원인

우리는 노동-고통이란 용어를 스미스식의 "수고와 고통"에 상응하는 것으로 사용해왔고, 이를 노동력과 구별했다. 스미스는 노동력 이론도, 사용-가치 이론도 별도로 발전시키지 않았다. 왜냐하면 자연의 은혜에서 나온 그의 풍요론이든 로크의 죄벌과 같은 그의 노동-고통 이론이든 자연 저항 극복력 이론을 필요로 하지 않았기 때문이다. 이 자연 저항 극복력 이론은 나중에 자연의 각박함을 고민했던 리카도에게나 필요했다. 별도로 발전시키지는 않았지만, 스미스의 생산과 교환 이론을 검토함으로써, 사용-가치의 원인으로서 노동력으로 스미스가 무엇을 의미하고자 했는지를 추론할 수 있다. 그래서 사용-가치에 관한 스미스의 생각은 외적 세계를 내적 정신이 복사한다는 로크의 이원론적인 생각이라고 추론된다. 물리적 외적 세계는 사용-가치였다. 심리적 내적 세계(정신의 오기

..

21) 세 번째 요소, 미래성(Futurity)을 보려면, 본서 697쪽을 보라.
22) Cf. Fisher, Irving, *Nature of Capital and Income*(1906), 13 ff.

로 여겨짐 ─ 옮긴이)는 행복이었다.

그러나 스미스의 노동-고통의 양이 그에게는 노동력의 양과 같았다. 결과적으로 노동력으로 만들어진 상품의 양에는 동일한 양의 내부 고통이 수반되었다. 우리는 로크의 모사 이론인 이런 등가성을 **심리적 평행론**이라 부를 수 있다. 이는 우리가 **기능적 (또는 함수적) 심리학**과 **거래적 심리학**이라고 부를 것 모두와 구별된다. **심리적 평행론**은 외부 세계를 내부 정신이 모사한다는 로크의 관념을 따른다.

아담 스미스의 원래의 가치 공식과 이후 경제학파들의 공식들이라고 여겨지는 것을 예시하기 위해 우리는 네 개의 도표(도표 2, 3, 4, 5)를 그렸다. 각각은 (이후에 ─ 옮긴이) 더 적절한 때에 설명되겠지만, 이들 모두는 희소-풍요라는 동일한 경제 개념에 기초한 것이다. 예시의 목적상 가로선은 부셸로 측정되는 상품 밀의 희소 또는 풍요라고 할 수 있다. 화살표로 표시되는 바와 같이 가로선상의 한 점이 오른쪽으로 이동하면, 밀의 양은 풍요 쪽으로 늘어나게 된다. 점이 왼쪽으로 이동하면, 밀의 양은 희소 쪽으로 이동한다. 오른쪽으로 가면 풍요가 늘어나고, 왼쪽으로 가면 희소가 "늘어난다." 즉 풍요는 희소의 체감이고, 희소는 풍요의 체감이다.

스미스와 리카도에 따르면(도표 2) 생산물의 양이 증가하면 사용-가치의 양도 증가하고, 인류의 행복도 같이 증가한다. 이것의 배후에 있는 가정은 일반적으로 인간의 욕구(wants)가 무한하다는 것이다. 그리고 스미스는 사용-가치를 거부했는데, 그 이유는 그에게서 이것은 무한한 **주관적인 행복**을 의미했지, 이에 상응하는 **객관적인 사용-가치**를 의미했던 것은 아닌 것이다.

하지만 **객관적인 사용-가치**는 생산물의 양과 동일하다. 생산물은 다

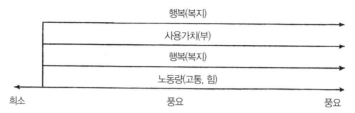

[도표 2] 심리적 평행주의(스미스, 리카도)

행복(복지)

사용가치(부)

행복(복지)

노동량(고통, 힘)

희소   풍요   풍요

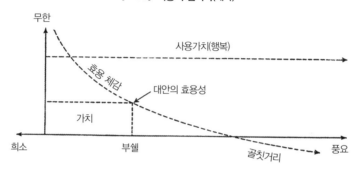

[도표 3] 기능적 심리학(쾌락)

무한

사용가치(행복)

효용 제감

대안의 효용성

가치

희소   부쉘   골칫거리   풍요

[도표 4] 기능적 심리학(쾌락, 고통)

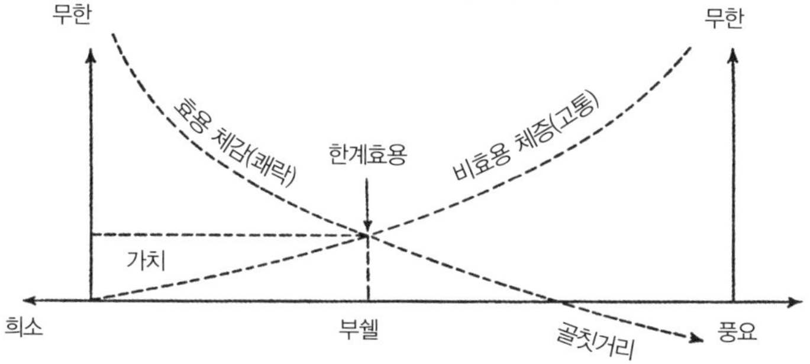

무한   무한

효용 제감(쾌락)   한계효용   비효용 체증(고통)

가치

희소   부쉘   골칫거리   풍요

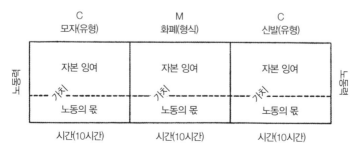

[도표 5] 맑스의 가치 공식

C 모자(유형)	M 화폐(형식)	C 신발(유형)
자본 잉여	자본 잉여	자본 잉여
가치	가치	가치
노동의 몫	노동의 몫	노동의 몫
시간(10시간)	시간(10시간)	시간(10시간)

노동력   노동력

름 아닌 사용-가치의 양이기 때문이다. 따라서 생산물의 양이 증가하면, 이는 그에게는 노동-고통 또는 노동력이 똑같이 양적으로 증가하는 것이고, 또한 **행복**이라는 **주관적인** 의미의 사용-가치가 똑같이 증가하는 것이었다. 심리적 평행론은 행복이 신의 은총에 의해 무상으로 늘어나기도 하기 때문에 사실 정확하게 평행은 아니었다.

도표 2는 스미스 이후 40년 후에 리카도가 스미스의 노동-고통을 폐기하고, 스미스의 노동력만 사용하게 된 것이 얼마나 단순한지를 보여주려고 한다. 실로 이러한 변경은 궁극적인 **자연**철학상의 하나의 심오한 변경을 수반하는 것인데, 이 변경이란 자연의 신성한 풍요에서 1798년 맬서스가 도입한 자연의 과잉인구와 자연의 인색함으로의 변경이었다. 하지만 이 변경은 사용-가치와 행복의 평행론에서의 변경을 수반하는 것은 아니었다. 풍요의 증가는 풍요를 생산하는 데 필요한 노동력의 양적 증가이다. 이는 물리적인 생산물의 수량과 동일한데, 물리적 생산물의 특성, 즉 밀의 사용-가치가 같은 비율로 증가하고 그 비율은 또한 인간의 행복이 증가하는 비율과 동일하다.

이러한 평행론의 근거는 도표 3과 비교해보면 명백해진다. 스미스나 리카도 어느 누구도 **단위당** 효용이 체감한다는 개념이 없었다. 이 개념이 희소와 풍요에 좌우되는 것이기 때문에 우리는 이 개념을 함수적 심리학이라 부른다. 심리학의 이런 측면은 고센, 제번스, 발라, 멩거가 19세기 중반에 각자 독자적으로 발견한 것이다. 이제 주관적 행복(기쁨)은 (주어진 생산물에 대해) 무제한적인 것이 아니라 보다 풍요로워지면서 **단위당** 감소하고, 보다 "희소해지면서" **단위당** 증가한다는 것이 드러났다. 풍요 쪽으로 가게 되면, 이는 물의 범람으로 수혜자를 익사시킬 수 있는 것 같은 "골칫거리"가 될 수 있다. 희소 쪽으로 가게 되면, 물은 물이 없는 사막에서의 생과 사를 다투는 "무한한" 효용이 될 수 있다.

이 함수적 심리학은 스미스나 리카도에게는 알려지지 않았으므로, 사용-가치라는 의미는 일반적인 행복의 의미를 제외하고는 존재할 수 없었다. 하지만 그럼에도 불구하고, 스미스에게는 사용-가치와 그것에 평행하는 행복이란 개념이 있었고, 이는 다름아닌 그의 "국부" 개념이었다. 사용-가치의 이러한 의미를 확인하는데, 에드윈 캐넌(Edwin Cannon)을 인용하고자 한다.

캐넌은 부(wealth)라는 말은 어원으로 볼 때 "복리(weal)[23]"라는 말이 더 길어진 것뿐이라는 점을 지적했고, 이전에 부는 "빵이나 고기, 의복, 돈 같은 외적 대상을 소유하거나 정기적으로 얻는 것에 달려있기 때문에, 부라는 말은 그 대상에 접근함으로써 만들어지는 심신의 상태뿐만 아니라 그 대상 자체에 적용되었던" 복지의 종류를 의미했던 점도 지적했다. 아담 스미스가 부라는 단어를 채택했을 때, 그 의미는 주관적인 복리라기보다는 이러한 외적 대상을 말하는 것이었고, "너무나 흔해서 사전 편찬자들은 이전의 의미를 언급하는 것조차 잊어버릴 정도였다."[24]

이는 존 로크에서 정점에 도달했던 16, 17세기에 우리가 발견하는 것과 일치한다. **공공 복리**와 **공공** 부는 당시 경제적 양(量)으로 상호 호환되어 사용되었고, 각각은 또한 통치라는 정치적 의미를 갖게 되었다.[25] 아담 스미스에 이르러 그가 폐기한 "사용-가치(value-in-use)"라는 용어는

••

23) 도표 2.

24) Cannon, Edwin, *A History of the Theories of Production and Distribution n English Political Economy from 1776 to 1848*(1894), 1, 2.

25) 이러한 의미들의 상호호환성은 다음에서 명백하다. *A Discourse of the Common Weal of This Realm of England*(1549년 집필된 것으로 추정, 1581년 최초 출판, 1893년 Elizabeth Lamond에 의해 MSS에서 편집 및 재간행). 일반적으로 W. S.로 알려져 있지만 작자 미상.

복리와 부라는 비슷한 의미를 가지게 되었다. 복리는 행복이나 복지의 주관적인 사용-가치로서 도표 2에서 보는 바와 같이 객관적인 사용-가치 또는 부와 평행을 이루게 되었다.

하지만 로더데일(Lauderdale)*은 제외하고, 아담 스미스, 리카도를 비롯한 모든 물리적 경제학자들에 관한 한, 부는 또한 교환가치를 의미하게 되었다는 점을 캐넌은 지적하고 있다.[26] 이는 의미를 치명적으로 확장한 것인데, 복리, 부, 교환으로서 가치가 삼중적인 의미를 지니게 되어서 프루동, 맑스, 미국 그린백주의자(American Greenbackers) 및 사실상 모든 지폐론자(paper money theorists)들이 이해하는 대로 역설적인 의미를 지니게 되었다. 지폐론자들은 생산되었거나 소유된 가치(사용-가치)의 풍부함에 상응하는 화폐의 공급을 요구했다.[27]

앞서 말한 것에서 우리는 스미스와 리카도의 심리적 사용-가치에 평행하는 것은 부셸과 갤런 등 물리적 단위로 측정되는 물리적 사용-가치로서 그의 **사회적 부** 또는 **국가의 부**라는 의미에 부합하는 것이라고 결론 내린다. 그것의 특성은 더 풍요로워지더라도 **단위당** 사용-가치가 체감하지 않고, 또한 더 희소해지더라도 **단위당** 사용-가치가 체증하지도 않는다는 것이다. 이는 풍요로워지면서 **단위당** 효용이 줄어들고, 반대로 희소해지면서 **단위당** 효용이 늘어나는 이후의 효용체감이라는 의미와 대조된다. 사용-가치는 풍요 가치이지만, 함수적 가치는 희소-가치이다.

∴

26) Cannon, op. cit., 5 ff. Lauderdale, Earl of, *An Inquiry of Nature and Origin of Public Wealth*(1804).

27) 본서 996쪽, 세계지불사회, 켈로그(P. Kellogg)에 대하여.

---

* 8대 로더데일 백작(Earl of Lauderdale)인 제임스 메이틀런드(James Maitland).

간단히 말하면, 사용-가치는 풍요와 함께 늘어나는 재화와 부로 객관적으로 의미했던 것에 대한 스미스의 주관적인 의미였다.

그렇다면 사용-가치 또는 재화는 수요와 공급에 따라 변하는 가치가 아닌 물리적, 문화적 차이에 따라 변하는 가치로 묘사될 수 있을 것이다. 물리적 차이는 신발이나 밀처럼 종류에서의 차이이다. 봄 밀이냐 겨울 밀이냐, 1등급이냐 2등급이냐 같은 질적인 차이도 있다. 낡았거나, 낙후되었거나, 고갈되었거나, 마모되었거나 등의 차이도 있을 것이다. 문화적 변수들을 우리는 **문명 가치**로 구분한다. 이들은 수요, 공급이 변화한 것이 아니라 양식, 유행, 종교, 도덕에서의 변화 그리고 화살에서 다이너마이트로, 말에서 자동차로, 그림에서 영화로 욕망의 대상을 변화시키는 문명의 발명품 또는 발견들이 변화했기 때문이다. 이러한 문명적 가치의 사용-가치가 감소하는 것은 **낡음**으로 특징 지워질 수 있을 것이고, 그 사용-가치가 늘어나는 것은 **발명**으로 특징 지워질 수 있을 것이다.

달리 말하면 사용-가치는 물리적이고 문화적 특징이지, 사물이나 사람에 대한 희소적인 특징이 아닌 것이다. 하지만 희소처럼 사용-가치는 또한 심리적 언어를 지닌다.[28] 사용-가치의 심리적 가치는 수량이 아니라 물리적 질(質)에 좌우된다. 행복에 좌우되지, 희소에 좌우되는 것이 아니다. 기존의 문명에 좌우되지, 수요와 공급에 좌우되는 것이 아니다. 그러므로 사용-가치는 사물의 색깔, 모양, 무게, 크기, 부피와 같은 식으로

28) 쾌락주의 경제학자들의 영향을 받은 현대 경제학자들은 사용-가치의 초기 의미 속에서 효용체감이라는 그들의 의미를 흔히 거슬러 올라가 읽어낸다. 이렇게 함으로써 이들은 효용에 이중적인 의미를 부여하는데, 초기 의미에서는 풍요가 증가하면서 단위당 효용이 감소하지는 않으며, 후기의 의미에서는 풍요가 증가하면서 단위당 효용이 감소한다는 것이다. 후자의 의미는 고전 경제학자나 그들의 추종자인 칼 맑스에게도 알려지지 않았다는 것이 우리의 주장이다.

규정되어야 한다. 사용-가치에는 실제로 양적인 차원들이 있지만, 이러한 것들은 천 몇 야드, 장작 몇 단, 전기 몇 킬로와트-시 등과 같이 자체 물리적 측정단위가 있는 물리적인 양(量)들이다.[29]

사용-가치가 객관적인 언어와 심리적인 언어를 지니고 있고, 따라서 사용-가치는 인간의 욕구를 만족시키는 사물들과 욕구 자체의 관계에 대한 관념이지만, 물리적 사용-가치에 대한 이러한 의미에는 개인이 특정 사용-가치를 얼마나 가지고 있는지에 의존한다는 생각이 없음을 우리는 알게 될 것이다. 이것은 존 로크의 이원론적인 관념으로, 우리는 이를 **심리적 평행론**으로 부른다. 그렇지만 이것 또한 이와 비슷한 복리와 부라는 이중 언어의 가설이다. 부의 풍요가 행복의 경제학적 언어라면, 복리는 행복의 심리학적 언어이다.

스미스는 **다른** 상품의 교환가치에서의 차이에 관심을 기울였지, **동일**한 상품을 다른 조건이나 다른 수량하에서 생산하는 데 요구되는 고통의 증가에 관심을 가진 것은 아니었다. 밀 한 부셸을 생산하는 데 필요한 고통의 양(또는 고통과 동등한 힘)은 감자 한 부셸을 생산하는 데 필요한 양보다 많다. 따라서 감자 두세 부셸은 밀 한 부셸과 교환된다. 리카도는 노동-고통을 그에 상응하는 스미스의 노동력으로 바꾸었을 때 동일한 교환가치를 염두에 두었다. 밀은 감자보다 두세 배의 노동력이 들어가고, 이는 밀과 감자의 교환 비율을 설명했다.

쾌락주의 경제학자들이 **동일한** 상품의 양이 늘어나면서 **단위당** 효용이 감소하는 것에 주목한 후 다른 문제가 등장했다(도표 3). 공급이 증가

••
29) 뵘바베르크는 *The Positive Theory Capital*(tr. 1981)에서, 정치경제학으로부터 이러한 "기술적" 관계를 제거한다. 반면에 우리는 거기서 효율과 관리 거래의 개념을 발견한다.

하면서 **단위당** 효용이 감소한다면, 공급을 늘리기 위해 요구되는 피로감이 늘어가면서 비효용 또는 **단위당** 고통도 늘어나지 않는가? 이러한 간과는 오스트리아-쾌락학파의 결점이었다. 이들은 노동을 기계로 대체하면서 스미스가 썼던 원시시대의 "고통 경제"를 거쳐 "쾌락 경제"로 진입했다고 주장했다. 하지만 고통은 여전히 남아 있고, 동일한 상품 생산물을 더 많이 생산하는 데 필요한 노고가 늘면서 고통도 늘어난다. 그리하여 고전 경제학은 신고전주의로 돌아왔고, 이들의 도식적인 공식은 도표 4에서와 같이 보일 수 있다. 공급이 전혀 없다면, 물과 같은 경우에 효용(사용-가치가 아니라)은 무한대로 늘어날 것이고, 이를 생산하는 데는 확실히 어떤 노동-고통이 없다. 하지만 노동이 증가하면 **단위당** 쾌락은 감소하면서, **단위당** 노동-고통의 강도는 늘어난다.

그러나 나무는 하늘을 향해 끝없이 자라지 않는다. 어느 지점에서, 말하자면 한계효용 점에서 체감하는 행복과 체증하는 고통이 같게 되기 때문에 공급은 더 이상 증가하지 않는다.

그리하여 한계효용에 대한 두 가지 유형의 설명, 즉 오스트리아-쾌락학파와 신고전학파가 존재한다. 이전의 무고통 경제에서 한 상품의 체감하는 쾌락이 하락점에 이르고, 그 점에서 대안적인 상품의 쾌락이 원래 상품이 주는 쾌락을 넘어서게 된다. 그 결과 모든 상품의 체감하는 효용들 중에서 선택함으로써 균형에 도달하게 된다.(도표 3) 대안들 중 모든 상품의 한계효용을 동일하게 만드는 선택점이 균형점이 된다. 이 유형은 1890년 뵘바베르크의 손에서 "효용 비용"의 원리로, 또는 선택 가능한 대안들 가운데 더 나은 것을 선택함으로써 얻는 한계 이익의 원리로 등장한다.[30]

반면 신고전학파의 한계효용은 연속적인 생산으로 인한 고통이 동일한 상품을 연속적으로 소비하는 데 따른 쾌락과 같아지는 균형점이다 (도표 4).

그리하여 19세기 말에 이르러, 스미스의 평행론은 사용-가치의 의미를 효용체감으로, 고통의 의미를 비효용의 증가로 바꿈으로써 함수적 심리학이 되었다. **가치** 개념은 이전처럼 여전히 2차원적인 개념이지만, 이번에는 한계효용, 또는 희소-가치 **곱하기** 생산물의 수량, 또는 사용-가치의 수량이 되었다. 이전에는 이것이 노동-고통 **곱하기** 사용-가치의 수량이었다.

스미스가 개인의 서비스를 경제학적으로 이론화하는데 사용-가치의 자리를 발견할 수 없었던 또 다른 이유가 있었다. 이들은 외견상 무형으로 수행되는 순간 사라지고 만다. 하지만 이러한 서비스는 확실히 유용하고, 이 유용성은 서비스가 이루어진 후에도 지속된다. 스미스와 그의 추종자들은 "생산적인" 노동을 "비생산적" 노동과 구별하는 데 만족했다. 의사나 변호사, 정치가, 종교인, 교사, 음악가나 배우, 과학자, 가정부, 가정주부는 "비생산적"이었다. 이들 노동의 효용은 저장되어 시장에서 팔리거나, 또는 다른 상품이나 다른 사람들의 노동과 직접 교환되는 상품으로 나타나지 않았기 때문이었다. 그러한 서비스의 **가치**가 측정될 수 있는 유일한 길은 임금이나 월급과 같은 화폐든지, 또는 이와 직접 교환되는 상품으로 환산하는 것이었다. 이런 이유로 노동 그 자체는 상품으로서만 취급될 수 있었고, 상품의 가치는 교환가치였다. 인적 서비스는 교환가치를 지녔다. 하지만 인적 서비스의 사용-가치는 다른 사람의 행복 속에서만 나타났다. 그리고 행복을 잴 수 있는 측정단위, 즉 톤이나

30) 본서 543쪽, 서비스 비용과 생산물 비용.

344

야드 같은 측정단위가 없었다.

상품에 "체화된" 노동의 경우에는 달랐다. 노동은 그 상품에 부가가치를 부여하지만, 그것의 "사용-가치"가 심리적인 것으로 간주되었기에, 부가가치는 부가된 교환가치로서만 측정될 수 있었다.

150여 년간의 경제학 이론화 과정은 이런 인적 서비스에 제대로 된 지위를 부여하는 문제로 골머리를 썩었다. 인적 서비스가 사용-가치라면, 우리는 달러로 측정하는 것 이외에 어떤 것으로 이를 측정할 수 있겠는가? 하지만 달러는 희소-가치를 측정하지, 인적 서비스의 사용-가치를 측정하는 것은 아니다. 달러는 수요와 공급, 인적 서비스의 협상력, 관습의 힘 등을 측정하지 그 서비스의 유용함을 측정하는 것은 아니다. 이 한 세기 반의 이론화 과정에서 사용-가치의 일반 개념에 따라 인적 서비스의 유용성을 "생산적" 노동의 유용성으로 흡수할 수 있는 다양한 개념과 장치가 도입되었다. 그 개념들 가운데 하나는 칼 맑스가 도입하고 과학적 관리 이론에서 정교하게 된 "평균 인시(man-hour)"이다. 다른 하나는 "간접" 노동 개념으로, 인시로 측정되는데, 간접 노동은 특정 상품에 사용-가치를 추가하는 것이 아니라 지속 활동체가 생산하는 모든 상품들에 사용-가치를 추가한다. 이 간접 노동 개념은 부분-전체 관계의 현대적 공식의 특수한 경우이다. 다른 하나는 과학자나 발명가, 엔지니어들의 정신노동 개념으로, 특정 시설에 대한 "간접" 노동으로 간주되지만, 이 노동은 다른 모든 인간의 능력을 결합한 것 이상으로 사용-가치의 산출을 생산할 능력을 확대하기 때문에 모든 종류의 노동 가운데 가장 생산적인 것으로 판명된다. 이와 함께 교사와 목사, 신부, 정치가, 경찰 등의 국가적 간접 노동으로 구별될 수 있는 것이 있다. 전체로서 이들의 노동은 사용-가치의 산출을 증가시킬 전체로서의 국가의 능력을 확대시킨다. 이들이 받는 보상이 세금에서 나온 것이든, 다른 원천에서 나온 것이든 상관없이 말이다.

또 다른 개념은 사용-가치라는 용어 그 자체의 의미를 자연요소, 형태, 시간, 장소 "효용"의 네 가지 의미로 분석하는 것이다.[31] 자연요소의 효용은 이용되어야 할 자연의 힘이고, 이를 이용하는 것은 이것의 교환가치나 가격이나 지불된 임금과는 상관없이 필요한 형태(어떻게), 필요한 시간(언제), 필요한 장소(어디서)의 변화이다. 의사나 하인, 주부, 심지어 음악가와 배우의 이른바 인적 서비스는 그렇지 않았다면 쓸모없었을 자연의 요소에 형태와 시간, 장소 활용을 더한 것이다. 이들은 직접적으로 사물의 물리적인 사용-가치를 늘린다. 그러나 이러한 서비스로 받는 보상들은 교섭력, 관습, 희소, 기회, 대안이 전적으로 다양한 여러 영역들에서 발생하고, 시간과 장소에 따라 경제적 의존성이나 독립성이 달라지는 모든 상황에서 발생한다.

다양한 경제학파들을 분열시켰으나 스미스가 **개인주의** 대 **중상주의**라는 한 가지 문제에 몰두하는 바람에 스미스가 설명하지 않고 남겨놓았던 것이 바로 타인에 대한 서비스와 타인에 대한 힘 사이의 이러한 괴리, 생산과 획득 사이의 이러한 괴리, 사용-가치와 희소-가치 사이의 이러한 괴리였다.

그다음 세기 동안 도입된 이러한 정교함이 없는 상태에서, 사용-가치의 원인에 대한 아담 스미스의 개념은 무엇이었는가? 이는 풍요를 증가시키는 모든 것이었다. 스미스에게 이런 풍요를 증대시키는 다섯 가지 요소—이는 풍요를 제한하는 노동-고통과는 구분된다—가 있었다. 즉

..

31) *I.e.*, use-values.

노동력, 노동 분업, 교환, 저축 그리고 농업에서의 **자연의 혜택**이다.

칼 맑스는 이후 로크와 스미스가 암시한 노동력의 종류를 육체적인 힘, 정신력, 관리력으로 정교화했다. 우리가 이 노동력들을 더 정확하게 하고자 한다면, 우리는 운동의 용어들로 이것들을 환원해야 한다. 그렇게 하면 육체 노동력은 신경과 근육, 뼈를 사용하여 자신의 몸이나 다른 물리적 물체를 움직이는 힘을 의미한다. 이것은 "육체적인" 힘이라기보다는 물리적인 힘이다. 직접적인 충격으로 사물이나, 자기 자신, 또는 다른 사람을 움직이는 물리적 힘이다. 이는 물리력이며, 폭력일 수도 있다.

그러나 정신력은 다른 물체들이 자신의 물리력을 작동할 수 있도록 다른 물체들을 직접적으로 움직임으로써 공간적으로나 시간적으로 멀리 있는 물체들을 간접적으로 움직이는 힘이다. 도구, 기계, 원동기, 항공기는 정신노동으로 움직인다.

위와 마찬가지로 운동의 관점에서, 관리력은 자신들의 물리적, 정신적, 인격적 힘으로 물체나 사람들을 움직이도록 다른 사람들을 움직이는 힘이다.

취합하자면 힘의 이 세 가지 측면은 인력(人力)으로 부르는 게 더 적절하다. 그리고 그러한 점이 실로 로크와 스미스, 맑스가 채택한 **노동**의 의미이기도 했다. 이 노동자들이 명백하게 육체, 정신, 관리 노동자들이었기 때문이다. 사용-가치에서의 풍요와 국가의 부를 증대시키는 것은 인력이다.

하지만 인력의 가장 큰 생산성은 전문성을 허용하고, 교환을 요구하는 **노동 분업**에서 나온다. 스미스의 저작 전체는 작업장 분업에서 시작하여 산업적, 지역적, 국제적 노동 분업으로 이어지는 다양한 노동 분업을 통하여 증대된 생산성에 대한 논평이다. 이 모든 노동 분업은 생산물의 교환을 필요로 한다.

따라서 스미스에게는 **교환가치**가 전문화로 가장 많은 양의 사용-가치를 생산할 때, 노동력이 취해야 할 "형태"로 간주된다. 노동력이 사용-가치의 원인이라면, 노동력은 사용-가치의 산물이 취할 종류와 형태를 결정하는 문명의 환경 내에서만 작동할 수 있다.

스미스의 사용-가치에 대한 관념에 담긴 원인, 종류, 형태에 대한 이러한 함의를 이후에 공식화한 사람은 칼 맑스였다(본서 337쪽, 도표 5를 보라). 로크와 맑스의 용어로 **원인** 또는 "실체"는 **노동력**이다. 사용-가치의 **종류**는 모자와 신발과 같이 물리적인 조건과 문화적인 조건으로 결정된다. 스미스에게 가치의 **형태**는 생산적 노동과 비생산적 노동의 두 가지 형태를 갖는데, 전자는 교환을 목적으로 한 생산물의 원인이고, 후자는 직접적인 소비를 목적으로 한 생산물의 원인이다. 둘 다 유용하지만, 생산적 노동이 교환가치의 형태로 사용-가치를 창출하는 반면, 비생산적 노동은 직접적인 소비의 형태로 사용-가치를 창출한다.

따라서 노동의 생산적인 형태는 맑스로부터 거슬러 읽어가 보면, 노동분업에 의해 부과된 교환가치의 형태였다. 그리고 노동의 비생산적인 형태는 교환가치가 없는 소비재의 형태였다. 전자는 "상품"이 의미하는 바이다. 상품은 교환가치의 형태로 있는 사용-가치이다.[32] 비용이 들지 않으면서 교환가치를 촉진시키는 것은 무엇이든지 간에 생산을 증대시킨다. 그리고 이런 이유로 금융 시스템과 지폐는 비용이 많이 드는 금을 비용이 안 드는 매체로 대체해서 생산을 증대시킨다.[33]

∵

32) Cf. Marx, Karl, *Capital*(tr. Kerr edition, 3 vols. 1909, original 1867), I, Chap. I. 본서 461쪽, 효율과 희소.

여기서 스미스는 케네와 달랐다. 케네는 그 사회의 번영이 높은 교환 가치를 지닌 농업 생산물의 풍요에 좌우되는 농업 사회에 속해 있었다. 그러나 로크와 마찬가지로 스미스는 사회의 번영이 농업 생산물을 공산 품으로 교환하는 데 달려 있는 농업 및 제조 국가에 속해 있었다. 케네가 상품의 흐름으로 상황을 그렸다면, 스미스는 지역적, 직업적 노동 분업 으로 이를 그렸다.

스미스가 말했듯이, 모든 국가의 수입이 "이들 국가의 산업이 이들에게 가져 올 생필품의 양"과 같다면, "무역과 제조업을 통해서, 훨씬 많은 양의 생필품이 실질적인 경작 상태에 있는 특정 국가의 토지에서 산출할 수 있는 것 이상으로 매년 그 국가로 수입될 수 있다. 도시민들은 비록 흔히 자기들 소유의 땅은 전 혀 갖고 있지 않지만, 다른 사람들 소유의 토지에서 생산된 것으로 자신들의 작 업의 원재료뿐만 아니라 생필품을 공급하는 많은 천연 생산물을 자신들의 근면 함으로 자신들에게 끌어오고 있다. 도시가 항상 인접한 시골과 맺고 있는 관계 는 한 독립 국가가 종종 다른 독립 국가와 맺고 있는 관계와 같다. (……) 적은 양의 공산품으로 많은 양의 천연 생산물을 구매할 수 있다. (……) 반면 무역과 제조업이 부재한 국가는 일반적으로 상당량의 천연 생산물들을 들여서 다른 나 라의 공산품을 매우 조금밖에 구입할 수 없다."[34)

하지만 인위적인 희소가 개입되지 않았다면, 이러한 농업 생산물의 낮

33) Smith, Adam, *An Inquiry into the Nature and Causes of the Wealth of Nations*, I, 279-283.
34) *Ibid.*, II, 175.

은 교환가치와 공산품의 높은 교환가치가 농민들에게, 케네가 주장했던 것과는 달리 억압적이지 않았다. 이것들은 노동 분업 및 전문화와 교환을 통한 노동 생산성의 확대에 따른 자동적이고 따라서 자연스러운 교환가치들이었다. 만약 농민들이 스스로 제조업을 했어야 한다면 수확량은 줄어들 것이다. 농산물의 낮은 교환가치가 농민들에게 이익이 되게 된 것은 지역적 노동 분업을 통한 생산성 증대였다. 농민들은 낮은 가격으로 손해 본 것 이상을 생산성 증대로 벌충했다. 도시와 농촌 간, 국가 간, 국가와 식민지 간 교역에 대한 스미스의 탁월한 역사 연구는 교환가치가 노동 생산성에서의 차이를 따르게 되었을 때 얻게 될 상호 이익을 보여주기 위한 것이었다.

하지만 이는 생산성이라는 의미에서의 변화였다. 케네는 생산성이 교환가치가 있는 상품의 **덩치**에 의존한다고 주장했고, 그래서 자연의 생명력만이 그 덩치를 키울 수 있다. 하지만 스미스는 생산성의 의미를 교환가치를 갖는 상품의 **사용-가치**에 의존한다고 주장했고, 그래서 노동력이 그 덩치를 늘리지 않아도 자연이 생산한 원재료에 사용-가치를 더한다. 따라서 스미스와 케네가 부분적으로는 동의하지만 생산적 노동과 비생산적 노동의 의미에 대해서는 실제로 상당 부분 차이 나게 된 것은 바로 부(富)가 교환가치를 가진 상품의 덩치로 이루어진 것인지, 아니면 그 덩치에 사용-가치가 추가된 것에 있는지에 대한 이들의 차이였다. 스미스에게 생산적 노동자는 다른 사람과 교환을 목적으로 생산하는 사람들이었다. 케네의 자연의 생산성 역시 교환을 위한 생산이었다. 비생산적 노동자들은 자신과 다른 사람의 소비를 위해 생산하는 사람들이었고, 케네에게 이것은 자연을 비생산적으로 만드는 것이었다. 케네에게서 생산적이기 위해서는 자연이 **교환가치**를 가지는 사물들의 덩치를 증가시켜야만

한다. 하지만 스미스에게서는 노동력이 교환가치를 지닌 사물들의 **유용성**을 증대시켜야 한다.[35]

그리하여 스미스에게서 생산적 노동은 교환가치의 형태로 사용-가치를 생산하는 것이었다. 그에겐 오직 교환가치만이 국가의 부를 구성했다. 왜냐하면 이러한 가치는 노동 분업으로 교환가치를 가진 사용-가치의 풍요로움이 증가하는 곳에서만 존재하기 때문이었다.

하지만 교환가치의 **형태**는 그것이 사용-가치의 풍요를 증가시키는 형태인 경우를 제외하곤 아무런 의미가 없다. 교환가치에 대한 스미스의 생각으로 인해, 중상주의와의 싸움에서 그는 가장 중요한 점을 발견하게 되었다. 즉 유효수요와 화폐수요 간의 구분이다. 유효수요는 교환을 위한 재화의 생산에 있지, 화폐의 소유에 있는 것은 아니다. 그리고 이러한 생산은 교환가치의 형태인 경우를 제외하고는 수요로서 유효하지 않다. 중상주의자들은 수요 증가는 화폐 공급을 증가시킴으로써 보장될 수 있다고 주장했었다. 하지만 화폐 그 자체는 교환을 위한 재화(사용-가치)의 생산 비율에 따라서만 국가 간, 부문 간 분배된다는 것을 스미스는 보였다. 노동과 상품에 대한 유효수요를 창출하는 것은 화폐가 아니다. 그것은 상품이다. 그리고 상품은 화폐로 창출되는 것이 아니라 노동으로 창출되는 것이다. 다른 생산적 노동에 대해 유효수요가 되는 것은 교환가치의 형태로 사용-가치를 생산하는 생산적 노동이다. 따라서 교환가치는 단순한 물리적인 사물의 형태 이상인 것이다. 즉 모든 계층의 생산적 노동자들이 생산성을 증대하기 위해 서로에게 주는 유인이다. 그러나 이러한 유인의 의미에 관한 한, 우리는 스미스가 배제했던 화폐 가격으로

••

35) *Ibid.*, I, 30 ff.; II, 161 ff.

그 의미를 변경시켜왔다.[36]

　스미스의 유효수요에 대한 관념은 화폐와 효용체감 둘 다를 배제하는 노동 분업에 근거했다. 경제 순환에 대한 케네의 관념을 "유효수요"의 관계로 전환한 것은 노동 분업이었다. 케네는 자연의 관점에서 이런 관념을 구성해낼 수 없었다. 그에게는 한 방향으로는 화폐, 반대 방향으로는 재화라는 두 가지 순환이 있었다. 하지만 스미스는 그의 교환가치 개념에서 화폐를 제거했다. 케네에 따르면, 상인과 제조업자들은 중상주의의 특권을 이용하여 재화들이 순환할 때 따라가면서 이로부터 자의적으로 수량들을 단순히 추출해냈을 뿐이다. 하지만 스미스에 따르면, 제조업자들은 사용-가치를 소비하는 대신 상품의 사용-가치를 축적해서 유효수요, 즉 다른 상품뿐만 아니라 노동도 교환을 통해 지배할 수 있는 힘을 창출한다. 노동으로 교환가치의 형태를 가진 사용-가치의 증대는 노동 그 자체와 노동으로 생산된 다른 사용-가치를 위한 수요가 된다. 그리고 소비자가 원하는 것은 다량의 재료가 아니라 사용-가치이기 때문에, 노동에 대한 총수요는 자본가가 축적해서 노동자들이 더 나아간 사용-가치를 생산하는 동안 생계유지를 위해 제공된 사용-가치의 총 증가가 된다. 노동에 대한 유효수요와 다른 생산물에 대한 유효수요―당연히 외국 수입품을 포함하여―둘 다는 자본가에 의해 축적되고 교환 목적으로 사용할 수 있는 사용-가치의 양에 제한받는다. 생산되는 순간 소비되는 사용-가치에는, 그러한 지배력 또는 스미스가 명명한 것처럼 유효수요를 남기지 않는다. 이 사용-가치는 소멸하게 되고, 당연히 그것의 교환가치, 즉 다른 사람이 생산한 상품을 유인할 힘도 이와 함께 사라진다.

∴

36) 본서 947쪽, 사업의 수요공급법칙.

하지만 수송가능하고 축적이 가능한 형태의 사용-가치로 만들어진 것은 노동과 다른 상품에 대한 유효수요가 된다. 이런 것은 실제로 시장에 등장하여 수요를 낳는 기능을 하는 것으로 볼 수 있다. 반면에 소비는 되지만 시장에서 그것에 상응하는 재생산을 남겨 놓지 않는 것은 비생산적이다.

따라서 스미스가 사용한 "생산적"이란 용어는 유효수요와 같은 의미이고, "비생산적"이란 용어는 유효수요를 창출하는 데 실패했다는 뜻이다. 그러므로 상품과 노동에 대한 유효수요를 창출하는 것은 화폐가 아니라 상품이고, 희소가 아니라 풍요이며, 분배가 아니라 생산이다. 그리고 교환가치의 형태로만 유효수요를 창출한다.[37]

스미스의 유효수요에 대한 관념에서 "과잉생산"과 같은 것은 있을 수 없다는 결론—이는 이후 제임스 밀이 완성했다—이 도출되었다.[38] 이는 풍요가 증가하면서도 단위당 감소하지 않는다는 사용-가치의 개념에서 나온 논리적 결론이었다. 조화롭고 풍요로운 예정된 세계에서 과잉 생산이 있을 수 있다면, 스미스에게 이것은 신의 은총에 대한 불경이었을 것이다. 효용체감이 발견되고 화폐가 경제학 이론에 복원되어서야, 그리고 실상 맬서스가 이에 앞서 신에 대해 새로운 관념을 먼저 만들고 나서야 비로소 풍요로운 가운데서도 실업으로 인한 굶주림을 이성적으로 설명하는 것이 가능해졌다.

스미스에게 풍요로운 사용-가치의 또 다른 큰 원인, 즉 **검약, 절약, 저축**에 대한 관념을 제공한 것은 교환가치, 노동 분업, 생산적 노동을 통

37) Smith, Adam, *An Inquiry into the Nature and Causes of the Wealth of Nations*, I, 313 ff.
38) 본서 609쪽, 리카도와 맬서스.

한, 바로 유효수요에 대한 이러한 관념이다. 여기서 스미스는 튀르고를 따랐고,[39] 이후 경제학의 150년을 위해 저축 과정에 대한 물리적인 상응물과 법적인 상응물을 확립했다.[40]

저축의 법적인 상응물은 사유재산이다. 스미스에 따르면, 물리적 상응물은 비록 며칠 동안이더라도 노동 및 농업 산출물을 저장하는 것이다. 여기서 저축은 돈을 저축하는 것이 아니다. 사용-가치를 저축하는 것이다. 상인은 상품의 형태로 저축한다. 농부는 채소와 곡물과 가축의 형태로 저축한다. 제조업자는 기계와 상품의 형태로 저축한다. 법적인 상응물이 소유권이라면, 물적인 상응물은 화폐가 아니라 상품이고, 개량이며, 기계이다. 그리고 이들과 이들로 인해 만들어질 생산품은 교환가치를 지녀, 재화와 서비스의 형태로 다른 사람들의 사용-가치를 위한 유효수요를 지니기 때문에 이들은 저축된다.

리카도 이후 경제학자들은 생산을 자연의 저항을 극복하고, 욕구를 만족시키는 서비스를 제공하는 노력으로 간주했다. 하지만 스미스는 재산을 모으려는 사람들의 의사라는 개념에서 이 생각을 다루었다. 그러므로 그의 "생산적" 노동은 저축될 수 있어서, 그것이 사용-가치인 한 유효수요를 구성할 수 있는, 판매가 가능한 상품을 만들어내는 노동이었다. 다른 종류의 노동력은 "비생산적"인 것으로, 이는 즉시 없어질 서비스만을 만든다. 또는 물리적 생산품이라면 시장에 나와 유효하게 되지 않고 집에서 소멸된다. 스미스의 사용-가치는 화폐의 개입이 없다면 미래의

..

39) 본서 846쪽, 자본과 자본들.
40) 이러한 추론은 화폐의 제거에 기반했다. 이는 화폐로 된 투자나 부채가 아니라 물적인 저축의 개념이었다. 물적인 저축과 화폐적인 투자의 동일성에 대한 이후의 가정들에 대해 빅셀의 추종자들이 이의를 제기했다. 본서 1006쪽, 한계생산성으로부터 자본수익으로.

교환을 위한 재고였다. 따라서 그에게 생산은 단순히 사용-가치를 생산하는 것이 아니었다. 그에게 사용-가치란 물리적으로 존재하고 교환 과정에서 축적되고 이전될 수 있는 속성이었다. 생산은 교환가치를 생산하는 것이다. 이는 역설적으로 보일 수 있지만, 스미스가 가장 관심을 가진 것은 희소도 화폐도 아니라는 점을 고려하면 역설이 아니다. 그가 관심을 가진 것은 다른 나라의 상품과 서비스에 대한 유효수요를 위해 사용-가치의 풍요를 만들어낼 의사였다.[41] 이는 생산력과 절약, 교환으로 이루어질 수 있는 것이지, 단순히 소망한다든지 하는 유효하지 않은 소비나 단순한 화폐의 구매력으로 이루어질 수 있는 것은 아니다. 스미스에게 상품은 상품으로 구매되는 것이지, 화폐로 구매되는 것은 아니다.

따라서 생산적 노동은 유효수요를 생산하는 것이었지만, 비생산적 노동은 자본가가 유효수요를 위해 저축할 수 있는 여지를 남기지 않고 소멸되었다. 이런 이유로 수익이 감소하고 증가하는 문제, 요인들 사이에 균형을 잡는 문제, 노동 관리, 인플레이션과 디플레이션 시 신용과 화폐 문제 등 이후의 몇 가지 의미에서 생산, 효율, 노동력의 기술적 문제들은 스미스에게는 나타나지 않았다. 그에게 생산과 축적은 기꺼이 노동하고 저축하고 교환해서 사용-가치의 풍요를 증대시킬 의사의 단순한 산물이었다. 여기서 화폐는 색깔이 없는 매개체일 뿐이었다.

케네와 스미스 간 주요 차이를 이루는 것은 이러한 **검약**의 사상이었다. 케네에게 축적은 자연에서 생산된 물리적 양을 축적하는 것이었지만, 스미스에게 축적은 노동으로 생산된 물리적 양에 더해진 사용-가치를 축적하는 것이었다. 전자는 자연 자원의 보존이었고, 후자는 검약이

41) 이런 역설 때문에 프루동과 맑스 간에 논쟁이 벌어졌다. 본서 637쪽.

었다. 하인, 정부 공무원, 모든 통치자들, 전문직 계층들, 음악가들, 육군들과 해군들 등의 비생산성—이들의 작업이 유용하고, 교환가치를 지닌다는 것을 인정하지만—과 관련해서 스미스가 케네와 동의했지만, 스미스가 이들을 비생산적이라고 생각하는 이유는 케네가 비생산적이라고 생각한 이유와는 달랐다. 스미스에게 이들 계층의 일(work)은 "수행되는 바로 그 순간 없어지는" 것으로 "저장될 수 없었다." 케네에게 이들의 일은 물리적 크기를 늘리는 것이 아니라, 사실상 그 크기에서 그들의 교환가치에 해당하는 양만큼 줄였다. 케네는 동일한 추론을 "기능공과 제조업자, 상인"에게 적용했다. 이들은 물리적 크기를 늘리지 않고 이것을 줄였기 때문에 비생산적이다. 하지만 스미스에게 이들의 일은 생산적이다. 이들의 일은 수행되는 순간 없어지는 것도 아니고, 이들이 소비하는 사용-가치와 동일한 부가적인 교환가치를 가진 부가적인 사용-가치를 생산하기 때문이다. 축적은 교환될 상품의 형태로 부가적인 사용-가치를 저축하는 데 있고, 이는 동일한 가치의 사용-가치를 가져온다.[42]

예를 들어 자연은 1부셸의 씨에서 50부셸의 밀을 생산하지만, 밀이 방앗간에서 밀가루의 형태로 오게 되면, 농부는 1부셸의 밀가루를 교환하는 데 여러 부셸의 밀을 포기해야 한다는 것을 깨닫게 된다. 케네는 교환가치로서 농부의 밀에서 이렇게 줄어든 것을 방앗간 주인의 비생산적 노동의 교환가치라고 낙인찍었다. 스미스는 이를 방앗간 주인의 생산적 노동이 기여한 부가적인 사용-가치의 교환가치라고 격상시켰다. 케네에게

..

42) Smith, Adam, *An Inquiry into the Nature and Causes of the Wealth of Nations*, I, 314; II, 173-175. 앞서 언급된 것처럼 우리는 사용-가치라는 용어를 스미스의 "부(wealth)"와 동일한 것으로 사용한다.

방앗간 주인은 비생산적이었다. 그의 밀 소비가 시장에서 (유통되는) 밀의 양을 줄이기 때문이었다. 스미스에게 방앗간 주인은 생산적이다. 밀과의 교환으로 농부에게 준 밀가루의 증가된 사용-가치는 농부가 방앗간 주인에게 준 밀의 보다 더 적은 사용-가치와 같았기 때문이다. 방앗간 주인은 밀가루를 스스로 소비하지 않고 농부에게 파는 한도에서는, 밀의 사용-가치 이상으로 밀가루의 부가적인 사용-가치를 저축했다. 그리하여 그의 노동은 농부와 교환될 사용-가치를 생산한다면 생산적이다.

따라서 스미스의 저축이론은 그의 노동력, 노동 분업, 교환가치, 사용-가치 이론과 분리될 수 없다. 케네의 유통 과정 그 자체는 스미스에게는 재화의 덩어리가 줄어드는 과정이 아니라 저축하는 과정이다. 왜냐하면 이는 증대된 교환가치의 형태로 사용-가치를 증가시키는 과정이기 때문이고, 그렇게 증대되면 "필요할 때 사용될 수 있도록 비축되고 저장된다." 저장되는 것은 물건의 덩어리가 아니라 교환가치를 가진 사용-가치의 증가이다.

따라서 비생산적 노동으로부터 생산적 노동을 구별할 뿐만 아니라, 비생산적 소비로부터 생산적 소비를 구별하고, 소비로부터 축적을, 빈곤으로부터 부를, 소망 또는 화폐로부터 유효수요를 구별하는 것은 교환가치를 가진 사용-가치를 저축하는 것이다. 생산적 노동은 저축을 통해 교환가치를 지닌 사용-가치를 축적한다. 사용-가치를 생산적으로 소비하는 것은 생산적 노동으로부터 사용-가치를 축적하는 것과 적어도 동일한 가치로 대체되는 것이다. 이 축적은 단순한 저축인 반면, 부는 단순히 사용-가치의 풍요가 아니라 많은 상품과 개량, 기계가 저축된 형태로 교환가치를 지닌 사용-가치의 풍요이다. 유효수요는 소망이 교환가치를 지닌 상품으로 뒷받침될 때만 생겨나고, 이것이 바로 스미스가 "생산적 노동"

이라고 부른 의미이다.

궁극적으로 이런 상품 축적 그 자체가 소비될 수 있는 사용-가치를 생산할 것이고, 이러한 개선과 기계가 사용-가치를 크게 할 것이며, 이에 따라 교환가치도 크게 할 것이라는 점을 당연시해야 할 것이다. 하지만 이러한 최종적인 사용-가치는—이것의 풍요가 행복을 가져올 것인데—도달했을 때에는 심리적인 것일 것이며, 소비자의 취향만큼 다양할 것이다. 이런 이유로 스미스는 경제학에서 사용-가치를 배제했다. 어쨌든 중요한 가치는 저장된 사용-가치가 교환가치의 형태를 지닌다는 것으로, 이는 유효수요의 지속적인 힘이다. 교환가치의 형태로 된 사용-가치의 수량을 늘리면, 궁극적인 소비자의 사용-가치는 개개인의 심리에 맡겨 두어도 될 것이다.

이 개념은 여전히 지배적인 상식적인 생각과 상당히 동일하다. 오늘날까지도 한 국가의 "생산적" 노동은 시장에서 교환가치를 가진 상품을 생산하는 것으로 여겨진다. 반면 가정이나 농장에서 (소비될 목적으로—옮긴이) 생산하는 것은 비생산적인 것으로 여겨진다.

하지만 교환에 대한 스미스의 생각과는 차이가 있다. 케네와 마찬가지로 스미스도 교환가치의 의미에서 화폐를 배제했다. 화폐는 가치의 불안정한 척도일 뿐이었다. 하지만 현대 생활과 부채는 돈을 (벌기—옮긴이) 위한 판매를 중심으로 하고 있다. 이는 자산과 부채의 인플레이션과 디플레이션이다. 이 예측불가한 변화는 사용-가치나 노동-고통, 또는 노동력과는 전혀 무관하다. 피상적인 것으로 화폐를 제거한 것은 정통 경제학이 현대 경제를 다룰 수 없는 상태에 놓이게 만들었다.

여전히 스미스는 케네로부터 흥미로운 잔재를 이어갔는데, 이 부분은 현대 상식과 "농업경제학자들" 역시 이어갔던 것으로, 존 로크의 보다 깊은 통찰로부터 퇴보한 것이었다. 로크는 농업에서 **노동**이 총 가치의 99%를 생산하고, **자연**은 단지 1%만 생산한다고 추산했다. 케네는 농업에서 **자연**이 국가에서 생산된 총 가치의 100%를 생산하고, **노동**은 아무것도 생산하지 않는다고 보았다. 스미스는 자신의 경제학 이론에서 사용-가치를 배제했기 때문에, 이후 리카도가 포함시켰지만,[43] 유일하게 사용-가치를 생산하는 것이 **노동** 또는 인력이라는 것을 알지 못했다. 마찬가지로, 맬서스와 리카도와는 반대로 스미스는 **자연**의 은총과 풍요라는 가정을 갖고 있었기 때문에, 인력이 생산한 사용-가치와 자연이 생산한 물리적 덩어리를 완전히 구분하지 못했다.

> "농업에서 자연은 인간과 함께 노동한다. 그리고 그의 자연의 노동은 비용이 들지 않더라도, 그것이 생산한 것은 가장 비싼 노동자만큼이나 가치가 있다. (……) 지대는 (……) 지주가 농부에게 빌려준 것을 이용하는 것으로, 자연의 그러한 힘들을 생산한 것으로 간주될 수 있을 것이다. (……) 제조업에 쓰인 생산적 노동의 양이 결코 그만큼 많이 재생산할 수는 없을 것이다. 거기서 자연은 아무것도 하지 않는다. 인간이 모든 것을 한다. (……) 따라서 농업에 투입된 자본은 제조업에 투입된 동일한 자본보다 더 많은 양의 생산적 노동을 가동할 뿐만 아니라, 그것이 채용한 생산적 노동의 양에 비례하여 한 나라의 토지와 노동이 연간 생산하는 것에, 즉 국민의 실질적인 부와 수입에 훨씬 더 큰 가치를 부가한다."[44]

∴
43) McCulloch, *The Works of Ricardo*(1888), 169. 또한 본서 471쪽, '효율과 희소'를 보라.
44) Smith, *An Inquiry into the Nature and Cause of the Wealth of Nations*, I, 343, 344.

그리하여 농업에서의 보다 큰 생산성과 관련하여 스미스가 케네에게 양보한 것은 존 로크를 포기하는 것이었다. 로크는 노동이 모든 가치 중 99%를 생산하는 것으로 보았었다. 스미스는 농업 노동이 제조업 노동보다 더 생산적이라는 것을 인정했지만, 케네와 달리 전자가 전적으로 "생산적이고" 후자가 전적으로 "비생산적"이라고 말하는 것은 거부했다. 스미스가 말하기를, "세 명의 아이를 부양할 수 있는 결혼이 두 명만 부양할 수 있는 것보다 확실히 더 생산적이듯이, 농부와 농촌 노동자들의 노동은 확실히 상인과 기능공, 제조업자의 노동보다 더 생산적이다. 하지만 앞의 계층이 더 우월하게 생산한다고 해서 뒤의 계층이 불모이거나 비생산적이라는 것은 아니다."[45]

케네, 스미스와는 반대로, 우리는 노동이 생산하는 것은 덩어리가 아니라 덩어리의 유용성이라고 결론 내린다. 자연은 덩어리를 몇 배로 늘리지만, 식량을 몇 배로 늘리기보단 잡초를 몇 배로 늘리길 좋아할지 모른다. 자연이 밀 작물을 기르는가, 인간이 자연의 힘을 약간 이용하고 다른 것들을 솎아내서 밀 작물을 재배하는가? 밀을 재배하는 데서 자연의 힘이 원양어선을 시간당 30마일로 움직이는 데 드는 자연의 힘이나 비행기를 시간당 200마일로 움직이는 데 드는 자연의 힘보다 더 생산적인가? 또는 자연이 한 번도 생각해본 적이 없는 것을 생산하는 것은 자연과 뭔가를 하는 데서 인간의 독창성 때문이 아닌가? 자연이 제조에서보다 농업에서 더 생산적이라는 스미스의 오류를 논박하고 존 로크로 돌아가기 위해서는, 농업에서조차 자연의 풍요로부터 자연의 저항으로 옮아가는 리카도의 전환이 필요했다. 오류는 자연이 덩어리를 늘리는 것과, 인간

••
45) *Ibid.*, II, 173.

이 사용-가치를 증대시키는 방향으로 자연 자원을 활용하는 것을 혼동한 데 있었던 것이다.

스미스로부터 75년이 지난 후, 리카도에 이은 칼 맑스는 노동력과 사용-가치에 대한 유물론적 분석을 했다. 하지만 **효율**에 대한 사회적 개념이 자연의 힘에 대한 생산성 개념을 대신함에 따라 현재까지도 덩어리와 사용-가치에 대한 혼동이 겨우 정돈되고 있는 과정에 있을 뿐이다.[46]

노동 분업과 이에 따른 생산물 교환을 통해 스미스는 재산에 대한 추가적인 윤리적 정당성을 얻었다. 로크의 정당화는 개인적으로 생산한 것에 대해 노동자로서 소유권을 정당화하는 한도까지만이었고, 화폐의 개입을 통해 교환으로 획득된 **다른** 사람의 생산물에 대한 소유권을 정당화하는 데 어려움이 있었다. 스미스는 화폐의 개입 없이 노동 분업으로 정당성을 제공했다. 생산물 교환에서 완전한 자유가 있다면, 노동자들은 자신들이 포기한 노동의 양이 교환으로 받게 될 것(노동-옮긴이)와 꽤 같거나 "같다고 상정할 수" 있을 것이다. 그러므로 어느 누구도 다른 사람을 자신과 똑같이 부유하게 만들지 않고, (자신만-옮긴이) 부유하게 될 수는 없다. 왜냐하면 한 사람의 축적된 노동은 그것을 투입해서 교환에서 얻게 될 다른 사람의 축적된 노동과 같을 것이기 때문이다. 여기서 스미스의 이론은 다시 오류에 빠진다. 어떤 사람이 다른 사람으로부터 부를 빼앗아 부유해질 수 있는 화폐, 신용, 교섭력을 그는 생략했기 때문이었다. 하지만 화폐를 제거함으로써 그가 말하는 노동 분업과 완전한 자유는, 로크의 풍요와 신의 은총처럼 자신의 생산물에 대한 사적 소유뿐만 아니라 교환으로 획득한 다른 사람의 생산물에 대한 사적 소유도

. .
46) 본서 461쪽, 효율과 희소.

정당화했다.

흄의 희소와 공적 유용성 개념도 마찬가지였다. 희소를 풍요로 대체하면서, 개별행동의 동기로서 흄의 "공공재" 또는 공공복지는 완전히 사라졌다. 집단행동이 제거되어 개인의 완전한 자유로 다른 사람을 똑같이 부유하게 함으로써만 자신이 부유해질 수 있으므로, 국가의 개입은 가장 예외적이고 긴급한 경우에만 허용되어야 한다.[47] 완전한 자유와 자연의 풍요라는 이런 자연상태로 남겨진다면, 개개인 각자는 자신의 생산물과 등가의 다른 사람의 생산물 둘 다에 대한 유일한 척도로 자신의 노력만 남을 뿐이다. 여기에는 공적 유용성 또는 공공복지 개념이 필요치 않았다. 풍요와 교환본능을 통해 작동하는 신의 보이지 않는 손이 공공의 이익에 적절하기 때문이었다. 스미스의 철학은 **풍요**의 철학이지, 흄의 희소의 철학이 아니었다.

(2) 희소-가치의 원인

a. 심리적 희소와 소유적 희소

우리는 노동의 이중적 의미를 **고통과 힘**으로 정교화했다. 이 점은 이후 리카도와 리카도의 계승자인 맑스를 스미스와 맬서스로부터 분리시켰다. 리카도 학파가 대개 유물론적 경제학자로 알려진 반면, 스미스와 맬서스는 심리적 경제학파 일반에 속한다. 우리는 이들을 심리적 경제학자와 소유적 경제학자로 명명함으로써 이 두 학파 간에 보다 적합한 구

••

47) Smith, *An Inquiry into the Nature and Causes of the Wealth of Nations*, II, 32, 43, 83, 184-185. 전쟁, 공공도로 등.

별을 하고자 한다. 노동-고통으로 간주된 "실질가격"은 희생된 노역의 양이다. 노동력으로 간주된 "실질가격"은 노동자가 **소유하고** 고용주에게 **팔리는** 힘의 양이다. 전자는 심리적이고, 후자는 소유적이다.

스미스의 노동자는 제한된 양의 "안락, 자유, 행복"을 손에 쥐고 있는 것으로 그려지고, 그 노동자는 일부를 **자연**과의 의인화된 교환에서 "내려놓는다." 이것이 "실질가격"이고 "본원 가격"이자, 자연에게 지불해야 하고 모든 것에 그것의 가치를 부여했던 "실질 비용"이었다. 스미스에게 이것은 의인화가 아니었다. "진짜"였다.

하지만 이후 리카도와 맑스는 관습법에서 노동자로 간주했었던 것과 같은 노동자를 자유 노동자로 간주했다. 이 자유 노동자는 자신의 신체를 소유하고, 아니, 자신의 육체적, 정신적, 관리적 능력을 소유해 공개된 시장에서 이러한 능력의 사용권을 팔 수 있다. 이 노동력은 또한 행복의 제한적인 수량이 아니라 재화와 서비스를 생산하는 힘의 제한적인 수량이다. 행복을 희생하는 것은 고통이고, 이런 힘을 희생하는 것은 소유권의 양도다. 이는 또한 존 로크의 생각이었는데, 그는 관습법에서 이를 가져왔다. 그가 생각하는 노동자는 자신의 노동력을 소유한 자유로운 노동자였고, 이 노동자가 그 힘을 자연 자원과 "혼합"할 때 나오는 산출물은 자신이 원한다면 다른 사람에게 팔 수도 있는 자신의 사유재산이었다.

스미스로부터 리카도 및 맑스로 가면서 생긴 의미상의 전환은 스미스와 로크의 것과는 다른, **자연** 철학으로 인해 발생했다. 이는 은혜로운 자연에서 인색한 자연으로의 전환이었고, 이는 맬서스의 과잉인구론에 의해 야기되었다.[48] 리카도와 맑스의 손에서, 이는 신학에서 유물론으로

••

48) 본서 447쪽, 맬서스.

전환했고, 이를 오귀스트 콩트는 신학에서 형이상학으로의 전환으로 묘사했을 것이다.[49] 여기에는 희소-가치의 자연적 근원에 대한 의미 변화도 수반되었다. 리카도는 이 자연적 원인을 객관적으로 노동력에 대한 자연의 저항에서 발견했다. 하지만 자연이 풍요하다고 생각했던 스미스는 희소-가치의 원인을 주관적으로 노역에 대한 인간 본성의 저항에서 찾았다.

칼 맑스로 오게 되자 리카도가 함의했던 것이 명료해졌다. 노동자는 자유롭고, 따라서 자신의 노동력을 소유한다. 하지만 그는 자신의 노동력을 스미스가 의인화했던 것처럼, 자연에 파는 것이 아니라 리카도가 이해했던 대로 고용주에게 판다.

이는 재산에 대한 관습법 개념이었던 것으로 드러난다. 소유권 이전을 다루는 데서 관습법은 고통이나 행복에는 전혀 주목하지 않았다. 단지 의지만을 주목했다. 노동자가 자신의 노동력을 고용주에게 팔 **의도가 있었는가**? 이것을 교환해서 그는 얼마 받기를 기대했는가? 이러한 의도의 논리는 고통이나 행복에서 나온 것이 아니라 **묵시적 계약이행**(assumpsit)과 **상당 금액**(quantum meruit)에 관한 초기 원칙에 따라 그때 그 장소의 관습들과 지배적인 관례들에서 나온 것이다.

우리가 소유적 희소라고 부르는 것은 바로 이 희소-가치이다.[50] 따라서 희소라는 의미에서 우리는 세 가지 역사적 단계를 생각할 수 있다. 노

∙∙

49) 본서 222쪽, 콩트.

50) Cf. Llewellyn, K. N., "The Effect of Legal Institutions upon Economics", *Amer. Econ. Rev.*, XV(1925), 665-683. 흄과 마찬가지로, 르웰린(K. N. Llewellyn)도 소유적 희소를 법과 경제학에 대한 자신의 상관관계의 토대로 삼고 있다. 크니스와 엘리도 이전에 비슷한 생각을 제시했었다.

동자들이 노동-고통에 저항하는 스미스의 심리적 단계, 스미스의 노동력에 대해 자연이 저항하는 리카도의 물질주의적 단계, 자신의 노동력을 낮은 임금으로 파는 것에 대한 자유로운 노동자들이 저항하는 맑스의 소유적 단계이다.

각각의 배후를 보면, 각각의 관념이 나온 사실상 원천은 자유로운 임금 노동자에 대한 18세기 관습법 개념이었다. 이들은 전적으로 재산이 없는 자들이 아니라, 자신의 인력을 소유하면서, 그때 그 장소의 시장에서 받을 수 있는 가격이라면 어떤 수준에서라도 자신의 인력을 파는 자들이다. 더 거슬러 가보면, 역사 단계들을 통해서 관념들이 진화하는 오귀스트 콩트의 역사적 단계들에 대한 상이 나온다. 스미스의 의인화 단계, 리카도와 맑스의 물질주의적 단계, 그리고 제도가 실제로 작동하는 방식에 대한 거래적 단계를 의미하도록 우리가 이 역사적 단계들을 수정했다.

인간의 욕구는 무제한적이고, 따라서 인간의 행복은 그러한 욕구를 충족시키기 위해 생산된 모든 사용-가치의 총량으로만 제한된다는 상식적 견해를 아담 스미스는 아무런 연구 없이 취했다. 그러나 스미스는 사용-가치를 "특정 대상의 유용성"과 동일한 것으로 만들면서, 그는 **모든** 유용한 대상들이 풍요로운 것과 단 **하나**의 유용한 대상이 풍요로운 것을 구분하지 않았고, 또한 사용-가치의 주관적 의미와 객관적 의미도 구분하지 않았다.

그러나 스미스의 견해는 물리적 경제학자들 모두에게 물론 알려져 있었지만, 단지 이들이 전체를 구성하는 부분들과 전체를 구별하지 않았기 때문에 자신들의 분석에 구현하지 않았던 또 다른 상식적 견해였다. 스미스 이후 거의 100여 년이 지나서야 비로소 심리적 경제학자들 중 후기 학파에서 이러한 구분을 했다. 특정 대상에 대한 욕구가 무제한적이지 않고, 욕구는 그때 그 장소에서 이용 가능한 양이 늘어나면서 줄어들게 되고, 종종 효용이 아니라 성가심이 되고, 행복이 아니라 고통이 되는 그런 지경에까지 이를 수도 있다는 것을 모든 사람이 안다. 특정 대상에 대한 욕구가 갖는 이러한 주관적 강도는, 필요한 때와 장소에서 이용 가능한 양이 **줄어들면서** 늘어나고, 생사의 문제에까지 이를 수 있다는 것을 모두가 알고 있다. 특정 대상에 대한 개인의 이러한 의존을 우리는 **희소-가치**라고 부르는데, 이러한 의존은 내부 정신과 외부 세계라는 로크의 지배적인 이원론이 다루지 않은 일종의 함수적 심리학으로 규정하는 것이 적절하다. 그리하여 케네가 "허구적 부"라고 했던 것처럼, 물리적 경제학자들은 이런 함수적 사실을 무시하거나 최소화했고, 의인화나 물질주의로 대체했다.

그렇지만 스미스의 견해도 상식에 호소한다. 노동력이 사용-가치의 원인으로 풍요와 보다 낮은 가격으로 경도되어 있는 반면, 노동-고통은 사용-가치의 공급을 제한하고, 희소와 보다 높은 가격으로 경도되어 있다. 노동력과 노동-고통 간의 차이는 풍요와 함께 증가하는 그런 가치의 원인과 희소와 함께 증가하는 그런 가치의 원인 간의 차이이다. 노동력은 사용-가치의 원인이고, 노동-고통은 희소-가치의 원인이다. 풍요를 증가시키는 것이 무엇이든 사용-가치의 원인이라면, 풍요를 제한하는 것은 무엇이든 희소-가치의 원인이다.

스미스의 희소-가치는 따라서 부분적으로 명시되었고, 부분적으로는 암시되어 있었다. 그가 **명시했던** 희소-가치는 산출물을 제한하는 인위적인 독점들이었고, 이것들의 원인은 개개인이 특권적인 직업에 진입하는 것을 가로막는 집단행동이었다. 그가 **암시했던** 희소-가치는 집단행동이 없는 자연상태에 있는 개인들이 산출물을 제한하는 것이었고, 이러한 자연상태의 희소-가치의 원인은 노동-고통이었다.

그는 자신이 명시했던 희소-가치를 독점과 동일시했고, 독점을, 국가이든 사적 연대이든 집단행동과 동일시했다. 이것이 그가 말하는 중상주의의 의미였다. "이런 저런 종류의 독점은 실로 중상주의 시스템의 유일한 기제인 것으로 보인다."[51] 따라서 흄과 마찬가지로 스미스는 희소를 중상주의의 집단행동과 동일시했기 때문에 사유재산을 희소의 탓으로 돌릴 수 없었던 것이다. 집단행동이 개개인의 산출물을 제한하기 때문에 희소의 인위적인 원인이었다. 하지만 희소가 명백한 사실이기에, 그는 희소의 원인이 개개인의 가슴에 신에 의해서 심어져 있다는 것을 발견할 수밖에 없다.

이런 측면에서 스미스는 상식을 따랐을 뿐이다. 대중적이고 경험적인 차원에서 희소는 이유가 어쨌든 획득하기 어렵다는 것이다. 따라서 희소의 정도가 크면 클수록 노동 강도가 더 크든지 아니면 작업 시간이 더 길든지 노동의 고통도 더 커진다. 이것은 교환가치에 대해서도 적용된다. 희소한 것을 교환으로 얻기 위해 풍부한 것을 생산하는 데 드는 고통은 희소한 것을 얻는 것과 같은 양의 고통이 필요하다. 따라서 고통, 노고, 고역, 곤란, 얻기 어려움으로 해석되는 노동은 자연의 희소와 함께 증가하고, 자연의 풍요로움과 함께 감소한다. 생산물이 공기나 물처럼 풍부하다면, 이것을 얻는 데에는 고통이 거의 또는 전혀 들지 않는다. 그러므로 그것의 가치는 적다. 신발이나 모자처럼 희소하다면, 강도나 지속성 면에서 이에 상응하는 고통의 양이 요구되고, 그 가치는 크다. 결과적으

••
51) Smith, *An Inquiry into the Nature and Causes of the Wealth of Nations*, II, 129.

로 우리가 사적이든 정부 차원이든 집단행동을 제거할 때와 같이, 인위적인 희소를 모두 제거할 수 있다면 욕망하는 대상의 자연적 희소의 정도는, 그 대상을 직접적으로 얻든 교환을 통해 간접적으로 얻든 그 대상을 얻는 데 필요한 노동-고통의 양과 동일하다. 희소가 크면 클수록 노동-고통도 커지게 된다. 풍요가 크면 클수록 노동-고통은 더 적어지게 된다. 노동-고통은 희소에 대한 상식적 의인화이자 희소-가치의 원인이다. 개인 각자에게 직접적으로 "호소력을 갖는 것"은 바로 이것이다. 그리하여 흄의 희소에 대한 "철학자의 사후사고"를 스미스는 희소에 대한 의인화로 대체했다.

하지만 흄의 "사후사고"는 심리적 희소가 아니라 소유적 희소였다. 명백히, 지출에 대한 수입의 유사한 희소 비율은 소유적 관점과 심리적 관점에서 나왔을지도 모른다. 노동자가 자신의 물리적, 정신적, 관리적 능력을 포함하여 자신의 신체를 소유한 자유로운 노동자로 간주된다면 그는 매우 한정적이고, 제한되고 희소한 양의 노동력을 갖고 있다. 그의 지출은 이제 그가 겪는 노동-고통을 지출한 것이 아닌, 그가 양도한 노동력을 지출한 것인데, 이는 그가 제한된 인력 공급량에서 차감한 것이다. 그것은 희소하기 때문에 다른 사람을 배제하고 보유하는 모든 희소한 물체들에 주어지는 이름, 즉 재산이란 이름을 받을 자격이 있다. 이것이 존 로크의 생각이었다. 로크의 노동자는 자신의 노동력을 소유한 자유로운 노동자였고, 그가 노동력을 자연의 풍부한 자원과 혼합할 때, 여기서 결과한 사용-가치의 수입은 그의 재산에 상응하는 지출에 대한 보상으로 재산을 증대시켰다. 하지만 보다 현실주의적인 흄이 도입했던 것과 달리 로크는 그의 재산 개념에 희소 관념을 도입하지 않았다. 로크는 신의 풍요와 인간의 원죄에 경도되었기 때문이다. 또한 스미스는 심리적 뿌리로 돌아갔던 데 비해 로크는 돌아가지도 않았다.

흄의 해석이 보다 정확하다고 할 수 있다. 그는 희소라는 단순한 관념 아래로 재산, 법, 윤리로 구별될 수도 있는 것을 모두 함께 끌어들였다. 스미스는 이것들을 자신의 세 가지 관념 ① 사용-가치를 가진 물리적 대상 ② 로크처럼 은총과 풍요로서 자연을 의인화하는 것 ③ 로크의 윤리적 정당화로 분리시켰다.

하지만 우리가 사유재산이든 단체재산(associated property)이든 간에, 재산을 기대되는 거래의 반복으로 본다면, 재산은 흄이 주장한 대로 오로지 희소의 함수이다. 재산권은 희소하거나, 희소할 것으로 예상되는 것에 대해서만 존재한다.[52] 재산의 가치는 항상 희소-가치이다. 개별적이거나 집단적으로 이런 소유권을 얻고자 하는, 희소로 추동되는 인간의 노력은 삶 그 자체만큼 본능적이고, 이것의 삼중적인 의미는 재산의 **대상**, 재산의 **본능** 그리고 재산에 대한 **관습법**으로 구별될 수 있다. 본능은 자기를 보존하려고 하는 것만큼이나 다른 사람을 파괴하려고 할 수도 있다. 그리고 "본능"이란 단어는 이것이 동물이든 인간이든 모든 살아 있는 생명체의 행동이 자원의 희소로 추동되는 한, 이 행동을 의미하는 것으로 해석될 수 있기 때문에 충분히 적절하다. 재산의 본능은 희소의 본능이다. 반면 재산의 대상은 희소한 사물들이다.

따라서 지속적인 인류의 모든 공동체는 희소한 것에 대한 배타적 점유를 이와 같이 추구하는 과정에서 개인들을 지배하는 규칙을 수립한다. 그리고 반복된 관행과 소송에 대한 판결들에서 직접 나온 이러한 규칙들

•:

52) 이 구별은 스미스 사후 80년이 지나서 매클라우드에 이르러서야 밝혀졌다. 본서 708쪽, 매클라우드.

이 그와 같이 권위에 따라 결정되면, 재산에 대한 관습법이 된다. 로크와 케네처럼 스미스도 노동에 신성한 재산권을 주관적으로 부여하고자 했던 신의 은총과 이를 부여했던 관습 또는 법에 관한 역사적 사실을 구별하지 않았다. 흄은 사실들을 그것들에 대한 정당화로부터 구별했다. 사실들은 희소의 결과였고, 정당화는 공적인 유용성, 공공복지 또는 공적 필요성에 대한 인간의 관념이었다. 하지만 사실과 이에 대한 정당화 간의 구별은 과학이 신학과 구별될 때까지는 이루어질 수 없었다. 로크, 케네, 스미스의 시대에도 그랬듯이 오늘날에도 이 구별은 결코 이루어지지 않고 있다. 정당화가 사실인 것처럼 내세워지고, 아담 스미스는 어떻게 정당화를 사실로 내세웠는지를 우리에게 보여준다.

로크가 주장했듯이, 결국 사실이란 언어로 표현되고, 무슨 일이 일어났는지에 관해 다른 사람에게 정보를 전달하고자 의도한 정신적 구성물일 뿐이다. 하지만 그렇더라도 설득이라는 요소는 사실의 구성 부분이다. 설득력은 다른 사람이 수용하도록 끌어내는 능력에 달려 있다. 따라서 사실이란 상당히 복잡한 경험에서 특정한 특질을 선택함으로써 도달하는 정신적 구성물이므로, 사실의 이런 설득력은 설득력 있는 성질을 선택함으로써 이룰 수 있다. 스미스는 취득과 축적에 대한 자신의 설득력 있는 의미로 노동-고통을 선택했다. 노동-고통은 경제적, 법적, 윤리적 의미를 모두 담기에는 충분히 모호하고, 동의를 얻기에는 충분히 호소력 있다. 노동-고통은 인간 본성의 근본 사실로서, 모든 행위의 기저에 놓여 있는 것으로 모든 사람이 인정할 수 있다. 그것은 많은 물리적, 희소적, 소유적 의미들과 분리될 수 없는 윤리적 호소력도 지니고 있다. 노동-고통은 한마디로 희소를 의인화한 것이고, 스미스가 중상주의의 단체 행동(concerted action)을 개별 노동으로 대체한 것을 정당화한 것이다.

우리가 **교섭력**이라고 부르는 것은 앞서 말한 관습법의 소유적 희소이다. 스미스는 여기에 대해 다음과 같이 주목했다.

> "홉스가 말한 대로 부(wealth)는 힘(power)이다. 하지만 큰 재산을 얻거나 물려받은 사람은 민간이든 군이든 정치 권력을 반드시 얻거나 물려받는 것이 아니다. 아마도 그의 재산이 둘 다를 얻을 수단을 제공해줄 수도 있다. 하지만 단순히 이 재산을 소유한다고 해서 그에게 이런 권력이 반드시 전해지지는 않는다. 이 소유로 그에게 즉각적이고 직접적으로 전해지는 힘은 구매력이다. 노동에 대한 일종의 지배, 그리고 당시에 시장에 나온 노동 생산물에 대한 일종의 지배이다."[53]

스미스가 그렇게 논평한 이 소유적 희소는 항상 살아 있는 문제였다. 자연스럽게 제기되는 질문은 스미스와 "고전" 경제학자들 이후 현재의 신고전 경제학자들에 이르는 100여 년 동안 희소를 고통으로 의인화한 것이 왜 경제 이론의 기초로 남아 있는가 하는 것이다. 여기에 대한 대답은 중상주의 문제와, 개인주의 대 집단주의의 모든 문제들에서 찾아야만 한다. 집단 거래는 인위적인 희소를 야기했다. 노동-고통은 자연적 희소의 원인이었다. 스미스의 노동-고통은 노동 분업과 완벽한 개인의 자유를 통해 작동해 중상주의 및 모든 집단행동에 관한 이론과 관행을 대신하는 것이었다. 중상주의는 정치적으로든 사적 결사를 통해서든 공급을 인위적으로 제한한 데 비해, 노동-고통은 공급을 자연스럽게 제한한다.

하지만 실제로 일어났던 것은 정당과 관세, 사기업, 신디케이트나 조

----

53) Smith, *op. cit.*, I, 33.

합을 통한 온갖 집단 통제 형태로, 스미스가 말한 **중상주의**는 그가 상상했던 것 이상으로 지배적이 되었다. 희소는 중상주의의 인위적 독점으로 그가 맹비난했던 것과 같은 정치적, 소유적 집단행동으로 야기되는 것이지, 그가 신성한 정의의 지배로 선언한 노동-고통의 의인화로 야기되는 것은 아니다. 오늘날 경제학은 풍요의 세계 안에서 **노동-고통**으로서 희소를 빈약하게 의인화한 것이 아니라, 상대적 희소의 세계 안에서 소유적 희소에 관해 수정된 **중상주의**이다.

b. 자유와 풍요

스미스의 결점은 그가 사용한 단어의 이중적 의미-윤리적 의미와 경제적 의미에 있었다. 스미스가 말한 윤리적 의미는 집단행동이 없었다면 성립할 **정의**와, 집단행동 때문에 실제로 성립한 **부정의**(injustice)였다. 그가 말하는 경제적 의미는 집단행동이 없다면 성립할 **자연적 풍요**와 집단행동으로 실제로 부과된 **인위적 희소**였다.

그리하여 그의 "자유"라는 단어는 경제적 의미와 윤리적 의미 둘 다를 가졌다. 경제적 자유는 풍요로, 윤리적 자유는 집단의 강제로부터의 자유였다. 자연상태는 자유의 상태였다. 이것은 풍요의 상태였지만 집단행동의 상태는 아니었기 때문이다. 희소의 의미도 마찬가지였다. 희소에 대한 그의 윤리적 의미는 합당한 가치에 대한 조절자로서 노동-고통이었다. 경제적 의미는 집단행동의 인위적 희소였다.

따라서 스미스에게 고통의 반대는 쾌락이 아니라 자유이다. 자유는 대안들이 풍요로움을 의미하기에, 고통이 줄어들면서 **증가**한다. 고통은 대안들이 희소함을 의미하기에, 자유는 고통이 증가하면서 **감소**한다. 이것은 자유의 경제적 의미라는 측면에서는 충분히 옳다. 하지만 스미스에게 그 자유는 집단행동에 대한 반대였다. 자유는 집단의 강제로부터의 자유이기에, 집단행동이 늘어나면서 감소하거나, 집단행동이 감소하면서 늘어난다. 이것이 자유에 대한 그의 윤리적 의미이다.

스미스의 궁극적 결점은 심리적 희소로 소유적 희소를 의인화한 점에 있다. 소유적 희소는 자기 자신의 노동력만을 소유한 참정권자를 포함하여, 재산 소유자들의 안전과 자유를 규제하는 관습법이자 성문법이다. 개인은 자연이 제시한 대안들 중에서 선택하지 않는다. 이들은 소유자들이 제시한 대안들 중에서 선택한다. 당신은 길을 걷다가 한계효용에 따라서 당신이 원하는 것이라면 뭐든지 무단으로 가질 순 없다. 소유주와 경찰이 지키고 서 있기 때문이다. 노동자는 고통의 양에 따라 일하는 것을 선택할 순 없다. 관습과 법이 허용하는 바에 따라 소유주들이 제시하고 보류한 대안에 따라서 이들은 일하거나 일하지 않는다. 재산의 가치는 희소-가치로 구성되어 있다. 따라서 자유경쟁하에서(이는 집단행동으로부터의 자유를 의미한다) 소유주들은 상품 생산을 거절할 자유가 있거나, 생산된 상품을 다른 사람들이 사용하는 것을 유보할 자유가 있다. 이것이 교환 과정에서 상품의 희소-가치를 유지할 수 있는 유일한 방법이다.

그리하여 집단적 강제가 모두 제거되고, 그에 따라 관습법의 소유적 자유가 완벽할 때조차도 상황은 여전히 소유적 희소이다. 생산성을 통해 풍요를 창출할 유인을 제시하고 받아들일 자유와, 과잉 풍요를 제한할 유인을 제시하고 받아들일 자유 둘 다로 구성되어 있는 소유적 희소의 상황인 것이다. 구매자들에 대한 소유적 자유를 구성하는 것은 대안적 **판매자들**이 많다는 것이고, 판매자들에 대한 소유적 자유를 구성하는 것은 대안적 **구매자들**이 많다는 것이다. 근로자와 일자리 제공자는 각각이 일하거나 일하지 않거나, 또는 고용하거나 고용하지 않을 동등한 자유를 가지고 있다는 점에서, 동등한 **소유적** 자유를 지닌다. 정부 관리들은 자신들도 간섭하지 않고, 다른 사람들도 간섭하지 못하게 해야 한다. 하지만, 각각은 동일한 **경제적** 자유를 갖지 못할 것이다. 왜냐하면 근로자가 가진 대안은 그가 지불해야 하는 가격으로서 총 노동-고통을 늘리는 아주 힘든 대안이 될 수 있는 반면, 일자리 제공자가 갖는 대안은 자기 사업체의 직무를 채울 수백 심지어 수천 명의 노동자들 중에서 한 명의 노동자를 채용하는 하찮은 대안에 지나지 않을 수 있기 때문이다.[54]

구매자와 판매자, 지주와 소작인, 금융업자와 사업가 간의 모든 거래에서도 이와 유사한 예들이 있을 수 있을 것이다. "완전한 자유"가 있도록 하기 위해서는, 법적 의무가 부재해야 할 뿐만 아니라 경제적 기회가 풍부하게 있어야만 한다.

소유적 자유와는 어느 정도 반대로 변화하는 소유적 희소에 대한 이러한 많은 사례는 아담 스미스의 사유재산 개념에서는 제거되었다. 왜냐하면 중상주의의 법적 강제에 따른 모든 희소가 제거되었을 때, 그리고 모든 불평등뿐만 아니라 경제적 강제가 수반된 모든 단체 재산이 제거되었을 때 평등한 개인들 간의 노동 분업이 생산성과 검약과 교환을 통해 풍요를 창출할 것이며, 그리하여 모든 사람에게 부담되는 대안들이 남아 있지 않을 것이라고 그가 가정했기 때문이다. 이러한 생각을 스미스 이후 75년 후에 **낙관론자들**(Optimists), 케리와 바스티아가 물려받았다.[55]

그래서 케네와 마찬가지로 스미스도 집단행동으로 인한 희소에 대한

••

54) Commons, John R., *Legal Foundations of Capitalism*, 58 n.; Coopage v. Kansas, 236 U.S. I(1915). 본서 581쪽, 압박의 한계.

55) 본서 549쪽, 서비스 가치와 생산물 가치.

중상주의 입법 정책을 염두에 두고 있었고, 이런 측면에서 이와 대조되는 자동적인 희소(automatic scarcity)라는 스미스의 관념은, 그가 자유의 박탈에 대한 입법적 의미를 그것의 관습법적 의미로부터 구별하는 데 실패했던 것이다. 입법에 의한 희소의 경우 잠재적 경쟁자의 선택의 자유가 경쟁을 금하는 법적 의무로 제약을 받고, 잠재적 소비자나 생산자의 선택의 자유가 이전 생산자가 제공하는 재화나 원료가 결과적으로 희소해짐으로써 제한된다. 이러한 입법적인 희소가 제거된다면, 그러면 모든 희소가 노동-고통의 양과 동일하게 됨으로써 모든 희소가 제거될 것이며, 이로써 입법적 자유를 이루면 경제적 자유를 획득하게 될 것이라고 스미스는 가정했다.

그런데 사유재산 자체에 대한 관습법이 자원의 희소에 기반했다면, 스미스는 사유재산을 인간 자신의 노동 생산물에 대한 자연권에 기반한 것으로 여겼다. 그리고 희소에 근거한 재산의 의미는 여전히 남아 있다. 그 의미는 다른 사람의 욕구에 상대적으로 희소한 것을 다른 사람이 쓰지 못하도록 가지고 있는 것이다. 접근 가능한 풍부한 대안들 중에서 선택한다는 경제적 의미를 자유에 부여한다면, 자유와 희소는 반대 방향으로 움직인다. 그러한 풍요가 상급 기관(superior authority)이 가한 강제의 부재에서 나온 것인지, 자동적인 노동 분업에서 나온 것인지는 상관없다. 완전한 선택의 자유가 있다면, 희소는 없다. 욕망된 대상이 공기처럼 풍부하게 있어서, 선택한다는 의식이 풍부한 공급 속에서 사라지기 때문이다. 만약 완전한 희소가 있다면, 이는 공급이 전혀 없다는 것을 의미하는데, 그렇다면 자유도 존재하지 않는다. 이것이 흄의 "사후사고"였다.

하지만 스미스의 견해는 사물에 대한 상식적이고 경험적인 것이다. 부담스러운 조건의 경우를 제외하고는 자신에게 제시된 일자리가 없다는 것을 알게 된 근로자는 일자리의 희소와 자유의 상실을 구별하지 않는다. 그는 자신의 노동력을 소유하고 있기 때문에 사실상 일하기를 거절할 소유적 자유를 갖고 있다. 그리고 그런 기회들을 가진 자들은 그를 고용하기를 거절할 똑같은 소유적 자유를 갖고 있다. 각각은 자유에 대한 윤리적 의미를 갖고 있다. 역으로 사회주의자와 공산주의자들이 "임금-노예제"라는 용어를 발명한 것은 이러한 구별에 기반한 것이었다.

그러나 소유적 자유의 배후에는 자유에 대한 경제적 의미가 있다. 근로자의 선택의 자유는 일자리가 풍부해지면 함께 늘어나고, 일자리가 희소해지면 함께 줄어든다. 역으로, 그에 따른 그의 노동-고통은 일자리의 풍부와 함께 감소하고, 일자리의 희소와 함께 증가한다. 하지만 조절하는 주체는 재산의 관습법이지, 자연의 은혜가 주는 풍요가 아니다. 조절은 좋을 수도 있고 나쁠 수도 있다. 조절은 현명하거나 무지할 수도 있고, 공평하거나 불공평할 수도 있다. 조절은 자유를 제한하는 것보다 훨씬 더 자유를 확장할 수도 있다. 하지만 조절은 고통이 아니라 지속 활동체의 집단행동이다.

2. 가치의 조절자

경험을 통해 **중상주의**로 알려진 다양한 정책들은 **봉건주의**의 저항에 맞서서 절대왕정과 시장의 등장과 함께, 그리고 제조업자와 상인의 생계수단으로서 교환가치가 공급이나 수요에 대한 통제에 좌우된다는 경험과 함께 발전했다. 중앙집권적인 영국 정부는 해외 및 식민 시장과 국내 시장의 제조업자와 상인의 지역 길드에 대해 이러한 통제를 제공했다.

이러한 조절은 항상 공공복지의 기반에서 정당화되었다. 스미스에 따르면, 이것은 소수의 특권 계급의 사적 복지가 공공복지와 동일한 것으로 대표되도록 소수의 특권층에게 항상 호의적이었기 때문에 위선적인 정당화였다. 존 로크는 이러한 집단 통제를 행사하는 데서 왕정을 의회로 대체했다. 하지만 아담 스미스는 철학적으로는 아니라 할지라도, 사실상 사법권으로 왕정과 의회를 대체했다.

로크로서는 왕이, 그리고 스미스로서는 의회와 길드가 공급과 수요에 대해 자의적으로 조절을 하는 것 대신에 신의 은총이라는 자연법으로의 회귀를 각자 자신들의 주장의 기반으로 삼았다. 따라서 스미스는 집단적 조절을 대신해서 공급과 수요에 대한 자연적 조절자가 필요했고, 그는 이것을 관습법의 법정에서가 아니라 근면하고 검약한 모든 제조업자와 상인의 가슴 속에서 발견했다.

> "(……) 사적인 이해와 열정으로 인해 개개인들은 자연스럽게 자신들의 자본을 통상적인 경우 사회에 가장 이익이 되는 사업들로 보내는 경향이 있다. 하지만 만약 이러한 자연적인 선호에서 이들이 너무 많은 자본을 이러한 사업들에 쏟는다면, 그러한 사업들에서 이윤이 하락하고 다른 사업들 모두에서 이윤이 상승하게 되어, 즉각 이들은 이 잘못된 분배를 변경하는 경향이 있다. 따라서 법의 개입이 없다면 인간의 사적인 이해와 열정으로, 자연스럽게 이들은 모든 사회의 자본을 그 사회 안에서 진행되는 여러 사업에 나누어 분배하도록 할 것이다. 이것은 전체 사회의 이해에 가장 부합될 수 있는 비율에 가능한 한 근접하게 이루어질 것이다."[56]

∴

56) Smith, Adam, *An Inquiry into the Nature and Causes of the Wealth of Nations*, II, 129.

이와 같이 스미스는 허구적 부의 문제에 관해선 케네와 의견을 같이했다. 개인들은 필요하다면, 자신들의 자연적 선호에 반하여 자신들의 노동을 가격이 떨어지고 있는 생산품에서 가격이 올라가고 있는 생산품으로 옮기지 않을 수 없기 때문에 **허구적 부**는 스스로를 교정할 것이다. 하지만 케네가 **자연**이 부(富)를 생산하기에 이 문제를 중요하지 않은 것으로 일축한 반면, 스미스는 노동이 부를 생산하는 데서 그것이 어떻게 이루어지는지 보여주었다.

스미스에 의하면 우선, 이 자연의 상태는 화폐와 부채의 개입이 없는 완전한 자유 그리고 안전, 평등, 재산, 이동성이 있는 상태이다. 각 개인은 즉각 한 직업에서 다른 직업으로 이동할 수 있다. 인간은 관습과 습관, 공포 또는 집단적 제약에 묶여 있지 않다. 이는 이후 파레토가 말한 **사회**에 대한 "분자적인" 개념이었다.

두 번째로, 전체로서 사회의 욕구는 무제한적이다. 이 가정은 수요 측면과 공급 측면 두 방향에서 사용할 수 있다. 스미스는 두 가지를 모두 활용했다. 수요 측면은 유효수요에 대한 자신의 생각에 기초하고, 공급 측면은 노동-고통에 대한 생각에 기초한다. 이 둘은 합쳐져서 집단행동 없이도 결과적으로 균형으로 나아가는 경향을 갖는다.

수요와 공급의 등치는 이후 제임스 밀이 공식화했고,[57] 리카도가 그것을 따랐는데, 밀은 스미스의 생각을 명료하게 했을 뿐이다. 우리의 언어로 다시 말하자면, 인간의 욕구가 무제한적이라면 인간의 행복은 훨

57) Mill, James, *Commerce Defended*(1807); *Elements of Political Economy*에서 재인용(1821), 186-195. 장 바티스트 세(Jean Baptiste Say)가 이전에 언급함. *Traité d'économie politique*(1803), English translation, 4th ed., 76 ff.

씬 많은 사용-가치를 창출함으로써 상상할 수 없을 정도로 추구될 수 있다. 따라서 새로운 욕구가 전개되는 것에 비례하여 다른 종류의 사용-가치들이 증가된다면, 교환가치는 감소하지 않을 것이다. 각각은 다른 모든 종류의 산출에 대한 수요를 증가시키고, 생산이 최대한의 한도로 확대되는 것이 허용된다면, 과잉 생산은 없을 것이다. 예컨대 노동 분업으로 (완벽한 이동성을 가정하고 시간을 제거한다면) 노동 생산성이 두 배가 됨으로써 모든 물리적 생산품은 두 배가 될 수 있을 것이다. 이럴 경우 양적으로 두 배가 된 모든 것이, 또한 양적으로 두 배가 된 모든 다른 것에 대한 유효수요를 두 배로 만들 것이다. 그래서 단위당 교환가치에서 어떠한 변경도 없을 것이다.

하지만 무제한적인 수요라는 이 이론조차도 특정 생산품이 너무 풍부해진다면 이것의 공급을 제한하고, 부족하다면 공급을 늘리는 데서 효과적인 요인을 필요로 했다. 그리하여 모든 가격은 각 가격에 포함된 이 조절 요인의 양에 비례하여 조절될 것이다. 리카도는 후에 한계 노동자에서 이 요인을 발견했다. 스미스는 모든 노동자의 노고에서 이를 발견했다. 희소-가치의 **원인**으로서 그의 노동-고통은 산출을 제한하는 것으로 작동한다. 희소-가치의 **조절자**로서 그의 노동-고통은 모두에게 노동-고통을 균등하게 하기 위해 여러 직업들 사이에 산출의 비율을 정함으로써 작동한다. 희소-가치의 **원인**으로서, 산출은 수입이 고통의 양에 비해 너무 낮다고 여겨지면 축소된다. 희소-가치의 **조절자**로서, 산출은 수입이 고통에 비해 큰 고용 부문에서는 확대되고, 수입이 고통에 비해 낮은 고용 부문에서는 축소된다. 그리하여 수입 한 단위당 고통은 동일하게 된다. 그래서 희소의 원인으로서 고통이 특정 고용 부문에 작동한다면, **조절자**로서 고통은 모든 고용에 작동한다.

리카도의 한계 노동자는, 그에 따르면 가치를 조절하는 노동자인데, 가장 생산성이 낮은 노동자였고, 이것은 자연의 인색함이라는 그의 이론에 부합했다. 한계 노동자는 자연의 가장 큰 저항에 맞서서 일하는 사람이었다. 이 노동자는 자유로운 시장과 이동성 있는 노동을 통해 자연이 비옥한 곳에서 일하는 다른 노동자들의 생산품의 교환가치를 경쟁으로 조절하고, 또한 모든 노동자들이 저임금에서 고임금 고용으로 옮겨가기에, 모든 생산품의 교환가치를 조절한다. 가장 효율이 떨어지는 노동자의 생산성이 모든 노동자의 산출의 교환가치를 조절한다.

하지만 스미스의 가치 조절은 가장 효율이 떨어지는 노동이 아니었다. 이것은 가장 고통스러운 노동이었다. 인간은 노동하도록 저주받았다. 이는 원죄 때문에 사실이었다. 그는 재화를 생산하기 위해서 자신의 안락함, 자유, 행복의 일부를 포기하지 않을 수 없었다. 하지만 이는 공정하게 이루어져야 한다. 어떤 개인도 생산하고, 축적하고, 다른 사람들의 이익을 위해 사용-가치를 교환하는 자신의 활동에서 다른 개인보다 더 많이 고통을 겪어서는 안 된다. 중상주의의 기존 상태는 비효율적일 뿐만 아니라 불공평했다. 이는 고통에 비례한 공정한 분배라는 원칙을 각자의 가슴 속에 심어놓은 보이지 않는 손에 따라 개인들이 자동적으로 조절하도록 놔두지 않고, 집단행동으로 자의적으로 개인들을 조절한다는 점에서 그러하다.

이 원리는 사용-가치의 수입과 노동-고통의 지출, 즉 사용-가치에 지불된 "실질가격" 간의 비율이었다. 인간의 사적 이해와 소유로 이들은 집단행동의 도움 없이도, 고통 대 수입의 이 비율이 모두에게 언제나 실질적으로 동일해지는 그런 비율들로, 여러 고용 부문들에 자신들의 노동을 분배하도록 이끌리게 된다.

하지만 이 조절이라는 목적을 달성하기 위해서, 스미스는 본인이 출발점으로 삼았던 고립된 개인을 제거하고, 모든 시대와 장소에서 모든 개인의 **평균적인** 노동-고통으로 대체해야 했다. 이러는 과정에서 그의 평균적인 노동-고통은 다음과 같이 가치의 조절자이자 가치의 척도가 되었다.

"모든 시기와 장소에서 동일한 노동 양은 노동자에게 동일한 가치라고 할 수 있을 것이다.[58] 보통의 건강, 힘, 정신 상태에서, 그리고 보통 정도의 기술과 숙련도를 가지고 그는 항상 자신의 안락함과 자유, 행복의 일부분을 포기해야만 한다. 그가 지불하는 가격은 그가 지불하고 받는 재화의 양이 얼마인지 간에 항상 같을 수밖에 없다. 실제로는 때때로 더 많이 살 수 있고, 때때로 더 적은 양을 살 수 있을 것이다. 하지만 변하는 것은 재화의 가치이지, 그것들을 구매한 노동의 가치는 아니다. 모든 시기와 장소에서 획득하기 어려운 것 또는 획득하기에 많은 노동이 드는 것은 비싼 것(희소한 것)이다. 반면 쉽게 얻어질 수 있는 것 또는 노동이 별로 들지 않는 것은 싼 것(풍부한 것)이다. 따라서 그 자체로 가치가 결코 변하지 않는 노동만이 모든 시기와 장소에서 모든 상품의 가치가 평가되고 비교될 수 있는 궁극적이고 실질적인 기준이다. 노동이 상품들의 실질 가격이다. 화폐는 상품들의 명목가격일 뿐이다."[59]

여기에서 가치의 조절자이자 가치의 척도는 집단행동이 제거된 자연

58) 캐넌은 스미스의 첫 번째 판에서는 다음과 같이 적혀 있는 점을 주목한다. "동일한 노동 양은 모든 시기와 장소에서 노동자에게 동일한 가치를 지니는 것이라고 말**해야만** 한다."
59) Smith, Adam, *An Inquiry into the Nature and Causes of the Wealth of Nations*, I, 35.

상태에서 평균적인 노동-고통이 된다. 스미스는 성격 차이에서 발생하는 개인차와 피로도 차이에서 발생하는 반복 차이를 제거한다. 시간의 역사적 경로도 그의 평균적 고통을 교란시키지 않았다. 평균적 고통은 18세기에서나 **중세**에서나 동일하다. 모든 시기와 장소에서 평균적인 노동자는 유사한 시간 단위 동안 자신의 안락함과 자유, 행복의 동일한 부분을 내려놓는다. 개인이나 노동 시간, 피로도, 시간, 장소, 인종에 상관없이 평균적인 고통인 것이다. 따라서 이는 자연상태에서 가치의 조절자이자 어떤 상태의 사회에서든지 가치를 측정하는 안정적인 단위인 것이다. 노동-고통은 특정 사람의 특정 고통이 아니었다. 이것은 노고가 담겨 있는 수학적 공식이었다.

스미스는 차액이라는 리카도의 생각을 가지고 있지 않았고, 이러한 평균들에 만족했다는 점을 주목해야 한다. 하지만 스미스가 리카도의 차액에 대한 생각을 가졌더라면 유사한 결과에 이르렀을 것이다. 가치의 원인이 되고 이를 조절하며 측정하는 리카도의 노동력은 가장 비효율적인 노동력, 즉 한계 노동자였다. 이는 아마도 가장 고통스러운 노동-고통과 같았을 것이다. 그러나 스미스는 차액을 가지고 전개한 것이 아니다. 그는 평균을 가지고 전개한 것이고, 이 평균은 노동-고통과 노동력 둘 다에 적용되었다. 그렇다면 평균적인 노동-고통의 각 단위는 평균적인 노동력의 각 단위와 동일한 것으로 여겨질 수 있을 것이다. 그리고 이것이 그의 관점이었던 것처럼 보인다. 노동력의 각 평균 단위에는 노동-고통의 동일한 평균 단위가 수반된다. 즉 사용-가치의 양을 증대시키는 노동력의 각 단위에는 그 노동력의 행사에 저항하는 고통의 동일한 단위가 수반된다. 이는 의인화이자 물질주의였다.

물론 문제가 그 지점에서 끝났다면 논리가 정지되었을 것이고, 어떤 것도 생산될 수 없었을 것이다. 하지만 게으른 노동자거나, 늙었거나 젊은 경우를 제외하곤 문제는 그 지점에서 멈추지 않는다. 스미스가 말하는 전형적인 노동자는 사유재산 보장에 유인되어 일하고 축적하고 교환하고자 하는 야망을 가졌고, 이 야망은 고통-저항을 넘어섰다. 그리하여 스미스는 자신의 시스템에 파국을 맞지 않고, 노동력에서 노동-고통으로 전환할 수 있었다. 사유재산은 근로의 고통을 억누르는 근로 의사를 만들기 때문이었다. 하지만 이러한 의사는 한계가 없는 것이 아니었다. 고통이 마침내 그 자신을 드러내서 안락, 자유, 행복을 더 지출하는 데 저항한다.

스미스는 노동-고통을 평균화하는 과정에서 많은 애를 썼는데, 이것은 사실상 합당한 가치의 조절자이자 실질 가치의 안정적인 척도로 기능하도록 의도되었기 때문에 불가피하다. 평균적인 노동자가 "자신의 보통의 건강, 힘, 정신 상태에서" 한 일자리에서 다른 일자리로 신속하게 이전하여, 이러한 고용에서의 차이로 생기는 고통의 차이를 줄이고자 하는 경향은 바로 이러한 평균적인 노동-고통 때문이다. 평균적인 노동-고통은 "어떤 일자리가 주는 적은 금전적인 이득을 보상하고 다른 일자리가 주는 큰 금전적 이득을 상쇄하는 식으로" 여러 직업들 사이의 불평등을 평등화하는 경향이 있다. 그가 언급한 직업에서의 차이들은 어려움, 청결이나 불결, 귀천, 숙련의 난이도, 고용의 정규성이나 비정규성, 근로자에 대한 신뢰도, 출세 가능성이다.[60] 이 모든 것들에는 임금이나 이윤으로서 수입에서 금전적 차이가 수반되지만, 이러한 금전적 차이들을 스미스는 제거했다. 그는 화폐를 제거하고, 상품 간의 직접적인 교환가치로

••
60) *Ibid*., I, 102 ff.

대체했기 때문이다. 하지만 이러한 교환가치는 평균적인 노동–고통에서의 차이와 일치할 때 정당화될 수 있다. 그리고 보다 고통스러운 직업에서 노동 공급을 제한하고, 덜 고통스러운 직업에서 노동 공급을 확대함으로써 교환 차이가 고통 차이와 일치하도록 교환 차이를 조절하는 것은 이러한 평균적인 노동–고통이다.

따라서 그의 가치 조절은 집단행동과 화폐의 개입이 허용되지 않는다는 조건하에서 "실질 가치"의 조절자이다. 이 집단행동이 제거된다면, 신의 은총과 풍요, 완전한 자유, 완전한 평등과 안전이 출현해서 교환가치는 실질 가치에 따라서 조절될 것이다.

스미스의 이 "실질 가치"는 "합당한 가치"이지만, 합당한 가치의 주요 구성 요소들, 즉 집단행동, 희소, 화폐, 관습과 집단적인 의견을 가지고 있지 않는 합당한 가치이다. 합당한 가치는 법원과 배심원, 위원회, 중재 계약(arbitration arrangements) 등의 관행에서 형성되는 것인데, 화폐의 측면에서는 집단 행위의 개념으로, 합당한 인간들 간의 의견 일치에 따라 도달하는 것이다. 여기서 그들은 그 시기 지배적인 관행을 따르는 인간이라는 점에서 "합당"하다. 합당한 가치는 상황과 집단 통제의 새로운 조합과 함께 변하고 효율, 희소, 관습, 정치 및 지배적인 이해의 변화를 통해 진화하는 과정에 있다. 하지만 노동–고통으로 본 스미스의 실질 가치는 집단행동이 개입하지 않고 인간의 이익을 위한 행위를 규제하는, 모든 시대에 통하는 자동적인 원칙이다. 이는 토머스 아퀴나스의 "정의로운 가격"과 법원 및 중재기관의 집단행동에 상응하는 것으로, 그것들을 스미스가 의인화시킨 것이다.

합당한 가치가 지닌 두 의미 간의 구별은 지속 활동체의 집단 의지와 사유재산에 대한 개인의 의지라는 의사에 대한 두 개념에 의존한다. 개인의 재산이 폭력으로부터 완벽하게 보호받는 풍요의 세계에서 희소를 둘러싼 갈등은 발생할 수 없을 것이라고 스미스는 올바르게 인식했다. 따라서 그러한 세계에서 풍요를 배분하는데 합당한 가격을 마련하기 위해서는 개인의 의사와 신의 은총만이 필요할 뿐이었다.

희소-가치에 대한 자동적인 조절자와 노동-고통의 양을 동일시하면서, 스미스는 나아가 노동 시장에서, 노동의 가격(교환가치)이 기존의 조건하에서는 생산물을 교환해서 전달되는 노동-고통의 양과 왜 일치하지 않는지 묻는다. 이 모든 괴리들이 노동의 양으로 자동적으로 조절되지 않고 관습이나 주권, 다른 집단행동으로 통제되는 인위적인 희소의 다양한 측면들임을 우리는 알게 될 것이다. 이들은 이미 언급한 것처럼, 집단주의의 원리들에서 발생하여 완전한 자유의 원리와 충돌하는 주권이 부과한, 인위적 또는 집단적 희소들이었다. 이러한 제한들에는 법인(길드)의 독점적 특권, 오랜 도제 제도, 경쟁자들 간의 양해, 공공 지출로 이루어진 무료 교육, 국가의 임금 규제, 가격 고정, 관세, 유리한 무역 수지를 유지하기 위한 보조금과 구빈법에 의하여 노동과 자본의 자유로운 순환을 방해하는 것 등이 포함되어 있었다.[61]

하지만 자유에 대한 이러한 중상주의적 간섭이 모두 제거된다고 할지라도, 여전히 다른 두 소유적 청구권자(proprietary claimants), 즉 지주와 자본가적 고용인이 있다. 이들은 완전한 자유의 조건하에서조차도 노동-고통과 임금 사이에 정확한 비율조정을 막았다. 이들 다른 청구권자들은 소유적 희소 요인을 도입했는데, 이들은 **사유재산에 대한 관습법**(Common Law of Private Property)의 사례였다. "어느 나라의 토지가 모두

..

61) *Ibid*., I, 120 ff.; 437 ff.; II, 141 ff.

사유재산이 되는 순간, 다른 모든 사람과 마찬가지로 지주는 그들이 한 번도 씨를 뿌리지 않은 땅에서 수확하고자 할 것이며, 심지어 자연의 산물에 대해서도 지대를 요구할 것이다. "토지의 지대는, 토지 사용에 지불되는 가격으로 간주되는데, 자연스럽게 독점 가격이다."[62] 그러므로 지대가 지불되는 곳이면 어디든지 간에, 지대는 노동-고통과는 상관없이 소유적 희소로 가격이 조절된다는 증거였다.

같은 것이 스미스의 이윤 개념에도 적용되었다. 이윤은 소유자들 사이에서 자본에 대한 공급과 수요에 따라 전적으로 결정되었다. 여기서는 노동-고통이나 노동력뿐만 아니라 이른바 "감독 및 지휘" 노동까지도 문제가 되지 않았다. 이윤은 이런 "감독 및 지휘"[63]라는 노동의 수량, 어려움, 독창성에 비례하지 않는다. 이것들은 두 가지 방식으로 조절되는데, 소유적인 희소의 특별한 경우들로 판명된다. 첫째, 투입된 자본의 가치에 의해서, 둘째, 임금을 낮게 유지하려는 주인들의 담합에 의해서.[64]

자본(stock)의 가치는 원재료와 노동자들을 위한 생계 물자의 수량, 즉 피고용인의 수에 따라 요구되는 "유동 상품(circulating commodities)"인 것으로, 스미스의 예시들에 따르면 피고용인당 35파운드에서 360파운드에 이른다고 한다.[65] 스미스가 언급한 후자의 경우에 이윤의 **비율**이 같다면, **피고용인당** 이윤은 명백히 전자의 경우보다 10배 이상 클 것이다.

이윤을 결정하는 두 번째 희소 요인은 집단적 희소이다. 이윤율은 자신들의 재산을 연합해서 관리하기 위해 단합하려는 주인들의 능력과 의

62) *Ibid.*, I, 51, 146.
63) *Ibid.*, I, 50.
64) *Ibid.*, I, 50 ff.
65) *Ibid.*, I, 50

사에 따라서도 달라지는데, 이 의사와 능력은 대개 노동자들의 의사와 능력보다 크다.[66]

하지만 임금과 관련하여 임금이 지속적으로 자연 가격 이상으로 유지되게 할 수 있는 세 번째 원리가 있다. 이 세 번째 원리는 인구와 비교해서—중국처럼 거의 정체되어 있는 나라와 비교했을 때 "일손이 희소"한 북미에서처럼—풍부한 자연 자원하에서 부(富)가 지속적으로 성장하기 때문에 노동에 대한 수요가 늘어난다는 것이다.[67]

이런 이유로 완전한 자유 상태에서도 노동하지 않은 채 사유재산에 근거해, 지대와 이윤이 교환가치 중에서 차지할 몫을 주장할 수 있다는 사실 때문에 교환가치는 노동-고통에 비례하지 않을 것이다. 반면 임금들 그 자체는 노동-고통상의 차이 때문이 아니라 인구 압력상의 차이 때문에 서로 다르다.

그러나 이들 차이가 완전한 자유의 상태에서조차 교환가치가 노동-고통의 양으로 결정되기보다는 소유적 희소에 의해 결정되는 모든 상황은 아니다. 상품 가격이 각 고용의 노동-고통의 양과 같게 하기 위해서는 세 가지의 보다 일반적인 상황이 필요했다. "첫째, 고용이 잘 알려져 있어야 하고, 이웃에 오랫동안 확립되어 있어야 한다. 두 번째로, 고용은 통상적인, 자연적인 상태에 있다고 할 만한 것이어야 한다. 그리고 세 번째로, 이는 일자리를 차지하고 있는 사람들에게 유일하거나 주요한 고용이어야 한다."[68] 즉 임금이 노고와 같아지도록 하기 위해서는 인구 압력

•••
66) *Ibid.*, I, 68, 69.
67) *Ibid.*, I, 73.
68) *Ibid.*, I, 116-118.

뿐만 아니라 소유적 지대와 이윤이 제거된 이후라도 공개성, 정상과 독립이 있어야 한다. 이들 각각은 관습이나 거래 관행이라는 외피 속에 희소에 대한 집단적 조절 요인을 도입한다.

스미스에 따르면 공개성의 결여, 즉 **비공개**는 경쟁자가 완벽한 이동의 자유가 있더라도 임금이나 이윤이 높은 곳으로 이동하는 것을 가로막는다. 정상 또는 "자연상태"는 자연의 힘에서 발생하는 생물학적 희소에서의 변화를 제거하는 것이다. 스미스에 따르면 "정상"은 농업에 유리한 계절과 불리한 계절의 변화뿐만 아니라 수요의 계절적 변동이 없는 것이기 때문이다.

"독립" 요건은 가사 노동자의 생산품이나 소작인의 생산품, 하숙인을 들인 가족이 부과한 집세, 지주에 대한 외거 하인의 노동처럼 노동자가 자신의 노동을 자신의 주요 생산물에 이르기까지 수행하지 않고 노동자가 자신을 부양하는 모든 보완적인 생산물들이나 통합된 산업을 배제한다. 다시 말해 관습법이 보장한 개인의 완전한 자유가 있더라도 임금은 비공개성과 계절적 변동성, 통합된 산업의 보완적 재화들이 있는 한, 모든 경우에서 고통과 상관없이 희소에 의해 결정된다.[69]

이러한 일련의 예외 모두를 스미스가 인정한다면, 의문이 남는다. 상품뿐만 아니라 노동의 가치 자체를 결정하는 것은 결국 관습을 포함한 집단행동이 아닌가? 스미스는 집단행동을 "추정"으로만 배제한다. 완전한 자유에 대한 스미스의 조건은 개입도 없고, 예외도 없고, 의무도, 거

··

69) *Ibid.*, I, 116-120. 바이너는 앞서 언급한 글에서(본서 315쪽), 내가 스미스를 해석할 때 "자연 질서"로부터 **배제된** 것으로 본 이러한 예외들 중 많은 부분을 "자연 질서" 내에 포함된 것으로 해석한다. 나는 스미스가 관습과 집단행동 모두, 노동-고통으로 설명되지 않는 예외 모두를 배제했다고 주장한다. 이들은 "인위적이지" "자연스러운 것"이 아니었다.

래 관행도, 관습도, 습관도, 비공개성도, 계절도, 보완적인 재화들이나 통합된 산업도, 화폐나 집단적인 계약 시행도 없어서 각각의 노동자는 고통의 증가함에 따라 움직이는 물리적 단위라고 "추정한다." 이러한 노동 원자들의 집합은, 고통에 비해 상대적으로 가격이 낮은 생산물에서 가격이 높은 생산물로 물이 흐르듯이 정확하게 자신의 노동력을 지체 없이 이동시킬 것이다. 그리하여 전자의 가격을 올리고 후자의 가격을 낮추는 경향이 있어서, 각각에서 공급된 양이 조절되어 한 제품에 투입된 평균적인 노동-고통의 한 단위가 다른 어떤 제품에 투입된 노동-고통의 한 단위와 같은 보상을 받을 균형을 가져올 것이다.

이런 의인화는 인간 본성을 물리적 분자로 분해했고, 아나키스트와 벤담, 리카도 그리고 19세기 쾌락주의 경제학자들을 위한 길을 닦아놓았다.

3. 가치 척도

하지만 스미스는 아주 실질적인 것을 염두에 두었다. 그것은 집단행동이 배제되었을 때 안정화된 가치 척도였다. "노고에 대한 대가로 받는 재화의 양이 얼마이든지 간에 (노고로) 지불하는 가격은 항상 같아야만 한다. 실로 이것을 통해 때로는 더 많은 양을 살 수 있고, 때로는 더 적은 양을 살 수 있을 것이다. 하지만 변하는 것은 재화의 가치이지 재화를 구매하는 노동의 가치는 아니다."[70]

그리하여 노동-고통은 자연상태에 적용되는 스미스의 가치 **조절자**였

..

70) Smith, *An Inquiry into the Nature and Causes of the Wealth of Nations*, I, 35.

지만 이제는 가치 척도로서, 스미스는 이를 여러 가지 집단행동의 실제 상태와 기존의 화폐 가격의 실제 상태에 적용한다. 그는 이 안정화된 평균 노동-고통으로 현실 사회의 불평등과 부정의, 우연한 일뿐만 아니라 화폐 가격 뒤에 숨겨진 지대, 이윤, 임금을 측정할 것이다.

> "주목해야 할 것은 가격을 이루는 모든 여러 구성 부분들의 실질 가치가, 그들이 각각 구매할 수 있거나 지배할 수 있는 노동의 양으로 측정된다는 점이다. 노동은 그 자체 노동으로 분해되는 가격 부분의 가치뿐만 아니라 지대로 분해되는 가격 부분, 이윤으로 분해되는 가격 부분의 가치도 측정한다."[71]

모든 노동이 좀 더 효율적이 되거나 화폐가 희소하게 되면, 모든 화폐 가격은 계속 떨어질 것이다. 노동이 덜 효율적이 되거나 화폐가 더 풍부하게 되거나, 또는 지폐로 대체된다면 모든 화폐 가격은 상승할 것이다. 어떤 가격은 상승할 수도 있고, 다른 가격은 떨어질 수도 있다. 독점 때문에 높은 가격에 도달할 수도 있고, 경쟁 때문에 낮은 가격에 이를 수도 있을 것이다. 가격은 가혹할 정도로 높을 수도 있고, 합당할 수도 있을 것이다. 노동-고통이 합당한 가치로부터 벗어나는지 이에 부합되는 지를 측정할 것이다. 괴리되는 것은 가격들의 가치이지 노동-고통의 가치가 아니다. 그리고 이러한 괴리는 그것들을 구매하는 데 필요한 고통의 크고 작은 양으로 측정된다.

그리하여 스미스의 가치 척도는 실질가격과 명목가격의 구별에 의존한다. 실질가격은 고통의 지출이고, 명목가격은 화폐의 지출이다. 이 구

..

71) *Ibid.*, I, 52와 각주를 보라. 고딕체는 필자가 한 것이다.

별은 개인들의 감정과 인간이 집단적으로 합의한 인위적인 측정단위 사이에 이루어진 것이다.

우리가 이러한 인위적인 단위를 검토해보면, 이러한 것들이 사용-가치의 양, 희소 정도, 산출률, 시간 경과 등처럼 경제 과학에서 채택된 다양한 차원을 숫자로 환원할 목적으로 관습이나 법으로 표준화되었다는 것을 알게 된다. 이 모든 것들에는 사실 그 이면에 행복이라든지 빈곤, 쾌락, 고통, 희망, 공포, 정의, 부정의와 같은 강렬한 인간의 감정이 있고, 이것들이 인간에게 실질 가치이다. 하지만 이러한 감정에는 관습이나 법으로 표준화된 측정단위가 없다.

따라서 모든 측정단위가 인위적이듯이, 모든 측정은 화폐만큼 명목적이다. 이들은 일종의 언어다, 숫자의 언어. 이들은 사실 강렬한 감정이 일어나고 있다는 표시일 수도 있다. 하지만 감정을 측정하지는 않는다. 표피적인 행동을 측정한다. 아담 스미스는 경제 생활의 정의와 부정의를 측정할 감정 단위를 만들고자 했다. 그가 실제 생활에 이르렀을 때 그는 자신이 길이, 면적, 무게, 희소, 생산성, 시간의 단위로 거래를 측정하는 것임을 깨닫게 되었다. 이 모든 것들은 명목적이었지 어떤 것도 실질적인 것은 아니었다.

하지만 이는 갈등과 협력의 경제 행위는 명목적이고, 개인의 감정만이 실질적인 경우에만 타당하다. 경제학에서 측정단위는 정확성, 안전성, 정의라는 세 가지 큰 사회적 이유로 거래를 측정하는 데 사용되는 집단적 장치이다. 사회와 거래가 실질적이라면 이들도 실질적이다.

모든 거래는 세 종류의 측정, 즉 물리적 측정, 희소 측정, 시간 측정을 활용한다. 물리적 측정은 두 종류인데, 재화의 양과 산출률 또는 수입률이다. 희소 측정은 현재 순간과 미래의 시간 경과라는 시간의 두 가지 차원에 대한 것이다. 칼 맑스와 과학적 경영이 등장하고 나서야 산출률이 측정 가능한 차원이 되었고, 뵘바베르크에 이르러서야 미래의 시간 경과가 측정 가능한 차원으로 분리되었다.

모든 측정단위는 측정되는 차원과 동일한 성격을 지녀야 한다. 사용-가치는 "재화"에 대한, 기대되는 사용으로, 이들은 톤이나 야드, 부셸과 같은 물리적 단위로 측정된다. 희소-가치는 재화의 가격으로, 이들은 희소 단위, 즉 달러로 측정된다. 이 둘은 모든 거래에서 항상 함께 발견된다. 밀은 부셸당 2달러다. 면화는 야드당 10센트이다. 선철은 톤당 30달러다. 부셸, 야드, 톤은 사용-가치의 양을 측정한다. 달러와 센트는 희소-가치를 측정한다. 우리는 물리적 차원의 단위로 밀의 희소를 측정하지는 않는다. 밀의 가격은 가치의 희소 기준인 달러로 표현된 밀의 희소 차원에 불과하다. 반면 밀의 유용성은 부셸과 같이 양적인 기준과 밀의 특정 품질과 같은 질적인 기준으로 측정된다.

각 단위는 거래에서의 정확성, 안정성, 정의라는 제1요건으로서 관습이나 법으로 표준화된다. 분쟁이 발생하고 법원이 판결해야 한다면, 법원은 합법적이라고 간주되는 물리적 단위와 법으로 만들어진 희소 단위라는 기반 위에서 판결을 내릴 것이다. 법화(legal tender)와 법적 이행을 측정하는 것은 이러한 법적 단위이다. 밀의 인도라는 법적인 이행은 그만큼의 법적인 부셸이다. 법적 변제는 그만큼의 법적인 달러거나, 법원에서 이와 동일한 가치에 상당한 것으로 간주하는 것이다. 아담 스미스의 자연상태에서는 법화나 법적 측정단위가 없었다. 이들은 인위적인 단위이기 때문이다.

금과 같은 특정 상품은 물리적 차원에서 관습과 법으로 표준화되어왔지, 희소 차원에서는 표준화되지 않았다. 물리적 차원은 미국 달러에 대해 순금 23.22그레인(약 1.5그램 ─ 옮긴이)이다. 희소 차원은 시장에서의 일반적인 구매력이었다. 두 차원은 분리할 수 있고, 법화라고 선언하는 법으로 종종 분리되어왔다. 법화 지폐는 상대적인 희소의 척도로서 물리적 금의 양을 대체했었다. 하지만 지폐의 액면가나 금 그레인, 어느 것도 스미스가 말하는 개인의 감정이라는 의미에서는 실질 가치나 명목 가치의 척도는 아니다. 이들은 정확성, 안전성, 정의가 요구되는 경제적 거래에서 법적인 척도이다. 이것들은 자연의 힘을 대하는 고립된 개인이라는 의미에서 실질 가치를 측정하지는 않는다. 이것들은 관습과 법, 법원의 집단행동으로 부과된 물리적 차원과 희소 차원의 인위적 단위들이다. 스미스가 노동-고통으로 합당한 가치를 측정했을 때, 그는 심리적 희소를 측정하고 있었다. 하지만 돈은 소유적 희소를 측정한다. 아마도 고통의 단위는 자연상태에서의 주관적 감정을 측정할 수 있다. 하지만 돈은 정치, 법 또는 다른 형태의 집단행동의 상태에서 경제력과 기회의 균등, 공정한 경쟁과 불공정한 경쟁, 합당한 가치와 합당하지 않은 가치를 측정한다. 합당한 가치는 돈으로 측정된, 합당한 희소-가치이다.

스미스의 잘못은 시간이나 기타 근원적인 것 등 사물의 시초부터 출발했다는 점이다. 스미스는 과거의 누적된 것들로 인해 어떤 식으로든 이미 구축되어 있고, 아직은 끝나지 않았지만 가변적인 하나의 미래로 나아가고 있는, 주어진 시점에서 온갖 복잡성들을 보여주고 있는 지속 활동체들의 전체상에서 출발했어야 한다.

스미스의 노력은 로크나 케네와 마찬가지로 사물의 본성과 신적인 이성의 본성에서 이미 영원히 고정성과 안정성을 가지고 있는 궁극적인 그 무엇을 발견하고자 한 것이었다. 하지만 우리가 아는 한, 인간들의 목적과 관련해 그러한 안정성은 없다. 모든 것은 인간의 안정성과 기대와는 상관없이 거칠게 돌아가고 있다. 우리가 아는 유일한 안정성은 인간 자신이 집단행동으로 만든 것이다. 측정단위는 안정성의 수단들 중 하나이지만, 이러한 것들은 자연에서는 존재하지 않는다. 이들은 정확성과 안정성을 위해서 인간이 고안한 인위적인 구조물이다. 스미스는 자신의 고통 단위를 발견할 수 없었다. 인간은 그런 단위를 인위적으로 만들어내지 않았기 때문이다. 하지만 인간은 시간이 흐르면서 희소 단위, 즉 법화 또는 법원이 이와 같은 것으로 간주하는 것을 집단행동으로 만들어냈다. 스미스 이후 100년 이상이 지나서야 비로소 경제학자들은 전적으로 인위적이고 집단적이며 "명목적인" 측정단위, 즉 화폐의 희소-가치의 중요성을 알게 되고, 그래서 그것을 안정화시키는 방법을 고안하게 되었다. 그리고 이러한 안정화의 이유는 현재와 미래에 있을 거래들을 보다 정확하고 안전하며 정의롭게 만들어야 한다는 사회적인 이유이다. 금의 물리적 차원이 존 로크와 아이작 뉴튼에 의해서 무게로 따져 안정적인 측정단위로 되었다면, 거의 200년이 지나서야 비로소 구매력으로 환산해서 금의 희소 차원들을 안정화시키고자 하는 시도가 이루어졌다. 실제로 일어났던 것은, 스미스의 명목 가치라는 매우 피상적인 척도가 개인들로 이루어진 세계가 아닌 개인의 행동을 규제하는 집단행동의 세계에서 변동하는 희소들에 대한 절대로 필요한 척도라는 것을 발견한 것이다.

그리하여 거래에서 사용된 이러한 희소-가치들은 몇 세기의 관습과 재산, 주권을 통해 존재하는 것으로, 기존의 지속 활동체를 위해 구축된 것으로 받아들여져야 한다는 것을 깨닫게 되었다. 이것들은 실험해본 결과 좋았을 때도 있고 실패했을 때도 있었지만, 인위적으로 측정되어서 아마도 집단 규제로 안정화될 수 있었을 것이다.

따라서 스미스의 **평균** 노동-고통이 오류라고 할 수는 없다. 그것은 평균적인 구매력을 의인화한 것이었다. 이는 현대에 상품이든, 임금, 주식, 채권 등 가격의 평균 이동을 나타내는 "지수"를 만들 때 꽤 성공적으로 따라가는 평균화 과정과 정확히 같다. 이러한 지수에서 단위는 노동-고통이 아니라 달러로 표시되는 비의인화된 구매력이다. 평균으로 집계되어서, 현대의 경우에 지수에서의 평균은 상품의 다양한 희소 평균이나 임금 또는 증권의 다양한 희소 평균에 상대적인 화폐의 희소이다. 스미스의 용법에서 이는 평균적인 생산 고통으로 본 상품의 평균적인 희소이다. 평균의 원리 자체는 단순히 작동 규칙으로서 충분히 건전하다. 그의 잘못은 화폐를 평균적인 노동-고통으로 의인화한 데 있었다.

이 잘못은 화폐로 본 안정적인 희소 척도를 구하는 대신에, 인간의 노고로 본 실질 가치의 안정적인 척도를 얻고자 하는 그의 노력에서 나왔다. 그는 "자연" 경제 또는 "복지" 경제로 대체함으로써 "화폐" 경제를 회피하고자 했다. 의도는 충분히 좋았지만 너무 근본적이었다. 더 피상적이지만 실용적인 과정은 화폐 경제에서 희소 척도를 안정화함으로써 합당한 가치를 얻는 방법에 대한 역사적인 실험을 지속하는 것이다. 결국 "복지 경제"인 것이 합당한 가치를 지니기 때문이다.

이제 가치의 근원과 조절자, 척도에 대한 비이저와 휘터커의 분석(본서 331쪽)을 비교해보면, 우리는 이들이 분리될 수 없다는 것을 알 수 있다. 측정은 조절에서 분리될 수 없다. 조절이 이루어지는 것은 측정 때문이다. 그리고 원인은 미리 정해져 있는 것이 아니라 측정과 조절의 결과로 나오는 인간의 목적이다. 스미스가 가치의 근원이 인간과 자연의 움직임을 지배하는 은혜롭고 공정한 목적에서 나온 것으로 그렸다면, 그가 말하는 원인은 정말 자연에 이전된 그 자신의 목적들이었다. 그가 말하는 조절자는 집단행동은 없지만, 자유와 안전, 평등, 재산은 있는 상태에서 가치에 대해 정당하게 조절한다는 그의 이상이었다. 그가 말하는 가치 척도는 중상주의의 기존의 인위적이고 독단적인 가치 및 금, 은, 지폐의 변동성에 대한 비판에서 적용된 합당한 가치에 대한 그의 척도였다.

IV. 사회적 유용성

스미스는 흄의 공적 유용성에 관한 생각을 철학자의 사후사고이지, 개인이 정의를 지지하는 직접적인 동기는 아니라고 주장했다. 따라서 그는 자동적으로 공공 복리를 증진할 그 어떤 것을, 게다가 어떤 형태의 집단행동으로도 거기에 놓일 수 없는 어떤 것을 각 개인의 가슴 속에서 발견해야 했다. 사실상 모든 형태의 집단행동은 그의 도덕과 경제학 체계에서는 제거되어야 했기 때문이다.

따라서 이 어떤 것은 인류의 조화와 행복을 의도한 외부의 신의 **섭리**에 의해 가슴속에 놓여졌음이 틀림없다. 그러나 이는 개개인이 그 목적으로 거기에 있었다는 것을 알지 못하는 방식으로 무의식적으로 놓여짐이 틀림없다. 그래서 사랑하고 싶었다거나 미워하고 싶었다는 것처럼 그는 의식적으로 나아갈 수 있었다. 또는 그가 다른 사람들에게 제공하는 거래가 자신의 이익보다 그들의 이익을 더 많이 증진시킨다고 설득함으로써 자신의 이익을 추구하고 싶었을 때 그가 의식적으로 그리로 나아갈 수 있었다.

아담 스미스가 인간의 가슴 속에 신성하게 심은 이러한 동기들을 찾고자 하면, 우리들은 그 동기들이 여섯 개 이하로 줄어들 수 없다는 것을 알게 된다. 즉 동감, 자기이익, 적절하다는 느낌, 교환 성향, 과잉 생산을 방지함으로써 산출물을 규제하도록 배치된 노동-고통, 사기와 폭력에 대한 처벌이나 국방을 위한 처벌의 경우를 제외하고 거의 모든 종류의 집단행동으로부터 자유로운, 신이 부여한 권리 또는 자연권이 그것이다.

이러한 심어진 본능 또는 동기 각각은 각 개인이 유사한 추정을 가진 다른 개인과 관련을 맺을 때 이들의 가슴 속에 다소간 명료한 의견 또는 추정의 형태를 띤다. 노동-고통과 관련하여 스미스의 추정을 보자.

> 그에 따르면, 화폐와 재화는 "일정 양의 노동의 가치를 담고 있고, 우리는 이를 당시에 동일한 양의 가치를 담고 있다고 여겨지는 것과 교환한다. (……) 하지만 노동이 모든 상품에 대해 교환가치의 실질 척도일지라도, 그 가치가 흔히 노동으로 평가되는 것은 아니다. 노동의 두 수량 간의 비율을 확인하기는 종종 어렵다. 두 가지 다른 종류의 작업에 쓰인 시간만이 항상 이 비율을 결정하지는 않을 것이다. 견뎌낸 어려움의 정도와 발휘된 독창성 정도가 마찬가지로 고려되어야 한다. 두 시간의 편안한 업무보다 한 시간의 힘든 일에서 더 많은 노동이 들어 있을 수 있다. 평범하고 뻔한 직장에서 한 달간 일하는 것에서 보다, 배우는 데 10년의 노동이 필요한 직업에서 한 시간 일한 것에 더 많은 노동이 들어가 있을 수 있다. 어려움이나 독창성에 대한 정확한 척도를 찾아내기는 쉽지 않다. 사실 서로 다른 종류의 노동으로 이루어진 서로 다른 종류의 생산품들을 서로 교환하는 데서, 이 둘에 대해 흔히 어느 정도 참작된다. 그렇지만 이것은 정확한 척도로 조정되는 것이 아니라 시장의 흥정과 협상으로 조정이 된다. 정확하지는 않지만, 일상사를 수행하기에는 충분한, 일종의 개략적인 등식에 따른 것이다."[72]

결국 교환가치를 결정하는 것은 노동-고통이 아니라는 것이 드러난다. 그것은 거래이다. 한쪽이 다른 쪽보다 더 궁핍하거나, 덜 지적이거나 또는 더 효율적이거나 덜 효율적이거나, 또는 이미 제안된 대안보다 더 나은 대안을 가지고 있지 않거나, 상대방보다 더 치열한 경쟁에 노출되거나 등에 관한 의견에 따라 이 거래는 설득적이거나 억압적일 수 있다. 하지만 이러한 차등은 각각이 완전하게 자유롭고, 완전하게 서로에게 평등한 자연상태에서는 배제되었다. 스미스는 노동-고통에 관한 자신의 서술에서 노동-고통에 관한 표준을 포기했다. 노동-고통은 단지 개인의 의견이었다. 흄의 주관적인 공적인 유용성이나 스미스의 동감, 자기이익, 적절함의 감각, 교환 성향 또는 자연권이 탐구될 수 있는 유일한 곳은, 교섭 거래이든 관리 거래이든 배급 거래이든, 거래이다. 그리고 성문법이나 관습법, 관습, 정당, 기업 조직, 노동조합, 협동조합, 은행 그리고 실로 상품의 생산, 가격 책정, 소비에 있어서 개인이 활동하는 데 사회적 조건을 제공하는 모든 연합체의 집단행동이다.

우리는 스미스와 그의 모방자들의 이론에 150년 동안 "근본주의"라는 이름을 부여할 수 있을 것이다. 그들은 자신들의 주장을 **인간**과 **신**의 감정에 기초했다. 거래와 관습은 너무 피상적이고, 너무 행태주의적이며, 너무 친숙하고, 너무 진부했다. 그들에게 경제학은 보다 근본적인 그 무엇ー**신, 자연, 이성, 본능, 물리학, 생물학**의 궁극적 본질ー으로 어떤 식으로든 돌아가야 하는 것이었다. 가장 익숙한 것이 가장 나중에 연구된다.

하지만 나라와 개인의 임금, 이윤, 이자, 지대, 고용, 실업, 복지, 궁핍은 집단행동으로 통제되는 이러한 익숙한 거래들이다.

∙∙
72) *Ibid*., I, 32, 33. 본서 390쪽 인용에서 계속.

흄의 공적인 유용성이 관찰되고 측정될 수 있는 행태주의적 형태로 출현하거나, 스미스의 공적인 유용성에 대한 몇 가지 대체물들이 근본주의에서 출현해서 거래주의로 나아갈 수 있는 것은 오로지 이와 같은 종류의 집단행동이 개인의 행동을 통제할 수 있는 한에서이다.

그러는 사이에 스미스의 『국부론』이 나온 같은 해에 벤담은 다음 100여 년 동안 경제학자들이 법과 관습을 없애고, 집단행동에 대한 스미스의 대체물들을 단일한 대체물, 즉 쾌락으로 통합할 수 있는 방법론을 수립했다.

제6장

벤담 대 블랙스톤

법과 **관습**으로부터 경제학을 분리시킨 사람은 벤담이었다. "놀라운 해" 1776년*에 벤담의 『정부론 소론(*Fragment on Government*)』**, 스미스의 『국부론』, 제임스 와트(James Watt)의 증기기관, 그리고 토머스 제퍼슨(Thomas Jefferson)의 「독립선언서(Declaration of Independence)」가 등장했다. 이 4가지 사건 중 첫째는 행복의 철학이었고, 둘째는 풍요의 철학이었으며, 셋째는 풍요의 기술이었고, 넷째는 행복을 통치에 혁명적으로 적용한 것이었다. 11년 전인 1765년, 블랙스톤은 『영국법 주해(*Commentaries on the Laws of England*)』를 출판하며 스미스의 **신적 기원**(Divine Origins)에 동의했지만, 영국의 **관습법**에서 그 기원의 세속적 완전함(earthly perfection)을 찾아냈다. 벤담의 『정부론 소론』은 블랙스톤에 대한 비판서였으며, **신적 기원과 관습법**을 **최대 행복 원리와 성문법**으로 대체한 것이었다.[1) 이에 이어 1780년에 나왔고, 1789년에 개정된

••

1) 벤담은 최대 행복의 원리를 창안하지 않았다. 그는 이 원리를 프리스틀리(Priestley)로부터

---

* 1776년 중국은 청나라 건륭 41년, 일본은 고모모조노 천황 안에이 5년, 조선에서는 영조가 죽고 정조 즉위, 프랑스에서는 루이 16세가 왕으로 즉위했다.
** 정식 책 이름은 *A Fragment on Government*이다.

『도덕과 입법의 원리 서설(*Morals and Legislation*)』*에서 벤담은 **의무를** 제거했고, 행복에서 윤리를 도출했다. 그래서 100년 넘게 정치경제학은 법으로부터 스스로를 분리시켰고, 법은 스스로를 행복으로부터 분리시켰다.[2] 법은 과거의 관습과 신적인 정의에 근거했고, 경제학은 현재의 행복과 개인적 소망에 근거했다. 벤담은 제임스 밀을 가르쳤고, 제임스 밀은 리카도를 가르쳤다. 따라서 벤담은 리카도를 자신의 정신적인 손자라고 말했다.[3] 그런 의미에서 그 후 100년 뒤에 출현한 쾌락주의 경제 이론가들은 벤담의 증손자들이었다. 실제로 벤담은 법, 관습, 윤리로부터 분리된 19세기 경제학의 창립자였다.

벤담에 따르면, 블랙스톤은 "최대행복"이란 공리가 요구하는 영국법 개혁에 반대하는 "단호하고 끈질긴" 적수임을 보여주었고, 스스로 공언하기조차 했다. 블랙스톤은 법들을 자세히 설명하지 않은 채, 관습을 지지하는 "권위"로부터나, 통치권에 복종해야 하는 신민의 입장에서의 "시초계약(original contract)"**으로부터 도출된 것으로서 이 법들을 "정당화"

•.•

처음 얻었다. Bowring(1834)이 편집한 "History of the Greatest Happiness Principle" 벤담의·*Deontology* 또는 *The Science of Morality* Vol. I, p. 298 참조.

2) Cf. Bonar, James, *Philosophy and Political Economy in Some of Their Historical Relations*(1893), p. 218; Carter, John C., *Law, Its Origin, Growth and Function*(1907), pp. 233-240, 여기서 당시 미국의 지도적인 법률가가 벤담의 행복 원리를 거부했던 근거를 보여주고 있다. 카터는 이전의 독점금지법(anti-trust laws)에 반하는 대기업의 합병이라는 새로운 관습을 옹호하고 있었다.

3) *The Works of Jeremy Bentham*(Bowring 편집 1843), Vol I, p. 498. 이후 벤담의 저작은 *Works*로 인용함.

---

* 정식 책 이름은 *An Introduction to the Principles of Morals and Legislation*이다.

** 블랙스톤은 자연스러운 사회의 기반은 개인의 욕구와 두려움에서 출발한다고 보았다. 자연 상태에서 인간은 서로 연결되지 않았으나, 만남, 소규모 집단의 형성, 정복전쟁 등을 통해

했다. 블랙스톤의 이러한 정당화는 블랙스톤 자신만의 "근거들"에 의한 것이었다. 벤담이 말하기를, 블랙스톤은 "시초계약을 위한 근거를 제시하는 일을 (자기가 생각하는 대로 제도를 단순히 설명하는 데 만족하는—옮긴이) 사람에게* 떠맡게 한다. (……) 근거라는 바로 그 관념이 승인을 의미하기 때문이다." 심지어 블랙스톤은 자기가 아닌 다른 사람의 근거를 공식적으로** 채택할 때조차, "그는 그 근거를 자신의 것으로 만든다." 만약 블랙스톤이 신민의 행복을 촉진하느냐, 방해하느냐라는 잣대로 영국법을 검증했다면, 그의 "근거"는 (……) "마치 **법**이 생물처럼 (……) **의인화**로" 또는 "기계적인 전통 숭배"로 나아가지 않았을 것이다. 이런 의인화나 기계적 숭배에 의해 "잘된 법을 정당화하는 것의 이점은 잘못된 법을 비난하는 것의 이점보다 더 크다고 여겨져야만 했다."[4]

이렇듯 벤담은 관습을 권위가 뒷받침하는 전통과 동일시했고, 다음 이

∴

4) *Ibid.*, Vol I, 229, 230(*Fragment* 초판 서문).

사람간의 연합을 확대해나가는 것으로 욕구와 두려움을 해결하고 개인의 연약함과 불완전성을 공동체, 국가의 형성을 통해 해결한다고 보았다. 이것이 시민사회의 토대로서, 사회 전체로서의 공동체가 부분으로서의 개인을 보호해야 하고, 그 대신 각 개인이 공동체의 법을 따라야 하는 자연과 이성의 원리로서의 '시초 계약'이다(Blackstone 1765). 이러한 주장에 따라 블랙스톤은 당시 영국법에 대한 개혁을 반대한 것이다. 벤담은 명예혁명과 그로 인해 국왕의 특권을 제한하고 의회의 권한을 보장하기 위해 만들어진 1689년 영국의 권리장전을 블랙스톤이 간과했다고 비난했으며, 비슷한 맥락으로 커먼스도 블랙스톤을 관습, 관행 등으로 형성되고 변해온 영국을 전통과 동일시하고 변화를 거부했다고 평했다. 블랙스톤, 『영국법주해』 참조 https://www.laits.utexas.edu/poltheory/blackstone/cle.int.s02.html

* 인용한 원문의 이전 문장은 "To a man who contents himself with simply stating an institution as he thinks it is"이기에 이와 같이 번역했다.

** 블랙스톤은 남의 저작을 비판없이 가져다가 자신의 근거로 삼아, 자신의 주장을 정당화했다고 벤담이 비난한 것이다. 벤담의 원문에서는 '비공식적으로(officiously)'였으나, 커먼스는 여기서 벤담의 표현을 인용하지 않고 '공식적으로(officially)'라고 했다.

유로 관습을 거부했다. 모든 행위를 오랜 관습에 일치하는가가 아니라, 보편적 행복에 그것이 주는 영향을 가지고 판단하라. 벤담은 자신의『정부론 소론』이 법률 분야에서 권위와 선조의 지혜라는 족쇄로부터 보통 사람들을 해방시켰던 최초의 출판물이었다고 주장했다.[5]

관습이 거부되면, 벤담은 어디에서 법에 대한 정당성을 찾아야 할까? 벤담은 자신의 **소원**들에서 찾으려 할 것이다. 이 부분에서 블랙스톤도 자신의 정당화를 찾았다고 그는 말한다. 블랙스톤은 단지 법이 전처럼 그대로 있길 **소원했다**.

도시자치법에 관한 블랙스톤의 정의는 권리와 의무의 서술이 아니라 시비를 논한 의견이었다고 벤담은 말했다. 블랙스톤에 의하면, "도시자치법은 '국가 최고권력이 설정한 시민행동의 규칙이며, 옳은 일을 명하고 틀린 일을 금지하고 있다.'"[6] 벤담에 따르면, 이 의견의 기초를 블랙스톤은 전지전능하고 지고지선한 **신**이 명령한 자연법에 두었다. 그러나 이것은 사실 블랙스톤의 소망이었다. 벤담이 말하기를, "많은 사람들이 끊임없이 자연법에 대해서 이야기하고 있고, 그런 다음 시비에 대한 자신들의 감정들을 계속 제시하고 있고, 우리가 이해해야 할 이 감정들이 자연법에 너무나 많은 장(章)과 절(節)을 구성하고 있다."[7]

따라서 블랙스톤이 선조의 지혜를 따르기를 소망한다면, 벤담은 만인의 행복을 촉진시키기를 소망한다.

••

5) *Ibid.*, Vol I, 260 n(*Fragment* 서론).
6) Blackstone, Sir William, *Commentaries on the Laws of England*, Introduction, Sec. II, p. 44(ed. by Cooley, 1884, original edition 1765). 블랙스톤의 관습법 이론은 나의 책, *Legal Foundations of Capitalism*에서 다루었으며, 이 장은 19세기 경제학의 창시자로서 벤담에 주로 집중했다.
7) 본서 251쪽, 케네.

"공동체 전체[8]"의 최대 행복이, 법의 모든 분야에서, 추구의 목적이나 대상이 어야 한다고 말할 때 (……) 내가 표현한 것은 무엇인가? 문제의 공동체에서 통치권을 실제로 가지고 있는 사람들이 나처럼 생각하는 것이 나의 소원이고, 나의 욕망이다. (……) 이런 주장을 하면서 해당 시점에 사실의 문제에 관련된 진술을, 즉 나의 마음속을 지나가고 있는 것을 말한다. 이 주장이 얼마나 옳은지는, 독자가 그럴 가치가 있다면 결정을 내릴 독자가 판단할 문제이다."[9]

벤담이 말하길, 블랙스톤의 소원이 "잘못(wrong)"이라는 단어의 이중적인 의미, 즉 윤리적 올바름에 **반대되는** 윤리적 그름이라는 의미와, 상응하는 법적 권리와 **상관관계에 있는** 법적 의무라는 의미에 숨겨져 있었다. 그러나 벤담이 주장했듯이, 법적으로 옳은 것이 윤리적으로 그릇될 수 있고, 법적으로 그릇된 것이라도 윤리적으로는 옳은 것일 수 있다. **올바름**은 양심의 가책이다. **권리**는 법의 강제다. 노예제의 역사는 이런 모순을 보여준다. 사실 블랙스톤은 **관습법**의 본질적 특징으로서의 변화나 과정이나 새로움 또는 역사에 관해 활용할 수 있는 개념을 가지고 있지 않았다. 법은 항상 신적 이성 안에 있었고, 이 이성이 블랙스톤이 말하는 자연법이었으며, 판사의 기능은 그 이성을 찾아 다루고 있는 특정 사건에 적용하는 것이었다. 판사는 판결하면서 새 법을 만들지 않고, 판결로 법 자체를 변경시킨다. 늘 거기에 있었지만 소송당사자들과 판사가 몰랐던 자연적인 정의를 단지 판사는 발견할 뿐이다. 블랙스톤의 개념은

· ·
8) 벤담은 "최대 다수"의 최대 행복이 다수파의 전제주의로 이어질 수 있다는 것을 보았기 때문에 모든 구성원의 최대 행복으로 대체했다.
9) Bentham, *Works*, IX, 4(Intro. to *Constitutional Code*).

수동적 정신이라는 로크의 모사 개념이었다.

그러나 벤담 또한 관습법의 본질적 특징인 역사적 과정이나 변화에 대하여 전혀 알지 못했다. 그는 자기의 보편적 행복 원리에 입각해 **법조문들**을 늘 쌓아 올리고 있었다. 따라서 역사를 무시했기 때문에, 벤담은 블랙스톤과 자신에 대한 그의 궁극적인 분석에 있어서 논리적이었다. 법조문이든 관습법이든 모두 소망에 근거했다. 블랙스톤은 자기가 보기에 신성하고 자연스러운 것이었던 법이 자신이 그렇게 생각한 대로 되기를 바랐다. 벤담은 법이 다른 것이기를 원했고, 또한 다른 것이라고 말했다. 그리고 이것이 변화와 실험의 이론에 대한 유일한 대안이다. 왜냐하면, 관습의 변화라는 새로움과 여타 변화에 대한 실험적 적응의 이론에 기반하고 변화 자체가 연구와 실험의 주제인 역사적 연구 대신에, 법과 경제학에 남겨진 유일한 기반이 **소원**이기 때문이다. 블랙스톤이나 벤담은 기원자였지, 과학자는 아니었다.

성문법과 관습법 간의 차이는 법에서나 경제학에서나 사고의 연역적인 방법과 실험적인 방법 간의 차이로 거슬러 올라간다. 모든 개별 사건들은 사회 조직으로부터 나온 변형들인데, 성문법적 방법과 연역적 방법 둘 다 사회조직의 고정된 체계로 시작한다는 점에서 서로 유사하다. 반면에 실험적인 방법은 안정성이라는 일반 규칙 안에서 변화와 새로움으로 시작한다. 성문법적 방법에서는 개별 사건 각각이 그 자체로 독립변수이다. 즉 판결이 성문법의 한 글자도 결코 바꿀 수 없다. 특정한 개별 사건을 처리하고 나면, 그 사건이 선례로서 지속적인 영향력을 행사하지는 못한다. 그다음 사건에서 재판관의 마음은 법령의 원래 취지에 충실하게 된다.

그러나 실험적 방법은 판례로서 지속적인 영향을 가지기 때문에, 각각의 특정 사건의 판결이 이루어지면 그 자체가 법령, 헌법, 또는 성문법의 변화가 되는 법관법(또는 판례법)의 관습법적 방법이다.* 그리고 새로운 사례가 생기면, 그것은 단지 법적으로나 경제학적으로 항상 존재했던 고정된 성문법이나 원초적인 논리로 돌아가는 문제에 불과한 것도 아니고, 심지어 그 사례에 적용되어 이전에는 미처 깨닫지 못했던 신성한 의도를 발견하는 문제에 불과한 것도 아니다. 그것은 서로 충돌하는 많은 판례들과 경험들로부터 추론하는 문제로, 그중 일부는 그 사건의 한쪽으로 판결이 나도록 하고, 다른 것들은 사건의 반대쪽으로 판결이 나도록 한다. 따라서 관습법의 나라에서 성문법이나 헌법도 관행과 판결의 변화에 따라 실험적으로 변화된다.[10]

벤담은 자신의 사유 방법이 위로부터 인민들에게 강요된 성문법적 방법이지, 인민들로부터 도출된 관습법이라는 실험적 방법이 아님을 명백히 하고 있다. 이것은 그의 근본적인 "효용 원리"와 관습에 대한 거부로부터 나온다. 관습법은 변화하는 인민의 관습으로부터 생겨난다. 그러나 그의 효용 개념은 주권자에 의한 승인이냐 거부냐. "행동에 적용될 때 효용은, 그 행동에 주어진 승인이나 거부의 측정을 지배해야 하는 그 행동의 성질로서, 그 행동의 효용을 승인하는 "마음의 행위", 즉 "정신 작용"이다. 그리고 해당 행동의 이런 성질은 (……) "개인의 행동에 대해

••

10) 본서 1149쪽, 분석적이고 기능적인 법과 경제학.

---

* 영미법 전통에서 법원은 기본적으로 법을 해석하면서 축적하고 정립하는 판례를 바탕으로 법을 형성하는 기능도 담당하기에 이를 통해 만들어지는 법을 법관법이라 한다. 블랙스톤은 그의 저서 『영국법 주해』에서 법관법(판례법) 형성이 입법부에 의한 입법과 함께 진행됨을 밝혔다.

서든 정부의 조치에 대해서든 그 관련 당사자의 행복을 늘리거나 줄이는 (······) 경향"이 있다.[11] 따라서 벤담의 "효용의 원리"는 단지 고락이 인간에 대한 최고의 지배자라는 진술에 그치는 것이 아니고, 군주가 신민의 행복이 무엇인지에 관한 군주의 생각에 복속시켜야 한다는 주장이다. 관습과 **관습법**의 판례들은 군주를 억제하는 데 도움이 되지 않는다.

벤담은 그의 성문법이 **자의적**이라는 추론에 대응하여, 관습법 법정이 마찬가지로 자의적이라고 비난하는 인신공격성 주장으로 대응하고 있다. 관습법원들이 의제*에 의존하여 법을 바꾸었을 때, 그들을 자극했던 것도 그들의 "소망"이었다. 변호사의 시각에서 "의제"가 관습법 안에서는 "진보"의 증거이다. 하지만 벤담의 시각으로는 그 의제는 법령을 만드는 입법권을 법원이 의도적으로 찬탈하는 것이었다. 관습법 변호사가 진술했듯이, 정의를 증진하기 위해서 의제에 호소한 것이다. 법원은 현존하는 법령(statutes), 법조문(codes), 규칙(rules)의 시행에만 한정된다. 영국 체계 속에서는, 법원은 이들 규정을 변경시킬 입법권을 가지지 못한다. 이렇게 해서 그들은 자주 다음과 같이 말했다.

"정의를 위해서 사실관계들(actual facts, 법률적으로 특정한 사실—옮긴이)이 실제와는 다르다고 가정함으로써, 법원이 그 사실관계에 대한 적용이 야기할

∴

11) Bentham, *Works*(Intro. to *Morals and Legislation*), I, A1, and footnote.

---

* 의제란 진실에 반하는 사실이라고 하여도, 즉 법률상으로 특정하여 반대증거가 있어도 그 정한 사실을 변경시킬 수 없는 것을 의제라고 한다. 실종선고를 받은 자는 비록 살아 있어도 사망한 것으로 보며, 미성년자가 혼인하면 성년으로 보고, 태아는 손해배상의 청구권에 관하여는 이미 출생한 것으로 본다는 것 등이 이에 해당한다.

수 있는 부정의(injustice)를 피해왔다. (……) 의제의 활용은 관습법의 정의에 관한 독특한 예시이다. 그 예시는 법조문은 그대로 놔둔 채 법 규정을 변경시켰다는 사실을 주저않고 숨기거나 감춘 척하지 않았다."[12]

그러나 벤담은 다음과 같이 주장했다.

"법의 의제는 그것의 목적 때문에 입법권을 훔치는 고의적인 허위이며, 사람들에 의해 직접 그것을 공개적으로 주장하거나 감히 요구할 수도 없는 것으로 정의될 수 있다. 그러나 이렇게 생긴 망상 때문에 그래서 그것을 행사할 수 없었다. (……) 따라서 사기에 의한 찬탈이 매번 세워지고, 행사되고, 확립되었다."[13]

이런 논리로 벤담은 스미스가 앞서 단순히 간과했던, 실험을 통해 법을 만드는 관습법의 방식을 의식적으로 거부하고, 성문법적인 주권에 자신의 신념을 두었다.

블랙스톤이 의존했던 의제들 중 하나는 시초 계약이라는 의제였다. 벤담은 이에 대하여 "인민은 인민 나름대로 왕에게 전반적으로 복종할 것을 약속했고, 왕은 나름대로 언제나 그들의 행복에 봉사하는 그런 특별한 방식으로 인민을 통치할 것이라고 약속했다." 하지만 복종에 대한 인민의 저항이 정당화되는 지점을 결정하는 것이 진정한 시금석이라면, 왜 그런 의제가 필요하겠는가?

• •

12) Bouvier의 *Law Dictionary*, 표제어 "의제Fiction." 미국에서 사용된 좀 더 단순하고 일반적인 방법은, 법령이나 헌법에서 사용되는 단어들의 의미를 바꾸는 상식의 방법이다.

13) Bentham, *op. cit.*, I, 243(Preface to 2d ed. *Fragment*).

"(……) 요컨대, 인민은 왕권에 복종함으로써 생길 수 있는 고통의 크기가 왕권에 저항함으로써 생길 수 있는 고통의 크기보다 적을 때까지만 복종해야 한다. (……) 총괄해서 이익이 되는 한에서만 복종하는 것이 인민의 의무이며, 그 이상은 아니다. (……) 만약 지속적이고 전반적인 약속이행의 효과가 고통만을 만들어낸다고 가정해보자. 그런데도 과연 그 약속이행이 사람들의 의무란 말인가? 그런데도 법을 만들고, 그것을 지키도록 사람들에게 의무화하기 위해 처벌을 적용하는 것이 옳단 말인가? (……) 이제, 우리에게 다시 다가온 이 다른 원리가 효용의 원리 말고 다른 것일 수 있는가? 이 원리는 상위의 근거에 의존하지 않고 그 자체로서 근거를 우리에게 제공하지만, 어떠한 실행에 대해서도 그 자체로 유일하고 완전히 충분한 근거이다."[14]

따라서 성문법에 대한 벤담의 신뢰는 혁명으로 끝이 나는 데 비해, 관습법적 방식은 특정 사례에서 불의를 낳는 것으로 확인될 때, 계약들의 실행을 점진적으로 제거한다.

그렇다면 실험 대신에 법령을 수립하는 효용(Utility)의 의미는 무엇인가? 벤담은 흄이 제시한 공적 유용성(utility)이나 사회적 유용성을 수정했다. 벤담에 의하면, 흄은 유용성에 대해 여러 가지 의미를 부여했었다. 때로는 효용이란 "그것이 무엇이든 목적으로서의 쓸모(usefulness)"를 의미한다. 때로는 "어떤 물리적인 도구, 기계, 주택, 가구 같은 것들에 내재한 성질이며, 여기서 효용은 추구하고자 하는 목적에 대해 공헌하는 것이다." 또 때로는 "쾌락 자체가 목적"이었다. 그러나 그것은 고통의 회피도 쾌락이라는 것을 결코 나타내는 것이 아니었고, "행복이라는 관념

··
14) *Ibid.*, I, 271-272.

이 효용이라는 관념과 불가분하게 연결되어야 한다는 것"을 결코 나타내는 것도 아니었다. 흄은 "유용성"으로부터 "옳고 그름"의 기준을 도출하지 않았고, "'어떤 일은 해야만 하고, 어떤 일은 하지 말고 그대로 두어야 하느냐'란 질문에 대한 답변"도 도출하지 않았다. 흄은 **당위적** 유용성과 **존재적** 유용성을 구별하지 않았다. 흄이 덕(virtues)을 열거한 것은 그것들이 "행복에 공헌하는 비율을 보여주지 않으면서, 단순히 분류한 것에 지나지 않았다. (……) 그는 극도의 혼란 속에서 아무런 상호 관계나 의존성을 보여주지 않은 채, 쾌락, 고통, 욕망, 감성, 친애, 정열, 이해, 미덕, 악덕 같은 것들을 등장시키고 있다."[15]

그러나 벤담은 이런 효용의 의미들 모두를 인간이 행동하도록 만드는 어떤 하나의 힘 또는 에너지로 전환시켜서 이 혼란을 단순화했다.

> "자연은 인간들을 두 최고의 지배자인 **고통과 쾌락**의 통치하에 두었다. 우리가 무엇을 해야만 할지, 무엇을 하게 될지 분명하게 가리키는 것은 이것밖에는 없다. 한편으로 시비의 기준과 다른 한 편으로는 인과관계의 사슬이 고통과 쾌락의 왕좌에 매여 있다. 고통과 쾌락이 우리의 모든 행동, 말, 사고를 지배한다. 이것들의 지배로부터 벗어나고자 하는 모든 노력은 오히려 이것들의 지배를 드러내고 확인시켜줄 뿐이다. 말로는 이것들의 제국을 버리는 척 할 수 있지만, 실제로 우리는 단 한순간도 그것으로부터 벗어나지 못할 것이다. **효용의 원리**는 이런 종속을 인정하고, 이 종속을 이런 체제의 근본적인 토대로 받아들이는 것이며, 그 토대의 목적은 이성과 법의 손을 빌려 행복의 구조를 만드는 것이다.

⁞

15) 벤담의 『의무론(*Deontology*)』에서 보링(Bowring)의 "History of the Greatest Happiness Principle", I, 291-294.

이에 대해서 의문을 제기하는 사상체계는 결국 상식이 아닌 소음을, 이성이 아닌 변덕을, 빛이 아닌 암흑을 다루고 있다."[16]

    흄이 사적인 유용성과 공적인 유용성을 대립관계로 상정한 반면, 벤담은 사적인 효용을 공공의 효용과 같게 만들어서 문제를 보다 단순화시켰다. 흄은 희소로부터 사익 또는 사적인 유용성과 그에게 공적인 유용성인 자기희생 모두를 도출한 데 비해, 벤담은 이제 스미스가 제시한 사익과 풍요로부터 공적인 효용을 도출했다. "최대 행복"은 모든 사람들의 최대 사익의 총합이었다. 흄의 희소는 남의 이익에 자신을 종속시키는 것을 요구하는 반면, 벤담의 풍요는 남을 해치지 않은 채 자신을 확장하도록 허용한다. 이런 풍요는, 종종 인용되듯, 미국인들이 정치적이고 재정적인 부패에 대해 무관심하게 되는 이유이다. 벤담에 따르면 한 가지만 빼면 스미스의 이론은 맞았다. 이 예외는 스미스가 블랙스톤에 동의했던 것으로, 즉 자연의 시초 상태에 대한 정당화였는데, 그것을 벤담은 효용으로 대체했다. 하지만 벤담의 효용(utility)은 흄의 유용성(utility)이 아니었다. 그것은 희소의 효용이 아니라 풍요의 효용이었다.

    우선 "공동체"는 공공의 선을 위해 개인을 억누르는 조직된 결사체가 아니다. 이것은 또다시 의제다. 벤담의 주장에 따르면 "공동체는 말하자면, 그 공동체의 **구성원**을 이루고 있다고 여겨지는 개인들로 형성된, 의제적인 **집단**이다. 그렇다면, 공동체의 이익이란 과연 무엇인가? 이익은 그것을 구성하고 있는 여러 구성원들의 이익들의 총합이다."[17] 그리고

:·

16) Bentham, *Works*, I, 1(Intro. to *Morals and Legislation*)
17) *Ibid.*, I, 2.

벤담은 공동체를 **의회**로 대체했다.

두 번째, 공동체의 부는 "정치 공동체─국가─를 구성하는 여러 개인들에게 각각 속한 부라는 물질의 특정한 수량들의 총합이다. 어떤 사람이 남에게서 **빼앗지** 않고 자신의 것에 추가한, 아무리 작은 것이라도 국가의 부를 그만큼 증가시킨다."[18] 따라서 벤담의 재산개념은 유체 재산이었다. 벤담의 국부 개념은 희소와 교섭을 배제했으며, 오로지 사용-가치가 있는 모든 사적 생산의 총합만을 포함했다.

이런 논리에 따르면, 공동체의 이익은 각 개인의 이익들의 산술적인 총합일 뿐이다. 그것은 지속 활동체의 소속원으로서 개인들의 거래에 대한 기대가 아니다. 그리고 공적 효용은 각 개인의 사적 효용들의 **합**이다. 따라서 벤담의 효용은 스미스가 말하는 사용-가치의 주관적인 측면이며, 이는 벤담의 "부의 향유"에 상응하고, 또한 객관적인 사용-가치와 병립하고 있다. 이 객관적 사용-가치는 벤담의 "부라는 물질"에 상응한다.[19] 최대의 행복은 최대의 향유이며, 최대의 향유란 최대의 풍요이고, 최대의 풍요는 최대 규모의 사용-가치(부)가 된다. 풍요 때문에 공적인 효용과 사적인 효용은 동일한 데 비해, 흄에서는 희소 때문에 공적인 유용성과 사적인 유용성은 서로 대립되었었다.

100여 년 동안 이러한 사회 개념은 고전 경제학과 쾌락주의 경제학자들이 생각하는 분자들의 **군집**[20]이었지 **사회가 아니었다**. 이에 대해 맑스주의 사회주의자들과 기독교 사회주의자, 근대 사회 철학자들이 강력히

· ·
18) *Ibid.*, III, 40(*Manual of Pol. Econ.*).
19) 본서 337쪽, 도표 2.
20) 본서 1128쪽, 파레토.

반발했다. 개별적인 고락에서 출발하면, 사회란 단지 개인들의 **합**일 뿐이며, 부는 물리적 재화들의 **합**일 뿐이다. 흄에 의해 분리되었던 적이 없었지만, 이렇게 해서 경제학이 윤리학으로부터 분리되었다. 부의 취득 과정에서는 벤담이 볼 때 개인들 사이에 희소 관계가 존재하지 않았기 때문이다. 윤리적인 고려를 끌어들이려면, 경제학자들이 그들이 윤리학이라고 부르는 새로운 출발을 해야만 했다. 흄의 **희소** 원리를 탈락시킨 것은 개인과 사회의 이원론, 경제학과 윤리학의 이원론이 되었다.

그러나 이 이원론은 윤리의 기원에 대한 두 이론에 기반을 두었다. 하나는 개인이 원하는 것을 모두 얻어 내더라도 남을 해치지는 않는 그런 풍요의 세계에서의 쾌락을 최대화하는 개인주의적 이론이었다. 다른 하나는 개인이 원하는 것을 모두 얻어 내려면 다른 누군가에게 해악을 끼칠 수도 있는 그런 희소의 세계에서의 이해충돌의 사회적 이론이었다. 후자의 이론을 기반으로 한 윤리학은 경제적인 분쟁들에 대한 판결들로부터 발전하는 역사적 과정이다. 여기에는 윤리학과 경제학 사이에 이원론이 없다. 전자의 이론을 기반으로 한 윤리학은 벤담이 주창하는 개인적 소망이 되고, 개인과 사회 사이의 이원론은 불가피하다.

개인 대신 거래로, 자기이익 대신 희소로 시작한다면, 그 차이는 명백하다. 여기서 다수의 자기이익의 조화가 아니라 각자의 **자기이익**과 **집단적** 이익 사이의 불가분의 관계인 사회관계 그 자체로 시작한다. 여기서 집단적 이익은 자신과 타인에게 허용되는 한정된 기회들로부터 각각의 이해 당사자가 얻을 몫들에 관한 단합된 행동의 규칙들과 규정들을 필요로 한다. 만약 개인들의 이해가 재산과 자유로 존중된다면, 이제 개인들은 더 이상 **군집의 원자들**이 아니라, 희소라는 유인과 제재로 묶여 있는 **나라의 시민들**이 된다. 그리고 이들의 시민권은 다른 사람들과의 기대되는 규칙적인 거래의 반복이며, 이런 거래가 매일, 매시간, 그리고 무한한 미래에, 생산해야 할 양을 결정하는 동시에, 이용가능한 제한적인 총량에서 (각자가―옮긴이) 얻을 몫도 결정한다.

벤담은 인구 전체의 이익을 구성하면서, 개별 이익들의 합을 확정시킬 수 있는 바람들을 셀 수 있는 계산식을 만들었다. 여기서 그는 쾌락이라는 단위로 공통분모를 구축했는데, 이 쾌락이라는 단위는 고통 회피의 단위이기도 하다. 그에 따라 이것은 스미스의 주관적인 사용-가치를 위한 척도로서뿐만 아니라 블랙스톤의 관습과 법, 그리고 벤담의 성문법 조문을 위한 척도로서도 기능할 소망의 한 단위이어야 했다. 음식으로부터 종교에 이르기까지, 그리고 옳음부터 그름에 이르기까지 모든 것의 가치가 소망을 만족시키는 단위들의 가변적인 숫자에 대한 다음과 같은 계산으로 환원된다. 그런 단위들이 쾌락의 산술적 합인 그런 효용의 주어진 수량을 구성한다. 이런 계산법이 한 세기 뒤에는 거의 그대로 쾌락주의 경제학자들의 계산법이 되었다. 그가 열거한 것들은 다음과 같이 압축된다.[21]

① 관습이나 상품으로부터 얻게 되는 쾌락이나 고통에 대한 감각의 강도
② 그런 감각이 느껴지는 시간의 길이*
③ 위험의 정도, 즉 그런 감각의 확실성과 불확실성의 정도
④ 미래성, 즉 실제 감각이 발생하기 전에 기다려야 하는 정도

••

21) Bentham, *Works*, I, 1-16(*Morals and Legislation*).

---

* 이것을 계속성이라 한다.

⑤ 풍부함, 즉 감각이 같은 종류의 감각으로 이어질 가능성

⑥ 순수, 즉 다른 종류의 감각으로 이어지지 않을 가능성

⑦ 범위, 즉 상품이나 관습으로부터 발생하는 쾌락의 총량과 고통의 총량을 얻게 될 인구 조사 결과에 열거된 사람들의 숫자

만약 입법자, 집행관 또는 시민이 법적으로나 윤리적으로나 경제적으로 자기가 제안한 행위의 일반적인 경향을 고려하고자 한다면, 그는 그 행위로 인해 가장 즉각적으로 영향을 받는 누군가로부터 시작하고, 첫 고락 이후에 생성된 고락의 "가치"("양"), 즉 첫 고락의 상상력의 풍부함(fecundity)과 순수(purity)를 고려한다. 그러면 모든 고락의 가치("양")를 "합"하고, 관련된 사람들의 수를 고려하고, 쾌락이라면 일반적으로 선한 행동에 도달할 것이고, 고통이라면 일반적으로 악한 행동에 도달한다.[22]

진정으로 벤담은 18세기 이성의 시대, 그리고 19세기 고전 경제학과 쾌락주의 경제학의 최고봉이었다.

벤담이 계속하길, 앞선 논의는 개인들과 정부들이 얻으려고 소망해야 할 궁극적인 **목적**으로서의 쾌락과 관련이 있다. 그러나 동일한 쾌락들과 고통들은 이런 목적들을 얻는 데 필요한 힘이나 에너지를 가진 **수단들**이다. 수단으로서 이러한 에너지는 **동기들**과 **제재들**이다.

개인이 어떤 행동 너머에 있는 그 행동의 기대되는 결과까지 본다는 점에서, 동기는 행동에 선행한다. 우리 생각엔, 연속적인 과정의 순서는 다음처럼 보인다. ① 고통이나 쾌락을 야기할 수 있는 기대되는 사건들 ② 이것이 고통이나 쾌락을 야기할 것이라는 현재에서의 믿음 ③ 현재의

••
22) *Ibid.*, I, 16.

믿음에 따라 발생하는 현재의 고통이나 쾌락 ④ 기대되는 고통이나 쾌락을 회피하거나 얻고자 하는 현재의 동기 ⑤ 기대되는 고통이나 쾌락을 회피하거나 얻으려는 의지의 결과로 나오는 행위.

벤담은 이런 연속적인 과정을 정신에 대한 **구조적인** 개념과 연결하지 않았다. 이 연결은 제임스 밀에 의해 수행되었다. 제임스 밀은 벤담의 생도였고, 리카도의 선생이었다. 제임스 밀은 벤담의 고통, 쾌락, 신념, 동기, 그리고 의지로 구성된 연속적인 과정을 "관념들의 결합"으로 설명했다. 그리고 아들 존 스튜어트 밀이 당시 최신 이론이었던 앙투안 라브아지에(Antoine Lavoisier)의 화학적 "친화성"을 활용하여 "지성적 물리학, 즉 정신의 자발적 화학"[23]이라고 서술한 것도 제임스 밀이 구축했다. 이 친화성은 벤담이 알고 있던 뉴턴 물리학에는 전혀 알려지지 않았던 것이다. 고통과 쾌락은 동일한 외부의 근거로부터 생겨날 수도 있는 감각들이다. 그렇지만 생각들이 연상되면서 각자의 기질에 따라, 어떤 사람은 한 방향으로 또 다른 사람은 다른 방향으로 이끌릴 수 있다. 벤담은 마음이 기능하는 것을 설명했었던 데 비해[24], 제임스 밀의 관념들의 연관은 마음의 구조를 설명했다. 그런 구조와 기능은 감각으로부터 생각으로 나아갔고, 그리고 고통, 쾌락, 욕망, 혐오의 감정들이 동반된 생각의 연계들로 나아갔으며, 그리고 근육 작용으로 나아갔다. 기대되는 쾌락을 쾌락이 얻어질 수 있는 경제적 수단과 연결시켰던 것은 바로 관념들의 이 연관이었다. 그것은 바로 화학적 비유로 전환된 존 로크의 입자에 대한

••

23) Mill, James, *Analysis of the Phenomena of the Human Mind*(1828); J. S. Mill이 머리말을 썼던 1869년 판에서 인용, I, ix.
24) Mitchell, W. C., "Bentham's Felicific Calculus," *Pol. Sci. Quar.*, XXXIII(1918), 161.

관념들이었다.

　　"바이올린 소리는 내 귀에 쾌락의 직접적인 원인이다. 음악가의 연주는 그 소리의 원인이다. 음악가를 내가 고용하는 데 쓴 돈은 연주의 원인이다. 그 돈은 이 경우에, 감각의 원인의 원인의 원인, 즉 두 번 건너뛴 원인이다. (……) 마음은 (……) 그 원인을 관리하는데 깊은 관심을 가지고 있다. 만약 느낌이 고통이라면, 우리는 그 원인이 되는 것을 방지하거나 제거하려 할 것이고, 느낌이 즐길 만한 것이라면 그것을 제공하거나 유지하려 할 것이다. 이것은 느낌으로부터 빠르게 이동해서 그 느낌의 원인에 주목하는 습관을 만들어낸다."[25]

　　벤담과 제임스 밀이 **물리적, 화학적** 유추로 마음의 기능과 구조를 설명했다는 사실 때문에, 그들이 물리학이나 화학에는 없는 "효용체감"이라는 희소 개념을 도입할 수 없었다는 점을 알게 될 것이다. 벤담은 이 개념을 주목했지만, 해결하지 않은 채 내 버려두었다.[26] 그 결과 벤담은 고통과 쾌락을 강조함으로써 심리적 요소를 도입한 것처럼 **보이지만**, 그것은 고통과 쾌락이 아니라, 고통과 쾌락에 대한 **관념**을 일으키는 외부의 물리적 힘들에 상응하는 관념들의 지적인 연속에 불과한 것이 되었다. 그래서 그가 고통과 쾌락을 말할 때, 그는 실제로는 관념들을 일으키는 물리적인 물체들을 말하고 있다. 다르게 표현한다면, 벤담의 효용 개념은 본질적으로 로크와 스미스가 제시했던 외적인 세계와 이에 대한 내적인 모사 사이의 평행주의이다. 베블런의 유쾌한 논평을 정당화한 것은

．．

25) Mill, James, *op. cit.*, II, 187-188.
26) Mitchell, *op. cit.*, 170, 171.

바로 인간 의지에 관한 이 수동적이고 지적인 개념이다. 이 논평에서 벤담의 인간과 19세기 "경제적 인간"인 쾌락주의적 인간에 대해 다음과 같이 말했다.

"그 주변에서 그를 움직이게 하지만 그를 있는 그대로 내버려두는 자극의 충동하에서, 행복에 대한 욕망이라는 동질적인 소구체(globule)처럼 동요하는, 고락의 전광석화 같은 계산기이다. 그에게는 앞선 경험도 없고, 뒤에 이어지는 결과도 없다. 그는 그를 이 방향이나 저 방향으로 벗어나게 만드는 힘들의 타격이 있을 때를 제외하고는 안정적인 균형 속에 있는 고립된 명확한 인간 데이터이다. 기본적인 공간에서 스스로를 한정하면서, 자신의 고유한 정신적인 축 주변을 대칭적으로 맴돌고 있다가 평행사변형적인 힘들이 그에게 몰려오면 비로소 그 결과 나타나는 방향을 따라간다. 이런 충격의 힘이 소진되면, 그는 이전과 같이 자족적인 욕망의 소구체로 휴식을 취하게 된다. 정신적으로, 이런 쾌락적인 사람은 원동력을 지닌 존재가 아니다. 외부의 생경한 상황이 부과하는 일련의 변경들에 처하게 된다는 그런 의미를 제외하고는 그는 삶의 과정에서 중심을 차지하고 있지 않다."[27]

의지가 고통과 쾌락이라는 힘에 의해 운동한다는 물리-화학적인 유비 때문에 결국 행위를 하게 만드는 힘 자체가 제재라는 이름을 얻게 된다. 벤담이 말하기를, "제재는 의무를 부과하는 힘이나 **동기**의 원천이다. 즉 **고통과 쾌락**의 원천이다. 그것들이 이런 저런 행동방식과 연결되면서 동

27) Veblen, Thorstein, "Why Is Economics Not an Evolutionary Science," *The Place of Science in Modern Civilization and Other Essay*(1919)에 다시 게재됨, 73, 74.

기로 작동을 하고, 실제로 **동기**로 작동할 수 있는 유일한 것이다."[28]

벤담은 이어서 말한다. "고통과 쾌락이 흘러나와서 활용되는 네 가지 구분되는 원천이 있다. 각기 고려해서, 그것들을 **물리적인 것, 정치적인 것, 도덕적인 것, 종교적인 것**이라고 이름 붙일 수 있을 것이다. 이 네 가지 각각에 속하는 쾌락들과 고통들이 어떤 법률이나 행동 지침에 구속력을 부여할 수 있는 한에 있어서, 그것들을 모두 **제재**라고 부를 수 있다."[29]

"물리적 제재"는 개인에게 작동하는 물리적인 성격의 힘이며, "다른 사람의 의지가 개입하여 의도적으로 변화시키지 않은 힘이다." 그러나 다른 사람들의 의지가 개입되는 곳이면 어디에서든지, 그리고 "현세와 관련이 된다면" 종교가 개입한 곳에서조차 사용되는 것이 바로 이 물리적 제재이다. 다르게 표현하면, 물리적인 제재란 토지와 상품이다. 물리적인 제재란 물리적인 용어로 사용-가치와 같은데, 사용-가치는 이제 효용이 된다. 즉 물리적인 재화를 통해서 작동하여 기대되는 쾌락의 제재나 기대되는 고통의 회피가 된다.

만약 이런 물리적 제재들이 다른 사람들의 의지의 개입 **없이** 작동한다면 그것은 부, 더 정확하게 말하면 생존과 향유라는 두 가지 형태를 띠는 "부의 물체"이다.[30] 이런 물리적 제재들이 국가의 주권이나 최고 지배 권력의 의지에 따라 판사나 제삼자의 의지를 통해서 작동한다면, 그것들은 "부의 물체"가 아니라 "안전의 물체"이다. 벤담은 머릿속에서 감옥, 탄약, 총포, 경찰의 곤봉 같은 것들을 떠올렸을 것이다. 이런 것들은 물적

··

28) Bentham, *Works*, I, 14 n.(*Morals and Legislation*)

29) *Ibid.*, I, 14.

30) *Ibid.*, II, 194; III, 41, 42.

인 사용-가치라는 특이한 형태로 작동하는 정치적 제재이다. 그러나 만약에 제재들이

"당사자가 삶의 과정 속에서 **우연히** 관계하게 된 공동체의 사람들의 손을 통해, 이 제재가 작동한다면, 정착되거나 합의된 규칙이 아니라 각자의 자발적인 기질에 따라서 작동하게 되므로, (……) 그것의 구속력은 '도덕적이거나 통속적인 제재로부터 나온다'고 말할 수 있다."

따라서 벤담의 도덕적 제재는 관습의 제재도 아니고, 단체행동의 규칙에 대한 어떤 제재도 아니며, 분자화된 집단 속에서 교섭이나 대화가 발생하는 개인들의 "우연적" 만남이다.

마찬가지로, 종교적 제재는 "현세 또는 미래의 삶 속에서" 기대되는 고락이라는 동기를 활용하는 "보이지 않는 우월한 존재"로부터 나오는 것이다. 현세에서라면 종교적 제재는 "자연의 힘"을 구현한 물리적인 도구들을 통해 작동한다. 아마도 교회 건축물, 성경, 비품들이며, 이것들이 사용-가치의 또 다른 독특한 "형태"이다. 여기에는 또한 우리가 관습과 관습법이라는 이름하에 연상되는 동료 신자들의 합의된 신조(信條)와 운동, 이단 재판 등이 있는데, 이것들은 벤담의 분류에서는 등장하지 않는다. 이 동료 신자들은 "우연히" 만나는 사람들이다.[31]

벤담의 저술 대부분은 총포와 감옥 같은 물리적 사용-가치를 통해 작동하는 정치적 재재에 대한 것이었다. 그의 "도덕적 제재"는 우연히 일어

∴

31) Cf. *ibid.*, I, 14(*Morals and Legislation*); II, 192 ff.(*The Rationale of Reward*); III, 33 ff.(*Manual of Political Economy*).

난다. 이 우연은 자신의 소망처럼 주변 사람들을 움직이게 할 수도 있는 우연한 소망에 의해 활성화된 다른 사람들과 "우연히" 만나는 것이다.

벤담은 이러한 도덕적 제재들을 "공감의 제재"라는 이름하에 부분적으로 고려한다. 공감의 제재는 "타인의 가슴 속에 있는 쾌락이나 고통이며, (……) 문제의 당사자는, 동감력에 의해 만들어진 감흥을, 다른 사람의 행복 속에서 경험하게 된다."* 하지만 벤담은 이런 공감을 스미스의 교환의 본능 같은 것으로 취급했다.

> "사람은 어떻게 행복할 수 있는가? 자신의 행복이 의존하는 사람들의 친근한 애정을 얻는 것 말고 다른 것이 없지 않은가? 그렇다면 친근한 애정을 어떻게 얻을 수 있는가? 그 사람들에게 나도 동일한 친근한 애정을 제공할 것이라는 확신을 줌으로써 얻게 되는 것 말고 다른 것이 없지 않은가? 어떻게 그들에게 가장 강력한 확신을 줄 수 있는가? 그들에게 실제로 이러한 친근한 애정을 주는 것 말고 다른 것이 없지 않은가? 만약 그것을 실제로 준다면 그 증거는 그의 말과 행동에서 나타나게 된다 (……) 자연의 첫 번째 법칙은 우리의 행복을 소망한다는 것이다. 신려와 실효적인 은총의 통일된 목소리는 (……) 다른 사람들의 행복 속에서 너의 행복을 찾으라고 덧붙여 말한다. 자신에게 쾌락을 확보하거나 자신의 고통을 회피하는 사람은 자신의 행복에 직접적으로 영향을 미친다. 다른 사람에게 쾌락을 주고, 고통을 막는 사람은 간접적으로 자신의 행복을 증진한다."[32]

---

* 벤담은 다른 사람이 경험하거나 경험하게 될 고락에 대한 생각에서 비롯된 공감의 감정을 자신과 관련된 고락에 비교하여 근본적으로 구별되는 원천을 가지고 있다고 봄에 따라, 기존 4가지 제재들에 공감의 제재를 추가했다. https://discovery.ucl.ac.uk/id/eprint/1323717/1/005%20Draper%202002.pdf 9쪽 주석 83번 참고

따라서 공감은 이익이 되는 행복의 교환이다.

공감은 자기이익의 관점에서 이렇게 설명될 수 있었지만, 의무는 그렇게 설명될 수 없었다. 의무는 교환으로 얻는 쾌락이 전혀 없고, 오로지 다른 사람을 위해서 겪는 고통만 있는 일방적인 이전이다.

"의무에 대하여 논한다는 것은 사실 매우 한가한 일이다. 이 단어 안에는 불쾌하게 만드는, 그리고 반감을 일으키는 무언가가 들어 있다. 우리가 이 단어에 대해 이야기할 수는 있지만, 이 단어가 행동 규칙이 되지는 못할 것이다. 도덕론자는 푹신한 의자에 앉아 의무, 그리고 의무들에 대해 아주 그럴듯한 독단들을 쏟아내곤 한다. 왜 그 사람을 경청하지 않을까? 왜냐하면 사람은 누구나 각자의 이해에 관심을 가지기 때문에 (……) 하지 않는 것이 자신에게 이익이 되는 일을 하는 것은 도덕적인 영역에서 인간의 의무일 수 없다. "이해와 의무를 가장 넓은 의미로 고려할" 때, "인생의 전반적인 흐름 속에서 이익을 의무에 희생하는 것은 실행 가능하지도 않고 또 그렇게 바람직하지도 않다는 것을 확인하게 될 것이다. (……) 설령 그 희생이 가능하다고 하더라도 그렇게 해서 인류의 행복이 증진되지도 않을 것이라는 것을 확인하게 될 것이다. (……) 어떤 특정한 행동 또는 행동 방식이 그 사람에게 득이 되지 않는다면, 어떤 사람에게 이것이 너의 의무라는 것을 확인시키려는 시도는 완전한 말의 낭비일 뿐이다. 확실히 그렇게 선언해도 될 것이다." 이같이 의무가 유효한 동기가 되지 못하기 때문에 보상과 처벌이라는 물리적인 제재를 갖춘 입법이 요구되는 것이다. "관련 당사자들의 행복을 목적으로 삼는 모든 법은 그 관련 당사자들이 인간의 의무라고 주장하는 것을 인간의 이익으로 만들려고 한다."[33]

:.

32) Bentham, *Deontology*, I, 17, 19.

따라서 흄의 입장이 옳았다. 의무감은 **희소**에서 나오는 것이지, 벤담의 **풍요**에서 나오지 않는다.

벤담이 말하길, "쾌락, 그리고 고통의 회피는 입법가들이 염두에 두고 있는 **목적**이다. 따라서 그들은 그것의 **가치**를 이해해야 한다. 고락은 그들이 다뤄야 하는 수단이다. 그래서 고락의 힘을 이해해야만 하고, 그 힘이 다시 또 다른 관점에서 고락의 가치이다."[34]

이런 논리를 통해, "가치"라는 단어는 스미스의 고통으로부터 벤담의 쾌락으로 의미가 이전되고, 다른 말로 고통을 빼고 남은 쾌락의 산술적인 순수입으로 의미가 이전된다. 인류를 움직이는 **힘**은 바로 이런 쾌락의 순수입이다. 통치 권력은 **필요**와 **향유**라는 두 가지 제재에 의해 실행되는 것이다.

"온갖 고통으로, 심지어 죽음으로 무장한 필요(want)는 노동을 명하고, 용기를 내게 하며, 예견력을 불러일으키며, 인간의 모든 능력을 발전시켜왔었다. 필요가 만족되면 따라오는 향유는 온갖 난관을 극복하고 자연의 설계들을 이루어냈던 사람들을 위한 마르지 않는 보상의 원천이 되었었다. (……) 이런 점에서 법이라는 사상이 형성되기도 전에, **필요**와 **향유**는 가장 잘 합의된 법들이 수행했어야 했던 모든 것을 이루어냈다."[35]

•:

33) *Ibid.*, I, 9-12.
34) Bentham, *Works*, I, 15(*Morals and Legisllation*).
35) *Ibid.*, I, 303(*Civil Code*).

그래서 벤담은 세 가지 방식으로 **관습**을 배제했다는 것을 우리는 알게 된다. 그는 습관과 관습을 필요와 향유의 통치로 대체했다. 그는 관습과 지속 활동체의 집단적 행동을 "우연적" 개인들로 대체했다. 그는 관습법을 입법부로 대체했다.

이런 대체에는 그의 "도덕적 제재"와 "종교적 제재"의 제거가 수반된다. 왜냐하면 이렇게 되면, 물리 법칙에 따라, 그리고 지속 기업, 가족, 친목회나 교회 등 어디서든, 비슷한 신념과 이익을 가진 사람들을 한데 묶고 있는 반복된 거래에 대한 희망이나 기대 없이, 서로가 서로를 침범하는 단순하고 우발적인 군집의 형태로 이 제재들이 남게 되기 때문이다.

결과적으로 제재의 원천이 되는 것은 두 가지만 남게 된다. **부와 의회**. 즉 부의 물리적 사용-가치와, 주권의 물리적 힘이다. 부는 상품의 생산, 교환, 소비에 있어서 사람들의 행위를 통제하는 물리적 제재를 제공한다. 의회는 사유재산을 창출하고, 보호하는 물리적 제재를 제공한다. 이것은 곧 다가올 경제학자들을 위해 단순화시킨 아담 스미스였다. 개인과 입법부 또는 행정관 사이에는 어떤 집단행동도 개입되어 있지 않고, 관습의 지배나, 관습법도 없다. 벤담은 경제학, 윤리학, 법학 모든 것을 개인의 고락으로 통합시켰듯이, 모든 종류의 유인들을 **제재**라는 포괄적인 명칭 아래 통합했다. 제재를 행동에 대한 외적인 유인에서 나온다고 간주했을 때, 제재는 물리적, 도덕적, 법적, 경제적 제재 어느 것이나 일종의 고락이다.

고락이 이같이 완전히 지배적이라는 것을 인정하더라도, 발생하는 모든 상황을 다루어야 하는 실질적인 목적을 놓고 보면 이런 일반화는 지나치게 포괄적이라고 우리는 추론한다. 쾌락은 수량만큼이나 종류도 다양하다. 이 점은 벤담도 인정하지만, 그에게 있어서 종류의 차이는 중요한 것이 아니다. 경제학에서 마주치는 가장 중요한 두 가지 차이들은 개인들이 서로에게 제공하는 유인들에 근거한 것과 다양한 종류의 집단행동이 제공하는 유인들에 근거한 것이다. 고락이 이들 각각에서 발견되고, 그것들은 모두 사람들이 흔히 호소하는 중요한 동기들이다. 그 차이를 구분하기 위해 하나는 유인이라 하고, 다른 하나는 제재라고 명칭을 달리할 수도 있다.[36] 유인은 개인 간의 거래에 관련된다. 제재는 **집단적인 유인들의 관습과 규칙에 관련된다.** 스미스처럼 벤담에게는 집단행동이 들어설 여지가 없었다. 진정으로 협상, 관리, 배급 거래의 설득, 강압, 명령이 들어설 여지가 없었다. 벤담은 개인, 주권자들, 상품만을 다루고 있었다. 그는 집단행동으로부터 개인행동을 구분하는 고락의 다양한 종류의 차이를 전혀 구분하지 않았다. 그에게 군주는 고락이었지, 습관과 관습이 아니었다.

벤담이 화학적인 유비를 통해 수행한 것은 고통들과 쾌락들에 물리적인 실제를 부여한 것이었다. 이런 물리적인 실제란 돈이었다. 웨슬리 미첼(Wesley C. Mitchell)은 그것이 어떻게 이루어졌는지 보여주었다. 미첼은 1901년에 알레비(Halevy)가 발굴해낸 벤담의 미출판 원고로부터 아래와 같은 문구를 인용하고 있다.

"만약 돈의 소유에 의해 생긴 쾌락과 돈의 소유에 의해 생기지 않은 쾌락 둘 중에, 사람이 전자의 쾌락을 즐기는 것이 후자의 쾌락보다 더 좋다면, 그런 쾌락은 똑같다고 해야 할 것이다. 그러나 돈의 소유에 의해 생긴 쾌락은, 그 쾌락을 만들어 낸 돈의 양만큼이다. 그러므로 돈은 이 쾌락의 척도이다. 그러나 후

36) 본서 180쪽, 경제적 및 사회적 관계의 공식.

428

자의 쾌락도 이 쾌락과 같다. 따라서 이 후자의 쾌락은 이 쾌락을 생산한 돈 만큼이다. 따라서 돈이 후자의 쾌락의 척도이기도 하다. 이것은 고통과 고통 사이에서도 똑같다. 역시 고통과 쾌락 사이에서도 마찬가지다. (······) 만약 우리가 서로를 이해하려고 한다면, 우리는 모종의 공통의 척도를 사용해야만 한다. 사물의 본성이 제공하는 유일한 공통 척도는 화폐다. (······) 이 수단의 정확성에 만족하지 못하는 사람들은 보다 정확할 또 다른 척도를 발견하든지, 아니면 **정치**와 **도덕**에 작별인사를 고해야 한다."[37]

이런 논리로 벤담은 그의 미출판 원고에서 소망의 단위를 버렸다. 벤담이 출판을 게을리했다는 것은 윤리학과 경제학 분야의 모든 쾌락주의자들에게 불행한 것이었다. 왜냐하면 미첼은 계속해서,

"이상적으로 완벽하게 돈 버는 사람의 정신 작용을 이와 같이 정식화하는 것이 금전적인 용어들을 심리적인 용어들로 바꾸기만 하면 벤담의 쾌락주의에 대한 원만한 정식화로 전환될 수 있다. 쾌락은 이윤으로, 고통은 손실로 대체하고 감각 단위가 달러를 대표하도록 하고, 회계를 쾌락주의적 계산으로 대신하게 하고, 사익을 순이윤 대신 순쾌락의 극대화로 해석하라. 그러면, 변형이 끝난다."[38]

따라서 벤담의 "모든 이의 최대 행복"이란 개념은 기업가에게서 금전

••

37) Cited by Mitchell, *op. cit.*, 169-170.
38) Mitchell, W. C., "The Rationality of Economic Activity," *Jour. of Pol. Econ.*, XVIII (1910), 213; cf. Bonar, *op. cit.*, 218.

적인 수익의 극대화로 귀결된다. 그러나 돈으로 측정되는 것은 쾌락이나 고통이 아니다. 그것은 희소이다. 고락이 돈이 되면, 고락은 행복으로부터 상대적인 희소들로 전환된다. 그리고 이것들이 인간 행동의 힘, 원인, 조정자가 된다. 고락은 너무 근원적이다. 우리의 문제는 희소, 미래성, 관습, 그리고 주권의 영향을 받는 화폐 경제와 신용 경제에서 실제로 이루어지는 것에 대한 보다 피상적이지만 행태주의적인 문제이다. 벤담이 말하는 고락은 이런 차이점들을 흐릿하게 만든다. 벤담에게 있어서, 쾌락이란 적극적인(+) 쾌락의 획득이면서 소극적인(−) 고통의 회피이다. 그러나 후자는 대안들의 선택이고, 전자는 소득의 획득이다. 회피는 더 적은 소득 대신에 더 큰 소득을 선택하는 것이거나, 더 큰 지출 대신에 더 적은 지출을 선택하는 것이다.[39] 획득과 회피는 합할 수 없다. 이 둘은 같은 행위의 두 가지 차원이다. 행위가 다른 방향에서의 회피를 통한 한 방향에서의 이행이기 때문이다.

벤담의 고락 개념은 개인 간의 거래와 집단 규제 사이의 차이, 유인과 제재의 차이, 자기이익과 윤리의 차이, 행복과 희소의 차이, 감각과 금전의 차이를 모호하게 만든다. 경제학에서 다루는 문제들은 더욱 피상적이어서 그 문제들은 표면에 놓여 있다. 그러나 경제학의 문제는 보다 특정적이다. 매수와 매도, 차용과 대출, 고용과 해고, 고용주와 고용자, 원고와 피고 같은 것들이다. 이 모든 것들이 진정으로 쾌락이나 고통으로 해소될 수도 있지만, 그렇게 되면 그것들이 소망으로 분해되기 때문에 지나치게 근본적이며 파악하기 어렵다. 그러나 집단행동과 개인행동의 관행들과 가격들은 돈과 양에 달려 있다.

••

39) 본서 538쪽. 선택과 기회.

벤담의 "통치자"도 "공동체"를 구성하는 개인들의 집합의 관습이나 다른 집단행동의 결과가 아니었다. 벤담이 사용한 개인이라는 단어는 군집을 의미하며, 사회를 뜻하는 것이 아니었다. 그들은 "우연히" 모인 개인들일 뿐이며, 지속 활동체가 아니었다. 그가 생각하는 통치권자는 외부인이지 그 사회의 일부가 아니었다. 벤담의 통치자는 습관, 관습, 법인, 노동조합, 정당 등에 얽매이지 않고, 마음대로 자기가 행할 법을 선택할 수 있다는 점에서 상당히 절대적인 것처럼 보인다. 이 법으로 개인들의 뜻을 행할 것이라는 기대에 근거해서 통치자는 그 자리에 있게 한다. 벤담이 "소망"했던 것은 통치권자가 '최대 다수의 행복'이라는 원리를 채택하는 것이다. 그러나 통치권자들은 다르게 행동해왔다. 영국의 헌법은 정복과 관습법으로부터 나왔다. 관습법은 왕이 임명한 판사들이 승인하는 한에 있어서, 국민들의 관습에서 나왔다. 정당이 이제 왕을 대신하고, 사법부를 선발한다. 집단적인 기업 조직들이 정당을 통제하고, 고통과 쾌락보다 관습과 조직이 정치인들과 일반 사람들을 더 많이 규제한다.

벤담은 쾌락을 돈으로 환원했듯이, 주권도 안전으로 환원했다. 벤담의 시각에 따르면, **정치경제**란 과학이자 기술이다. 그것은 고락의 과학이다. 그것은 "부의 극대화와 인구의 극대화"라는 목표를 위해 고락이라는 수단을 활용하는 입법의 기술이다.[40] 그 목표가 "목적인"이다. 고통과 쾌락의 여러 제재들은 "작용인이거나 수단"이다.[41] 입법자가 정치체의 행복이 어디에 있는지를 보다 각별히 연구하면, 그것이 생계, 풍요, 평등, 안전이라는 네 가지 요소로 되어 있다는 것을 알게 된다.[42] 생계와 풍요

40) Bentham, *Works*, III, 33(*Manual of Political Economy*).
41) *Ibid.*, I, 14(*Morals and Legislation*).

는 정치경제의 영역이다. 안전은 법의 영역이다. 평등은 부차적인 것이다. 왜냐하면 안전이 보장되면 농업, 산업, 상업이 번성하면서 국가는 점차적으로 평등으로 나아가기 때문이다. "입법 의원들은 때로 **공평**이라는 미명으로 평등주의에 경도되는 경향을 보인다. 이는 **정의**보다 공평에 대해서 너그럽게 해석해왔기 때문이다. 그러나 공평이라는 생각은 모호하며 개념이 발전되지 않아서 계산의 문제라기보다는 본능의 문제로 보였다."[43]

그다음으로 안전이란 것은 법으로부터 정치경제가 요구하는 모든 것으로 "자유"라는 것도 결국은 안전의 한 가지에 불과하다. "개인적 자유는 사람에게 가해질 수 있는 모종의 침해에 대한 안전 보장이다. 정치적 자유란 (······) 정부 관료들의 정의롭지 못한 행위에 대한 안전 보장이다." 벤담에게 자유란, 관습으로부터 결별해서 효용에 자신의 행위를 의탁하는 것이다. 그의 저서 『고리대에 대한 변호(*Defense of Usury*)』에서, 사람들이 자기 마음대로 높은 이자를 주고받은 것을 금지할 때, 도덕주의자가 규칙이나 계율을 제시하거나, 또는 입법가가 금지 명령을 내릴 때, 의존할 수밖에 없는 유일한 근거는 "맹목적 관습"이다. 그러나 "관습"은 자의적 지침이다. 시대마다 다르고 나라마다 다르다. 특정한 상황에서 돈을 빌리는 사람이나 빌려주는 사람이 최대의 행복을 얻고 있는지를 말해주는 유일한 기준은 "그들의 합의가 보여주는 바 당사자들의 상호 편의"이지 내 이웃들의 관습도 아니고 입법가들의 명령도 아니다.[44]

그렇다면 정치경제가 관심을 두는 생계와 풍요의 속성들은 어떤 것인가?

•••

42) *Ibid.*, I, 302 ff.(Civil and Code)
43) *Ibid.*, I, 307; Williams, A. T., *The Concept of Equality in the Writings of Rousseau, and Kant*, Columbia Univ. Teachers College Series, No. 13(1907)도 참조.
44) Bentham, *Works*, III, 4(*Defense of Usury*).

그리고 안전 보장과 자유가 제공된다면 이런 것들이 어떻게 생겨나게 되는가? 벤담은 이것이 다른 사람으로부터 얻게 되는 용역이라기보다는 물적인 대상이라고 말한다. 물리적인 제재 즉, 필요와 향유의 압력 속에서 이들 물적인 대상이 만들어진다. "이런 자연스러운 동기들의 지속적이고 거부할 수 없는 힘에 직접적인 입법을 통해서 아무것도 추가할 수 없는가? 그러나 법률은 일을 하는 동안 개인들을 보호하고, 그들이 일을 끝냈을 때 그들의 근면의 결실들을 보장함으로써 간접적으로 생계를 제공할 수 있다."[45]

그러나 이러한 필요와 향유는 생계에서 멈추는 것이 아니다. "(……) 옥수수 이삭을 처음 거두어들인 후, (……) 풍요를 위한 창고를 짓기 시작하게 되고, 언제나 증가해야 하고, 언제나 꽉 차야 한다. (……) 풍족함이란 (……) 일단 시작되고 나면 이런 움직임을 멈추게 하지 않는다."

그렇다면 풍족이란 것은 무엇인가? 풍족은 자기 자신의 노동을 통해 창출되는 풍요이지, 다른 사람들의 노동에 대해서 지불한 가격을 통해서 창출되는 것이 아니다. 사회의 부가 그 사회를 구성하는 개인들이 가진 부의 총합이 아니라면 무엇이겠는가?[46]

충분히 일리가 있는 견해라고 우리는 말할 수 있다. 하지만 벤담이 사회가 자족적인 인간 단위들로 구성되어 있다고 생각하는 만큼, 그는 사회의 부도 이러한 개인들이 소유한 물리적 단위들의 합이라고 생각한다. 이러한 합은 "많은 행복"과 같다. 고락에서 화폐가 사라지고, 부의 개념에서 희소와 "자산"이 사라져버리고 나자 부와 행복의 물리적 개념이 결

45) *Ibid.*, I, 304.
46) *Ibid.*, I, 304.

과적으로 생겨났다. 아마도 이 물리적 개념은 고립된 농부들의 식민지 시대나 원시시대에는 적합하고, 천연자원과 유체 재산의 풍부에는 적합하지만, 자본가, 농부, 노동자, 상인, 은행가와 정부 등의 단합된 행동에 의해 지배받는 가격체계나, 마케팅, 그리고 매매를 통해 누군가의 부("자산")가 생기는 사회에는 적합하지 않다. 그렇다면, 법의 가장 기본적인 목적인 안전이 제공하는 것은 무엇인가?

"법만이 재산이라고 불릴만한 고정되고 내구적인 소유를 창출할 수 있었다. 법만이 사람들에게 예측의 멍에를 받아들이는 데 익숙해지도록 할 수 있다. 처음에는 받아들이기 고통스럽지만, 나중에는 받아 들일만 하고, 유순해지게 된다. 오로지 법만이 현재 꼭 필요한 것은 아니지만 미래가 되어야 비로소 즐길 수 있는 노동을 격려할 수 있었다. (……) 법이 사람들에게 '일하라, 그러면 보상하리라'고 말하지는 않는다. 법은 '일하라, 그러면 너로부터 그것을 빼앗아가는 손을 중지시켜서 너의 노동의 결실을 너에게 보장할 것이라고 말한다. 나는 너의 노동의 결실을 지켜줄 것이며, 그것이 자연스럽고 충분한 보상이 될 것이다. 내가 없이는 너는 그걸 지켜내지 못할 것이다'라고 말한다. (……) 재산이라는 관념은 확립된 기대이다. 그 재산이라는 관념은 사안별로 특정 대상으로부터 모종의 이익을 끌어내는 힘이 있다고 납득하게 된 것이다. (……) 입법자는 이런 기대들을 가장 존중한다. (……) 입법자들이 이런 기대들을 방해하지 않을 때, 그는 사회의 행복을 위해 필수적인 모든 일들을 수행하는 것이 된다."[47]

따라서 안전 보장이란 노동자가 자신의 노동으로 생산한 것을 소유하

••

47) *Ibid.*, I, 307 ff.

게 될 것이라는 보장이다. 하지만 노동자들이 재산을 전혀 가지고 있지 않다고 사람들이 반박한다고 벤담은 말한다. 그리고 베카리아(Baccaria)*는 이렇게 말했다. "사유재산권이란 것은 끔찍한 권리이고, 아마 필요가 없을 수도 있다." 벤담은 이 신중한 철학자가 이렇게 말한 것은 놀랍다고 말한다. 재산이라고는 전혀 가지고 있지 않은 가난한 사람들이라도, "자연상태"에 있는 것에 비한다면 훨씬 더 낫다. 그러므로 입법자는

"실제로 확립되어 있는 분배를 유지해야 한다. (……) 안전 보장과 평등이 대립하는 상황이라면, 주저함 없이 평등을 양보해야 한다. (……) 평등의 확립은 망상이다. (……) 평등을 외치는 것은 나태가 근면을 침탈하는 강도 행위를 은폐하는 구실일 뿐이다."[48]

이런 언급으로부터 벤담의 재산 개념은 자기 자신만의 배타적인 사용을 위한 토지, 건물, 도구와 같은 유체 재산이지, 시장에 접근하고 서비스의 희소를 통제하고 그러한 희소-가치를 지불하기 위한 계약을 이행함으로써 부(자산)를 얻는 데 있는 현대 사회의 무체 재산이 어쨌든 아님을 우리는 알게 될 것이다. 어떤 사람의 재산("자산")을 입법이 아니라 가격을 통해서 그로부터 얻는 현대 사회에는 벤담의 주장이 전혀 적용되지 않는다. 찬성하기 어려운 평등의 원칙은 교섭력의 평등화나 기회 균등, 공정 경쟁이 아니고, 소유자들의 물리적인 소유물들을 똑같이 나누는 것

••

48) *Ibid.*, I, 311, 312.

---

* 베카리아(Beccaria)의 오기로 보인다.

을 의미하는 것으로 해석된다. 벤담이 마음속에 가지고 있었던 것은 원시적인 토지균분주의였다.[49] 벤담에 따르면 이런 "평준화" 체계는 실행 불가능한 것이며, 이런 것을 확립하고자 하는 욕망은 "덕이 아닌 악덕에, 선의가 아닌 악의에" 뿌리를 두고 있다.[50]

벤담이 자신의 효용 개념에서 스미스의 풍요 원리는 받아들였지만, 블랙스톤의 관습과 흄의 공적 효용은 거부함으로써, 경제학자들은 다음과 같은 벤담의 분자적인 추론 방법을 제공받게 되었다고 우리는 결론 내릴 수 있다. 인간은 **수동적**이지만 효용이라는 이름의 자기이익에 의해 추동되는 이기적인 존재이다. 사회는 이런 개인들의 **합**이며, 그들의 고락은 상품의 수량에 따라 합산이 될 수도, 차감이 될 수도 있으며, 수량으로 같아질 수도 있다. 돈은 이런 회계 체계에서 사용되는 고락의 **척도**이다. 자기이익이란 것은 **풍요**가 있기 때문에 누구에게도 해가 될 수 없다. 벤담의 여러 **사상의 연결**에 의해 고락은 물리적인 상품들에 귀속된다. 화폐는 제도들의 집단행동에 의한 인위적인 창조물이므로 **명목적**이다. 이 때문에 우리는 부를 창출하고 구성하는 물리적 노동과 물리적 상품의 단위들로 우리의 이론을 제시하거나, 효용과 비효용을 구성하는 고락의 단위들로 제시할 때 측정되는 물체에 더 다가갈 수 있다. 이 두 가지 어떤 경우든, 행복의 명목적 척도인 집단적 단위로서의 화폐가 아니라, 물리, 화학의 법칙처럼 획일적으로 작동하는 고락의 차원들로 우리의 이론을 제시한다. 관습법과 관습으로부터 정치경제학이 도출하는 것은 쓸모없는

49) Cf. Commons and associates, *History of Labour in the United States*, I, 522, 최초의 미국노동당의 농본주의에 대하여, 1829.
50) Bentham, *Works*, I, 358-361(On the Levelling Systems).

전통과 선조들의 지혜일 뿐이다. 법령과 성문법에서 우리가 필요하는 것은 소유물과 계약의 **안전 보장**일 뿐이다. 그런 안전 보장은 그것들을 있는 그대로 유지해야 한다. 왜냐하면 **평등**을 도입하려는 어떤 노력도 불가능할 뿐만 아니라 이는 악한 것이기 때문이다. 정치경제학의 법칙들은 안전 보장이 제공된다면, 거의 중력의 법칙만큼 정확하다. 마치 물리학에서의 평형이나, 화학에서의 친화성처럼, 정치경제학의 법칙들은 감각, 관념, 쾌락, 고통으로부터 기계적으로 추론될 수 있다. 감각, 관념, 쾌락, 고통은 상품의 기존 생산과 소비의 주관적인 **모사**이다.

벤담의 방법에 따른 이 계산에는 희소와 관습 이 두 가지가 생략되었다. 그것들이 생략된 이유는 제대로 이해되지 않았을 뿐만 아니라, 당시에 알려진 유일한 과학인 물리학과 화학의 모형에 적합하지 않았기 때문이다. 희소는 사람들에게 충분히 친숙한 것이었지만, 정부, 독점, 중상주의 단체의 단결된 행동과 연관되어 있었다. 반면 희소란 사유재산 이외에 다른 것이 아니다. 중상주의를 거부하고 나면, 희소는 재산의 제도적인 형태를 띤 것이 아니라, 마치 바다의 파도와 같이 유동적인 개별 원자들의 작동하는 공급과 수요의 미리 정해진 균형의 법칙이라는 물리적 형태를 띠었다.

그리고 관습은 관습법의 아주 오랜 전통으로 간주되었다. 이것은 블랙스톤이 관습법을 묘사했던 것, 변호사들이 우리가 관습의 시대로부터 자유와 계약의 시대로 옮겨져 왔다는 것을 고려할 때 관습법을 아직도 묘사하는 것과 같다. 영업권, 교역 관행, 지속 활동체, 계약의 표준 양식, 은행 신용의 활용, 현대적인 안정화의 관행들 등과 같은 관습들에 관한 한, 마치 관습과 관행에 차이가 있는 것처럼, 이 관습들에게 "관행"이란 이름이 주어진다. 그러나 둘 사이에는 단지 확일성을 강제하고, 가변성을 허용하는 정도상의 차이가 있을 뿐 다른 차이는 없다. 미국과 영국에서 은행 수표를 사용하는 관행은 중세 시대의 봉건 영주의 땅에서 일하는 관습만큼이나 강제력을 지니고 있다. 중세의 소작인이 로빈 후드와 함께 탈법자가 될 자유가 없었듯이, 사업하는 사람은 은행 수표 대신에 금이나 은을 사용할 자유를 더 이상 가지고 있지 않다. 사업가는 그만큼 공허한 계약의 자유를 갖고 있다. 은행 수표를 받거나 지불하기를 거부하면 사업을 지속할 수 없게 된다. 많은 다른 교역 관행들도 비슷하다. 다른 사람들이 7시에 출근하는데 8시에 출근하겠다고 하는 사람은 직장을 유지할 수 없다. 이것은 "관행"이든지 "관습"이다. 그러나 은행 수표 사용과 같이, "관행"은 관습만큼이나 강제력을 가진다. 왜냐하면 관습은 단순히 사람들이 우둔하다고 할 때에 생겨나는 그런 것이 아니기 때문이다. 관습은 다른 사람들과 거래함으로써 개인들이 생계를 유지하거나 부자가 될 것으로 기대하는 경우, 그들이 지켜야만 하는 바로 그 기대되는 거래의 반복이다. 그리고 흄이 희소의 원리로 환원시켰던 사유재산은 그것 자체로 진화하는 관습에 불과하다. 사유재산은 희소하거나 희소할 것으로 예상되는 물건들의 사용을 기존 규칙하에서 획득하고, 양도하고, 허용하는, 거래들의 모든 변화하는 반복들이기 때문이다.

벤담과 블랙스톤은 과거에서 관습을 찾았다. 그것은 진실이나 무력하다. 관습은 과거에 발생한 것이 맞다. 그러나 관습은 과거에도 변했고, 현재에도 변하고 있다. 그러나 그것이 관습의 유일한 특징은 아니다. 관습은 경험에 기초해, 미래에 관행들이 반복될 것이라는 **기대**이기도 하다. 관습은 개인적이고 비강제적인 용어인 "관행"과 "습관"이라기보다는 언제나 그랬듯이 이제는 관습이라는 이름으로 적용되며, 개인행동의 획일성을 강제하는 단체행동의 힘을 바로 이 기대가 관행들에게 부여한다.

물론 조건들이 변함에 따라 가변성이 있다. 관습의 진화적 변화를 가능케 하는 것은 이런 가변성이다. 관습법 자체는 현행 관습에 따른 분규들에 대한 판결일 뿐이지만, 각 판결은 선례가 된다. 상충하는 무수히 많은 판례들 중에 판사가 선택할 기회가 존재한다. 그래서 블랙스톤이 말한 "신의 목소리"도 아니고, 벤담이 규정한 "선조의 지혜"도 아닌, 미래의 결과를 예상하면서 내린 "인위적 선택"에 의해 관습법은 변화하고 "성장"한다.

벤담과 분자론적 경제학자들은 생활 수준조차 관습으로 보지는 않았다. 생활 수준을 처음으로 관습으로 본 사람은 존 스튜어트 밀이었다. 이는 생활 수준의 차이에 따라 임금과 봉급의 차등을 결정하는 현대의 임금 조정에서도 명백히 관습으로 간주되어왔다. 초기 경제학자들에게는 생활 수준이란 것은 생존에 필요한 물리적인 최소한의 것이었다. 마치 증기기관을 돌릴 수 있는 최소한의 석탄의 양 같은 것이었다. 하지만 그것은 관습의 문제가 아니었다. 그것은 생리학의 문제였다.

희소와 관습, 이 두 가지 항목을 벤담이 계산에 포함했었더라면, 개인, 사회, 상품, 부, 통치권이라는 그의 개념들이 모두 붕괴되었을 것이다. 그러면, 각 개인의 활동은, 물적인 재화의 단순한 생산의 증가나, 소비의 감소가 아니라, 모든 다른 개인들의 활동의 함수가 되었을 것이다. 국가의 부 전체가 어떤 시점에서의 물리적 재화들의 단순한 합에 그치지는 않았을 것이다. 국가의 부 전체는 개인들과 조직들의 "자산"이 되기도 했을 것이다. 이 "자산"은 개인적으로든 집단적으로든, 보유, 유보, 교섭, 대안 선택 등의 거래에서 생산자의 갖가지 상품이나 활동에 대한 소유권을 배분하는 과정에 의해 획득되었을 것이다.

벤담이 "선조들의 지혜"일 뿐이라고 제거해 버린 관습들이 수탈, 차별, 경제적 강압의 관행들 속에서, 기회와 교섭력의 불평등 속에서, 단체, 지주 회사, 노조 속에서, 그리고 사실상 가격과 수량을 결정하는 국가 경제의 모든 좋고 나쁜 관행들 속에서 반드시 되돌아왔을 것이다. 통치권의 기능이 물자의 생산자와 소유자를 보호하는 것에 그치지 않았을 것이다. 정당과 지배적인 경제적 이익이 계급들과 국가들에게 최선이라고 간주할 그런 것과 관련해서, 개인들, 조직들 심지어 국가들의 활동을 배정하는 중상주의적인 정책 같은 것으로 되돌아갔을 것이다.

고락의 경제 심리학에서 희소의 원리가 처음으로 기능적 중요성을 가지게 된 것은 심리학적 경제학자들의 시대에 이르러서였다. 벤담은 풍요의 증가에 따른 효용체감의 원리를 언급했다. 그러나 그런 원리를 적용하는 것은 가격과 아무런 관련이 없었고, 개인들 간의 교섭이나, 거래 관행 및 관습과도 아무런 관련이 없었다. 벤담에게 있어서, 효용체감의 원리는 안전 보장에 대한 논의와 개인들이 소유한 물적인 상품들의 수량상의 차등에만 적용되는 것이었다. 가난한 사람보다 부자가 더 많은 상품을 가졌다고 그에 비례해 그만큼 더 행복한 것이 아니다. 그래서 전체 행복은 소유가 불평등한 곳보다 평등한 곳에서 더 크다.[51] 그런 원리가 적용되어 누진세나 상속세의 체계로 이어질 수 있고, 벤담이 주장한 것은 후자인 상속세였다.[52] 그러나 벤담이나 다른 물리학적 경제학자들은 그런 원리를 심리학이나 가격과 시장에 적용하지 않았다. 이런 이유로 우리는

••

51) "(……) 한 국가의 전체 인구를 통틀어, 행복의 수단의 총량 중에서, 소유하는 몫으로 봤을 때 개인들 간의 불평등한 정도가 적으면 적을수록, 행복 그 자체의 총량은 더 커진다. 물론 불평등을 제거하려는 어떤 조치가 안전 보장에 전혀 충격을 주지 않는다는 조건하에서 이와 같다." Bentham, *Works*, II, 272(*Constitutional Code*).

52) "소유주의 사망으로 소유에 공백이 생기면 지나치게 한 개인의 손에 재산이 축적되는 것을 방지하려는 의도를 가지고 (……) 법이 개입할 수 있다." *Ibid.*, I, 312(*Civil Code*).

벤담을 물리학적 경제학자로 분류하지, 심리학적 경제학자로 분류하지 않는다. 그가 제시하는 고락은 상품과 금속 화폐의 모사에 불과했다.

벤담이 관습과 희소를 제거한 것은 화폐를 쾌락이라는 모습으로 대체하고, 주권을 소원이라는 모습으로 대체함으로써 고전 경제학자 리카도와 돈을 쾌락으로 대체한 쾌락주의적 기업 경제학자* 뿐만 아니라, 공상적 사회주의자들과 **맑스주의적** 공산주의자들을 위한 길을 마련했다. 공상적 사회주의자들은 벤담이 "안전 보장"에 굴복시켰던 "평등"을 이어받았다. **맑스주의자들**은 벤담이 말하는 통치권을 이어받아 이것을 **프롤레타리아** 독재로 만들었다. 그들의 이론 속에서는 관습도 희소도 작동하지 않았다.

관습과 희소를 제거함으로써 벤담은 경제학과 윤리학을 독립된 개인들의 소망들로 분해했다. 로크와 스미스, 그리고 19세기 내내 두 학자의 선도를 추종한 개인주의적인 도덕주의자들과 경제학자들의 학파 전체와 같이, 벤담은 도덕적, 경제적 판단과 개인 행위에 도달하는 개인적 과정에 관심을 기울였다. 그러나 관습이 관습법 그리고 심지어 성문법과 헌법이 되는 역사적 과정을 검토해본다면, 우리는 그것이 이해충돌로부터 일어나는 집단적인 과정이었다는 것을 알 수 있는데, 벤담은 결코 그것을 인정하기를 거부했다. 그러므로 우리는 한 개인에서 시작하지 않고, 개인들 사이의 거래들에서, 그리고 이 기대되는 거래들의 반복에서 시작한다. 이 반복이, 조직화되었을 때는 지속 활동체가 되고, 조직화되지 않았을 때는 관습이 된다. 개개의 교섭 거래는 그 자체로 집단적인 과정이다. 거래 행위를 아무리 단순화한다고 하더라도 개별 단위로까지 분해할

---

* 기업을 다루면서도 기업이 추구하는 것이 돈이 아니라 쾌락이라고 주장하는 경제학자.

수는 없으나, 그 과정에는 실제로 또는 잠재적으로 적어도 다섯 명의 개인이 참여해야 한다. 이 개인들은 서로에게 균등하거나 불균등한 기회, 공정하거나 불공정한 경쟁, 도덕적, 경제적 또는 물리적인 힘의 여러 관계들을 맺고 있고, 다섯 명의 개인으로 구성된 집단성을 대표하는 제오자(第五者)가 그들 사이에 분쟁이 발생하면 판결할 것이라는 공통의 기대를 서로에게 가지고 있다.

이것이 여러 관련된 참여자들에 의해서 경제적이고 윤리적인 판단과 행위에 도달하는 합의 과정이다. 윤리학과 경제학의 문제를 구성하는 이런 개인들의 "행위"가 때마다 반복되고, 중복되고, 예상되는 많은 개인 간의 거래들이 된다. 이런 개인들의 거래는 조직 활동체의 운영규칙으로 진화하는 관습의 또 다른 이름에 불과하다. 경제적이고 윤리적인 판단에 도달하게 되는 이런 역사적이고 집단적인 과정을 결여하고 있어서, 개인주의적 경제학자들과 도덕주의자들은 로크 및 스미스와 같이 관습과 관습법 대신 그 자리에 신의 은총의 원리를 주입하거나, 아니면 벤담같이 그 문제를 개인의 소망이라는 영역에 내맡겨 놓아야 했다.

반면, 거래적인 관점에서 시작하기 때문에, 우리는 로크나 스미스의 의인화, 흄의 회의론, 벤담의 물리적인 유추, 블랙스톤의 신의 신성함과 조상의 지혜로부터 자유로운 실제의 과정을 연구의 대상으로 삼는다. 각각의 거래는 그 자체로는 이해충돌로부터 이루어질 수 있는 이해 조화이며, 그 충돌의 집단적 조정이다. 스미스와 벤담이 숙고했듯이, 거래란 서로에게 필요한 용역을 제공하는 상호적인 관계이므로 이해들의 조화이다. 한정된 기회들에 접근하기 위해 경쟁하는 것과, 교섭력의 행사에 있어 개인들의 불평등 둘 다 때문에, 그것은 이해의 충돌이다. 그것은 규칙과 판결의 집단적 작용을 통한 분쟁의 윤리적 조정이다. 이런 조정으로부터, 기회 균등, 공정 경쟁, 교섭의 평등, 적법 절차라는 현존하지만 변화하는 이상들이 나온다. 그런 것들이 합당한 관행과 합당한 가격이라는 윤리적, 경제적, 사법적으로 결합된 문제를 구성한다.

　이렇게 해서 벤담의 쾌락주의적 가치 개념과는 구분되는 의지적 가치 개념이 나온다. 이 개념은 개인주의적인 윤리의 전통적인 의지주의가 아니라 집단주의적인 의지주의이다. 이 개념은 희소한 기회들 중에서 선택하는 개념이다. 따라서 이 개념은 고락이라는 내적 개념에 맞서는 의지에 대한 경제적 개념이다. 이런 기회들은 자신과 다른 사람들의 재산이다. 이런 재산은 국가뿐 아니라 협회, 신디케이트, 노동조합의 집단행동에 기반을 두며, 이런 조직들은 도덕적, 경제적, 물리적 제재들을 통해 기회의 선택, 힘의 행사, 그리고 경쟁에 있어서 개인의 안전, 순응, 자유, 노출이 어떤 것이어야 하는지를 결정한다. 개별 원자들이 단순히 합해져서 "공동체"를 구성한다는 벤담의 의제에 맞서는 이 개념은 강제의 정도를 달리하는 다양한 집단적 강제 속에서 구성원이 된다는 것, 시민이 된다는 것, 참여한다는 것의 개념이다. 우연한 제재와 외적인 통치자에 의해 움직이는 수동적 개인이라는 벤담의 주장에 맞서는 이 개념은 개별행동과 단체행동, 그리고 통치와 피통치 둘 다의 개념이다. 이 개념은 화폐, 신용 공여, 부채, 세금, 관행과 가격의 영역에서 작동하는 것으로서, 블랙스톤이 주장하는 관습, 관습법, 일상적인 방식, 조상의 지혜, 심지어 우둔함까지 포함한 개념이다. 이것은 벤담이 말하는 "행복의 양"을 측정해 내는 수많은 "번개처럼 빠른 똑똑한 계산기들"과 대비되는 것이다.

제7장

맬서스

이성의 시대는 프랑스 대혁명으로 끝났다. **우둔의 시대**는 맬서스와 함께 시작되었다. 1793년 아나키스트 고드윈은 프랑스 대혁명의 원리를 영국으로 수입할 것을 제안했다.[1] 이에 대해 1798년 신학자 맬서스는 **과잉 인구**의 원리와 신에 대한 새로운 관념으로 대답했다.

과잉 인구가 임금 제도의 원인이라고 처음 제기한 사람은 1751년 벤자민 프랭클린이었다.[2] 그가 그런 주장을 한 것에는 실천적인 목적이 있었다. 미국에서의 제조업을 금지했던 영국의 식민 정책의 **중상주의**에 대한 반박이었다. 영국은 미국 제조업체들로부터의 경쟁을 두려워할 필요가 없다. 왜냐하면 자연 자원이 풍부한 곳에서는 임금 제도가 발생할 수 없었기 때문이었다. 프랭클린은 생물학적인 희소로 되돌아가서 소유적 희소로 끝났다.

∵

1) Godwin, William, *An Enquiry Concerning Political Justice and Its Influence on Virtue and Happiness*, 2vols., 1793.
2) Franklin, Benjamin, "Observations Concerning the Increase of Mankind and the Peopling of Countries"(1751) in *The Works of Benjamin Franklin*(ed. by Jared Sparks, 1882), II, 311. 인용문은 스파크스Sparks 편집본이다.

"간략히 보면, 식물 또는 동물이 밀집되어 서로의 생존 수단을 방해하지 않는 한 식물과 동물의 번식하려는 특성에는 제한이 없다. 지표면에 아무 식물도 없어 공간이 비어 있으면, 예컨대 펜넬(회향초)처럼 단 한 종류만이 점차 씨를 뿌려 과도하게 번질 수 있다. 주민이 없는 빈 땅이 있으면, 몇 세대 안에 한 민족이, 예를 들어 영국인이 그 땅을 채울 것이다. (……) 이미 사람들이 가득 정착된 나라에서라면, (……) 모든 땅들을 이미 차지하고 있고 고지대까지 개간이 되어서, 땅을 가질 수 없는 사람들은 땅을 가진 사람들을 위해 노동해야 한다. 노동자가 많아지면, 그들의 임금이 낮아질 것이다. 낮은 임금으로는 가족 부양은 힘들어진다. 이런 어려움은 많은 이들에게 결혼하지 못하도록 억제시켜서 오랫동안 하인으로 일하면서 혼자 살게 한다. (……) 미국에서는 땅이 풍부하기 때문에 땅 값이 이같이 낮아서, 노동자들은 어느 정도 농업을 익히게 되면, 짧은 기간 내에 돈을 모아 농사를 위한 땅을 구입하여 자영 농업으로 가족을 부양할 수 있으므로 결혼하는 것을 두려워할 이유가 없다. (……) 지금 북미에는 100만 명이 넘는 영국인들이 있을 것이다. (겨우 8만 명도 채 안 되는 영국인이 바다를 건너왔음에도 불구하고). 영국에도 적지 않은 인구가 있긴 하지만, 식민지가 영국 본국 제조업에 제공할 수도 있는 만큼 영국의 입장에서는 상당히 더 큰 규모의 인력일 수 있다. (……) 그러나 이러한 인구의 증가에도 불구하고 북미 영토가 너무도 넓기 때문에 영토에 인구가 들어차기까지는 수 세대가 필요할 것이다. 그리고 영토에 인구가 다 들어찰 때까지는 북미에서 노동은 결코 싸지지 않을 것이다. (……) 어떤 직업에서도 도제로 오랫동안 일하지 않고, 이런 새로운 정착민들 속에 뛰어들어가, 자신의 사업을 시작할 것이며 (……) 식민지가 늘어나는 만큼 영국의 제조업 생산품에 대한 막대한 수요가 늘어날 것이며, 외국인들이 간섭할 수 없는 전적으로 영국의 영향력 아래 있는 영국의 영광스러운 시장이 될 것이다. (……) 따라서 영국은 자신의 식민지에서의 제조업에 대하여 너무 지나치게 제한해서는 안 된다. (……) 북미에서의 노예 노동은 영국에서의 근로자 노동만큼 싸질 수 없다. (……) [미국은 노예를 구매한다.] 그 이유는 노예는 주인이 원하는 기간만큼 또는 노예 노동이 필요한 기간만큼 유지할 수 있기 때문이다. 반면에 고용된 사람들은 (종종 고용주의 사업이 한창 진행 중인데도) 계속 고용주를 떠나서 자기 사업을 시작한다. (……) 따라서 이 식민지들이 노동, 제조업 등에 의존하는 업종에서 모국을 방해할 위협은 굉장히 멀리 있는 것이어서, 영국이 굳이 주의를 기울일 필요가 없다."[3]

1751년 프랭클린이 영국의 **중상주의자들**에게 호소한 내용은 무시되었다. 맬서스는 1803년 『인구론』 2판을 개정할 때에서야 비로소 이를 발견하게 된다. 1798년의 맬서스의 주장은 프랭클린의 주장과 달리, 공허하게 영국의 이익에 호소하는 것이 아니었다. 하지만 맬서스의 주장도 프랭클린의 주장처럼 실천적인 목적을 가지고 있었다. 맬서스 주장의 목적은 **이성의 시대**에 대한 환상을 깨는 것이었고, 기존 제도들을 정당화하는 것이었다.[4]

프랑스인들은 아담 스미스의 공감, 사익, 적절함에 대한 느낌, 단체행동에 대한 거부를 논리적으로 결합했었고, 자유, 평등, 박애라는 이름으로 지주, 교회를 폐지했었고, 길드, 조직, 기타 단체의 모든 집단행동을 폐지했었다. 모든 아나키스트들의 아버지인 고드윈은 단체행동에 대한 스미스의 거부를 **국가** 자체에 대한 거부로까지 확장했다. 그리고 고드윈

∴

3) *Ibid.*, II, 312-319.
4) Malthus, T. R., *An Essay on the Principle of Population as It Affects the Future Improvement of Society*(first edition, 1798), 173 ff.

은 스미스가 제시한 천부의 자유, 평등, 공감을 모든 사람이 동등하게 완전해질 가능성으로까지 확장했다. 이런 고드윈의 확장은 스미스가 말하는 재산의 안전을 제공했던 조직화된 정부의 강제가 제거되었을 때에만 성립될 수 있다.

5년 후 신학자 토머스 맬서스는 고드윈이 제시한 모든 인간이 가진 천부의 평등성에 맞서 모든 인간의 천부적인 죄 많음을 제기했다. 그것은 이른바 자유, 평등, 공감에 기초한 모든 체계들을 무효화시킬 것으로 예상될 수밖에 없다. 맬서스는 인간의 행복을 목적으로 하는 스미스의 신적인 풍요를, "지상의 진흙으로부터" 인간의 마음과 도덕성을 진화하는 것을 목적으로 하는 신적인 희소로 변환시켰다. 임금 제도뿐 아니라, 악, 참상, 가난, 전쟁이 인구가 생계 수단보다 더 빠르게 증가하는 신의 원리에 수반된 것이었다. 맬서스가 "인구의 원리"라고 불렀던 이것은 **희소** 원리의 생물학적 기초에 다름 아니다. 이 원리가 바로 "마음의 창조와 형성을 위한 (……) 신의 전능한 과정이라고 그가 부른 것의 기반이다. 이것은 생기 없고 혼돈 속에 있는 물질을 영혼이 되도록 일깨우기 위해, 지상의 먼지를 영혼으로 승화시키기 위해, 진흙 덩어리로부터 영혼의 불꽃을 불러내기 위해 필요한 과정이다."[5]

19세기 경제학자들은 맬서스로부터 그의 책 전반부에 전개된 과잉인구의 물질주의적인 기초만 채택했지만, 맬서스 자신은 이 책의 후반부에 있는 자신의 **도덕의 진화론**이 자신의 가장 큰 공헌이었다고 생각했다. 과잉인구론에 기초하여 경제학자들은 임금소득자들에게 종족 자살(race suicide)*을 설교했다. 맬서스는 정신적인 결론으로부터 나중에 "생존 투

∴

5) *Ibid.*, 353.

쟁"이라고 불리게 된 것에서 인성이 도덕적으로 진화했다는 것을 설교했다. 맬서스는, 아담 스미스가 역사적인 과정을 뒤집은 것처럼, 가정들로부터 자신의 이론을 도출하지 않고, 과정 그 자체에 대한 연구로부터 도출했다는 점에서, 최초의 과학적인 진화론자이자 실질적인 최초의 과학적인 경제학자였다. 이런 연구로부터 그는 희소의 경제적 원리를 발전시켰고, 이것이 다윈과 월리스 모두 맬서스를 읽고 나서 즉각 진화라는 관념을 가지게 된 이유이다. 그러나 맬서스가 말하는 기원은 **도덕의 기원**이었다. 다윈과 월리스가 말하는 기원은 **종의 기원**이었다. 이 두 가지 기원 모두 **과잉 인구**로부터 나왔다.[6]

월리스는 맬서스를 읽자마자 자신의 추론 과정을 진술하기 시작했다.[7] 월리스는 맬서스가 **도덕적 억제**라고 이름 지은 예방적이고 **자발적인** 인구억제책이 아니라 전쟁, 빈곤, 악덕, 참상이라는 **적극적인** 인구억제책에서 출발했다. 이 같은 비자발적이고 적극적인 인구억제책은 다윈과 월리스가 제시한 생물학적인 진화를 낳았을 뿐, 맬서스가 목표였던 인성의 **도덕적인 진화**를 낳는 것은 아니었다.

이것이야말로, 로크로부터 케네와 스미스로 이어진 신의 은총과 지상

..

6) 우리는 맬서스의 초판(1798)에서 인용했다. 맬서스는 재판본(1803)에서 예방적인 억제책을 강조했는데, 나중에 고전 경제학자들이 이것을 임금 인상을 하고자 하는 임금소득자들에 대한 설교로 채택했다. *Encyclopedia Britannica*에 있는 다윈과 월리스에 대한 항목들은 그들이 맬서스로부터 통찰을 얻은 방식을 보여준다.

7) Wallace, Alfred Russel, *My Life, A Record of Events and Opinions*(1905, 2vols), I, 232, 240, 361.

---

* 인종적으로 열등한 인구, 즉 외국인과 가난한 사람들의 유입에 의해 국가의 인종적으로 우월한 인구, 즉 노동자들이 경제적 기회를 상실하여 결혼을 늦추고 가족 계획을 스스로 제한함에 따라 생존을 위한 투쟁을 겪어 그 수가 감소한다는 주장을 '종족 자살'이라 했다.

의 풍요라는 낡은 생각들로부터의 맬서스적인 단절이었다. 맬서스가 말하기를 우리는 (마치 신을 잘 알고 있는 듯이—옮긴이) "신을 통해서 자연을 감히 추론해서는 안 되고," (신의 섭리를 보여주고 있는—옮긴이) "자연을 통해서 자연의 신을 추론해 올라가야 한다." 이 자연의 신이 갖고 있는 생각은 "하늘이 땅 위에 있듯이" 우리의 생각 위에 있다. **도덕적 진화**의 이러한 신성한 과정에서 마음을 처음으로 일깨워주는 것은 육체의 필요가 가하는 자극이다. 왜냐하면 마음은 오로지 활동에 의해서 창조되는 것이기 때문이다.

> "미래 개선의 싹을 파괴하는 전면적이고 치명적인 무기력을 만들어내지 않으면서, 이러한 자극들을 다수의 인류로부터 **빼앗을** 수 없다는 것은 의심할 여지가 없다. (……) 땅을 완전히 경작함으로써 인간들이 신의 은혜로운 **섭리**를 더 증진하도록 촉구하기 위하여, 인구는 식량보다 훨씬 **빠르게** 증가하도록 예정되어 있다."[8]

그래서 로크, 케네, 스미스에 의해 제시된 신성한 풍요는 맬서스의 신성한 희소가 되었다. 신성한 풍요가 인간을 게으르고, 어리석은 동물로 내버려둔다면, 신성한 희소는 인간을 일하고, 생각하고, 미래 진보를 위하여 계획하게 만든다.

그러나 과잉인구로부터 생겨나는 것은, 스미스가 제시한 풍요와 자기 이익뿐만 아니라 스미스가 제시한 공감이기도 하다.

• •
8) Malthus, *op. cit.*, 350, 359, 361.

"삶의 슬픔과 고통은 또 다른 부류의 자극들을 형성한다. 즉 이것들은 독특한 인상들을 잇달아 일으킴으로써, 마음을 부드럽게 하며 인간답게 만들며, 사회적인 공감을 일깨우고, 모든 기독교적 미덕을 창출하며, 자비스러운 행동을 폭 넓게 발휘할 여지를 제공하는 데 필요한 것 같다. (……) 도덕적 탁월함을 만들어내기 위해서는 도덕적인 악이 절대적으로 필요한 개연성이 상당히 높아 보인다." 인구의 원리가 "많은 작은 해악을 만들어낸다는 것은 의심할 여지가 없다. 그러나 조금만 생각해보면, 아마도 인구의 원리가 악을 훨씬 넘어서는 더 많은 선을 만들어내서 우리를 만족시킬 수 있을 것이다."[9]

하지만 이에 따른다면, 모든 인간은 똑같이 자유롭고 완전할 수 있는 것이 아니다. 이런 지적이고 도덕적인 개선에 가장 적합한 사람들은 "사회의 중간층"이다. 사치와 빈곤이 모두 선보다는 악을 만든다. 그러나 상위 계급과 하위 계급 없이는 중간 계급은 있을 수 없다. "우리가 속한 사회 속에서 아무도 계층 상승을 원하지 않고, 계층 하락을 두려워하지 않는다면, 부지런함이 아무런 보상을 가져오지 않고, 게으름이 아무런 징벌을 가져오지 않는다면, 중간층의 모습은 지금과는 확실히 다를 것이다."[10]

맬서스가 말하길 "고드윈은 인간을 지나치게 단순히 지적인 존재라는 측면에서만 고려하고 있다." 사실 로크, 케네, 스미스, 벤담 그리고 **이성의 시대**의 다른 철학자들도 그러했다. 인간을 "이성적인 존재"로 보는 것은 마치 "진공 속에서 낙하하는 물체의 속도를 계산하는 것과 같다." 인간은 "신체적 성향들이 교란하는 힘으로 매우 강하게 작동하고 있

9) *Ibid.*, 372, 375, 361-362.
10) *Ibid.*, 369.

는" "복합적인 존재"이다. 실제로 이런 성향들이 통상 인간의 이성을 압도한다.[11]

이렇듯 맬서스는 경제학에 열정들을 도입했다. 이에 비해 스미스, 벤담, 고드윈에서 절정에 이르는 18세기 철학자들에게 그들이 "감정"이라고 부르는 것은 합리적인 존재들이 힘, 확률, 공급과 수요, 최대의 행복, 최대의 이윤을 계산하기 위해서 사용한 지적인 계산기에 불과했다. 하지만 맬서스는

> "문제가 (……) 사람이 하나의 특정 명제를 이해하게 되느냐, 또는 반박할 수 없는 주장에 설득될 수 있느냐에 달려 있는 것만이 아니다. 이성적인 존재로서 인간이 진리를 절실하게 확신하면서도, 복합적인 존재로서 인간은 그와 반대로 행동하겠다고 결심할 수도 있다. (……) 식욕, 술에 대한 사랑, 미인을 소유하려는 욕망* 등은 인간을 치명적 결과를 낳는 행동으로 몰아넣는다. 이런 행동을 저지르는 순간에도 인간은 사회의 전반적인 이익에 미치는 그 행동의 치명적인 결과를 완벽하게 자각하고 있다.[12]

이것이 맞다면, 국가에 의한 강제와 처벌만 필요한 것이 아니며, 사유재산도 역시 필요한 것이다.[13] 고드윈의 오류는 사악함과 비참함을 인간

∴

11) *Ibid.*, 252 ff.
12) *Ibid.*, 254, 255.
13) *Ibid.*, 259.

---

* 원문은 "The cravings of hunger, the love of liquor, the desire of possessing a beautiful woman, will urge men to actions……"이다.

의 본성이 아니라 인간의 제도들 때문이라고 생각한 것이었다.

"그에게서 정치적인 규제, 그리고 재산에 관한 확립된 행정은 모든 악의 원천
이다. (……) 그러나 샘을 오염시키고, 인생을 진흙탕에 빠뜨리는, 더 깊이 자리
잡은 불순의 원인들과 비교할 때 실제로 이 규제나 행정은 사소하고 피상적이
며, 물 위에 떠 있는 깃털일 뿐이다. (……) 사람은 풍요 속에서 살 수 없도록 되
어 있다. 모든 사람이 자연의 은총을 똑같이 나누어 가질 수는 없다. (……) 모
든 불행과 악행의 원인들이 (……) 제거되었다고 가정해보라. 그러면 전쟁과 대
립이 멈추고, 보편적인 은혜가 자기이익을 대체한다."

이렇게 되면, 맬서스의 주장을 요약했을 때 평등 원칙에 입각하여 부
모가 아이를 양육하지 않는다면, 공동체가 할 것이기 때문에 양육 의무
없는 결혼이 행해질 것이다. 그러므로 인구는 기하급수적으로 증가할 것
이나 생계 수단은 산술급수적으로만 증가할 것이다. 맬서스는 이어서 말
하기를

"그러면 사회 전체가 어떻게 될까? (……) 사라졌었던 증오에 찬 격정이
(……) 50년도 안 되는 그런 짧은 기간에 다시 나타난다. (……) 지금의 사회 상
황을 더욱 악화시키고, 더욱 서글프게 만드는 폭력, 압제, 거짓, 불행, 증오에
찬 모든 악행, 그리고 모든 곤경은 가장 절박한 상황 때문에, 즉 인간의 규제와
는 완전히 독립적이고 인간성에 내재되어 있는 법칙 때문에 생겨났던 것처럼 보
인다."[14]

∴

14) *Ibid.*, 176-191.

고드윈이 말하는 공동체는 "관습을 불러올 것이다."

"자신이 사용하지 않았던 것을 이웃에게 주어야 하느냐가 더 이상 문제가 아니었다. 문제는 자신의 생존에 절대적으로 필요한 식량을 이웃에게 주어야 하느냐 였다. (……) 절박한 필요는 가능하다면 어떤 경우에도 매년 농작물이 증가해야만 한다는 것이다. 그리고 이런 첫 번째로 중요한 불가결한 목적이 달성되도록 하려면, 토지를 보다 완벽하게 나누고, 가장 강력한 규제를 통해 침범당하지 않도록 각자의 식량 재고를 안전하게 지키는 것이 바람직할 것이다. …… 그래서, 사회에 압박을 가하고 있는 악들에 대한 부적절 할지라도 최선의 방책으로서, 현재 문명 국가에서 지배적인 법과 크게 다르지 않은 재산에 대한 행정이 확립될 가능성이 상당히 높아 보인다."[15]

맬서스의 결론은 "매우 가슴 아픈 일이긴 하지만, 의심할 여지가 없이, 사회가 훌륭하게 발전해 나가는 데 있어 커다란 장애는 우리가 결코 극복하기를 기대하기 어려운 성격을 가지고 있다. (……) 그러나 (……) 이것을 대충 얼버무리려고 노력한들 아무런 도움이 안 된다. (……) 그렇더라도 우리를 끊임없이 노력하도록 자극하기 위해 인류가 할 일이 충분히 남아 있다."[16]

맬서스가 1821년에 출판한 후기작인 『정치경제학 원리(*Principles of Political Economy*)』는 리카도의 물질주의에 대한 그의 혼란스럽지만 인간위주의 대답이었다.[17]

∙∙

15) *Ibid*., 195-198. 공산주의 승리 이후, 도시 공동체를 위해 곡식을 공출하라는 명령을 러시아 농민들이 거부한 것은 이런 주장이 타당하다는 것을 보여주는 많은 사례 중 하나이다.
16) *Ibid*., 346, 347.
17) 본서 609쪽, 리카도와 맬서스.

그래서 맬서스는 회의주의적인 흄이 내린 결론을 보다 신앙의 언어로 다시 서술하고 있다. 자기이익과 사유재산뿐 아니라 자기희생, 공감, 정의도 인구의 원리와 다르지 않은 희소의 원리로부터 유래한다는 것이다. 따라서 (맬서스의─옮긴이) 인간의 격정도 아담 스미스의 자연적 자유나 벤담의 쾌락·고통에 관한 지적인 계산과 같은 지위를 요구하고 있다. 다윈과 월리스는 각자 맬서스에게 빚지고 있음을 인정하고 있다. 생명과 재산을 위한 정치와 전쟁의 투쟁들은 스미스가 제시한 신의 풍요를 대신하는 한편, 무지, 열정, 시기, 습관, 관습, 희소는 이성, 자유, 평등, 박애보다 우위에 선다.[18] 스미스의 낙관주의는 맬서스가 인정한 "인생이 가진 음울한 색조" 속에서 빛을 잃는다. 그러나 맬서스는 전체 "상황 속에서" 이런 요소가 엄연히 존재하고 있음을 확인하고 있다. 맬서스는 냉엄한 현실 속에 있는 인간 본성에서 시작해서 사실을 정당화와 혼동하지 않기 때문이다. 왜냐하면 **실제**와 **소망**을 혼동하지도 않고, 있는 그대로의 자연과 당위로서의 자연을 혼동하지도 않기 때문이다. 인간을 향한 신의 이런 길들을 맬서스가 정당화한 것은, 이 장의 시작이기는 했지만, 그의 책의 시작은 아니었다. 그것은 그의 저서인『인구론』에 대한 사회 철학자로서 맬서스의 결론이었다.

맬서스는 **이성의 시대**가 붕괴하는 시점에서 **우둔의 시대**를 선언했다. 이 시대는 프랑스 대혁명의 아나키스트적인 철학부터 시작하여 러시아의 공산주의 철학, 이탈리아와 독일의 파시스트와 나치 철학, 미국 자본

---

18) 캘빈 B. 후버가 자세히 묘사한 바와 같이, 독일 나치 정권의 정교한 감정적 철학은 이런 맬서스의 원리의 특별한 경우이다. Hoover, Calvin B. *Germany Enters the Third Reich*(1933)를 보라.

주의의 개인주의 철학으로 뻗어나갔다. **자연**의 개념은 로크의 **에덴동산**의 풍요에서 다윈의 희소와 살아남은 자들의 생존으로 바뀐다. 왜냐하면 그들이 생존한 것은, 맬서스가 희망했듯이, 그들은 도덕적으로 적합하기 때문이 아니라, 흄이 철학화했었듯이 단지 도덕적이고 경제적인 환경에 적합했기 때문이다. 그래서 맬서스에서 경기 순환, 과잉 생산, 과소 생산, 실업, 대량 이민, 관세, 독점 그리고 지주, 소작농, 자작농, 자본가, 노동자 사이의 정치적, 그리고 경제적 투쟁의 **시대**에 대한 환상이 깨지기 시작했다. 이 정치적, 그리고 경제적 투쟁의 시대는 경제학자들을 자본주의, 아나키즘, 공산주의, 생디칼리즘 이론가들로 분열시켰다. 또한 이 시대는 혁명, 독재, 관세, 제국주의, 헛된 미국의 효율과 유럽의 과잉 인구에 대한 미국의 과감한 배제와의 또 다른 세계대전을 불러일으켰다. 그리하여 맬서스의 "음울한 색조"는 증명되었고, 심지어 무서우리만치 그 이상으로 나타났다.

제8장

효율과 희소

I. 물질과 소유

19세기를 통틀어, 심지어는 존 로크 때로 거슬러 올라가도 서로 충돌하는 경제사상 학파들의 뿌리에는 **부**(Wealth)라는 말의 이중 의미가 있었다. 이중 의미란 물질(materials)로서 **부**의 의미와, 물질에 대한 소유권으로서 부의 의미이다. 우리는 이것을 부에 대한 정통적인 의미로 명명한다. 물질과 소유권을 최초로 명확하게 구별한 건 이단적인 공산주의자와 아나키스트였다. 하지만 정통학파는 늘 부는 부에 대한 소유권과 똑같은 것이라고 가정했다. 표준적인 예는 상품에 담긴 의미였다. 상품은 소유된 물리적인 물질이었다.

이런 이중 의미는 재산의 관습적 의미가 유체 재산(corporeal property)이라는 사실에서 나왔다. 유체 재산은 소유권의 대상인 유체물과 함께 분명히 늘어나거나 줄어든다. 망아지가 말로 자라면, 유체 재산은 망아지에 대한 소유권에서 말에 대한 소유권으로 자라는 것이다. 초기 경제학자들에게는 부의 의미 어디에도 무체 재산(incorporeal property)이나 무형 재산(intangible property)이 들어설 여지가 없었다. 설사 그 상품이 부채이거나 이윤을 위한 기회일지라도, 그 경제학자들은 그 재산들을 상품으로 취급했다. 또한 유체 재산이란 개념을 다루면서도, 그들은 물질과 그 물질에 대한 소유권을 구별하지 않았다.

물질과 소유권의 모순적 의미는 19세기 중반에 공산주의자들과 아나키스트들이 드러냈지만, 이후의 심리경제학자들까지 포함해 정통경제학자들은 정통파들의 이중 의미를 오늘날까지 사용한다.

이 이중 의미는 어빙 피셔가 최근인 1906년에 출간했던 『자본과 수익의 본질(The Nature of Capital and Income)』이라는 주목할 만한 책에서 분명히 나타난다. 그러나 당시 피셔는 부를 "인간에 의해 소유된 물질적 대상"[1]이라고 정의함으로써, 피셔 자신의 경제과학 전체 체계의 일부일 뿐인 상품경제학의 지배적인 용어들을 따랐다. 그의 분석은 유체 재산이란 용어에 관련된 소유권에 대한 종전의 단순한 가정에 멈추지 않았다. 그는 이 이중적 의미의 모순적인 결론으로 그 의미를 밀고 나갔다. "이 정의에 따르면, 대상이 부이기 위해선 딱 두 가지 조건만 충족시키면 된다. 물질이어야 하고, 그리고 **소유되어야** 한다." 피셔가 덧붙이길,

"(……) 몇몇 저술가는, 세 번째 조건을 덧붙인다. 쓸모가 있어야 한다는 것이다. 그러나 효용이 의심의 여지 없이 부의 본질적 속성이긴 하지만, 그것은 별도의 속성이 아니라 소유의 속성에 내포된 것이다. 따라서 정의에서는 불필요하다. 에드윈 캐넌(Edwin Cannan) 같은 다른 저술가는 어떤 대상이 부이려면, 쓸모 있어야 한다고 명시했지만, 소유되어야 한다고 명시하지는 않았다. 그래서 이들은 부를 '쓸모있는 물질적 대상'으로 정의한다. 그러나 이 정의는 너무 많은

••

1) Fisher, Irving, The Nature of Capital and Inccome(1906), 3.

462

걸 포함한다. 비, 바람, 구름, 멕시코 만류, 천체는—우리가 빛, 열, 에너지의 대부분을 얻는 태양은 특히—모두 쓸모 있지만 소유되지 않으며, 그래서 일반적으로 이해되는 부가 아니다."

여기에 효용의 두 가지 의미, 즉 사용-가치와 희소-가치가 있다. 부의 "구별되지 않는" 의미라며 피셔는 후자를 배제했다. "소유의 속성에 함축"되기 때문이다. 이 주장은 당연히 정확하지만, 모순에 빠진다. 흄이 지적한 것처럼, 소유의 기초는 희소이다. 정부에 대해서든 어떤 사람에 대해서든 동의를 구하지 않고 아무나 가져갈 수 있을 만큼 어떤 물건이 풍부할 것으로 예상된다면, 그것은 누구의 재산도 아니게 된다. 공급이 제한되어 있으면 그것은 사적이든 공적이든 재산이 된다. 태양은 독차지할 수 없지만, 햇빛의 제한된 공급은 유리한 위치의 땅, 공장, 집을 소유함으로써 독차지하게 된다. 멕시코 만류는, 비록 제한되어 있지만, 국제협정에 따라 3마일 범위 바깥에서는 누구나 자유롭게 이용할 수 있다. 어떤 국가가 해군을 동원해서 다른 국가의 해군을 모두 바다에서 몰아낸다면 혼자서 멕시코 만류를 가질 것이다. 그래서 소유경제학은 전세계적인 희소경제학이다. 물론, 공학의 기술경제학과 물상과학이라고 우리가 정의해왔던 것에서는 대상이 사용-가치를 가져야 한다. 그러나 쓸모있는 것이 희소하지 않거나 희소할 거라고 예상되지 않으면, 그것은 생산되지 않을 것이고, 소유하려고 싸우는 사람도 없을 것이다. 그것은 사적이든 공적이든 소유되지 않을 것이다. 그래서 우리는 재산-가치를 희소-가치와 동일시하며, 우리는 이 희소-가치를 부가 아니라 자산이라 부른다. 그러나 우리는 부를 공급과 수요라는 희소차원이 존재하지 않는 사용-가치와 동일시한다. 이것이 "효용체감"이라는 현재의 정통성과 모순된다는 점을 우리는 인정한다. 하지만 이 효용체감 개념이 부와 자산에 대한 혼동의 근저에 있다.

피셔는 부가 되기 위해 물건은 "교환할 수" 있어야 한다고 주장하는 저술가들을 제대로 비판했다. 왜냐하면 그 주장은 공원, **국회의사당**, 그리고 다른 많은 신탁된 부를 배제하기 때문이다. "비록 부가 소유되어야 함이 본질적일지라도, 부가 계속 소유자를 바꾸어야만 한다는 것이 본질적이지는 않다." 물론 부가 소유되는 이유는 희소하기 때문이다. 소유의 첫 번째 본질은 희소이다. 사회의 집단행동은 소유권의 교환 규칙을 만든다. 피셔가 말하길,

> "매클라우드 같은 많은 저술가는 주식, 채권, 여타의 재산권 같은 '비물질적 부'를 포함할 여지를 만들려고, 그리고 인적 서비스 등을 포함할 여지를 만들려고 '물질적'이란 수식어를 빼버렸다. 재산과 서비스는 부로부터 분리할 수 없고, 부 역시 재산이나 서비스로부터 분리할 수 없는 건 사실이나, 재산과 서비스는 부가 아니다. 이 모든 것을 한 단어에 담는 것은 삼중 계산이라는 잘못을 저지르게 된다. 철도, 철도 주식, 철도 여행은 부의 세 가지 분리된 품목들이 아니다. 이들은 각기 부, 그 부에 대한 권원, 그리고 그 부의 서비스다."[2]

여기에서 물론 피셔는 우리가 지적하는 차이를 인식한다. 하지만 예전에는 피셔 역시 부를, 철도처럼 소유되어야 하는 물질로 정의했었다. 그 소유권이 권원이다.

우리가 이런 분석을 더 밀고 나가면 사중 계산을 하게 될 수도 있다.

∵·

2) *Ibid.*, 4.

여행이라는 사용-가치를 부의 "서비스"로 만들어내는 철도가 존재한다. 이 철도는 기술적인 지속 공장이라고 간주할 수 있다. 이것이 "부"다. 또 우리는 철도 소유권을 가지며, 사업체로서 철도는 여행요금을 부과해 소유주에게 돈을 벌어준다. 이것은 자산이고 소득이다. 하지만 "서비스"라는 말에는, 가격과 상관없이 사용-가치를 만들어내는 관리 거래의 **산출물**이라는 의미와, 서비스에 대한 비용을 지급할 수 있는 사람과의 교섭 거래에서 나오는 소유자를 위한 화폐가치의 **수입**이라는 의미가 이중적으로 들어 있다.

이런 의미들의 중요성이 터틀(Charles Tuttle) 같은 경제학자에 대한 피셔의 비판에서 나타날 것이다.

> "(터틀 같은 경제학자들은) 구체적인 대상에서 완전히 벗어나려고 끊임없이 애썼다. '부'라는 용어는 구체적인 대상이 아니라 그 대상의 **가치**에 적용된다고 그들은 주장한다. 이런 주장을 뒷받침하기 위해 많은 것들이 이야기될 수 있다. 하지만 문제는 주로 언어적인 것이기 때문에, 즉 맞는 개념을 찾아내는 것이 아니라 개념에 맞는 단어를 찾아내는 것이기 때문에 경제학자들 사이에 널리 퍼져 있는 용어들에서 출발하는 건 바람직하지 않은 것 같다."[3]

두 종류의 가치, 즉 사용-가치와 희소-가치에 대한 것이 아니라면, 그래서 물질과 소유권의 사이의, 부와 자산 사이의 차이에 근거한 **산출**과 **수입** 사이의 차이가 아니라면 문제는 실제로 단지 말에 불과할 것이다. 물질을 생산하는 기술은 그것을 누가 소유하느냐, 또는 누가 누리느냐와

3) *Ibid.*, 4.

상관없이 산출을 만들어낸다. 재산권은 그 산출을 수입으로 전환시킨다. 이는 단순한 용어의 차이가 아니다. 산출과 수입의 차이, 산출을 늘리는 기술적 자본과 그 소유권을 획득하고 그것의 수요와 공급을 제한하는 소유적 자본의 차이다. 부(사용-가치)의 산출이 그 부에서 나온 수입을 포함한다고 이미 정의되어 있다면, 산출이 수입이 되게 하는 재산권까지 계산하는 것은 물론 이중 계산이다. 그러나 애초에 부와 자산이라는 이중적 의미를 지닌 부이기 때문에 이중 계산이 된 것이다.

공학 또는 기술 경제학의 결과물은 **산출과 투입**의 개념에 입각해서가 아니라 **수입과 소유**의 개념에 입각해서 피셔에 의해 설명되었다.

> "부는 다양한 충으로 구분될 수 있다. 지표면을 이루는 부는 **땅**이라 하고, 거기에 세워진 고정된 구조물은 **토지 개량물**이라고 하고, 이 둘을 **부동산**이라고 한다. (인간 자신을 제외하고) 움직일 수 있는 모든 부를 우리는 **상품**이라 부를 것이다. 세 번째 부류에는 다른 사람에 의해서 소유된 노예뿐만 아니라 스스로가 주인인 자유인인 인간이 포함된다.[4]

소유권, 자유, 그리고 소득에 관한 문제를 배제했다면, 노동력을 갖고 있다는 점에서 인간을 부로 분류한 것은 엔지니어의 부 개념에 딱 들어맞았을 것이다. 엔지니어들의 부의 개념은 인간의 본성까지 포함하는 자연력을 투입해서 만들어진 사용-가치의 산출이다. 엔지니어들이 경제학에 대해 글을 쓰거나 철학적으로 말할 때 이런 식으로 한다.[5] 피셔

∴

4) *Ibid.*, 5.
5) Ingails, W. R., *Current Economic Affairs*(1924); Taylor, F. W., *The Principles of*

는 "부의 범주에 인간을 포함시킨" 많은 경제학자들로 대버넌트(Charles Davenant), 패티, 커나드(Cunard), 세이, 매컬록(John Ramsay McCulloch),* 로셔, 윌스턴(Willstern), 발라, 엥겔(Ernst Engel), 바이스, 다르군(Dargun), 오프너(Ofner), 니컬슨(Nicholson), 파레토 등을 들고 있다. 리카도와 칼 맑스 같은 경제학자를 추가할 수도 있었을 것이다. 실제로 공학경제학에게 그 경제학의 고전적 결론을 부여한 사람은 바로 칼 맑스였다. 이 공학경제학은 정치경제학 전체의 정당하고 필요한 한 부분이다. 왜냐하면 이 공학경제학은 재산권이나 감정과 상관없이, 생산성과 효율의 개념이기 때문이다. 이들 몇몇 경제학자들은 정치경제학에서 상반되는 영역을 ― 효율과 희소를 ― 구별할 필요성을 뚜렷하게 인식하지 못했다. 그리고 이들은 지출과 수입이라는 경영 용어와 대비해서, 투입과 산출이라는 공학 용어가 지닌 이점을 살리지도 못했다. 만약 살렸다면 그 구별이 뚜렷해졌을 것이다. 사회를 전체로 보면서도 재산과 그에 따른 수입과 지출을 사상한다면, 이것은 생산의 사회적 조직이다. 그 조직의 행태주의적 언어는 명령과 복종의 관리 거래이고, 그 조직의 척도는 투입한 인시와 산출된 사용-가치이며, 그 조직의 경제학은 효율이고, 그 조직의 인간은

• •

   Scientific Management(1911); Dahlberg, Arthur의 *Jobs, Machines and Capitalism*(1932).

---

* 존 램지 매컬록(1789~1864)은 스코틀랜드의 경제학자, 작가, 언론인이었으며 리카도 경제학파의 지도자로 알려져 있다. 그가 저술한 『정치경제학 원리(*Principles of Political Economy*)』에서 이자 또는 이윤이 어디서 나오는가에 대해 그 예시로 와인의 가치 상승이 시간에 의한 것인지, 추가적 노동에 대한 것인지를 논했다. 그는 시간은 그 자체로 효과를 낳을 수 없으며, 단지 효율적인 원인이 작동할 수 있는 공간을 제공할 뿐이므로 가치와 아무 관련이 없다고 주장했다. 이 때문에 이자가 시간에 대한 선호에서 나오기 때문에 플러스 값을 가진다고 주장한 뵘바베르크는 매컬록을 맹렬하게 비난했다.

동력기다.

피셔는 부로서 인간을 포함시키는 이러한 역설을 인정한다. 그러나 한 번에 공학과 경영이라는 두 개의 언어로 말하고 있다는 점을 그가 감지했었다면, 굳이 해명할 필요까지는 없었을 것이다. 경영경제학이나 정치경제학을 위해 엔지니어들이 공학의 영역을 설정한 것이 아니라면 그 영역에 대해서는 전혀 해명할 필요가 없다. 문제는 노예가 해방될 때 발생한다. 그래서 피셔는 이렇게 말한다.

"사실 자유인은 보통 부로 계산되지 않는다. 실제로, 자유인은 다양한 이유로 인해 매우 독특한 형태의 부이다. 첫째, 자유인은 일반적인 부와 달리 사고 팔지 않기 때문이다. 둘째, 소유자는 흔히 다른 사람보다 자신을 훨씬 중요하게 평가하기 때문이다. 마지막으로, 이 경우에 소유자와 "소유되었던" 대상인 노예가 일치하기 때문이다."[6]

공학적 경제학을 염두에 둔다면 인간에 대한 이런 해명은 필요 없다. 엔지니어 그 자체는 인간에너지를 다른 자연력과 똑같은 것으로 취급한다. 이 인간에너지는 인력이다. 엔지니어로서는 이 인간 에너지들은 소유되지 않는다. 그런데도 피셔는 계속 다른 부와 마찬가지로 인간은 "물질"이고, "소유"된다고 한다.

"이런 속성들은, 그리고 이에 따른 다른 속성들은 인간을 부에 포함하는 걸 정당화한다. 그러나 대중적인 용법에 가능한 최대로 양보하기 위해 다음과 같

••

6) Fisher, Irving, *op. cit.*, 5.

은 보충적인 정의가 씌워진다. (더 제한된 의미에서) 부라는 말은 인간이 소유한, 그리고 그 소유자의 바깥에 있는 물질적 대상을 뜻한다. 이 정의에 노예는 당연히 들어가지만, 자유인은 아니다. 하지만 이 정의는 처음에 주어진 더 넓은 정의보다 적용하기 어렵다. 자유인과 노예 사이에 존재하는 가신, 고용하인, 장기도제, 빚 갚는 노역흑인 같은 사람들을 자의적인 부류로 분리시켜야 하기 때문이다. (……) 현대사회에서 거의 모든 노동자는 '고용된다.' 즉 한 시간 정도라도 계약에 의해 어느 정도의 시간 동안 매여 있으며, 그런 한에서 자유는 없다. 요컨대 자유도 자유 나름이고, 노예도 노예 나름이다. 고정된 경계선이 있는 것은 아니다."[7]

제도경제학이 공학경제학과 구별된다면 이런 난제는 불필요하다. 제도경제학은 인간과 인간의 관계이지만, 공학경제학은 인간과 자연의 관계이다. 엔지니어들의 부 개념에는 소유경제와 관련된 모든 사항을 배제한다. 소유경제는 권리, 의무, 자유, 노출의 진화에 관한 역사적이고 제도적인 경제다. 엔지니어들의 부 개념은, 소유권을 제외한다면 매우 정확한 부 개념이다. 부는 사용-가치의 물리적 속성에 불과하다. 누가 소유한 물질, 노동, 산출이냐는 문제가 안 된다. **사용-가치**가 과잉공급되어도, 그래서 가지려는 사람이 없을 만큼 **희소-가치**가 줄어도 문제가 안 된다. 엔지니어는 단지 엔지니어인 한, 사업가의 지시를 받지 않는 한 무한히 계속 생산한다. 오늘날 세계의 사업체가 인류의 선을 위해 자신의 능력을 사용하는 걸 허용하지 않는다는 사실에 엔지니어는 놀라게 된다. 엔지니어가 생산조직의 효율을 높일수록 부의 생산도 더 **커진다**는 걸 사

∶

7) *Ibid.*, 5-6.

업가도 안다. 그러나 사업가는 또한 소유, 수입, 수급, 지불능력 등 개인적 입장에서, 자신의 소유 가치 즉 자산이 그만큼 더 **줄어든다**는 사실도 안다.

공학 그 자체의 관점에서 볼 때, 모든 인간관계는 관리 거래라는 단일한 양상을 취한다. 거기서 노동자의 자유는 없고, 관계는 해당 시간 동안의 명령과 복종일 뿐이다. 국가의 총인력은 총투입이고, 자연력에 대한 모든 물리적 통제는 총산출이다. 하지만 제도적인 측면에서 모든 인간관계는 총생산의 **나눔**이고, 활동체가 계속 가동되도록 하는 **유인**이다. 두 가지 측정 방식이 사용되는데, 그것은 엔지니어의 인시와 사업가의 달러다.

물질산출이라는 공학적 의미(사용-가치)와 소유로부터 비롯된 수입이라는 경영적 의미(희소-가치)라는 이중적 부의 의미로, 우리는 경영경제와 공학경제 간의 갈등을 드러내는 바로 그 상황에 직면하게 된다. 바로 이게 위에서 언급한 "서비스"라는 말의 이중 의미다. 피셔는 서비스를 자본 또는 부에서 나온 "수입"이라고 적고 있다. "어떤 도구를 사용해서 바람직한 일이 조장되거나 바람직하지 않은 일을 막을 때, 도구가 서비스를 제공한다."[8] 그래서 이렇게 말한다.

"제지업자는 공장을 폐쇄한다는 조건"으로 경쟁업자로부터 "상당한 액수를 제안받았다." 이것을 "그가 받아들였고, 그가 경쟁자와 맺은 계약은 그들에게는 일종의 재산이 되었다. 그의 약속이 보상해준 수단인 부는 분명히 제지업자 자신과 공장이며, 수행된 서비스는 자신과 공장의 멈춤, 비활동이다."[9]

• •
8) *Ibid.*, 336.

이러한 이중적 의미에 따르면 종이공장은 종이를 만들 때도 종이를 만들지 않을 때도 "부의 서비스"를 만들어낸다. 똑같은 이유로 벽돌공은 벽돌을 쌓을 때도 파업을 할 때도 서비스를 수행한다. 베틀 작업을 하는 것도 서비스고 베틀 작업을 멈추는 것도 서비스다. 산출을 제한하는 것도 서비스고 산출을 늘리는 것도 서비스다. 재화의 희소를 늘리는 것도 서비스고, 재화의 풍요를 늘리는 것도 서비스다.

이 모순은 산출과 수입을, 물질과 물질의 소유를, 효율과 희소를, 부와 소유자의 자산을 명백히 혼동한 것이다. 남이 만족스러운 가격을 지불할 때까지 협상하거나 기다리는 소유 과정에서 다른 사람으로부터 서비스를 유보할 권리에 근거해서, **산출**은 가격과 상관없이 타인에게 제공되는 서비스이고, **수입**은 소유자가 받는 가격이다. 수입은 자산의 소유적 취득이고, **산출**은 부의 또는 크롬웰의 나라의 부의 공학적 증대다. 산출 제한은 서비스가 아니라 교섭력이다. 결과적으로 발생하는 희소는 서비스가 아니라 취득 수단이다. 아무런 대가가 없어도, 효율은 서비스다.

부, 자본, 수입, 서비스가 이 모순된 의미들로 정의될 때, 이에 근거한 사회 프로그램들은 의심스러울 수밖에 없다. 그것들은 효율과 희소를, 생산과 소유를, 산출 제한과 산출을, 공학경제와 경영경제를, 사적 소득과 사회적 산출을, 자산과 부를 혼동한 것들이다.[10]

∶∶

9) *Ibid.*, 28.

10) Commons, John R., "Political Economy and Business Economy: Comments on Fisher's Capital and Income", *Quar. Jour. of Econ.*, XXII(1907), 120쪽 이하를 참고하라. 피셔는 나중에 발표한 논문(*Quar. Jour. of Econ.*, XXIII, 536)에서 자신은 시장평가의 원인만 고려하고 있었다고 했다. "시장평가는 사회에 대한 유용성을 거의 정확하게 나타내지 못한다." 이 불일치는 "사회병리학과 치료학"에 속한다고 말했다. 하지만 우리는 치료학의 필요성을 고려하고 있다.

하지만 사적 소유권이 사회에 서비스를 제공한다는 또 다른 의미가 있다. 그것은 **생산**에 의해서가 아니라 생산**조절**에 의해서다. 조절은 공산주의의 배급에 의해서든 자본주의의 자기이익에 의해서든, 누군가에 의해 반드시 이루어져야 한다. 이러한 이중적 의미는 케네와 정통경제학자 모두에게까지 거슬러올라가 효율과 희소의 의미를 혼란스럽게 만든다. 엔지니어 자신은, 가격이 하락하는데도 엔지니어가 막무가내로 생산을 계속한다면, 엔지니어를 늘 통제하는 사업가는 그 상품의 산출을 제한하도록 명령하고, 할 수 있다면 가격이 하락하고 있지 않은 다른 상품의 생산으로 방향을 틀 것이다. 밀 가격이 하락하고 돼지 가격이 올라가는 걸 알면, 농부는 노동력을 밀 재배에서 돼지 사육으로 돌린다. 농부는 돼지를 길러 늘어난 수요에 맞추고, 밀 재배를 줄여 줄어든 수요에 맞춘다.

잘 되면 이것이 사회에 서비스가 된다. 18세기 경제학자들은 사유재산과 자기이익에만 의존한다면 생산이 잘 **조절**될 거라고 믿었다. 하지만 그들은 자기이익을 이끌어줄 **신의 은총**과 자기이익의 해악을 없애줄 세속적인 풍요를 끌어들여야만 했다. 19세기 **물질주의적** 경제학자들은 사유재산과 자기이익에 의해 조절이 잘 될 거라고 믿었지만, 이 경제학자들은 일종의 은혜로운 "자연"법이나 초월적인 자연권 또는 뉴턴의 균형법칙에 관한 비유를 끌어들여야만 했다. 이걸로 충분하지 않으면 18세기로 거슬러 가서 **신과 애국심**에 호소해야 했다.[11]

하지만 19세기와 20세기는 모든 점에서 이 경제학자들을 반박했다. 불황, 희소, 불행이 **호황, 풍요, 행복**만큼이나 자연스럽고, 신적인 것으로 되었다. 그래서 이 경제학자들과 다른 모든 사람들은 사유재산과 자

11) 본서 75쪽, 존 로크.

기이익을 조절하기 위해 **신**이나 **자연** 대신에 여러 가지 집단행동으로 돌아섰다. 과학자나 엔지니어가 자연의 본성을 통제하는 일만 너무나 지나치게 잘했다는 걸 사람들은 깨닫는다. 집단행동에 의해서 이 경제학자들은 인간의 본성을 통제할 길을 찾아야 한다.

그러나 **지속적인 번영**[12]이라는 가정을 향하여 신에 의해, 또는 자연스럽게 인도되는 이상화된 사회와 이상화된 인간성에 의해 그들은 어떤 명백한 사실 속에서 사유재산과 자기이익에 의한 생산의 **이상적 조절**의 원리를 읽어낸다. 소유자가 그럴 의도는 없었지만, 소유자는 사회의 생산력을 할당하고 절약함으로써 사회에 서비스를 제공한다. 이 서비스란 어떤 것은 필요한 것보다 덜 생산하면서 다른 어떤 것은 필요한 것보다 더 많이 생산하지 **않도록** 하는 것이다.

이렇듯 생산과 생산의 조절이라는 생산의 이중적 의미에 대한 혼동은 사회적 서비스로서의 효율과 희소에 대한 혼동이다. 현명한 사업가나 소유자는 주로 **가격변동**으로 드러나는 공급과 수요에 비례해 생산을 조정한다는 점에서 "생산적"이다. 하지만 과학자나 엔지니어는 **가격과 무관하**게 자연력에 대한 인간의 통제를 확장한다는 점에서 생산적이다.

우리가 다양한 거래 안에 있는 활동을 더 현대적인 용어들로 대체하는 것은 바로 공급 확대와 공급 배당으로서의 생산성이 지닌 이중적 의미 때문이다. 활동에는 시간, 속도, 비율, 회전, 반복 등이 도입되어야 한다. 이 점에서 우리는 **효율**의 원리와 **희소**의 원리로 이들을 분석한다. 관리 거래의 관점에서 효율은 **투입단위당 산출률**, 즉 인시를 의미하며, 따라서 생산된 총량과 무관하게 자연에 대한 지배력을 늘리는 것이다. 교섭

∴

12) 본서 1187쪽, 이념형; 309쪽, 아담 스미스.

거래의 관점에서 희소는 **자산지출율**에 비교되는 타인으로부터의 **자산수입율**을 의미하며, 달러로 측정된다. 비효율은 투입한 단위에 대한 **산출률**이 떨어진다는 의미이고, 약한 교섭력은 지출당 **수입률**이 **적다**는 의미다.

속도, 회전율, 가시적, 비가시적 공급 등과 같은 **시간** 개념의 도입으로 일어났던 일은 생산에서 효율로의, 공급 및 수요에서 희소로의 용어 변화들이다. 이러한 시간 요소의 도입은 사회에 제공된 두 서비스 간의 차이를 더 뚜렷하게 한다. 효율은 상품의 양을 늘리거나 인시비용을 줄이거나 노동시간을 줄이는 경향이 있다. 희소는 지불할 수 있는 사람에게는 나누어주고, 지불할 수 없는 사람에게는 주지 않고 가지고 있다. 또는 대등한 교섭력을 갖지 못한 노동자의 노동시간을 늘리거나 줄 돈을 줄인다.[13]

여기에서는 **효율**과 **희소**를 구별하기 위해 각기 추상적으로 다룬다. 사실 이 둘은 제한 및 보완 요인의 원리에 따라 서로를 제약한다.[14]

II. 실질 가치와 명목 가치

여기까지의 논의는, 객관적인 고전학파든 주관적인 쾌락주의 학파든 상품경제학자들의 모든 학파에 의해서 재산제도가 암묵적으로 부를 정의하는 출발점으로 받아들여졌다는 점, 결과적으로 맑스와 프루동의 혁

••
13) 본서 498쪽, 투입과 산출, 지출과 소득; 381쪽, 순환에서 재현으로.
14) 본서 1049쪽, 전략적인 거래와 일상적인 거래.

명학파를 낳았다는 점, 희소와 효율의 혼동을 낳았다는 점을 보여주는 것이 목적이었다. 활동의 용어로 바꾸면, 교섭 거래에서 재산의 권리, 의무, 자유, 노출을 지닌 재산의 개념은 희소의 의지적인 동의어다. 반면에 관리 거래에서 물질은 효율의 의지적인 동의어다. 유사한 의지적, 물질적 혼동은 실질 가치와 명목 가치의 의미에도 그대로 나타난다. 모든 것이 변하고 있을 때 그 구별은 무엇이 중요한지 중요하지 않은지, 그리고 무엇이 사실로 보이는지에 달려 있다. 2장에서 우리가 주목한 것처럼, 각각의 경제사상 학파는 오늘날까지 추종자가 있다. 각 학파가 전체에서 어떤 한 부분만 골라내고, 나머지는 자명하거나 중요하지 않다고 생각하고, 그 부분에 근거해 자신의 체계를 세웠기 때문이었다. 정치경제학자 모두는 각 학파의 역사적 진화과정을 자기 머리에서 재현한다. 그래서 경제 이론사 연구는 학문적 호기심이 아니라, 그것은 우리 자신의 사고의 진화를 압축적으로 재현한 것이다.

실제로 우리 문명에서 모든 사람은 직장생활을 **중상주의자**로 시작한다. 화폐가 생계를 유지하는 데 익숙하면서도 가장 중요한 도구이기 때문이다. 개인은 돈을 벌면 벌수록 더 부유해지고 더 성공한다. 어떤 나라가 다른 나라로부터 돈을 더 많이 벌면 벌수록, 또 다른 나라에게 더욱 적게 지불하게 되면 될수록 그 나라는 더 번영한 것처럼 보인다. 개인이 성공하고 국가가 번영한다면, 그는 **중상주의자**로 계속 남는다. 가치 있는 것은 모두 돈으로 측정된다.

하지만 그 사람이 사려가 깊거나 성공하지 못한다면, 또는 나라가 불황이거나 채무국이 빚을 갚을 수 없다면 돈의 배후에 있는 **실질 가치**는 무엇인가, 또는 돈보다 중요한 건 무엇인가를 그는 묻기 시작한다. 그런 다음 그는 돈을 명목 가치 또는 제도가치로 구별하고, 다른 무엇을 실질 가치로 구별하기 시작한다. 여기서 그의 난제가 시작된다. 그리고 실제로 **중상주의**와 함께 했거나 그것을 뒤따른 모든 경제사상학파들은, 실질 가치를 명목 가치나 제도가치와 구별하면서 모든 개인들이 부딪치는 이 난제에 휘말리게 된다.

강박이나 사기가 없다면 모든 당사자들에게 실질 가치가 공정하고 합당한 것을 의미하는가? 만약 그렇다면, 명목 가치는 실제 가격인 데 비해, 실질 가치는 당위적인 의미의 가격이다. 이것이 토머스 아퀴나스가 지도자였던 신학파의 대답이었고, 현대 제도주의자들의 대답이다.

아니면 실질 가치가, 정부에 의한 독점이나 개입이 없다면, 즉 모든 가치가 노동과 자본의 완전한 자유경쟁에 의해서 결정된다면 그 결과 나타나는 "자연" 가치를 의미하는가? 만약 그렇다면 명목 가치는, 희소-가치이지만 노동만이 가치척도였다면 가격으로 되었어야 할 것이 실질 가치다. 이것이 아퀴나스는 물론 스미스와 리카도와 맑스의 대답이었다.

실질 가치가, 소비하면서 누리는 행복이나 생산할 때 겪는 고통을 의미하는가? 만약 그렇다면 명목 가치는 다시 실제 화폐가격이지만, 실질 가치는 우리의 만족이나 희생이다. 이것이 심리학파와 아담 스미스의 대답이었다.

실질 가치가, 화폐로 구매할 수 있는 상품의 양을 의미하는가? 만약 그렇다면 명목 가치는 화폐가치이지만, 실질 가치는 돈을 주고 얻는 상품과 서비스의 양이다. 이것이 현대 경제학자들이 말하는 실질 가치의 의미이다.

마지막으로, 채무변제를 독촉받는 사람이나 당장 음식을 사야 하지만, 채무를 갚거나 음식을 사기 위해 자신의 생산물이나 노동을 판매할 수 없는 사람에게는 명목 가치 자체가 곧 실질 가치이다. 이것이 모든 실질 경제에서의 의미이며, 사람들이 중상주의자인 이유다.

명목 가치의 제도주의적 또는 화폐적 의미와 항상 대비되는 실질 가치의 이와 같은 여러 의미에 직면하면, 그리고 상품경제학의 여러 학파가 명목 가치의 이런 의미들에 동의하나 실질 가치의 의미들에 대해서는 이견이 있다는 것을 알게 되면, 명목 가치와 실질 가치의 여러 의미로 더 깊이 파고들어야 한다고 우리는 추론한다. 이들이 진정으로 명목 가치라는 말로 의미한 바는 희소-가치였으며, 희소-가치의 또 다른 제도의 단위인 돈이 척도인 재산제도에 의존하고 있었음을, 그리고 실질 가치는 돈까지 포함해 무엇이든지 중요해 보이는 것을 의미했음을 조사를 통해 알았다. 희소를 당연히 불변요소로 받아들였기 때문에, 이 상품경제학자들은 그런 불변성으로부터 나오는 어떤 가변성에 봉착하게 되면 그 가변성을 명목 가치라고 불렀다.

어려움은 기존의 희소 척도의 불안정성에 있다. 금일 수도 있고, 지폐일 수도 있고, 신용화폐일 수도 있다. 순도 90%에 25.8그레인(약 1.67그램―옮긴이)의 금일 때 금본위제 달러는 사용-가치의 물리적 차원에서 안정되었다. 하지만 그것의 희소-가치는 그것의 평균구매력이었다. 현대적 지수가 발명되고 나서야 비로소 돈의 희소-가치 상의 변화를 측정할 수 있게 되었다. 돈을 포함해 각 상품은 변하는 고유한 희소-가치를 지닌다. 희소 자체는 개별적으로든 전체적으로든 교섭 거래에서 필요총량과 확보가능총량 사이의 변화하는 사회적 관계다. 필요총량과 확보가능총량은 수요와 공급으로 어렴풋이 알려졌다. 하지만 우리에게는 수요와 공급을 직접 측정할 수단이 없다. 우리가 측정할 수 있는 건 오직 거래에 끼친 영향이다. 그것은 열이나 무게의 측정과 비슷하다. 우리는 자의적으로 길이에 눈금 그은 수은주에 미친 영향을 통해 열의 변화를 간접적으로 측정한다. 마찬가지로 우리는 달러와 센트라는 단위로 임의로 매겨진 희소 상품 한 단위에 지불된 가격에 끼친 영향을 통해서 희소의 변화를 측정한다.

하지만 이 단위들 자체가 길이 단위처럼 고정되어 있지 않다. 이들은 무게단위와 더 가깝다. 해수면보다 고고도에서 무게가 더 적게 나가므로, 해수면을 기준으로 수학적으로 교정되어야 한다. 이는 화폐 단위도 마찬가지다. 그 가변성은, 가령 1913년이나 1926년처럼 특정 시점에 화폐의 평균구매력의 가정된 수준으로 교정되어야 한다. 그러면 화폐의 희소-가치 변화는 화폐의 특정 수준 위나 아래에 있는 평균 구매력의 변화의 역으로 나타난다. 이 기준으로부터 개개 상품의 상대적 희소들에서의 변화는 평균으로부터 그 개별가격들의 "편차"가 된다.

그래서 평균구매력은 명목 가치를 실질 가치로부터 구분하려고 만든 통계적 대체물이다. 이는 화폐의 희소-가치를 측정하는 단위일 뿐이며, 그것은 화폐의 평균구매력과 역으로 변한다. 가격들이 오르면 화폐 단위의 가치는 떨어지고, 가격들이 떨어지면 화폐 단위의 가치는 오른다. 기준선으로 사용하는 건 실질 가치에 대한 어떤 관념이 아니라 바로 이 평균치며, 이 기준선으로부터 개별가격의 편차를 측정한다. 이는 측정의 이론이지, 실질 가치나 명목 가치의 이론이 아니다.

그래서 1913년의 화폐의 평균구매력을 100으로 하여 통계학자는 개별 상품의 상대적 희소가 이후에 연속적으로 변하는 것을, 변화의 원인과 상관없이, 평균으로부터 편차로 측정한다. 이후 기간에 동일상품가격의 평균이 10% 올랐다면, 화폐의 희소는 다른 모든 희소들 평균에 비해 9% 떨어졌다는 걸 보여준다.

평균과 편차의 지수라는 수학적 도구가 부족해서, 초기 경제학자들은 명목 가치만 측정하는 화폐보다 훨씬 안정적이면서 실질 가치를 측정하는 데 더 실체적인 것을 찾아다녔다. 처음에 자연의 풍요와 은총의 이론에 따라 이들은 희소는 자연적인 게 아니라 **중상주의** 정책이 부과한 인위적인 것으로 생각했다. **중농주의자들**은 희소를 상품의 실질 교환가치를 결정하는 요인이었던 서로 다른 자연생산력들을 대체시켰다. 아담 스미스는 희소를 부의 소유자가 돈으로, 또는 그의 부를 돈으로 바꾸어 구입할 수 있는 평균보통노동량으로 대체했다. 그가 볼 때 평균보통노동은 안정적인 가치척도였을 뿐만 아니라 타인의 노동이 자신을 위하여 천연자원으로부터 획득할 수 있는 상품이나 서비스의 실질 가치를 이 평균보통노동이 측정하기도 했다.

스미스의 생각이 처음엔 호소력이 있었다. 필수품, 편의품, 그리고 사치품을 실제로 누리는 정도는 서비스를 제공하도록 우리가 지배할 수 있는 타인의 노동량에 달린 건 확실하다. 하지만 이 관념은 그가 주로 생각했던 인위적 희소를 구분 짓기에는 분명히 부적합하다. 경쟁 상태에 있을 때보다 독점소유자는 그가 더 많은 돈을 지배하는 만큼, 그만큼 더 많은 노동을 지배할 수 있다.

리카도는 이것을 고쳤다. 실질 가치는 우리가 **지배**할 수 있는 타인의 노동량도, 상품량도 아니며, 상품과 서비스를 생산하는 데 들어간 노동량이었다. 반면에 그의 명목 가치는 오르내리는 화폐가격으로 생산 또는 구매되는 상품량이거나, 독점과 교역제한에 의해서 생겨난 인위적인 희소였다.

다시 이것은 실질적인 그 무엇으로서 호소력이 있다. 가치를 갖는 모든 것은 노동에 의해 생산된다. 실제로 리카도는 이러한 생산에서 노동비용을 가치란 이름으로 불렀다. 그는 그것이 유일한 실질 가치라고 가정한 것처럼 보인다. 이것은 상품과 서비스처럼 금과 은에도 적용되며,

실질 가치로부터 인위적 희소를 구분할 뿐만 아니라 지폐와 실질화폐를 구분하는 역할도 한다. 정부가 찍은 지폐가 없다면, 또한 인위적 규제나 특권이 없다면 금속화폐를 비롯한 모든 것은 그것을 생산하기 위해 투입한 노동량에 비례해서 다른 것과 서로 교환될 것이다. 사실 이것은 리카도로부터 500년 전에 있었던 스콜라학파 경제 이론을 약간 수정한 것이었다. 인위적 제한도, 강제도, 사기도 없다면 상품과 서비스는 노동비용으로 측정한 실질 가치에 비례해서 교환될 것이다. (임금이 아닌) 더 많은 노동이 들어간 상품은 적은 노동이 들어간 상품보다 더 많은 가치를 지니며, 따라서 동일한 노동은 동일한 노동과 교환된다.

여기에서 실질 가치의 의미를 노동에 대한 **지배**에서 생산의 **노동비용**으로 바꿈으로써, 리카도는 중농주의자들과 아담 스미스의 오류, 즉 농업에서 **자연**이 생산적이라는 오늘날까지 남아 있는 오류를 논파했다. 그러면서 자연은 제조와 운송에서 생산적이라는 연관된 오류까지 리카도는 드러냈다. 사실 모든 사용-가치가 노동의 산물이라는 명제는 자연이 부를 생산하는 인간을 도왔고, 그래서 자연도 생산적이라는 통상적인 가정에 정면으로 배치된다. 우리는 자연의 힘이 어디서나 작용하고 있다는 것을 본다. 증기기관, 폭포, 비옥한 토지, 세월과 함께 비싸지는 포도주 숙성 등은 자연력이 작용한 것이다. 인간과 마찬가지로 자연도 생산적이라고 여기는 건 뻔한 상식 같은데, 이런 생각을 논파했으니 리카도는 아직 이해되지 못한 가장 위대한 경제학자이다.

리카도는 단지 산출과 투입의 비율에 대한 해석을 뒤집었을 뿐이다. 우리가 신학적 경제학자라고 불러도 될 만한 사람들이 자연의 도움으로 산출이 늘었다고 주장한 반면, 리카도가 주도한 우리가 요즘 효율경제학자라고 부를만한 사람들은 인간의 발명품들의 도움으로 자연의 저항을 극복했기 때문에 산출률이 늘어났다고 주장했다. 인간의 자연에 대한 관계에 관해서, 이전의 시각은 존 로크, 케네, 아담 스미스, 맬서스의 신학적 가정까지로 거슬러 올라가며, 리카도의 유물론적 가정과 또렷한 차이를 보인다. 자연은 인간에게 이로운가, 그래서 부의 생산을 돕는가? 아니면 자연은 인간에게 해로운가, 그래서 부의 생산을 가로막는가? 어느 경우든 자연의 혜택이나 장해에는 차이가 있다. 자연이 어떤 방향에서는 다른 방향에서보다 인간을 더 도와주거나 덜 가로막는다. 같은 노동량에 대해 비옥한 토지 1에이커에서는 20부셸이 나오고 한계토지 1에이커에서는 10부셸만 나온다면, 신학적 경제학자들은 자연이 한계지 1에이커에서 열등지 1에이커의 두 배를 생산했다고 말하겠지만, 리카도를 비롯한 효율경제학자들은 첫 번째 1에이커에서 자연의 저항이 한계토지 1에이커의 절반밖에 안 된다고 할 것이다. 또는 전기는 3,000마일 거리에 소식을 전하는 데 1초도 안 걸리고 증기기관은 나흘이나 걸릴 때 신학적 경제학자들은 자연이 증기력보다 전기력으로 인간을 더 많이 돕는다고 논리적으로 말할 것이다. 하지만 효율경제학자들은 인간이 증기기관을 발명한 때보다 전기를 발명하고 사용할 때 인간의 자연에 대한 지배력이 커졌다고 말할 것이다. 이것은 투입 대 산출에 대한 두 개의 수학적 비율이라는 동일한 비교이지만, 한쪽에서는 이것을 인간에 대한 자연의 차등적 혜택으로, 다른 한쪽에서는 이것을 자연의 차등적 장해에 대한 인간의 힘으로 해석한다.

리카도가 그 구별을 명확하게 만든 것은 기계와 비옥도를 자본이나 토지로서가 아니라 인간 노동의 생산성 증가로서 분류했을 때였다.[15] 우리

15) 리카도에 대해서는 본서 609쪽을 보라.

가 불모지가 생산적이지 않다고 말할 때, 그것은 그 토지를 경작해도 곡식을 생산할 수 없다는 뜻이다. 토지는 생산적이지 않다. 오로지 인간의 정신적, 육체적, 그리고 관리적 노동만이 생산적이며, 노동이 더 생산적인 장소나 물질을 차지하려고 돌아다닌다. 만약 중농주의자들과 아담 스미스가 자연과 자비로운 신을 동일시하는 것이 옳다면, 신은 어떤 사람에게는 부를 공으로 주지만 다른 사람에게는 일하게 강제한다. 리카도가 옳다면 자연은 인간이 자신의 목적을 위해 소유하고 통제하려는 물리적 힘이고, 그 차등은 신이 아니라 재산제도에서 비롯된 것이다. 이 재산제도는 어떤 소유자들에게 한계지에 대한 차등적 이점을 빼앗아가려는 것을 막아준다. 이 한계지의 소유권은 다른 사람들에게 맡겨진다.* 인간이 차지하려는 것은 자연의 생산성이 아니라 자연의 차등적 장해이다. 이것을 이해한 사람은 칼 맑스였다. 그는 지대를 자연의 생산성의 결과가 아니라 사유재산의 문제로 만들었다.

하지만 리카도의 실질 가치 개념이 그 자신에 의해 아주 상세하게 전개되지는 않았다. 이것을 한 사람은 칼 맑스로, 그는 리카도의 인월(man-month, 1인이 한 달간 일한 양―옮긴이)나 인년(man-year, 1인이 일 년간 일한 양―옮긴이)를 인시(man-hour, 1인이 한 시간 일한 양―옮긴이)로 대체했으며, 이것은 생산성으로부터 효율로 바뀐 것을 더욱 분명히 했다. 이제부터 우리는 **공산주의**와 **자본주의**의 궁극적인 차이가 **가치**를 측정하는 단위의 선택에 달렸다는 걸 알 수 있다. **공산주의**는 인시로 가치를 측정하고, 그래서 **차등효율** 이론이 된다.[16] 자본주의는 달러로 가치를 측정하고, 그래서 **차등희소** 이론이 된다.

---

* 영어 원문의 문장 형식의 오류가 있어 이와 같이 번역했다.

이미 언급됐던 부와 자산 사이의 차이로 그것을 구별할 수 있을 것이다. 1921년에 유명한 피혁 제조업자는 평균가격이 하락하면서 자신이 소유한 생가죽과 가죽의 가치가 50% 급락한 것을 깨달았다. 그래서 자산 손실분을 메우려고 500만 달러를 빌려야 했다. 그렇지만 기계와 건물, 생가죽, 가죽, 공장 효율이라는 형태로는 피혁 제조업자의 **부**가 양적으로나 질적으로 전혀 줄지 않았다는 역설이 여전히 남아 있었다. 리카도와 맑스에게 부의 실질 가치는 그걸 생산하는 데 들어간 노동량이었다. 이는 줄지 않았다. 그러나 자산가치는 명목 가치였다. 왜냐하면 자산가치는 단지 생가죽과 가죽을 팔 수 있는 가격으로 평가되는 재산제도일 뿐이기 때문이었다.

당연히 여기에서 명목과 실질의 구별이 무너진다. 부가 어떤 의미에서 실질적이듯이 자산도 또 다른 의미에서 실질적이다. 우리는 현대 통계경제학자들이 사용하는 것을 제외하고는 명목과 실질이란 용어를 포기하고, 사실에 맞추기 위해 희소-가치와 사용-가치라는 제도적 용어로 대체한다. 사용-가치는 (육체, 정신, 관리) 노동이 생산한 부로, 그 자체로서 가격하락으로 **줄거나** 가격상승으로 늘지 않는다. 그것의 변동은 그것의 마모, 고갈, 감가, 노후화, 그리고 발명이다. 그러나 **희소**-가치는 돈으로 측정된 법적 통제의 대가로 지급된 가격이다. 가치 자체는 자산, 즉 소유의 가치다. 가치는 사용-가치량에 달러가격을 **곱하여** 얻은 달러가액이다.[17]

가치의 이 복합적인 의미는 명목적이지도 실질적이지도 않다. 이는 통계이고 회계다. 궁극적 실체라는 우리의 관념에 따라 실제로나 참으

---

16) 공산주의와 사회주의의 차이에 대해서는 본서 912쪽을 보라.
17) 할인을 포함해 본서 697쪽, 매클라우드와 미래성에 대한 설명을 보라.

로 값진 것이 무엇이냐는 질문에, 이것이 답하지는 못한다. 이 의미는 사용-가치와 희소-가치라는 가변성이 큰 두 개의 크기에 관한 통상적 공식일 뿐이고, 이들 두 개의 가치는 가변성이 큰 또 다른 크기인 **가치** 안에서 결합된다. 따라서 **가치**의 이런 의미는 측정의 관행에 의존할 뿐이고, 측정이 결정적이지는 않다. 측정은 무엇이 실제로 참인지 알려주지 않는다. 측정은 자연에는 없지만, 거래를 용이하게 하는 집단행동이 가져온 인위적 단위라는 점에서 숫자의 언어일 뿐이다.

그래서 우리는 측정에 관한 이론을 실제에 관한 이론으로부터 분리시킨다. 그런 후 우리는 공산주의든 사회주의든 자본주의든 아나키즘이든 파시즘이든 나치즘이든 조합주의든 그 무엇이든, 우리의 윤리적 가정에 따라 우리가 중요하다고 여기는 모든 결론을 측정치들을 가지고 읽어낼 수 있다. 리카도와 맑스는 실질 가치를 구축했다고 생각했지만, 자연자원으로부터 사용-가치를 창조하는 과정에서 인간능력의 효율상의 변화를 측정하기 위한 단위인 인시를 구축했을 뿐이다.

리카도는 노동의 의미를 자세히 분석하지 않았다. 노동은 자본가들에 의해 말이나 엔진처럼 사고팔거나, 연료가 주입되거나, 사육당하는 상품처럼 보였다. 하지만 맑스는 노동을 사회적 노동력으로 정의했을 뿐 아니라 육체노동과 함께 정신노동과 관리노동으로 정의해서 리카도 이론을 수정했다. 하지만 맑스와 그 추종자들 역시 리카도처럼 육체노동을 계속 강조했다. 이게 변한 건 19~20세기의 혁명적 발명과 최근의 과학적 관리법 등장으로 정신노동과 관리노동이 생산이론에서 육체노동보다 훨씬 중요한 위치를 차지한 이후였다. 지난 세대의 정신노동이 현대 과학자와 엔지니어의 머릿속에서 반복되지 않는다면 자동화 기계가, 제분소 같은 자동화 공장이, 최신 농기구가, 농지의 비옥도 유지가 있을 수 없기 때문이다. 이것들은 수세기에 걸친 정신노동의 산물이다. 자연계에 알려지지 않은 화학화합물이 20만 개가 넘는다고 한다. 이런 것들은 육체노동보다는 자연의 저항을 극복한 정신노동의 산물이며, 육체노동자도 정신적임이 틀림없다. 그렇지 않다면 원숭이라도 그 일을 할 수 있을 것이다. 관리노동도 명령과 복종의 범위나 정도를 결정하는 제도와 결부된 정신노동이다.

사회적 인력 또는 **맑스적인 사회적 노동력**이라고 명명할 수 있는 건 바로 육체노동, 정신노동 그리고 관리노동의 이런 진화하는 반복과 조정이다. 이 단어는 육체노동처럼 정신적 능력과 관리적 능력에도 그것에 합당한 중요성을 부여하려는 것이다. 이 단어는 공학경제학과 소유경제학을 구별하려는 것이다. 이것을 최초로 명확히 구분한 사람이 바로 맑스였다. 맑스가 주장했던 것과는 달리, 사회적 노동력이 상품의 교환가치를 결정하지 않는다. 희소와 교섭력이 결정하기 때문이다. 그러나 사회적 노동력이란 말은 사회적 사용-가치를 창조해서 자연의 저항을 극복하려는 과정에서 작용하고 있는 결합된 인간 에너지를 뜻한다.

그래서 우리에게 **인간능력**이란 말은 생산력과 교섭력이라는 두 가지 의미를 지닌다. 생산력은 **부**를 창조하는 힘인 정신적, 관리적, 그리고 육체적 능력이지만, 교섭력은 부의 **소유권** 이전을 위한 협상이 진행되고 있을 때 생산물 또는 생산을 유보하는 소유능력이다. 생산력은 사용-가치를 만들고 교섭력은 희소-가치를 결정한다. 각각은 활동 중인 인간 능력이며, 사회적으로는 분리할 수 없지만, 분석이나 분업에 따라 구별될 수 있고, 따로 측정될 수 있다.

III. 평균

　우선 어떻게 모든 사용–가치의 총량을 측정하는 단위를 구축할 것인가? 이런 측정단위는 수백 개다. 밀의 부셸, 건물의 크기, 의복의 벌, 쇠의 톤, 토지의 에이커, 킬로와트시 등 정말 다양하다. 하지만 화폐처럼 이 모든 것에 공통되는 어떤 단위가 있다. 리카도와 맑스가 주장했듯이, 그 단위는 그 모든 것들을 생산하는데 필요한 노동력이라는 단위다.

　이 단위는 수량의 단위이면서 동시에 시간의 단위다. 이 단위는 과정을 측정한다. 그래서 경제학을 "정학"에서 "동학"으로 바꾼다. 리카도는 시간의 특정 단위를 고집하지 않았다. 그래서 인년(man-year), 인월(man-month) 또는 인일(man-day)을 사용했다. 맑스는 이것을 인시(man-hour)로 만들어, 그리하여 현재 개별 노동자나, 공장이나 국가의 조직된 모든 노동의 효율을 측정하는 과학적 관리의 단위가 된 것을 처음으로 정식화했다.

　하지만 맑스의 인시는 **평균** 인시였다. 평균의 사용과 관련해서 두 가지 상반된 오류가 있는데, 그것을 개인주의적 오류와 공산주의적 오류라고 명명할 수 있다. 경제학에서 평균을 많이 사용하기 때문에 우리는 이 오류들을 검토해야 한다. 달러의 가치는 평균 구매력의 역수이다. 노동의 효율은 노동의 평균 생산력이다. 대량의 움직임을 다루기 때문에 경제학에서 평균이 필요하며, 평균은 일상적인 대화에서 흔히 쓰는 용어이다. 하지만 평균은 마음속에만 존재하는 공식일 뿐이다. 평균 인간이나 평균 구매력 같은 건 존재하지 않는다. 개별 생산자와 개별 가격만 존재한다. 그래서 개인주의적 오류(에 빠진 사람들－옮긴이)는, 개인이나 개별 가격만이 실재하며 과학은 허구를 다룰 수 없다는 이유로, 과학은 구체적인 현실을 다뤄야 한다는 이유로 평균 사용을 전적으로 거부한다.

하지만 평균을 사용하면서 우리는 그것의 실재성을 주장하지는 않는다. 우리는 연구와 행동을 위한 지적 공식으로서만 평균을 사용한다. 공식으로서 평균의 유효성은 당장의 특정 문제에 대한 평균의 적합성에 달려 있다. 소들과 사람들에 관한 평균은 특정 목적에는 적합하지 않은 평균일 수 있다. 하지만 인류의 평균수명은 생명보험의 토대다.

평균에 대한 공산주의적 오류는 정반대다. 각 개인을 전체를 구성하는 부분들의 어떤 숫자로 환원해서 개인들을 완전히 제거한다. 이 오류에 근거해서 칼 맑스는 사회적 노동력이란 개념을 만들어냈다. 개인은 개인으로서는 사라졌고, 총 사회적 노동력의 부분들의 배수나 분수로 다시 나타났다. 한 시간 노동하는 보통 노동자는 총 사회적 노동력의 기본단위였다. 숙련노동자는 기본단위의 두세 배이고, 어린애는 절반이며, 여성은 남성의 3분의 2였다. 개인주의적 오류가 개인만 실제로 존재한다고 생각해 평균을 거부한 것이었다면, 공산주의적 오류는 사회적 노동력만 실제로 존재한다고 생각해 개인을 거부한 것이었다.

하지만 개인들은 확실히 존재하며, 그들은 사회적 인력으로 존재한다. 우리가 지속 활동체라는 말로 뜻하는 바가 바로 이것이다. 그들은 거래의 참여자로 존재한다. 관리 거래에 그들의 참여는 "지속공장"이며, 그 사회적 노동력에 의해 사용-가치를 만들어낸다. 교섭 거래에 그들의 참여는 "지속기업"으로, 세계 사회적 인력이 만들어낸 사용-가치에서 각자 자기 몫을 차지한다. 이들이 관리 거래에 참여한 결과는 이들의 결합효율이다. 교섭 거래에 의한 자기들 생산물의 분배는 상대적 희소에 대한 통제에 따라 정해진다.

명백히, 그래서 공장 간 효율을 비교하려면, 또는 같은 공장의 다른 시기의 효율 변화를 비교하려면, 또는 국가 간 효율을 비교하려면 우리가 정신적인 단위인 평균 인시를 구축해야 한다. 그리고 참가자들이 받은 몫을 비교하려면 우리는 또 다른 정신적 단위인 평균 화폐 구매력을 만들어야 한다.

개인을 사라지게 하고 사회적 노동력만 실제로 존재하게 만든 맑스의 공산주의적 오류를 검토할 때, 우리는 맑스가 **가중평균**을 자신도 모르게 만들어내고 있다는 걸 발견한다. 숙련 기술자는 3, 일반 노동자는 1, 여성은 0.66, 어린애는 0.5로 계산되었다. 개인은 실제로 사라지지 않지만, 가중평균에서는 개인 각자에게 다른 수적 가치를 부여한다. 공산주의적 오류는 가중평균에 참된 실재를 부여했다. 이런 유형의 오류에 형이상학 또는 지적 공식의 "물상화"라는 이름을 붙인다. 이것은 어수룩한 사람과 피타고라스학파에서 흔히 나타나는 오류다. 이들은 숫자가 실제로 존재한다고, 그래서 다툼을 해결한다고 생각했다.

하지만 가중평균을 만들 때 훨씬 중요한 오류가 있을 수 있다. 효율과 희소를 혼동하는 거다. 연봉 2만 달러를 받는 총괄관리자는 연봉 1,000달러를 받는 속기사보다 가중치를 20배나 주어야 하는가? 우리가 평균 수입의 공식을 만들어내고 있다면 이것은 적절한 가중치를 부여하는 것이 될 것이다. 하지만 우리가 평균 효율의 공식을 만들어내고 있다면, 총괄관리자가 속기사보다 훨씬 효율적이라고 말할 순 없다. 두 사람은 서로 비교할 수 없는 서로 다른 종류의 작업을 하지만, 둘 다 전체를 구성하는 필수불가결한 부분이다. 관리자는 더 많은 임금을 받는데, 그건 관리자가 더 희소하다는 이유 하나 때문일 수 있다. 관리자가 속기사처럼 많다면, 아마 그 임금은 속기사보다 더 높지 않을 것이다. 이 사실은 "사무직" 노동자에게 비참할 정도로 확실하게 나타났다. 그리고 과학자나 발명가는 정신노동으로 기계설비나 배치 방식을 만들어내서 다른 모든 노동자가 합친 것 이상으로 공장효율을 끌어올릴 수 있어도 관리자보다 임금을 적게 받을 가능성이 큰데, 관리자보다 과학자와 발명가가 더 많아서 교섭력이 떨어지기 때문이다. 그들의 비교 효율에 관해 우리가 알고 있는 것은 그 각각이 특정 분야의 효율적 가동에, 또는 전국의 사회적 인력의 효율적 가동에 필요하다는 것뿐이다. 그래서 우리가 개인 한 명 한 명을 1로 계산해서 단순 평균을 내는 것은 수정할 필요는 있을지언정 오류는 아니다. 실제로 개인은 똑같은 작업을 할 때 다른 개인과 비교할 수 있다. 하지만 서로 다른 일을 할 때 측정할 수 있는 유일한 차이는 그들의 임금뿐이며, 임금은 상대적 효율이 아니라 상대적 희소를 측정한다. 따라서 평균 인시 단위는 단순 평균이며, 여기에서 각 개인은 1로 친다.

우리는 종류와 질이 다른 사용-가치를 생산하는 서로 다른 조직체의 효율 역시 비교할 수 없다. 우리는 자동차 공장과 의류 공장의 효율을 비교할 수 없다. 우리는 달러로 비교할 순 있지만, 그러면 효율을 떠나서 돈 버는 능력이나 협상판매 능력을 비교하는 것으로 변한다. 우리는 똑같은 품목과 품질을 생산하는 서로 다른 사업체의 효율만 비교할 수 있다. 그리고 우리는 똑같은 사업체에서 1920년에 나타난 효율과 1929년에 나타난 효율을 비교할 수 있다.

평균을 기준으로 한 이런 비교의 유용성은 궁극적으로 우리의 정치경제학 개념 자체에 의존한다. 경제학은 **과정**인가, 아니면 수평을 찾아가는 힘들의 **균형**인가? 경제학은 정적인가 동적인가? 경제학이 과정이라면 우리가 측정하는 건 **변화**다. 그것은 지수의 문제이고, 평균의 문제이고, 분산의 문제이다. 효율의 변화를 측정한다면 **인시**가 적절한 단위다. 상대적 희소의 변화를 측정한다면 **달러**가 단위다. 전자는 정신노동과 관리노동과 육체노동의 평균 생산력에 나타나는 변화를 보여주고, 후자는 화폐의 평균 구매력에 나타나는 변화를 보여준다.

평균 인시를 측정단위로 구축했다면, 그 이후에 그 공식은 생산 과정에 어떻게 적용해야 할까? 칼 맑스는 그 기술적 사회 과정을 처음으로 분석했는데, 지금 우리는 그것을 **효율**이라고 부르지만, 칼 맑스는 "**잉여가치 창출**"[18]이라고 불렀다. 맑스는 잉여가치라는 개념을 전개하려고 "불변자본"과 "가변자본"이라는 개념 두 개를 만들어냈으나, 두 개념을 합치면 효율이란 개념 하나로 나타난다. 맑스는 이렇게 말했다.

"(……) 한편으로 생산수단과 다른 한편으로 노동력은 최초의 자본가치가 화폐형태를 벗어던지고 노동 과정의 요소로 변할 때 취하는 상이한 존재형태일 뿐이다. 따라서 자본 가운데 생산수단, 즉 원료, 보조재 그리고 노동수단으로 바뀌는 부분은 생산 과정에서 그 가치 크기를 변화시키지 않는다. 그러므로 나는 이 자본 부분을 불변자본 부분, 간단하게 **불변자본**이라고 부른다.

다른 한편으로, 자본 가운데 노동력으로 바뀐 부분은 생산 과정에서 그 가치가 가변적이다. 이 자본 부분은 자신의 등가물과 더불어 그것을 넘는 초과분인 잉여가치를 재생산하는데 이 잉여가치 자체는 변하며, 상황에 따라 더 커지거나 더 작아질 수 있다. 자본의 이 부분은 변하지 않는 크기에서 끊임없이 변하는 크기로 바뀐다. 따라서 나는 이 부분을 자본의 가변적인 부분, 간단하게 **가변자본**이라 부른다. 노동 과정의 관점에서는 객체적 요소와 주체적 요소로서, 즉 생산수단과 노동력으로서 자신을 드러내는, 자본의 동일한 요소들이 잉여가치 창

..

18) 이 개념은 본서 5장 337쪽에 나오지 않는다. 이 도표가 나타내는 건 작업장의 **생산 과정**이 아니라, 시장의 **교환** 과정이다.

출 과정의 관점에서 보면 불변자본과 가변자본으로서 자신을 드러낸다."[19]

맑스가 불변과 가변이라는 말로 고전파 경제학자들이 말한 "고정"자본과 유동자본과 같은 것을 의미했다고 추론해서는 안 된다. 맑스가 "불변"자본에서 의미하는 것은 작업장, 공장, 농장의 생산물로 전이된 상태의 "유동"자본과 결합된 고정자본의 감가분과 **진부화**된 것을 의미했다. 맑스의 예시를 활용한다면, 그래서 기계의 형태로 고정자본의 총가치가 1,054달러일 수 있지만, 일정량의 상품을 생산하느라 마모된 기계설비는 54달러에 불과하다. 맑스에 따르면, 이렇게 마모된 가치는 자본가가 상품을 생산하려고 미리 지출한 "불변" 자본이다. 이런 식으로 자본가가 생산 과정에서 미리 지출한 게 500달러라고 하자. 이것은 다음처럼 "분할"된다. "불변" 자본 410달러, "가변" 자본 90달러, 그래서 생산 과정을 마치면, 원래 자본은 500달러(C)에서 590달러(C¹)로 커진다. 여기서 커진 90달러가 "잉여가치"다.

하지만 달러가변자본(410달러)은 그 자체가 세 요소로 구성된다. 원료의 가치 312달러, 보조재의 가치 44달러, 위에서 설명한, 기계설비에서 마모된 가치 54달러가 바로 그것이다. 우리는 이것들을 원재료와 감가상각이라고 명명한다. 총가치(410달러)는 맑스가 말한 "가치를 생산하려고 미리 지출한 불변자본"이다.

사용된 기계설비의 총가치는 1,054달러로 추정되지만 생산 과정에서 쓰여진 것은 54달러에 불과하기 때문에, "기계설비에" 1,000달러 가치

19) Marx, Karl, *Capital; a Critique of Political Economy*(tr. 1909, Kerr ed.) I, 232-233; 뒤따라 나오는 인용문은 똑같은 책에서 인용했다.

는 남는다. 마모된 가치가 "불변"인 이유는 바로 그것이 "고정"이 아니기 때문이다. 그건 원료의 가치가 순환하는 것처럼 "순환한다." 맑스가 말한 "순환"은, 케네가 그런 것처럼 "가치"가 늘거나 줄지 않고 이전된다는 뜻이다. 똑같은 이유로 원재료(원료와 보조재)의 가치는 "불변" 자본이다. 이 가치의 총합(410달러)은 생산 과정에서 작업장을 거치는 동안에 변하지 않고 생산물의 가치에 그대로 "이전"된다.

하지만 노동력에 지출된 90달러는 "가변"자본이다. 이 90달러가 가변적이라고 한 것은 이 90달러가 불변자본을 끊임없이 "가변적인 크기"로 전환시키는 능동적인 힘이란 점에서다. 맑스는 이 능동적 과정을 "주체적 요소"라 부르고, "생산수단"(원재료와 감가)은 생산 과정에 있는 "객체적" 요소라고 부른다. 자본가가 구매하는 "자본 요소들"이라는 "관점"에서 볼 때, 이들은 생산수단과 노동력이다. 하지만 "잉여가치 창출 과정"이란 관점에서 보면 똑같은 "요소"는 "불변자본과 가변자본"이다.

어느 일정 기간에 전사회적 과정으로 확대한다면, 맑스가 원재료와 감가로 규정한 "불변"자본 부분은 "남은 기계설비"(맑스가 예시한 부분에서 1,000달러)를 모두 소비해서 그 가치를 사회적 생산물 전체로 이전한다. 그래서 흔히 말하는 "고정"자본은 맑스에 의해, "마모" 또는 감가라는 개념에 따라 "원재료"와 똑같은 "불변"자본 개념으로 환원된다. 각각의 가치가 늘거나 줄지 않고 사회적 생산물로 이전된다는 의미에서 이와 같이 환원되는 것이다.

이 사회적 과정이 최근의 경제학자들처럼 우리가 **사회기술적 회전**이라고 부르려는 것이다. 맑스 이론은 스미스가 노동 분업으로 대체할 때 슬며시 포기한 케네의 "순환"개념으로의 회귀에 근거했다는 것이 분명하다.[20] 그리고 리카도와 마찬가지로 맑스는 "가치"라는 용어를 생산물에 체화된 노동력의 양과 동일시했는데, 이 체화는 원재료와 감가상각이라는 "불변"가치를 생산물의 "가치"로 "이전하는" 사회적 과정 전체를 거쳐 수행된다. 우리는 맑스의 이 "가치"라는 용어를 그의 사회적 노동력의 인시 **투입량**과 비교한 그의 사회적 사용-가치의 **산출량**으로 변경시킨다. 이것은 다시 효율의 현대적 의미에 해당한다.

명백히 여기 효율 개념 안에는, 맑스가 말한 "잉여가치" 개념의 기원이 있다. 노동에 의해서 창출되고 인시에 의해서 측정되는 까닭에 사용-가치의 "산출량"이 "가치"로 명명되는 반면, 생산 과정에서 노동자에게 생계를 공급하는 인시비용인 까닭에 "투입량"이 "가변자본의 가치"로 명명된다면, 그러면 산출량과 투입량의 차이는 "잉여가치"라고 명명할 수 있다. 왜냐하면 그 차이는 노동자가 아니라 고용주에게 속하기 때문이다.

맑스가 봉착한 한 가지 문제는 작업장 **바깥**에서 일어나는 변화를 처리하는 방식이다. 맑스가 말한 잉여가치 창출 과정은 생산 활동을 하는 작업장이나 공장이나 농장 안에서만 일어난다. 맑스는 두 가지를 고려해서 이들 외부의 힘을 처리했다. **사회적 필요노동시간**, 그리고 불변자본과 가변자본 사이의 **불변비율**이 바로 그것이다.

맑스는 "필요노동시간"에 이중 의미를 부여하고 명시적으로 정당화한다.[21] 하나는 "잉여가치"를 포함한 전사회적 생산물의 가치를 생산하는 데 필요한 노동시간이다. 여기에는 감가형태로 "고정"자본을 소비하는 데 필요한 시간을 포함할 수 있다.[22] 또 하나는 "노동자의 노동력 가치, 즉 노동자의 생존수단 가치만" 만들어내는데 필요한 노동시간이다. 어떤

..

20) 본서 525쪽, 순환에서 반복으로.
21) Marx, Karl, *op. cit.*, 240 n.
22) 본서 1006쪽, 뵘바베르크의 "생산기간"에 관한 설명을 보라.

경우든 "사회적 필요노동시간"은 "사회적 조건에 제한받는다."

이런 개인 작업장 바깥에 존재하는 사회적 조건을 우리는 맑스가 말한 용어에 따라 세 가지 차원으로 구분할 수 있다. 자연조건에서 나타난 변화, 발명과 진부화에서 나타난 변화, 가격의 전반적 수준에서 나타난 변화가 바로 그것이다.

자연조건에서 나타난 변화에 대해 맑스는 농업생산에서 나타난 변화를 전형적인 사례로 제시한다.

"어떤 상품의 생산에 사회적 필요노동시간이 변한다면 — 그래서 같은 중량의 면화가 예를 들어 풍작일 때보다 흉작일 때 더 많은 노동을 나타낸다면 — 동일한 등급의 기존 상품까지 소급해서 영향을 미친다. 이들 상품은 말하자면, 언제나 같은 종류의 개체들로만 여겨지며, 그 가치는 언제나 사회적 필요노동으로, 언제나 당시에 존재하는 사회적 조건에서 그것을 생산하는 데 필요한 노동으로 측정되기 때문이다."[23]

이것은 맑스가 말한 **불변**자본의 가치상의 변화를 의미한다. 불변자본이 가치상의 변화가 없어서가 아니라, 불변자본이 생산에 투입되었을 때의 가치보다 더 많게도 더 적게도 생산물에 이전되지 않기 때문이다. "불변"인 이유는 맑스는 말한다.

"면화 1파운드가 하루는 6펜스에서 면화 수확이 부족하여 다음 날은 1실링으로 상승했다고 하자. 파운드당 6펜스로 구입해서 면화의 가치가 상승한 이후

••

23) Marx, Karl, *op. cit.*, 233-234.

에 가공되고 있는 면화는 이제는 1실링의 가치를 생산물에 추가한다. 그리고 가격 상승이 있기 전에 이미 짜여져, 아마도 시장에서 실로 유통되는 면화 역시 원래 가치의 두 배를 생산물에 추가한다."[24)]

면화 가치를 화폐 대신 인시로 측정해도 마찬가지다. 불변자본의 기능은 물리적 자연의 변덕스러운 조건 아래서 생산물을 만들어내는데 필요한 가치에 해당하는 인시를, 원재료에 담긴 가치와 감가로 소비한 가치를 통해, 생산물에 이전하는 것이다. 그래서 "사회적 필요" 노동은 한계 경작지에서 생산물 가운데 가장 값비싼 부분을 생산하는데 필요한, 리카도의 **가장 높은** 노동비용(인시)에 불과하다. 가장 높은 노동비용은 자유경쟁 과정을 통해, 각각의 인시비용과 상관없이, 같은 시기에 같은 시장에서 경쟁하는 모든 단위에 비슷한 교환가치를 부여한다. 그래서 전사회적 생산 과정이나 사회적 효율의 변화 측정에 집중할 때 개별 사업장들의 **차등** 효율 또는 차등 효율 이윤은 고려하지 않는다. 이것이 맑스가 리카도의 **지대** 이론을 배제한 이유 가운데 하나이다. 맑스의 "사회적 필요" 노동은 리카도의 한계노동자이며, 그 한계노동자의 노동비용이 한계를 뛰어넘은 모든 생산물의 교환가치를 결정한다.[25) *]

∴∵

24) Ibid., 233.
25) 본서 609쪽, 리카도와 맬서스.

---

* 리카도의 비교우위론에 의하면 기본적으로 완벽한 경쟁 상태에서 모든 노동자가 동일한 생산성을 가지는 것을 가정했다. 반면 맑스는 사회적 조건에 의해 사회적으로 필요한 노동시간이 바뀔 수 있다고 말한다. 그 조건 중 하나는 자연조건으로서, 풍작과 흉작 같이, 생산물에 들어가는 노동의 양과 가치가 변할 수 있다는 것이다. 양과 효율이 변화(증가)하여 노동이 생산에 투입될 때, 불변자본의 가치가 변하게 된다. 이때 변화한 사회적 필요노동으로 한계생산

기계의 발명과 진부화는 개인 작업장 바깥에서 일어나는 또 다른 "사회적 조건"이다.

"새로운 발명의 결과로 특정한 기계장치가 더 적은 노동 지출로 생산된다면, 이전의 기계는 크든 작든 그 가치가 감소하며 (더 이상 사용되지 않게 되며) 따라서 더 적은 가치를 생산물에 이전하게 될 것이다. 그러나 이 경우에도 가치변화는 그 기계가 생산수단으로 기능하는 생산 과정 외부에서 일어난다. 일단 이 과정에 참여하게 되면, 기계는 이 과정과 상관없이 기계가 지녔던 가치보다 더 많은 것을 생산물에 넘겨줄 수는 없다."[26]

여기에서 "그 과정의 바깥"이라는 용어는 과학자와 발명가의 "정신노동"을 가리키며, 그래서 맑스가 의미한 "사회적" 노동력에 포함된다고 할 수 있다. 맑스에 따르면 정신노동은 작업장 내부 과정의 일부가 아니라 발명과 진부화라는 전사회적 과정의 일부로, 자유경쟁을 매개로 개별 사업장에 작용한다.

마지막으로 작업장의 생산"과정의 바깥"에서 일어나는 것은 가격의 전반적인 상승이나 하락이다. 이것이 원재료와 자본설비와 노동력 생계수단의 모든 시장가치에 크든 작든 영향을 똑같이 미치는 "사회적 조건"이다.

∴

26) Marx, Karl, *op. cit.*, 234.

역시 변화(증가)하여 한계를 넘어선 생산물(supermarginal product, 추가적인 생산물)이 만들어진다. 이에 따라 먼저 생산되어 유통된 생산물을 포함한 모든 생산물의 교환가치가 결정된다. 그러나 노동자의 생산성을 동일한 것으로 전제한 리카도에게는 맑스의 사회적 필요 노동은 단지 생산물을 생산하는데 필요한 가장 높은 노동비용이자, 노동의 차등적 효율을 고려하지 않는 한계노동자일 뿐이라는 것이다.

그래서 맑스가 다른 "사회적 조건"에 관해 주장한 것처럼, 맑스가 자신의 체계를 세운 토대는 불변자본과 가변자본 사이의 **절대적** 차이가 결코 아니라는 게 여기에서 선명하게 드러난다. 그것은 두 자본 사이의 "비율" 또는 **상대적** 차이다. 행여나 모든 화폐가치와 임금이 똑같이 오르거나 떨어진다면, 생산물 전체를 만들어내는데 필요한 사회적 노동력의 양과 노동자의 생계수단을 만들어내는 데 필요한 양 사이의 **비율**은 변하지 않는 게 분명하다.

그래서 사회적 효율이 얼마나 변했는지, 즉 맑스가 말한 "잉여가치"가 얼마나 변했는지 파악하고 싶다면 특정 가격의 변화나 전반적인 가격의 변화를 당연히 배제해야 한다. 발명과 노후화에서 생겨난 기술적 조건의 외적 변화에 대해 맑스가 말한 건 풍작이나 흉작이라는 농업 조건의 변화를 포함한 가격 변화에 그대로 적용된다. 이 **비율**들은 변하지 않는다. 맑스는 말한다.

> "노동 과정의 기술적인 조건이 혁명적으로 개선되어 이전에 노동자 열 명이 싼 도구 열 개를 사용해서 비교적 적은 양의 원료를 가공하던 곳에서 이제는 노동자 한 명이 비싼 기계 한 대를 가지고 원료 100배를 가공한다고 해보자. 후자의 경우 사용된 생산수단의 총가치로 표시된 불변자본(감가와 재료)은 크게 증가하고, 노동력에 투하된 가변자본(생계수단)은 크게 감소한다. 그러나 이러한 혁명은 불변자본과 가변자본 사이의 양적 관계만 변화시킬 뿐이다. 즉 총자본이 불변자본과 가변자본으로 나누어지는 비율만 변화시킬 뿐이며, 불변자본과 가변자본의 본질적 차이에 전혀 영향을 미치지는 않았다."[27]

27) *Ibid.*, 234.

그리하여 맑스는 효율의 현대적 개념에서 필요한 모든 요인을 정식화하고, 필요하지 않은 요인을 배제한 첫 번째 경제학자였다. 그의 추론이 거부당한 이유는 그 추론의 부정확성 때문이 아니라 그의 사회철학과 그 철학을 뒷받침하려고 도입한 개념의 특이한 의미 때문이다. 맑스가 사람들의 습관, 관습, 복잡한 국제문제, 화폐와 신용, 가격의 등락 등 "외적" 요인을 포함한 만능이론이 아니라 단지 효율이론을 정식화하려 했다는 점에서, 적절하게 배제한 많은 "사회적 조건"에 관계없이 맑스를 따르는 공산주의자들이 러시아에서 기술혁명에 명운을 건 것은 놀라운 일이 아니다. 맑스는 사회적 과정에서 몇몇 요인 중 하나인 단순한 효율공식이라는, 보다 온건한 차원에 국한시켜 "외부에 있는" 공학이라는 분야로부터 경제학으로 막 들어오기 시작한 원리를 정식화했다. 하지만 이 엔지니어들도 자신들의 효율 개념에 사회철학을 덧붙이려 했을 때, 우리가 앞으로 보겠지만 실천적으로는 맑스가 그랬던 것처럼 이른바 **공산주의**나 **파시즘**이라고 알려진 전도된 공산주의라는 결론에 이르게 된다.

이제부터 우리는 맑스 이론을 효율만의 이론으로 재구성하면서, 그 이론이 정치경제학 이론 전체의 한 부분으로 들어서는 걸 살펴보겠다.

IV. 투입과 산출, 지출과 소득

1920년에 어느 의류 공장이 표준적인 의복 한 벌을 생산하는 데 **직접** 노동 10인시가 필요했는데 1929년에는 한 벌당 다섯 시간만 필요했다.

효율이 100% 늘어났다. 똑같은 기간에 평균 임금은 시간당 80센트에서 90센트로 늘어나고, 의복 도매가격은 한 벌당 33.00달러에서 24.00달러로 줄었다. 효율은 인시로 측정하고, 노동 희소나 의복 희소는 달러로 측정한다.

투입과 산출이란 용어를 달러 투입과 생산물의 달러가치 산출이라는 점에서 사용한다면 우리는 효율과 희소를 명백히 혼동할 수밖에 없다. 투입은 노동시간당 80센트나 90센트가 되고, 산출은 의복 한 벌당 33.00달러나 24.00달러가 된다. 그래서 우리는 달러로 측정하는 희소 비율을 나타내려고 지출과 수입이라는 용어를 사용하고, 인시로 측정하는 효율 비율을 나타내려고 산출과 투입이라는 용어를 사용한다. **산출** 단위당 **투입**은 10인시에서 5인시로 떨어져 효율이 100% 늘어난 걸 보여준다. 고용주의 자산에서 노동에 대한 **지출**은 시간당 80센트에서 90센트로 늘어나 노동의 희소가 12.5% 늘어난 걸 보여주고, 의복 판매 **수입**은 33.00달러에서 24.00달러로 떨어져 의복 희소가 24% 떨어진 걸 보여준다.

하지만 효율과 희소의 혼동은 상식적으로 효율을 측정하려고 인시 대신 달러를 사용할 때마다, 그리고 경제학자들이 화폐 "지출" 대신 화폐 "투입"을 무분별하게 사용할 때마다 발생한다. 경제학자들이 효율의 척도로 "화폐투입"을 사용하는 이유는 최근에 블랙(J. D. Black)이 『생산 경제학(Production Economics)』[28]에서 설명한 바에 따르면, 리카도가 노동시간을 의미하면서 파운드화를 비슷하게 사용할 때로 거슬러 올라간다. 이들은 계산할 때 화폐를 배제하려고 **실제의** 화폐투입을 사용하지 않고 상징적으로 안정된 화폐의 구매력만 사용했다. 이것은 요소의 분석과 분리

28) Black, John D., *Introduction to Production Economics*(1926), 314 ff.

란 목적에는 충분히 적절하지만, 사회적 오류로 이어진다.

블랙은 "가격" 투입에서 "물리적" 투입을 구분하고, "물리적 투입을 가격 기준으로 모두 변환시킬 때 물리적 투입은 하나의 투입 숫자로 통합될 수 있다"라고 주장한다. 그는 다음과 같이 예를 들었다.

"기계를 32분 사용한 가격은 0.64달러고, 노동 32분의 가격은 0.56달러고, 640마력분(horsepower-minutes)의 가격은 1.20달러고, 밀 115부셸의 가격은 140.00달러고, 산출이 밀가루 25배럴이라면, 밀가루 한 배럴당 투입은 142.40달러를 25로 나눈 5.65달러다. 그래서 투입 데이터를 가격 기준으로 변환하는 작업 한 번으로 물리적 투입 데이터의 결점 두 개를 극복한다."[29]

블랙에 따르면 이런 결점들은 다음과 같다.

첫째, "밀가루 25배럴을 생산하는 데 쓰인 기계 32분, 인간 노동 32분, 640마력분, 그리고 밀 115부셸을 더할 수 없다는 점." 둘째, "물리적 투입 자료가 그 자체로는 가격 변동의 영향을 포함하지 않는다는 결점. (……) 임금이 높고 기계가 저렴한 기간에 제조업체는 노동력을 최대한 적게 사용하고 모든 지점에서 기계로 노동을 대체한다. 하지만 반대 경우라면 다양한 작업에 노동이 기계를 대신하는 경향이 있다."[30]

이러한 가격 측정을 기반으로 블랙은 "산출 단위당 최소비용을 낳는

29) *Ibid.*, 315.
30) *Ibid.*, 314.

조합"의 공식을 만든다. 이것이 최대 효율점이다. 여기에서 나오는 최소 비용은 "산출 단위당 센트로 측정한" 모든 고정적 투입과 가변적 투입의 합계가 최소가 되는 점에서 결정된다. 따라서 밀가루 생산에서 "기계투입의 최소비용 조합"은 부셸당 일정 가격으로, 제분소 사례를 보면 밀 투입이 6,750부셸인 지점이다. 이 조합이 생산요소에 지불되는 일정 가격에서 이자, 감가상각, 세금, 유지보수를 위한 화폐투입을 포함한 1부셸당 화폐투입의 합계가 최소가 되는 지점이다. 어떤 상정된 일정 가격에서 만약 건물, 노동력, 감독, 고정기계, 가변기계 등 다른 투입 요소가 고려되는 경우라면, 밀 1부셸당 최소비용 조합은 9,000부셸의 화폐비용보다 적은 투입에서 일어난다.[31]

블랙의 이런 계산은 농업사업체의, 나아가 모든 사업체의 사적 경영에 매우 중요하고 유용하다. 우리는 이 계산들을 사적인 관점에서 집단적 또는 사회적 관점으로 옮아가기 위해 도입해야 할 변화를 보여주는 출발점으로 사용한다.

첫 번째는 앞에서 고찰한, 물질과 소유권의 구별이다. 그러나 "물질"이라는 용어는 적합하지 않다. 누구에게 제공되든, 일종의 기술적인 종류의 모든 유용한 서비스들을 한 가지 이름으로 포괄하기 위해 우리는 "사용-가치"라는 용어를 대신 사용한다. 이런 방식으로 노동이 제공하는 "인적 서비스"는 상품이 제공하는 "물적 서비스"와 마찬가지로 사용-가치가 된다. 둘 다 모두 노동이 제공하는데 하나는 직접, 다른 하나는 물질의 개입을 통해서 제공한다.

집단행동에서 "소유권"이라는 용어도 모든 소유권 이전을 포함한다.

31) *Ibid.*, 391, 392.

이것은 물질이 아니라 노동이 직접적 또는 간접적으로 늘린 사용-가치의 소유권 이전을 뜻한다.

이러한 의미들은 주관적 또는 심리적 평가와 완전히 분리되어 있다. 주관적 가치는 개인주의적이다. 객관적 "가치"는 오직 유추에 의한 가치일 뿐이다. 객관적 가치는 어떤 이유에서 비롯된 것이든 변화에 영향을 받는 관계나 과정에 불과하다. "객관성"이 의미하는 건 개인의 의지와 상관없이 변한다는 것이다. 그래서 객관적 가치는 두 유형이 있다. 물리적 사용-가치와 소유적 희소-가치로, 전자는 집단 노동력에서 생겨나고, 후자는 개인에 대한 집단적 힘에서 생기는 것으로, 우리는 이 힘을 제도라고 부른다. 이 제도 가운데 하나가 화폐로, 개인에 의한 채무의 창출과 양도와 해소에 필요한 집단적 도구라는 의미에서다.

그래서 재산 즉 소유는 물질, 노동, 사용-가치나 마찬가지로 객관적이다. 다른 말로, 모든 감정이나 느낌이나 의지를 배제하고, 우리는 당장은 순수과학이 취하는 입장, 즉 순수 지성의 입장을 받아들여, 특별한 감정이나 목적을 배제한 채 자연활동을 통제하는 노동력의 집단행동과 개인 활동을 통제하는 제도의 집단행동을 분석한다.

그래서 노동비용과 소유비용의 구별이 필요하다. 후자는 제도비용이라고 할 수도 있다. 이 두 개는 우리에게 익숙한 "생산비용"의 이중의 의미이다. 이것을 활동을 나타내는 용어로 전환해서 그 차이를 뚜렷하게 하려고, 우리는 노동비용 대신 "투입"이란 용어를, 소유비용 대신 "지출"이라는 용어를 사용한다. 노동비용은 세 종류로, 육체적, 정신적, 관리적 투입이다. 소유비용은 두 종류로, 하나는 사용-가치 소유권의 양도이고, 다른 하나는 유통수단인 화폐의 소유권 양도이다.[32]

이 분석에서 사용-가치의 삼중 관계가 나온다. 사용-가치는 산출을 의미할 수도 있고, 지출이나 수입을 의미할 수도 있다. **산출**로서 사용-가치는 노동투입에 관련된 유용성의 기술적 성질이다. 여기에서 사용-가치는 "사회"를 위한 부의 창출을 의미한다. **지출**로서 사용-가치는 그것을 생산한 노동자에 의해서나, 노동자로부터 그 소유권을 획득한 사람에 의해서나 법적 통제권의 **양도**다. 여기에서 사용-가치는 양도에 의한 개인 **자산**의 감소를 의미한다. **수입**으로서 사용-가치는 노동자로**부터**든, 그것을 양도한 이전 소유자로부터든 소유권의 **획득**을 의미한다. 또는 고용주나 상인으로부터 노동자가 소유권을 획득한 것을 의미한다. 여기에서 사용-가치는 취득에 의한 개인 자산의 증가를 의미한다.

하나의 제도인 **화폐**는 기술적인 의미에서 생산적이지 않기 때문에 개인들 사이의 화폐 관계는 두 종류밖에 없다. **지출**, 즉 양도 그리고 **수입**, 즉 취득이 그것이다. 그런데, 현대 사회는 주로 화폐-신용 경제여서 우리는 소유비용을 화폐비용과 동일시하는 데 익숙하다. 화폐비용이 언제나 사용-가치의 소유권 양도와 종류상 다르지 않은 양도비용이라는 것을 기억한다면, 이러한 동일시가 실행되는 셈이다.

이 구분은 앞에서 설명한 의복공장 사례에서 나올 수 있다. 의복 한 벌을 만드는 **노동비용**은 10인시에서 5인시로 50% 감소했다. 우리는 이것을 노동산출(사용-가치) 단위당 노동투입이 감소했다고 말한다. 하지만 평균 인시 노동에 지급하는 고용주의 **화폐비용**은 80센트에서 90센트로 증가했다. 12.5% 증가다. 이것을 우리는 노동산출의 소유권과 교환되는 화폐 지출이라고 부른다. 이것은 생산력과 교섭력의 차이다. 증가한 생산력은 인시당 부(사용-가치)의 **산출**을 두 배로 늘렸지만, 노동자의 교섭

∵

32) 다음 장에 나오는 '미래성'을 참고하라.

력 증가는 노동 수입을 시간당 10센트 올리고 고용주의 **자산**을 시간당 똑같이 10센트만큼 줄였다. 효율을 달러로 측정한다면, 임금을 후려치는 고용주는 임금을 올리는 고용주보다 효율적이다. 고용주가 산출당 노동 투입량을 줄이는 기계와 더 좋은 조직을 도입할 때 훨씬 효율적인 것과 같다.

그래서 효율은 달러로 측정할 때 임금을 깎고 상품생산에 필요한 노동량을 줄인다는 이중 의미를 가진다. 전자는 상대적 희소를 이용하는 교섭력이다. 후자는 상대적 효율을 이용하는 생산력이다. 양쪽 모두 생산 "비용"이지만, 종류가 다른 비용이다. 우리는 전자를 교섭 거래로 결정되고 화폐로 측정되는 소유비용 또는 지출로, 후자는 비용이 아니라 관리 거래에 의해서 결정되고 인시로 측정하는 투입으로 구별한다.

이와 비슷한 모순은 사업의 판매 쪽에서도 나타난다. 효율을 달러로 측정한다면, 높은 가격에 판매하는 고용주는 낮은 가격에 판매하는 고용주보다 효율적이다. 고용주가 노동단위당 산출을 끌어올릴 때 훨씬 효율적인 것과 똑같다. 가격인상은 리카도가 "명목"가치라고 부른, 독점적 또는 인위적 희소일 수 있으나, 노동단위당 산출을 증가시키는 것은 리카도의 "실질"가치를 감소시키는 것이다. 사업가의 판매가격이 인상되는 것은 그의 자산을 증가시키지만, 이제 그의 공장의 생산을 계속 증가시키는 것은 부의 생산비율을 증가시키는 것이라고 말해야 한다. 그래서 법원 판결상의 혼동에 대한 유명한 분석에서 포맨(C. J. Foreman)이 구별한 것처럼,[33] 효율이윤과 희소이윤 사이의 구별이 이제야 가능해진다.

∵

33) Foreman, C. J., *Efficiency and Scarcity Profits; an Economic and Legal Analysis of the Residual Surplus*(1930).

효율이윤은 **노동단위당 산출률**을 끌어올려서 생기는데, 이것은 **산출단위당 노동 투입율**을 줄이는 것과 똑같다.[34] 하지만 희소이윤은 받을 가격을 올리는 데서, 또는 지급하는 가격과 임금을 낮추는 데서 생겨난다.

그래서 생산력과 교섭력 또는 구매력 사이에는 유사성이 없다. 여기서 유사성이라는 것은 양쪽 모두 달러라는 같은 단위로 측정될 때의 유사성을 말한다. 이것들은 자연에 대한 인간의 관계와 인간에 대한 인간의 관계만큼이나 다른 것이다. 이 차이는 측정단위로 검증될 수 있다. 양을 인시로 측정한다면, 그것은 자연에 대한 힘이고, 달러로 측정한다면, 그것은 같은 인간에 대한 힘이다. 용어는 차이에 맞도록 만들어야 한다. 투입-산출은 자연에 대한 인간의 힘을 나타낸다. 지출-수입은 다른 인간에 대한 힘을 나타낸다. 공학경제와 소유경제가 다른 건 바로 이것이다. 투입-산출은 물리학과 공학에서 나온 용어다. 지출-수입은 자산인 소유권의 감소나 증가에 적합한 용어다. 이 모든 용어가 비용과 가치라는 일상용어에서는 혼재되어 있다.

투입과 산출이라는 대비되는 용어는 물리학과 공학에서 나왔다는 점에서 적절하다. 이 용어들은 투입으로서 어떤 종류의 "에너지" 양을 지칭하는데, 이것은 산출로서 또 다른 종류의 에너지의 수량으로 변환된다. 하지만 여기에서 과학자와 엔지니어와 정치경제학자들이 각각 사용하는 투입과 산출이란 용어의 세 가지 다른 의미를 구별해야 한다.

물리학자는 우주 전체의 에너지 보존에 관심이 있다. 한 형태의 에너지는 동일한 양의 다른 형태들의 에너지로 변환된다. 에너지는 다른 형

----

34) 이것은 노동투입량을 증가시켜서 산출률을 증가시키는 것과 구별되어야 한다. 본서 511쪽, 생산, 생산성, 효율에 관한 설명을 참조하라.

태의 에너지로 변하면서 전기 형태로, 중력 형태로, 화학작용으로, 음식이나 옷으로, 살아 있는 형태로, 또는 죽은 인체로 나타나 다른 형태의 에너지로 전환된다. 어떤 것도 사라지거나 소모되지 않는다. 실제 많은 경우, 과학자는 에너지의 반복적인 투입과 산출의 다양한 형태로 같은 양의 에너지를 설명할 수 있다. 그래서 초당 증기 압력 1마력 투입은 550파운드 무게를 초당 1피트 끌어올리는 산출과 동등하고, 이것은 투입으로, 초당 전력 746와트 산출과 동등하고, 다시 이것은 투입으로, 초당 열 178칼로리 산출과 동등하고, 기타 등등으로, 인체의 등가의 화학적 투입과 산출에 대해서도 같은 이야기를 할 수 있다. 이 같은 등가물들을 우리는 과학의 이상적 효율이라고 부를 수 있다. 에너지 보존 법칙이 옳다면, 사라지는 건 하나도 없고 한 형태에서 다른 형태로 변화할 때 모든 에너지가 계산되기 때문이다.

하지만 과학자와 구별되는 엔지니어에게는 이 에너지 대부분이 사라지거나 소모된다. 그가 관심있는 것은 유용한 에너지(사용-가치)이지 무용한 에너지가 아니다. 엔지니어는 실질적 효율에 만족한다. 우주의 움직임에 인간이 뛰어들어서 통제해야 하기 때문이다. 증기엔진의 최대 효율은 석탄에 담긴 잠재적 칼로리의 약 10%고, 복합 농축 증기엔진은 그 칼로리의 약 25%, 휘발유나 석유엔진은 실린더 내부에 방출된 열에너지의 40% 정도, 발전기는 입력한 기계 에너지 90%를 전기 에너지로 출력한다고 한다. 태양은 수확 기간에 대략 1에이커에 있는 1만 5,000톤을 1피트 올리는 양에 해당하는 에너지를 방출한다는데, 인간 노동력은 거기에서 밀 50부셸에 저장된 에너지 형태로 1톤을 1피트 올리는 에너지의 10분의 1만 취득한다고 한다. 인간노동력은 7만 5,000분의 1 효율에 불과한 것이다. 과학자는 열, 전기, 진동, 잡초, 밀짚, 밀, 기타 등등에 담긴 에너지 15,000피트-톤을 계산에 넣으려고 하지만, 농업 엔지니어는 곡식 수확량을 에이커당 30부셸에서 40부셸로 끌어올릴 수 있다면 만족한다. 농업 엔지니어는 무용한 작업이 아니라 유용한 작업에 관심이 있다.

그것은 엔지니어가 무엇을 원하느냐에 따라 다르다. 원하는 게 소음이라면, 엔지니어는 소음을 최대한 많이 내는 모터와 장치를 만들고, 다른 모든 산출은 낭비된다. 원하는 게 재봉틀을 가동하는 거라면, 소음과 마찰로 나오는 에너지는 낭비된다. 바로 이게 우리가 말하는 공학 경제며 사용-가치다. 사용-가치는 수동적인 것이 아니다. 낭비를 최대한 줄이려는 목적에 맞게 인간의 지성이 이끄는 대로 자연 에너지가 움직인 결과다.

하지만 정치경제학자는 투입과 산출의 의미를 훨씬 좁힌다. 정치경제학자는 인간 에너지에 관심을 두기 때문이다. 기술자의 물리적 투입은 경제학자에게 인간에너지의 산출이 된다. 그것은 인간에너지가 건물, 토지의 비옥함, 화합물로 전환하는 자연의 힘이다. 기술자는 자신이 투입한 게 어떤 에너지인지 관심이 없다. 다른 종류의 에너지와 비교해서 사용-가치를 만드는데 더 효율적인 것이라면 어떤 종류든 사용한다. 기술자는 노동, 원료, 에너지 등의 가격 그 자체에는 관심이 없다. 그건 사업가가 알아서 할 문제다. 현존하는 기술 상태에서 증기력이 노동력보다 효율적이라면, 기술자는 증기력을 사용한다. 각각은 기계며, 그래서 우리는 상인의 노동의 상품이론과 구별되는 엔지니어의 노동의 기계이론이라고 부를 만한 것을 우리가 지니게 된다. 노동의 상품이론은 노동의 희소와 풍부에 따라 지급할 가격에 의존한다. 이것이 고전파 경제 이론이었다. 노동의 기계이론은 다른 기계와 비교해서 노동의 효율이 크고 작음에 의존한다. 이것이 엔지니어인 프레더릭 테일러의 이론이다. 하지만 정치경제학자의 노동 이론은 지속 활동체의 관리 거래, 교섭 거래, 배급 거래에 각 개인이 시민으로 참여하는 것에 달려 있다. 인간 노동은 상품이나 기계로서가 아니라 권리와 의무와 자유, 그리고 (위험에—옮긴이) 노출을 갖고 있는 시민, 즉 인간으로서 등장한다.[35]

그래서 경제학자는 엔지니어와 달리 한 종류의 에너지만, 즉 인시 투입으로 측정하는 인간 에너지만 골라내 다른 모든 종류의 에너지 투입을 인간 에너지의 산출로 전환한다. 물리적 경제학자들은 인간과 자연이라는 구별을 무시하고 **자본재, 토지, 인간 주체**라는 화폐가격을 자신의 목적에 바람직하도록 동질의 투입물로 결합시킨다.[36] 그래서 자본재 투입은 도구, 기계, 건물, 도로, 가공 중인 제품, 연료, 사료, 말, 소, 곡식, 조직, 화폐를 사용하려고 지급하는 가격이다. 토지의 투입은 인공적이거나 자연적인 곡물, 삼림, 목초지, 건축부지, 철도개설권, 광산, 채석장, 물, 석유, 가스를 사용하려고 지급하는 지대이다. 인간의 투입은 육체적, 정신적, 관리적 노력에 지급하는 임금과 급료이다. 이것들은 모든 것을 생산에 필요한 화폐 비용, 즉 화폐"투입"으로 환원할 때 가능해지는 역사적 구별과 분류인데, 이와 달리, 엔지니어는 돈 이외의 용어로 모든 걸 분류한다. 엔지니어나 사업가는 인간의 힘과 기계의 힘을 구분하지 않는다. 각각의 산출은 기계의 산출이다.

리카도와 칼 맑스는 이것을 처음 구분했는데, 노동자를 재산권이 있는

••

35) 고용주들과 중재를 받아들이고 실업보험협정을 맺은 노동조합의 한 지도자는 노동조합 구성원들은 이제 자신을 전체 산업의 "시민"으로 느끼며, 나아가 산업의 효율과 지속적인 번창에 고용주보다 훨씬 더 많은 관심을 가지게 된다고 선언했다. Commons, John R., "Constitutional Government in Industry", *Review of Reviews*(1903)을 참조하라.

36) Cf. Black, *op. cit.*, 383-467.

시민으로 보았기 때문이 아니라 명목 가치로부터 실질 가치를 구분하려고 했기 때문이다. 그래서 그 추종자는 공산주의자들 말고 아무도 없었다. 하지만 우리가 두 사람의 이론을 실질 가치의 이론이 아니라 단순히 측정이론으로 간주한다면, 두 사람은 효율측정공식을 만들어낸 셈이다. 경제학자의 효율원리는 노동 투입에 대한 노동산출의 비율이다. 이 원리를 적용한 활동은 수없이 많은 관리 거래이며, 이는 조직과 집단행동을 통해 부(사용-가치)가 생산되는 인시당 비율을 구성한다. 모든 관리 거래와 부의 생산 사이에 존재하는 모든 관계의 전체에 대해 맑스는 **사회적 노동력**과 **사회적 사용-가치**라는 이름을 붙였다. 사회적 사용-가치는 총산출이지만 정신, 관리, 육체노동을 포함하는 사회적 노동력, 또는 사회적 인력이 총 투입이다. 이것이 국가효율의 척도다. 그래서, 예를 들어, 우리는 미국의 총인구가 17배 늘고, 평균 노동시간이 열두 시간에서 아홉 시간으로 줄고, 인시가 10배가 늘었던 지난 120년 동안 부(사용-가치) 총생산은 50배 늘었다고 어림잡아 추측한다. 그렇다면 인시로 측정하는 국가효율은 대략 5배 늘어났다. 인시당 사용-가치(부) 생산율이 1810년에 비해 1930년에 대략 5배 늘어난 것이다. 이 수치는 사회적 인간노동력 투입에 대한 사용-가치의 산출 비율이다.

　이것은 확실히 적정한 추정이지만, 짐작에 불과하다. 처음에는 조면기(면화에서 솜과 씨를 분리하는 기계-옮긴이) 같은 물리적 발명으로 노동자의 생산을 1,500배 늘렸다. 그다음에 나온 게 수력, 증기력, 전기, 휘발유의 사용 등 에너지 발명이고, 마지막으로 나온 게 과학적인 관리에 대한 인사와 심리적 발명이다. 이 같은 발명은 지난 120년 동안 노동의 인시 효율을 다섯 배 이상 확실하게 늘렸다. 지난 30년 사이에도 기계의 힘과 인사관리기법 사용으로 평균 인시 효율을 두 배에서 세 배까지 올렸다.

이제 우리는 추가적 발견을 한다. 사회적 관점과 개인적 관점의 차이다. 사용-가치는 부에 대한 사회적 개념이다. 희소-가치는 **자산**에 대한 개인적 개념이다. 가죽 제조기업은 가격이 50% 하락해도 가죽과 피혁 형태로 존재하는 사회적 사용-가치는 하락 이전과 똑같다. 하지만 시세대로 판매하면 회사에 들어오는 화폐는 반으로 줄어든다. 그래서 다시 말하지만, 사용-가치는 사회적 부며 희소-가치는 가격이고, 경제학자의 가치는 사업가의 **자산**으로, 사용-가치와 희소-가치의 곱이다. "부자"에 대해 이야기할 때 우리는 이런 구별이 있다는 것을 본능적으로 깨닫지만, 그 구별을 본능적으로 혼동하기도 한다. 어떤 사람이 부자라는 것은 사회에 유용한 물질적인 것을 많이 가지고 있기 때문인가, 아니면 사회로부터 많은 수량의 다른 물건들을 취득할 수 있기 때문인가? 만약 그가 다른 것을 취득할 수 있을 때는 부자라고 하지만, 그가 아무리 국부를 많이 차지하고 있어도 무엇이든 많이 살 수 없다면 가난하다고 말한다. 부에 대한 이러한 이중 의미는 우리가 생산에 요구되는 사회적 인력으로 부를 측정할 때와 화폐로 자산을 측정할 때로 구별된다. 자산은 희소이고, 부는 풍요이다.

우리가 말하는 **자본주의**는, 즉 남을 위한 사용-가치 창출 과정과, 희소-가치 창출을 위한 공급제한과정, 이 이중 과정이다. 그래서 자본주의는 **맑스의 공산주의**[37]와 달리 두 개의 측정단위가 필요하다. 인시와 달러가 그것인데, 전자는 창출한 사용-가치의 양을 측정하고 후자는 희소-가치를 측정한다. 전자는 부를 측정하고, 후자는 자산을 측정한다. 자본

∴

37) 레닌과 스탈린의 공산주의는 교섭도구가 아니라 배급도구로 화폐를 사용한다. 이들이 자유로운 매매를 허용한 한에서는, 화폐는 교섭도구가 된다.

주의는 생산사회이기도 하고 탐욕사회이기도 하다. 달러가 측정단위로 사용될 때 그렇게 보이듯이 자본주의가 단순히 탐욕스러운 것만은 아니다.[38] 자본주의는 인시를 사용할 때는 생산적이고, 달러를 사용할 때는 탐욕스러운 것이다.

이 때문에 우리는 생산, 생산성, 효율의 의미상의 차이로 되돌아가야 한다. 생산은, 고전파 경제학자들과 그 추종자들에 따르면, 수요 대비 생산량과 관계가 있으며, "생산적" 또는 "비생산적"이란 용어 속에서 드러난다. 하지만 생산성과 효율은 총생산량이나 총수요량이 아니라 생산의 **비율**과 관계가 있다. 더 정확히 말하자면, 효율은 생산속도다. 그 척도는 인시, 즉 "인시비용"당 산출률이다. 하지만 생산성은 이 비율에 인시 숫자를 곱한 거다. 효율이 똑같은 두 공장을 놓고 볼 때, 종업원이 1,000명인 공장은 종업원이 100명인 공장에 비해 생산성이 열 배다.[39]

여기에서 생기는 문제는 달러라는 척도를 인시라는 척도로 전환하는 문제다. 우리는 다시 평균을 다루고 있다. 판매, 구매, 자금조달이 아니라 생산, 수송, 배달에 관여한 육체, 정신, 관리 노동에 대한 평균시간당 임금은 그 시점의 인시단위다. 다른 시점의 평균임금의 변화를 제거함으로써, 이 평균인시는 불변의 측정단위가 된다. 그래서 평균임금이 시간당 90센트인데, 나중에 시간당 1달러로 변했다면, 인시숫자는 임금변화를 제거함으로써 확정된다. 이것은 단순평균이다. 우리가 기계 운전자의

••

38) Cf. Tawney, R. H., *The Acquisitive Society*(1920).

39) 이 내용은, W. T. Spillman, *Farm Science*(1918), and by H. C. Taylor, *Outlines of Agricultural Economics*(1925), 133쪽 이하에 나오는 "능력, 효율, 생산성"의 구별에 부합되지만, "투입"을 인간에너지 투입으로 한정하고, 다른 모든 에너지투입을 인간에너지 순산출로 변환한다.

효율을 감독 관리인의 효율과 구분할 수 없기 때문이다. 모든 노동자는 필요하다. 각각의 노동자는 전체 활동체의 일부이다.

"생산"이란 의미는 예전에는 수요공급의 소유 경제에 속했으며, 그 의미는 초기 경제학자들이 생산적인 노동과 비생산적인 노동을 구분했을 때의 의미다. 생산적인 노동은 이들에게 판매나 교환을 위한 생산이며, 여기서 효율과 희소의 혼동이 있다. 하지만 효율이란 의미는 공학 경제와 관련이 있다. 엔지니어는 생산된 양에 관심이 없다. 엔지니어가 관심을 보이는 건 생산율이다. 하지만 사업가가 관심을 보이는 건 생산량이다. 그래서 가격이 내려갈 것이라고 기대할 때 생산을 제한하거나, 가격이 오를 것을 기대할 때 생산을 늘리면서도, 자신이 고용한 기술자한테는 생산의 속도를 끌어올리도록 늘 다그친다. 생산의 속도를 끌어올리는 건 사실, 기술자의 문제다. 기술자는 가격에 관심이 없다. 기술자가 관심을 가지는 건 투입에 대한 산출률이지만 사업가가 관심을 가지는 건 지출에 대한 수익의 비율 즉, 획득의 속도다. 투입에 대한 산출률은 효율이나 생산성이다. 지출에 대한 수입의 비율은 가격이며, 그 비율은 시장에 산출물을 요구하는 주문 속도와 비교했을 때 산출물이 시장에서 제공되는 속도에 의해 결정된다. 엔지니어가 인간노동력 투입율에 대비한 산출률을 늘릴수록, 자연에 대한 엔지니어의 지배력은 높아진다. 사업가가 지출율에 대비한 수익율을 늘릴수록 수요에 대비한 사업가의 생산은 줄어들며, 다른 사람에 대한 지배력은 늘어난다. 자연을 지배하는 인간의 힘은 생산성이고, 인시로 측정한다. 인간의 산출물은 부(사용-가치)의 증대로 나타난다. 인간의 다른 인간에 대한 지배력은 달러(희소-가치)로 측정된다. 이것은 요구량 대비 생산량이고, 산출제한은 가격, 가치, 자산의 증가이다.

생산과 생산성을 이처럼 혼동한 결과, 경제학자들은 효율을 재는 척도로 리카도의 인간노동력을 배제하고 달러를 채택했다. 이것은 생산력과 교섭력을 혼동시켰다. 낮은 가격에 사고 높은 가격에 파는 것이 효율의 정의가 되었는데, 실은 교섭력의 정의이다. 교섭력은 시장에서 노동과 상품의 상대적 희소나 풍부를 이용하는 데 있다. 생산력은 농장과 공장에서 자연의 힘에 대한 인간의 상대적인 힘을 이용하는 데 있다. 행여나 교섭력과 생산력 모두에 "효율"이란 용어를 적용하길 바란다면, 다음과 같은 질문을 던져야 한다. 그건 어떤 유형의 효율을 의미하는가? 인시로 측정한, 자연에 대한 힘인가, 아니면 달러로 측정한, 다른 인간에 대한 힘인가? 투입과 산출이라는 공학경제인가, 아니면 지출과 수입이라는 소유경제인가? 생산의 효율인가, 교섭의 효과인가?

고전 경제학자들은 희소와 재산을 당연하게 받아들였다. 이익이 날 수 있는 가격에 요구되어지는 것을 초과해서 생산할 만큼 어리석은 사람은 없을 것이다. 따라서 "생산"이라는 용어는 생산한다는 의미와 생산을 보류한다는 상반된 의미를 지녔다. 이것은 이익을 만들어내는 두 가지 상반된 방법, 즉 산출에 대한 인시 투입을 줄여서 얻는 효율이윤과, 지출에 대한 수익을 늘려서 얻는 희소이윤을 혼동시켰다. 그래서 **재화**, 즉 부의 생산을 **가치**, 즉 자산의 "생산"과 혼동시키는 결과로 나아갔다. 이 생산의 이중적 의미 때문에 우리는 "공학경제학"과 "경영경제학"이란 용어를 구별한다. 공학경제는 시장에서 그 화폐가치와 상관없이 산출을 증대한다. 경영경제는 그 화폐가치를 유지하거나 증대하기 위해 생산량을 제한하거나 조절한다. 이 두 가지에 대한 혼동은 물질과 소유권이라는 부의 이중적 의미에서 생겨났다.

그래서 고전 경제학자들은 수입으로부터 산출을 구별하지 않았고, 투입으로부터 지출을 구별하지 않았다. 이 구별은 비용과 가치의 이중적인 의미들에 숨겨져 있었다. 당연히 이들은 한 사람의 산출이 그 사람의 수입이라고 가정했다. 또는 그들이 그 차이를 알고 있었다면, 그들은 이것을 이용하지 않았던 것이다. 수입을 산출과 혼동하는 배후에는 개인적인 자유와 소유권에 대한 윤리적 가정이 있었다. 블랙에 따르면 "이 용어의 일반적인 의미에서 **인간의 노력을 타인이 소유할 수 없다.**"[40] 이 가정은 현대사회에도 그대로 적용되지만, 핵심은 현대사회조차 인간 노력의 **산출**이 현재의 임금체제 아래서는 누군가에 의해 소유된다는 점이다. 노동의 산출은 고용주의 재산에 추가되는 사용–가치다. 그 산출물은 **묵시적 계약의 이행** 원리에 따라 고용주에게 귀속된다. 이 계약이행의 법리는 고용주의 취득과정에서 피고용인에게 고용주가 빚을 지고 있다고 해석한다. 여기서 물리적 과정과 소유적 과정이라는 두 과정이 동시에 일어난다. 물리적 과정이란 소유나 자산에 관계없이, 노동력을 투입하고 산출하는 과정이다. 소유적 과정이란 고용주의 자산에서 화폐를 지출해, 그것이 노동자에게 화폐 수입이 되어 노동자의 자산을 늘리고, 그다음엔 산출물에 대한 소유권이 고용주에게 넘어가 (그 산출물을 구입하기 위해—옮긴이) 노동자의 자산에서 화폐가치의 지출이 일어나고, 그것이 고용주의 수입이 되어 그 자산을 늘린다.

물리적 경제학자들이 공학경제학과 소유경제학 사이의 구별을 활용하지 않은 이유는, 그래서 산출을 당연히 수입으로 바라본 이유는, 앞에서 말한 것처럼 자신의 사용–가치 산출이 자신의 사용–가치 수입으로 이어지지 않는 한 누구도 기꺼이 일하지 않을 거라는 충분히 적절한 가정에

∴.
40) Black, J. D., *op. cit.*, 447.

서 찾을 수 있다. 고립된 로빈슨 크루소에서 출발할 때는 이것을 자명한 것으로 간주할 수 있다. 그의 산출은 당연히 그의 수입이다. 중간에 거래가 개입되지 않기 때문이다. 하지만 로빈슨과 프라이데이가 함께 일한다면, 또는 수백만 명이 함께 일한다면 산출은 수입이 아니다. 수입은 산출을 누가 소유하느냐에 달려 있다. 노예의 산출물은 노예주의 수입이다. 노동자의 산출은 고용주의 수입이다. 노동자의 투입은 인력이다. 그의 산출은 사용-가치다. 고용주의 화폐 지출과 이에 상응하는 노동자의 수입은 화폐임금이다. 사용-가치와 화폐 사이에는 어떤 필연적인 연관도, 자연적인 연관도 없다. 이들은 두 개의 다른 측정 체계에 의해 측정되고, 이 둘은 서로 변환될 수 없다. 산출은 투입과 역으로 변하며, 투입으로서 인시에 대한 산출인 사용-가치의 비율은 효율의 척도다. 하지만 한 사람의 화폐 수입은 다른 사람의 화폐 지출과 똑같다. 전자인 효율은 사용-가치(부)를 늘리는 가변적인 속도며, 후자인 희소는 사용-가치의 단위에 지불되는 가변적인 가격이다.

"지출"과 "수입"이라는 용어들의 적절성은 희소가 지출에 의해 늘어나나 수입에 의해 줄어드는 과정을 설명하는 데 들어맞는다는 데서 나온다. 그 적절성은 상품과 화폐 간의 구별에 관련이 있다. 소유자가 수중에 재화를 가지고 있고 그 가운데 일부를 고객에게 전달한다면, 전달한 부분의 화폐가치는 상품 지출이다. 이것은 수중에 있는 재고량을 줄이고, 그래서 소유자에게 그 희소가 늘어난다. 하지만 위탁 판매 물품을 도매업자나 제조업자로부터 구입한다면, 이때 받은 수량은 그의 상품수입이고, 이 상품수입은 그의 재고를 늘리는 동시에 상품수입의 풍요를 증가시킨다.

화폐 지출과 수입도 마찬가지다. 소유자는 이용할 수 있는 화폐를 현금 형태나 은행예금 형태로 가지고 있다. 그런데 이 화폐의 일부를 도매업자에게 지급한다면 그건 화폐-지출이며, 이용할 수 있는 화폐량 감소로 나타난다. 하지만 고객으로부터 화폐-지급을 받는다면, 그래서 은행에 예금한다면 그건 화폐-수입이 생긴 것이며, 그래서 이용할 수 있는 은행예금은 늘어난다.

이처럼 지출과 수입이라는 용어는 개인에게는 변하는 재화나 화폐의 희소와 관련된다. 이 용어들은 소유적인 의미를 지니고 있다. 수입은 소유량을 늘리며, 지출은 소유량을 줄인다. 그러므로 "비용"이라는 모호한 용어는 화폐가치로 환산된 상품이나 화폐의 소유적 지출로 되어야 한다. 이에 따라 이 비용은 소유된 자산의 가치를 감소시킨다. 그리고 수입은 소유된 자산의 가치를 늘리는 화폐 또는 획득한 상품의 화폐가치라는 이중적 의미를 적절하게 지니게 된다. 지출에 대한 수입의 비율은 자산을 획득하는 속도다.

결과적으로 경제학자들이 모든 투입을 화폐투입으로 환원할 때, 이들은 최소비용 또는 최대효율이 이자, 노동, 감가상각, 세금, 수선, 재료 등 다양한 요소에 대한 최소 화폐비용이라는 혼란스러운 결론에 도달한다.[41] 이 혼동은 모든 걸 화폐로 측정하는 상식의 일상적인 혼동이다. 그리고 이 혼동은, 경제학이 아직 그 이론 속에 칼 맑스와 과학적 관리법에 의해 사용된 인시측정을 받아들이지 않았고, 더욱이 지출과 수입이라는 소유적이고 영업적 개념과 대조되는 투입과 산출이라는 공학적 개념을 충분히 파악할 시간이 없었고, 따라서 자산과 부를 충분히 구별하지 못했다는 점 때문에 용납될 수 있다. 이 구별은 100년도 더 전에 리카도에 의해

..
41) Cf. Black, *op. cit.*, 391-392.

분명히 지적되었다. 하지만 1845년 이후 존 스튜어트 밀을 추종하는 경제학자들은 노동력으로 가치를 측정하는 리카도 이론을 슬그머니 없애고 화폐로 가치를 측정하는 이론으로 대체했을 때 공산주의 경제학자들과는 달리 정통 경제학자들은 생산에 대한 최소 화폐비용을 최대 효율로 규정하는 대중적인 오해를 받아들였다. 하지만 사실 최대 효율은 최소 인시비용이다. 최소 화폐비용은 수입단위당 최소 지출이며, 최소 인시비용은 산출 단위당 최소 노동투입이다.

이런 사정은 평균 의복 한 벌을 제작하는데 필요한 평균 직접노동시간을 열 시간에서 다섯 시간으로 줄인 의류 공장에 대해 언급했던 사례로 돌아가보면 더 상세히 예시할 수 있다. 여기에서 우리는 인시비용 관점에서 **노동비용**을 50% 줄였다고 말할 수 있다. 반대로 이것은 공장효율을 100% 늘렸다는 말과 똑같다.

똑같은 것을 다르게 말할 수 있다. 예전에 평균 노동 한 시간은 의복 10분의 1을 생산했으나 지금은 의복 5분의 1을 생산한다. 100% 늘어난 것이다. 또는 예전에 다섯 시간 노동으로 의복 50%를 생산했으나, 지금은 다섯 시간 노동으로 의복 100%를 생산한다. 이것은 다섯 시간에 생산하는 의복을 100% 늘린 것으로, 효율이 100% 늘어났다는 말과 똑같다. 효율은 일종의 비율이기 때문에 전자의 설명방식을 역으로 만들면 후자의 설명방식이 될 수 있다. 의복 한 벌당 노동시간이 50% 줄어든다면, 노동시간당 의복은 100% 늘어난 것이다. 어떤 식으로 표현해도 효율이 100% 늘어났다는 말과 똑같다.

여기서는 화폐, 임금, 이윤, 가격, 화폐 비용, 화폐 수입에 대해 전혀 언급하지 않고 있다. 이것들은 물건의 상대적 희소에 대한 영업상의 문제다. 그러나 지금 우리가 여기에서 다른 생산방법의 상대적인 효율의 문제와 달라지는 노동의사의 문제라는 생산자의 기술적 문제만을 고려하고 있다. 달러는 사업가의 희소측정단위며, 인시는 생산자의 효율 측정단위다. 우리는 인시 투입당 생산물의 산출로 효율을 측정한다. 우리는 달러로 지급한 가격이나 임금으로 희소를 측정한다. 우리는 가격이나 임금으로 효율을 측정하거나, 인시로 희소를 측정할 순 없다.

이것은 생산자와 판매자 사이의, 그리고 제조업자와 상인 사이의 뚜렷한 구별점이다. 생산자, 또는 "제조업자"는 그 자체로 기술자, 공학도, 관리자, 노동자다. 그의 문제는 산업과 농업에서 인시 투입당 산출을 어떻게 늘리느냐, 즉 효율을 (투입에 대한 산출률을) 어떻게 올리느냐 하는 것이다. 하지만 그가 판매자가 되면 그는 상인, 즉 사업가가 된다. 그럼 그의 문제는 가격과 임금, 즉 상품 판매가격을 어떻게 올리느냐, 또는 자신이 살 것들에 줄 가격과 임금을 어떻게 낮추느냐 하는 것이다. 사업은 효율과 희소라는 두 가지 방식으로 이윤을 만들 수 있다. 오직 생산자인 관리자와 그의 노동자는 노동 투입 시간당 산출을 늘릴 수 있다면, 그러면 그들은 효율의 전문가인 성공한 생산자이다. 하지만 오직 매매자인 고용주가 고가에 팔거나 저가나 저임금에 삼으로써 화폐 순수익을 늘린다면, 그는 희소의 전문가인 성공한 사업가이다.

하지만 이 둘은 동일한 사업의 통제하에 있다. 이 둘 중 어떤 기능을 통해 더 커다란 이윤을 얻도록 이 사업통제가 유도될까? 생산자일 때인가, 매매자일 때인가?

하지만 우선 우리는 사업과 희소로부터 생산자와 효율에 대한 구별을 더 진전시켜야 한다. 현대사회는 기계가 노동을 대체하면서 효율이 크게 올랐다고, 또 기계가 노동을 몰아낸다고 한다. 하지만 일시적인 경우나 가격저하가 이윤을 감소시킨 경우를 제외하면, 기계는 노동을 대체하지도, 밀어내지도 않는다. 실제로 일어난 일은 직접노동이 간접노동으로 넘어간 것이다. 100년 전만 하더라도 열 가구를 먹여 살리려면 아홉 가구가 농사를 지어야 했다. 지금은 세 가구만 농사를 지으면 된다. 농업의 효율이 100년 동안에 세 배 정도 증가했다. 실제로는 여섯 농가가 **직접적인 농산물 생산**에서 **간접적인 농산물 생산**으로 넘어간 것이다. 이제 이들은 석탄, 철, 목재, 비료, 철도, 고속도로, 증기선, 농업기계, 창고로의 물품배달, 기타 등, 이들 모두는 농산물을 간접적으로 생산한다. 실제로는, 아홉 가구가 예전에는 농산물 **직접** 생산에 종사하고 한 가족이 **간접** 생산에 종사한 반면, 지금은 세 가구만 직접 생산에 종사하고 일곱 가구는 농산물 간접 생산에 종사하는 것이다. 농업의 효율은 직접노동의 산출로 측정하지 말고 직접노동과 간접노동 양쪽의 산출로 측정해야 한다. 늘어난 농업효율은 국가 전체 산출을 늘릴 수 있도록 노동을 풀어주자마자, 국가 전체가 농업의 효율을 늘리는 데 이바지했다.

하지만 이것은 국민 전체에 적용되는 것이지, 어떤 특정의 농장에 적용되는 게 아니다. 특정 사업체는 장비공장에서 농업기계를 구매하고, 장비공장은 다른 소유자에게 재료를 구매하고 노동자를 고용해서 기계를 제작하고 수송한다. 특정 농부가 구매하는 건 특정 분량의 간접노동이며, 이전 단계 산업에서 "저장했다"가 공급하는 것이다. 그리고 곡식을 생산하기 위해, 자신의 직접노동과 함께, 국가의 간접노동에 대한 그 농부의 몫인 이 축적된 노동을 그는 고용한다.[42]

농기구, 비료, 토지 개량 시설 등에 저장된 이런 간접노동은 이것들을 사용하거나 닳아서 감가되면, 새로 만든 훨씬 효율적인 기구, 비료, 토지

..

42) 본서 954쪽, 이윤차익, "원재료"에 대하여.

개량 시설 등으로 대체해야 한다. 평균적으로 5년 안에 다 닳거나 못쓰게 된다면, 농부는 다른 산업에서 구입했던 저장된 노동 총량의 20%를 매년 사용했었다고 계산해야 한다. 따라서 자신이 실제로 노동을 얼마나 사용했는지 알아보려면, 매년 자신이 직접노동한 인시에 농기구, 비료, 토지 개량 시설 등에 저장된 노동의 인시 중 5분의 1을 더해야 한다.

이런 구별에 딱 맞는 용어들의 조합은 "직접노동"과 칼 맑스의 "체화된 노동"이다. 농부가 체화된 노동을 사용한 건 농기구, 비료, 토지 개량 시설 등이 닳거나 감가된 것과 똑같은 양이다. 이것이 평균적으로 매년 20% 감가된다면, 농부는 수중에 있는 체화된 노동 총량의 20%를 매년 사용한 것이다. 이것은 간접 또는 체화된 노동시간으로, 농부가 직접노동시간에 더해야, 자신이 곡식을 생산하는 데 실제로 사용한 노동량을 알 수 있다. 이것은 그의 곡식 수확에 매년 들어간 국가의 **간접노동 총량 중** 그의 **몫**이고, 여기에 그의 직접노동이 더해진다.

그렇다면 직접노동만 측정할 경우, 농장이나 의복공장에서 늘어난 효율은 과장 계산된 것일 수밖에 없다. 이것은 흔히 저지르는 실수이기도 하다. 직접 또는 현업노동만이 아니라 간접 또는 체화된 노동까지 투입으로 포함해서 분모를 ─ 노동 투입을 ─ 늘려야 한다.

증대된 기계사용을 고려해서 계산하면, 효율에서의 외견상 증가분은 감소된다. 특정 의복공장의 효율에서 100% 증가란 위의 계산은 직접, 즉 **직접노동**에만 근거해 나왔다. 효율의 증가는 실제로는 더 적은데, 추가된 기계형태로 새로 부가된 **체화노동**의 감가상각과 진부화를 계산에 넣지 않았기 때문이다. 그래서 이것을 넣는다면 직간접노동의 효율증가는 100% 이하로 떨어질 것이다. 기계에 체화된 간접노동이 도입되어왔기 때문에, 인시당 **직접노동**의 산출이 100% 증가되었다면, 기계를 만드는 데 필요한 부가 노동량은 계산하지 않았기 때문에, 이것은 직접노동의 효율이 그만큼 증가된 것이라고 볼 수 없다. 우리는 예전에 곡식을 직접 생산하는데 투여하던 노동 가운데 상당 부분이, 농업의 효율이 증가된 앞의 사례처럼, 이제는 강철을 생산하는 기계나 곡식을 직접 생산하는 데 사용할 농기구를 생산함으로써, 곡식을 간접 생산하는 방식으로 전환되었다는 점을 인정해야 한다.

체화된 노동에 의한 간접 생산은 **기술자본**(Technological Capital)의 과정이라고 명명할 수 있다. 여기에 들어가는 자본의 양을 인시로 측정한 다음에 직접 인시에 추가하는 식으로, 감가나 진부화라는 **간접비**로 배정해야 한다.

우리는 이런 종류의 자본을 달러로 측정하는 **사업자본**(Business Capital)과 구분하기 위해 인시로 계산하고 **기술자본**이라고 명명한다. 이 명칭은 고전 경제학자들의 자본 개념에 가깝지만, 사실은 "자본도구" 그리고 "재고"라는 표현이 더 적절하다.

사업자본은 공장의 시장가치, 즉 농장과 설비의 시장가치로 종종 여겨지나, 이것은 가격, 이윤, 임금이 변하면서 함께 변한다. 즉 사업자본은 때로는 투자액이지만, 이것은 기대이윤과 기대지대에 따라서 주식, 채권의 시장가치와 토지가치와 함께 변하며, 사업자본은 우리가 금융수익이라고 부르는 이자와 이윤을 벌어들인다.[43] 하지만 기술자본은 무엇도 벌어들이지 않는다. 이것은 **산출**이지, **수입**이 아니다. 사업자본의 가치는 **미래가격**과 산출량에 달려 있는데, 이 말은 달러로 측정하는 여러 산

••

43) 본서 972쪽, 금융적 차익. 지대를 배제하는 이유에 대해서는 본서 609쪽 리카도와 맬서스 편을 보라.

출물의 기대희소를 의미한다. 하지만 기술자본의 양은 인시로 측정하는, 과거와 현재의 체화노동과 직접노동 전체의 양과 효율에 달려 있다.

여기에서 종류가 다른 두 가지 "간접비"가 나오는데, "고정경비"로 알려진, 이자와 세금 같은 사업간접비, 그리고 감가와 낙후화로 알려진, 체화된 인시라는 기술간접비가 바로 그것이다. 모든 산업에서 온 나라의 노동력이 직접노동에서 간접노동으로, 즉 작업노동에서 체화된 노동으로 이전되는 비중이 커지면서 각각의 간접비는 매우 중요하게 되어가고 있다.

다시 이 두 가지 간접비는 동일한 사업통제하에 있다. 공공정책은 사업가들이 자기이익을 위해 둘 중 어떤 방향으로 사업을 이끌어 나가도록 유도되어야 한다고 제시하는가? 사업자본을 확대하는 쪽인가, 아니면 기술자본을 확대하는 쪽인가? 즉 이자와 통상적인 이윤이라는 고정액을 확대하는 쪽인가, 감가와 낙후화라는 고정액을 확대하는 쪽인가?

중요성이 늘어나고 있는 또 다른 간접비적인 노동이 여전히 있다. 이것은 "사무직 간접비다." 이것은 **체화된 간접비** 대신 **직접적인 성격의 간접비**라고 명명할 수 있다. 산업체의 효율을 유지하고 확대하는 데 필요한 과학자, 기술자, 관리자, 사무원, 회계사, 디자이너, 감독, 공장장 모두는 **관리**라고 총칭하는 인력의 일부다. 관리의 중요성이 늘어난다는 건 육체노동에서 사무노동과 관리노동으로 이전하는 비중이 커진다는 의미다.

이것은 노동의 효율을 확실히 늘리지만, 노동의 효율이 늘어난다고 말할 때 흔히 그런 것처럼, 이것들을 계산에서 빠뜨린다면 두 가지 착오가 일어난다. 육체노동 자체의 효율을 늘리는 것은 단순히 육체노동만은 아니다. 효율을 늘리는 건 정신, 관리, 육체노동 모두다. 그래서 이들은 모두 함께 계산해야 한다. 그렇지 않으면 육체적 노동에서 관리 및 정신 노동으로 변할 때 증가된 효율이 과장된다. 효율의 증가를 측정하는 "평균" 인시는, 직접노동이든 간접적인 작업노동이든 체화된 간접적 노동이든, 육체, 정신, 관리노동 모두의 평균이다.

그리고 평균을 계산할 때 총지배인이든 심부름꾼이든 남자든 여자든 어린애든, 모든 개인을 한 사람으로 친다. 사실 우리는, 앞에서 말한 것처럼 지배인이 심부름꾼보다 더 효율적이라고 단정할 수 없다. 물론 지배인이 더 많은 임금을 받는다는 건 알지만, 그건 지배인이 희소하기 때문이지 더 효율적이기 때문은 아니다. 이들이 심부름꾼만큼 풍부하다면, 아마 이들의 임금은 심부름꾼의 임금보다 높지 않을 것이다. 이 늘어난 풍요는 오늘날 "지식인들"의 상황이며, 아마도 파시즘과 나치즘의 부상에 있어 가장 큰 요인일 것이다. 만약 지식인과 사무직 종업원들이 육체노동자보다 임금을 적게 받는다면, 그것은 그들이 덜 효율적이어서가 아니라 더 많아졌기 때문이다. 상대적 효율이란 관점에서 우리가 아는 건, 전체로서의 활동체가 효율적으로 돌아가는 데 이들 모두가 꼭 필요하다는 사실뿐이다.[44]

우리는 이 설명을 가지고 직접적 현업 육체 노동만으로 계산할 때 효율이 100% 늘어났던 의복공장으로 돌아간다. 하지만 직접노동과 관리를 계산할 때, 그리고 체화노동의 감가와 낙후화를 모두 계산할 때, 이 공장에서 늘어난 효율은 100%가 아니라 75% 정도로 나는 추정했다. 다른 말로, 의복 한 벌을 만드는데 필요한 인시가 10대 5 대신 10대 7.5 비율로

44) 이 주제에 대해서는 Clark, J. M., *Overhead Costs: Social Control of Business*(1923)을 참고하라.

줄어든 것이다. 그래서 모든 종류의 평균노동의 인시당 산출이 75% 늘어났다는 건 의복 한 벌 제작당 시수가 50% 줄어든 게 아니라 33과 3분의 1% 줄어들었다는 뜻이다. 어떤 식으로 계산하든 효율은 100%가 아니라 75% 늘어났다.

이 계산에서 산출물의 **질**의 향상은 산출**량**이 증대에 상응한 만큼으로 간주된다. 질도 인시로 계산될 때가 잦기 때문이다. 인시의 증가 **없이** 질이 향상된다면, 효율은 그만큼 늘어나는 것이다. 질을 향상시키기 위해 인시를 그만큼 늘려야 했다면, 효율은 늘어나지 않은 것이다. "표준" 의복은 질이 변화하지 않은 것이다. 그리고 다른 모든 의복과 모든 질적 향상은 표준 의복에 상응하는 인시로 그 회사의 경리에 의해 환원되었다. 그래서 질을 양으로 환원함으로써, 이 공장의 효율은 전체적으로 75% 늘어났다거나, 역으로, 생산물 표준단위당 인시가 33과 3분의 1% 줄었다고 계산한다.

효율이 75% 늘어났을 때 기업에서는 두 가지 현상이 일어났다. 의복 가격이 떨어지긴 했지만, 효율로 생긴 이익을 생산자로부터 박탈할 만큼은 아니었다. 노동자의 육체적 속도가 증가하지는 않았다. 왜냐하면 작업의 세분화로 이미 작업속도가 올라있기 때문에, 그래서 효율증대는 오로지 더 많고 더 좋은 기계와 더 많고 더 좋은 관리의 결과였다. 하지만 두 번째로 일어난 현상은 노동시간이 상당히 줄어들었고, 시간당 임금과 봉급이 상당히 늘어났으며, 기업이윤이 결정적으로 늘어났다는 것이다. 효율이 75% 상승했을 때 의복 가격이 33% 떨어졌다면, 효율상승으로 생긴 이득은 의복 **구매자**가 모두 가져가는 반면, 생산자는 효율상승이 가져온 노동시간 단축도, 임금상승도, 이윤증가도, 투자증가로 인해 증가된 이자도 얻을 수 없을 것이다.[45]

V. 순환에서 반복으로

케네로부터 20세기에 이르기까지 경제 이론은 상품과 화폐의 **순환**(Circulation)이라는 케네의 유비가 대체로 지배했다. 19세기 후반에는 경제 이론이 **회전**(Turnover)이라는 유비를 받아들이기 시작했다. 전자는 "흐름"의 유비이며, 후자는 "바퀴"의 유비이다. 바퀴의 유비는 순환의 유비가 지닌 차원들 중 하나인 바퀴의 크기로 나타낸 비교적 일정한 총량을 지니고 있다. 그러나 이 유비는, 바퀴를 움직이거나 늦추거나 멈추는, 즉 순환의 속도를 바꾸는 동적 에너지인 또 다른 종류의 수량을 추가한다. 물리적 유비를 배제할 때 회전이 의미하는 것은 거래 **반복률**이다.

이 공식을 구축하려면, 시작도 끝도 없는 과정에 시작과 끝이라는 인위적 개념이 있어야 한다. 이 인위적 개념이, 그 기간에 유지가 되는, 전체이지만 변하는 양, 즉 바퀴의 크기이다. 그리고 이 개념은 그 기간에 합이 총량과 충분히 같아질 부분들의 반복이다. 유용한 물리적 유비를 쓰면 이것은 속도, 즉 회전율이지만, 유비를 없애면 반복률, 즉 재현률이다.

위의 공식은 자연을 "모방"한 게 아니다. 자연이나 사업을 바람직하게 통제하도록 통계적 상상을 발휘해서 인위적으로 만들어낸 것에 불과하다. 이런 점에서 회전율은, 더 정확하게 반복률은, 경제적 매커니즘의 오래된 물리적 유비 전부를 실질적으로 붕괴시킨다. 오래된 물리적 유비란 균형, 흐름, 경향, 순환 같은 것으로, 시간적 요인을 측정할 수 없다. 반복률은 과정, 경향, 주기, 변화율, 속도, 시차, 예측에 대한 수학적인 이

∶∶

45) 본서 1274쪽, 가격.

론이 생겨나는 길을 마련했다. 여기에 근거해서 단합된 행동의 과정을 어느 정도 통제할 수 있다. 실제로, 이 반복률 개념은 상품 경제학자들과 쾌락주의 경제학자들이 채택한 모든 용어의 원래 의미를 거의 없애버렸다. 반복률 개념은 영업실무에서 처음 생겨났고, 그 이후 경제학자들은 그걸 이론적으로 분석했다.

회전이란 용어는 소매업에서 처음 사용한 것 같다. 여기에서 회전율은 매출의 가치가 재고의 평균적인 총가치와 같아지는 데 필요한 평균 기간으로 계산된다. 재고 가치는 사업 "자본"의 일부며, 판매 가치는 일정 기간의 총수입이다. 원재료와 자본도구를 포함한 총자본가치의 회전율이 연간 5회라면, 이 자본은 연간 1회만 회전하는 경쟁 자본보다 다섯 배 많이 벌어들이고, 따라서 그는 더 낮은 가격이나 더 높은 이윤에 팔 수 있다. 이 생각을 최근 들어서 노동의 회전에 응용되어왔지만, 지금 우리의 주된 관심사는 소유적 회전과 산업 회전에 이걸 응용하는 것이다. 회전율은 반복속도이다.

소유적 회전은 소유의 권원이 이전되는 비율이다. 상대적으로 고정된 은행예금이 예를 들어 300억 달러고 일 년 동안 7,500억 달러의 소유권을 이전한다면, 총액 전체가 한 번 회전되려면 25일이 걸린다. 상품과 증권의 소유권을 이전하는데 은행 예금 총액을 연간 열두 번 꺼낸다는 건데, 이 공식이 아니더라도 예금 총액은 늘 일정하게 순환하며 유지되는 것처럼 보일 것이다. 이 같은 소유적 회전율 또는 거래 반복률은 자산의 회전으로 구별될 수 있다. 이것은 달러로 측정하는, 희소-가치의 회전이기 때문이다.

하지만 기술 또는 산업 회전은 인시로 측정한다. 앞에서 우리가 120년 사이에 다섯 배 늘어났다고 추산한 국가의 효율 증가는 새로운 발명과 경영기법 때문에 가능했다. 그런데 최종 소비자가 얻는 소비재의 양을 늘리려면 이런 발명들은 대부분 그 이전에 많은 노동자를 동원해서 중간 생산물로 막대한 자본도구의 장비를 구축해야만 했다. 그래서 감가와 낙후화라는 오래된 현상이 새로운 중요성을 띠고 등장한다. 부의 총량은 연간 4% 정도로 늘어나는 것처럼 보이지만, 이것은 감가와 노후화된 도구를 대체할 새 도구를 포함하고 있다. 낡은 기계가 사라지고 새 기계로 대체되는 비율이 산업 회전이며, 뵘바베르크의 "평균 생산기간"에 해당한다. 미첼은 "미국 국민이 작업에 사용하는 인공설비는 미국의 화폐 소득자들이 3년에서 4년 동안 노력한 것과 같은 가치를 가진다"[46]고 판단했다. 다른 나라에서는 이게 6~7년의 수준이며, 우리는 기계설비뿐만 아니라 원료를 최종 소비자에게 인도하는 지점에 이르기까지 포함하기 때문에, 더 조사하지 않아도, 우리는 물적 회전율을 5년에 한 번으로 추정할 수 있다.

다른 말로, 인시로 측정하는 생산물의 물적 회전이 5년에 한 번이라면, 달러로 측정하는 소유권의 소유적인 회전은 5년에 약 70번이다. 교섭 거래의 소유적인 속도는 기술적인 속도의 70배이다. 법적 통제는 재화가 생산되는 것보다 70배 빠르게 이전된다.

산업회전과 소유회전이라는 바로 이 이중공식이 지속공장과 지속사업체라는 두 측면을 지닌 지속 활동체라는 개념을 실행 가능하게 만든다. 지속공장은 생산에 필요한 인시로 측정가능한 고정자본과 재고 전체로, 각 부분은 서로 다른 회전율로 변하지만, 지속공장 자체는 비교적 일정한 상태를 유지한다. 지속사업체는 화폐로 측정하는 자본자산 전체로,

46) Mitchell, W. C, *Business Cycles: the Problem and Its Setting*(1928), 98.

각 부분은 매매로 끊임없이 변하지만, 지속사업체 자체는 비교적 일정한 상태를 유지한다. 소유적 회전과 산업 회전의 상호관계는, 그리고 지속공장과 지속사업체의 상호관계는 제한 요인과 보완 요인의 원리에 따라[47] 지속 활동체다.

"내부경제"와 "외부경제"라는 용어는 지속 활동체의 이러한 두 측면을 구분하는데 가끔 사용된다.[48] 하지만 "내부" 경제는 사용-가치를 생산하는 관리 거래의 공학적 경제로 나타나고, 외부경제는 자산 총 가치를 유지하거나 가능하면 확대하는 교섭 거래의 소유 경제로 나타난다. 이 둘은 상호의존적이지만, 효율이 희소와 다르듯이 이 둘은 다르다.

회전 유비를 다르게 응용한 사례는 사용-가치의 의미들의 기원에서 찾을 수 있다. 예전에 사용-가치는 물리적 재화를 사용해서 생겨나는 행복을 의미했다. 그래서 측정할 수 없어, 경제학자들이 거부했다. 하지만 행복에는 한 인간이 소유물 전체를 즐긴다는 의미와 설탕이나 빵 같은 소유물 일부를 즐긴다는 의미의 이중 의미가 있었다. 한 인간의 행복 전체는 소유물이 많을 때 늘어나겠지만, 설탕이나 빵에서 느끼는 부분적 행복은 그게 너무 많을 때 실제로 줄어들었다. 그래서 전체를 의미하던 사용-가치라는 용어는 효용체감이라는 명칭하에 부분 행복이라는 후자의 의미를 지니게 되고, 전체는 가능한 선에서 효용체감 부분을 바꾸거나 대체하는 식으로 비교적 일정하게 유지된다.

이 같은 전체와 부분의 관계를 제대로 이해하지 못한 결과, 처음에는

••

47) 본서 1049쪽, 전략적인 거래와 일상적인 거래.
48) Foreman, C. J., *Efficiency and Scarcity Profits: an Economic the Residual Surplus* (1931), 100쪽 이하를 보라.

심리주의 학파에 속한 비평가들이 풍요가 늘어남에 대한 효용체감의 법칙을 부정했다. 풍요는 행복을 늘리는 게 분명하기 때문이다. 회전 유비는 이 모순을 풀어낸다. 전체적인 행복은 풍요해짐에 따라 늘어나는 반면, 행복의 다양한 종류 각각은 그 각각이 풍요해짐에 따라 줄어들며, 그래서 서로 다른 재현율로 반복해서 일어난다.[49] 19세기 중반이 되어서야 비로소 쾌락주의 경제학자들은 이러한 부분-전체 관계를 발견했다. 이것 역시 회전 유비를 나타내는 특별한 사례다.[50]

하지만 효용체감의 발견은 사용-가치와 관련된 또 다른 이중 의미로 나아갔다. 토지든 기계든 노동이든 음식이든 모든 상품은 풍요로움이 늘어나면서 효용체감 법칙의 지배를 받았다. 상품은 또한, 마모, 감가, 진부화, 소비에 따라 사용-가치가 줄어들기도 했다. 이 두 가지 사이에 존재하는 차이는 분명하지만, 각각을 화폐로 측정하면서 이 차이는 모호하게 변한다. 그래서 사용-가치나 부라는 용어는 생산하는 물리적 과정과 획득하는 교섭 과정이라는 이중 의미를 부여받는다. 한쪽은 인시로 측정하는 물리적 회전이고, 다른 쪽은 달러로 측정하는 소유적 회전이다.

의미의 이런 혼란이 사용-가치와 희소-가치 모두 구매자의 욕구에 달려 있다는 분명한 사실 속에 더 깊숙이 은폐된다. 욕구를 충족시키지 않는 사용-가치는 무용하다. 원하는 것보다 많은 상품을 만들었다면, 그것 역시 무용하다. 하지만 이는 무용함의 이중 의미다. 그래서 "욕구(want)"라는 단어 자체도 우리가 **문명**가치와 **희소**-가치로 구분하는 이중 의미

..

49) Plehn, Carl C는 "재현의 법칙"을 "반복해서 소비할 수 있는 물품 수령으로 수입 개념"에 적용할 수 있다고 말한다. *Amer. Econ. Rev.*, XIV(1924), 1-2를 보라.
50) 본서 376쪽, 아담 스미스.

를 지닌다. 활과 화살은 오락을 위한 것이 아니라면 더 이상 사용-가치는 없다. 폭발물과 총이 그 자리를 대신했기 때문이다. 후프치마 역시 더는 사용-가치가 없다. 몸에 딱 맞는 치마가 그 자리를 대신했기 때문이다. 우리는 발명과 스타일이라는 두 개의 의미하에 문명 가치에 나타난 이런 변화를 진부화로 구분할 수 있다. 이런 변화는 그것들의 경쟁력에 따라 작동한다. 발명은 더 큰 효율이나 변화에 따라 오래된 것을 진부한 것으로 만드는 새로운 사용-가치를 창조한다. 이것들이 문명의 변화이며, 이 문명은 하나의 전체로 여겨지는 모든 관습을 지칭하는 말일 뿐이다. 우리는 이것들을 문명가치라 명명한다. 왜냐하면 이 문명가치들은 심리적 기초를 갖고 있고, 문명의 변화는 오래된 사용-가치의 진부화이며 새로운 사용-가치의 발명이기 때문이다.

이처럼 문명 전체를 바꾸는 관습의 변화는 몇 세기 동안 지속하던 고대의 관습과 다르다. 이러한 변화는 갑작스럽고 전면적일 수 있다. 철광석이 선철로 냉각되기 전에 완성된 강철로 바꾸는 연속과정의 새로운 발명을 도입하기 위해, 앤드류 카네기는 만든 지 6개월도 안 된 100만 달러짜리 용광로를 폐기했다고들 한다. 앞선 관습은 6개월 만에 사라지고, 카네기의 다른 모든 경쟁자는 새로운 관습을 받아들이거나 동일 산업 분야에서 퇴출당할 수밖에 없었다.

사용-가치는 진부화 외에 감가에 의해서도 감소하지만, 희소-가치는 풍요에 의해서 감소한다. 감가는 사용-가치가 지닌 속성 때문에 다양한 이름으로 나타난다. 기계는 마모되고, 비옥한 경작지를 비롯한 천연자원은 고갈되거나 소모된다. 이것은 사용-가치의 "소진"으로, 인력이 대체해야 한다. 기술적인 회전은 바로 이러한 감가와 진부화, 그리고 재생을 의미한다.

우리는 이번에도 평소와 마찬가지로 평균을 다루고 있다. 회전율 또는 회전속도는 기업 전체나 국가 전체의 평균 비율이다. 그래서 이것은 전체 평균 비율을 구성하는 다양한 부분들의 많은 개별적인 회전율들로 쪼개질 수 있다. 이렇게 구분하기 위해서 사용되어지는 고전학파의 용어이자 일반적인 용어가 유동자본과 고정자본이다. 유동자본은 원료, 중간재, 그리고 최종 소비자 손에 넘어가서 순환을 멈추기 전까지의 완제품이다. 고정자본은 비옥한 경작지, 건물, 기계, 고속도로, 다리 등을 포함한다.

하지만 이런 구분은 과정에 정확히 맞아떨어지지 않는다. 고정자본 같은 것은 없다. 모든 것이 순환하고 있고, 회전속도들이 다를 뿐이다. 양동이에 담긴 한 덩어리의 석탄은 당분간 "고정"된다. 기업 내부에 있는 석탄의 크기와 사용량에 따라 생산에 의해 줄어들고 투입에 의해 늘어나는 식으로, 그것의 회전율은 가령 일 년에 열두 번이 될 수도 있고, 한 달에 한 번이 될 수도 있다. 다른 모든 유동자본의 재고들도 마찬가지다. 하지만 건물이나 기계는 감가와 진부화에 따라, 1년, 10년, 20년 또는 30년마다 교체해야 할 필요가 있을 것이다. 그 회전율은 30년에 한 번, 또는 1년에 3%라고 말할 수 있다. 다른 고정자본도 똑같다. 공장의 고정자본에 대한 평균회전율은 진부화와 감가에 따라 12년에 한 번 또는 1년에 8%일 수 있다.

고정자본과 유동자본이라는 흔한 구분, 즉 예전 경제학자들이 설정한 구분에는 바로 이 감가와 진부화라는 중요한 사실이 숨겨져 있다. 농부들이 운영하고 회원들에게 낮은 요금을 부과하는, 번창하는 많은 협동전화회사는 가공의 "고정"자본을 감가나 진부화로 인해 대체해야 할 때 자신이 파산했다는 사실을 갑자기 깨달았다. 10년마다 교체해야 하는 포장도로를 건설하기 위해 지방정부들은 30년 만기 채권을 발행하고 나서,

또 다른 10년의 회전을 위해서 30년 만기의 채권을 또 한 번 발행해야 한다. 결국 포장도로는 도로 건설비용보다 세 배 많은 빚을 짊어지는 것이다. 기업은 소유 자산이 감가하거나 진부화되는데도 높은 배당금을 지급해왔고, 그래서 사업이 번창한다고 주장하면서 사업을 확장하기 위한 새로운 자본이라는 그릇된 유인책으로 채권과 새로운 주식을 발행해왔다.

이 모든 사례에서 기업이 하는 건 "자본에서 배당금을 지급하기"라는 잘 알려진 행위다. 좀 더 정확하게 묘사한다면, 새로운 발명의 도입으로 효율을 유지하거나 확대하는 대신에 배당금을 지급하는 것이다. 공장의 평균회전율이 10년이라는 사실을 엔지니어들이 발견한다면, 매년 공장의 총가치 가운데 10%를 배당금에서 어떤 식으로든 빼내야 한다. 그러지 않으면 배당금은 총판매 수익금이 아니라 "자본에서 지급하는" 것이 된다. 철도와 공공사업을 공적으로 규제한 중대한 결과는 "자본에서 배당금 지급하기" 관행을 금지한 것이었다. "자본에서 배당금 지급하기"는 "대형 금융조작"으로 알려진 사기 가운데 하나였지만, 자본설비가 급속하게 회전하는데도 금융업자들이 "고정된 자본"이라는 흔한 환상을 이용한 것에 불과하다.

다른 한 편, 현대식 대기업이 누리는 또렷한 강점은 이사회가 수익이 과다한데도 과다한 배당금 지급을 거부하면서, "감가상각 준비금"을 비축한다는 것이다. 그리고 "감가상각 준비금"에 더해서 "법인 잉여금"을 비축하면서, 연간 수입 배당 대신에 소유권에 대한 "주식 배당"을 지급하겠다고 선언한다는 것이다. 우리는 최근에 나타난 이런 현상을 **"이윤완충"**이라는 명칭하에 고찰할 것이다.[51]

••
51) 본서 983쪽, 이윤완충.

그래서 "고정자본" 회전은 감가 및 진부화 비율과 똑같다. 현대식 기계는 속도가 매우 빠르며 새로운 발명 때문에 진부화되는 현상 역시 유난히 빨라져, 기계에 체화된 노동의 인시도 역시 빠른 비율로 소모될 수 있다. 그러므로 효율 향상은 직접노동의 인시 하나만 가지고 측정할 때 과장된다. 앞에서 설명한 의복공장에서 **직접**노동의 효율이 10년 사이에 100% 늘었거나, 역으로 노동 투입이 50% 줄었다. 양쪽 설명 모두 과장이다. 신형 기계와 개량된 기계를 도입했기 때문이다. 과장한 정도는 고정자본의 인시 크기, 그리고 감가와 노후화 비율에 달려 있다. 우리는 인시로 따진 크기와 감가 비율을 칼 맑스에 따라, 인시로 측정하는 "체화된 간접비"라고 명명했다.

그래서 회전의 유추에 근거해 우리는 맑스가 인시로 측정한 "불변자본과 가변자본"을 계속 공장으로 전환하는데, 자본의 크기는 정기적으로 되풀이되는, 가변적인 노동 투입과 부의 산출로 나타난다. 맑스의 "가변자본"은 노동-산출에 대한 노동-투입의 가변적인 비율에 불과하며, 이 비율은 공장의 변화하는 효율이다. "고정"자본과 유동자본(재료)은 우주의 물리적 에너지를 유용한 생산물로 전환하는 활동에서 평균회전율이라는 단일 개념으로 통합된다. 공장의 가변적인 효율은 고정자본과 재료를 모두 사용한 평균 기간에 현업노동과 체화된 노동 양쪽의 총투입량에 대비한 총산출량이다.

이렇게 우리는 자산을 증대하는 과정에서 부를 증대하는 과정을 구분하고 측정할 수 있다. 투입에 대한 산출 비율이 늘어나면서 부가 늘어나고, 지출에 대한 수입 비율이 늘어나면서 자산이 늘어난다. 의복 숫자가 부의 산출로, 인시당 75% 늘어난다면, 이 증가는 이런 형태의 부가 늘어난 **비율**이다.

수확기와 탈곡기와 저장 기능을 합친 농부의 콤바인은 인시로 측정할 때 예전처럼 말과 수확기와 탈곡기를 따로 장만하는 것보다 비용이 적게 들기도 하지만, 콤바인은 2명이 예전에 20명을 쓸 때보다 시간당 더 많은 곡식을 수확할 수 있다. 효율은 과거에 축적된 정신노동과 육체노동을 통해 현재의 노동력을 줄여준다. 하지만 특허권이 만료된 다음에는 정신노동에 대한 재산권을 물려받는 상속자가 없다. 결과적으로 기술자본의 크기를 측정하는데 필요한 인시는 그걸 만드는데 실제로 들어간 인시가 전부다.

부의 회전과 자산의 회전 사이의 구분을 중요하게 만드는 이런 거래들에 수반된 것은 바로 현혹과 환상이다. 이 구분이 자본이라는 말의, 기술적 의미와 소유적 의미라는 이중적 의미에 개입한다. 전자는 예전에 자본이라고 불렸으며, 후자는 자본화이다. 하지만 자본화를 사업가들은 자본이라고 부른다. 이것은 자산이라는 의미에서 자본이며, 후자는 부라는 의미에서 자본이다. 전자는 희소-가치 또는 기대 **수입**이며, 후자는 사용-가치 또는 기대 **산출**이다. 혼동은 달러라는 측정단위 하나만 사용할 때 일어난다. 사업가가 소유한 자본인 자산(희소-가치)의 크기도 달러로 측정하고, 자본의 사회적 의미인 부(사용-가치)의 크기도 달러로 측정하기 때문이다. 고정자본과 유동자본은 인시로 측정할 때 양쪽 모두 부며, 투입에 대한 산출 속도의 증가는 효율 증가다. 고정자본과 유동자본은 달러로 측정할 때 양쪽 모두 자산이며 부채고, 지출에 대한 수입 속도의 증가는 기업 자산 증식률의 증가이다.

VI. 능력과 기회

1. 물리적 소유와 법적 소유

여기에서 우리는 능력과 기회 사이의 차이에 맞닥뜨린다. 능력은 행동할 수 있는 잠재력이다. 기회는 행동 과정에서 선택이 이루어진 제한된 대안들이다. 하지만 능력은 자연에 대한 힘과 타인에 대한 힘이라는 두 방향으로 작용하며, 생산하는 힘과 교섭하는 힘으로 구분할 수 있다. 그러므로 선택의 대상이 된 제한된 대안들이 자연적인 기회와 소유적인 기회이다.

명확한 것처럼 보이지만, 경제 이론 안에 이 구분이 부의 이중 의미에 의해 숨겨져 있다. 우리가 앞에서 보았듯이, 이 이중 의미는 물질과 그것의 소유권을 뜻한다. 그러나 이에 따라 소유라는 말은 물리적 점유와 법적 점유라는 이중 의미를 부여받는다. 이 이중 의미를 블랙은 다음과 같이 사용한다.

"우리가 욕구(want)하는 대부분은 물질 자체의 속성보다는 물질의 **소유권**과 일정하게 관련이 있다. 많은 경우, 재화가 우리 욕구를 적절히 충족시키려면 먼저 소유권이 필요하다. 의복이나 칫솔이나 애완용 강아지 같은 경우에는 누구도 이런 사실에 이의를 제기하지 않을 것이다. 토지, 주택, 자동차, 서적, 그림, 악기 등도 대체로 이와 같다. 그래서 진정으로 우리는 점유(possession)를 욕구를 충족할 힘을 결정하는 네 번째[52] 정황으로 간주해야 한다. 동일한 분류가 물

52) 다른 정황 세 가지는 (실체를 포함한) 형태, 장소, 시간이다.

적인 재화뿐만 아니라 서비스에도 똑같이 적용될 수 있다.[53]

여기에서 소유(ownership)와 점유(possession)라는 말들이 물리적 의미와 소유적 의미로 구별되어질 수 있는 것에 사용된다. 물리적 의미는 생산이나 소비에 사용하려고 자연의 물질을 갖는 것이며, 경제적으로 정확히 반대인 소유적 의미는 남들을 배제할 수 있는 권리, 즉 그들이 원하나 갖고 있지 않은 것을 그들에게 주지 않을 수 있는 권리이다.[54] 우리가 지나가다가 이웃집 밭에 조용히 들어가서 생산이나 소비에 필요하다고 아무거나 집어갈 수는 없다. 우리는 먼저 소유자와 협상해야 한다. 그래서 점유에 대한 이중 의미는, 경제학에서 사용하는 것처럼 물리적 통제와 법적 통제다. 물리적인 점유 전에 법적인 점유에 대해 협상해야 한다.

이 점을 물리적 경제학자들과 쾌락주의적 경제학자들이 간과했던 것 같다. 이들은 늘 법적 점유가 아니라 물리적 점유를 의미했다. 이 점이 부를 물질과 소유라는 부에 관한 그들의 이중적인 의미에 개입되었다. 하지만 이들 경제학자가 법적 보유권을 사전에 획득하지 않고 생산이나 소비를 시도한다면 감옥에 가게 된다. 만약 사전에 법적 보유를 획득했다면, 물리적 점유를 통해서 우리는 부의 생산이나 소비를 증가시킬 기회를 갖게 된다. 법적 보유를 통해서 우리는 다른 사람을 배제하고 소유권 이전을 위해 협상할 힘을 갖는다. 물리적 점유는 보유하는 것(holding)

••
53) Black, J. D., *Production Economics*, 29. 이와 비슷한 이중 의미에 대해 본서 656쪽에 나오는 멩거 편을 보라.
54) **소유**와 **점유** 사이의 전문적인 **법적** 구별은 지금 고려되고 있는 경제적 의미에서는 중요치 않다. 각각은 소유자나 점유자의 동의 없이 그 소유물에 다른 사람이 진입하는 (즉 사용하는) 것을 배제할 수 있는 권리를 뜻한다. 이 법적 구별 때문에 우리는 법적 소유나 법적 점유를 의미하는 "법적 통제권"이라는 좀 더 포괄적인 용어를 사용한다.

이고, 법적 점유는 보유(holding)할 권리나 남들이 쓰지 못하게 갖고 있을 (withholding) 권리를 부여한다. 하나는 자연력들 중에서 선택할 수 있는 기회이며, 다른 하나는 구매자들 중에서 또는 판매자들 중에서 선택할 수 있는 기회이다.

사실, 이 구분에 근거해서 우리는 **물질**과 **소유권**을 구별할 뿐만 아니라 **부와 자산, 재산과 재산권**도 구별한다. 부는 자연 속에 쓸모없이 존재할 수도 있을 원재료에 정신적 관리적 육체적 능력을 더한 사용-가치다. 하지만 공기처럼 요구하기만 하면 얻을 수 있을 정도로 자연물이 풍부하다면, 당연히 이것은 희소-가치가 없으며, 그걸 자신의 재산이라며 배타적 점유를 주장할 바보도 없을 것이다. 공기는 모든 자연물 가운데 가장 유용하지만 너무 많아서 가치가 없으며, 따라서 공기에 대한 배타적 점유를 주장할 사람도 없다. 하지만 북부 지방에서 인위적으로 데우거나 남부 지방에서 인위적으로 식힌 공기처럼, 또는 무선통신에 필요한 파장처럼 희소하게 된다면 소유권을 다투는 갈등이 나온다. 제한된 파장을 제한된 기간에 어느 개인이 배타적으로 사용하도록 할당하기 위해 **전파위원회**까지 만들어진다. 파장은 부이지만, 그들에 대한 법적 점유는 자산이다.

이렇게 우리는 재산과 재산권을 구분한다. 재산은 희소하거나 앞으로 희소할 거라 예상되는 자연물을 한 인간이 자기가 사용하거나 그 가격을 받고서 다른 사람에게 사용하게 하는 배타적인 통제에 대한 요구이다. 하지만 재산권은 배타적 사용을 둘러싸고 분쟁이 일어날 정도로 희소가 예상되는 대상에 대해 특정 개인에게 다른 인간을 배제할 배타적 권리를 할당하는, 정부나 여타 조직의 집단행동이다. 그래서 재산은 어떤 청구권일 뿐 아니라, 무어든 희소한 물건에 대한 청구권들의 충돌이기도 한

데, 재산권은 충돌을 조절하는 단합된 행동이다.

물론 여기에서 우리는 분석과 정당화를 구분한다. 분석은 희소, 재산, 재산권의 관계이다. 재산권의 정당화는 재산권의 유지나 변경을 위해서 내세우는 이유이다. 하지만 이런 정당화는 지금 우리의 관심사가 아니다. 분석하는 의도는 "점유"에 대한 이중 의미를 밝히려는 것이다. 물리적 의미에서 보유는 다양한 자연력을 지배하는 힘이다. 소유적 의미에서 보유는 어느 사람이 자신이 이용하려고 요구하는 것을 다른 사람으로부터 유보할 수 있도록 개인들에게 허용된 집단적 힘이다. 전자에서 보유는 효율의 전제조건을, 후자에서 보유는 교섭력의 전제조건을 의미한다.[55]

2. 선택

하지만 어떤 경우든 능력은 결국 선택이 되고, 선택은 희소한 기회들 중에서의 선택이다. 물리적 의미에서 선택은 자연적인 기회들, 즉 물질적 또는 물리적 기회들 중에서의 선택이다. 소유적인 의미에서 선택은 구매자들이나 판매자들이나 차용인들 또는 대출자들, 노동자들이나 고용주들이나 임대인들과 임차인들 기타 등등 중에서의 선택이다. 그리고 이 선택은 소유권 양도와 취득 중에서의 선택이다. 물리적 의미에서 선택은 다양한 자연력에 대한 지배력의 증대와 관계가 있다. 소유적 의미에서 선택은 다른 인간에 대한 지배력 증대와 관계가 있다. 전자는 상대적 효율이고, 후자는 상대적 희소다.

• •

55) 재산과 재산권의 구분은 뒤에 나오는 MacLeod 저서 397쪽 조사로부터 연역했다.

점유에 대한 물리적 의미에서 볼 때, 자연의 다양한 기회 사이에서 선택함으로써 부는 생산되거나 소비된다. 블랙은 "선택한다는 것"은 "하나의 생산 형태"라고 말한다. 만약 선택한다는 말로 우리가 행위를 낳는 대안들에 대해 주관적으로 평가하는 것이 아니라 그것을 넘어서서 선택하는 행위 자체를 의미한다면, 블랙의 용어가 생산이라는 의미 안에 소비를 포함한 것은 올바른 것이다. 블랙은 이렇게 말한다.

> "무엇을 먹기 전에 무엇을 먹을지 **결정**하거나 **선택**해야 한다. (……) 이 선택은 상품 생산이나 서비스 생산에 사용할 재화들과 서비스들 사이에서 이루어진다. (……) 이것이 생산이라는 건 의심할 여지가 없다. 하지만 자신을 위해 음식이나 의복이나 오락을 선택하는 것 역시 생산이 확실하다.[56]

우리가 선택하는 행위가 어떻게 부를 생산하느냐고 묻는다면, 우리는 대안들 중에서 선택한다는 의미를 좀 더 세밀히 살펴보아야 할 것이다. 이것은 정신적, 관리적, 육체적 능력으로 구성된 인력을 우리가 사용할 방향과 힘을 선택하는 문제다. 이런 의미에서 모든 선택은 다양한 자연의 물체에 작용하는 세 가지 차원을 가지고 있다. 아래에 언급한 공식에서 볼 수 있듯이, 선택하는 순간에 나타나는 실행과 회피와 자제가 바로 그것이다.[57]

AC라는 방향에서 자연력을 통제할 능력이나 인력은 대안적인 방향 AB보다 더 크다고 볼 수 있다. 하지만 AC 방향에서 한 인간이 능력을 발

56) Black, J. D., *op. cit.*, 41.
57) Cf. Commons, John R., *Legal Foundations of Capitalism*, 69.

선택 공식

노동력

실행	자제	B
회피		C

A

휘하는 건 유용하지 않게 보일 수 있다. 그러므로 선택은 두 대안 사이에서 이루어진다. 전자에 대한 거부를 우리는 **회피**라 명명하고, 후자에 대한 선택을 우리는 **실행**이라 명명한다.

하지만 위기가 닥친 기간이나 속도가 아주 빨라지는 기간에만 실행은 그 방향으로 나아가는 총인력과 똑같다. 구체적인 실행과 잠재적 실행의 차이를 우리는 **자제**라고 명명한다. 그러므로 각각의 선택은 대안들에 대한 이중적인 선택이며, 이 선택은 **자제**에 의해 제한받는 실행이라는 선택과, 그리고 회피된 차선의 대안에 의해 제한받는 **실행**이라는 선택이라는 점에서 이중적이다. 실행은 그 순간에 사용할 수 있는 대안적인 요인 하나를 움직이는 실제적인 노력이다. 회피는 의도한 목적에 효율적이지 않다고 여겨지는 대안 요소를 거부하는 것이다. 자제는 실행을 행하는 정도를 말한다. 너무 많은 에너지를 쏟아붓는 건 목적에 바람직하지 않다고 여겨지기 때문에, 이것을 전력을 쏟아붓지 않고 의지로 억제하는 것이다.

이처럼 모든 선택은 삼중 한계를 지닌다. 첫째, 잠재력, 즉 **가능한** 능력으로서 관리적 능력이든 육체적 능력이든 이것은 정신적 예지력이 이끈다. 둘째, 더 커다란 힘과 더 작은 힘 사이의 선택으로서 이 경우에 실행은 그 방향으로 이행할 수 있는 능력보다 작다. 셋째, 다른 방향을 회피함으로써 한 방향으로 실행하는 것을 선택하는 것이다.

그래서 인간 능력의 물리적 차원에 국한한다 할지라도, 우리는 의지에 의한 의지적인 지침을 가지며, 또한 선택하는 것이 생산적인 것은 바로 이런 점에서이다. 이것을 우리는 행동 속의 **의지**라고 명명한다. 이 의지는 실제 실행에서 사용할 인간 힘의 정도를 선택함으로써, 또는 필요한 이상으로 힘을 사용하는 걸 자제함으로써, 또는 대안적인 방향으로 사용하는 걸 회피함으로써 자연 에너지가 작용할 방향에 대한 통제이다. 이처럼 선택하는 것은 생산적이다. 왜냐하면 그것은 실행이고, 자제이고, 회피이기 때문이다.

선택하는 행동에 대한 이러한 분석은 부의 생산에서 관리 거래의 지침으로 제한 요인과 보완 요인의 원리에 중요성을 부여한다. 우리가 지혜롭다면, 결정할 시간과 장소에서 제한 요인으로 여겨지는 요인에 근거해서 자제력에 의해 제한된 실행을 선택할 것이다. 그래서 당분간은 보완 요인을 회피하게 된다.[58] 물론 나중에 보완 요인을 제한 요인으로 차례대로 선택할 수도 있을 것이다. 우리가 자연적인 기회의 선택이나 부의 생산으로 구분하는 건 바로 이처럼 자연력에 포함된 제한 요인과 보완 요인 사이에서 선택하는 과정이다.

하지만 블랙이 했던 대로 이성적, 습관적, 우연적 선택들을 구분해야 한다.[59] 이루어진 선택이 실제로 제한적인 요인이 아닐 수 있는데, 그럴 경우 그 노력은 헛수고가 된다. 습관적이고 우연적인 선택과 대립해서 이성적이거나 과학적인 선택이 이루어지는 정도를 우리는 **적시성**이라 명명한다. 그것의 영역은 정신적이고 관리적인 능력이다. 이 능력은 사

••

58) 본서 1049쪽, 전략적인 거래와 일상적인 거래.
59) Black, J. D., *op. cit.*, 41.

람마다 크게 다른데, 단순한 육체노동에서 가장 낮은 수준에 이르게 된
다. 적시성은 가변적인 제한 요인들을 적절한 시간, 적절한 공간, 적절한
형태, 적절한 양으로 선별하는 한도 안에서 인간 능력을 발휘하도록 선
택하는 것이 효과적인 정도이기 때문이다.

이처럼 자연의 다양한 물질력 사이에서 인간이 선택하는 제한 요인은
세 개로, 인력과 기회와 적시성이다. 인력은 정신, 관리, 육체 능력이다.
기회는 자연력들 사이에 존재하는 제한 요인과 보완 요인이다. 적시성은
적절한 시간, 장소, 형태, 양, 인간 에너지의 정도에 따라 실행하고 자제
하고 회피하는 것이다. 이러한 선택의 공학적 과정은 관리 거래에서 특
화되지만, 그 전형은 물리적 소유만 고려하는 로빈슨 크루소다. 달성 가
능한 최대의 효율로 측정한다면, 이 공학적 과정은 현존하는 능력의 한
계, 활용할 수 있는 자연적 기회, 적시성에 대한 최선의 판단에 따라 인
시를 최소한 투입하고 사용-가치를 최대한 산출한 것이다. 우리가 효율
이라고 명명한 것은 자연의 힘들에 대한 통제를 하는 과정에서 이루어진
이러한 선택의 차원들의 결과이다.

하지만 정말 흥미로운 건, 동일한 선택의 차원들이 경제적인 힘, 즉 상
대적 희소의 영역에서 찾아져야 하며, 이 상대적 희소는 점유의 소유적
의미이다. 여기에서 **교섭력**의 차원들은 역시 실행, 회피, 자제다. 우리는
이 교섭력의 차원들을 **경제적 기회** 또는 **소유적 기회**라고 명명한다. 왜냐
하면 이 차원들은 기회를 제공하는 상대적 희소인 반면, 이와 다른 선택
의 차원들은 기회를 제공하는 상대적 효율들이 들어 있는 **물리적 기회**이
기 때문이다. 기회는 객관적 측면이고, 능력과 선택은 의지적 측면이다.[*]
기회들의 선택에 관한 분석은 언제나 자명한 것으로 가정해서 따로 연구
할 필요가 없었을지라도, 경제 이론 내부로 점차적으로 들어갔고, 우리

는 여기에서 그 발전 단계를 설정하려고 한다. 기회에 대한 선택은 가치에 대한 법적 의미로, 이것이 생산비용이라는 물리적 개념과 고락이라는 쾌락주의적 개념과 대립하기 때문이다.

3. 기회

(1) 서비스 비용과 생산물 비용

시니어(Nassau William Senior)**의 금욕이론에 대한 뵘바베르크가 한 비판은[60] "효용비용"과 "기회비용"이라는 최근 학설의 시초인데, 기회비용은 합당한 서비스 비용에 대한 법적 원리와 동등하다는 것을 우리가 발견한다. 뵘바베르크는 물질적 서비스에서 끌어낸 쾌락, 즉 "효용비용"

∵

[60] Böhm-Bawerk, E. von, *Capital and Interest: a Critical History of Economical Theory*, (1884, tr. by W. H. Smart, 1890), 275 ff.

---

* 원문은 "Opportunity is the objective side of which ability and choice are the volitional side"로 비문으로 보인다.

** 나소 윌리엄 시니어(1970~1864)는 영국의 변호사이자 고전 경제학자로 옥스퍼드대학교 최초의 정치경제학 교수로 활동했다. 그는 자본가들이 소비하지 않고 거둬들인 보수를 축적하는 자본 생성의 역할을 강조하기 위해 '금욕'이란 표현을 사용했다. 시니어는 따라서 가치가 노동에 의해 생성되는 것이 아니라고 주장하며, 이자(interest)는 자본가의 금욕에서 생긴다고 주장했다. 뵘바베르크는 노동 역시 시간의 흐름에 의해 그 중요성이 변화하기 때문에, 금욕을 계산하는 데 노동을 부차적 요소로 둔 시니어의 주장을 비판했다. 또한 뵘바베르크는 가치가 시간의 흐름에 따라 변화하기 때문에, 이자는 금욕이 아닌 가치의 차이에서 발생한다고 보고, 시니어의 금욕에 의한 이자 이론을 부정했다. https://lib.dr.iastate.edu/cgi/viewcontent.cgi?article=17589&context=rtd

이라는 쾌락주의적 언어를 사용하는데, 우리는 이것을 화폐라는 소유적 언어, 또는 "기회비용"으로 손쉽게 전환할 수 있다.

뵘바베르크는 두 종류의 후생의 상실을 구분 짓는다. "적극적"인 것은 "확실한 상처를 입고, 고통을 당하며, 분란에 휩싸이는 것이고", "소극적"인 것은 "그렇지 않았다면 우리가 가졌을 수도 있었던 행복이나 만족을 잃은 채 사는 것이다." 이 대안적인 회피가 뵘바베르크가 말하는 효용비용이다.

비용을 측정하는 이 두 가지 방법은 중첩적이지 않다. 전자를 후자에 더할 수 없다. 이 방법들은 대안적이다. 뵘바베르크가 말하길, "오늘날 경제생활에서 우리는 우리의 작업이 돈이 될 무수히 많은 가능성들을 가지고 있기 때문에" 노고라는 점에서의 희생은 "거의 측정되지 않는다." 현대에서 "우리는 노고가 아니라 우리가 단념한 이윤이나 이익으로 훨씬 더 많은 사례들을 평가한다."[61]

이런 식으로 뵘바베르크는 자신의 경제철학을 금욕과 희소에 기초한 시니어의 고통 경제학으로부터, 더 큰 기쁨과 더 작은 기쁨 사이에서 선택하는 쾌락과 풍요의 경제학으로 전환한다. 이 원리의 보편성은 의심할 여지가 없다. 우리는 (앞으로 수정사항을 고려하겠지만) 더 큰 기쁨을 선택하고 더 작은 기쁨을 거부한다. 그래서 우리는 쾌락의 잉여를 얻는다.

이렇게 포기한 이익에 대해 뵘바베르크는 "소극적인(negative) 비용" 또는 "효용비용"이라는 역설적인 이름을 부여한 반면, 아담 스미스와 시니어의 희생, 고통, 고생에 대해서는 "적극적인(positive) 비용"이란 이름을 부여한다. 하지만 여기서 의도된 의미가 대안적인 쾌락 사이에서 선택하

∙∙

61) *Ibid.*, 284.

는 의지적인 의미가 확실하기 때문에, 여기에서 다루는 "적극적(positive)"
과 "소극적(negative)"이란 용어는 양(positive)과 음(negative)이라는 수학
적 의미와 다르다. 그러므로 우리는 회피한 대안적인 쾌락의 "효용비용"
이라는 뵘바베르크의 용어를 사용하는데, 이것은 고전학파의 수학적인
"양(positive)의 비용" 또는 양(positive)의 고통과 대조된다. 쾌락의 양의
"수입"을 고통의 양의 "지출"과 비교할 때, 양의 비용이나 고통은 순수입
이란 관념으로 나아간다. 하지만 더 적은 쾌락을 회피한 것과 더 많은 쾌
락을 획득한 것을 비교할 때, 효용비용이란 개념은 잉여 개념으로 나아
간다.

이것은 우리가 뵘바베르크의 물질과 쾌락이라는 자연경제로부터 화
폐 공동체(community)라는 소유경제로 시선을 돌릴 때 훨씬 친숙하게 보
인다. 소유경제에서는 모든 걸 누군가가 소유해, 개인이 자연에 접근하
려면 먼저 그 소유자와 교섭해야 한다. 그러므로 우리는 "효용비용"이라
는 심리적 용어를 "기회비용"이라는 금전적 용어로 전환한다. 여기에서
활동은 물리적인 게 아니라 행태주의적이다. 이것은 법적 통제권을 넘기
는 데 동의함으로써 협상을 마무리하는 행위다.[62] 기회비용은 수많은 판
매의 기회 가운데서 선택할 때 발생한다. 그래서 교섭 거래에 대한 우리
공식에서[63] 판매자 S 앞에는 경쟁하는 구매자 두 명에게 팔 기회 두 개가
놓여 있다. 판매자 S는 상품이 커다랗든 조그맣든, 팔 수 있는 게 하나밖
에 없어서 양쪽 모두에게 팔 수는 없기 때문에, 두 구매자 가운데 한 명
을 선택해야 한다. 구매자 B는 100달러를 제안하고 구매자 B¹는 90달러

• •
62) 본서 198쪽, 협상심리학.
63) 본서 153쪽.

만 제안한다. 판매자 S가 구매자 B에게 100달러 이상을 지급하도록 설득할 수 없다면, 그러면 판매자 S는 100달러에 팔라는 요청을 수용하면서, B^1이 제안한 90달러는 거부한다. 이 90달러는 판매자 S에게 기회비용이며, 그 의미는 "소극적", 심지어는 역설적이기까지 하다. 왜냐하면 그 기회비용이 지출이라는 적극적인 의미에서 비용이 아니라, 돈으로 살 수 있는 상품들의 풍부한 현존하는 공급 중에서, 그가 포기한 더 적은 몫이라는 대안적 의미에서 비용이기 때문이다.

하지만 S에게 양의 비용이 가령 80달러라면, 그건 S가 **앞선** 거래에서 구매자 자격으로 판매자에게 지급한 비용이다. 그래서 "기회비용"과 "적극적인 비용"은 누적되지 않는다. 사실, 이 둘은 **양의 지출**과 **대안적인 수입** 사이의 차이이다. 구매자 B^1는 상품을 판매하려는 S 앞에 열려 있는 모든 소유적 기회들 가운데 **차선의 기회**를 대표하는 반면, 구매자 B는 당시에 활용할 수 있는 모든 소유적 기회들 가운데 **최선의 기회**를 대표한다. 이런 이유로 우리는 이것을 기회비용이라고 명명한다.

그래서 통상 구분하지 않았지만, 우리는 "잉여"와 "순수입"의 차이를 앞으로는 구분해야 한다. 순수입은 **두 번**의 거래에서 발생한 것으로, S의 총수입(B에게 받은 100달러)과 S의 총지출(앞선 판매자에게 지급한 80달러)의 차액으로, 이 경우 20달러다. 하지만 이 경우에 잉여는 **한 번**의 거래에 등장하는 **총수입** 두 개 사이의 차액이다. 즉 B가 S에게 제안한 수입 100달러와 B^1이 S에게 제안한 이보다 적은 대안적인 수입 90달러 사이의 차액이다. 이 경우 **잉여**는 10달러다. 잉여와 순수입이 누적된다면 30달러겠지만, 이 둘은 중첩적이지 않다. 잉여와 순수입은 비용과 기회의 선택으로 가치를 측정하는 두 가지 방법이다.

"잉여"의 경우에 잉여수입은 10달러라는 "불로" 소득 또는 "준지대

(quasi-rent)"로, 이것은 같은 **시간**에 같은 **시장**에서 두 소유자, 즉 B와 B¹이라는 사람으로 표현된 두 개의 소유 기회 사이에서 비용 없이 선택의 자유 그 자체로 생겨난 것이다. 하지만 순수입은 20달러로, **다른 시장**에 **다른 시기**에서 나타난 양(+)의 지출 80달러와 양(+)의 수입 100달러의 차액이다. 다른 말로, 잉여는 **한 번**의 거래에서 나타난 판매할 두 기회 사이의 차액이지만, 순수입은 **두 번**의 거래에서 발생하는 양의(+) 지출과 양의 수입의 차액이다.

앞으로 살펴보겠지만, 법원이 합당한 서비스 비용의 개념을 구축하는 것은 순수입보다는 잉여의 크기에, 그리고 양의 비용보다는 기회비용으로 측정한 잉여의 크기에 근거해서다. 이것은 수리경제학자들이 통계학을 이론적으로 사용할 때 비로소 이해하기 시작하는 구분이기도 하다.[64]

하지만 이런 구분을 보전하려면 양(+)의 비용을 나타내서 서비스에 대한 기회주의적 비용과 구분할 용어를 만들어야 할 것이다. 우리는 이것을 "생산물 비용"으로 구분하는 반면, 기회 중심적 개념에서는 이것을 "서비스 비용"으로 구분한다. 생산물 비용은 재화나 쾌락의 양(+)의 **수입**을 위해 교환하는 화폐나 고통의 양(+)의 **지출**이며, 비용에 대한 고전적 개념 즉 고통 개념이다. 하지만 서비스 비용은 의지에 의해 회피된 **대안적 수입**(volitional alternative income avoided)이다. 개인은 유한해서 한 번에 양쪽 수입을 모두 가질 순 없어, 더 커다란 쪽을 선택하기 때문이다. 그래서 생산물 비용은 **지출**이나, 서비스 비용은 **대안적 수입**이다. 모든 사업은 실제로 대안적 수입 즉 서비스 비용의 원리에 근거해서 집행하

••
64) Rawleigh 재단이 1932년 12월에 출간한 Ellis, L. S.의 *The Tariff on Sugar*에 수록한 Morton, W. A.의 부록을 참고하라.

며, 생산물 비용은 판매자가 가능하면 얻으려고 하는 "마진(mark-up)"의 한 요인에 불과하다.

이런 기회비용[65]의 관념을 처음으로 정식화한 것은 그린(D. I. Green)과 대븐포트(H. J. Davenport)*이다. 대븐포트에 따르면, 그린은 "이 학설을 완전히 또렷하게 정식화한 첫 번째 사람"이지만, 이 학설을 "체계적으로 적용한 첫 번째 사람"은 아니었다. 고전학파와 쾌락주의 학파의 선도적 이론가들을 자세히 검토해서 체계적으로 적용한 사람은 대븐포트였다. 이 점에 대해서는 그의 저서 『가치와 분배(*Value and Distribution*)』를 참고하면 된다. 뵘바베르크와 오스트리아학파가 이 원리를 인정하기는 했지만, "흔들림 없이" 고수한 것은 아니었다는 점, 그리고 이후에 나온 몇몇 경제학자들이 "전환비용", "준지대", 특히 앨프레드 마셜(Alfred Marshall)의 "대체" 비용이라는 이름하에 이 학설을 언급했었거나 시사했었다는 점을 대븐포트는 알아냈다.

우리는 앞에서 거래의 공식으로 환원함으로써, 그리고 여기에 대븐포트가 말한 "기회비용", "분배비용", "분배 몫"이란 용어를 부여함으로써 지금까지 대븐포트가 철저하게 분석하면서 예전 이론과 대조한 내용을

●●

65) Green, D. I., "Pain Cost and Opportunity Cost", *Quarterly Journal of Economics*, VIII(1894), 218; Davenport, H. J., *Value and Distribution, a Critical and Constructive Study*(1908); *The Economics of Enterprise*(1913).

---

* 허버트 조셉 대븐포트(1861~1931)는 미국의 경제학자, 교육자, 작가이다. 시카고 대학에 있을 때 베블런 밑에서 공부하며 그의 삶 전반에서 친밀한 관계가 되었지만 베블런의 제도주의적 접근을 피하면서 오스트리아학파 경제학자들의 통찰을 받아들여 경제학 분야에서 독특한 영역을 개척했다. 그는 오스트리아학파, 특히 비이저의 기회비용 개념을 받아들였지만, 한계효용에 대한 신고전학파의 개념은 거부했다.

추적해왔다. 대븐포트가 말한 용어는 모든 교섭 거래에서 실제로 일어나는 선택 과정을 매우 정확하게 묘사한다. 판매자 각자가 선택하는 것은 구매자가 화폐 형태로 제시한 사회 총생산량의 대체 가능한 몫들 중에서 가장 큰 것이다. 이것은 판매자가 받아들이는 몫으로, 판매자의 "분배 몫"이라 명명할 수 있다. 하지만 선택할 때 판매자는 화폐 형태로 차선의 구매자가 사회 총생산량에서 제시한 차선의 큰 몫을 포기하거나 거부한다. 이것은 "분배비용"으로 대체비용, 전환비용, 그린과 대븐포트의 기회비용이란 개념과 거의 비슷하다. "분배 몫"은 판매자가 실제로 "화폐 수입"이라는 구매력으로 받은, 사회적 산출에 대한 몫에 대한 요구이다. 기회비용은 판매자가 거부한 조그만 몫에 대한 청구로, 더 커다란 몫을 받기 위해 더 적은 몫을 받아들이지 않는다는 의지의 관점에서, 이 청구는 "비용"이 된다. 더 커다란 몫과 더 적은 몫의 차이는 준지대, 잉여, 불로소득 등으로, 단순히 선택만으로 아무런 비용도 안 들이고 얻는 것이지만, 판매자의 순수입을 늘려주는 구성요소 가운데 하나로 작용한다.

(2) 서비스 가치와 생산물 가치

하지만 개인이 총소득 두 가지 중에서 더 커다란 걸 선택할 기회를 가짐으로써 자신의 순수입을 늘리는 잉여를 얻을 수 있다면, 이 개인은 총지출 두 가지 중에서 더 작은 걸 선택할 기회를 가짐으로써 순수입을 늘릴 수도 있지 않을까? 헨리 케리가 1837년부터 1847년까지 쓴 글에서 이러한 분석의 시작점을 찾아보자. 케리가 한 분석을 바스티아는 1850년에 출처를 안 밝힌 채 용어와 예시까지 그대로 받아들여 대중화했다.[66] 케리와 바스티아 각각이 실제로 한 것은 아담 스미스의 "절약된 노동" 개념으로 되돌아간 것인데, 스미스는 이 절약된 노동을 "노동비용"이나 "지배노동"에 상응하는 것으로 만들었다.[67] 이 둘은 각각 리카도의 비용과 지대에 대한 주장을 뒤집으려고 스미스의 "절약한 노동" 개념을 사용했지만, 케리는 보호관세를 지지하려는 목적으로 이 개념을 사용한 데 반해 바스티아는 아나키스트 프루동을 논박하고 자유무역을 지지하려는 목적으로 사용했다.

케리와 바스티아는 자신들이 말한 "절약한 노동"의 의미를 구분하기 위해 "서비스 가치"라는 용어를 사용했다. 미국 법원은 사업가들의 습관에서 다양한 이론을 도출했으니, 미국 법원 및 사업가들의 가치 이론을 검토하면, 이들이 의미하는 "가치"는 바로 이 서비스 가치라는 사실을 우리는 깨닫는다. 가치에 대한 법적이고 자본주의적인 이론은 절약된 노동 이론이며, 따라서 고전학파나 정통파 경제학자들의 "적극적인(positive)" 비용 이론이나 가치 이론에도 나오지 않고, 공산주의, 아나키즘, 쾌락주의, 이단주의 추종자와 반대자의 이론에도 나오지 않는다.

하지만 "절약된 노동"은 화폐나 화폐가치에 인격을 부여한 것이며, 법적 자본주의적 이론은 화폐가치 이론이다. 케리와 바스티아는 절약된 노동이란 개념에 도달하려고 화폐를 배제했으나, 동시에 절약된 노동을 절

••

66) Carey, H. C., *Principles of Political Economy*(1837); *The Past, the Present and the Future*(1847); Bastiat, Frederic, *Harmonies of Political Economy*(1850), 인용한 건 *Harmonies of Political Economy*(P. J. Stirling, 1860)이다. 케리의 주장에 대한 우선순위는 케리가 집필한 *Principles of Social Science*(1858), I, iii.를 보라. 인용은 1868년 판본으로 했다. 케리의 주장은 Gide, Charles and Rist, Charles, *History of Economic Doctrines*(1913), 327; Haney, L. H. *History of Economic Thought*(1911, 1930), 304에서 확인하라.

67) 본서 328쪽, 스미스.

약된 화폐로 전환했다. 그러므로 두 사람 이론의 기원을 설명할 때, 우리는 법적 자본주의적 가치 이론을 설명하게 된다. 하지만 그들의 이론에 우리가 말하는 거래 공식이 깔려 있다는 것을 발견하고, 거래 공식에서 그 이론이 의지적인 기회 선택의 이론이 된다.

바스티아는 케리와 마찬가지로, 뵘바베르크와 반대되는 사회 철학으로 시작한다. 바스티아는 기회가 **풍요로운** 상황에서 **가장 이익이 큰 것**을 선택하면서 희생의 고통은 무시하는 식으로 시작하지 않는다. 바스티아는 기회가 **희소해서** 희생의 고통도 따르는 상황에서 **가장 부담이 적은 것**을 선택하고 화폐든 쾌락이든 적극적인 수입을 외면하는 방식으로 시작한다. 바스티아가 제대로 말했듯이, 이것은 욕구가 공급을 초과하며, 따라서 노동이 공급을 만들어내야 한다는 희소의 보편적 법칙에서 나온다. 하지만 노동은 싫은 것이기 때문에 교환으로 생산물을 획득한 구매자에게 생산물의 가치는 본인이 생산하는 데 들어간 **자신의 노동비용**에 비례하는 게 아니라, 다른 사람에게서 그것을 획득하지 않고, 자신이 직접 생산했다면 **들어갔을** 노동에 비례한다. 그래서 그 가치는 리카도의 노동 **비용**이 아니라 아담 스미스의 **절약한** 노동으로 측정한다. 바스티아는 그 가치를 노동이라는 형태로 진술하지만, 사실은 화폐라는 형태로 진술해도 된다. 바스티아는 다음과 같이 말한다.

리카도와 이후 맑스와 프루동의 노동비용설의 원리처럼 "그 가치는 서비스를 제공한 사람이 **수행한** 노동에 필연적으로 비례하는 게 아니라, 서비스를 받은 사람이 **절약한** 노동에 비례한다고 말할 수 있다. 가치에 대한 이런 일반 법칙은, 내가 아는 한, 이론가들이 주목한 적이 없어도 현실에서는 광범위하게 퍼져 있다. (……) 이 법칙의 원리와 토대는 서비스를 **제공하는** 사람의 노력이라기보다

서비스를 **제공받는** 사람에게 절약된 노력에 있다.[68]

그러므로 우리는 바스티아의 "주관적 가치"를 "소극적인" 가치, 또는 역설적으로, 비-효용-가치, 즉 더 부담이 되는 대안적인 고통을 피함으로써 자신에게 주는 **가치**라고 부를 수 있다. 이는 뵘바베르크의 소극적인 비용 또는 "효용비용"을 적은 쾌락을 주는 대안을 피함으로써 자신이 감당해야 할 비용이라고 하는 것과 같다. 화폐 용어로 바꾼다면, 기술적으로 **비-기회-가치**라 말할 수 있는데, 이것은 서비스 가치라는 (케리와 바스티아의 개념이기도 한) 법적 개념에 상응한다.

"방해 가치"로 널리 알려진 의미도 이와 마찬가지다. "방해 가치"란 한 사람이 소유한 재산 가치를 떨어뜨리는 방해를 제거하도록 다른 사람에게 지급하는 가격이다. 이 용어는 영업권 가치에 대한 청원에 맞서는 반박으로서 법적인 인정을 받아왔다.[69]

앞에서 보았듯이 기술적 비-기회-가치 또는 익숙한 방해 가치는 가치의 소극적인 의미라기보다 가치의 "분배적인" 의미이다. 이것은 더 적은 지출을 선택할 기회를 가짐으로써 다른 사람에게 더 많은 걸 지출하는 걸 회피함으로써 자신에게 생기는 가치다. 이 기회를 누리려고 화폐를 지급한다면, 그것은 방해 가치다. 이런 상황은 교섭 거래 공식에서 볼 수 있다(본서 153쪽).

우리 공식에서 구매자 B나 B¹는 두 가지 대안을 가지고 있다. 상품을

••

68) Bastiat, *Harmonies of Political Economy*(tr. 1860), 114.
69) Commons, John R., *Legal Foundations of Capitalism*, 202; Consolidated Gas Co. v. N. Y., 157 Fed.(1907), 849쪽을 보라.

S에게서 110달러에 살 수도, S¹에게서 120달러에 살 수도 있다. 구매자로서 자신에게 주어진 바람직하지 않은 대안들 중에서 선택하는 방법으로 자신의 이익을 모색하기 위해, 바람직하지 않은 측면이 적은 걸 선택하고 S에게 110달러를 지급한다. 이 차액이 방해 가치를 측정한다. 따라서 110달러에 판 판매자는 구매자에게 120달러를 지불하는 차악의 대안, 즉 바람직하지 않은 것을 **피하게 해주는** 서비스를 수행한 것이다. 이 서비스의 크기는 그래서 "절약된" 잉여, 즉 10달러로, 구매자의 순수입에 보탬이 된다. 이 10달러는 구매자가 S에게 접근할 수 없다면 S¹에게 지급할 방해 가치다. 후자일 경우에 이것은 "불로 수입"이 아니라 불로 "절약"이고 "준지대"로, 구매자가 필요로 하지만 공급이 한정되어 있고 다른 사람이 소유한 상품에 대해 지급하도록 강제하는 법적인 제도에 따라 자신에게 부과된 두 가지 대안적인 양의 비용들(지출) 중에서 더 적은 비용을 선택할 수 있는 무상의 자유에서 생겨난다.

법원은 두 가지 악 중에서 차악을 선택한다는 이런 개념에 근거해, "서비스 가치"와 "방해 가치"라는 개념을 세운다. 하지만 다른 사례에서 그런 것처럼, 가치에는 기대 화폐 수입이라는 **적극적** 가치, 그리고 더 많은 화폐의 지출을 요구하는 대안을 회피하는 분배적 또는 **소극적** 가치라는 이중 의미가 있기 때문에 우리는 이것을 구분할 용어 한 쌍이 다시 필요하다. "생산물 가치"와 "서비스 가치"가 바로 그것이다. 생산물 가치는 재화나 고통을 적극적으로 지출한 대가로 받는 기대되는 화폐나 쾌락의 적극적인 수입이 가치라는 고전학파와 쾌락주의학파의 관념이다. 반면에 서비스 가치는 더 커다란 지출을 의지로 **회피한** 대안 또는 그것을 회피할 수 없을 때 방해 가치로, 이것은 개인이 유한해서 두 지출을 한 번에 감내할 수 없고, 그래서 더 적은 쪽을 선택하거나, 대안에 없을 때 방해 가치를 지급하기 때문에 생기는 가치이다. 이렇듯 생산물 가치는 수입과 관련되고, 서비스 가치는 더 비싼 대안적인 지출과 관련된다. 생산물 가치는 순수입의 요인 중 하나이고, 다른 순수입의 요인은 생산물 비용이다. 하지만 서비스 가치는 의지적 잉여의 하나이며, 다른 잉여는 서비스 비용이며, 둘 다 순수입을 늘린다.

서비스 가치에 대한 이 개념이 경제 이론에서 새로운 것은 아니었다. 이 개념은 국제무역에서 리카도가 제시한 "비교생산비" 이론에 새 이름을 붙이고 새롭게 응용한 것이었다. 리카도는 "한 국가에서 상품의 상대적 가치를 조절하는 동일한 규칙이, 둘 이상의 국가 사이에서 교환하는 상품의 상대적 가치를 조절하지는 않는다"[70]고 말했었다. 케리는 리카도의 이 "두 규칙"에 근거해, 리카도와 바스티아의 자유무역에 반대하는 보호관세 이론을 만들었다. 케리에 따르면, 미국과 같은 한 국가 안에서 적극적으로 투입된 노동의 양이 리카도가 주장한 것처럼 상대적 가치의 척도가 될 수 있다. 왜냐하면 모든 노동이 "자연의 서비스를 지배하는 똑같은 힘"을 지녔기 때문이다." "뉴욕이나 필라델피아에서 목수 두 명이 만든 제품은 석수 두 명이 만든 제품과 일반적으로 교환할 수 있다." 프랑스나 영국이나 인도의 다른 지역에서 다른 노동자가 만든 제품도 비슷하며, 각 나라 안에서 노동시간의 비율로 교환될 것이다.

하지만 외국 무역에서는 다르다. "가치로 따지면 보스턴에서 노동자가 투여한 시간은 피츠버그나 신시내티나 세인트루이스에서 다른 노동자가 투여한 시간과 거의 비슷하다. 하지만 이것을 파리나 아브르에서 노동자가 투여한 시간과 비슷하게 볼 순 없다. (……) 이탈리아 사람이 일

••

70) *The Works of David Ricardo*(ed. by McCulloch, J. R., 1888), 75.

554

년 동안 노동해서 얻은 것이 영국 사람이 반년 동안 노동해서 얻은 것보다 적다."[71] 케리가 한 말은 리카도가 말한 비교생산비 이론이었다.

그렇지만 리카도가 자유무역을 지지하면서 주장한 것처럼, 외국 무역은 이익이 많다. 각 국가는 자국 노동력이 훨씬 효율적인 부문에서 수출하고 자국 노동력이 덜 효율적인 부문에서 수입하기 때문이다. 그래서 외국 무역은 자국에 큰 비용이 드는 생산에서 노동을 **절약**하고 적은 비용이 드는 생산에 노동을 집중해서 수출할 수 있다. 케리가 그랬던 것처럼 이 학설에서 한 발짝만 더 나간다면, 외국인이 제공한 서비스 가치의 척도는 "절약된" 자국 노동이라는 대안적인 양이라고 말할 수 있다. 수입을 하지 않으면 그 재화를 생산하기 위해서 자국 노동이 그만큼 더 들어가야 할 테니 말이다.[72] 케리와 바스티아가 국내 무역과 외국 무역에 모두 적용할 수 있는 보편적 가치 법칙으로 확장시켰던 것과, 따라서 적극적인 노동비용이라는 리카도와 맑스의 가치 척도 이론을 리카도의 비교노동비용이라는 가치 척도와 스미스의 "절약된 노동"이라는 가치 척도로 바꾸었던 것은, 노동비용 두 가지 가운데 더 적은 것을 선택한다는 바로이 관념이었다. 이 관념에 노동비용 자체로 측정한 "생산물 가치"가 아니라, 회피한 더 큰 노동비용 대체안으로 측정한 "서비스 가치"라는 명칭을 부여함으로써, 리카도가 외국 무역에서만 그 관념을 보아왔던 반면에 케리와 바스티아는 그 관념을 아주 보편적인 것으로 널리 알렸다. 하지만이 관념은 가치 개념 전체를 고전학파와 공산주의의 적극적 노동비용에

.•
.•

71) Carey, H. C., *Principles of Social Science*(1868), I, 155.
72) 케리는 초기 이론을 형성할 때 자유무역주의자였지만, 나중에 이런 가치 이론이 저렴한 외국 노동에 맞서는 보호관세를 지지한다는 사실을 깨달았다.

서 대안적 비용 중에 더 적은 것의 경쟁적인 선택으로 바꾸었다.

기회비용이라는 동반된 이론을 아주 탁월하게 개발했던 대븐포트가 비-기회-가치라는 이런 개념을 함께 개발하지 않았던 것은 이상하다고 해야 할 것이다. 대븐포트가 개발하지 않았던 것은 아마도 대부분의 경제학자들처럼, 대븐포트 역시 케리와 바스티아를 엉뚱한 괴짜라고 무시했었고, 그래서 고전파 경제학자와 쾌락주의 경제학자들에게 모든 관심을 쏟아부었기 때문일 것이다. 대븐포트는 "경쟁"이라고 비-기회-가치 개념을 무시했다. 하지만 그의 기회비용 개념도 경쟁에서 생겨난다. 대븐포트는 케리가 해내고 모든 경제학자가 곧바로 받아들인 공적을, 즉 예전 경제학자들의 "생산비용"을 "재생산비용"으로 대체한 공적을 활용하지만,[73] 케리 자신은 여기에 특별한 관심을 기울이지 않는다. 사실 케리의 "재생산 노동비용"은 완전히 새로운 개념으로, 리카도와 맑스의 "생산 노동비용"과 양적으로는 일치하지만 개념적으로는 모순된다. 이 재생산 노동비용은 노동비용 이론이 결코 아니고, 두 가지 대안적인 노동비용 중에서 더 적은 것을 선택하는 기회의 보편 이론이었다. 하지만 아담 스미스가 노동비용과 절약된 노동의 괴리에 대해서 주목하지 않은 것처럼, 그 괴리를 주목하지 않은 채 경제학자들과 법원은 일반적으로 이 이론을 받아들여 왔다. 하지만 일반적으로 사용되고 있듯이, 케리의 재생산 노동비용은 대안들의 관념주의적인 의지 개념이 되었다. 그런데 이 개념은, 리카도가 확실하게 주장했던 선행하는 생산의 적극적인 노동비용이 무엇이었든 상관없이 자유로운 경쟁이 있다면 형성될 가격의 "이념형"[74]으로 상상 속에서 만들어졌다. 하지만 그 비용의 보편성은 의심

••

73) Davenport, H. J., *Value and Distribution: a Critical and Constructive Study*, 322.

할 여지가 없으며, 경제 이론의 궁극적 단위인 교섭 거래의 공식으로 축약될 때 바로 드러난다. 이 거래에는 참가자 네 명이 경쟁하는데 판매자는 총수입 두 개 가운데 더 커다란 것을, 구매자는 총지출 가운데 더 적은 것을 선택하려고 애쓴다.

이것은 대븐포트가 비-기회-가치를 간과한 또 다른 이유를 제시한다. **총수입**과 순수입의 구분을 활용하는 데 대븐포트가 잇따라 실패한 것이었다. 순수입 구성요소 두 개를, 즉 총수입과 총지출을 마음에 늘 담아두었다면, 총수입 두 개에서 더 커다란 걸 선택한다는 개념과 마찬가지로, 총지출 두 개에서 더 적은 걸 선택한다는 개념이 필요했을 것이다. 실제로 대븐포트는 주의를 환기하는 내용을 삽입하는 방식으로, 기회비용을, 즉 두 개의 총수입 사이의 선택을, **직업비용**이라고 명명해도 될 만한 것, 즉 서로 다른 두 개의 직업의, **순수입 두 개** 사이의 선택과 혼동하지 말아야 한다는 사실을 명확히 하고 있다. 대븐포트가 말하길, "(……) 기회비용 이론은, 제대로 이해한다면, 어떤 대안적인 직업이나 활동에서 실현할 수 있는 이익이 얼마인지라는 문제를 근본적으로 지적하는 것이 아니라, 그 직업이나 활동의 지속성을 보장하려면 얼마의 이익이 실현되어야 하는지를 지적할 뿐이다."[75] 다른 말로, 이 선택은 직업을 바꾸는 선택이 아니라, 똑같은 기업 고객인 두 구매자 사이의 선택이다. 판매자는 더 높은 가격을 지급하는 구매자를 선택하고, 거절당한 구매자는 그 판매자의 기회비용 또는 서비스 비용을 측정한다. 그러나 어쨌든 똑같은 사람이 구매자로서 수행한 동반된 일련의 다른 선택들이 무시되었다. 여기서

••

74) 본서 1187쪽, 이념형.
75) Davenport, H. J., *op. cit.*, 92-93.

그의 선택은 두 명의 판매자 사이에 놓인다. 원자재 판매자나 노동력 판매자도 똑같다. 이 경우에는 구매자에게 더 낮은 가격으로 파는 판매자가 선택받고, 구매자에게 **회피된** 판매자는 비-기회-가치 또는 서비스 가치를 측정한다.

대븐포트는 이것을 경쟁에 대한 자명한 사실이라고 지나쳐 버린 것 같다. 구매자는 경쟁하는 판매자가 제시한 더 싼 가격을 **당연히** 선택하는데, 대븐포트는 이것을 "경쟁"이라고 부른다. 하지만 판매자 역시 경쟁하는 구매자가 제시한 더 비싼 가격을 선택하며, 이것 역시 경쟁이다. 대븐포트에 따르면, 기회의 선택을 경쟁과 혼동하지 말아야 한다. 대븐포트는 판매자들을 경쟁자로 바라보지만, 대븐포트가 말하는 기회비용은 두 구매자 사이에서 판매자가 선택하는 것이기 때문이다. 그러나 두 구매자 역시 공식이 보여주듯이 경쟁자다. 경쟁은 판매자 사이의 경쟁이기도 하며 구매자 사이의 경쟁이기도 하다. 그래서 판매자가 두 구매자 사이에서 선택하는 것처럼 구매자는 두 판매자 사이에서 선택한다. 경쟁과 기회는 거래의 쌍방에서 발생한다.

추가적인 설명은 서비스의 합당한 비용과 서비스의 합당한 가치에 대한 법원 판결 연구에서 나올 수 있다. 두 개념 모두 법원 판결에 나오며, 이 판결에 관한 연구는, 위에서 언급한 것처럼, 적극적인 생산비용 및 적극적인 생산물 가치에 대한 리카도 학파와 고전학파 경제학자의 생각을 거부하는 것으로 드러난다. 왜냐하면 부당한 경쟁이나 차별이 있을 때 공공의 관심을 끌어들이지 않는 한, 이것들을 사적인 문제라고 믿기 때문이다. 후자의 공공복지 문제의 크기를 찾아내기 위해, 법원은 비슷한 시장에서 다른 사람들이 주고받은 대안적인 가격들을 측정해서 비교하는 방법에 의존한다. 공급, 수요, 관습 등의 현재의 조건하에서, 그리고 유사한 상황에 있는 사람들의 통상적 관행하에서 비슷한 대안들을 자유롭게 선택한다면, 이 가격들이 판매자와 구매자들에게 열려 있는 합당한 대안들임을 보여줄 수 있을 것이다. 경제학 전문용어로 풀어 말한다면 이것은 리카도의 비교생산비며, 케리의 재생산비용과 서비스 가치 또는 조금 더 기술적인 비-기회-가치며, 대븐포트의 기회비용 또는 서비스 비용이다. 법적인 논의에서 비교적이며 분배적인 개념, 즉 서비스 가치는 비슷하게 비교적이며 분배적인 개념, 즉 서비스 비용만큼이나 종종 쟁점으로 등장한다.[76]

서비스 가치 개념을 무시하는 것에 대해 훨씬 그럴싸한 설명은 케리와 바스티아가 이 개념에 엉뚱한 의미를 부여했다는 사실에서 찾을 수 있다. 케리와 바스티아에게 이 용어는 리카도의 통상적인 이론과는 상당히 충돌되면서도 리카도 안에 있어서 익숙한 것이었다. 그런데 갑자기 이 용어가 바스티아의 경우에는 **자본주의**라는, 케리의 경우에는 **보호주의**라는 남용된 주제에 새로운 후광을 비춰주는 것으로 발견되었다. 두 사람이 엉뚱한 짓을 한 근원을 찾으려면, 대안 선택에 대한 의지적인 개념이 합리적이고 올바르게 의미하는 건 무엇인지 조사해야 한다.

(3) 접근할 수 없는 대안들-자유 의지와 자유 선택

바스티아는 서비스 가치 개념을 예시할 때 지대와 이자와 사유재산을 오랫동안 비난하던 프루동을 "원시림과 해로운 습지 풍경으로" 데려갔다.[77] 그리고 프루동에게 말했다. "여기에 최초의 개척자가 마주해야 했던 것

∴

76) 이 법적인 이론의 역사적 발전에 대해서는 본서 1265쪽에 나오는 희소, 풍요, 안정화를 보라.

과 정확히 똑같은 땅이 있다. 땅을 원하는 만큼 가져라. (……) 그 땅을 직접 경작하라. 당신이 그 땅에서 생산하는 건 모두 당신 소유다. 내가 내걸 조건은 딱 하나, 당신이 스스로를 희생자라고 생각하는 사회에 의지하지 마라." 지금 15일 작업하면 생산할 양을 "예전에는 노동자가 600일 작업해도 생산할 수 없었다."[78] 그러므로 600일분 작업은 지주와 자본가가 식량 형태로 노동자에게 제공하는 "서비스 가치"다. 적극적인 노동비용 또는 **생산비용**은 15일분 노동이다. 바로 이게 리카도와 프루동의 가치에 대한 관념이었다. 하지만 "사회"에서 낮은 **재생산**비용을 제공한 덕분에, 습지라는 최초 상태에서 **절약된** 노동은 585일분의 노동이라는 잉여였다. 노동자는 **재생산**비용을 부담하지, **생산**비용을 부담하진 않는다. 585일분의 노동이라는 차이는 "사회"를 대표하는 지주와 자본가에 의해 노동자에게 제공된 서비스의 가치이며, 물론 이에 대한 반대급부로 받는 지대나 이자나 이윤은 크지 않은 지불이다.

마찬가지로 처음 철도요금을 규제할 때, 철도회사의 법적 대표자는 농부들을 75년 전으로 데려가, 철도회사가 제공하는 서비스 가치는 **철도가 없어서** 농부가 곡식을 마차에 싣고 흙길을 운송할 때 들어가는 비용이라고 주장했다. 이때 곡식 1톤을 1마일 운송하는 데 들어간 비용이 최소한 50센트로 추산되는 반면, 철도회사는 1톤을 1마일 운송하는 데 단 3센트만 부과했다. 그렇다면 철도회사가 농부에게 제공하는 서비스 가치는 50센트였으며, 여기에서 철도회사는 몇 푼 안 되는 3센트만 부과했고, 농부는 47센트를 잉여로 누렸다. 그러므로 철도요금을 낮추자는 주장은

..

77) Bastiat, *op. cit.*, I, 201. 케리 역시 리카도의 지대론을 반박하면서 비슷하게 설명했다.
78) *Ibid.*, 201-202.

부당하다는 것이다.

일자리를 제공함으로써 노동자에 대한 사업가들의 서비스의 가치를 설명할 때나, 가격 인하가 아니라 "서비스"를 강조함으로써 소비자에 대한 사업가들의 서비스의 가치를 홍보할 때 하는 사업가들의 본능적인 주장이 바로 이것이다.

이 주장은 훌륭하지만 **비동시적 대안의 오류**, 즉 접근할 수 없는 선택지들의 오류라고 명명할 수 있는 오류에 빠지는 경향이 있다. 사실 이것은 인간 의지에 관한 오류다. 이 의지는 '여기'와 '지금'에 국한된다. 바스티아가 말한 노동자는 **지금의** 식량 비용과 1,000년 전의 식량 비용 사이에서 선택하는 게 아니다. 철도를 이용하는 농부는 **지금** 철도로 운송하는 것과 50년 전에 흙길로 운송하는 것 사이에서 선택하는 게 아니다. 이것은 곡식을 마차와 트럭에 싣고 시장으로 운송한다는 접근할 수 없는 대안과 철도 사이에서 선택하는 꼴이다. 이것은 "선택이 아니다." 농부는 공간적으로 접근할 수 있는 대안과 접근할 수 없는 대안 사이에서 선택하는 것도 아니고, 과거에 사라진 대안과 지금 현재 여기에 있는 대안 사이에서 선택하는 것도 아니다. 농부는 똑같은 시간 똑같은 장소에서 접근 가능한 최소한 두 가지의 가장 부담이 적은 대안 사이에서 선택하는 것이다. 차선책이 터무니없이 부담스럽다면, 이것은 농부의 불행이다. 하지만 그렇다면 상식에 어긋나기는 하지만, 그럼에도 불구하고 그것이 그 상황 하에서의 실제 서비스 가치이다.

이런 사례에서 서비스의 "합당한" 가치가 되는 "윤리적인 유형"[79]은 상상 속에서 만들어낼 수 있을 뿐이다. 바로 이것이 기존의 조건 아래서

∴

79) 본서 1187쪽.

가상으로 대체할 수 있는 철도에 의한 가상의 "재생산비용"이다. 바스티아의 주장과 마찬가지로 철도회사의 주장은 불합리하다는 사실은 금방 드러났다. 그 불합리성은, 우리는 접근할 수 없는 대안을 선택하지 않는다는 상식적인 관찰에 근거했다. 이것은 자유 선택이 아니라 자유 의지의 불합리성이다. 합당성은 상상일 수 있지만, 처음에는 늘 그렇게 시작한다. 이것을 완수하려면 방대한 연구가 필요할 수 있다.[80]

접근할 수 없으며 동시에 존재할 수 없는 대안의 이런 오류가 케리와 바스티아에게 "낙관주의" 학파란 이름을 부여했다. 케리와 바스티아가 낙관주의자인 건 유한한 인간 의지를 다루지 않았기 때문이었다. 바스티아의 접근할 수 없는 대안보다 더 유효한 건 접근할 수 있는 대안에 대한 바스티아의 또 다른 예시인데, 바로 이 가치 이론에서 법원이 합당한 가치라는 그들의 이론을 끌어낸다. 바스티아는 이렇게 말한다.

"나는 해안을 따라 산책하다가 커다란 다이아몬드를 우연히 발견했고, 그래서 대단한 **가치**를 손에 넣었다. 그 이유가 뭐지? 내가 인류에게 커다란 혜택을 줄 것이기 때문인가? 내가 오랫동안 힘든 노동을 했나? 전자도 아니고 후자도 아니다. 그렇다면 이 다이아몬드는 왜 그렇게 많은 가치를 지니는가? 이는 의문의 여지가 없다. 내가 다이아몬드를 건네줄 사람은 내가 커다란 **서비스**를, 많은 부자가 원하고 나만이 제공할 수 있기 때문에 더 큰 서비스를 자신에게 제공

∴

80) 지난 40년 동안 서비스 비용과 서비스 가치 학설을 둘러싼 논쟁에 대해서는, 특히 Ripley, W. Z., *Railroads: Rates and Regulation*(1905), 167; Sharfman, I. L., *Railway Regulation* (1915), *The American Railway Problem*(1921), *The Interstate Commerce Commission* (2vols., 1931); Glaeser, M. G., *Outlines of Public Utility Economics*(1927)과 이 책들에 실린 색인을 참고하라.

했다고 생각하기 때문이다. 그 사람이 그렇게 판단한 근거는 반론이 있을 수 있다. 그렇다 치자. 이 판단은 자부심이나 허영심에 근거할 수도 있다. 이것 역시 그렇다 치자. 하지만 그렇더라도, 이 판단은 여기에 기초해서 행동할 생각을 지닌 사람이 한 것이며, 그것으로 내가 주장할 근거는 충분하다.[81]

여기에 우리의 용어를 적용할 수 있다. 가치를 결정하는 방법은 세 가지다.

① 다이아몬드의 가치는 판매자에게 "생산물 가치"며, 이 가치는 모든 수요와 공급의 상황하에서 판매자가 구매자에게 다이아몬드를 실제로 팔 수 있는 가격이다. 그리고 판매자에게 "생산물 비용"은 다이아몬드를 발견하는 사소한 노동이었다. 이 차액이 판매자에게 순수입이다. 이것은 "적극적인" 비용만큼 줄어드는 "적극적인" 가치란 의미에서, 다이아몬드의 가치를 제시하는 고전학파적이고 정통적인 방법이었다. 이것이 **순수입** 개념이다.

② 하지만 **판매자**에게 "서비스 비용"이나 "기회비용"은, 다음으로 돈이 많은 사람이 지불하겠다고 했지만 더 비싼 가격이 있어서 판매자가 거부했던 더 싼 가격이다. 이 차액은 판매자에게 **잉여**다. 이것이 뵘바베르크, 그린, 대븐포트가 가치를 진술한 방식이었다.

③ 다른 한 편, **구매자**에게 "서비스 가치"나 "비-기회-가치"는, 다이아몬드의 발견자가 더 싼 가격으로 그것을 판매함으로써 구매자에게 그 비용을 "면하게" 하지 않았다면 구매자가 지급할 수밖에 없었을 더 **비싼** 가격이다. 두 가격 사이의 차액이 이번에는 구매자에게 **잉여**다. 이것이

81) Bastiat, *op. cit.*, I, 113-114.

케리와 바스티아가 가치를 진술한 방식이었다.

　바스티아의 분석을 다음 단계로 옮긴다면, 다이아몬드 발견자에게 "적극적인" 비용은 다이아몬드를 발견한 하찮은 노동이지만, 다이아몬드를 파내는 훨씬 많은 노동비용으로 측정되는 "비-효용-가치"도 있다. 바스티아가 은유적이지만 엄숙하게 말한 것처럼, 이것은 다이아몬드를 파내는 훨씬 많은 노동으로부터 발견자를 **구출하는** 식으로 그 발견자에게 **해안**이 제공한 "서비스 가치", 즉 자연의 수많은 "무료 서비스" 가운데 하나다. 또는 뵘바베르크를 적용한다면, 다이아몬드 구매자는 똑같은 가격의 식품 소비에서 얻는 만족감보다 훨씬 커다란 만족감(수입)을 다이아몬드에서 얻었다는 건 의심할 여지가 없다. 구매가 거부된 식품의 "효용"은 그 대안적인 식품이 아니라 다이아몬드를 향유하기로 선택한 구매자의 "효용비용"이었다.

　접근할 수 없는 선택지, 즉 비동시적 대안의 오류는 서비스 가치에 관한 하나의 관련된 오류를 시사한다. 제일 부담이 적은 대안을 선택할 때, 개인은 "다음으로 나쁜" 대안뿐 아니라 다음으로 나쁜 대안부터 "가장 나쁜" 대안까지 포함한 **모든 대안**을 거부한다고 말한다. 그래서 구매자에게 서비스의 가치는 회피한 모든 대안의 **합계**이며, 물론 이 합계는 무한으로 올라갈 수 있다는 것이다.

　이 오류는 **무한한 대안들의 오류**라고 불러도 된다. 무한한 존재만이 같은 시간 같은 장소에서 가능한 모든 대안을 누릴 수 있다. 그렇더라도 그 무한한 존재는 무언가를 선택하지는 않을 것이다. 그는 시공간과 상관없이 모든 것을 한꺼번에 취할 것이다. 경제학자의 잘 알려진 자유시장 분석이 나중에 이 오류를 바로잡을 것이다.

　케리와 바스티아의 "낙관주의" 학파를 불합리하게 만든 건 접근할 수도 없고 비동시적이고 무한하게 존재하는 대안에 대한 오류였다. 그렇지만 시장에서 경제학자의 유한한 존재에 적용한다면, 케리와 바스티아의 발견은, 대븐포트의 발견과 마찬가지로, 경제 이론에 주목할 만한 이바지를 했다. 경제학자가 상정하는 유한한 존재는, 선택하는 순간에 세상에 존재하는 무한한 가능성 가운데 딱 하나로 한정된다. 그래서 무엇이 최선이고 무엇이 차선이며, 무엇이 더 나쁘고 무엇이 "더더욱 나쁜지"에 관하여 잘못을 범할 수도 있다. 이것은 유한한 존재인 그의 실수이다. 그 선택의 크기가 그가 부자라면 클 수도 있고, 가난하다면 작을 수도 있겠지만, 어쨌든 유한한 존재는 한 번에 하나만 선택할 수 있다. 하지만 같은 시간과 같은 장소에서 대안 두 개를 모두 선택할 순 없다.

그러므로 유한한 존재는 선택의 궁지로 몰린다. 선택 행위에 앞선 정신적 과정, 즉 우리가 협상심리학이라고 명명하는 과정에서, 이 과정이 본능적이라면 더더욱, 유한한 존재는 관계가 적은 대안을 이미 모두 거부하고 "제일 좋은 두 개" 또는 "제일 안 나쁜 두 개"로 여겨지는 대안 두 개로 좁히고, 그중에 자신의 한정된 자원으로 얻을 수 있는 것 하나만 얻는다. 여기에서 생각이 아니라 행위로 마지막 궁지를 해결하고, 협상이 종결된다. 이 행위는 선택하는 행동이다. 이것은 이전의 "정신적 행동"이나 "선택하는" 심리와 구분해야 한다. 이 행동은 우리가 행태주의적 관점에서 이행, 회피, 자제로 분해한 실제적 선택 행위이다.

선택상의 이런 적극적 이익의 척도는 구매자가 포기한 차선의 **수입**, 따라서 선택하도록 강요된 "비용"이거나, 구매자가 회피한 차악의 **지출**, 즉 그가 이보다 더 나쁜 대안적 지출을 회피할 기회의 "가치"이다. 경제학의 유한한 선택은 접근할 수 있는 대안 두 개에서 더 좋은 것을 행태주의적으로 선택하는 것이다. 둘 가운데 하나를 회피하거나 포기함으로써,

구매자는 나머지 다른 대안들을 세상에 그대로 남겨놓았다.

정반대 오류는 위에서 언급한, 시니어의 금욕이론에 대한 뵘바베르크의 비판에서 발생한다. 뵘바베르크는 현대적 조건에서 풍부한 기회 이론 때문에 경제적 고려에서 고통과 희생을 배제하는 쪽으로 나아갔다. 그래서 우리는 여러 고통 가운데 하나를 선택하는 게 아니라 여러 쾌락 가운데 하나를 선택한다는 것이다. 그러므로 뵘바베르크에게 모든 비용은 효용비용, 즉 회피된 차선의 대안적 **수입**이었다. 하지만 바스티아가 적극적인 쾌락과 적극적인 수입을 불변으로 가정함으로써 실제로는 아니지만 사실상 이 쾌락과 수입을 배제했던 것처럼, 뵘바베르크가 했던 것은 적극적인 고통과 적극적인 비용을 **실제로**(actually) 배제한 것이 아니고, 흔한 방법으로, 이 고통과 비용을 불변이라고 가정함으로써 **사실상**(virtually) 이 고통과 비용을 배제한 것이다. 이 간과는 순수입이 변수 두 개, 즉 총수입과 총지출의 결과라는 점을 인식하지 못한 데서 일어났다. **지출**을 불변으로 가정함으로써, 뵘바베르크에게 변수는 효용이나 총수입의 쾌락이 되었다. 하지만 **수입**을 불변으로 가정함으로써, 바스티아에게 변수는 비효용, 즉 총지출이 되었다.

얼핏 보기에 똑같은 것이 대븐포트의 기회비용에도 적용된다. 대븐포트는 지출이나 고통을 불변이라고 보아 실제로 배제하여 그의 선택은 대안적인 수입들 중에서 선택하는 것이 되었다.

하지만 이런 사실상의(virtual) 배제라는 과정은 실제의(actual) 배제에 대한 실험적 방법을 대체하는 정신적 도구에 불과하다. 모든 양도에서 한 사람에게 가변적인 총수입은 실제로 다른 사람에게 똑같은 액수의 총지출이다. 소유는 이전될 뿐이기 때문이다. 하지만 한 건의 거래는 두 개의 이전이다. 이 가운데 하나를 불변으로 삼아서 실제로 배제한다면, 다른 것이 변수가 된다. 판매를 반복할 때 변수로 간주되는 건 화폐 총수입이다. 구매를 반복할 때, 변수로 간주되는 건 화폐 총지출이다. 하지만 순수입의 실제 차원을 낳는 건 두 거래에서 두 개의 변수의 결합이다.

여기에서 우리는 앞에서 언급한 대안 선택의 세 번째 개념으로, 즉 순수입 둘 중의 선택으로 다시 돌아간다. 기회의 순수입 개념은 총수입 개념과 크게 다르다. 기회비용은 두 명의 구매자에 의해 제시된 두 개의 총수입 가운데 판매자가 한 번 선택하는 것을 나타낸다. 그러나 순수입들 중의 선택은 판매자이자 구매자인 한 사람이 두 번 선택하는 것이다. 한 번은 구매자로서 두 개의 총지출 중에서 선택하고, 다른 한 번은 판매자로서 두 개의 총수입 중에서 선택한다. 이런 이유로 우리는 바로 이 순수입 선택에 "기회-비용" 대신 위치-비용이라는 이름을 부여해왔다. 판매함으로써 총수입을 손에 넣고 구매함으로써 총지출을 감수하는 사람의 처지가 어떤지 생각해보라. 이 사람은 직업으로서 어떤 위치를 차지하는 사람일 수도 있고, 원재료와 노동을 사고 완제품을 판매하는 모든 관계 속에 있는 지속 활동체 전체일 수도 있다. 사회적 메커니즘에서 이 같은 위치는 그 사람의 직업이며, 따라서 "위치비용"은 두 직업 사이에서 선택하는 게 되어야 하고, 여기서 선택자는 순수입이 적은 위치를 포기하고 순수입이 커다란 위치를 선택한다. 선택자는 두 위치 중에서 선택한 것이지, 상품 구매자 사이에서 선택한 것도 노동과 원재료 판매자 중에서 선택한 것도 아니다. 선택자는 위치를 바꾼 것이지, 고객이나 노동자나 원재료를 바꾼 게 아니다.

이 개념은 한 인간이 한 직장을 관두고 다른 직장에 들어가는, 또는 기업 전체가 가령 자전거 제조라는 기존 작업을 단념하고 가령 자동차 제조라는 다른 작업으로 변경하는 경제 상황에는 매우 적합하지만, 그 인간이 똑같은 직업에 남아 있을 때 일어나는 일은 은폐된다. 이때 일어나는 일은 교섭이라는 사회적 현상과 판매자와 구매자의 사회적 관계이고, 결정할 때 제기되는 문제 대부분이 이것에 기초한다. 그래서 "위치비용"은 서비스를 받고 사회적 비용으로서 지급된 총수입뿐만 아니라 다른 사람에게 제공한 서비스의 총지출까지 은폐한다. 따라서 위치비용은 효용-비용, 기회-비용의 분석 또는 서비스 비용의 법적 개념은 물론 비-효용-가치, 비-기회-가치의 분석 또는 바스티아와 법원의 서비스 가치도 불가능하게 만든다. 총수입과 순수입이 우연히 똑같은 경우에만 적극적인 비용은 계약으로 배제되었기 때문에, 약정이자나 약정임대료 사례에서 그런 것처럼 총수입은 순수입과 일치하게 된다. 그러므로 이 경우에 위치-비용은 우리가 기회-비용으로 규정한 것과 일치한다. 하지만 총수입과 총지출이라는 변수 두 개가 순수입을 결정하는 직업 및 지속 활동체 같은 경우에 판매로부터 구매의 분리가 이론적으로 이루어져야한다. 왜냐하면 실제로 관행적으로 그렇게 되기 때문이다.[82]

이제 우리는 뵘바베르크와 대븐포트가 기회 이론을 미완성으로 남겨둔 이유를 요약할 수 있는 위치에 와 있다. **분배비용**(효용·비용 또는 기회비용)에 의지하여 적극적인 비용(고통 또는 화폐 지출)을 배제했지만, 두 사람은 적극적인 가치(쾌락 또는 화폐 수입)를 배제하지 못했고, 그래서 **분배가치**(비-효용-가치 또는 비-기회-가치)에 의지하지 않았다. 그 이유는 순수입으로서의 가치와 총수입으로서의 가치를 구분하는 데 실패했기 때문이다.

이렇게 간과한 배경에는, 앞에서 제시했듯이 케리와 바스티아가 비-기회-가치 개념을 발굴한 것과 달리 뵘바베르크와 대븐포트는 비-기

..

82) 본서 904쪽, 이윤차익.

회-가치 개념을 발굴하지는 않은 두 가지 이유가 있다. 하나는 풍요한 쾌락 경제에서 살고 있으므로, 고통을 선택의 대상으로 삼지 않는다는 낙관적인 가정이다. 또 다른 하나는 남에게 주는 영향과 관계없이 가능한 최대한 순수입을 추구한다는 고전적 이론의 개인주의적 가정이다. 전자는 고통이 다 똑같고, 그래서 무시해도 된다는 가정에 따라 적극적인 비용을 배제한다. 후자는 순수입에 대한 개인주의적 생각으로 적극적인 비용을 숨긴다. 하지만 개인이 아니라 거래에 대한 사회적 개념으로 시작한다면, 적극적인 비용은 은폐되지 않고, 설득, 강제, 교섭력 등의 사회적 관계들이 그대로 드러난다.

바로 이것 때문에 기회와 위치를 구분하는 건 중요하다. 위치가 아닌 기회란 생각은, 여기에서 규정한 것처럼 총수입과 총지출이라는 은폐된 개념을 전면에 드러낸다. 그래서 이익의 대립이라는 은폐된 쟁점과 그에 따라 이익을 합당하게 조정할 법원이나 중재위원회의 필요성이 드러난다. 개인이라는 개념은 한 인간이 사적인 위치에서 얻는 순수입 개념이다. 순수입은 개인적인 문제이지, 다른 개인과의 갈등의 문제도, 둘 사이에서 중재할 중재 기관의 문제도, 공적 이익에 관한 문제도 아니다.

하지만 거래라는 개념은 한 사람의 총수입이 다른 사람의 총지출과 같다는 것을 의미하고 여기에서 이해의 충돌이 발생한다. 한 거래에서 판매자에게 총수입은 구매자에게 총지출인 반면, 순수입과 순손실은 두 거래에서 한 개인에게 한쪽의 거래금액이 다른 쪽의 거래금액을 넘는 초과분에 불과하다. 같은 말을 가치와 비용으로 표현해도 마찬가지다. 적극적인 가치, 즉 총수입은 판매자가 판매할 때 받는 가격이고, 적극적인 비용, 즉 그 거래에서 구매자의 총지출은 구매자가 지급하는 같은 크기의 가격이다. 따라서 총수입의 증가는 판매자에게 이익이며 구매자에게 그만큼 손실이다. 이해충돌이 모든 가격 속에 들어 있다. 바로 이게 이해충돌을 조정할 때에 교섭, 타협, 그리고 국가의 개입이 필요한 이유다.

그러나 **순수입**의 증가는 매매 속에 있는 이해들의 충돌을 숨기고 있다. 이 이해들은 상품과 서비스라는 사회적 산출물 중의 어떤 한 몫에 대한 법적 통제를 이전한다는 법적 사실들이다. 따라서 이 이해들이 협상, 다른 사람들에 의해 이루어진 입찰제안들과 응찰들 가운데서의 선택, 공급과 수요의 부분적 또는 완전한 통제, 유도, 설득, 압박, 강박 등, 한 마디로 교섭과 연관된다. 물리학과 공학을 유추함으로써, 케네 시대부터 재화의 "순환", 수입의 "흐름", "교환" 등등에 관한 경제 이론에 사용된 익숙한 말들은, 이러한 교섭의 경제 행위와 이해충돌을 은폐한다. 이 은폐는 감지되지 않는다. 왜냐하면 부분적으로는 소유권 이전이 물건의 전달과 구별되지 않기 때문이며, 또 부분적으로는 개인주의적인 순수입 개념에서 시작함으로써 순수입이 결정되는 교섭이 문제로 되지 않기 때문이다.

그러나 계속 반복하는 총수입과 총지출 개념으로 시작할 때, 즉 자기중심적인 개인이 아니라 거래를 반복하는 것으로 시작할 때, 관리 거래와 배당거래는 물론이고 교섭 거래를, 그래서 이익들의 내재적인 대립을, 전면으로 끌어내서 어느 정도 측정할 수 있다. 구매자와 판매자 **양쪽**의 개인주의적 개념을 의미하는 순수입 선택이라는 개념은 상반하는 이익을 조화시킬 수도 조화시키지 않을 수도 있는 교섭 활동을 은폐하지만, "기회-비용" 또는 "서비스 비용" 그리고 "비-기회-가치" 또는 "서비스 가치"로 측정되는 여러 총수입들 중에서, 또는 여러 총지출들 중에서 어느 **하나**를 선택한다는 개념은 교섭 거래 자체에서 한 사람이 다른 사람에게 얻은 이익과 손실의 척도이다. 이런 거래에서 희소 원칙도 역할을 하기 때문에 이해충돌은 관리 거래와 배당 거래에도 존재한다.

앞에서 언급한 교섭 활동 분석을 통해 우리는 호의와 경쟁의 의미를 좀 더 충분하게 구분할 수 있다. 각자 선택의 자유를 가진 자발적 구매자와 자발적 판매자의 가격 개념에 도달하기 위해 교섭 거래에서 허위광고, 사기, 혈연주의, 독점, 압박을 제거한다면, 우리는 호의와 공정경쟁이라는 두 개념에 도달한다. 고객의 호의는 자유로운 구매자가 비슷한 서비스에 대해 다른 곳에서 지급할 가격과 **똑같은** 가격이나 더 **높은** 가격을 기업에 지급하려는, 즉 "공정 가격"을 지급하려는 자발적 의지다. 그러나 자유경쟁은 구매자가 비슷한 서비스에 대해 다른 곳에서 지급할 가격과 **똑같은** 가격이나 더 **낮은** 가격만 지급하려는, 즉 "할인 가격" 심지어 도산 시의 파괴적인 "떨이 가격"을 지급하려는 자발적 의지다. 여기서 상호 거래에 따르는 개인의 이익과 손실의 크기와 사회적 결과는 공적으로 점차 더욱 중요한 문제가 되고 있다.

그러므로 우리는 묻는다. 고전학파의 생산비 개념을 대신하여 이 같은 기회 선택 개념들이 등장하게 된 역사적 상황은 무엇인가? 이 질문은 19세기 전반기에 개인에서 사회로 나아간, 주목할 만하지만 당시에는 이단적이던 이행으로 우리를 이끈다.

(4) 노동의 분업에서 노동의 조직화와 공적 목적으로

1840년대에는 "노동의 조직화"가 "무르익은 시기"였다. 우리는 다른 데서 이 10년과 그 앞의 10년을 "미국 역사상 격동의 시기"라고 했다. 모든 경제학자, 개혁가, 실무자들이 "조직화"를 고려하기 시작했다.[83] 이 정식화는 창시자들의 성향에 따라 명칭과 모습을 달리했다. 대부분의 창시자들에게 이 정식화는 협동(coöperation)이었다. 아나키스트에게는 "상호주의"였고, 로버트 오언이나 칼 맑스에게는 사회주의나 공산주의였다. 오귀스트 콩트에게는 "사회학"이었고, 사업가에게는 법인화의 자유였고, 노동자에게는 노동 조합주의였고, 케리와 바스티아에게는 "노동의 조직화"였다. 이들 모두에게 그것은 정부와 구별되는 "사회"였다. 개인의 총합이 아닌 사회가 부를 생산했다.

이런 점에서 이 시기는 정부 주도의 중상주의를 대체한 아담 스미스의 노동 분업에 대한 반동이었을 뿐만 아니라, 개인을 통제하는 법인과 협동에 아담 스미스가 느낀 적대감에 맞서는 반동이기도 했다. 스미스의 노동 분업은 각 개인을 독립적이며 유일한 부의 생산자로 만들었던 반면, 스미스의 협동 개념은 벤담의 개념처럼 자신의 생산물을 남들의 생산물에 **합친**다는 개념과, 그런 후 남들과 그것을 교환한다는 개념일 뿐이었다. 그러나 협동적인 사회의 새로운 협동주의는 이제 부를 생산하고, 그러면 개인은 그것을 소유하고 서로에게 이전시켰다.

새롭게 정식화된 사회 개념에서 순진무구한 관념과 마법 같은 오류가 나왔다. 이 사회 개념을 케리와 바스티아는 석기 시대부터 현시대까지 사회적 서비스의 한없는 역사적 누적으로 보았다. 이 누적은 토지, 끝없는 개선, 기계류 형태의 가치의 누적에 해당한다. 그러나 이상하게도 이 두 사람에게 사회는, 이렇게 역사적으로 누적된 부를 모두 소유했던 자본가와 지주였다. 그런데 두 사람이 주장했던 바에 따르면, 가치의 이 모

··
83) Cf. Commons and associates, *History of Labour in the United States*, I, 493 ff.; Commons, John R., "Horace Greeley and the Working Class Origins of the Republican Party", *Pol. Sci. Quar.*, XXIV(1909), 225.

든 사회적 누적은 그것을 소유하지 않았던 현재의 노동자가 자유롭게 사용할 수 있었고, 그리고 그렇게 함으로써 이 누적은 사회의 과거 역사를 반복하는 개인인 노동자를 현재의 필수품과 사치품을 얻기 위해 수행할 수밖에 없었을 노동으로부터 "구해"주었다. 두 사람이 이것을 사회적 부, 사회적 가치, 서비스 가치라고 불렀는지 여부는 중요하지 않다. 리카도와 맑스의 가치처럼 그 가치는 역사적으로 체화된 노동력의 양이기 때문이었다.[84] 사회적 가치의 누적에 의한 이러한 현재 노동의 절약은, 바스티아가 앞에서 언급한 늪지 사례에서 곡식을 생산하는 데 필요한 노동량이 현재는 60분의 1로 줄었다고 평가한 것처럼 거의 무한대였다. 현세대에 유한한 존재가 할 수 있는 것이란 관점에서 볼 때, 이것은 정말 무한대였다. 우리는 이것을 개인적인 관점에서 이전에 접근할 수 없거나 비동시적 선택지라는 오류로 불러왔고, 이제는 사회적 가치의 무한 누적이라는 오류로도 부른다.

이 오류를 사용해서 케리는 리카도의 불로소득 지대와 맬서스의 비관론인 인구론을 반박했다. 인구는 농업 생산성이 높은 토지에서 낮은 한계지로 팽창하는 게 아니라 낮은 한계지에서 높은 토지로 팽창한다. 인구 정착은 덜 비옥하지만 원시적인 도구로 쉽게 경작할 수 있는 언덕 꼭대기에서 시작해 배수, 큰길, 산림 제거, 깊이갈이 등을 위해 과거의 사회적 노동력이 만들어낸 거대한 자본설비가 필요한 비옥한 땅으로 팽창한다. 이것은 자연에 대한 힘의 증대와 더불어 사회적으로 생성된 물리

..

84) Anderson, B. M.에 의한 사회적이라는 개념에 관한 최근의 유사한 정식을 참조, *Social Value, a Study in Economic Theory, Critical and Constructive*(1911); *The Value of Money*(1917).

적 자본의 축적이다. 현재에 경작하고 있는 것과 같이 비옥한 토지를 재생산하기 위해서는 개별 정착민이 조상들의 역사적 단계에서 현재까지 개별적으로 거쳐야 하기 때문에 어떤 정착민도 이와 같이 비옥한 토지를 **재생산**할 수 없다. 리카도의 지대라는 불로소득 증가조차 그 소득이 아무리 크더라도 인류 역사에서 소유자의 토지를 현재의 수확량으로 끌어올리려고 사회가 지출한 가치와 동등할 수 없다. 그러므로 케리와 바스티아의 추론은, 맑스의 추론과 마찬가지로 지대, 이자, 이윤의 구별을 제거했다. 사회적 생산의 이 기능적 분업 각각과 이들을 합친 모두는 토지와 자본의 현재 가치에 사회가 역사적으로 투자했던 것에 대한 공정한 보상보다 확실히 적다.[85]

그러나 부의 사회적 누적이라는 물리적 개념이 케리와 바스티아를 사유재산에 관한 그들의 새로운 의미와 모순에 빠뜨렸다. 이 모순을 존 로크와 아담 스미스는 개인적으로 생산한 물품의 소유자로서 개인이라는 개념을 써서 피했었고, 그리고 맑스는 공유재산이라는 개념을 써서 피했다. 케리와 바스티아에 따르면 개인 소유자는 개인이 생산한 것이 아니라 사회가 생산해 온 것을 소유하고 있다. 이는 로크나 스미스의 주장과는 달랐다. 로크와 스미스의 생각에, 개인은 다른 개인과 서로가 이미 생산한 것을 교환하고, 사회적 총생산은 각 개인의 생산물을 모두 합친 것에 불과했다.

분명히 케리와 바스티아는 노동의 단결이라는 새롭게 발견한 원리를

---

85) 케리나 바스티아에게도, 이들에 앞선 경제학자들에게도 도시 지대 이론은 없었다는 사실에 주목해야 한다. 도시 지대 이론은 나중에 기회비용 이론을 응용할 때 나왔다. 본서 1311쪽, 과세의 경찰력.

순진하게 사용하는 데 휘말렸다. 올바르게 보면 두 사람은 칼 맑스의 수중에 떨어졌다. 두 사람의 주장은 새롭게 등장하는 사회주의자, 아나키스트, 공산주의자들이 개인적 생산 대신에 자신들과 마찬가지로 사회적 생산에 기초해서 퍼부어대는 당시의 공격에 맞서 현재의 소유주들이 실제로 획득한 것을 지대, 이자, 이윤으로 정당화하는 걸 넘어서는, 정말 오류가 많은 특이한 변명이었다.[86]

리카도 시대부터 1840년대의 사회 이론으로 더욱 자극을 받은 현대 경제학은 유한한 개인과 기업이 사회적 생산물에 제공하는 유한한 서비스를 측정하고, 그 서비스 가치를 사회로부터 개인이 받는 현재 및 미래의 보상과 비교하는 문제로 점점 더 바빠지고 있다. 1840년대에 단결과 관련된 오류를 드러낸 정신적 도구들이 부의 누적이 아니라 관념의 누적과 같은 몇몇 새로운 개념과 관행에서 발견된다.[87] 과거의 모든 서비스에서 나온 무한한 총 누적 대신 단일 기업에[88] 보상되지 않은 서비스의 순 누적을 보여주는 회계 기록의 사용과, 부의 축적 대신에 감가에 의한 부의 회전이 그런 좋은 사례이다.[89]

케리와 바스티아는 현세대가 과거의 서비스에 대해 지급하는 가격인 리카도의 **생산비용**을 **재생산비용**으로 대체함으로써 자신들을 구해냈다. 사유재산의 잘못된 정당화라는 목적을 별도로 하면, 그들은 과거 사회적 서비스의 무한한 누적이 토지와 자본설비의 모든 현재가치 속에 체현되

* *

86) 케리와 바스티아에 대해, 뵘바베르크의 *Capital and Interest*, 지드와 리스트의 *History of Economic Doctrines*, Haney, L. H.의 *History of Economic Thought*(1933년 개정판), Scott, W. A.의 *The Development of Economics*(1933)에서 언급한 내용을 보라.

87) 본서 1083쪽, 베블런.

88) Commons, John R., *Legal Foundations of Capitalism*, 203.

89) 본서 525쪽, 순환에서 반복으로.

어 있다는 것을 고수할 수 없었다. 과거의 서비스는 감가, 마모, 노후화로 사라졌다. 그 대신에 부의 누적이 아니라 생각의 반복과 누적에 기초한, 새로운 서비스의 등장과 낡은 서비스 개선이 다시 나타나면서 부의 생산 효율이 크게 증가했다. 그 결과 우리의 교섭 거래 공식에 적용하면, 축적된 부의 현재가치는 그 부를 재생산하는 현재 비용(110달러)을 초과할 수 없다. 그 이유는 명확하다. 과거부터 축적된 부에 대한 구매자는, 생산 당시에 그 특정의 노동비용이 아무리 크든 작든 경쟁하는 판매자에게 그것과 똑같은 가치를 현재의 재생산비용으로(110달러) 구매하는 대안을 **지금** 확보하기 때문이다. 이것은 케리와 바스티아의 서비스 가치(또는 비-기회-가치)의 기준선으로, 사회적 부의 역사적 증가를 활용하는 게 아니라 사회적 효율의 역사적 증가를 활용하기 때문에 현재의 저렴한 생산비용으로 판매하는 대안적인 생산자에게 접근하는 식으로 노동의 **절약**을 측정한다.

그러므로 케리의 **재생산**비용은 소유자 자신이 아니라 사회가 생산한 것을 소유한 사유재산에 대해 앞에서 언급한 그의 윤리적 정당화의 오류에서 그와 바스티아를 구해준다. 이 재생산비는 공동소유의 옹호자들에 대한 케리의 대답이자 리카도의 생산비 개념에 대한 이 옹호자들의 사용을 수정하기 위해 필요한 것이기도 했다. 왜냐하면 이들이 사회가 생산한 것에 대한 사적 소유를 비난하면서 리카도의 **생산비** 개념을 활용했기 때문이다. 그러나 케리의 경우, 사적 소유자는 현재의 재생산비용보다 사회적 부를 더 많이 얻거나 더 적게 지급하지 않는다. 이는 임금뿐 아니라 지대, 이자, 이윤에도 똑같이 적용되었다.

자유롭고 평등하며 즉각적인 경쟁에 대한 케리와 바스티아의 가정에 근거해 판매자에 의해 부과된 가격과 구매자에 의해 지불된 그와 같은 가격 사이의 균형점이 재생산비용에 놓여 있는 건 분명하다. 그러므로 균형에 대한 이러한 가정에 근거해 판매자 관점에서 뵘바베르크와 그린과 대븐포트의 기회비용에 대한 나중의 이론들은 구매자 관점에서 케리와 바스티아의 비-기회-가치 이론과 똑같다. 확실히 우리의 교섭 거래 공식에서는, 기회비용은 구매자 100과 구매자 90 사이의 차이로 측정되며, 비-기회-가치는 판매자 110과 판매자 120 사이의 차이로 측정되는 반면 110이 재생산비용이라면, 그리고 자유롭고 평등하고 즉각적인 경쟁이 가격을 그 재생산비용으로 끌어내린다면, 판매자의 기회비용은 90과 110 사이의 차이로 측정되고, 구매자의 비-기회-가치는 120과 110 사이의 차이로 측정된다. 각자는 110으로 거래해서 이득을 얻지만, 그 이득은 고락 경제학자들이 말하는 측정 불가능한 심리적 이득이 아니다. 이것은 (구매자에게 - 옮긴이) 차선인 판매자가 요구하는 대체 가격이나(120) (판매자에게 - 옮긴이) 차선인 구매자가 제안한 대체 가격(90) 대신 재생산비용을 선택하는, 측정 가능한 경제적 이익이다.

그러나 균형 이론의 밑에 깔린 세 가지 가정, 즉 자유, 평등, 즉각성을 거부한다면, 우리는 우리 공식이 압박의 한계에 관한 법적 이론에 적용된다는 점을 알게 될 것이다.[90] 이런 일이 어떻게 일어나는지는 "신고전학파" 경제학자, 즉 균형 경제학자의 최고봉인 앨프레드 마셜의 이론을 케리와 대븐포트와 대비시킴으로써 알 수 있다.

∴
90) 본서 581쪽, 압박의 한계.

(5) 대체의 법칙

　자유로운 경쟁을 가정할 때 기회-비용 또는 서비스 비용과 비-기회-가치 또는 서비스 가치라는 두 개념이 그 둘 사이의 차이를 의식하지 못하고 서로 바꿔서 사용되어 질 수 있는 것은, 마셜이 종종 "경쟁 행위와 관련된다"라고 하고 "위대한 **대체의 법칙**"이라고 한 것에서 이해되어질 것이다.[91] 마셜은 대체 원리의 이러한 양면, 즉 "일정한 경비로 더 큰 결과를 얻거나 더 적은 경비로 동등한 결과를 얻는 것"을 언급한다. 우리가 보기에, 전자는 판매자 관점을 취한 것으로 대븐포트의 기회-비용이다. 후자는 구매자 관점을 취한 것으로 케리와 바스티아의 비-기회-가치다.

　그러고 나서 마셜은 전자나 후자를 같은 것으로 사용한다. 마셜이 말하길, 사업가는 "똑같은 결과를 얻는 데 사용할 수 있는 서로 다른 생산 요소의 효율과 공급 가격을 끊임없이 비교하고, 그래서 **주어진 지출**(outlay)에 비교해서 가장 큰 수입을 올릴 생산 요소 조합에 도달하게 된다. 다른 말로 하면, **대체 법칙**에 끊임없이 사로잡혀 있다."[92]

　이것은 대븐포트의 기회비용으로, 여기에서 **지출**은 불변이고 수입은 가변이다.

　하지만 마셜은 계속 말한다. "사용하는 생산 요소의 공급 가격의 총액은 대체할 수 있는 다른 일련의 생산 요소 공급 가격의 총액보다 통상 적다. 그렇지 않은 것으로 보일 때마다 생산자는 **통상 비용이 덜 드는 방법**

..
91) Marshall, A. C., *Principles of Economics*(1891년 발행한 제2권에서 인용. 1930년에 간행한 제8판은 크게 변하지 않았다). 401-402, 414-415, 554-559.
92) *Ibid.*, 414.

으로 대체하려고 노력할 것이다."[93]

이것은 케리와 바스티아의 비-기회-가치 또는 "재생산비용"으로, 여기에서 **수입은 불변**이고 경비는 가변이다.

그러므로 마셜의 "대체 법칙"은 리카도의 "**생산비용**"과 대조되는 케리의 "**재생산비용**"과 다르지 않다는 것이 드러난다. H. G. 브라운[94]은 대븐포트의 기회비용과 케리의 비-기회-가치 둘 다 "재생산비용"과 비슷한 것으로 바라보는데, 재생산비용 개념은 대븐포트가 아니라 케리에서 나온다.

이처럼 마셜의 대체 법칙에 대한 이중 의미를 고집하는 것은 말꼬리를 너무 심하게 물고 늘어지는 것처럼 보일 것이다. 그러나 개인주의 관점에서 사회적 관점으로, 그리고 부득이 사회적 관점을 취해야 하는 법원의 가치 이론으로 옮겨갈 때 이러한 고집은 말꼬리를 물고 늘어지는 것이라고 할 수 없다. 마셜은 이해충돌을 배제한 채 개별 기업가와 그의 **순수입**을 고려하고 있을 뿐이고, 반면에 법원은 원고나 피고로서 한 개인을 비슷한 처지에 있는 모든 개인들 사이에서 관습적인 것과 비교하고 있다. 법 앞에서 만인이 평등하다면, 판사나 중재자는 무엇이 어느 쪽 당사자든 이용할 수 있는 **합당한** 대안인지를 묻고 있다.[95] 그러려면 그 시점과 그 장소에서 관습적인 것이 무엇인지를 조사해야 한다. 합당한 서비스 가치는 비슷한 상황에 처해 있는 다른 **구매자들**이 서비스를 받고서 지급하는 것이고, 합당한 서비스 비용은 비슷한 상황에 처해 있는 다른

••
93) *Ibid.*, 554.
94) 본서 1311쪽, 과세의 경찰력.
95) 본서 1187쪽, 이념형.

판매자들이 서비스를 제공하고 보상으로 받는 것이다. 실제 관행에서는 파괴이거나 수탈이거나 차별일 수 있는 마셜의 **자유**경쟁이라는 문제와, 또 그의 효용이나 수익성의 균형 마진이라는 문제는 **공정경쟁, 평등한 기회, 합당한** 가치라는 문제로 전환된다. 이런 점에서 해당 시점과 장소의 관습과 기회 모두를 원고나 피고 개인의 관습 및 기회와 비교한다. 원고나 피고 개인은 상대방의 의지 또는 모든 당사자들의 의지에 반해서 자신의 의지를 집행하도록 집단적인 힘을 동원해서 도와줄 것을 재판관이나 중재자라는 사람을 통해서 사회에 요청하기 때문이다.

마셜이 말한 대로 경제학자들이 이미 언급한 경쟁으로 돌린 명백한 관계들에 대해 우리가 너무 세세하게 고집하는 것처럼 보일 수 있다. 그러나 균형 이론과 반대로, 경쟁이 완전히 자유롭지도 평등하지도 신속하지 않은 모든 경우에 이 같은 대안들을 선택하는 것이 가져오는 근본적인 변화를 우리가 관찰한다면 그렇지 않다. 게다가 이 같은 기회 개념이 적극적인 생산비에 대한 고전파 개념과 적극적인 고통과 쾌락에 대한 쾌락주의 개념으로부터 대안 선택이라는 의지적 개념으로의 이행을 의미한다는 걸 관찰한다면 더더욱 그렇지 않다. 이해가 충돌하는 거의 모든 사례들에서 제도적 관점을 압축하고 있는 변호사는 감정에 대해서도 "원리적인 것"에 대해서도 묻지 않는다. 변호사는 모든 걸 달러와 센트로 끌어내린다. 그래서 묻는다. 상대편의 행위 때문에 나의 고객이 부딪히게 되는 차선의 대안은 무엇인가? 그래서 그 피해는 ("위자료"라는 국내법만 빼고) 감정에 기초해서 추정하는 게 아니라 사회가 모든 구성원에 평등하게 부여한다고 가정하는 기회를 누리는 데서 자기 고객을 상대편과 금전적으로 동등하게 만드는데 들어갈 대안적 달러와 센트로 추정해야 한다. 비 제도주의자들이 작업가설로 가정한 것처럼 경쟁이 늘 이상적으로 자유롭다면, 경쟁과 기회 선택 중에서 측정 가능한 차이는 없을 것이다. 그러나 변호사는 경제학자보다 더 "기회주의적"이고 덜 "원리적"이지만, 바로 이런 이유로 모든 계급의 사람들이 겪는 불평등에 훨씬 더 근접해 있다. 그는 경쟁의 완전한 자유, 완벽한 평등, 완벽한 신속성이 없다는 단순한 이유만으로 재생산비용에 균형이 없는 세상에서 다른 개인이 소유하고, 통제하고, 억제하는 사회적 기회와 관련된 개인의 경험을 직접 다루고 있다. 그러므로 우리는 사람들이 직면한 좀 더 현실적인 대안들로 눈길을 돌려야 한다. 이것을 우리는 압박의 한계라고 부른다.

(6) 압박의 한계

여기에서 우리는 교섭 거래의 세 번째 차원에 접근한다. 이 차원을 재생산비용 대신 교섭력이라고 부른다. 우리 공식에서 분명히 판매자 S는 구매자 B가 120달러 이상을 지급하도록 강요할 수 없다. 왜냐하면 그런 한계수익을 넘어서면 그의 경쟁자 S^1이 판매자로서의 자리를 차지하기 때문이다. 구매자 B 역시 판매자 S에게 90달러 미만을 받아들이도록 강요할 수 없다. 왜냐하면 그런 한계수익 아래에서는 경쟁자 B^1이 S에게 구매할 것이기 때문이다. 이 같은 한계들은, 즉 이번 거래에서 120달러와 90달러는, **압박의 한계들**이라고 명명할 수 있다. S와 B는 **자유롭**지만 **달러평등**한 기회를 누리는 상황에서, 이것들이 한계들이다.

우리는 이 한계들의 간격을 널찍널찍하게 멀리 떨어뜨려 놓았다. 이렇게 간격을 널찍널찍하게 떨어뜨려놓은 것이 **재생산**비용에서 비용과 가치 둘 모두를 균형으로 유도하는 경쟁, 즉 자유롭고 평등하며 즉각적인 경쟁만을 생각하는 사람들에게는 불합리하게 보일지도 모른다. 그러나 이렇듯 멀리 떨어진 한계들은 **공개 시장**, 길드, 그리고 군주가 교역 규제 규칙들을 스스로 채택했던 중세에 그들이 직면했던 바로 그 희소 상황이었다. 그리고 이 한계들은 현대적인 규칙 제정이 다루려고 하는 거래에서 탈락한 교섭자들의 여러 상황들에서 전형적으로 나타난다. 이용 가능한 대안에 따라 결정되는, 이 같은 압박의 한계 내에 어디에서 가격은 결정되어야 하느냐는 문제가 있기 때문이다. 판매자 S가 더 강력한 교섭자고 공급이 한정된 상품을 통제하지만, 구매자 B보다 매매를 훨씬 오랫동안 보류할 여유가 있을 만큼 자원이 풍부하다면, 판매자 S는 다음으로 강력한 경쟁자 S^1가 B에게 자유롭게 제시한 기회의 한계까지 가격을 올릴 수 있다. 이와 정반대로 구매자 B는 더 강력한 교섭자고 S가 판매하려는 욕구보다 구매할 욕구가 적다면, 구매자 B는 판매자 S가 다음으로 강력한 구매자 B^1에게 90달러로 판매하겠다고 자유롭게 제시한 대안까지 가격을 낮출 수 있다. 이 같은 압박의 한계 사이 어디에선가, 즉 120달러와 90달러 사이 어디에선가 판매자 S와 구매자 B는 서로 합의할 실제 가격을 찾을 것이다. 이것이 자유경쟁과 기회 평등의 차이다.

여기에서 현대 경제학의 두 가지 특성, 즉 단체행동이 늘어나고 이윤의 한계수익이 줄어든다는 특징 때문에 전면에 등장하는 두 가지 문제가 발생한다. 이 문제들은 지난 30~40년 동안 끝없이 다양한 방식으로 법원에 나타나기 시작했으며, 그래서 다양한 위원회를 만들어 법원에 없는 조사 권한을 부여할 필요가 생겼다. 이 문제들은 합당한 차별인가 합당하지 않은 차별인가라는 문제, 자유경쟁인가 공정경쟁인가라는 문제, 그리고 합당한 가격의 문제 등이다. 이 문제는 우리의 교섭 거래 공식으로 잘 예시될 것이다.

이 두 문제 하나하나는 설득하고 압박하는 협상심리학과 관계가 있으며, 강제를 시작하고 설득이 끝나는 지점을 조사하는 것이다. 우리 공식에서 기업 S가 B에게 100달러로, B¹에게 90달러로 판매한다면, 더 낮은 가격 90달러는 합당한 서비스 비용인가, B에게 얻은 잉여금 10달러는 B¹에 유리하고 B에 불리한 합당하지 않은 차별이었는가 하는 문제가 일어난다. 어떤 경우에도 생산비에 대한 고전파 경제학의 문제나 케리와 바스티아의 재생산비용 문제는 일어나지 않는다. 또는 구매자 B가 S에게 110달러를 지급하고 경쟁자 S¹에게 120달러를 지급한다면, 120달러가 합당한 서비스 가치고 110달러는 경쟁자 S¹에게 불리하고 S에게 10달러만큼 유리한 차별인지가 쟁점이 된다. 우리는 이 차별과 합당한 가치, 서비스 비용에 대한 경제적 윤리적 쟁점을 미국 대법원이 1901년까지 해결하지 못했다는 점을 알게 될 것이다.[96] 경제적으로 이 점은 합당한 압박의 한계를 확인하는 쟁점이다. 모든 노동 거래에서, 차용자에게 부과하는 이자율에서, 기타 등등에서 비슷한 쟁점들이 많이 발생한다. 그 쟁점에 대한 조사는 고려할 요소 중 하나로 적극적인 생산비용을 규명하는 형태를 취할 것이지만, 사회적인 문제는 합당한 차별과 합당하지 않은 차별이다.

그리고 자유경쟁과 공정경쟁이라는 또 다른 쟁점으로 넘어가자. 그런데 이 쟁점은 우리 공식에서 합당한 차별과 합당하지 않은 차별이라는 쟁점과 분리할 수 없다는 것을 알게 될 것이다. 한 쟁점에서의 변화는 다른 쟁점에서의 변화를 가져온다. 이 두 쟁점은 **상관습법**(商慣習法)과 관습법상에 수백 년 동안 있어왔지만, 대기업이 곳곳에 생기고 이윤의 마진폭이 좁은 현대에 이르러 극히 사회적으로 중요하게 된다. 우리 공식에

96) 본서 1265쪽. 희소, 풍요, 안정화.

서 판매자 S¹가 자신의 상품을 120달러에 팔기를 바라지만, 그 경쟁자 S는 가격을 110달러로 부당하게 내린다고 주장한다면, 또는 90달러만 지급할 수 있는 구매자 B¹가 경쟁자 B는 100달러를 제안하는 방식으로 자신의 노동자나 자재 공급자를 빼간다고 불평한다면 두 사례 각각에서 자유경쟁이 공정경쟁이었는지 여부에 대한 문제가 제기된다. 판매자 경쟁에서 쟁점은 110달러나 120달러가 판매자에게 합당한 서비스 비용이었는지, 그리고 구매자 경쟁에서 쟁점은 100달러나 90달러가 구매자에게 합당한 서비스 가치였는지 하는 것이다. 증거 문제가 아니라면 생산비나 재판매 가격이 문제가 되지 않는다. 사회적인 쟁점이 되는 건 이 거래에서 경쟁자들이 서로에 대해 공정하게 행동하고 있는지 여부이기 때문이다.

우리가 말해왔듯이, 어느 경우든 합당한 가격에 세 번째 문제가 존재하며, 그러므로 여기에서 설득하고 압박하는 협상심리학이 생겨나 쾌락주의 경제학자는 이것을 고통과 쾌락 이론의 특별사례로 수용할 수 있다. 그렇지만 협상심리학은 쾌락주의 개념이 무의미할 정도로 크게 다르다. 이 협상심리학은 달러로 측정되어야 하는 유형의 심리학이다. 설득과 압박 사이에 선을 그어야 하며, 달러로 따져 선을 그으려는 법원의 노력은 이번에도 **합당한 가치** 문제가 된다. 자발적인 구매자와 자발적인 판매자 사이에서 합의한 가치를 합리성의 기준으로 삼으며 시작할 때, 당연히 어느 쪽도 상대방을 압박하지 않는 지점에서 양쪽 모두 상대방을 설득한다고 말할 수 있는 지점을 확인해야 한다. 이 같은 사례에서 사회적 관점을 취하는 법원이 실제로 판단하고 있는 것은 사회 생산물 전체에서 각각의 합당한 서비스 가치와 합당한 서비스 비용으로 정당하게 인정받은 몫보다 한 개인은 더 커다란 몫을 챙기는지, 그리고 다른 개인은 더 작은 몫을 챙기는지 여부이다. 그래서 한 개인이 그렇게 정당화된 몫이상으로 많은 몫을 챙긴다면, 그 사람은 다른 사람을 압박하고 다른 사람은 압박당한 것이다. 한 사람의 **지출**은 당연히 다른 사람의 **수입**과 똑같다. 이것은 고전 경제학에서 상투적으로 하는 말이다. 하지만 사회적인 문제는 사회 생산물에서 "합당한" 것보다 더 많은 몫을 어떤 사람은 포기하고, 따라서 다른 사람이 더 많은 몫을 가져가는지 여부이다. 만약 각자가 자신의 합당한 서비스 비용과 자신의 서비스에 대한 합당한 가치에 의해 정당화된 몫을 얻고 있다면, 자신의 적극적인 비용이나 자신에게 주어지는 적극적인 수입이 얼마이든 가격은 설득력이 있으며 가치는 합당한 것이다.

설득과 압박 사이에 설정한 지점을 규명하고 측정하는 건 어렵고 복잡하며, 부분적으로 이런저런 느낌과 감정에 지배받지만, 주로 교섭력의 역사적 발전에 지배받는다는 사실을 인정해야 한다. 이런 이유로 설득과 강제 사이에 설정한 지점을 규명하고 측정하는 건 중요하다. 왜냐하면 어떤 방식으로든 판결함으로써, 사법적 판단에 따라 수십억 달러 가치의 사회적 생산물이 하나의 개인 또는 한 집단의 개인에서(class of individuals) 다른 개인 또는 다른 집단의 개인으로 이전되기 때문이다. 실제로 **합당한 가치**라는 이런 문제에 대한 판결 하나에 근거해 높은 화물 운임 및 여객 요금 명목으로 100억 달러라는 엄청난 가치가 철도회사에 가야 할지, 아니면 낮은 화물 운임 및 여객 요금을 통해 수백만 명에게 가야 할지를 결정해왔다.

우리는 비용과 가치의 다양한 의미를 구분하려고 기회비용과 비-기회-가치라는 용어를 사용했지만, 이는 교섭 거래에 수반하는 협상에서 친숙한 걸 기술적으로 설명한 용어에 불과하다. 급여로 5,000달러를 받는 대학교수는 다른 대학에서 9,000달러 급여를 제안받고, 자신의 5,000달러 급여를 인상하려고 현재 고용한 대학 측과 협상을 시작한다. 하지만 5,000달러로 현 대학에 남기로 결정한다. 그렇다면 이 교수는 현 대학에 남으려고 어떤 비용을 치르는가? 4,000달러 비용을 치렀다. **지출** 비용이 4,000달러 늘어나서가 아니라 현 대학에 남는다는 선택만으로 4,000달러라는 **대안적인 수입**을 잃었기 때문이다.

하지만 현 대학에 제공된 이 교수의 서비스 가치는 무엇인가? 이 교수의 서비스는 얼마만 한 가치가 있는가? 다른 데서 받을 수 있는 급여와 비교하는 수밖에 없다. 다른 대안적 구매자가 9,000달러 가치가 있다고 여기는 서비스를 현 대학은 5,000달러에 얻는다. 돈 말고도 고려해야 할 쟁점사항들이 있기 때문에 협상에서 이것들은 단지 "쟁점사항"이라고 할 수 있을 것이다. 그러나 "쟁점사항들"은 협상심리학의 본질에 관한 것이다. 통상의 교섭 거래에서 흔히 그런 것처럼, 돈 말고는 쟁점사항이 없다면, 우리는 서비스 비용과 서비스 가치의 측정수단인 돈에 관해서만 생각한다. 이 교수는 다른 대학에서 9,000달러 가치가 있는 서비스를 대학에 제공하기 때문에 9,000달러 "가치"가 있다. 그리고 현 대학은 그가 제공하는 서비스 가치보다 4,000달러 적은 금액을 지급하기 때문에 잉여를 획득한다. 9,000달러는 **대학에게는** 비-기회-가치, 즉 그의 서비스의 가치이다. 그가 공동체나 사회에 그만큼 가치가 있는지는 또 다른 문제, 즉 **합당한** 서비스 가치에 관한 문제다.

다른 한편으로 그는 현 대학에 머무는 걸 선택함으로써 대안적인 수입을 희생하기 때문에 대학에 4,000달러를 기부하는 것이다. 그에게 9,000달러는 기회비용, 즉 그 자신이 제공한 서비스 때문에 그에게 지워진 비용이다.

다른 예시도 들 수 있다. 임금노동자는 현금이 당장 절실하게 필요하지만 2주 뒤에 받을 임금이 20.00달러밖에 안 된다. 노동자는 임금 구매 대행사에 자신이 받을 임금을 넘기고, 이 대행사는 노동자에게 18.00달러를 지급한다. 노동자가 대행사에 실제로 지급하는 건 18.00달러를 임금 지급 2주 전에 받은 대신에 건네는 2.00달러니, 이는 2주 동안 11% 또는 한 달에 약 40% 이자에 해당한다. 노동자는 연이율 240~280%로 이자를 지급하고 있다.

이것 또는 이와 유사한 소액 대출자들의 경험에 근거해 **합당한** 서비스 가치에 대한 문제가 일어났다. 그래서 이른바 획일적인 "소액 대부법"을 만들어, 이 법에 근거해서 몇몇 회사에 면허를 내주고 300달러 이하 금액에 월이율 3.5% 또는 연이율 42%로 미지급 잔액에 이자를 청구할 권한을 주고, 이 이율을 초과하는 소액 대출은 모두 불법으로 규정했다. 이 법을 여러 주에서 채택했다. 이 법이 대부회사가 궁핍한 소액 대출자에게 제공하는 **합당한** 서비스 가치에 대한 그 주들의 표준이었다. 이 지점에서 조직화된 사회야말로 입법부라는 그 사회의 대변인이 합당하다고 여기는 대안을 궁핍한 대출자에게 제공하려고 한다.

그러나 얼핏 보면, 각 주는 고리의 이자율을 합법화한 것이었다. 하지만, 통상의 법정 이자율로 상업은행에서 돈을 빌릴 수 없는 부류의 대출자들이 예전에 이용할 수 있는 유일한 대안을 고려한다면, 월이율 3.5%는 예전 대안들보다 현저하게 적다. 앞서 인용한 사례에서 18.00달러를 2주 동안 사용한 대가로 2.00달러 이자를 주는 대신 월이율 3.5% 이자로 지급하는 액수는 대략 32센트였을 것이다.

다시 이것은 비-기회-가치의 특별한 사례이며, 이 비-기회-가치는 어떤 사람이 더 큰 대안적 지출을 회피할 기회를 갖기 때문에 그에게 생긴 가치이다. 3.5% 이율은 은행에서 수용할 수 있는 양호한 신용도를 가진 사람들이 상업은행에 지불하는 것과 비교할 때 고금리이지만, 신용이 없고 궁핍한 상황에 있는 사람에게 이 이율은 차악의 대안적인 이율보다 현저히 낮다. 그래서 이 노동자가 처한 경제 상황은 예전보다 그만큼 더 좋아졌으며, 월 3.5% 이율은 노동자의 적극적인 희생이 정말 크지만 월 10%나 20%나 40% 이율보다는 적은 것이다.[97]

여기에서 우리가 기회, 경쟁, 가격의 이러한 상호의존 관계에 대해 추가적인 예시를 들 필요는 없다. 우리 공식은 보편적이며 모든 사례에 적용된다. 세 요소 각각이 수없이 많은 거래에서 매우 가변적이기 때문에 이런 관계들은 아주 다양하고 복잡하게 재생된다. 하지만 우리 공식은 수많은 거래에 실마리를 제공한다. 이제 우리는 고전학파 경제학자와 쾌락주의 경제학자의 가설적인 역사(hypothetical history)*의 방식을 통해서 이 공식에 이르도록 나아갈 것이다.

(7) 로빈슨 크루소에서 지속 활동체로

뵘바베르크의 가설적인 역사를 알아보기 위해 로빈슨 크루소가 섬에

∶∶

97) 소액 대부법에 대해서는 Ryan, F. W., *Usury and Usury Laws*(1924); King W. I. *The Small Loan Situation in New Jersey in 1929*, by New Jersey Injustrial Lenders Association, Trenton, N. J.(1929); Fisher, C. O., "Small Loans Problem: Connecticut Experience", *American Economic Review*., XIX(1929), 181; *Personal Finance News*, published by the Amer. Assn. of Personal Finance Companies, Washington, D. C.; Townsend, Genevieve, *Consumer Loan s in Wisconsin*(1932)를 보라.

---

* 대체역사, 반사실적 추론이라고도 한다. 역사적 사건에 '만약에(what if)'라는 가정을 하는 것, 즉 하나의 변수를 바꾸어 현상의 인과관계를 밝히는 사고실험과 분석이다.

서 혼자 산다고 가정하자. 이것은 사실상 사회를 제거하는 적당한 방법이다. 로빈슨 크루소는 일해야 먹고살 수 있다. 먹는 것은 효용이고, 물고기 대신에 토끼를 선택하는 것은 효용이 적은 물고기를 포기한 대가로 토끼라는 더 높은 효용을 선택하는 것이다.[98] 물고기를 회피한 것은 토끼를 선택한 것에 대한 효용비용이며, 그 차이는 잉여효용이다.

이것을 케리와 바스티아로 바꾸어보자. 로빈슨 크루소는 물고기가 없기 때문에 토끼를 잡아야만 한다. 그는 덫을 놓거나 토끼를 쫓아야 한다. 그래서 더 쉬운 방법으로 덫을 선택한다. 그리고 쫓아가는 노동을 "절약"한다. 이렇게 회피된 노동의 크기는 로빈슨 크루소에게 토끼를 덫으로 잡는 쉬운 노동의 비-효용-가치이며, 그리고 덫으로 잡는 것과 쫓아가서 잡는 것의 차이가 "절약된" 순수 잉여 노동이다.

그러나 이 섬에 두 사람이 있다고, 로빈슨 크루소와 프라이데이가 있다고 가정하자. 이 둘에게는 서로를 상대하거나 각자의 고립된 노동으로 살아가는 것 외에 다른 대안적 기회가 없다. 권리를 강제하거나 자유를 보호할 정부도 없다. 각자는 자신의 힘에 의존하며, 각자 생산해서 보유한 물품은 어느 것이든 상대방에게 필요한 것이다.

여기에서 두 종류의 압박을 생각할 수 있는데, 이것을 **강박**(Duress)과 **압박**(Coercion)으로 구분해보자. 양쪽 모두 폭력에 의지한다. 강한 자가 약한 자를 약탈한다. 이는 **강박**이다. 그런 다음부터 폭력을 노골적으로 행사하지 않고도 폭력을 행사하겠다고 협박하는 방법으로 강한 자는 약

••
98) Böhm-Bawek, E. von, *Capital and Interest, A Critical History of Economical Theory*(1922), 278 ff.; *The Positive Theory of Capital*(tr. by Smart, 1891), Book III, on Value.

한 자를 계속 약탈한다. 강박은 폭력일 뿐만 아니라 폭력을 행사하겠다는 위협이다. 폭력은 대안이며 유인이다. 강박당한 개인은 두 가지 대안을 제안받고 덜 힘든 걸 선택한다. 우리는 그에게 "선택의 여지가 없다"라고 말할 것이다. 하지만 그에게 선택의 여지가 있다. 그는 더 작은 고통인 작업을 선택한다. 크루소가 노예라는 더 적은 고통을 제안함으로써 회피된 폭력이라는 더 큰 고통은 프라이데이에게 제공된 서비스의 가치다. 프라이데이는 잉여를 얻고, 그만큼 더 좋아진다.

그러나 이 둘이 신체적으로 서로 같다고 가정해보자. 두 명 모두 로빈슨 크루소다. 서로 힘이 똑같으므로 폭력은 물론 폭력을 행사하겠다는 위협도 의미 없다. 각자는 상대방이 생산하고 보유한 물품이 부족하거나 필요하다. 상대방이 자신의 것을 사용하지 못하도록 할 만큼의 신체적 힘을 각자는 가지고 있다. 그래서 이제는 일련의 다른 대안을 서로에게 제시한다. 이제 이 대안들은 폭력의 강박이 아니라 필요로 하지만 상대방만이 가지고 있어서 자신은 그것 없이 지내야 하는 희소이다.

그러나 희소의 힘은, 강박의 힘과 마찬가지로 사람마다 불균등하다. 이것을 우리는 **압박**이라고 명명한다. 이것은 양 당사자들의 상대적 욕구와 자원에 달려 있다. 하지만 자원은 상응하는 욕구를 충족하는 수단에 불과하고, 욕구를 충족하는 행위는 시간이 지나는 사이에 자원을 소진하기 때문에, 쌍방이 교환 비율을 결정하는 힘은 상대방이 양보하기를 기다리는, 서로의 상대적인 힘에 달려 있다. 자원이 많거나 욕구가 적은 사람은 상대편보다 오래 기다릴 수 있다. 그는 더 큰 풍요라는 힘을 가지고 있고 이 힘은 더 큰 기다림이라는 힘을 그에게 주며, 결국에는 그는 상대방의 더 많은 서비스와 교환할 수 있기 때문에 자신의 생산물의 가치를 더 높일 수 있다. 그러므로 남이 쓰지 못하도록 보유하는 물리적 힘이 똑같다면, 그리고 대안적 기회가 없다면 교환에서 가치는 소유물의 상대적 희소에 의해, 그리고 이 희소와 역의 관계에 있는 기다림이라는 경제적 힘에 의해 결정된다. 그러나 어느 경우든 마침내 교환이 이루어질 때 각자가 다른 사람에게 제공하는 서비스 가치는, 자신이 포기하고 그것을 상대방에게 넘겨줌으로써 실제로 겪는 고통보다 자신이 겪게 될지도 모르는 더 큰 고통이다. 그가 회피하는 더 커다란 고통은 한 사람이 다른 사람에게 제공하는 서비스 가치다. 바로 이것이 리카도의 비교생산비이며, 케리와 바스티아의 서비스 가치다.

그러나 마지막으로, 욕구에 대비된 자원들이 동등하다고 가정해보자. 각각의 자원들은 기다림의 힘이 동등하고, 그래서 강박하는 신체적 힘이 서로 동등할 때 무효로 되듯이 희소라는 경제적 힘 역시 서로 동등해서 무효로 된다. 이렇게 되면 각자는 우리가 "설득"이라고 명명한 도덕적 힘에 의존해야 한다. 각자는 상대방이 자유롭게 거부할 수 있는 서비스를 상대방에게 제공해야 하며, 그래서 각자는 상대방이 선택할 자유에 호소하는 식으로 상대의 공감을 얻고, "선의"에 의존하고, 설득에 의존해야 한다. 그래서 각자는 법률에서 말하는 "이념형"을 달성해 "자발적인 구매자와 자발적인 판매자"로 "마음이 만나"야 한다.

그러나 크루소와 프라이데이 각자의 설득력이 불평등하다고 가정하자. 한쪽이 다른 쪽보다 훨씬 유능한 판매자다. 사기, 허위 표시, 무지, 어리석음에서의 차이는 여전히 남는다. 이것들 역시, 그리스인이 그리스인을 만나거나 유대인이 스코틀랜드 사람을 만날 때* 그러는 것처럼 평등화 현상으로 사라진다고 생각할 수 있다.

---

* 똑같은 능력을 지닌 사람들이 만난다는 뜻이다.

이렇듯 소거에 의해서 우리는 심리학의 네 단계를 분석했다. 첫 번째는 자연력에 대한 인간의 관계 단계로, 여기에서는 효용·비용과 비효용가치라는 용어가 기술적으로 적절한 것처럼 보인다. 두 번째는 인간에 대한 인간의 관계 단계로, 여기에서는 기회와 비기회라는 용어가 적절한 것처럼 보인다. 그러나 이 단계에는 인간의 능력이 서로 다른 세 단계, 즉 육체적 힘, 경제적 힘, 도덕적 힘이 있다. 우리는 첫 번째를 강박, 두 번째를 압박, 세 번째를 설득이라고 명명한다. 강박은 직접적이거나 위협적인 물리력의 강제이다. 압박은 자신이 유보하고 있는 경제적 힘을 가지고 가하는 간접적인 압박이다. 설득은 유인하는 도덕적 힘이다.

이런 힘 각각은 평등화를 상정할 때 차례대로 제거된다고 가정할 수 있다. 평등화를 상정함으로써 균형에 도달한다고 가정할 때 이들이 물리력, 힘, 압박으로 드러나지 않기 때문이다.

그러나 이런 이상적 평등화에 도달하려면 이 섬을 떠나서 다시 시작해야 한다. 로빈슨 크루소와 프라이데이가 사는 곳에 인구가 많으며, 정부가 통치한다고 가정해보자. 이제 육체적 강박은 가정이 아니라 정부에 의해 평등화된다. 프라이데이는 로빈슨 크루소의 노예가 될 수 있지만, 로빈슨 크루소가 신체적, 경제적, 도덕적으로 우월하기 때문이 아니라, 국가가 프라이데이에게 순종을 강제하고, 국가가 로빈슨 크루소로 하여금 확실하지 않은 우월적인 힘에 의존할 필요가 없도록 하는 건 물론, 제삼자가 프라이데이에게 대안적인 기회를 제안하는 것을 배제하기 때문이다. 로빈슨 크루소가 프라이데이를 설득하느냐, 압박하느냐, 채찍질하느냐는 것은 아무런 차이를 낳지 않는다. 프라이데이는 물건이지 시민이 아니기 때문이며, 두 사람이 맺은 유일한 관계는 구매하고 판매하는 교섭적인 거래가 아니라 명령하고 복종하는 관리적인 거래이다.

그러나 국가가 프라이데이에게 개인적 권리(personal rights)와 재산권을 부여한다고 가정해보자. 실제로 미국 수정헌법 13조와 14조가 통과하면서 프라이데이는 시민으로 전환한다. 경제적 관점에서 볼 때, 국가가 부여한 건 서비스와 생산물을 남이 사용하지 못하게 가지고 있을 동등한 물리적 힘이다. (프라이데이에게 가해졌던—옮긴이) 물리적 힘은 시민권과 사법부의 평등정신에 따라 제거될 가능성이 크다. 사적인 폭력과 폭력을 가하겠다는 사적인 협박은 금지되며, 국가만 협박하고 신체적 강박을 행사한다. 각자는 이제 상대방이 양보할 때까지 기다리는 경제적 압박에 의존해야 한다.

그러나 국가는 경제적 압박의 평등화를 강제할 수 없다. 국가가 할 수 있는 제일 좋은 방법은 상한과 하한을 정하는 것이다. 경제적 평등을 강제하려면 욕구의 평등, 고통의 평등, 심지어 사물의 가치를 바라보는 견해의 평등까지 강제해야 한다. 각 개인이 사적으로 교섭하는 대신 소련처럼 국가가 공산주의적인 배급을 통해서 자원을 동등하게 분배하는 방식을 허용하는 것도 생각할 수 있다. 하지만 가정된 계산화폐*로 측정하면, 자원이 수학적으로 동등하게 될 수는 있어도 심리적으로 동등하게 되지는 않을 것이다. 왜냐하면 개인이 느끼는 욕구와 혐오의 차이는, 설사 그 양과 질이 같다고 가정할지라도 사물이 지닌 가치의 차이로 금방 나타날 것이기 때문이다.

국가는 사적 교섭을 공인하는 경우에 설득력을 동등하게 유지할 수도

---

* 회계단위라고도 한다. 말 매매 등 특수 거래나 회계에서만 한정하여 사용되어 더 이상 동전이나 지폐로 발행되지 않는, 따라서 액면가와 일치여부와 무관한 화폐 단위를 말한다. 영국은 1.05파운드에 해당하는 '기니(guinea)', 미국은 1,000분의 1달러에 해당하는 '밀(mill)'이 이에 해당한다.

없다. 설득력은 한 사람의 다른 사람에 대한 심리적인 힘으로, 강박이나 압박 없이 자신에게 유리한 교환 비율로 서비스를 제공하도록 상대를 유도하는 힘이다. 욕구와 혐오감이 행동을 유도하는 힘의 정도가 사람에 따라 다른 것처럼, 설득이 행동을 유도하는 힘의 정도 역시 사람에 따라 다르다. 실제로 인간의 개성을 구성하는 것은 욕망, 혐오, 판매 기술 등에서 나타나는 차이다. 이 같은 차이를 평등화하는 대신, 개성의 범위를 확대해서 평등화를 실제로 회피하기 위해서 국가는 강박이나 사기의 상한과 하한을 정해 경제 권력이 이 선을 넘어서 개성을 대체하도록 허용하지 않을 수도 있다. 국가가 개성에 의한 설득과 경제 권력의 압박 사이에 이 같은 한계를 설정하지 않는다면, 민간 단체들은 기업 윤리, 노동조합 윤리, 직업윤리, 상거래 중재나 노동 중재 등과 같은 이름으로 그런 선을 설정하려고 애쓸 것이다.[99] 법원이 이 규칙을 채택하고 강제한다면 관습은 관습법이 된다.

그러므로 이제 우리는 교섭 거래에 관한 판사와 중재자의 심리로 넘어간다. 이렇게 하려면 앞에서 서술했던 가설적인 인물 대신에 역사적 인물을 등장시켜야 한다. 정의를 실현하기 위해서라기보다는 무정부 상태와 폭력을 피하고, 그래서 거래를 계속할 수 있도록 이해 대립으로 일어난 분쟁은 신속하게 판결해야 한다. 역사적으로도 논리적으로도 정의는 나중 일이다. 그래서 벤담이 블랙스톤에 항의한 것처럼, 판사의 심리는 행복과 정의보다는 지배적인 관습과 널리 행해지는 실용주의에 따른다.

17세기는 영국에게는 1689년 영광스러운 승리로 끝난 투쟁의 역사였다. 이 투쟁은 왕과 측근 신하들의 사적 입장으로 여겨졌던 것에 맞서 당

..

99) 본서 1408쪽, 인간성과 집단행동.

시 공화정이라 알려진 공적 입장을 자유롭게 자신들의 의견의 근거로 삼기 위해 재판관을 국왕의 지배로부터 분리 독립시켰다. 그때부터 영국과 미국에서 법원은 우리가 지금까지 검토했던 경제학자들의 이론과 똑같은 사회적 입장을 대변한다. 리카도 이래로 개인들의 기여를 유도하는 사회적 비용으로서 특정 개인이나 계급으로 가는 사회적 산출물의 몫이 개인들과 계급들이 총생산에 기여한 것에 비례하는가라는 경제적 문제를 야기하는 것은 바로 이 입장이다. 다른 말로, 사적인 부가 공동의 부에 대한 사적인 공헌에 비례하는지 여부를 묻는 것이다.

그러나 사회적 부에 대한 이런 분배는 개인의 거래에 내재한 이해충돌에서 주로 발생해 사법적 판결의 대상으로 상정된다. 이 판결은 개인의 재산, 개인의 자유, 개인의 인격이라는 전제조건에 기초한다. 그러므로 법원과 중재인은 개인이 얻은 순수입을 필연적으로 무시하게 된다. 그래서 압박이라는 이런 쟁점이 일어날 때, 분쟁이 발생한 거래에서 얻어진 총수입이나 부과된 총지출을 유사한 거래에서 관례와 비슷한지 여부를 확인하는 비교 방법을 법원이나 중재인은 반드시 채택하게 된다. 여기에서 비교 비용과 비교 가치라는 원리가 나오는데, 이는 우리가 비-기회-가치와 기회비용으로 구분한 것이다. 사적인 측정 방법과 구분되는 사회적 측정 방법을 한 번 이해하면 비-기회-가치와 기회비용의 역설적 측면은 사라진다. 이 측정 방법 역시 개인의 행복과 고통에 대한 심리주의적 경제학자의 관념을 통해서가 아니고, 아나키스트의 윤리와 정의에 대한 관념을 통해서도 아니며, 사업가의 순수입을 통해서도 아니고, 무엇이 관습적이고 지배적이며 그래서 합당한가를 객관적으로 확인하는 사회적인 방법을 통해서 추론하는 방법이다.

영국과 미국에서 법원이 흔히 마주치는 상황처럼, 재판부가 자신들의 의견에 합당한 이유를 제시해야 한다고 느낀다면 재판부는 해당 소송에 적용할 수 있는 공공 복리 원칙으로 본능적, 직관적으로 느끼는 원칙을 합리화, 정당화, 사회화하는 지적 수준에까지 심리적으로 이르게 된다. 그래서 하급 법원은 관련된 사회 문제를 생각해야만 한다는 필요로부터 풀려난다. 왜냐하면 이 하급 법원은 또렷하게 표현될 때는 판례와 권위에 따르고, 이의가 있을 때는 최상급 법원에 자신의 의견을 낼 것을 요구받을 뿐이기 때문이다. 미국은 이런 방식에서 더 나아갔다. 주 의회와 연방의회의 모든 입법은 어떤 법률이 공공이익에 합당하다고 대법원이 믿게 될지에 관해 대법원에 주는 잠정적인 제안이다. 왜냐하면 입법부가 만든 법률이 상위의 헌법과 충돌하는지 여부만 결정하도록 법원이 요구받을지라도, 성문헌법은 매우 탄력적이고, 조문의 의미를 변경함으로써 쉽게 변경될 수 있고 때때로 변경되었기 때문이다.

법원의 이러한 발생론적이고 제도적인 심리로부터 어떤 일반화나 원칙이나 준칙이 나왔다. 많은 시행착오 후에 마침내 상급법원의 법의식에 의해 공식화되었던 이런 일반화 등이 분쟁이 발생하는 즉시 분쟁을 해결하기 위해 수세기에 걸쳐 내려졌던 이전의 직관적 결정과 상충하지 않고 조화를 이룬다고 믿어졌다. 이 일반화 등은 구매 및 판매 체계하에서 발생하는 지극히 다양한 분쟁에서 공익과 사익을 조정하는 것이라고 믿어진다. 이 중 가장 일반적인 것은, 자유로운 교섭이 자발적인 구매자와 자발적인 판매자의 마음이 맞는 것이라고 서술하는 그 원리이다. 의지에 관한 용어들은 이번에도 다시 관습적이고 지배적인 것과 비교해서 정의된다. 하지만 일반적으로 이것들은 강박, 압박, 비윤리적 설득으로 여겨지는 것들에 대한 합당한 제거를 의미한다.[100]

이런 추론방식을 우리의 거래 공식에 적용하면, 판매자 S가 구매자 B

에게 100달러에 판매하고 비슷한 상품을 B¹에게 90달러에 판매하는 경우, 우리는 불평등한 기회, 불평등한 자유나 차별이라는 추론에 도달한다. 이것이 사회적 중요성을 가질 수도 있고 안 가질 수도 있는데, 그것은 이 행위가 관습적인지 아닌지에 달려 있다. 관습적인 것으로 간주된다면, 그것의 기회 평등의 의미가 부여된 것이다.

마찬가지로 경쟁자 S¹이 120달러에 판매하는 동안 S가 100달러에 판매한다면, 우리는 부당 경쟁이라는 결론에 도달할 것이다. 그 결론의 사회적 중요성은 다시 관습적이라고 여겨지는 것에 달려 있다. 관습적이라고 여겨진다면, 이 결론은 공정경쟁이라는 경제적 명칭을 얻는다.

이러한 두 가지 예시에서 평등한 기회와 불평등한 기회라는 두 용어에 우리는 도달한다. 평등한 기회는 합당한 서비스 가치나 합당한 서비스 비용이고, 불평등한 기회는 합당하지 않은 서비스 비용이나 합당하지 않은 서비스 가치이다.

또는 마지막으로, S가 최선의 대안이라는 이유로 B에게 120달러를 지급하도록 강요해서 이익을 취한다면, 또는 B가 최선의 대안이라는 이유로 S에게 90달러만 받도록 강요해서 이익을 취한다면, 우리는 압박의 증거가 있다는 결론을 내릴 수 있다. 그 결론의 사회적 중요성은 다시 지배적이고 관습적인 거래라고 여겨지는 것과의 비교에 달려 있다.

교섭 거래에 대한 우리 공식에서 세 가지 가변적 차원이 있다는 점을 다시 깨닫게 될 것이다. 세 가지 차원은 합당성의 문제에 대한 판결을 구하려고 법원에 제기되는 경제적 쟁점들을 이것들이 모두 포괄한다는 점

..

100) Cf. Galusha v. Sherman, 105 Wis. 263(1900); Commons, J. R., *Legal Foundations of Capitalism*, 57.

에 우리는 주목해야 한다. 세 가지 차원에는 첫째, 차별 또는 평등한 기회와 불평등한 기회라는 쟁점이 있고, 둘째, 자유경쟁과 공정경쟁이라는 쟁점이 있고, 셋째, 교섭력의 평등성 또는 불평등성이라는 쟁점이 있다.

또한 모든 거래에서 네 참가자 가운데 누구든지 세 가지 쟁점 가운데 하나 또는 모두에 문제를 제기할 수도 있다는 걸 우리는 다시 알게 될 것이다. 거래의 세 가지 가변적 차원 중에 어느 것이 가장 명백하게 문제가 되느냐에 따라 우리의 판매자 S는 차별이나 수탈을 근거로 B를 상대로 소송할 수도 있고, 불공정 경쟁을 근거로 S¹를 상대로 소송할 수도 있다. 이것은 다른 참가자들 경우에도 마찬가지이다.

또한 세 가지 쟁점 중 어느 하나에 관해서 결정을 내리면, 이 결정은 다른 두 쟁점의 경제적 중요성에 변화를 가져온다는 것을 역시 깨닫게 될 것이다. 공정경쟁에 대한 결정은 차별과 가격 모두를 수정할 것이고, 그래서 나머지 쟁점들에 대한 결정도 수정할 것이다. 가치의 세 가지 차원 사이뿐만 아니라 전형적 거래의 네 당사자들 사이에도 존재하는 이 기능적 관계는 우리가 나중의 어떤 시점에 가설적 역사에서 실제적 역사로 넘어갈 때 등장할 것이다.[101]

(8) 교섭력[102]

교섭력은 경제적 단체행동에 법적인 뒷받침이 제공될 때 비로소 경제 이론의 명확한 주제로 나타난다. 단체행동의 두 가지 주요 방법은 법인적

••
101) 본서 1265쪽, 희소, 풍요, 안정화.
102) 여기에 기술한 일부는 *Encyclopedia of the Social Sciences* 측에 허가를 받고 인용했다.

(corporate) 방법과 규제적(regulative) 방법이다. 법인 형태에서 개인은 이 사회와 경영자에게 주주들을 법적으로 구속하는 계약권을 위임한다. 개인적 계약은 배제된다. 그러나 규제적 방법에서 참여자들은, 개인이든 법인이든 상관없이 규칙이나 법률, 규제에 복종한다. 이런 규제 등이 개인이나 법인의 교섭력에 한계를 결정짓는다. 개인적 계약은 존속되지만, 제한적이다.

개인주의적, 공산주의적, 아나키즘적 경제학자들의 전제에는 이런 교섭력의 전제를 포함하지 않았다. 아담 스미스는 자유, 평등, 재산에 대한 개인의 법적 권리에 근거해서 경제 이론을 수립하면서, 단체행동의 두 형태 모두를 강력하게 반대했다. 아담 스미스는 단체행동에 맞서, 협상에서 개인을 통제하는 자연신적(deistic)이고 기계 같은(quasi-mechanical) 경쟁을 설정했다.[103] 아담 스미스가 그렇게 강력하게 비판하던 "법인 (corporations)"은 일종의 규제였으며,[104] 구성원들의 개별적 거래를 제한했던 길드이다. 정부가 개인이나 계급에게 허가한 중상주의적 관세, 보조금, 무역 특권도 마찬가지다. 이것들은 외국과의 경쟁 위협을 넘어설 수 있도록 개인들에게 특권을 줌으로써 개별적이거나 집단적인 수준에서 시민들의 국내 교섭력을 증대시켰다. 스미스의 이러한 개인주의적이고 기계론적인 전제는 고전학파적이고 심리학파적인 경제학자들을 지배했다. 이 경제학자들을 아나키스트들은 벼랑 끝으로 몰아갔다. 이들 경제학자들을 공산주의 경제학자들은 완전히 없애버렸다. 공산주의 경제

∴

103) Cf. Knight, F. H., "Historical and Theoretical Issues in the Problem of Modern Capitalism", *Journal of Economic and Business History*(Nov. 1928), 121.
104) 본서 1423쪽에서는 신디케이트 자본주의라고 부른다.

학자들의 전제는 교섭과 정반대인 국가에 의한 배급으로 대체함으로써 개별 교섭과 단체 교섭 모두를 없앴다.

이런 개인주의적, 아나키즘적, 공산주의적 이론들이 지배적인 한, 개인과 사회 사이의 매개 과정에 관한 과학적 이론은 있을 수 없었다. 사회는 개인들의 단체 교섭력이다. 그러한 모든 경제적 단체행동들은 개인주의자들이나 아나키스트들은 독점적이라고 비난하고, 공산주의자들은 고식책에 불과하다고 비난했다.

스미스, 맑스, 프루동은 예견을 못 하고 이후의 경제학자와 법원은 주목하지 않았지만, 그러는 동안 1850년대 10년 사이에 영국과 미국 두 나라는 자유와 평등과 재산에 대한 권리에 추가해서 보편적인 단결권을 새로운 법적 권리로 의회에서 인정했다. 아담 스미스를 비롯한 반독점주의자들이 요구했지만 법인을 금지시키지 않았다. 각종 법인은 의회의 특별 입법으로 창설된 게 아니라 일반적인 법인법으로 보편화되었다. 같은 시기에 영국과 미국에서 노동 조직은 협동주의적 생산이나 사회주의라는 관념을 버리고 단체 교섭이라는 관념을 채택했다.

앞에서 말한 결사권은 법인화를 선택한 모든 사람의 평등한 권리가 되었다. 이 권리가 교섭력을 높이기 때문이 아니라, 유한책임을 약속하면서 자본을 유치하여 생산력을 높일 수 있기 때문이다. 그리고 이 결사권에 따라 새로운 교섭력을 획득했었다는 것을 깨닫게 되는 20~30년 뒤까지 노동조합은 근근이 존재했다. 비슷한 시기에 다양한 법인도 단체행동에 의해 이와 유사한 교섭력을 획득했었다는 것을 알 수 있었다. 이렇게 하여 우리 미국은 19세기 말에 법인과 노동조합 모두에 적용된 독점 금지법의 시기에 도달한다.

이 법에서 활발하게 기소가 이루어지던 시기를 거친 후, 법원은 이러한 단체행동을 철저히 폐지하려는 과정에서 단체행동들이 재산과 자유의 근간을 뒤흔들고 있다는 점을 드디어 깨닫게 되었다. 이 근간이란 남들이 필요로 하지만 갖고 있지 않은 것을 남들로부터 유보할 권리이었다. 그래서 17세기에 관습법이 변한 과정을 비슷하게 재현한 후 1911년에[105] "교역의 합당한 제한"이라는 말이 판결에 도입되었다. 그래서 1911년에 합당성이라는 관념의 부활에 따라 1920년에 US스틸을 상대로 한 해산 소송에서[106]* 이 회사는 교역의 합당한 제한을 행했을 뿐이라는 것이 밝혀졌을 때 교섭력의 인정이 법적으로 확보되었다.

이러한 인정은 가격 유지 소송들에서 좀 더 특정한 결정으로 되었다. 이 소송들에서 만약 높은 가격 유지**의 금지가 그 유효한 한도까지 시행

..

105) Standard Oil Co. of New Jersey et al. v. the United States, 221 U. S. I(1911); United States v. American Tobacco Co., 221 U. S. 106(1911).
106) United States v. United States Steel Corp. et. al., 251. U. S. 417(1920).

---

* 미국의 반독점법은, 시장에 독점적 지위를 가짐으로써 기업들이 다른 기업의 시장 진입을 방해하거나, 소비자의 이익을 침해하거나, 가격을 담합하는 등의 불공정 행위를 금지하는 법이다. 스탠다드 오일, 아메리칸 토바코에 대한 법원 판결은 석유 및 담배시장에서 차별행위에 대해 유죄판결을 내려 각각 34개 회사, 16개 회사로 분할조치가 이루어졌다. 미국 철강업계의 3분의 2를 장악하고 있던 US스틸에 대한 반독점 소송은 기업의 규모로 인해 특정 시장의 독점적 지위 자체가 독점법 위반인지에 대한 법적 논쟁이었다. 1920년 미국 연방대법원은 기업의 규모가 크다고 해서 독점이라고 볼 수 없다는 판결을 내려 향후 20년간 반독점 조사가 크게 위축되어 관련 소송이 없었다.

** 판매유지는 재판매가격유지행위를 일컫는다. 제조업자 및 서비스업자가 상품 또는 용역을 거래할 때 거래 대상인 대리점이나 유통업자 등의 사업자(재판매업자)가 상품을 특정 가격으로 판매 또는 제공할 것을 강제하는 행위를 말한다. 가격의 상한선이나 하한선이 강제되고, 재판매업자가 가격 유지를 거부하면 제조업자가 상품 공급을 중단하는 등 이 거래가 수직적 관계에서 가격을 제한하는 합의라는 점에서 수직적 가격 제한으로도 불린다. 1911년 미국 대법원은 Dr. Miles Medical Co. v. John D. Park and Sons 사건을 통해 최소 재판매가격 유지는 합당하지 않으며 반독점법 제1항을 위반했다는 하급 법원의 판결을 확정

된다면, 회사는 나타나는 구매자 누구에게든 자사의 상품을 배달하지 않으면 안 된다는 점과, 이것이 회사의 자유를 박탈할 뿐만 아니라 정부에 의한 가격 고정을 초래한다는 점도 알게 되었다.[107]* 이것은 공공 서비스 사례에 시행되었다. 법으로 요율이 고정되었을 때, 의무서비스도 지시되었다. 그러나 가격 유지 소송들에서, 필요한 것을 주지 않고 갖고 있을

••

107) Great Atlantic and Pacific Tea Co. v. Cream of Wheat Co., 224 Federal Reports 566(1915); United States v. Colgate and Co., 250 U. S. 300(1919); Federal Trade Commission v. Beech Nut Packing Co., 257 U. S. 441(1922).

했다. 최소 재판매 가격유지가 경제적 효과 면에서 카르텔에 의한 수평적 가격조작과 구별할 수 없다는 주장에 근거한 것이다. 이후 관련 판결들은 최소 재판매 가격 유지는 그 자체로, 자동적으로 불법으로 간주되어 이를 당연위법원칙이라 불리웠다.

그러나 2007년 Leegin 판결에서 100년 가까이 고수해왔던 당연위법원칙이 폐기되고 최저재판매가격유지 행위를 구체적 사안별로 경쟁제한 또는 경쟁촉진 효과를 검토하여 위법성을 판단하는 합리성의 원칙(Rule of Reason)이 채택되었다.

* 여기서 언급된 제조사의 판매가격 유지의 위법성에 대한 판단은 연방거래위원회법과 클레이튼/셔먼 반독점법을 통해 "불공정한 경쟁방법"이 무엇인지를 결정하는 것이었다. 앞서 언급된 1911년 스탠다드 오일과 같은 해 아메리칸 토바코가 반독점법 위반으로서 교역의 합당한 제한이 판결에 처음 도입된 시기이다. 반면 1915년부터 1922년까지 이어지는 이 세 가지 판결은 교역의 합당한 제한과 제조사의 상품과 서비스를 유보할 권리의 균형을 맞추었다. 세 판결의 핵심은 다음과 같다. ① 다른 소매상이 매긴 정가보다 낮은 가격으로 재판매하여 그 가격으로 경쟁을 감소시키고 소매상에게 이익을 제공하지 않는다면, 제조업체는 판매상에게 제품의 판매를 거부하는 것이 교역의 합당하지 않은 제한unreasonable restraint of trade이 아니다.(Great Atlantic and Pacific Tea Co. v. Cream of Wheat Co., 224 Federal Reports 566, 1915) ② 단순히 자신의 상품 판매를 거부하거나 자신이 정한 재판매 가격으로 상품을 판매하지 않는 자에게 상품을 주지 않고 유보(withhold)하는 것은 셔먼법을 위반하지 않는다.(United States v. Colgate and Co., 250 U. S. 300, 1919) ③ 독점을 만들거나 유지할 의도가 없는 경우 셔먼법은 제조업체가 자신의 상품을 재판매할 수 있는 가격을 사전에 발표하거나 제조사가 제시하는 가격에 동의하지 않는 도매업자 및 소매업자와의 거래를 거부하는 것을 금지하지 않는다(Federal Trade Commission v. Beech Nut Packing Co., 257 U. S. 441, 1922).

권리는 교역의 합당한 규제까지로 한정됨으로써 제한되었다. 노동자들의 경우에서 비슷한 사례가 이전에 발견되었다. 특정 이행* 명령에 의해 노동계약을 체결했음에도 불구하고 노동을 제공하지 않는 것을 금지시킨 것은 미국 수정헌법 제13조에 따라 보장된 개인의 자유에 대한 부정이라는 점이 깨닫게 되었다.[108] 이 수정헌법에 저촉됨이 없이 영리업체가 상품을 배달하기로 계약을 했었다면, 영리업체는 특정 이행을 수행해야만 할 것이다. 그러나 이들 영리업체는, 공공 서비스를 제외하고는 법적으로 그런 계약을 하도록 강제될 수 없었다. 그러므로 마침내 상품과 서비스를 남이 사용하지 못하게 가지고 있을 법적 권한이 최종적으로 인정된 상태에서 교역의 합당한 제한은 법적 지위를 획득했다. 이는 합당성에 대한 법원의 관념에 따른 것이지만 반독점법에 어긋난다. 그리고 이에 상응하는 교섭력, 즉 무형 재산은 경제적 지위를 가지게 되었다. 교역 제한은 교섭력이며, 따라서 교역의 합당한 제한은 합당한 교섭력이기 때문이다.

합당한 교섭력의 과정을 법학과 경제학 영역으로 끌어들이는 기간으로 여겨졌던 지난 30년간의 이행기 동안, 이 과정 자체는 산업 안정화, 가격 안정화, 질서 있는 마케팅, 고용 안정화, 생산 안정화라는 이름으로 대중적 호소력을 얻었다. 이러한 안정화 계획은 무제한적인 개별 교섭을 규제하려는 소망에 호소한다. "안정화"와 "질서 있는 마케팅"이라는 말

∴

108) 이들 사례는 Witte, E. E.가 쓴 *The Government in Labor Disputes*(1932)에서 다룬다.

---

* 특정 이행이란 계약에 명시된 의무를 이행하도록 법원이 명령할 수 있도록 하는 것이다. 저자는 여기서 특정 이행 명령이, 노예제와 '비자발적 예속(involuntary servitude)'의 금지, 즉 강제 노동의 금지를 선언한 미국 수정헌법 제13조와 충돌한다고 언급하는 것이다.

의 함의는, 노동 경제학에서 예전에 "경쟁 분야 전체에서의 교섭력의 평등화"로 알려진 말의 함의와 비슷하다. 이 사례에서 그 목적은 경쟁하는 고용주와 노동자가 개별적으로 교섭해서 임금을 낮추고 노동시간을 늘리는 걸 막는 것, 그래서 높은 임금을 지급하거나 노동시간을 줄이는 경쟁자에게 불이익이 되는 걸 막는 것이다. 실제로 이 사례에서 이러한 관리 거래를 위한 규칙과 규율을 설정한 것은 개인적이든 집단적이든 교섭 거래이다. 이들 관리 거래는 "과학적 관리법"이라는 새로운 규율의 특별한 주제가 되어왔다.

　기업 윤리라는 미명하에 앞서 논의한 원칙을 기업계로 확대한다면, 새로이 허용된 교섭력을 행사하여 가격인하로 고객을 훔치거나 임금인상으로 노동자를 훔치는 경쟁자들의 개별 교섭을 방지하는 것이 그 목적이다. 일반 국민의 구매력과 노동력의 공급이 모두 한정되어 있다는 것은 이제 누구나 믿게 되고 있다. 초기 경제학자들은 생각하지 못했던 믿음이다. 그러므로 "공생"이라는 새로운 윤리적 원칙은 적절한 절차란 한정된 구매력이나 노동력의 합당한 몫만 확보하는 것이라는 점을 가리킨다. 더 낮은 가격이나 더 높은 임금으로 경쟁자에게서 소비자나 노동자를 빼내오기 위해 개별 거래자들이 경쟁하는 관행은 적절한 절차가 아니다. 이것은 안정화와 교역의 합당한 제한 없이는 불가능하다. 이런 합당한 교섭력 이론으로 나아가는 명확한 길은 US스틸 해산과 가격 유지의 사례에서 앞의 인용된 판결들에 의해준비되었다.

　그러므로 오늘날 미국에서 실용적인 이론은 개별 경쟁, 개인 재산, 개별 교섭의 자유, 자유경쟁의 메커니즘에 관한 낡은 이론이 아니며, 교섭을 금지하는 공산주의 이론도 아니다. 오늘날의 실용적인 이론은 합당한 교섭력 이론이다. 이 이론들은 경제학자들과 법원 앞에 네 가지 부류로 나타난다. 첫째는 차별, 즉 개별 교섭에 대한 불평등한 기회이고, 둘째는 자유경쟁이 아닌 공정경쟁이고, 셋째는 일반적 또는 자연적 경쟁가격이 아닌 합당한 가격이고, 넷째는 노동자와 고용주 사이, 농민과 자본가 사이 등의 교섭력처럼 교섭력의 서로 다른 종류들에 대한 평등한 취급 또는 불평등한 취급이다.

이런 합당한 교섭력에 관한 원칙의 역사적 확장에 관한 대략적인 개요는 합당성이라는 경제적 측면 각각에 관한 소송들의 유사성과 인용이 포함되어 있을 것이다. 다양한 종류의 교섭력을 분류해서 역사적 발전을 인지하는 것으로 충분하다. 노동 조직이 집단행동에 의해 합당한 교섭력에 관한 최근의 원칙 쪽으로 이동한 선두주자였다. 왜냐하면 이 노동조직은 한정된 일자리와 그로 인한 차별과 파괴적 경쟁에 위기감을 누구보다 먼저 느꼈기 때문이다. 그다음으로 철도를 비롯한 공공 서비스가 법에 의해 이 이론의 밑으로 들어올 수밖에 없었다. 왜냐하면 이들의 서비스의 공급은 명확히 제한당했으며, 그리고 이들의 거대한 법인 형태는 이들이 선적사나 승객의 개별거래를 위해 그들이 만든 규칙을 설정할 수 있었기 때문이다. 그다음으로 제조업은 이 이론 안으로 들어왔고, 문제가 위에서 인용된 소송으로 표출되었다. 그다음에 모든 산업 가운데 범위가 가장 얍삽한 은행 산업은 **연방준비법**하에서 은행 대출로 청구한 이자와 공급량 규제라는 과정으로 들어갔다. 이 연방준비법은 준비은행 12개의 지휘에 따라 8,000개의 은행의 단체행동을 공인해주었다. 그다음으로 농민은, 협동조합의 의미를 협동조합식 생산에서 협동조합식 마케팅으로 확대함으로써, 자신들의 집단적 교섭력으로 세계에서의 시장점유율을 높이려는 투쟁과정에 있다. 마지막으로, 연방정부는 **전국 산업부흥법**과 **농업 조정법**을 통해서 대통령이 지휘하는 규범과 규정을 가지고 집단행동에 의한 합당성 이론을 사실상 모든 제조업체와 농업경영자로까지 대규모로 확대한다.

정도는 다르지만 이 모든 사례에서, 과거에 경제학자들과 법원이 부의 생산을 늘리기 위해 아주 우대했던 단체행동에서 과거에 경제학자들과 법원이 부의 생산을 제한하기 위해 아주 냉대했던 단체행동으로 역사적 이행이 일어난 걸 알 수 있다. 왜냐하면 이러한 이행이 생산력에서 교섭력으로의 이행이기 때문이다. 이 교섭력은 법으로 허용될 때 교역의 합당한 제한으로 되었다. 우리는 법인과 노동조합 사례에서 이러한 이행을 주목했다. 유사한 과정이, 앞에서 언급했듯이, 과학적 농업의 개선으로부터 교섭력의 개선으로 농민협동조합의 의미가 변화하는 데서 드러났다. **연방준비제도**는 "사업과 통상의 편의"를 위해 1913년에 창설되었지만, 신용공여의 자유가 1919~1921년 사이에 재앙임이 입증됨에 따라 연방준비제도는 1922년 가맹은행의 사적 거래에서 자유로운 신용공여를 제한하는 쪽으로 이행했다.[109]

교섭력으로의 역사적 이행은 기업통합, 합병, 지주 회사라는 법인적 형태로도, 구매, 판매, 대출, 고용, 경쟁 배제에 대한 개인 및 법인의 최대치 기준과 최소치 기준을 정하는 규제적 형태로도 발생해왔다는 점을 우리는 주목했다. 이렇게 본다면 미국에서 고전학파 경제학의 자유무역 이론과 처음으로 단절한 것은 제조업자들의 국내 교섭력을 높인 1842년의 보호관세였다. 이러한 이행의 일환으로 80년 후의 이민 제한이 조직 노동과 비조직 노동의 교섭력을 모두 현저하게 증가시켰다.

이런 사례들에서 이 이행은 열거주의적인 정부의 조치였다. 다른 사례

∙∙
109) 본서 995쪽, 세계지불사회.

에서는 이 이행은 **연방준비제도**, 경쟁 산업의 안정화 정책, 농민 협동조합과 노동조합의 단체 교섭 등에서 나타나는 포괄주의적인 정부의 조치였다. 교섭력이 합당하거나 치우치지 않게 보이는 것을 포괄주의적으로 허락했던 반면, 합당하지 않거나 공공에 해롭다고 보이는 것을 열거주의적으로 제한했다. 정부의 허가가 이루어지는 열거주의적 사례에서, 이윤의 상실, 시장에서 배제, 고용 상실 등과 같은 경제적 제재만이 사적인 단체행동의 효과를 위해서 남겨졌다. 이 경제적 제재가 이탈하거나 독자적으로 행동하려는 저항세력에게 가해질 것이다.

1914년 제정된 **연방거래위원회법**에서 "경쟁에 응하는" 것을 불법적인 것으로 여겨서는 안 된다는 단서조항에 의해 경제적 제재의 부과에 관한 허가를 승인했다. 경쟁을 허가하고 심지어 경쟁하라는 위협을 허가한 상태에서 활동하게 되면서, 어떤 경쟁자가 독자적으로 활동하는 것은 다른 경쟁자들이 준수하고 관행과 가격에 순응하는 것보다 자신에게 경제적으로 훨씬 파괴적일 수 있었다. 이 단서조항에 따르면, 소규모 경쟁자들 모두 "선도자를 따라가는" 것은 교역의 합당하지 않은 제한이 아니다. 이 선도자는 소규모 경쟁자가 살아남을 수준 이하로 가격을 낮추는 경제력이나 위세를 통하여 통솔력을 획득하는 자다. 이리하여 집단적 교섭력이 경제적으로 압박하는 제재는 법인 형태에 도움을 받지 않고 오로지 안정화 형태에 도움을 받음으로써 점점 더 효과적으로 되었다.

이들의 교섭력 강화에 부수적인 다른 관행들은, 통계적인 예측이라는 새롭고 보다 정확한 방법들이다. 이 방법들의 수단으로 개인들은 경쟁자들과 더불어 훨씬 신속하게 생산을 유보하거나 확대할 것이다. 높은 보호관세에 대한 거의 모든 저항이 사라진 데서, 그리고 보편적인 상호부조(log-rolling)를 대체한 데서도 교섭력 원리의 광범위한 일반적 수용이 보여진다. 이러한 대체에 의해 농장주들은 자신들의 교섭력을 강하게 보호 받는 대신 제조업자들의 교섭력을 강하게 보호하게 허용했다. 마찬가지로, 경작할 새로운 토지나 채굴할 새로운 광산과 유전을 개발하는 것이 천연자원 소유자의 교섭력을 축소시킨다는 사실이 보여질 때, 천연자원의 보존은 금이나 석유 같은 것들의 새로운 충원을 책임진다.

다른 사례도 다양하게 언급할 수 있다. 경제적으로 압박하는 제재를 지닌 단체 교섭력은 물리적으로 강박하던 예전의 끔찍한 정치 권력보다 훨씬 더 광범위하게 전 세계적으로 부상한다. 단체 교섭력이 실제로 국가를 통제하기 때문이다. 사실상 국가는 직접 활동하거나 단체행동을 허가하면서 스스로 교섭력의 도구 중 하나가 된다. 이러한 정치적 도구의 사용으로 교섭력을 위한 투쟁은 그 정점에 도달한다. 자유경쟁과 자유방임주의의 경제 이론은 자유, 평등, 자기이익, 그리고 개인 재산이라는 전제로부터, 그리고 경쟁 메커니즘으로부터 연역적으로 나온 것으로, 교섭력의 합당한 사용에 관한 실용적인 이론에게 길을 양보한다. 그 교섭력은 모든 상황에서 개인, 계급, 국가에 의해 평등하게 공유될 수도 있고 불평등하게 공유될 수도 있다.

이런 단합된 교섭력의 이론은 제조업자, 농민, 노동자, 상인, 은행가 등의 협회의 교섭력의 불공정 차별, 불공정 경쟁, 합당하지 않은 가격, 불평등한 취급에 대한 경제적, 법적, 윤리적 문제로 나아간다. 최근에 교섭력의 새로운 지배에서 생겨난 이런 쟁점의 출현이 가격, 가치, 관행, 거래 등 경제적, 법적, 윤리적 이론에 대해 이전에 없었던 상급 법원의 관심을 끌게 되었다.[110]

.•.

110) 교섭력 이론을 구축하려는, 최초로 주목할 만한 노력은 John Davidson의 *Bargain*

VII. 리카도와 맬서스

스미스 이후 맬서스와 리카도의 등장과 더불어 19세기의 경제 과학에서 의견 충돌이 생겨났고, 이 충돌은 오늘날 희소와 효율의 구별로 귀결된다. 맬서스와 리카도는 가까운 친구지만 모든 점에서 달랐다. 19세기 정치경제학은 워털루 전투에 뒤이은 불황과 실업이 만연한 시기에 대화와 출판물을 통해서 발전했다.

맬서스는 멍청이라고들 했고, 리카도는 경제학에서 가장 위대한 논리가라고 했다. 그러나 정치경제학이 고도로 복잡하고, 모순적인 주제라는 점을 깨닫고 나서 맬서스는 혼란에 빠졌다. 복잡성을 피하고 모든 것이 파생될 수 있는 단순성이라는 단 하나의 원리를 가정하고 나서 리카도는 논리적으로 되었다. 그러나 그의 원리는 간단하지 않았다. 이 원리에는 물질과 소유권의 모순이 담겨 있었다. 고전학파 경제학, 공산주의 경제학, 조합주의 경제학, 단일 세금 경제학, 이 모두가 이 모순에서 논리적으로 파생되어 나왔다. 문제는 맬서스의 복잡함과 리카도의 논리를 어떻게 단순하게 결합해내느냐는 방법상의 문제였다. 두 사람 각자는 새로운 통찰을 지닌 천재였다. 그러나 각자의 통찰은 그들이 습관적으로 가정했던 양분된 사회 철학으로 기울어 있었다. 맬서스는 시대의 빈곤과 실업을 고통스럽게 받아들인 인도주의자였으며 복음을 전파하는 목사였다. 리카도는 **증권거래소**에서 능력을 발휘해 백만장자 자본가가 되었다. 맬

:.

Theory of Wages(1898)였다. 역사학파와 제도학파 경제학자들의 이론에서 더 발전했다. 커먼스의 *Legal Foundations of Capitalism*을 참조하라.

서스는 유신론자였고, 리카도는 유물론자였으며, 두 사람은 똑같은 사물을 정반대 각도에서 바라보았다.

두 사람의 차이점은 각자의 지대론에서 생겨나 각자의 노동 이론, 수요와 공급 이론, 실업 이론으로 뻗어나갔다. 각자는 거의 같은 시기에 지대론을 발견했지만, 맬서스는 자신의 지대론을 1815년에 출판하고, 리카도는 거기에 반대되는 지대론을 1817년에 출판했다. 맬서스는 1821년에 『정치경제학 원리』라는 책에서 이에 대해 답변했다. 그 당시에 두 사람이 이 문제를 토론했다는 증거는 1816년에서 1823년까지 리카도가 맬서스에게 보낸 편지에 있다.[111]

두 사람의 지대론은 맬서스의 **차액 풍요론**과 리카도의 **차액 희소론**으로 구분할 수 있다. 결국 두 사람은 꽤 비슷한 것으로 밝혀진다. 그러나 두 사람은 수요와 공급에 대한 견해가 정반대고, 두 견해는 오늘날까지 이어진다. 리카도의 이론은 칼 맑스와 기술자 프레더릭 테일러의 손을 거쳐서 과학적 관리의 효율 이론으로 나타났으며, 헨리 조지의 손을 거쳐서 **토지 단일 과세론***으로 나왔다. 맬서스의 지대론은 심리경제학자들

∴

111) Malthus, T., *An Inquity into the Nature and Progress of Rent and the Principles by Which It Is Regulated*(1815); *Principles of Political Economy Considered with a View to Their Practical Application*(1821); *Letters of David Ricardo to Thomas Robert Malthus*(1810-23; ed. by Bonar, J., 1887); *The Works of David Ricardo*(ed. by McCulloch, J. R.).

---

* 토지개혁가이자 경제학자인 헨리 조지(1839~1897)는 『진보와 빈곤(*Progress and Poverty*)』 (1879)에서 토지 단일 과세론을 제안했다. 이 이론의 배경은 자원 독점, 오염, 소유권, 재산권과 같은 토지 소유에서 비롯된 지대의 문제점들이었다. 사회적 진보와 기술 발전에 의해 창출되는 부의 상당 부분이 지대의 형태로 토지소유자나 독점사업자에게 집중되는 불로소득이 (특히 도시에 사는 사람들의) 빈곤의 원인이라고 보았다. 또한 노동과 같은 생산활동에는 무

을 거쳐서 클라크**의 특이한 생산성 이론으로 나타났다.

자신이 직접 말한 것처럼, 맬서스의 지대론은 지대에 독점이란 특징을 부여한 스미스와 케네의 이론에 의해서 촉발되었다.[112] 그러나 맬서스는 농업과 지주계급에게 유리하도록 밀에 대한 보호관세를 유지하는 데 관심이 있었던 반면, 리카도는 제조업자가 생산하는 데 드는 임금 비용을 줄이기 위해 밀을 자유롭게 수입하는 데 관심이 있었다.

따라서 맬서스는 독점을 세 종류로 구분했다. 특허 같은 인위적인 독점, 프랑스의 특정 포도원 같은 자연의 "전적인" 독점, 지대에 "공정하게 적용가능한" 부분적인 독점이 그것이다.[113]

토지의 희소는, 맬서스에 따르면 농산물 가격이 높은 걸 설명하는 데 불충분하다. 농산물 가격이 높은 건 인구 원리에 근거해서 설명해야 한다.

•◦

112) Malthus, T., *An Inquiry into the Nature and Progress of Rent and the Principles by Which It Is Regulated*, 3-7, 15-16, 20.

113) *Ibid.*, 8. Repeated in his *Principles of Political Economy*, 110 ff.

_____

거운 세금을 부과하면서도, 자연에 의해 주어진 토지에 대한 사적 이익이 무차별적으로 추구되는 것이 심각한 부정의로 인식되었다. 따라서 지대에 대한 과세는 효율과 공평을 위한 것이고, 토지 가치에 따라 세금을 매기는 것이다. 그는 토지의 매매와 소유를 지지하면서도, 천연자원, 도시의 위치 등 토지로부터 나온 지대가 사회의 모든 구성원에게 공평하게 공유되어 지주들의 불로소득의 무분별한 사유화를 차단해야 한다고 주장했다. 단 이것은 토지 가치에만 부과하고, 토지에 가해진 개량과 그 이익에는 부과하지 않기 때문에 단일세라고 부른다. 헨리 조지는 이 단일세로부터 정부의 연간 수입이 늘어나면 공공사업의 확장을 위한 기반이 될 것이라고 보았다. 즉 토지에 대한 단일세가 더 생산적이고 정의로운 사회를 만들 수 있다고 본 것이다.

** 존 베이츠 클라크(1847~1938)는 미국의 신고전파 경제학자이자 제도주의학파의 반대파다. 이 책에서 커먼스가 소개한 클라크의 특정한 생산성 이론은 '한계생산성 이론'을 말한 것으로, 고전 경제학파와 달리 토지를 노동이나 자본과 같은 생산 요소의 하나로 보고, 지대 역시 생산물의 생산량 증가분만큼의 가치를 반영한 것이라 결론지었다.

비옥한 토지는 그 토지에 고용된 사람들이 살아가는데 필요한 것 이상으로 많은 필수품을 생산한다. 그리고 이 필수품은 맬서스 자신의 인구론에서 나온, "생산된 필수품의 양에 비례해서 수요자의 숫자를 늘리는" 특이한 특성이 있다.

그러므로 이들 비옥함의 성질은 모든 인위적 독점이나 자연적 독점의 성질과 다르다. 왜냐하면 후자의 성질은 자신들의 수요를 창출하지 않지만, 토지의 비옥함은 스스로의 수요를 창출한다는 점 때문이다. 따라서 독점자들이 받는 가격은 풍요해짐에 따라 감소하고 희소해짐에 따라 증가한다. "수요가 생산 자체와 무관하게 독자적"으로 나타나기 때문이다. 그러나 "꼭 필요한 필수품의 경우에는, 수요자의 숫자, 즉 수요의 존재와 증가는 필수품 자체의 존재와 증가에 의존할 수밖에 없다." 그래서 식량과 기타 필수품의 가격이 생산비보다 비싼 원인은 "그것들의 희소가 아니라 그것들의 풍요에서 찾아져야만" 하며, 따라서 그 원인은 "인위적이고 (……) 자연적인 (……) 독점에 의한 비싼 가격의 원인과는 본질적으로 다르다." 왜냐하면 이 후자의 원인은 그것들의 풍요가 아니라 그것들의 희소에서 찾아져야 하기 때문이다.

이렇게 뚜렷하게 구별하면서 맬서스는 묻는다. 독점이나 명목 가치나 단순한 이전이 아니라 지대야말로 오히려 "하느님이 사람에게 준 토지의 매우 귀중한 성질을, 즉 농사일에 필요한 사람보다 더 많은 사람을 먹여 살릴 수 있다는 성질을 명백히 보여주고 있지 않은가?"[114]

맬서스는 마찬가지로 인구론에 나온 세 번째 독특한 성질로 더 비옥한 토지의 "상대적인 희소" 또는 "부분적인 독점"을 인정했다. 세 번째 성질

∴

114) Malthus, Thomas, *An Inquiry into the Nature and Progress of Rent*, 12-16.

은 비옥한 토지에서 덜 비옥한 토지까지 경작하도록 내모는 인구 증가로 생겨난다. 그래서 맬서스는 이렇게 말한다.

"비옥한 토지가 풍부할 때는 당연히 누구도 지주에게 지대를 지급하지 않을 것이다. 하지만 (……) 어떤 나라든 토양과 위치는 다양할 수밖에 없으니 (……) 자연적으로 가장 비옥하며 위치 역시 가장 유리한 토지에 필요한 이상으로 많은 자본을 투여하면 그 이윤은 줄어들 수밖에 없다. 반면에 생계 물자 이상으로 인구가 늘어나는 경향은 일정 시간이 지나면 노동 임금을 낮출 수밖에 없다." 따라서 "생산비용은 그만큼 줄겠지만, 생산품의 가치, 즉 노동의 양과 그것으로 지배할 수 있는 곡물 이외의 노동의 다른 생산물들의 수량은 줄지 않고 늘어날 것이다."[115]

그래서 마지막으로 경작하게 된 토지에는, 임금과 이윤이 낮더라도 지대는 전혀 지급하지 않게 될 것이다. 그러나 교환에서 노동을 "지배하는" 힘이란 점에서 식량 가격은 올라가기 때문이고, 이 가격은 더 비옥한 토지의 경작자들에 의해 받아들여질 것이기 때문에 경작자들은 지주에게 지대를 지급하거나 "단순한 농부"가 아니라 "결코 드물지 않은 조합인" 자영농이 될 것이다.

그러나 전적인 독점의 경우와 달리 지대라는 이름으로 지주가 받는 이러한 "부분적인 독점"조차 "단순한 명목 [희소] 가치도 아니고, 한 집단에서 다른 집단으로 이전되는 불필요하고 부당한 가치도 아니다." 이 지대는 "국가 재산의 전체 가치 중 가장 실질적이고 본질적인 부분이다. 그리

115) *Ibid.*, 17-18.

고 지주, 국왕, 경작자 중 누가 소유하든, 지대가 존재하는 자연의 법칙에 따라 그 토지에 지대가 놓여진다."[116]

그래서 맬서스는 희소 원리에 입각해서 인위적인 독점과 자연의 전적인 독점을 설명했던 반면, 차등적인 풍요의 원리에 입각해서 지대의 부분적인 독점을 설명했다. 차등적인 풍요는 토양의 비옥함에만 적용되었다. 토양의 비옥함은 인구를 창출하지만 독점은 그렇지 않다. 맬서스의 인구론은 더 열악한 한계지(margins)로 내모는 압력에 의해 비싼 식품가를 설명하려고 도입된다. 그러나 한계지보다 우월한 토지에 대한 지대를 설명하는 건 하나님의 은총이었다.

리카도는 맬서스의 지대론을 읽자마자 맬서스에게 이렇게 썼다.

"나는 (……) 지대는 어떤 경우에도 부를 창출하지 않는다고 생각합니다. 지대는 항상 이미 창출된 부의 일부여서, 공공의 이익에 도움이 될 되는 것은 아니지만 반드시 자본의 이윤을 뺏어서 향유됩니다. (……) 지대란 언제나 자본의 이윤에서 빼내는 것에 불과하기 때문에 곡물의 자유무역을 지지하는 사람들의 주장은 원래와 같이 여전히 강력합니다."[117] 그리고 리카도는 다시 이렇게 썼다. "지대는 언제나 부를 이전한 것일 뿐 부를 창출하는 건 결코 아닙니다. 이것은 지주에게 지대로 지급하기 전에 자본의 이윤을 구성했어야 하고, 비옥도가 훨씬 떨어지는 토지까지 경작한다는 이유 하나 때문에 그 일부를 지주에게 지급하는 것에 불과하기 때문입니다."[118]

••

116) *Ibid.*, 18-20.
117) Bonar, J., *op. cit.*, 59; McCulloch, J. R., *op. cit.*, 243.
118) Bonar, J., *op. cit.*, 155.

그러므로, 맬서스가 농업에서 수확이 체감한다는 사실을 활용해, 더 많은 인구를 유지하는 공공의 이익을 지주의 이익과 똑같은 것으로 보는 것에 대해, 리카도는 이후(1817년) 이렇게 썼다.

"지주의 이익은 (……) 소비자 및 제조업자의 이익과 늘 상반된다. (……) 모든 계급은 (……) 지주만 제외하고, 곡물 가격 상승으로 손해를 입을 것이다. 지주와 대중이 하는 거래는 일반 교역에서 하는 거래와 다르다. 일반 교역에서는 판매자와 구매자가 대등하게 이익을 얻는다고 말할 수 있지만, 지주와 대중이 하는 거래에서는 한쪽이 전적으로 손해를 보고 다른 한쪽은 전적으로 이익을 본다."[119]

그러면서 리카도는 자신과 맬서스 사이에 있는 차이를 설명하는 데 적합해야 할 가치론과 지대론을 계속 구축해나갔다. 그래서 "지대"에 대해 새로운 정의를 고안해야 했다. 그리고 고갈되는 토양의 성질과 "원초적이며 파괴 불가능한" 토양의 성질을 구분했다. **고갈되는** 성질은 맬서스가 상정했던 것처럼, 신이 인간에게 무상으로 주는 선물이 **아니었다**. 이 성질은 토지를 개량할 때와 종류가 똑같은 노동으로 회복시켜야 했다. 고갈되지 않는 성질은 프랑스 포도원 같은 곳으로, 이곳 역시 비옥도를 회복시켜야 하지만 이곳의 햇빛과 지세와 입지조건은 고갈되지 않는다. 지대론이 적용할 것은 바로 이러한 고갈되지 않는 성질뿐이었다. 즉 맬서스가 말한 "부분적인 독점"으로 간주해야 할 것이 바로 고갈되지 않는 성질이었다. 두 사람의 차이점은, 맬서스가 지대를 신이 만든 비옥도에 대

119) McCulloch, J. R., *op. cit.*, 202-203.

해 지급하는 것으로 보았다면, 리카도는 비옥도를 인간이 만든 것으로 간주했고, 그것에 대한 보답은 이윤과 이자였다. 하지만 리카도의 지대는 인간이 (노력해서 — 옮긴이) 만든 것이 아니었다.

그러므로 리카도는 맬서스의 가치론에 오류가 있다고 보았다. 사실 맬서스의 가치론은 가치의 원천을 소비자의 욕구에 두는 "지배적인" 관념이었다. 그러나 리카도는 이제 그 원천을 노동자의 노력에 두었다. 바로 이것이 맬서스가 교환을 통해서 얻는 노동이나 화폐를 **지배**하는 힘으로 가치를 측정하는 이유였다. 그러나 리카도는 가치를 생산물 생산에 **체화된** 노동비용의 양으로 생각했다. 맬서스의 지대는 그것이 **지배**하는 화폐나 노동의 양으로 측정되었으나, 리카도의 지대는 생산에 **들어가게 될** 노동량으로 측정되었다. 지배적인 이 관념은 공적인 부(wealth)나 사적인 부(riches)를 가치와 혼동했다고 말하면서, 리카도는 계속해서 다음과 같이 말했다.

> "이런 관념은 "상품 즉, 인간 삶의 필수품, 편의품, 기호품의 수량을 줄임으로써 사적인 부가 늘어날 수 있다"는 모순에 이르게 되었다. 그러나 "효용의 양을 두 배로 늘린다 해도 (……) 즉, 아담 스미스가 사용–가치라고 부르는 것의 양을 두 배로 늘린다 해도, 그걸 생산하는데 필요한 노동량이 더 많아지지 않는다면 가치의 양은 두 배로 늘어나지 않는다." 리카도는 계속해서 말했다. "국부는 두 가지 방법으로 증가할 수 있다. (……) 첫째는 상품 전체의 양뿐 아니라 상품 전체의 가치까지 늘리는, 수입의 더 많은 부분을 생산적 노동의 관리에 사용함으로써, 둘째는 상품의 양은 늘어날 것이지만 상품의 가치는 늘어나지 않을 방식으로, 즉 추가적인 노동의 사용하지 않고 동일한 노동량을 더 생산적으로 만듦으로써 국부는 증가될 것이다."[120]

여기서 한 편으로는 "가치"와, 다른 한 편에는 "효용"이나 "사용-가치"나 "공적인 부(wealth)"나 "사적인 부(riches)"로 리카도에 의한 구별은 많은 경제학자를 괴롭혔다. 그래서 **"가치와 사적인 부"**라는 이름으로 리카도가 쓴 장은 혼란스럽게 보였다.* 그러나 이 구분을 매컬록은 리카도가 경제 과학에 가장 크게 이바지한 것으로 간주했으며, 우리 생각에, 이 구별은 일반적으로 인정받아 왔다. 정말로 이 구별은 공동의 부에 대비되는 사적인 자산인 사적인 부나 공적인 부와, 교환에서 노동을 지배하는 힘으로서의 가치 대신에 생산의 노동비용으로서의 가치 사이의 구별이었다. 매컬록은 이렇게 말했다.

> "이 발견은 이전에 도저히 파악할 수 없는 미스터리로 온통 가려놓은 것에 빛을 홍수처럼 뿌렸다. (……) 로크와 스미스의 연구가 부의 생산에 관한 것이었다면, 리카도의 연구는 그 가치와 분배에 관한 것이었다."[121]

이 분석에서 리카도가 얻으려 애쓴 것은, 사용-가치의 수량에 희소-가치를 곱한 것으로서의 가치의 의미였다. 그러나 가치는 예전부터 소비자의 욕구를 의미했던 반면, 리카도의 희소-가치는 노동의 생산력에 대

..
120) 같은 책, 166-169쪽, '가치와 부, 각각의 특징' 장.
121) J. R. 매컬록, 『리카도 전집(The Works of David Ricardo)』에 붙인 매컬록의 서문, xxiv-xxv쪽.

---

* 리카도는 저서 『정치경제학과 과세의 원리에 대하여(On the Principles of Political Economy and Taxation)』의 20장 '가치와 사적인 부(Value and Riches)'에서 부를 개인의 부와 사회 전체의 부로, 가치를 교환가치와 사용-가치로 구분하여 두 가지 부와 두 가지 가치 사이의 관계를 설명하고자 했다.

한 자연의 저항이었다. 리카도가 볼 때 아담 스미스가 말한 "사용-가치"는 효용을 의미했다. 그 의미는 국가를 위한 공적인 부나 사적인 부의 풍요였다. 왜냐하면 사용-가치의 양을 두 배로 늘리면 필수품과 편의품의 양이 두 배로 늘어나기 때문이다. 밀 200만 부셸은 100만 부셸이 지닌 사용-가치의 두 배가 되는 것처럼, 사용-가치는 물적인 수량에 비례해서 직접적으로 변한다. 사용-가치는 필수품과 편의품을 의미하고, 이는 국가들의 공적인 부나 사적인 부를 구성한다.

하지만 200만 부셸에 대한 리카도의 "가치"는 그것을 생산하는데 똑같은 노동량을 투하했다면, 여전히 똑같은 가치다. 그렇다면, 1부셸의 가치는 절반으로 떨어진다. 그것을 생산하는 데 노동력이 절반만 들어갔기 때문이다. 따라서 이것은 가치가 변하지 않은 다른 물건들의 절반 하고만 교환될 것이다. 사용-가치는 여전히 똑같지만 교환가치는 반으로 떨어졌거나, 역으로 교환가치는 똑같지만 사용-가치는 두 배로 늘어난 것이다. 따라서 리카도의 "가치"는 사용-가치만도 아니고 교환가치만도 아니었다. 부셸로 측정된 사용-가치의 수량에 노동력으로 측정된 단위당 교환가치를 **곱한** 것이었다.

리카도의 교환가치 개념은 맬서스의 교환가치 개념과 반대로 인간 노동에 대한 자연의 저항이라는 개념에서 나왔다. 리카도가 이런 개념을 맬서스로부터 얻었지만 맬서스의 과잉 인구론을 논리적으로 완성해서 자연 철학을 **풍요**에서 **궁핍**으로 바꾼 것이다. 지대를 신의 은총과 동일시하려고 했기 때문에 여기에서 확실히 맬서스는 논리가 복잡해졌다. 그러나 물질주의자답게 희소를 인간의 노력에 대한 자연의 저항과 동일시했기 때문에 리카도는 논리적이었다.

자연의 저항이 약한 곳보다 더 강한 곳에는, 맑스가 "체화되는" 노동력이라고 말했을, 필요로 되는 노동력이 더 많이 있다고, 우리는 리카도가 말했던 것처럼 말할 수 있다. 또는 노동 생산성은 자연의 저항과 역으로 변동한다고 우리는 말할 수 있다. 생산성이 두 배로 늘어난다는 건 자연의 저항이 절반으로 줄어든다는 의미다. 그렇다면, 리카도가 말한 것처럼, 교환가치는 노동 생산성과 **역으로** 변하거나, 자연의 저항과 **비례하여** 변한다는 말도 마찬가지로 맞을 것이다.

결과적으로 리카도는 사용-가치의 수량에 그것의 교환가치를 **곱한** 것이라는 그의 가치 개념을, 노동력의 양에 자연의 저항을 **곱한** 것이라는 그의 노동 개념과 병렬시켰다. 그런데 그의 노동 개념은, 리카도가 실제로 말했듯이 노동력의 양에 노동 생산성의 **역수**를 곱한 것이다. 그러므로 예를 들어 밀 100만 또는 200만 부셸이라는 총생산물의 "가치"는, (소비자의 욕구와 수급에 관한 문제를 모두 생략한 채) 그 사용-가치와 그 교환가치를 **곱한** 값으로, 또는 노동자 숫자에 그 노동력에 대한 자연의 저항을 **곱한** 값으로 규정할 수 있다. 이 같은 자연의 저항을 측정하는 척도는 그 저항을 극복하는 데 필요한 **노동시간**이 된다. 주어진 노동력은 주어진 산출물을 생산하는 데 필요한 시간에 반비례하기 때문이다.

이렇듯 리카도가 고안했고, 소비자의 욕구와 상품 수급을 따로 떼어놓은 가치 개념은 분명히 가치 개념이 아니다. 그것은 효율 개념이다. 왜냐하면 효율이란 노동력의 인시 투입량과 사용-가치 산출량의 비율이기 때문이다.[122] 그러므로 리카도에게 효율은 희소를 의인화시킨 것이었다. 스미스와 맬서스는 풍요의 세상에서 죄에 대한 벌로 부과된 노동의 고통으로 희소를 의인화했다면, 리카도는 희소의 세상에서 노동력에 대한 자

∵

122) 본서 498쪽, 투입과 산출, 지출과 소득;

연의 저항으로 희소를 의인화했다. 두 의인화는 정반대다. 힘이 늘어나면 고통은 줄어든다. 수확이 적은 한계지까지 경작하게 하는 인구 압력 때문에 천연자원이 부족하게 된다면, 자연의 저항을 극복하는 것은 노동의 고통이 아니라 노동력이었다. 노동력은 죄를 지었기 때문에 하느님께 바치는 대가가 아니라 희소 때문에 자연에 바치는 대가이었다. 따라서 자연의 저항을 극복하는 데 필요한 노동력의 양은 상품의 "자연" 가격이었다. 자연은 물이나 공기 같은 경우에 대해서는 저항이 거의 없거나 전혀 없지만, 밀이나 황금 같은 경우에는 더 크게 저항한다. 이처럼 노동력에 대한 상대적인 저항이 리카도의 "자연적" 교환가치였다.

리카도는 스미스처럼, 그리고 맬서스와 달리 독점 및 교역 제한이라는 인위적 희소와 화폐에 근거한 정책인 **중상주의**로부터 벗어나야만 했다. 그러므로 리카도는 스미스와 같이 인위적 희소를 자연적 희소로 대체했지만, 스미스와 달리 스미스가 말한 인간의 원죄를 자연의 저항으로 대체했다. 콩트의 과학 계보학으로 볼 때 리카도는 신학적 과학 단계에서 형이상학적 과학 단계로, 또는 우리가 말해야 하는 것처럼 의인화에서 물질주의로 나아갔다.

지금까지 희소의 의인화에 관한 두 유형을 서술했다. 맬서스가 추종한 스미스는 **구매할 수 있는** 노동의 고통 양을 고려한 반면, 리카도는 상품을 **생산하는** 데 필요한 노동력의 양을 고려했지만, 앞의 두 유형 각각을 "인위적" 가격이 아니라 "자연적" 가격으로 보았다. 그러나 가격은 단위당 가격이고, **가치**는 생산물 단위 전체 가격의 합이기 때문에 리카도에게 "가치량"은 사용-가치 양과 단위당 노동력이라는 두 차원의 복합으로 구성된다. 여기에서 단위당 노동력은 리카도가 말한 노동 가격이고, 둘의 곱은 **가치**였다.

결과적으로 "생산성이 두 배"가 된다는 의미는 사용-가치(행복, 부)의 양이 두 배로 늘어나지만 투입한 노동력은 똑같다는 의미다. 이것을 화폐 관점에서 서술해보자. 밀의 양이 10억에서 20억 부셸로 늘어나면 세상의 부나 행복은 그 상품만큼 두 배로 늘어난다. 그러나 노동 생산성이 두 배로 늘었기 때문에 가격이 부셸당 1달러에서 50센트로 떨어진다면 "가치량"은 예전과 같다. 이것은 소비자에게 부가 늘어난 것이지만, 생산자에게 가치가 늘어난 건 아니다.

그러나 리카도는 상대적 희소를 측정하는 화폐를 배제하고 상대적 저항을 측정하는 노동력으로 대체함으로써 희소를 효율과 혼동하고, 가격은 사람과 교환하는 값인데, 사실상 가격을 자연과 교환하는 값으로 의인화했다.

그렇다 해도 리카도가 발견한 내용이 매컬록의 열정을 자극한 건 놀라운 일이 아니었다. 사실 경제학이 신학적이고 형이상학적인 단계에 머물던 당시로서는 리카도의 발견이 혁명적이었다. 생산에서 노동력의 등가물인 희소를 리카도가 의인화한 것은 **중상주의**에서 비롯된 오류와 맬서스를 논박하는 데 도움이 되었다. 가치를 중상주의는 교환에서 지배할 수 있는 노고의 역수로 의인화했다.

희소를 이렇게 생각한 건 **중상주의**의 독점과 관련이 있었다. 리카도는 로더데일과 맬서스 같은 사람의 저작물에서 이런 생각을 발견했다. 리카도에 따르면, 로더데일은 물이 부족한 상태에서 개인이 배타적으로 소유하면 그로 인해 물이 가치를 지니기 때문에 그 사람의 사적인 부를 늘릴 것이라고, 그리고 공적인 부가 사적인 부의 합이라면 똑같은 방법으로 공적인 부를 늘릴 것이라고 말했다.[123] 바로 이것이 **중상주의**의 오류였으며, 리카도는 우리가 지적한 것처럼 독점에 의한 희소와 자연에 의한 희소를 구분하는 것으로 대응했다. 독점은 인위적인 희소지만, 천연자원의 희소는 자연적이었다. 독점인 경우에 개별 독점자는 똑같은 공급에 대해 더 높은 가격을 부과할 것이고 그만큼 더 부유해지겠지만, 남들은 "모든 인간이 예전에 무료로 누리던 물을 구하려는 목적 하나로 자신의 소유물 일부를 포기'해야 하기'" 때문에 그만큼 더 가난하게 될 것이다.[124] 마찬가지로 독점은 아니라도 일반적으로 물이 부족한 경우에 모든 개인은 그만큼 가난해질 터인데, 이 경우에도 사람들은 물을 조달하는 데 노동의 일부를 바쳐야 하며, 따라서 다른 상품을 그만큼 적게 생산할 수밖에 없기 때문이다. 그래서 "사적인 부의 분배도 달라질 뿐만 아니라, 공적인 부의 실질적인 손실도 생길 것이다."[125] 즉, 일반적 희소의 경우에 물을 확보하려고 더 많은 노동력을 투여해야 하니, 물의 **가치**는 크게 올라가겠지만, 더 많은 양의 노동으로 더 적은 양의 사용-가치를 생산하기 때문에 공동체의 **부**는 줄어든다는 것이다. 이것이 매컬록을 열광시켰던 "빛의 홍수"였다.

따라서 우리는 리카도의 **"가치와 사적인 부"**란 장에서 주장된 혼동은 두 가지 원천에서 발생한다는 점을 알 수 있다. 첫 번째는 노동력의 진정한 의미는 효율이므로 화폐와 희소와는 무관한 것인데, 리카도는 화폐와 희소를 노동력으로 의인화했다. 두 번째는 나중에 등장한 효용체감의 의미를 거슬러 올라가 리카도의 유용성으로부터 읽어낸 것이다. 하지만

---

123) 로더데일은 공적인 부를 풍요와 사적인 부를 희소와 동일하게 만들었는데, 리카도는 그를 오해했다. Cf. Lauderdale, J. M., *Inquiry into the Nature and Origin of Public Wealth*(1804; citation to 1819 ed.), 7n., 14.

124) McCulloch, *op. cit.*, 167.

125) *Ibid.*, 167.

리카도와 스미스가 유용성이라고 말했을 때 의미했던 바는 톤이나 부셸 같은 물리적 단위로 측정된 대상의 물리적 또는 기술적 성질로서 수요의 감소나 공급의 증가에 따라 체감하지 않는다.[126] 뵘바베르크가 "**물질서비스**(Nutzleistungen)[127]"라고 칭한, 사용–가치로서 이런 효용의 의미는 **사적인 부**나 **공적인 부**이다. 이것도 사실 가치에서 체감하지만, 그 감소는 물리적 노후화나 마모이며, 그것은 주관적인 "효용체감"은 아니라 물리적 "감가"로 구별된다.

그러나 앞에서 언급했듯이, 이러한 물리적 "사용–가치"도 주관적 의미가 있다. 이 사용–가치는 "생활의 필수품, 편의품, 기호품"이다. 하지만 우리는 리카도와 스미스가 사용한 이런 유형의 의미를 **문명가치** 또는 **문화가치**라고 명명했다. 이것은 수요나 공급의 변동이 아니라 화살이 다이너마이트로 변하고 말이 자동차로 변하는 것처럼, 문명의 변화에 따라서 변하기 때문이다.

사용–가치로서 효용의 이런 의미를 벤담도 **행복**과 동일시했다. 벤담에서도 행복이 공급 증가나 수요 감소에 따라 효용이 감소한다는 의미를 여전히 획득하지 못했기 때문이다. 벤담에게 효용의 양이 느는 것은 **행복**의 양이 느는 것이었다. 따라서 스미스, 벤담, 리카도에게 효용의 의미는 발명으로 늘어나고 낙후화로 줄어드는 일종의 문명 가치였다. 그러므로 효용의 증가는 부와 행복의 증가와 똑같다. 효용의 양을 두 배로 늘리면 부의 양 역시 두 배로 늘어난다고 리카도가 말한 의미는 바로 이것

∵

126) 본서 337쪽, 심리적 평행주의.
127) Böhm-Bawerk, E. von, *Capital and Interest, a Critical History of Economical Theory*, 223.

이다. 이것은 벤담이 말한, 행복의 양이 두 배로 늘어난 것과 똑같았다. 이러한 의미의 효용을 우리는 사용-가치로 구별했다. 사용-가치는 풍요-가치로 구별될 수도 있는데, 양이 늘어나도 체감하지 않기 때문이다.

리카도는 명백하게 이 같은 효용의 문명 개념(스미스의 "사용-가치" 또는 "풍요 가치")을 주관적인 평가로 여겼다. 리카도는 아담 스미스와 함께 "생활의 필수품, 편의품, 기호품으로 구성된" 부를 주관적이어서 측정할 수 없다고 주장했다. 리카도는 이렇게 말한다. "필수품과 편의품 한 세트는 다른 세트와 비교할 수 없다. 왜냐하면 사용-가치는 기존에 알려진 어떤 기준으로도 측정할 수 없기 때문이다. 그것은 사람에 따라 달리 측정되기 때문이다."[128]

그러나 리카도에게 모든 사용-가치를 공통의 척도로 환원하는 방법이 있었다. 그건 인위적 희소를 측정하는 화폐가 아니었다. 자연의 희소를 측정하는 노동력이었다. 하지만 이 은유적 측정단위를 도입할 때 측정되는 것은 부가 아니라 **가치**다. 그리고 교환가치는 자연과의 교환이 되는데, 이것은 교환되는 양을 생산하는데 필요한 투입된 노동력에 반비례한다.

의인화와 은유에서 벗어나 상거래에서 실제로 사용하는 훨씬 간단한 방법은 1등급 또는 2등급 밀 1부셸처럼 물리적 단위와 기술적 성질로 사용-가치를 측정하는 것이다. 상식을 지녔던 리카도와 모든 물리적 경제학자가 사용-가치를 객관적으로 측정하는 상식적인 방법을 사용하지 않고, 노동력이나 노동의 고통, 심지어 화폐에 의존했다는 사실은[129] 이상

128) McCulloch, J. R., *op. cit.*, 260.
129) 본서 881쪽, 화폐와 가치의 거래적인 체계.

해 보인다. 물리적 측정단위는 바로 앞에 있어서 어디서든지 발견할 수 있었다. 그러나 이들은 너무 깊이 파고들려 애썼다. 그래서 이성의 시대의 형이상학에 시달린 게 분명한데, 이 형이상학은 원인과 측정을 구분하지 않았다. 사실 노동력은 원인이며 사용-가치는 그 결과다. 그러나 각각은 자체적인 측정 시스템이 있으며, 결과(사용-가치, 산출)의 척도와 원인(노동력, 투입)의 척도 사이의 비율은 가치의 척도가 아니라 효율의 척도다. 리카도의 형이상학을 없애는 데는 과학적 관리기법이 등장할 때까지 거의 한 세기가 필요했다.

하지만 그 시대에 리카도 이론은 새로운 통찰력이었다. 그는 예전 경제학자들이 말한 자연의 풍요로운 가치와 맬서스가 말한 노동에 대한 **자연**의 저항에 따른 희소-가치의 차이를 깨달았다. 리카도가 가치의 의미를 바꾼 건 참으로 혁명적이었다. 이것은 노동과 생산성의 의미를 바꾸었을 뿐만 아니라 정치경제학에서 사용하는 모든 용어까지 바꾸었다. 또는 더 정확히 말하면 오늘날까지 이어지고 있는 모든 용어들의 이중적인 의미를 부여하는 일을 저질렀다.

첫째로 이것은 자연의 의미를 바꾸었다. 맬서스는 과잉인구론으로 이러한 변화를 시작했다. 그러나 맬서스는 과잉인구론을 일관되게 밀고 나가지 못했다. 지대론에서 은총과 풍요라는 신학적 교리의 흔적을 여전히 지니고 있었기 때문이다. 하지만 리카도는 물질주의자, 비관론자, 연역적 경제학자였다. 그래서 자연의 인색함을 논리적으로 밀고 나갔다. 그래서 지대의 이중적인 의미도 현재까지 이어지고 있다. 리카도는 토지의 비옥함을 제거했는데, 이것은 맬서스 이론에서 가장 본질적인 부분이었다. 맬서스는 더 생산적인 비옥도가 한계 비옥도보다 더 많은 노동 인시당 산출을 낳는다고 깨달았다. 그러나 리카도는 더 생산적인 불모지

(non-fertility)가 한계지보다 더 적은 노동 투입을 필요로 한다는 것을 깨달았다.

두 번째로 중요한 차이는 지대론에 있는 이러한 차이에 이어서 생겨났다. 이것은 공급, 수요, 시장의 의미에 대한 차이다. 리카도는 1814년에 맬서스에게 이런 편지를 보냈다. "나는 우리가 '수요'라는 단어에 똑같은 의미를 부여하지 않는다는 생각이 가끔 듭니다. 곡물 가격이 오른다면, 아마 [귀하는] 곡물 가격의 상승은 더 큰 수요 탓이라고 하겠지요." 맬서스는 그렇게 했다. 왜냐하면 그는 곡물 가격의 상승은 인구 증가 탓이라고 했기 때문이다. "나는 곡물 가격의 상승은 경쟁의 증대 탓이라고 해야 합니다"라고 리카도는 말했는데, 그가 의미했던 "경쟁의 증대"는 노동 생산성의 향상이었다.

> "내가 생각하기에, 보다 많은 양을 구매할 때보다 보다 적은 양을 구매할 때 훨씬 더 많은 돈이 필요할지라도, 소비량이 줄어든다면 수요가 늘어났다고 말할 수 없을 것입니다. 1813년과 1814년에 영국에서 포르투갈산 적포도주에 대한 수요가 어느 정도였는지 물어보았을 때, 첫해에는 5,000통을 수입하고 다음 해에는 4,500통을 수입했다고 답했다면, 1813년에 수요가 더 많았다고 우리 모두 다 동의하지 않겠는가(? – 옮긴이)* 그렇더라도 4,500통을 수입하는데 화폐를 두 배로 지급했다는 것이 사실일 수 있다."[130]

---

* 원문은 "If it were to be asked what the demand was for port-wine in England in the years 1813 and 1814, and it were to be answered that in the first year she had imported 5000 pipes, and in the next 4500, should we not all agree that the demand was greater in 1813?"이다.

바로 이것이 맬서스와 리카도의 차이였다. 다른 말로, 생산과 교섭의 차이였다. 맬서스가 볼 때 가치는 교섭에서 결정되는 희소-가치로, 그 궁극적인 유인은 소비자의 수요이며 그 척도는 가격이었다. 그러나 리카도가 볼 때 교섭에서 결정되고 화폐로 측정하는 희소-가치는 "명목 가치"에 불과했다. "실질 가치"는 생산해서 매매된 포도주 "통"에 들어 있는 노동비용으로 측정된 사용-가치 양이었다. 리카도에게 포도주를 사려고 지급한 높은 가격은 명목가격이며, 여기에서 희소-가치는 "명목" 가치에 상응했다. 맬서스는 수요와 공급에 따라 결정된 가격 자체에 관심이 있었고, 양은 가격을 따를 것이라고 믿었다. 그러나 리카도는 양에 그리고 그 양에 들어간 노동비용에 관심이 있을 뿐 그 가격이 어떻게 되는지는 관심이 없었다. 리카도에게는 가격이 2.00달러에서 1.00달러로 떨어질지라도, 포도주가 4,500통에서 5,000통으로 (사용-가치가) 늘어난 건 부가 늘어난 것이었다. 하지만 맬서스에게 가격이 떨어진 건 부가 **줄어든** 것이었다. 부를 생산하려는 유인 역시 그만큼 떨어졌기 때문이다.

그 차이는 부를 **생산**하는 힘과 부의 생산을 유인하는 힘의 차이로 귀착한다. 리카도는 이렇게 말한다.

"우리 둘은 유효수요가 구매하려는 **힘**과 **의지**라는 두 요소로 구성된다는 데 의견이 일치합니다. 그러나 힘은 있는데 의지가 없는 경우는 거의 없다고 생각합니다. 왜냐하면 축적욕은 소비욕만큼이나 수요를 유효하게 일으킬 것이기 때문입니다. 그것은 수요가 행사되는 대상을 바꿀 뿐이죠. 자본이 늘어남에 따라 인간이 소비인가 축적인가에 무차별할 것이라고 당신(맬서스)이 생각한다면, 한

130) Bonar, J., *op. cit.*, 42.

나라에서 공급은 수요를 절대로 초과할 수 없다는 (제임스—옮긴이) 밀의 주장에 당신이 반대하는 것이 맞습니다."[131]

여기에서 리카도가 언급한 제임스 밀(James Mill)은, 유효수요를 창출하는 것은 소비나 화폐가 아니라 생산이라는 스미스의 생각을 발전시켰었다. 이 스미스의 생각은 체감하지 않는 사용-가치에서 비롯된 것이었다.[132] 그래서 리카도는 이렇게 말했다.

"다양한 결과를 인간의 욕구와 취향 탓으로 돌리기 때문에 나는 당신보다 한 발 더 나아갑니다. 나는 인간의 욕구와 취향이 무한하다고 믿습니다. 인간에게 구매 수단만 준다면 그들의 욕구는 충족될 수 없을 만큼 커집니다. 밀은 바로 이 같은 가정 위에 이론을 세웠습니다."[133]

하지만 맬서스에게 욕구는 유한했다. 그래서 이렇게 말했다. "부가 욕구를 생산한다는 건 의심할 여지가 없는 사실이다. 하지만 욕구가 부를 생산한다는 건 이보다 더 중요한 사실이다."[134]
따라서 맬서스와 리카도의 차이는, 인구가 늘어나면서 욕구가 늘어나고, 그래서 희소-가치가 유지되는 것과 모든 생산자의 생산성이 늘어나면서 모든 사용-가치의 양이 늘어나는 것 사이의 차이였다.

••

131) *Ibid.*, 43-44.
132) Mill, James, *Commerce Defended*(1807); 본서 309쪽, 아담 스미스.
133) Bonar, J., *op. cit.*, 49.
134) Malthus, T., *Principles of Political Economy Considered with a View to Their Practical Application*(1821), 363.

수요와 공급이라는 이런 두 개념 사이의 쟁점은 나폴레옹전쟁 뒤에 불황, 실업, 가격 하락이 광범위하게 번진 상황에서 생겨났고, 맬서스와 리카도 사이의 논쟁을 불러일으켰다. 맬서스는 국부를 늘리려면 실제 수요가 필요했다. 이 같은 수요가 화폐 소유에서 생겨나든, 노동력 소유에서 생겨나든, 인구 증가에서 생겨나든, 지대 소유에서 생겨나든, 심지어 지주의 구매력을 늘려서 노동에 대한 지주의 수요를 늘리는 곡물에 대한 보호관세에서 생겨나든 상관없었다. 이 같은 수요가 없으면 생산하는 것도 없을 터이며, 따라서 맬서스는 현존하는 불황과 실업의 원인은 수요 저하 또는 소비자의 구매력 저하라고 보았다.

그러므로 맬서스는 이윤 저하에 신경 쓰지 않았다. 가격 하락에 신경을 썼다. 이윤이 너무 높으면 현재 수요에 비해서 너무 많이 생산할 것이기 때문이다. 맬서스가 볼 때 중요한 건 경쟁력을 높이고 가격을 낮추는 생산의 증가가 아니라 가격을 유지하는 소비의 증가였다. 따라서 맬서스는 실업대책으로서 증세와 공공사업 증대에 의한 소비 진작을 제안했다. 하지만 리카도는 "바로 이 이론에 나는 항의하고, 단호하게 반대한다"라고 썼다.[135]

소비를 늘리려고 맬서스가 제안한 것은 증세, 곡물에 대한 관세 인상, 공공사업의 확장, 부유한 사람들의 영지에서 그들에 의한 지출의 확대이며, 이 모두는 "비생산적인 소비"였다. 왜냐하면 출시되어 가격을 낮추는 상품을 그것은 생산하지 않았기 때문이다.

100년 뒤 또 다른 세계대전이 일어났을 때, 미국에서 하딩 대통령이 소집하고 후버 국무장관이 개최한 **전미실업회의**는 앞서 설명한 맬서스

· ·
· ·

135) Bonar, J., *op. cit.*, 186.

의 주장과 거의 똑같은 구제책을 제안했다. 민간 고용을 보충하기 위해 그 회의는 고용침체기에 공공사업의 확대를 권고했다.[136] 이 **하딩회의**는 리카도 경제학에 대립한 맬서스 경제학이었다. 이런 권고를 맬서스는 "비생산적 소비"라고 불렀을 것이다. 그러나 맬서스도, 이 회의가 비매품을 생산하는 공공사업이라는 말로 의미했던 것과 같은 것을 생각했다. 시장에 내놓을 제품을 생산하지 않기 때문에 그것은 "비생산적"이다. 따라서 민간의 고용주가 수취할 판매가를 축소시키지 않아 현재의 실업을 증대시키지 않을 것이다.

리카도 역시 국부를 늘리려면 실제 수요가 필요했지만, 리카도가 생각한 수요는 맬서스와 반대로, 자본가가 낮은 가격 수준에서 생산을 늘리는 형태로 나와야 하는데, 가격이 너무 낮아서 자본가들이 이윤을 올릴 수 없을 때는 이러한 증가가 이루어질 수 없었다. 그래서 당시에 존재하던 실업의 원인은 수요 하락으로 인한 가격 하락이 아니었다. 그 원인은 높은 지대, 높은 세금, 높은 임금으로, 높은 임금은 노동자의 강경한 요구가 낳은 결과였다. "노동한 대가로 엄청난 임금을 받을 때 노동자는 필연코 비생산적인 소비자가 될 수밖에 없다." 임금을 줄인다면 "생산하는 상품 분량은 거의 줄어들지 않을 것이다. 분배만 달라질 것이다. 자본가에게 더 많은 몫이 가고 노동자에게 더 적은 몫이 갈 것이다."[137]

이같이 맬서스와 리카도는 자본가들이 실업대책으로 일반적으로 제안하는 두 주장을 서술했다. 관세 인상과 공공 고용 늘리기는 맬서스가 주

..

136) *United States Monthly Labor Review, Nov. 1921, 129-132; Report of the President's Conference on Unemployment*, 89-107, Superintendent of Documents, Government Printing Office(1921).

137) Bonar, J., *op. cit.*, 189.

장하고, 세금과 임금 줄이기는 리카도가 주장한 것이다.

맬서스와 리카도는 동일한 효율의 비율을 정반대 관점에서 보는 것으로 시작해 수요와 공급이란 개념에서 정반대로 나아가고, 그래서 국부를 정반대로 바라보고, 실업과 과잉 생산에 대한 대책 역시 정반대로 제시했다. 맬서스가 볼 때 생산에 대한 수요를 늘리는 건, 그래서 국부를 늘리는 건 풍부한 구매력이었다. 하지만 이 구매력은 지주와 부유한 납세자만이 가졌다. 이들은 자신들의 영지를 개량해야 하고 토목공사를 해야 한다. 이런 일들은 가격 하락 없이 노동 수요를 창출했을 것이다.

하지만 리카도가 볼 때, 노동에 대한 수요를 창출하는 건 생산력이고, 높은 지대, 높은 세금, 높은 임금 때문에 자본가들이 생산하려는 유인을 갖지 못하게 되었다.

맬서스에게 전반적인 과잉 생산, 낮은 가격, 실업이 나타나는 건 수요가 한정되었기 때문이다. 리카도에게 수요는 무한한데, 과잉 생산 같은 게 생기는 이유는 상품 가격이 낮고, 임금이 높고, 세금이 높고, 지대가 높아서 자본가들이 이윤을 얻을 수 없기 때문이었다.

그래서 맬서스 등은 공적인 부와 사적인 부의 의미를 소비자의 욕구와 수요에 의존하는 희소-가치에서 찾았다면, 리카도는 공적인 부와 사적인 부의 의미를 생산자가 공급한 사용-가치 총량에서 찾았다. 그러나 이 대립은 수요와 공급의 두 가지 의미에 달려 있었고, 이것은 오늘날까지 이어진다. 맬서스적인 의미의 수요 증가는 더 **높은 가격**, 더 높은 세금, 더 높은 관세, 더 높은 임금, 더 높은 지대를 의미하는 것으로, 이 모든 건 더 큰 구매력에 의한 더 큰 부의 소비를 의미했다. 리카도적인 의미의 수요 증가는 자본가가 노동자를 고용하도록 더 낮은 가격, 더 낮은 세금, 더 낮은 관세, 더 낮은 임금, 더 낮은 지대로, 하지만 보다 높은 이윤을 확보해 생산량이 더 많이 늘어난 것을 의미했다. 이 의미 두 개는 100년 이상 반복해서 나타나는 난관에 봉착했다. 실업대책으로 소비자에게 국부를 더 많이 **분배**하는 것과 자본가에게 이윤 폭을 더 많이 보장하는 것 사이의 대립이 바로 그것이다.[138]

수요와 공급에 대한 이런 이중적인 의미는 최종적으로 시장과 교환에 대한 이중적인 의미에 달려 있다. 리카도는 마케팅과 교환이 생산 과정이라고 주장했다. 맬서스는 마케팅과 교환이 교섭 과정이라고 주장했다. 마케팅과 교환이 생산 과정이라면, 그것은 명확히 최종 소비자에게까지 이르는 노동 과정이다. 마케팅과 교환이 교섭 과정이라면, 그것은 낮은 가격으로 사고 높은 가격으로 파는 소유적 과정이다. 그러나 맬서스와 리카도 모두 가치 척도로서 화폐를 배제하고 그 자리에 노동으로 대체했다. 그러므로, 맬서스와 리카도 모두 홀랜더(Jacob Herry Hollander)*가 "지배노동"과 "체화된 노동"으로 올바르게 구분한 "노동"의 두 의미를 지

⁞

138) 본서 904쪽, 이윤차익.

---

* 제이콥 해리 홀랜더(1871~1940)는 미국의 경제학자로 1894년 존스 홉킨스 대학교에서 박사 학위를 받은 후 대학교수를 거쳐 푸에르토리코 재무관, 오늘날 아이티공화국에 해당하는 산 도밍고(San Domingo)의 재정 상황을 조사하는 특별 위원, 도미니카공화국의 재정 고문을 역임했으며, 다양한 노동 분쟁에서 조정자로서 역할을 맡기도 했다. 홀랜더는 학문적으로 리카도에 대한 연구에 상당한 기여를 했다. 아담 스미스의 가치이론에서는 지배노동과 체화된 노동의 가치를 같다고 본다. 그러나 영리를 추구하는 자본주의 시장경제에서 지배노동 가치에는 잉여가치가 추가되기 때문에 지배노동과 체화된 노동은 다를 수밖에 없다. 커먼스가 본문에서 인용한 홀랜더의 논문에는 체화된 노동을 가치의 측정수단이라 여기는 스미스에 대한 리카도의 비판을 담고 있다. 교환될 상품은 노동과 자본의 결합으로 생산되기 때문에, 그 상품의 가치 측정은 임금만이 아닌 이윤, 화폐 등을 포함한 가치 측정이 더 실질적이라는 리카도의 맬서스에게 보내는 편지가 이 홀랜더의 논문에서 인용되었다.

니고 있음에 틀림없다.[139]

하지만 홀랜더의 구별의 배후에는 물리적으로 전달하는 생산적 과정이라는 시장의 의미와 교섭을 하는 희소 과정이라는 시장의 의미 사이에 차이가 있다. 홀랜더는 리카도가 사용-가치 의미에 희소를 포함했다고 생각하는 것 같다.[140] 그러나 이 해석은 리카도를 오스트리아 쾌락주의 경제학자 이전에는 존재하지 않던 효용체감이라는 후대의 개념으로 이해했다. 스미스, 맬서스, 벤담은 물론, 리카도도 사용-가치를 효용체감이나 희소체감과 관련짓지 않았다. 이들에게 사용-가치는 톤과 부셸처럼 물리적으로 측정되는 부의 풍요와 그것과 심리적 평행을 이루는 행복을 의미했다.* 그렇다면 스미스와 맬서스의 "지배노동"은 (그 상품과 교환을) 지배하는 노동을 척도로 사용해 교섭 과정에서 희소를 의인화하는 척도였다. 그러나 리카도와 맑스의 "체화된 노동"은 자연의 저항을 극복하는 노동의 생산력에서 희소를 의인화하는 척도였다.

맬서스가 "지배노동"이라는 개념에서 스미스를 따랐다는 사실은, 비록 스미스는 "지배노동"이란 의미를 노동의 고통량에 기초하고 맬서스는 소비자의 수요에 기초하지만, 필요 수량과 가용 수량 사이에 존재하는 희소 비율의 두 가지 측면으로 설명할 수 있다. 가치가 희소-가치를 의미한다면, 그 가치는 필요량(수요)과 가용량(공급)의 사회적 관계이며[141], 이

∴

139) Hollander, J. H., "The Development of Ricardo's Theory of Value", *Quar. Jour. Econ.*, XVIII(1904), 455 ff.

140) *Ibid.*, 458-459.

141) 본서 656쪽, 멩거.

---

* 5장 스미스의 심리적 평행선과 풍요 관련 참조

는 두 수량의 **비율**로 표현할 수 있다. 이 희소 비율은 수요 측면이나 공급 측면 어느 한쪽을 바꾸면 변할 수 있다. 스미스는 리카도와 마찬가지로 수요를 무한으로 가정하고, 그래서 스미스가 생각한 희소의 원인, 조정 요인과 척도는 희소의 공급 측면을 제한하는 노동의 고통이었다. 그러나 맬서스는 수요가 기존에 공급받은 식량이나 토지나 화폐로 생활을 유지할 수 있는 수요자의 숫자로 제한된다고 주장했다. 그래서 맬서스는 희소의 **수요** 측면에 관심을 기울이고, 그가 생각하는 원인, 조정 요인과 척도는 수요를 늘리거나 줄이는 소비자의 "의지와 힘"이었다. 따라서 수요와 공급 사이의 희소 비율이라는 동일 사안에 대하여, 희소-가치에 대한 스미스의 조정 요인은 공급 측면을 변화시켜 작동하는 반면, 맬서스의 조정 요인은 수요 측면을 변화시켜 작동했다.

스미스, 맬서스 각각은 동일한 희소 관계 속에 있는 제한 요인이 무엇인가에 관해 관심을 기울였다. 희소-가치의 근거가 맬서스에게는 공급을 증가시키는 소비자의 수요라면, 스미스에게는 공급을 제한하는 노동-고통이었다. 맬서스에게 가치의 조정 요인은 인간이 집단 의지를 발휘해서 다른 직업 여럿에 노동에 대한 수요를 골고루 분배하는 것이라면, 스미스에게 가치를 조절하는 건 개인 각자가 다른 직업 여럿에 노동의 고통을 자동으로 분배하는 것이었다. 맬서스와 스미스 모두에게서 의인화된 희소-가치의 척도는 상품이나 화폐로 **구매할** 수 있는 노동량이었다. 그래서 희소가 스미스가 말한 생산자의 노동-고통 때문에 생기든 맬서스가 말한 소비자의 제한된 수요 때문에 생기든 교섭력의 특별한 사례인 "지배노동"은 스미스와 맬서스에게 희소-가치의 척도가 되었다.

그러나 리카도가 생각한 희소-가치의 원인은 소비자의 수요가 아니었다. 리카도가 볼 때 소비자의 수요는 무한했다. 리카도가 생각한 원인은 자연의 저항이며, 이 저항은 그것을 극복하는 데 필요한 노동량과 똑같았다. 그래서 "체화된 노동"을 "자연적" 희소-가치의 척도로 파악했다. 하지만 체화된 노동량은 노동의 생산성에 역으로 변한다. 따라서 리카도에게 사용-가치 수량은 노동의 생산성으로 규정되며, 희소-가치의 정도는 노동의 생산성과 역으로 변한다. 노동은 사용-가치를 생산하지만 노동 기피는 희소-가치를 초래한다. 이것이 희소의 이중적 의인화와 함께하는 시장의 이중적 의미이다. 마케팅이 교섭이라면, 지배노동이 희소의 척도이다. 마케팅이 생산이라면, 체화된 노동이 효율의 척도이다.

리카도에게, 그리고 나중에 맑스에게도 시장은 교섭 과정이 아니라 전체 생산 과정의 일부였다. 원자재를 채취하는 것으로부터 시작해서 그것을 새로운 형태로 제조하고, 운송하고, 이후의 또 다른 물리적 배달을 위해 도매업자에게 물리적으로 배달하는 것, 마침내는 완제품이 식료품점 점원에 의해 물리적으로 최종 소비자에게 배달되는 것까지의 모든 노동과정이 시장이었다. 또 다른 노동자인 최종 소비자는 그 대가로 다른 상품이나 서비스를 물리적으로 생산하거나 배송한다. 화폐 또한 물리적으로 배송할 수 있는 물리적 상품 가운데 하나로, 다른 상품과 다르지 않았다.

보다 현대적인 용어에서 운송으로서 마케팅의 이 의미는 노동에 의한 "형태 효용"의 창출과 다르지 않은, 노동에 의한 "장소 효용"의 창출이다. 하지만 이런 의미의 효용은 물리적 사용-가치다. 노동은 실제로 무언가를 "창출"하지 않는다. 노동은 자연이 제공한 원초적 물질의 형태와 장소를 사용-가치로 바꾸는 것에 불과하다. 따라서 마케팅과 교환은 최종 소비자에게 최종적으로 전달하는 지점까지 물질의 사용-가치를 높이는 노동 과정이었다. 사용-가치를 생산하는 과정의 일부로 간주한 마케팅 메커니즘의 기술적 과정을 우리는 마케팅 기술로 구분한다. 마케팅 메커니즘의 또 다른 의미는 교섭 제도이다. 이들의 의미는 관리 거래와 교섭 거래 사이의 차이다.

교섭은 배달과 교환의 물리적 과정이 아니기 때문이다. 교섭은 노동 과정을 통해서 나중에 물리적으로 전달하는 가격과 수량에 관해 협상하는 비즈니스 과정이다. 교섭이라는 비즈니스 과정에서 인도된 것들은 물리적 상품이 아니라 소유라는 법적 권리다. 그러므로 우리는 노동에 의한 물리적 인도와 교섭에 의한 법적 인도를 구별해왔다. 그리고 시장과 교환의 이중 의미는 사용-가치를 인도하고 교환하는 노동 과정이자 희소-가치와 그 희소-가치에 소유권을 이전하는 것에 합의하는 교섭 과정이다.

마케팅과 교환의 이러한 이중 의미는 맬서스와 리카도의 차이의 뿌리였다. 이 이중적 의미는 실제적으로 다양한 결과를 낳으며 현대 경제학까지 그대로 이어졌다. 하나는 시장의 기술이고, 다른 하나는 시장에 근거한 가격 결정과 가치 평가다. 이 이중적 의미는 사용-가치와 희소-가치의 차이에 달려 있다. 이 이중적 의미는 맑스와 프루동 사이의 논쟁을 관통하고, 지난 100년간의 협동조합적 마케팅에 관한 논의에서 이중 의미를 부여한다. 협동조합적 마케팅의 기술적 의미에서, 그 목적은 협동조합적으로 소유된 마케팅의 기구를 가지고 중개인을 배제하는 것이다. 협동조합적 마케팅의 교섭적 의미에서, 협동조합은 중개인들을 배제시키지 않고 이들과 집단교섭에 들어간다. 80년 전에 자본가의 배제를 시도했던 사회주의적 협동조합의 생산과 마케팅으로부터, 임금, 노동시간, 노동 조건에 관해 자본가와 덜 혁명적인 집단교섭으로 순식간에 변화되었던 노동 협동조합처럼, 농민 "협동조합"은 협동조합식 마케팅과 집단

교섭을 구별하는 과정을 지나가고 있다. 농민은 저장 창고가 필요하기 때문에 노동자와 처지가 다르다. 그래서 그들은 실제로 중개인을 배제한다. 하지만 이런 두 과정을 구분하는 것이 가능하다. 리카도와 맑스가 사용했듯이, 마케팅과 교환의 첫 번째 의미에서 이들 용어는 부의 생산에서, 물리적 배달과 물리적 교환이 이루어지는 마지막 단계를 가리켰다. 생산에서는 사용-가치의 양을 늘리는 방법으로 부의 양을 늘렸다. 스미스, 맬서스, 프루동이 사용했듯이, 두 번째 의미에서 마케팅은 가격 합의가 이루어지는 교섭의 첫 번째 단계였다. 이 교섭에서 합의에 따라 부의 소유권이 변했다.

VIII. 맑스와 프루동

각 단어에 대한 리카도의 이중 의미는 화폐 구매력이 안정적이라는 그의 추정에 의존했다는 것을 확인했을 것이다. 리카도는 화폐의 관점에서 모든 예들을 제시했다. 그럴 수 있었던 이유는 리카도가 특정 상품에 대해 화폐 구매력이 안정적이라는 가정하에 화폐를 사실상 배제했기 때문이다. 이런 식으로 리카도가 실제로 만들어낸 건 가치론이 아니라 효율 이론이었다. 리카도의 측정단위는 파운드로 비유한 노동력 단위였다. 칼 맑스는 리카도가 말한 일 노동량, 월 노동량, 연 노동량을 인시로 환산한 뒤, 그 역시 생각하기에 가치론이라는 걸 만들어냈지만, 이것은 사실 효율 이론이었다.

한편 리카도의 노동가치설은 고전파 정치경제학에서 점차 사라졌다. 매컬록이 사망한 뒤 1886년에 출판한 책이 유일한 예외였다.[142] 1848년에 존 스튜어트 밀이 자신이 무엇을 하는지조차 모른 채, 노동비용을 화폐 비용으로 조용히 대체하면서, 노동가치설은 완전히 매장당했다.[143] 하지만 노동가치설은 칼 맑스의 손을 통해서 놀랍게 부활했다. 칼 맑스가 자신을 진정한 리카도주의자로 선언한 건 당연한 결과였다. 평범한 사업가인 리카도의 혼란스러운 언어를 우리가 최상으로 이해할 수 있었던 건 헤겔 철학을 거꾸로 뒤집은[144] 맑스 덕분이었다.

맑스는 또 다른 헤겔주의자인 프루동과 논쟁하다 자신의 분석에 도달했다. 리카도의 노동가치설을 아나키즘과 공산주의로 처음 나눈 건 바로 이 논쟁이었다. 이 논쟁 이전에도, 심지어 이후에도 1850년대 10년 동안 아나키즘과 공산주의는 똑같은 **사회주의** 이념으로 여겨졌다. 이 논쟁은 맑스가 프루동을 "유토피아적 사회주의"라 규정하고 자신을 "과학적 사회주의"라 규정하는 것으로 끝났다. 하지만 두 사람 다 유토피아적이었지, 과학적이진 않았다.[145] 두 사회주의 다 헤겔적 형이상학이었다.

헤겔식 방법론은 관찰을 통해서 변하는 사실에 따라 가설을 세우고, 조사하고, 실험하고, 검증하는 과학적 방법이 아니었다. 이 방법론은 미

..

142) J. R. 매컬록은 1818년에 리카도 해설을 시작했고, 매컬록의 『원리(*Principles*)』 최종판이 1886년에 출판되었다.

143) Mill, J. S., 'Principles of Political Economy with Some of Their Applications to Social Philosophy(1848, 1897)'.

144) 시드니 후크(Sidney Hook)는 *Towards the Understanding of Karl Marx, a Revolutionary Interpretation*(1933)라는 최신작에서 실용주의의 현대판 주장을 맑스에게서 발견한다. 해석이 그럴싸하다. 하지만 맑스가 행동에서 "실용적"이었다면, 이론에서는 헤겔주의자였다.

145) Cf. Marx, K., and Engels, F., *The Communist Manifesto*(1848).

래에 실현될 것으로 예정되어 있는 하나의 커다란 관념으로 시작해서, 그 관념을 향해 앞으로 어쩔 수 없이 나아가게 하는 조그만 관념들로 이 관념을 분석하는 철학적 방법이었다. 이 변증법은 두 측면을 띠고 있었다. 프루동이 지지한 분석적 측면과 맑스가 지지한 발생적 측면이었다. 이들은 세계에 대한 동일한 관념의 두 가지 해석이었다. 분석적인 해석은 정(thesis), 반(antithesis), 합(synthesis)이라는 정신적 과정이었다. 발생적인 해석은 원시 공산주의라는 정에서 18세기 개인주의라는 반으로, 그리고 미래 공산주의라는 불가피한 합으로 되돌아가는 문명의 역사적 변동이었다. 실제로 이것은 세계정신이라는 헤겔 관념을 뒤집은 것이었다. 헤겔의 "정신"은 미래의 독일 세계 제국으로 절정에 이르지만, 맑스의 유물론은 미래의 세계 공산주의로 절정에 이른다.[146]

그러나 프루동은 스미스와 리카도가 그런 것처럼 자신이 사용할 사용-가치를 생산하고, 그런 다음에 비로소 다른 개인에게 시선을 돌려서 자신에게 필요 없는 **잉여**를 교환하자고 제안하는 개인이란 관념으로 출발했다. 그래서 프루동은 자신이 사용하는 생산을 다른 사람에 대한 마케팅으로부터 분리하고, 사용-가치를 희소-가치와 반대되고 모순되는 것으로 만들었다. 따라서 그의 용어인 **경제적 모순들**(contradictions l'économiques)은 그의 철학의 기초였다. 프루동의 "효용 가치"는 스미스와 리카도의 물리적 사용-가치였고, 이 사용-가치는 풍요와 더불어 **증가하고 노동에 의해 생산된다**. 이 효용 가치를 "인간의 생존에 도움이 되

146) 헤겔의 형이상학에 대해서는 *Encyclopaedia Britannica*, 14판, 「헤겔 철학」을 참고하라. 헤겔 좌파에 대해서는 *Encyclopaedia of the Social Sciences*, 6권, 21~22쪽에 실린 '포이어바흐' 항목을 보라.

는, 자연적이든 산업적이든, 모든 생산물이 가지고 있는 능력"이라고 프루동은 설명했다. 그렇다면 이것은 벤담이 말한 **행복**과 똑같다. 프루동의 교환가치는 희소-가치로, 풍요해짐으로써 **줄어든다**. 이 교환가치는 같은 상품들이 "서로 교환되면서 부여받는 능력"이라고 프루동은 설명한다. 따라서 이 능력은 교섭 과정에서 두 가지 사용-가치의 상대적 희소에 의존한다. 그래서 프루동의 사용-가치는 정이고, 프루동의 희소-가치는 반이며, 두 개를 통합한 프루동의 "합의(synthetic) 가치"는 프루동 자신이 "구성된 가치"라 부르는 것이며, 이는 프루동이 말한 "의견"으로 결정난다. 그러나 프루동이 말한 "의견"이 진짜로 의미했던 건 **자유로운** 교섭 거래에서 가격과 수량과 배송 시간을 협의하는, 우리가 말하는 협상심리학이었다.

이 교섭 거래는 정부에 의한 모든 물리적 강요와 "재산"에 의한 모든 경제적 강요에서 자유로워야 했다. 그리고 재산 자체는 정부가 창출한 것이기 때문에 프루동은 재산을 파괴하기 위해서 정부를 파괴하려 했다. 프루동에 따르면 "재산은 강도다." 재산은 물리적으로 강박해서 경제적 압박을 가능케 하는 힘이기 때문이다. 이 같은 재산의 압박이 배제되어야만 비로소, 교섭하는 양측이 오로지 자유롭고 평등한 "의견"에 따라 가격과 수량에 대해 교섭을 통해 합의할 수 있다.

따라서 프루동과 맑스의 차이는 교섭과 배급의 차이였다. 프루동은 정부를 제거해서 자유롭고 평등한 교섭을 보장하려 했고, 맑스는 교섭을 제거해서 완벽하게 배급하려 했다.

프루동이 말한 자유롭고 평등한 교섭은 영미 관습법에서 말한 "합당한 가치"라는 개념과 비슷한 개념에 불과하다. 프루동이 말한 "구성된 가치"는 법원에서 말하는 합당한 가치다. "자발적인 구매자와 자발적인 판매자"가 합의한 가치 평가이기 때문이다. 그러나 관습법의 역사적 이상들을 잘 모르는 프루동은 이것을 "합의(synthetic) 가치" 또는 "구성된 가치"라고 헤겔화해야 했다. 이것은 양측 당사자가 완벽하게 자유롭다면, 사용-가치와 희소-가치라는 반을 화해시켰다.[147]

그러나 살려는 구매자와 팔려는 판매자에 근거를 두고 있는 이 두 가지 가치를 화해시키려면, 프루동은 구매자와 판매자 모두로부터 재산에 관한 권리를 강탈하는 국가권력을 파괴해야만 했다. 이 강탈은 교섭 거래에서 당사자의 **노동**이 아닌, 다른 것에서 나온 화폐 수입으로 드러났고, 이자, 이윤, 지대, 자본가가 부과하는 높은 가격, 그리고 엄청난 봉급 등이 그 예였다. 이것들이 재산이었고, 이것들이 강탈이었다.

그러므로 프루동에게 "강탈"로서의 재산이란 의미는, 자기노동의 결과인 개인 재산을 의미하는 것이 아니고, 자기노동으로 재산을 획득한 다른 사람들과의 자유로운 협상을 통해 얻은 개인 재산을 의미하는 것도 아니었음을 알아야 한다. 그는 이런 종류의 재산을 폐지하려고 한 적이 없고, 설사 정부가 폐지되더라도 그 재산은 살아남을 것이라고 그는 생각했다. 사실 아나키즘은 재산이 노동에, 그리고 교섭의 자유 및 평등에 근거한다면, 극히 양도불가능한, 교환가능한, 그리고 **개별적인** 재산을 의미한다. 유명한 러시아 아나키스트 크로포트킨(Kropotkin)은 아이오와 농장과 지역 시장에서 아나키즘의 이상을 발견했다.[148] 프루동도 마찬가지다. 아이오와 농민이 가족 공동 노동으로 사용-가치를 창출해서 가족이

..

147) Cf. Proudhon, P. J., *Systéme des contradictions économiques; ou Philosophie de la misére*(2vols, 1846, 2n ed., 1850), Book I, Chap. 2.

148) Kropotkin, P., *Fields, Farms, Factories, Workshops, or Industry Combined with Agriculture and Brain Work with Manual Work*(2d ed., 1901), 75 ff.

먹고살고, 그런 다음에 지역 시장에서 자유롭고 평등한 교섭을 통해 잉여를 판매하는 한, 경제학자들이 구분하는 지대, (이자를 포함한) 이윤, 임금은 이 농민에게 아무런 의미가 없는 것처럼 프루동에게도 아무런 의미가 없었다. 어떤 농민의 사용–가치 수입을 지대·이윤(이자)·임금으로 경제학자들이 구분지은 것은, 그 농민이나 프루동에게는 소유·관리·노동이 결합된 통합 보상일 뿐이었다. 이 농민이 지역 시장에서 서로 강요받지 않고 다른 농민들의 잉여생산물의 교환가치에 관해 합의할 수 있다면, 그 교환가치는 "구성된 가치"로, 프루동은 이것을 "합의(synthetic) 가치"라고 불렀다. 하지만 이것은 관습법의 언어에서 살려는 구매자와 팔려는 판매자의 "합당한 가치"라고 불릴 만한 것이었다.

설명하자면 프루동은 **상인 자본주의**와 **지주제도**에 근거해서 이론을 세운 반면, 맑스는 **고용주 자본주의**에 근거해서 이론을 세운 것이었다. 프랑스를 지배한 건 **상인 자본주의**와 그 상업 은행이고, 나머지 유럽을 지배한 건 **지주제도**와 소작농 제도였다. 후자는 나중에 미국에서 "자작농"과 "지주" 농민, 그리고 "소기업"과 "대기업"의 차이로 나타나고 있는 구분이다. 프루동은 자작농과 소기업 입장에 섰다. 그의 입장은 시장 접근을 통제하여 소기업을 착취노동으로 나가게 만드는 경쟁의 조건으로 전락시켰던 상인 자본가와 은행가에 반대하는 것이었다. 그리고 프루동은 지주가 소작농에게 너무 비싼 지대를 받는 것 역시 반대했다. 프루동이 재산을 강탈이라고 정의한 건 바로 이들을 반대하자는 것이지, 땀 흘리며 일하는 농민, 숙련공, 소매업자의 조그만 재산을 반대하자는 게 아니었다. 프루동은 자신이 발행한 신문 《인민(Le Peuple)》에서 1849년에 이렇게 말했다. "우리는 모든 사람이 재산을 가지길 바란다. 우리는 고리대금에 시달리지 않는 재산을 소망한다. 고리대금은 재산의 성장과 보편화를 막는 장애물이기 때문이다." 프루동이 말한 고리대금은 과도한 이자는 물론, 과도한 가격과 이윤과 지대와 급여 모두를 의미했다. **1848년 혁명** 기간에 해결책을 마련하려고 **인민은행**을 설립했을 때, 프루동이 제안한 모든 것은 자주적 협동조합식 매매와 자주적 협동조합식 신용(훨씬 최근에 나온 "신용 조합")이라는 사실이, 하지만 협동조합식 생산은 포함하지 않는다는 사실이 드러난다. 협동조합식 생산은 개별 생산자를 협동조합식 생산자에 종속시킬 것이기 때문이다.[149] 프루동의 아나키즘은 개인 재산과, 매입과 차입에서의 자발적인 협동에 대한 세계적 규모의 합(synthesis)이었다. 그러므로 프루동에게 정은 **풍요**에 따라 증가하는 사용-가치였고, 반은 **희소**에 따라 증가하는 교환가치였고, 합의 가치는 교섭 거래에서의 자유와 평등의 **합당한 가치**였다. 프루동이 이렇게 혁명적으로 제안한 것 때문에 3년을 감옥에서 보낸 뒤 정치인 나폴레옹 3세를 받아들인 건 프루동 자신에게 조금도 모순되지 않았다. 나폴레옹 3세가 프루동을 감옥에서 풀어주었을 뿐 아니라 프루동이 주창한 자유와 평등을 자신의 독재의 구호로 내세웠기 때문이다.

그러나 맑스는 **고용주**를 **자본가**로 보았던 반면, 프루동은 **상인과 은행가**를 **자본가**로 보았다. 맑스는 영국의 공장 시스템에 주목했고, 프루동은 프랑스의 수공예 시스템에 주목했다. 맑스는 지주제도가 공장 시스템이 될 것으로 예상하고, 프루동은 (프랑스 이외의 국가에서) 지주제도가 소농장 소유권으로 분할될 것으로 예상했다. 맑스가 본 영국 공장 시스템

∴

149) 팔그레이브(Palgrave)의 *Dictionary of Political Economy*(1923 ed.)에 실린 "Proudhon", 찰스 다나(Charles A. Dana)의 "Proudhon and his Bank of the People"(1850), 헨리 코헨(Henry Cohen)의 *Proudhon's Solution of the Social Problem*(1927)을 보라.

에서 고용주는 프루동이 말한 숙련공을 작업반장으로, 임금노동자를 대규모 동질 노동으로 변형시켰다.[150] 그래서 프루동은 자주적 협동과 개별적 교섭을 통해서 도매상인과 은행가를 몰아내려 한 반면, 맑스는 공동소유와 정부 관리를 통해 공장에서 고용주를 몰아내고, 공산주의 배급체계를 통해 교섭을 없애려 했다. 프루동은 소규모 생산자에게 지급하는 경우에는 지대와 이자와 이윤과 임금을 구분하지 않았다. 노동에 대한 보상 하나로 이것들이 모두 통합되어 있었다. 이것은 맑스가 말한 사회화된 생산자에 대해서도 똑같았다. 리카도의 지대뿐 아니라 고용주-자본가의 이윤과 은행가와 투자자에게 지급한 이자 역시 재산 소유자에 의한 착취의 공동 기금 하나로 통합되었다. 이 공동기금을 통해서 노동력이 생산한 사회적 사용-가치가 노동자들로부터 추출되는 것은 프루동이 주장한 교섭 과정이 아니라 생산 과정에서 재료의 소유권 자체에서 나온 것이다. 프루동은 아나키스트가 된 리카도이고, 맑스는 공산주의자가 된 리카도였다. 맑스가 사회적 노동력을 꿀벌의 벌집으로 비유하고 고용주-자본가 연합을 정부를 통제해서 벌꿀을 추출하는 벌집 주인으로 비유한 반면, 프루동은 개인 노동자 수백만 명을 재산 소유자로 묘사하고, 상인 자본가, 은행가, 지주를 정부의 지원을 등에 업고 교섭 과정에서 노동자를 약탈하는 자들로 묘사했다.

그러므로 프루동의 생산과 교환이라는 반명제(anti-thesis), 이에 상응하는 프루동의 사용-가치와 희소-가치라는 반명제에 관한 한, 맑스는 이 반명제도, 합명제의 필요성도 부정했다. 프루동이 자유롭고 평등한 교섭 시스템을 제안할 때 맑스는 강제 배급을 제안했다. 전자는 아나키즘이

•••

150) 본서 1253쪽, 상인 자본주의, 고용주 자본주의, 은행가 자본주의.

고, 후자는 공산주의였다.

두 사람의 차이는 부분적으로 마케팅의 이중 의미에 있었다. 맑스에게 판매 자체가 생산 과정이었으며, 이것으로 사회적 노동력은, 상품이 최종소비자에게 전달될 때까지, 보다 더 가까운 "장소-효용"(사용-가치)을 추가한다. 프루동에게 판매는 교섭력을 의미했고, 이 교섭력으로 교섭에서 강자와 약자 간의 경제적 압박을 통해 화폐와 상품의 상대적 희소-가치에 대해 합의에 도달했다. 맑스에게 상품은 교환을 목적으로 생산된 것이다. 스미스, 맬서스, 리카도가 교환을 목적으로 생산하는 생산적 노동과, 생산자 자신이 가내 소비를 목적으로 생산하는 "비생산적" 노동을 구별했을 때 의도한 것도 이와 같았다. 맑스는 이 "생산적 노동"의 의미를 포착했고, 자기가 생산한 걸 소비하지 않지만 남이 생산한 걸 항상 소비하는, 따라서 그 산출이 그 생산자에 의해 소유되지 않는 현대 공장과 운송체계하에서 이 의미를 보편화시켰다.

그 결과 자신에게 과잉생산인 것을 남들에게 팔 잉여로 전환시켰을 때 프루동이 가정했었던 것과는 다르게, 맑스는 가내소비를 넘어서는 잉여 생산물은 없다고 주장했다. 이제 생산물은 개인적 사용-가치가 아니라 "사회적" 사용-가치다. 그리고 이 사회적 사용-가치는 생산과 운송과 물리적 전달로 세상을 묶어주는 갖가지 사회적 노동력에 의한 운송, 도매, 소매, 소비자로의 물리적 전달을 포함한다.[151] 생산, 그리고 물리적 전달이라는 의미에서의 교환은 동일한 생산의 노동 과정이다. 교환이 이루어

· ·

151) 맑스는 운송이 항상 "생산적"인지에 대해 걱정했었다. 하지만 (그 상품에 — 옮긴이) 운송이 장소-유용성(사용-가치)이라는 부가가치를 더해준다는 최근의 관념을 갖고 있지 않았기 때문이었다.

지기 전에 생산은 끝나지 않는다. 교환은 두 물리적 상품들의 두 번의 물리적 전달이라는 노동 과정 자체이며, 이 과정은 상품들에 사용-가치를 추가할 뿐인 "서비스"를 포함한다.

　이것은 노동 분업 때문이다. 그러나 맑스는 노동 분업에서 공산주의를 끄집어냈던 반면, 반면에 스미스는 개인주의를 끄집어냈다. 두 쪽 다 노동 분업은 교환과 동일한 것을 의미했다. 맑스는 말하길 "생산에서 한 명 이상의 도움을 가정하는 순간, 노동의 세부분업에 기초한", 따라서 물리적 전달이라는 교환에 기초한 "전체 생산체계를 당신은 이미 전제한 것이다."[152] 스미스를 따라서 프루동이 제안했듯이, 다른 개인들은 실제로 "협력자들"이다. 하지만 이 협력자들은 자신들의 협력이 곧 자신들의 교섭 과정이 되는, 프루동이나 스미스가 말한 그런 **자주적** 협력자는 아니었다. 이 협력은 기술체계에 노동자를 **강제로** 맞추는 것이다. 그래서 각자의 노동은 "교환"이라는 이름하에 사용-가치의 증가분을 서로에게 전달하는 세계적 규모의 기계적 과정의 한 구성부분이 될 뿐이다.[153] 그래서 "협력자, 다양한 기능, 노동 분업, 그리고 노동 분업이 나타내는 교환은 모두 이미 존재하고 있다. (……) 처음부터 교환-가치를 가정했다면 좋았을 것이다"라고 맑스는 말한다.[154]

　맑스가 이러한 사회적 노동 분업을 구성해서 프루동의 교섭을 배제한 방법은 맑스의 유명한 공식 C-M-C에서 볼 수 있다.[155] 여기에서 맑스는

••

152) Marx, Karl, *The Poverty of Philosophy*(tr. 1847), 34, 이 책은 프루동의 『빈곤의 철학(*Philosophy of Poverty*)』에 대한 맑스의 답변이다.
153) 이 생각을 베블런은 "기계 과정"으로서 계승했다. 본서 1083쪽.
154) Marx, K., *The Poverty of Philosophy*, 34, 35.
155) 본서 337쪽, 도표 5.

헤겔식으로 가치 실체, 가치 형태, 가치 종류를 구분했다. "실체"는 단순히 노동력에 노동시간을 곱한 것이었다. 가치 "형태"는 사용-가치가 없는 화폐에 체화된 교환가치였다. 가치 "종류"는 화폐라는 매체를 통해 교환되는 상품의 종류였다.

도표 5에서 수평으로 측정하면 각종 생산의 노동시간은 열 시간이다. 수직으로 측정하면 노동력은 자연의 저항에 반비례로 변하는 노동의 효율이다. 시간과 효율을 곱한 값은 가치의 "실체"다.

이 실체는 교환 과정에서 "형태"를 취하는데, 맑스가 말한 교환의 의미에 따르면, 교환은 교섭 없이 생산물을 물리적으로 전달하는 것이다. 이 물리적 전달에서 모자, 화폐, 신발의 수량이 아무리 다르더라도 똑같은 가치는 똑같은 가치로 교환된다. 화폐는 사용-가치가 없다. 화폐는 물리적으로 전달하는 교환 과정에서 가치 "형태"에 불과하다.

하지만 가치의 "실체"는 자본가와 노동자 사이에 분배된다. 그런데 이 분배는 시장의 교섭 과정이 아니라 생산 과정에서 일어난다. "착취"가 일어나는 공간은 바로 여기다. 왜냐하면 노동자들이 원재료를 가지고 작업하기 전부터 자본가가 모든 장비를 소유하기 때문이며, 산출물이 자본가에게 속하기 때문이다.

따라서 맑스가 말한 "잉여가치"인 자본가의 착취 몫이 효율 증대와 노동시간 연장이라는 두 방향으로 어떻게 증식되었는지를 깨닫게 될 것이다. 효율 증대는 새로운 기계화 또는 노동자의 작업속도를 늘리는 데서 나온다. 이것은 노동력을 나타내는 수직선을 늘린다. 그러나 생산량 증가는 노동시간을 연장하는 형태로도 나타날 수 있다. 이것은 수평선을 늘린다. 이 둘을 곱한 값은 자본가에게만 가는 잉여 가치를 확대한다. 노동자는 교섭력이 없어서 최소한의 생계비만 받기 때문이다. 실제로 이것은 리카도가 만든 이론의 논리적 귀결이며, 산업 기계화 향상으로 **누가** 이익을 얻는가에 대한 현대의 문제와 다르지 않다.

그러면 우리가 깨달은 것은 맑스가 효율 공식을 만들어내고 있었고, 그리고 계급으로서 노동자와 계급으로서 총자본가 사이에 효율의 성과를 나눠 갖는 방식을 만들어내고 있었다는 사실이다. 노동력의 양에는 직접노동량뿐만 아니라 자본가가 소유한 고정자본에 "체화된" 노동량도 포함된다. 따라서 맑스는 오직 직접노동에 근거한 현대식 효율 계산의 오류를 회피했다. 맑스는 직접노동과 그의 사회적 노동력이란 의미에서 체화된 노동인 "간접" 노동 모두를 포함시켜서 효율의 공식을 만들어냈다.

그러므로 프루동과 맑스의 논쟁은 맬서스와 리카도의 논쟁과 마찬가지로 효율과 희소의 구별에 달려 있었으며, 이들과 상호 연계된 사용-가치와 희소-가치 각각은 스미스의 노동력과 노동의 고통이라는 두 가지 의미로부터 나왔다. 리카도와 맑스의 경우에는 희소를 불변요소로 전제하고, 그래서 제거했다. 하지만 맬서스의 경우에는 소비자의 수요가 지배적인 것이 되었다. 그래서 프루동의 경우에는 효율과 희소가 서로에게 반명제로 되었다.

맑스의 숨겨놓은 희소 원리를 맑스 스스로가 드러내도록 프루동이 강요함으로써, 맑스의 가치의 원인으로서의 노동력에 관한 이론(노동가치론)을 맑스가 실질적으로 포기하도록 프루동은 강요했다. "프루동의 문제점은 단지 **수요**를 까먹었다는 점이며, 그리고 어떤 물건은 그 물건의 수요 상태에 따라 희소하거나 풍부할 수 있을 뿐이라는 점이다. 프루동은 수요를 밀어제쳐 놓고서, 교환가치를 **희소**로, 사용-가치를 풍요로 동일시한다"[156]고 맑스가 말했다. 맑스에 따르면, 리카도는 가치라는 의미 안에 희소를 명시적으로 전제했었다. 결과적으로 프루동은 교환가치를 희소와 동등하게 만들고 효용(사용-가치)을 풍요와 동등하게 만든 뒤에 "희소와 교환가치에서 효용가치를 찾을 수 없다며 놀라고, 풍요와 효용가치에서도 교환가치를 찾을 수 없다며 놀란다"라고 맑스는 말했다. "수요를 배제하는 한" 프루동은 그것들을 함께 발견하지 못할 것이다. 프루동의 "풍요는 자연발생적인 어떤 것으로 보인다. 프루동은 생산하는 사람들이 있다는 점과, 그들이 수요에 계속 관심을 가지고 있다는 점을 완전히 망각하고 있다."[157]

다시 말해서, 맑스의 "생산자"는 사용-가치를 생산할 뿐 아니라 사용-가치를 제한된 수량으로 생산해서 기대수요가 상품에 교환가치를 부여할 것이다. 물리적 배송을 그 일부로 포함하는 생산 과정에서 공급을 유보함으로써, 맑스의 사용-가치는 이미 희소-가치이다.

우리는 이 같은 제한된 수량의 생산을 맑스가 말한, 사회적으로 "필요한" 노동력으로 받아들인다. "필요한"이라는 단어는 소비자의 수요를 충족시키는 데 필요하다는 의미다. 여기에서 맑스는 효율이 원리인 자신의 노동력 개념 안에서 희소가 원리인 교섭력의 반명제적 의미를 읽어냈다. 우리 방법은 이것과 다르다. 우리는 다른 하나를 "실제로" 배제해서 각각을 분리한 다음, 제한 요인과 보완 요인의 원리에 따라서 다시 결합시킨다. 그러므로 우리가 볼 때, 엔지니어는 가격을 고려하지 않고 생산을 무한정 늘리려 하지만, 사업가는 가격을 유지하려고 생산을 제한하거나 조절한다. 이 두 가지는 제한 요인과 보완 요인이다.[158]

••

156) Marx, K., *The Poverty of Philosophy*, 40.
157) *Ibid.*, 41, 42.

맑스와 프루동 사이의 모순은 다시 물질과 소유 사이의 모순이다. 이 모순은 기술자를 물질과 효율에 관한 전문가로, 사업가를 소유와 희소에 관한 전문가로 구분한 베블런을 통해서 최근에 다시 드러났다.

이것은 사용-가치의 역사적인 이중 의미에 근거한다. 맑스는 프루동과 논쟁하고 20년이 지난 뒤에 이렇게 썼다. "유용성*의 대상이 아닌 물질은 가치가 없다. 물질이 쓸모가 없다면 거기에 담긴 노동도 쓸모가 없으며, 그 노동은 노동으로 간주하지 않으므로 아무런 가치도 창출하지 않는다."[159]

여기에서 문제가 발생한다. 그 물질이 쓸모없는 이유는 그 물리적 성질이 **썩은** 사과처럼 사용할 수 없기 때문인가, 아니면 **너무 많은 좋은** 사과처럼, 원하는 수량보다 훨씬 많은 양을 생산했기 때문인가? 사용-가치가 감가해서 쓸모없어졌는가, 아니면 희소-가치가 체감해서 쓸모없어졌는가?

전자는 프루동이 말한 사용-가치의 의미, 후자는 프루동이 말한 교환가치의 의미였다. 맑스는 우리가 방금 말한 것처럼 사용-가치의 이중 의미도 가지고 있었다. 리카도를 따르고 있을 때 맑스는 사용-가치에서 희소-가치의 모든 의미를 배제했다. 사용-가치는 "시계 몇십 개, 아마포 몇 야드, 철 몇 톤"처럼 물리적 단위로 측정되었다. 이런 점에서 "생활 필수품, 편의품, 사치품의 양을 줄임으로써 사적인 부가 늘어날 수 있

••

158) 본서 1049쪽, 전략적인 거래와 일상적인 거래.
159) Marx, K., *Capital*(1867, tr., Kerr ed., 1909), I, 48.

---

* 커먼스가 맑스, 멩거의 원문을 번역한 utility는 유용성(usefulness)을 의미한다.

다고 알려져 왔던 것은, 가치와 공적인 부(또는 사적인 부)를 혼동했기 때문이다"[160]라고 맑스가 말했을 때, 맑스는 리카도의 가치와 (사적인) 부의 구분을 되풀이한 것이었다.

이것 역시 사회적 부를 늘리는 풍요로움으로서 사용-가치와, 희소의 증가가 사적 부(자산)를 늘리는 희소로서 교환가치를 구분했을 때 프루동이 했던 말 그대로이었다.

그러나 맑스에게는 사용-가치의 또 다른 의미가 있었고, 이것은 톤과 야드와 같은 물리적 측정단위와 주로 관계된 것이었다. 사용-가치는 "유용한 성질을 얻는데 필요한 노동량과는 무관하다. 상품의 **사용**-가치는 상품에 대한 상업적 지식이라는 특별한 연구의 재료를 제공한다." "교환가치는 그 자체로 상품의 사용-가치와 완전히 무관한 어떤 것으로 나타난다." "사용-가치는 사용하거나 소비할 때 비로소 실재가 된다."[161]

다시 말해, 사용-가치의 의미는 노동이나 기술의 산물이 아니고, 여기에서는 추가 제조나 소비를 위한 상품의 물리적 측정과 관련된 속성이 된다. 하지만, 그렇다면, 사용-가치는 명백히 노동의 산물이며, 제조업자와 소비자가 필요하는 물리적으로 유용한 속성에 관한 기술자의 지식의 산물이다. 노동자와 관리자는 일련의 생산 과정에서 다음 생산자에게 쓸모없는 것을 만들지는 않는다. 다음 사용자가 요구한 유용성(사용-가치)이 그게 형태 유용성이든 시간 유용성이든 장소 유용성(사용-가치들)이든, 노동은 물질에 유용성(사용-가치)을 추가할 뿐이다. 여기에서 맑스는 스미스가 케네를 비판하며 제시한 노동력의 의미에서 출발했다. 노동

160) Marx, K., *The Poverty of Philosophy*, 38, 39.
161) Marx, K., *Capital*, I, 42, 45.

은 물량을 생산하는 게 아니라 물질의 물량에 유용성(사용-가치들)을 추가한다는 것이다.

그러나 맑스는 자신이 말한 "노동력"에서 물리적으로 측정한 사용-가치를 분리할 필요가 없었다. 노동이 생산한 것은 물리적으로 측정되는 사용-가치이다. 맑스에게 필요한 건 사용-가치 산출량과 인시 투입량의 **비율**을 구성하는 게 전부였다.

사실 사용-가치는 일종의 기술적 개념이며, 맑스만 정치경제학에서 기술과 사용-가치를 배제한 것은 아니었다. 사실상 19세기 경제학자 모두가 기술과 그것의 산물인 사용-가치를 정치경제학에서 배제했다. 이것을 베블런은 "장인적 본능"이라는 이름으로 부활시켰다. 우리는 **효율**이라는 관념하에 이 본능을 부활시킨다. 이 효율에는 생산, 투입, 사용-가치, 관리 거래, 제한요인과 보완요인 등이 포함된다.

우리가 생각하기에 이 기술 배제의 기초 근거는 경제학의 의지적이 아니라 심리적, 물질주의적 기반에 있다. 심리학이나 물질주의로부터 노동이나 욕망 같은 단일 원리에 근거해서 경제학 체계 전체는 물론 사회철학 전체까지 세우려는 사고방식이 도출되었다. 그런데 사실 이런 주제에는 여러 원리들이 복잡하게 얽혀 있다. 현대 경제학은 공업 및 농업 기술 연구와 깊은 관계가 있다. 그렇다고 해서 이것이 경제학자가 화학자나 물리학자라는 의미는 아니다. 이것은 경제학자가 과학자와 기술자의 **활동**을 사용-가치나 부의 생산에 대한 탁월한 공헌에 포함시키고, 이 과정을 통해 복잡한 전체 안에서 과학자와 기술자에게 적절한 환경을 제공하고자 노력한다는 의미일 뿐이다. 역사적으로 과학자와 기술자의 공헌은 계속 쌓여간다. 그들의 공헌은 18세기에 물리학으로 시작해서 19세기에 화학으로 이어지며, 다음에는 20세기에 동력 생산과 동력 운송의 놀라운 발전으로 이어진다. 그리고 그것은 관리 거래의 토대를 제공하는 인사관리의 심리학으로 끝난다. 마지막으로 나온 관리 거래 영역에서 기술은 경제학 영역으로 밀고 들어왔으며, 과학적 관리를 주장하는 사람들은 관리 문제 해결에 아무런 공헌도 않는 경제학자들을 올바르게 비판했다.

앞서 나온 것처럼 맑스가 사용-가치는 정치경제학 연구 영역 바깥에 존재하며, "상품에 대한 상업적 지식"을 특별히 연구할 영역에 속한다고 말했을 때, 그는 실제로 19세기 경제학자들의 견해를 언급한 것이었다. 하지만 사용-가치가 관리 거래의 산출물이라면, 그리고 관리 거래를 교섭 거래와 구분한다면 사용-가치는 단순히 상업적 지식의 문제가 아니라 사용-가치를 창출하는 자연의 다양한 힘과 노동력을 통제하는, 실질적인 공학 과정이다. 이 과정을 사업이나 금융이나 노동의 이해들이 좌절시킬 수 있다. 하지만 바로 이 갈등 때문에 관리 거래, 기술, 사용-가치가 전체 주제의 복잡성 속에 포함된다.

맑스는 똑같은 사용-가치를 다양한 방식으로 활용할 수 있다고 말했다. 그러나 사용-가치를 적용할 수 있는 범위는 그것의 독특한 성질들에 의해 제한된다. 더 나아가 그 범위가 질적으로 제한될 뿐 아니라 양적으로도 제한된다.[162]

"질"이란 용어로 맑스가 의미할 수 있는 건 사용-가치의 다른 종류와 등급이 전부이며, "양"이란 용어로 맑스가 명백히 의미하는 건 공급량이나 수요량이 아니라 기술적인 양이다. 가령 수레에 바퀴 다섯 개를 사용할 수 있는지, 또는 네 개만 있어도 되는지와 같은 것이다. 이런 사례에

··

162) Marx, K., *Capital*, I, 44.

는 바퀴의 사용-가치와 희소-가치의 상호의존 관계가 분명히 있다. 하지만 두 가치는 늘 구분된다. 바퀴의 희소-가치는 화폐로 측정되는 바퀴의 가격이다. 그러나 바퀴에 체화된 노동력의 양으로 측정될 때 그것은 효율이나 비효율이다. 그러나 바퀴의 이러한 사용-가치는 이들 바퀴의 문명 가치이다. 리카도는 주관적이라서 측정할 수 없지만, 맑스는 운송 기술의 발전 단계에서 수레나 자동차 종류에 필요한 숫자에 따라 바퀴 세 개, 바퀴 네 개, 바퀴 다섯 개로 측정할 수 있었다. 이 개념은 제한 요인과 보완 요인 이론에 속한다.[163]

그러나 맑스는 리카도를 뛰어넘어 두 가지를 개선했고, 이에 따라 현대 효율 이론의 기초를 제공했다. 스미스와 리카도의 주관적 사용-가치를, 그래서 측정할 수 없는 가치를 객관적 사용-가치로 대체해버렸고, 부셸, 야드, 톤, 시계의 개수나 바퀴의 개수로 측정할 수 있게 했다. 또한 노동력의 두 측면을 분명히 밝혔다. 하나는 압력이나 힘이나 에너지고, 또 하나는 이것이 작동하는 시간이다. 맑스가 말하는 노동력의 단위는 단순한 비숙련노동의 1노동-시이고, 그래서 맑스가 노동력이나 노동시간을 말할 때 똑같은 것을 의미했다.[164] 그러나 노동시간 투입에 대한 이런 사용-가치 산출의 비율은 효율의 척도다.

이것은 반드시 사실이어야 한다. 왜냐하면 효율과 희소는 서로에게 제한요인이기 때문이다. 그러나 교환가치는 교섭과 물리적 인도라는 이중 의미를 지니기 때문에 맑스는 경제학에서 사용-가치를 배제하는 데 어려움을 겪었다. 앞서 인용된 문헌에서 그런 것처럼, 맑스는 이렇게 올바

163) 본서 1049쪽, 전략적인 거래와 일상적인 거래.
164) Marx, K., *Capital*, I, 45.

로 말했다. 상품의 교환가치(교섭) "그 자체는 사용-가치와 완전히 독립적인 것으로 나타난다." 사용-가치는 "(교섭을 통해) 그 유용한 성질을 얻는데 필요한 노동량과 무관하다."

　따라서 리카도를 따르면서도 금속화폐를 생산의 노동비용으로 환원함으로써 나중에 효율과 희소로 훨씬 선명하게 구분되는 것을 맑스가 혼동했음이 분명하다. 맑스는 효율 이론 개발에 필요한 모든 개념을 준비했다. 그러나 맑스는 "생산성"이라는 용어에 이중 의미를 부여했다. 첫째는 맑스 자신이 기술에 속한다고 거부한 사용-가치(부)의 생산이고, 둘째는 맑스에게 정치경제학의 주제였던 노동량으로 측정한 가치의 생산이다. 하나는 공급을 증가시킴으로써 사용-가치를 생산하는 것이고, 또 하나는 자연의 저항 때문에 공급을 제한당함으로써 반명제적인 희소-가치를 "생산"하는 것이다. 우리는 생산성이라는 용어를 효율이라는 용어로 대체하고, 그리고 앞서 서술한 것처럼 교섭 거래를 관리 거래 및 배급 거래와 구분함으로써 이러한 의미의 이중성을 피해 가고 있다.

　하지만 맑스가 사용한 용어를 효율에 적용할 수 있는 용어로 변환시키기 위해, 앞서 지적한 것처럼 수입과 지출이라는 두 용어에서 산출과 투입이라는 두 용어를 구분해야 한다. 산출과 투입은 사용-가치와 노동력에 관한 기술적 용어로, 이것에 의해 효율을 측정한다. 수입과 지출은 교섭의 용어이고, 획득과 양도는 법적 용어이고, 화폐 수입과 화폐 지출은 재정적 용어이다. 즉 화폐 수입은 상품의 화폐가치로 환산된 상품의 수입액이며, 화폐 지출은 상품의 화폐가치로 환산된 상품의 지출액이다. 이것이 부와 자산의 차이이다.

IX. 멩거, 비이저, 피셔, 페터

앞에서 서술한 논의는 심리주의적 경제학파의 출현을 어느 정도 예상할 수 있도록 했다. 고센은 1854년에, 제번스는 1862년에, 멩거는 1871년에, 발라는 1874년에 각기 심리주의적 가치론 또는 한계효용 가치론을 창시했지만, 우리는 오스트리아학파 초기에 나타난 멩거의 해설을 선택한다. 멩거의 심리주의적 분석은 수량에 객관적인 용어를 사용하기 때문이다.[165]

멩거는 어떤 물체가 유용성(Nützlichkeit)*을 가진다는 점에서 경제재가 될 수 있도록 하는 선결 요건 4가지를 다음과 같이 구분했다.

① 인간적 욕구의 인식이나 기대(Bedürfniss)

② 욕구를 충족시키는데 적합한 상품의 성질들(Güterqualitäten)

③ 맞든 틀리든, 이 적합성에 관한 지식

④ 물체에 대한 통제나, 도구인 다른 물체의 통제. 이 통제는 욕구를 충족시키려고 그것들을 가지고 사용할 수 있는 그런 통제이다(die Verfügung über dieses Ding).

네 가지 선결 요건 가운데 첫 번째와 세 번째를 우리는 이미 **의미**라는 단어로 불러왔다. 왜냐하면 첫 번째와 세 번째 선결 요건은 정확한 지식

..

165) Menger, Carl, *Grundsätze der Volkswirthschaftslehre*(1871). 멩거의 아들(Karl Menger)이 편집한 2판(1923)은 원래의 분석을 유지하고 있지만, 비판에 대한 멩거의 답도 들어 있다.

---

* 독일어 Nützlichkeit을 커먼스는 utility로 번역했으나, 유용성(usefulness)을 의미한다.

을 가리키는 게 아니라 인간의 목적에 바람직한 대상물에 중요성을 부여하는 감정적 과정을 가리키기 때문이다. 두 번째 선결 요건을 우리는 사용-가치라고 부른다. 왜냐하면 사용-가치는 풍부할 때 줄어들지 않고 부족할 때 늘어나지 않는 물리적 속성이기 때문이며, 리카도와 맑스가 말한 사적인 부와 공적인 부의 의미에 해당하기 때문이다. 네 번째 선결 요건을 우리는 멩거가 기술과 동일시하는 물리적 통제와, 멩거가 경제와 동일시하는 소유적 통제의 이중 의미로 구별한다.[166]

이 지점에 이르기까지 희소라는 개념이 멩거의 선결 요건으로 등장하지 않는다. 욕구(Bedürfnisse)와 욕구량(Bedarf)을 구별함으로써 그는 비로소 이 개념을 도입한다.[167] 욕구는 완전히 주관적이지만, 욕구량은 객관적이다. 욕구는 강도가 다른 단순한 감정이다. 욕구량은 환경에의 적응이다. 욕구량은 여기서 지금 욕구하는 특정 사용-가치(Güterqualitäten)의 수량이다. 그러므로 특정 인물이나 사회가 특정 시간과 장소에서 욕구하는 제한된 수량일 수밖에 없다. 욕구를 무한한 것으로 주장한 이전 경제학자들의 오류는 종류, 시간, 장소를 구별하지 못한 데서 나온다고 멩거는 말했다. 모든 종류의 욕구 전체를 하나로 묶으면 무한할 수 있지만, 여기에서 지금 특정 종류에 대해 욕구량은 한정된 수량이다.[168]

멩거는 자신이 새로 공식화한 "욕구량" 개념이 익숙한 개념이기도 하고 객관적인 양적 의미도 지니고 있음을 보여주려고 상당한 지면을 할애하고 있다. 욕구들 자체는 순전히 강도가 다른 감각들일 뿐이다. 특정

••

166) *Ibid.*, 1st ed., 3; 2d ed., 11.
167) *Ibid.*, 1st ed., 32; 2d ed., 32n.
168) *Ibid.*, 1st ed., 35ff.; 2d ed., 32ff.; especially 32n.

시점, 특정 장소의 구체적인 환경에 처한 특정 인물에게 욕구들 자체(Bedürfnisse)는, 그 시점 그 장소에서 언제나 한정된 수량일 수밖에 없는 객관적으로 욕구량과는 지적 연관성이 없다. 욕구량은 실제로 인식된 필요(Bedarfe)를 가리킨다. 이 필요는 무한량에 대한 필요가 아니라 어떤 순간의 한정된 양에 대한 필요이다. 이 순간에 우리는 크고 작은 양들을, 역시 욕구되는 다른 물체들의 크고 작은 양과 비교형량하고 있고, 그리고 특정 시간과 장소에서 욕구되는 모든 것들의 양을 가질 제한된 힘의 관점에서도 비교형량하고 있다. 우리는 특정한 저녁 식사에 무한정으로 비프스테이크를 원하지 않는다. 우리는 자신이 원하는 것을 만족할 만큼만 원하며, 함께 먹을 수 있는 다른 몇 가지를 원한다. 제조업자는 당장 선철을 무한정 원하는 것이 아니다. 그는 고객이 수익성 있는 가격에 가져갈 압연강을 생산하는 데 필요한 선철량만을 원한다.

그러나 멩거는 개인의 차원보다 더 나아갔다. 멩거의 욕구되는 수량은 사회에 의해 욕구된다. 멩거의 이용 가능한 수량은 사회에 의해 이용 가능해진다. 두 수량의 관계는 멩거가 말한 희소의 "사회적 관계"다. 수학 용어로 말한다면, 이것은 사회에 의해 욕구되는 수량과, 사회에 의해 이용 가능해진 수량 사이의 희소 비율이다. 이 비율이 **가격**이다. 이 사회적 관계의 각 측면은 독립적으로 변화한다. 욕구하는 수량이 늘어나면, 가격이 올라가고, 그 수량이 줄어들면, 가격이 떨어진다. 이용 가능한 수량이 늘어나면, 가격이 떨어지고, 그 수량이 줄어들면, 가격이 올라간다.

물론 이것은 수요와 공급의 친숙한 사회적 관계 그 자체다. 멩거는 이 관계야말로 경제학이 신경 써야 할 **유일한** 사회적 관계라 주장한다. 그리고 이 관계에서 완벽한 정치경제학 이론을 연역적으로 끌어내는 작업에 들어간다. 멩거의 독창성은 이러한 사회적 관계를 개인의 주관적인 감정에 연결시킨다는 점에 있었다.

이 같은 사실은 꽤 평범하고 익숙하지만, 고센, 제번스, 발라와 다른 점은 멩거가 문제를 앞서 언급한 양이라는 관점 자체로 공식화하고, 여기에 근거해서 감정이라는 주관적인 용어를 도출했다는 점이다. 이 두 가지는 정말로 분리할 수 없으며, 그들의 주장은 멩거만큼이나 익숙하고 평범하다. 하지만 이들은 감정이 행복의 단위들과 "뭉치들"로 분해될 수 있다고 생각한 벤담을 통해서 그들의 개념에 도달했다. 그렇지만 그들은 이러한 쾌락의 단위들이 재화의 양이 늘어나면서 그 강도가 줄어들거나, 역으로, 재화의 양이 줄어들면서 그 강도가 늘어난다는 사실이 함의하는 모든 것을 발견하지는 못했다. 그래서 이들은 양에 의존하는 주관적 감정으로 시작했지만, 멩거는 감정이 의존하는 수량으로 시작했다. 물론 양측 모두 감정과 양의 상호의존성에 관한 함수적 심리학이지만, 그들의 심리학은 주관적인 측면이고, 멩거의 심리학은 객관적 측면이다.

그러나 멩거의 양조차도 직접 측정할 수 있는 건 아니다. 그 효과를 측정함으로써 간접적으로 측정할 수 있다. 이 효과는 그의 경제학에 주제를 구성하는 사회적 관계, 즉 특정 상품에 대해 욕구되는 양(Bedarf)과 이용 가능한 양(Verfügbar) 사이의 관계이다. 이 관계는 명확히 희소나 가격의 관계일 뿐이다.

그때부터 감정보다는 **희소**가 멩거 경제학의 주제이다. 벤담적인 쾌락이라는 의미로 다른 사람들이 해석한 유용성(Nützlichkeit)이라는 애매한 용어를 사용했기 때문에 멩거의 진정한 공헌이 감추어졌고, 또 이 때문에 욕구되는 물체의 증가량에 따라 개인주의적이고 체감하는 욕망의 강도에 주목하게 만들었다. 그렇지만 실제로는 멩거는 사회가 욕구하는 양과 사회가 이용 가능한 양이라는 두 변수가 변하는 관계에 따라 희소가 줄어들거나 늘어난다는 사회적 관념을 개발하고 있었다. 그래서 멩거는 화폐라는 관점에서 **수요, 공급, 가격**의 낡은 공식에 모든 재화에 적용할 수 있는 훨씬 구체적이고 보편적인 의미를 부여할 뿐, 화폐를 사용하지는 않았다. 멩거의 욕구하는 양은 **수요**고, 멩거의 이용 가능한 양은 **공급**이며, 멩거의 한계효용은 **가격**이다. 한계효용(Grenznutzen)은 사회에서 욕구량과 이용 가능한 양의 가변적 관계가 끊임없이 변화하는 효과며, 이는 화폐 경제에서 **수요**와 **공급**이 끊임없이 변화하는 관계에서 나온 **가격**이다. 멩거의 상품 경제에서와 마찬가지로, 화폐 경제에서도 **수요**와 **공급**은 직접 측정할 수 없지만, 그 변동성의 **결과**를 측정한다. 이 결과를 측정한 게 **가격**이므로, 가격은 **희소**에 대한 가변적 관계의 척도로, 멩거가 말한 한계효용의 금전적 등가물이다.

이것은 참으로 위대하고 새로운 통찰력이었다. 이것은 심리학(의 초점 — 옮긴이)을 **행복**에서 **희소**로 변화시켰다.

쾌락주의자의 체감하는 감정의 강도와, 멩거의 욕구하는 수량과 이용 가능한 수량의 관계 사이의 함수관계를 설명*한 사람은 비이저였다. 비이저의 이러한 설명은 멩거가 이미 발견했던 것에 불과하다는 것을 비이저는 인정했지만, 그는 유용성(Nützlichkeit)이라는 모호한 용어를 써서 오스트리아학파 추종자들을 오도하기도 했다. 비이저와 멩거가 "효용체감"이 아니라 "희소체감"이라는 용어를, 그리고 "한계효용(Grenznutzen)"이 아니라 "가격"이라는 용어를 사용했더라면, 비이저가 한 일은 엄밀히 객관적이고 측정 가능한 **희소** 이론의 공식화라는 게 분명해졌을 것이다.

---

* 원문에서 해당 문단의 뒷 부분 clarification이 언급된 바, "classified" 대신에 "clarified"로 고쳐 번역했다.

멩거의 분석에 대한 비이저의 설명은 **가치**와 **가격**의 구별을, 그리고 자신이 **가치의 역설**이라고 명명한 가치와 가격의 함수관계에 대한 자기 생각에 의존했다.[169] 우리가 리카도와 맑스에서 이미 본 것처럼, **가치** 개념에는 두 가변적 요인들이 있다. 그러나 비이저에게 그 하나는 효용체감이라고 명명한, 욕구하는 감정의 강도가 체감하는 것이다. 또 하나는 욕구하는 물질의 수량이 증가하는 것이다. 이용 가능한 수량이 늘어날 때마다 단위당 효용은 계속 떨어진다. 그 결과, 효용 하나만 고려할 때, 단위당 효용은 0까지 줄어들 뿐 아니라 비효용, 즉 귀찮은 대상까지 될 수 있다. 그래서 비이저는 "효용"의 의미를 사용-가치에서 희소-가치로 바꾸었다.

하지만 다른 한편으로, 이용 가능한 수량(효용)에는 독자적인 가변성이 있다. 두 변수를 결합해, 이용 가능한 수량이 늘어나는 만큼 빠르게 단위당 효용이 줄어들지 **않는다면**, 늘어나는 수량의 **가치**는 올라간다. 그러나 이용 가능한 수량이 늘어나는 것**보다** 빠르게 단위당 효용이 줄어든다면, 늘어나는 수량의 **가치**는 떨어진다.

이것이 "가치의 역설"이다. 가치는 단위당 효용에 그 단위로 따진 수량을 곱한 값이며, 각각은 독립적으로 변하기 때문이다.

이제 우리가 이전에 논의한 효용의 이중 의미에 의존한다면, 단위당 효용체감은 가격을 의인화한 것에 불과하며, 가격 체감으로 측정하는 희소 체감, 즉 풍요의 체증을 의미하는 것에 불과하다는 사실을 발견할 것이다. 그러나 효용의 또 다른 의미는 물리적 사용-가치로, 풍요에 따라 단위당으로 체감하거나 희소에 따라 단위당으로 체증하지 않는다. 그러

∴

169) Wieser, F. von, *Natural Value*(1889, tr. 1893).

므로 비이저의 "가치"는 화폐로 측정하는 희소-가치와 톤이나 부셸 등으로 측정하는 사용-가치의 함수관계다. 이는 모든 직업, 산업, 농업에서 자주 나타나는 가치의 역설이다.

분명히 이러한 한계효용은 달러로 변환할 수 있고, 이러한 사용-가치는 밀의 부셸 수량으로 변환할 수 있다. 밀이라는 곡물의 가치는 두 변수의 함수로, 변수 하나는 가격으로 측정하는 희소-가치(한계효용)고, 또 하나는 부셸로 측정하는 사용-가치의 양이다. 수확량이 없으면 그 가격은 상징적으로 무한대로 치솟지만 그 가치는 0으로 떨어진다. 수확량이 10억 부셸이고 가격이 1달러로 떨어지면, 그 수확량은 가치가 10억 달러로 올라간다. 나아가 수확량이 15억 부셸이고 가격이 80센트로 떨어지면, 그 수확량의 가치는 12억 달러로 더 올라간다. 마지막으로, 수확량이 25억 부셸이고 가격이 40센트로 떨어지면, 그 수확량은 가치가 10억 달러로 떨어진다.

이는 당연히 역설이지만, 2세기 전 그레고리 킹* 시대 이후로 매우 친숙한 역설이다.[170] 비이저 자신도 이 역설은 프루동을 가치의 이율배반으로 이끈 바로 그 역설이라고 지적하고 있다. 하지만 프루동은 헤겔식 정, 반, 합으로 이 역설을 전개한 반면, 비이저는 이 역설을 효용과 양의 함수관계로 전개한다.[171] 그러나 사실 이것은 가격과 양의 함수관계이고,

:.

170) Palgrave의 *Dictionary Political Economy*에서 그레고리 국왕을 보라.

─────────────

* 그레고리 킹(1648~1712)은 영국의 경제통계학자로, 인구 및 국민 소득의 과학적 추계를 처음 시행했다. 특히 그는 농산물의 수요가 공급을 초과하면 농산물 가격이 산술급수적이 아닌 기하급수적으로 오른다는 '킹의 법칙'을 발견했다. 이 부분에서 커먼스가 말한 '당연한 역설'은 농산물에 대한 수요나 공급이 탄력적이지 않기 때문에, 농산물 가격은 생산량의 작은 변화에도 변동폭이 심하다는 사실을 반영한 것이다.

다시 이것은 희소-가치와 사용-가치의 함수관계이고, 이들의 상호의존적인 변수가 **가치**이다.

멩거와 비이저보다는 고센과 제번스를 따르는 사람들이 한 것처럼, 이 두 요인의 가변성은 도표 3[172)]에 예시된 바와 같이 다른 방식으로도 묘사될 수 있다.

효용으로 말하면, 이 곡선은 가령 물이 없는 사막처럼 물이 전혀 공급되지 않는가상 상태로 시작해 단위들이 늘어나면서 효용체감으로 나아간다. 물이 전혀 없는 곳에서 각각의 단위는 실제로 무한한 효용을 가진다. 사느냐 죽느냐의 문제이기 때문이다. 그러나 물의 **사용-가치**가 풍부하게 늘어나면 단위당 **효용**은 줄어든다. 일정 지점에서 한계효용이 나타난다. 그리고 이 지점에서 물 총량의 가치는 한계효용에 물 수량을 **곱한** 값으로 나타난다.

분명히 이것은 **희소**와 **풍요**의 알기 쉬운 의미를 말로 표현한 공식에 불과하다. 풍요의 증가는 희소의 감소와 똑같다. 가치로 말하면, 사용-가치의 증가는 단위당 희소-가치의 감소며, 사용-가치의 풍요의 감소는 단위당 희소-가치의 증가다. 여기서 효용이라는 용어는 희소-가치와 사용-가치라는 이중 의미를 드러낸다. 희소-가치는 가격으로 측정할 수 있고, 사용-가치는 갤런으로 측정할 수 있으며, 그리고 가치는 갤런 당 가격에 갤런의 숫자를 곱한 값으로 측정할 수 있다.

이제 우리는 한계효용 또는 가격에다 상품 또는 사용-가치의 수량을 곱한 값이 리카도와 맑스가 노동시간에 시간당 자연의 저항을 곱한 값으

••

171) Wieser, F. von, *op. cit.*, 55, 237. 비이저는 "교환가치의 이율 배반"이라고 말한다.
172) 본서 337쪽.

로 묘사한 가치와 똑같은 의미라는 걸 확인할 수 있다. 화폐로 측정하는 희소 관점에서 가치는 가격에 상품 수량을 **곱한** 값이다. 체감하는 효용이란 관점에서 가치는 한계효용에 상품 수량을 **곱한** 값이며, 노동력 관점에서 가치는 인시 숫자에 자연의 저항을 **곱한** 값이다. 그러나 후자는 효율이다. 전자는 희소다.

　비이저가 말한 **가치의 역설**에 관한 최근 논의는 가격의 정의에 관한 피셔와 페터의 논쟁이다.[173] 피셔는 비이저의 정확한 공식에서 가격과 가치를 구분했지만, 한계효용 대신에 "가격"을 사용하고 사용-가치 대신에 부를 사용했다. 피셔는 가격을 단위당 가치에 관한 합의라는 거래적인 의미로 사용했으며, "가치"를 "수량에 가격을 곱해서 알아낸 [우리가 자산이라고 말해야 하는] 부의 일정한 수량"으로 사용했다. 피셔는 "이 같은 가치에 대한 정의는 부의 한 단위가 아니라 부[자산]의 총합에 적용하는 것으로 경제학적 용법에서는 다소 벗어나도, 사업가와 실용적인 통계학자의 용어 사용법을 밀접하게 따른다"라고 말한다. 그래서 경제학자들이 제시한 주관적이고 객관적인 다양한 의미들에 대해 논평한 뒤에 피셔는 이어서 다음과 같이 말한다.

　　"가치와 가격에 대한 우리의 정의를 사업상 용법에 최대한 밀접하게 일치시키는 게 바람직한 것 같은데, 이 용법에서는 '가격'이라는 용어를 한 단위에, '가치'라는 용어를 총합에 본능적으로 일관되게 적용한다."[174]

..

173) Fisher, Irving, *The Nature of Capital and Income*, 11-16, 45-47; Fetter, F. A., "The Definition of Price", *Amer. Econ. Rev.*, II (1012), 783-813.
174) 페터의 "The Definition of Price"에서 인용, 797쪽.

그래서 피셔는 "부의 수량과 가격과 가치"라는 세 개의 크기를 얻는데, 각각은 비이저의 수량과 한계효용과 가치에, 그리고 우리의 사용-가치와 희소-가치와 가치에 해당한다.

페터는 심리주의적 관점에서 피셔를 비판하며 이렇게 말한다.

> "(……) 여기에서 '가치'라는 말은 이미 많이 사용되어왔던 용법으로 사용되고 있다. 재화의 가격이든 수량이든 그 단위는 자의적이어서, 가격을 언급할 때마다 명시적으로든 묵시적으로든, 센트로 표시된 가격, 금의 온스, 부셸당, 한 수레, 곡식이나 면화나 철의 톤, 기타 등등으로 항상 표시해야 한다. 이와 반대로 총합이란 용어는 자의적이므로, 원한다면 그것을 하나의 단위로 간주할 수도 있다. 따라서 밀 1부셸은 밀알들의 총합일 뿐이다. 결과적으로 가격이란 단어는 관행적인 단위로도 단위들의 총합으로도 아무런 혼란 없이 사용할 수 있으니, 혁신해봐야 소용없다. 한편 가치라는 말을 그것과 분리시킬 수 없는 주관적 사용으로부터 떼어냈을 때, 전문용어상의 손실이 크다. 왜냐하면 이렇게 하면 최근의 가치 논의를 이해하는 것은 절망적일만큼 불가능하게 된다."[175]

페터의 비판은 "자의적", "집합적", "인습적"이라는 단어의 **개인주의적** 의미에 대한 반대로, **관습적인** 의미에 의존하고 있다. 톤, 미터, 야드, 달러와 같은 측정단위는 실제로 "자의적"이다. 한 국가는 다른 국가와 단위가 다르다. 그러나 어떤 **국가**가 "자의적"이거나 어떤 관행이 "인습적"일 때, 우리는 여기에 전통이나 관습법이나 실정법이라는 이름을 붙인다. 실제로, 모든 제도는 관습적이며 자의적이기조차 한데, 이런 이유로 벤

175) *Ibid.*, 798.

담은 경제 이론에서 모든 제도를 배제하고, 페터는 "최신 가치 논의"에서 모든 제도를 배제했다. 그러나 개인주의적 의미에서가 아니라 법원이 이해충돌 사안에 대해 판결할 때 제도를 사용할 것이라는 집단적인 의미에서 제도는 재량적이고 인습적이다. 그러므로 집단적인 법적 단위에 맞서 자신의 의지를 "자의적으로" 내세워 자신의 주관적인 측정단위에 따라 사업을 운영하거나 지불받으려고 시도한다면, 어떤 사업가도 사업을 계속할 수 없고 어떤 노동자도 임금을 받을 수 없을 것이다. 경제학자가 관습과 법을 잊어버려서 거래에서 개인들을 지배하고 있는 관례들에서 자신이 벗어나면, 이것들을 자의적이라고 부를 수 있다. 경제학에서 "인습적"이라는 단어는 관습, 관습법, 실정법을 의미한다.

비이저가 말한 "가치의 역설"은 심리주의적 설명을 필요로 한 페터를 만족시킨다. 이것은 "가치"라는 용어에 "주관적 사용"이라는 의미를 부여하는 용어 사용법이며, 사실, "최신 가치 논의를 이해"하는 데 중요하게 이바지하는 용어 사용법이다. 비이저의 "체감 효용"도 주관적이고, 비이저의 "한계효용"도 주관적이고, 비이저의 양에 효용이 의존하는 함수도 주관적이고, 그래서 나온 비이저의 "가치"도 주관적이다. 난점은 피셔의 "양, 가격, 가치"의 크기와 달리 이들은 측정할 수도 없고 법으로 강제할 수도 없다는 사실이다. 정확성과 안정성을 위해 모든 거래가 준수하고 있는 법적으로 강제할 수 있는 측정단위를 이들은 따르지 않는다. "한계효용"이 가격으로 되면, 가격이 특정 거래에 관한 공급과 수요의 결과를 측정하는 척도라고 사람들이 생각한다. 경제학 이론에서 이런 점이 희소의 원리이다. 재화의 양이 생산되거나 유보되고 있을 때, 사회를 위한 유용성이나 사용-가치의 양이 추가되거나 유보되고 있다는 점이 일반적으로 인정된다. 선철 1,000톤이 톤당 20달러에 팔린다면, 그만큼의 가치는 2만 달러라고 일반적으로 말한다. 이것은 가치를 거래적, 관습적, 관습법적으로 파악하는 방식이다.

경제학 이론이 리카도와 맑스의 유물론에서 벗어나기 위해 쾌락주의의 심리주의적 단계를 겪어야 했다는 건 역사적으로 의심할 여지가 없다. 이 논의는 사용-가치와 효용의 의미를 혁명적으로 변화시켰으며, 인간은 자연에 의존한다는 사실을 훨씬 잘 이해하게 했다. 하지만 지금 되돌아보면, 우리는 그것이 모든 과학이 겪는 "정령 신앙" 단계였다는 걸 알 수 있다. 그 수량과 힘은 의인화되고, 따라서 측정할 수 없었다. (산소를 발견한 프랑스 화학자—옮긴이) 라브아지에가 정령을 배제하고 수량을 측정했을 때 연금술은 화학이 되었다. 정령이란 개념이 뉴턴의 운동 법칙으로 변했을 때 점성술은 천문학이 되었다. 이와 마찬가지로 페터의 주관적 효용이나 한계효용이 가격으로 되었을 때 경제적 의인화는 경제 과학이 된다. 그리고 피셔의 가치는, 달러, 부셸, 질적 특성으로 측정되고, 관습과 법률로 강제되는 자산이 된다.

X. 절대주의에서 상대성으로

그러므로 희소와 효율은 경제학이 시작되는 두 가지 변화하는 비율이다. 이 둘은 구별될 수 있지만 불가분의 관계에 있으며, 그래서 서로 변화하는 관계를 측정하기 위해 또 다른 비율이 필요하다. 희소 개념은 스미스와 맬서스에게서 나오고, 효율 개념은 리카도와 맑스에게서 나왔다.

이들 두 개념의 상대성은 마셜의 신고전주의에서 연역적으로 전개되었다.

자명한 공리를 다루는 자신들의 방법을 써서, 고전학파, 공산주의학파, 오스트리아학파는, 한쪽의 차원이 다른 쪽의 변화에 비례해서 변한다고 가정함으로써, 이런 비율들의 반대되는 항들 중 어느 한 항을 제거했다. 그 결과 이것은 상대주의적인 것이 아니라 절대주의적인 개념들의 체계가 되었다. 이 개념 체계는 물리학에서 공간과 시간 개념이 비유클리드적이 아니라 유클리드적으로 된 것과 다소 비슷하다.

스미스와 리카도는 생산자(판매자)의 기능을 하는 소비자가 제공하는 물질이나 서비스의 공급에 따라 소비자의 욕구가 동일하게 확대되거나 축소된다고 가정함으로써, 소비자 욕구의 가변성을 배제했다. 그래서 이들의 개념 체계에서 결정적인 변수는 스미스에게 노동의 고통으로, 리카도와 맑스에게 노동력으로 나타났다.

오스트리아학파(멩거, 비이저)는 스미스의 풍요의 가정에 해당하는 "쾌락" 경제를 가정함으로써 생산자(판매자)의 노동-고통과 노동력을 둘 다 배제했다. 그러나 이들에게 쾌락은 소비자(구매자) 욕구의 체감하는 강도와 발맞추어 움직여서, 욕구는 이들 체계에서 결정적인 변수였다.

하지만 마셜은 소비자(구매자)의 욕구량과 생산자(판매자)의 공급량이라는, 양쪽 모두 자체적으로 움직이는 변수로 서로 반대로 변하는 양 두 개의 변화하는 비율이라는 상대주의적인 개념을 도입함으로써 두 학파를 조정시켰다.

그러나 스미스에서 마셜까지 모든 이론을 상대주의적인 게 아니라 절대주의적인 것으로 만든, 이들 모든 학파에 공통된 또 다른 공리가 있었다. 이것은 가치 있는 모든 것은 소유되고, 그래서 **소유권**은 소유한 물질의 양에 따라 정확히 변하는 상수라는, 익히 잘 알려진 **유형** 재산 개념에서 파생한 가정이었다. 그러므로 소유권은 물리학에서 말하는 공간이나 시간처럼, 스스로 변할 수 없는 절대적인 "틀" 또는 "뼈대"가 되었다. 그 결과 이들 모든 학파에서 소유권의 물질에 대한 관계에서 결정적인 변수는 물질의 가변적인 수량이었다. 이 같은 소유권의 제거는 생산과 판매 그리고 소비와 구매를 똑같은 것으로 여기는 암묵적 가정(오스트리아학파) 또는 명시적 가정(고전파)에서 확인할 수 있다. 생산되는 모든 것은 판매되고, 소비되는 모든 것은 구매된다. 이 같은 동일성의 가정은 "교환"이라는 단어의 이중 의미 안에 숨어 있다. 이 단어가 판매하고 구매하는 걸 의미한다면, 그것은 소유권을 양도하고 취득하는 법적 과정을 의미한다. 이 단어가 물질이나 서비스를 인도하고 인도받는 걸 의미한다면, 그것은 자연의 힘에 "장소 효용"을 추가하는 생산 과정을 의미한다. 따라서 소유권 이전(법적 통제)이 소유한 물질(또는 서비스)의 교환과 떨어질 수 없으면서도 독자적으로 존재해서 그 자체로 지극히 가변적이라면, 또 다른 상대주의적 개념을 구성해야 하는데, 우리는 이것을, 물질을 교환하든 교환하지 않든 상관없이 **소유권**을 이전하는 집단행동의 운영규칙이 지배하는 거래로 명명한다.

법적 통제 체계에서 발생하는 또 다른 독립 변수인 화폐와 신용은 고전파 이론과 쾌락주의 이론에서 가격 안정성이라는 가정에 근거해 제거되고, 그래서 화폐가격과 신용 가격의 모든 변화는 노동의 고통, 노동력의 변화 또는 쾌락이나 고통의 변화와 똑같은 게 되었다. 화폐 그 자체는 변할 수 없는 절대적 구조가 되었고, 반면에 변화는 생산물의 생산, 교환, 소비에서 일어났다.

상대주의적 관점에서 볼 때, 희소와 효율은 인간의 거래를 결정하는 데 작용하는 가변적인 사회적 "힘"으로 여겨질 수 있다. 희소는 주로 다른 사람에 대한 힘으로, 그리고 효율은 자연에 대한 힘으로 구분할 수 있다. 희소와 효율이 힘이라면, 이들은 거래마다 힘의 **정도**가 다르게 나타나며, **정도**의 차이를 측정하는 것은 위에서 언급한 다른 **비율**들이다. 가장 단순한 요소로 압축하면, 이 비율들은 교섭 거래에서 지출에 대한 수입의 희소 비율과 관리 거래에서 투입에 대한 산출의 효율 비율이 된다. 그래서 경제학은 두 가지 측정 체계를 사용하는데, 하나는 물질, 서비스, 노동, 화폐, 채무 등의 **양**을 측정하는 체계이고, 또 하나는 여러 양의 비율로 힘의 **정도**를 측정하는 체계이다. 우리는가 **합당한 가치**라는 문제를 깨닫는 것은 이들 사회적 "힘"의 **정도**의 측정 속에서이다.

보다 광범위한 철학적 관점에서, 코헨은 앞서 언급한 상대성 이론을 "양극성 원리"로 표현했다.[176] 코헨은 이 원리를 여러 과학과 철학에, 특히 다양한 "사회 철학"에 적용한다. 일반적으로 이 원리가 의미하는 건 개별성과 보편성, 유명론과 실재론, 개인주의와 사회주의, 세계 시민주의와 민족주의 등과 같은 "대립 범주"는 "결코 동일시될 순 없지만 항상 공존할 수밖에 없다"는 것이다. 구체적인 사례를 적용한다면, 이것들은 "양립 불가능한 대안"이 아니라 **강조의 정도**가 다른 것으로, 따라서 "전통적인 철학 논쟁"에서 상정되는 바와 같은 "실제 모순"이 아니라 **가치**에서 강조하는 정도가 다른 것이다. 우리 생각에, 이 양극성 원리는 가정이나 공리나 "당연한 것" 같은 요인들의 제거라는 이전의 방법들을 거부한 상대성 원리이다. 이 양극성 원리는 합당한 가치라는 개념에서, 즉 모든 것들이 자신의 고유한 힘과 서로에게 상대적으로 변하고 있는 체계 속에서 이 원리의 경제적인 예가 구체적으로 발견된다.

∴

---

176) Cohem Morris R., *Reason and Nature*(1931).

우리는 앞에서 경제 과학의 역사가 유클리드 기하학에서 비유클리드 기하학으로 넘어가는 물리학의 역사와 약간 비슷하다고 개괄적으로 말했다. 그러나 여기에는 중요한 차이가 있어, "유클리드 경제학과 비유클리드 경제학"이라는 표현은 오해를 빚을 수 있다. 비유클리드 물리학은, 라이헨바흐(Hans Reichenbach)가 보여주는 바와 같이, 공간과 시간의 기본 개념에 영향을 미치는 것으로서, 우주의 "미시적" 관계와 "거시적" 관계에 관심을 가진다. 하지만 경제학은 물리학의 문제들의 양극단 사이에 놓여 있는 "중간적인 차원들"의 세계에서 인간들의 평범하고 일상적인 경험에 관심을 가진다.[177] 우리의 비유는 경제학이 우리가 이름 붙인 절대주의적 관점에서 상대주의적 관점으로 넘어가는 한에서만 옳다. 경제학에서 사용하는 공간과 시간에 대한 관습적 관념은 현미경이나 망원경에 의지하지 않는다.

그렇다고 해서 종전의 경제학파들이 **변화**를 자신들의 체계에 근본적인 것으로 삼지 않았다는 뜻은 아니다. 실제로, 이들이 시도하고 있었던 것은 아메리카 대륙을 발견한 이후로 나타난 화폐적, 산업적, 경제적, 정치적 혁명이 초래한 바로 그 변화들을 설명하는 것이었다. 이들의 절대주의는 다양하게 대립하는 동시적이거나 연속적인 변화 가운데 딱 **하나**에서만 변화가 일어나게 만들어 경제학 체계 전체를 관철시키는 것에 있었다.

주관적이고 개인주의적이라서 측정할 수 없고 절대적인 어떤 것이 아니라, 적절한 측정단위를 구축해서 측정할 수 있는 객관적인 어떤 것으

---

177) 이 구분은 한스 라이헨바하의 *Atom and Cosmos*(1933년 영문 번역)에 의해 유명한 형식이 되었다.

로 여겨지는, 가장 추상적인 형태 안에 있는 그 추가적 변수를 **미래성**의 원리로 우리는 요약한다. 그런데 이 원리는 **희소**와 **효율**의 원리로부터 생각 속에서는 분리할 수 있지만, 실제로는 분리할 수 없다.

물리학과 구분되는 경제학에서 **시간** 개념은 고전파 이론과 공산주의 이론의 **과거** 시간에서 쾌락주의 이론의 **현재** 시간으로 이행했고, 마침내 기다리고 위험을 감수하고 목적을 세우고 계획을 세우는 **미래** 시간이 되고 있다. 이것들은 물리학에서는 발견될 수 없지만, 합당한 가치의 모든 다양성에서 대략 측정될 수 있는, 또 다른 경제적 "힘"인 **미래성**의 문제들이다. **사후성**(posteriority)에서 **미래성**(futurity)으로 이행하는 건 모순을 내포하지 않는다. 이것은 코헨의 "양극성"의 또 다른 사례이다. 이 양극성은 다양한 경제 철학 학파 사이에 있는 강조점의 차이이다.

지은이

:: 존 R. 커먼스 John Rogers Commons, 1862~1945

위스콘신 대학 출신의 노동 역사학자이자 미국 제도경제학자. 1862년 오하이오 주 홀란스버그에서 태어난 커먼스는 종교적으로 신실한 집안 환경의 영향으로 사회 정의에 관심을 가졌다. 젊어서 그는 헨리 조지의 단일세 주장에 영향을 받았다. 헨리 조지는 토지사유화로 인해 소수에게 이익이 독점되는 것을 막기 위한 방안으로 토지공개념을 주장했으며, 커먼스 역시 지대에 높은 세율을 부과하는 소득세에 동의했다.

커먼스는 초기 저서에서 기독교와 사회학, 경제학 등의 사회과학을 통합하려는 노력을 보였으며, 금주법에 찬성하는 사회윤리적 활동을 하기도 했다. 존스 홉킨스 대학원에서 리처드 T. 엘리(Richard T. Ely) 교수의 가르침을 받은 그는 1895년 시라큐스 대학교에서 강의했는데, 대학에서는 그를 급진주의자로 규정하여 해고했다. 이후 1904년 위스콘신 대학으로 옮겨가면서, 학문연구 역시 종교적, 윤리적 관점보다는 경험적이고 실제적인 분야를 중시했고, 개인을 분석주체로 삼았던 주류경제학과 달리 국가, 기업, 교회 등 구성원을 가진 기관의 집단행동을 주체로 한 분석에 집중했다.

커먼스의 대표적인 3대 저서로는 『집단행동경제학(*The Economics of Collective Action*)』, 『자본주의의 법적 기초(*Legal Foundations of Capitalism*)』, 그리고 『제도경제학(*Institutional Economics*)』이 꼽힌다. 수요와 공급, 풍요와 희소를 중심으로 바라보는 근대 경제학에서 벗어나 제도경제학의 기초를 닦은 커먼스는 집단행동과 합당한 가치 등의 명제를 바탕으로 거래라는 중요한 개념을 만들어 냈다. 그의 업적은 위스콘신주에서 광범위한 사회문제에 대한 실질적 대안을 제시하였다. 오늘날 실업보험으로 이해할 수 있는 미국 최초의 근로자 보상제도가 입법화된 것은 커먼스의 직접적인 기여이며, 이것이 1935년 미국 정부 최초의 포괄적 복지제도인 사회보장법 설계로 이어졌다고 평가된다.

옮긴이

:: 홍훈

연세대학교 명예교수이다. 연세대학교와 미국 뉴욕 사회과학대학(New School for Social Research)에서 경제학을 공부한 후, 경제사상, 정치경제학, 경제이념, 행동경제학 등을 가르치며 연구해왔다. 현재는 신고전학파 경제학의 이념과 이론에 대해 연구하고 있다. 저서로 『마르크스와 오스트리아학파의 경제사상』(2000), 『경제학의 역사』(2007), 『행동경제학 강의』(2016), 『경제학자의 인간수업』(2020) 등이 있다. 논문으로는 「경제민주화의 사상적 배경」(1994), 「교육은 상품이 될 수 있는가?」(2008), 「한국경제사회, 한국인, 한국교육: 한국형 모델의 이론적인 구성요소들」(2012) 등이 있다. 한국사회경제학회 회장과 연세대학교 상경대학 학장을 역임했다.

최민

성공회대학교 민주자료관 연구교수이고, 다음시대연구소 상임연구원이다. 서울대학교 국사학과를 졸업하고, 미국 뉴욕 사회과학대학(New School for Social Research)에서 경제학을 공부한 후, 성공회대학교 대학원에서 「사회적 기업의 형성 및 운영조건에 관한 연구-장애인 고용을 중심으로」로 사회복지학 석사를 받았고, 동대학원에서 사회학 박사 과정을 수료하였다. 역서로는 1987년 출판사 이론과실천에서 김영민이라는 필명으로 공동번역한 『자본(Das Kapital)』이 있다.

한국연구재단총서 학술명저번역 646

제도경제학 ❶

정치경제학에서의 그 위치

1판 1쇄 찍음 │ 2023년 6월 30일
1판 1쇄 펴냄 │ 2023년 7월 21일

지은이 │ 존 R. 커먼스
옮긴이 │ 홍훈·최민
펴낸이 │ 김정호

책임편집 │ 신종우
디자인 │ 이대웅

펴낸곳 │ 아카넷
출판등록 │ 2000년 1월 24일(제406-2000-000012호)
주소 │ 10881 경기도 파주시 회동길 445-3
전화 │ 031-955-9510(편집) · 031-955-9514(주문)
팩시밀리 │ 031-955-9519
www.acanet.co.kr

ⓒ 한국연구재단, 2023

Printed in Paju, Korea.

ISBN 978-89-5733-854-4 94320
ISBN 978-89-5733-214-6 (세트)

이 번역서는 2019년 대한민국 교육부와 한국연구재단의 지원을 받아 수행된 연구임
(NRF-2019S1A5A7068693)
This work was supported by the Ministry of Education of the Republic of Korea
and the National Research Foundation of Korea. (2019S1A5A7068693)